アラン・バディウ ㊞藤本一勇

存在と出来事

Alain Badiou
L'être et l'événement

藤原書店

Alain BADIOU

L'ÊTRE ET L'ÉVÉNEMENT

©Éditions du Seuil, 1988
This book is published in Japan by arrangement with
les Éditions du Seuil, Paris,
through le Bureau des Copyrights Français, Tokyo.

存在と出来事

目　次

序　論 …………………………………………………………… 13

I
存　在──多と空
プラトン／カントール

省察 1　一と多──あらゆる存在論のアプリオリな条件 ………… 41

省察 2　プラトン ………………………………………………… 52

省察 3　純粋な多の理論──パラドクスと批判的決定 ………… 61

　　　技術上の注──書字の約束事 ……………………………… 75

省察 4　空──存在の固有名 …………………………………… 78

省察 5　標記 Ø ………………………………………………… 89

　　1　同と他──外延性公理　89
　　2　条件下の諸操作──下位集合，合併，分出，置換の諸公理　91
　　3　空──存在への免算的縫合　97

省察 6　アリストテレス ………………………………………… 102

II
存　在──超過，状況の状態
一／多，全体／部分，あるいは ∈／⊂ ?

省察 7　超過点 …………………………………………………… 115

　　1　所属と包含　115

2 超過点の定理 119

3 空と超過 121

4 一，〈一と計算すること〉，唯一性，〈一に置くこと〉 126

省察 8　状態あるいはメタ構造と存在の類型学 （正常性，特異性，過剰性）…………………… 130

省察 9　歴史的−社会的状況の状態………………………… 143

省察 10　スピノザ ……………………………………… 152

III
存　在──自然と無限
ハイデガー／ガリレオ

省察 11　自　然──詩か数学素か？ ……………………… 167

省察 12　自然な多の存在論的図式と《自然》の非実存 … 175

1 正常性の概念──推移集合 176

2 自然な多──順序数 178

3 自然な多あるいは順序的な多における現前の戯れ 180

4 自然な究極要素（唯一の原子） 185

5 順序数は，それが名となっているところのものの数である 186

6 《自然》は実存しない 187

省察 13　無　限──他のもの，規則，そして《他》………… 189

省察 14　「自然な多には無限がある」という存在論的決定 … 199

1 存在点と踏破の操作子 200

2 後続と極限 203

3 実存の第二の押印 206

4　ついに定義された無限　207

5　二番目に，有限　210

省察 15　ヘーゲル　……………………………………………　212

1　無限という再考された数学素　213

2　いかにして無限は悪しきものでありうるか　216

3　反転と命名　217

4　量の秘法　220

5　離　接　223

IV
出来事──歴史と〈超-一〉

省察 16　出来事の立地と歴史状況　………………………　227

省察 17　出来事の数学素　……………………………………　234

省察 18　存在による出来事の禁止　……………………　241

1　歴史性と不安定性の存在論的図式　242

2　基礎の公理　243

3　基礎の公理は存在論のメタ存在論的テーゼである　245

4　自然と歴史　245

5　出来事は〈存在としての存在ではないもの〉の領域にある　248

省察 19　マラルメ　……………………………………………　251

V

出来事——介入と忠実さ
パスカル／選択
ヘルダーリン／演繹

省察 20　介　入 ……………………………………………… 263
　　　　——出来事の名の不法な選択，《二》の論理，時間的基礎——

省察 21　パスカル ……………………………………………… 276

省察 22　介入の〈多なる形式〉——選択の存在はあるか ……… 289

省察 23　忠実さ，連結 ………………………………………… 300

省察 24　存在論的忠実さの操作子としての演繹 ………… 310

　　1　演繹の形式的概念　312
　　2　仮説による推論　315
　　3　不条理による推論　319
　　4　演繹的忠実さの三重の規定　324

省察 25　ヘルダーリン ………………………………………… 328

VI

量と知
識別可能体（あるいは構成可能体）
ライプニッツ／ゲーデル

省察 26　量の概念と存在論の袋小路 ……………………… 339

　　1　無限集合の量的比較　341

2 多の自然な量的相関物——濃度と基数 343

3 無限基数という難問 347

4 状況の状態は状況それ自身よりも量として大きい 348

5 カントールの定理の第一の検討 351
　　——無限な多の計測尺度あるいはアレフの連なり——

6 カントールの定理の第二の検討——どのような超過の尺度があるか 353

7 状況の状態の完全なる彷徨——イーストンの定理 355

省察 27　思考における方向づけの存在論的運命 …………… 358

省察 28　構成主義的思考と存在の知 ……………………… 363

省察 29　存在の折り曲げと言語の主権 ……………… 374

1 構成可能集合という概念の構成 376

2 構成可能性という仮説 379

3 絶対性 383

4 出来事の絶対的な《非 − 存在》 385

5 介入の合法化 386

6 超過の正規化 389

7 学知の禁欲とその規制 392

省察 30　ライプニッツ ……………………………………… 399

VII

ジェネリック——識別不可能なものと真理
P・J・コーエンという出来事

省察 31　ジェネリックの思考と真理内存在………………… 413

1 解釈されなおした知 414

2 探　索 415

3 真理と適合性 417

4 ジェネリックな手続き 422

5 ジェネリックは真理の〈多なる存在〉である 426

6 真理は実存するか 428

省察 32 ルソー …………………………………………… 434

省察 33 識別不可能なものの数学素——P・J・コーエンの戦略 … 447

1 準完全な土台状況 451

2 条　件——資材と意味 456

3 条件集合の精確な下位集合（あるいは部分） 459

4 識別不可能なあるいはジェネリックな下位集合 461

省察 34 識別不可能なものの実存——名の権力 ……………… 468

1 非実存の危険を冒して 468

2 存在論的どんでん返し——識別不可能なものは実存する 469

3 識別不可能なものの命名 473

4 名の指示対象としての♀と識別不可能なものによる拡張 476

5 土台状況はあらゆるジェネリック拡張の部分であり，
識別不可能なもの♀はつねに拡張の要素である 479

6 ジェネリック拡張の探検 483

7 内具的あるいは状況内の識別不可能性 486

VIII
強制法——真理と主体
ラカンの彼方へ

省察 35 主体の理論 …………………………………………… 491

1 主体化——介入と忠実な接続の操作子 492

2 あらゆる真理がみずからを織り成す偶然は主体の素材である 494

3 主体と真理——識別不可能性と命名 497

4 忠実な手続きの点から見た適合性と真理——強制法 501

5 主体的生産——決定不可能なものの決定, 資格剝奪〔格下げ〕, 非実存者たちの原理 508

省察 36 強制法——識別不可能なものから決定不可能なものへ‥‥‥‥ 514

1 強制法の技術 516

2 準完全状況のジェネリック拡張もまた準完全である 521

3 ジェネリック拡張 $S(♀)$ における適合的な言表の地位 522
——決定不可能なもの——

4 超過の彷徨 (1) 525

5 内具的な量の不在化と維持 530

6 超過の彷徨 (2) 532

7 識別不可能なものから決定不可能なものへ 533

省察 37 デカルト／ラカン ‥‥‥‥‥‥‥‥‥‥‥‥‥‥ 538

補 遺

補遺 1 (省察 12 および 18) 順序数のための最小性原理 ‥‥‥‥‥‥ 546

補遺 2 (省察 26) 関係あるいは関数は純粋な多でしかない‥‥‥‥ 548

補遺 3 (省察 26) 基数の異質性——正則性と特異性 ‥‥‥‥‥‥ 554

補遺 4 (省察 29) 一切の順序数は構成的である ‥‥‥‥‥‥‥ 560

補遺 5 (省察 33) 絶対性について ‥‥‥‥‥‥‥‥‥‥ 563

補遺 6 (省察 36) 論理の本源的記号と式の長さにもとづく反復‥‥‥ 566

1 いくつかの論理記号の定義 566

2 式の長さにもとづく反復 567

補遺 7 (省察 36) ゼロ名辞階数の名に関する同値の強制 ‥‥‥‥ 569

1 直接命題 569

2 μ_1 がゼロ名辞階数にある式 $R_♀(\mu_1)=\varnothing$ の場合における
同値の強制の逆命題 573

補遺 8 (省察 36) 準完全状況のジェネリック拡張はすべて
準完全である ‥‥‥‥‥‥‥‥‥‥ 575

補遺 9 (省察 36) ジェネリック拡張における $|p(\omega_0)|\geq\delta$ の証明の完成 ‥ 580

補遺10（省察 36）　ジェネリック拡張のなかに
S の基数 δ が不在であること　………………………… 583

補遺11（省察 36）　ジェネリック拡張において基数が不在となるために
必要な条件………………………………………………… 585

――可算でない一連の反鎖的な条件が S のなかに実存
すること（S におけるその濃度は ω_0 を上回る）――

補遺12（省察 36）　条件の反鎖の濃度………………………………… 588

原　注　593

辞　書　609

訳者解説　643

凡　例

一　原文のイタリックのうち，強調を表すものは太字で示した。

一　書籍・新聞・雑誌名は『　』で示した。

一　原文における大文字で始まる単語は《　》で示した。

一　単語のつながりや意味のまとまりを示したい場合などに，原文にない〈　〉を付した。

一　原文の «　» は「　」で示した。

一　［　］は引用文への原著者による補足を示す。

一　原書では，原注（Notes）には対応する本文の頁数のみが示されているが，読者の便宜を考え，（1）（2）……の番号を付し，本文の対応すると考えられる箇所にその番号を記した。

一　日本語の読みやすさや論旨のつながりの明示のために，訳者の判断で原文にはない（　）や ── を入れた。

一　訳者による短い補足は，本文中に〔　〕で挿入した。主に，単語の多義性を示したいときや内容の理解に必要と思われるときに用いた。長い訳注は［1］［2］……の番号を付して，各省察等の末尾に置いた。

一　ルビは，原語を示したいときに用いた。特に注意したい単語については，原綴りで本文内に示した。

一　引用はバディウによるフランス語の引用文に基づいて訳した。

存在と出来事

序　論

1

　哲学の状態を分析しようとするとき，今日世界的に見て，まず以下の三つの言表が仮定されていると認めよう。

1. ハイデガーは万人が認める最後の哲学者である[1]。

2. 学の合理性という形象は，数学と論理学の大変動やウィーン学派の仕事などに続いて生じた思考装置——とりわけアメリカの思考装置——によって支配的に，範例として保守されている。

3. 主体のポスト・デカルト的学説とでもいうべきものが展開中であるが，その起源はいくつかの非哲学的な実践（政治とか，「精神疾患」との制度化された関係とか）にあると言ってよく，その解釈体制はマルクス（およびレーニン），フロイト（およびラカン）といった名の刻印を有し，伝達可能な言説を超過する操作——臨床のそれであれ活動家のそれであれ——に複雑な仕方で絡み合っている。

この三つの言表に共通するものは何か。これらの言表はそれぞれの流儀で，思考とその賭金の一時代全体の**閉鎖**を指し示しているということ，これは間違いない。ハイデガーは形而上学の脱構築という活動領域のなかで，時代というものを，創始的な忘却によって統制されたものと考え，ギリシア的復帰を提唱する。アングロ゠サクソン系の「分析哲学」の流れは，古典的な哲学の大多数の文言に対して，それらは意味のないもの，あるいは言語ゲームの自由な行使に制限されたものだとして，失格を宣言する。マルクスは哲学の終焉を，そして実践によるその終焉の実現を予告していた。ラカンは「反哲

学」と言い，思弁による全体化の作業を想像界に整序する。

　その一方で，こうした言表同士の不調和も目につく。アングロ＝サクソンの思考をその混乱を招く否認まで含めて組織立てている学の範例的な立場は，形而上学的配置の究極的かつニヒリズム的な結果としてハイデガーから指弾されるが，他方で，フロイトとマルクスはその理想を保守し，ラカンでさえその地盤のうえに，論理学と位相幾何学によって，不確定な数学素の支えを再構築していた。マルクスやレーニンでは，解放あるいは救済の観念が社会革命として提出されるが，フロイトやラカンはそれを懐疑的な悲観主義でもって眺め，またハイデガーは「神々の回帰」の遡及的な先取りのなかで考察する。他方で，アメリカ人たちは，大雑把に言って，代表民主制の手続きをめぐるコンセンサスで満足している。

　要するに，いかなる思弁体系も構想することはできないのだという確信，〈存在／非存在／思考〉の結び目（「哲学」と呼ばれるものが，パルメニデス以来，この結び目に源をもつとすればだが）に関する学説が，完成した言説の形で提出されえた時代は過ぎ去ったのだという確信，この確信については一般的な合意があるわけだ。思考の時代は，異なる理解体制へ開かれている。

　合意の欠けているところがあるとすれば，それは形而上学の時代の閉鎖を本質とするこの開けが，**革命**，**復帰**，**批判**のうちのいずれとして指示されるかという点である。

　こうした情勢に対する私自身の介入は，そこに対角線を描くことにある。というのも私の試みる思考の道筋は，次の三つの点——前述の三言表が指し示す三つの場の一つのなかに，そのそれぞれが縫合されている三つの点——を経由するからである。

　——ハイデガーとともに，哲学としての哲学に再び資格を与えようとする作業が支えを見出すのは，存在論の問いを通してであることを支持しよう。

　——分析哲学とともに，フレーゲ＝カントールの数学‐論理学革命が，思想に新しい方向を定めると主張しよう。

　——最後に，どんな概念装備も，それが主体についての現代の学説——これ自身，実践的なプロセス（臨床的あるいは政治的なプロセス）に内的なものである——の理論的‐実践的な方向と同質でなければ，適切ではないと合

意しよう。

　この道筋は複雑に絡み合ったいくつかの時期区分へと送り返す。それらを統一することは，私の目には恣意的と映るし，三つの方向のなかのあるものを他のものに対して一面的に選択することになってしまうだろう。われわれは複雑な，さらには混沌とした時代を生きている。それはこの時代を織りなすさまざまな断絶と連続が唯一の言葉のもとに包摂されるがままにならないからである。今日，「一つ」の革命（あるいは「一つ」の復帰，あるいは「一つ」の批判）はない。そうであれば，われわれの立地を組織している，ずれをはらんだ時間的な多〔multiple（多様体）〕を，すすんで以下のように要約してみよう。

　1. われわれは，ギリシア時代およびガリレオ時代以後の，学の**第三の時代**の同時代人である。この第三の時代を切り開く区切りを命名できるとすれば，それは（ギリシア時代のような）創出——論証的数学の創出——でもなければ，（ガリレオ時代のような）切断——物理学の言説を数学化する切断——でもない。それは一種の改造であり，そこから合理性の数学的台座の本性と，その台座を確立する思考上の決定という性格とがあらわになる。

　2. 同様に，われわれは《主体》の学説の**第二の時代**の同時代人である。《主体》はもはや基礎づけ的・中心的・反省的主体ではない。そのような主体はデカルトからヘーゲルへと続く主題だったし，さらにはマルクスやフロイトのなかにまで（そしてフッサールやサルトルのなかにまで）読み取ることができる。現代の《主体》は空虚で亀裂を入れられた没実体的・非反省的なものである。さらに，それは特殊なプロセス（その条件は厳格である）に照らして仮定可能なものでしかない。

　3. 最後に，われわれは，真理が知との有機的連関を断たれた後で，真理の学説に関するある**開始**の同時代人である。私が**適合性**と名づけるものがこれまで全面的に君臨してきたということ，またどれほど奇妙に思われようとも，真理とはヨーロッパ（およびその他の場所）において真新しい言葉だと言わねばならないということ，このことが遡及的に看取される。そもそもこの真理という主題は，ハイデガー（彼は初めて真理を知から引き抜いた者である），数学者たち（彼らは 19 世紀の終わりに客体および合致と縁を切った），

そして主体についての現代の諸理論（それらは真理を主観による言述から脱中心化した）を交差させる。

　私の企ての出発点となるテーゼ（そこから出発して，それぞれの時期の意味が採取され，それらの時期の絡み合いが配置される）は以下の通りである。すなわち，〈存在としての存在〉についての学はギリシア人たち以来**実存**しており，それこそが数学の地位と意味である。しかし，そのことをわれわれが**知る**手段をもつようになったのはようやく今日においてである，と。このテーゼから出てくる結論は，哲学は存在論を中心とするのではなく——存在論は精密かつ分出された学科として実存する——，哲学は，存在論，現代の主体理論，哲学自身の歴史，この三者のあいだを**循環する**，というものである。哲学の諸条件の現代的な複合体は，私の最初の三つの言表が参照した一切合切を含んでいる。すなわち，「西洋」思想の歴史，カントール以後の数学，精神分析，現代芸術，政治といったものを含んでいる。哲学はこれらの条件のどれとも一致することはないし，その全体を練り上げるわけでもない。哲学はただ，そうした諸要素の同時代的な共可能性を反映しうるような概念の枠組みを提案するだけでなくてはならない。これを哲学がなしうるのは，それ自身のさまざまな条件のなかから，特異な言説状況として，存在論それ自体を純粋な数学の形式で指し示すことによってのみである。というのも，これは哲学が迷い込みかねない基礎づけの野心の一切を，哲学に手放させるからである。本来的に言って，これこそが哲学を解放するのであり，究極的に真理の配慮へと哲学を秩序立てるのである。

　本書が配置するさまざまなカテゴリー，すなわち純然たる多から《主体》へと至る諸カテゴリーは，一個の思考が同時代の座標系〔全体集合〕の広がり全体のなかで**自己を行使**しうるときの，その一般的な秩序を描いている。したがって，それらのカテゴリーは学の手続きに役立ちうるばかりではなく，分析あるいは政治にも役立ちうる。それらは時代の諸要請の抽象的な展望を組織しようと試みるのである。

2

　私は『主体の理論』のなかで，主体化は「ある」と単に前提することによって思弁の舞台を制限していたが，数学は存在論——〈存在としての存在〉についての学——**である**という（哲学的）言表は，この思弁の舞台を照らし出すことになった閃光である。このテーゼと可能な存在論との両立が私の関心を占めることになった。というのも「古いマルクス主義」，すなわち弁証法的唯物論の強み——そしてその絶対的な弱点——は，弁証法の諸法則の一般性という形で，言い換えれば，要するに自然の弁証法と歴史の弁証法との同形性という形で，そうした両立を公準として前提していたからである。たしかに，この（ヘーゲル的）同形性は死産だった。今日なおも人々は弁証法の微粒子を見つけようとしてプリゴジンや原子物理学の陣営に立って議論を戦わせているが，彼らは，スターリン的国家のいささか乱暴な命令以外のところでは真面目に起こったためしのない戦いの生存者にすぎない。《自然》とその弁証法はそんなものとは何の関係もない。だが〈主体−プロセス〉は，存在について言明可能なもの——あるいは言明されたもの——と両立しうるということ，これこそは本当に困難な問題である。私はその難問を，1964年にジャック＝アラン・ミレールがラカンに対して直截に提出した問い——すなわち「あなたの存在論はどのようなものですか」という問いのなかに察知した。狡猾なわれわれの先生_{メートル}はその問いに対して，非存在者に言及することによって答えた。それは適切な答えではあったが，短いものであった。同様に，ラカンは（彼の数学的強迫観念は時間がたつにつれ大きくなっていくばかりだった），純粋論理学は「現実界の学問」であると示唆していた。しかしながら，現実界は主体の一カテゴリーにすぎない[(2)]。

　私は数年間，論理学の袋小路の周囲を手探り状態でうろついていて——レーヴェンハイム＝スコーレム，ゲーデル，タルスキらの諸定理の窮屈な注釈作業——，技術上の精緻さによる以外の仕方では『主体の理論』の枠組みを超えることができないでいた。そうと気づくことなく，論理主義のテーゼに囚われていたのだ。論理主義のテーゼとは，論理的−数学的言表の必然性は，

それが一切の意味効果を根絶した結果であるという点で形式的なものである
と，またいずれにせよ，論理的−数学的言表が責任を負うものについて，そ
の言表の整合性の外で問う必要はないと，そう主張するものである。論理的
−数学的言説の指示対象があるとすれば，それは抽象によって得られた「対
象」であるか（経験主義），超感性的《観念》であるか（プラトン主義），そ
のどちらかとしてしか考えられないという考察のなかで，私は身動きができ
なくなっていた。これは「形式」科学と「経験」科学という広く認められた
アングロ＝サクソン的な区別が，ひとを追い込んでいくディレンマである。
こうしたことはすべて，現実界とは形式化の袋小路であるとするラカンの明
快な学説と整合しなかった。私は道を誤っていたのだ。

　土俵を変える必要があると，そして数学についてラディカルなテーゼを定
式化する必要があると考えるに至ったのは，最終的には，離散／連続という
対に関する文献学的・技術的な研究のなりゆきによってであった。というの
も，かの「連続体問題」の本質と私に思われたものは，この難問においてひ
とは数学的思考に内在する**障害**に触れているのであって，数学的思考の分野
を基礎づける固有の不可能事がこの障害において言われているということ
だった。多とその諸部分の集合との関係についてなされた最近の研究のパラ
ドクスと見えるものを考察してみて，私は最終的に次のように考えるに至っ
た。すなわち，そこに理解可能な形象があるのは，《多》とは，数学者にとっ
て，構成された透明な（形式的）概念などではなく，理論によってその内的
な偏差が，そしてその袋小路が展開される現実的なものなのだと，そう最初
にまず承認すればこそである，と。

　そのとき私は次のような確信に達した。すなわち，数学は存在そのものに
ついて，《多》の純粋理論の領野において言明可能なものを書いているのだと，
そう措定する必要がある，と。数学は対象のないゲームなどからもっとも遠
いところにあり，数学は存在論の言説を述べることに奉仕することから，そ
の法の例外的な厳格さを引き出しているということ，この仮説を引き受ける
ときから，合理的思考の全歴史が解明されるように私には思われたのである。
カントの問いを転覆させたことで，「純粋数学はいかにして可能か」と問い，
そして超越論的主体のおかげでという答えを得ることは，もはや問題ではな

くなった。むしろ，純粋数学が存在の学である場合に，主体はいかにして可能か，と問うことが重要となったのだった。

3

いわゆる「形式的」思考〔数学〕の生産的な整合性は，その論理的な骨組みだけから到来するのではない。この「形式的」思考は，形式，エピステーメー，方法であるのでは——まさしく——ない。それは**特異な学**である。それこそが，この学を存在（空）に縫合する点である。このことによって数学は純粋論理学から切り離されるのであり，数学の歴史性，連続する袋小路，目覚ましい改造，そしてつねに認められる統一性が確立されるのである。この観点からみたとき，哲学者にとって決定的な切断点は（数学はこの切断点において，自分自身の本質に関する盲目的な見解を述べるだけである），カントールの創造である。数学の「対象」と「構造」の驚異的な多様さがどのようなものであれ，それらは**すべて**，空集合のみから出発して規則正しく築かれた純粋な多性として指し示すことができるということ，このことがついに示されるのはカントールの創造においてのみである。つまり，数学と存在との関係の正確な本性についての問いは，集合論を許す公理的な決定のなかに——われわれがいる時代にとっては——完全に凝縮しているのである。

この公理系それ自体は，コーエンがツェルメロ–フレンケルの体系では連続体の多性の型を規定しえないことを立証して以来，危機に陥っている。しかしこの危機は，私の確信——すなわち，〈存在としての存在〉について数学的に言明されうるものに対する言語の潜勢力，これをめぐる決定的な（だが絶対的に見過ごされている）勝負がそこで演じられているのだという確信——を鋭くする一方であった。『主体の理論』において私が数学言語の「集合論的」な同質性を唯物論の諸カテゴリーの範例としてのみ用いていたのは，皮肉なことだと思った。さらに，「数学＝存在論」という命題にきわめて都合のよいいくつかの帰結も目に見えるようになっていった。

第一に，この命題は数学の「基礎づけ」という由緒ある探求をわれわれに不要にしてくれる。というのも，数学という学科の論理的必然性は，それが

言明する存在それ自体によって直接担保されているからである。

　第二に，この命題は数学対象の本性という，これまた古い難問を立ち退かせる。数学の対象は，イデア的対象なのか（プラトン主義），感性的実体の抽象から引き出された対象なのか（アリストテレス），生得観念なのか（デカルト），純粋直観において構成された対象なのか（カント），有限な操作的直観において構成された対象なのか（ブラウワー），書式の慣習なのか（形式主義），純粋論理へ推移する構成物すなわちトートロジーなのか(論理主義)。私の述べていることが論証可能であればだが，数学的対象は**ない**というのが真理である。数学は厳密な意味で**何も現前させない**。とはいえ，それは空虚なゲームではない。なぜなら，現前化それ以外に，言い換えれば《多》以外に何も現前させるべきものをもたないということ，かくして対－象〔対面に-投げられたもの〕の形式に決して調和しないということ，これは確かに，〈**存在としての存在**〉についてのあらゆる言説の条件だからである。

　第三に，数学のいわゆる自然科学への「適用」の問題がある。この問題については何がその成功を可能にしているのかが定期的に問われてきた。デカルトやニュートンにとっては神が必要だったし，カントにとっては超越論的主体が必要だった。その後，この問いはもはや真剣には検討されなくなった。例外は，バシュラールが依然として構成的な見方においてこの問いを問うたのと，アメリカにおいて諸言語の成層関係を支持する者たちくらいである。いずれにせよ数学は〈**存在するかぎりにおいて存在するもの**〉の一切についての学であるということが，数学の自然科学への「適用」の問題についてもどのような解明をもたらすか，すぐにでもわかる。物理学はと言えば，それは現前化のなかに入る。物理学には数学以上のものが，あるいはむしろ数学とは別のものが必要である。しかし物理学が数学と両立可能であるということは原理的な事柄である。

　もちろん，哲学者たちが，数学の実存と存在の問いとのあいだに結びつきがあるはずだということを知らなかったということでは全然ない。数学の範例的な役割は，プラトンから（おそらくはパルメニデスから）カントにまで通じている。カントは数学の使用をその頂点に至らせる――その程度たるや，数学の誕生（タレースが指標とされている）のなかに人類全体の救済の出来

事を見て讃えるほどである（これはまたスピノザの見解でもある）——と同時に、「コペルニクス的逆転」によって、数学の影響力を弱めもする。なぜなら、数学の（人間的な、あまりに人間的な）普遍性を基礎づけるのは、即自存在への一切の接近の**閉鎖**なのだから。そのとき以来、遅れて来た偉大な古典派であるフッサールを除けば、近代の（ポスト・カントの、という意味に取ろう）哲学は、もはや歴史のパラダイムという固定観念しかもたず、カヴァイエス[1]やロトマン[2]のような賞賛されると同時に抑圧されたいくつかの例外を除けば、数学をアングロ＝サクソン系の言語学的詭弁術に委ねてしまった。フランスでは（これは言っておかなくてはならないが）、ラカンに至るまで、そうだ[3]。

　つまり、存在の問いが意味を獲得する領野は自分たちが構成したものだと考えていた哲学者たちは、つとにプラトン以来、数学を確実性のモデル、あるいは同一性のモデルとして配しつつも、次に、この確実性あるいは同一性が分節する諸「対象」を専門的に**定立**する段になると行き詰まってしまうのだった。哲学と数学との恒常的であると同時に偏った関係はここから生じる。哲学は数学の評価において揺れており、数学に合理的な範例性の傑出した威厳を認めながらも、その「対象」をつまらないものとみなす軽蔑の目で見ているのである。実際、《自然》、《善》、《神》、《人間》などと比較すれば、数字や図形——これらは 2300 年のあいだ、数学の「客観性」の範疇であった——にいったいどんな価値があっただろう。数学はその貧相な対象を論証の保証というかがり火で輝かせる「思考の仕方」であるけれども、この「思考の仕方」が、また別の仕方で栄光に輝く思弁的実体に関する、かりそめではない確実性への道を開くように見えるのでなかったら、どんな価値をもちえただろう。

　プラトンは存在の数学的建築構造、すなわちイデア的な数字の超越的機能を想像していた（アリストテレスの証言を解明することができればだが）が、それが関の山である。プラトンはまた正多角形にもとづいてコスモスを構成しなおした（これは『ティマイオス』のなかに読むことができる）。だがこうした企ては《全体》としての存在（《世界》の幻想）を数学の所与の一状態に結びつけることによって、滅ぶべき像しか生み出すことができない。

デカルト物理学もこれを免れなかった。

　私の主張するテーゼは，存在が数学的であると，言い換えれば，存在が数学的客観から構成されていると，そのように宣言するのではいささかもない。それは世界についてのテーゼではなく，言説についてのテーゼである。私のテーゼが肯定するのは，数学はその歴史的生成の全体において，〈存在としての存在〉について言いうることを言明しているのだということである。存在論はトートロジー（存在はそれが在るところのものである）や神秘的な謎（《現前性》のつねに差延された近似）に還元されるものなどではいささかもなく，豊かで複雑な未完の学であり，忠実さ（この場合は演繹の忠実さ）の厳しい拘束に従った学である。このように，一切の現前化を免れるものについての言説を組織することによってのみ，無限の厳格な任務が目の前に開けるのだ。

　哲学の恨みがもっぱらどこに由来するかと言えば，存在の問いを定式として表明したのは確かに哲学者たちだったとしても，その問いに対する答えを実行（エフェクチュエ）したのは彼らではなく，数学者たちだったという点である。〈存在としての存在〉についてわれわれが知っている一切のこと，またいつか知ることのできる一切のことは，多の純粋理論の媒介において，数学の言説の歴史性によって配備されている。

　数学とは，そこで何が語られているのも，また語られていることが真かどうかもわからない言説であると，ラッセルは言っていた（もちろん，彼はそんなことを信じてはいない。本当のところ，無知な連中でもなければ──ラッセルは間違いなくそんな連中ではなかった──誰がそんなことを信じただろうか）。それどころか数学は，みずからが何を語っているかを絶対的な仕方で「知っている」唯一の言説である。すなわち，そのものとしての存在について語っていると「知っている」唯一の言説なのだ。それは知だとはいえ，数学の内部で反省される必要などまったくない知である。なぜなら存在は対象などではないし，また対象を振りまくこともないからだ。さらにそれは，周知のように，言われる事柄の真理についての完全な保証をもつ，また判定基準をもつ，唯一の言説である。それゆえ，その真理は，出会うことは決してないが，しかし完全に伝達可能な唯一の真理である。

4

　数学と存在論の同一性というテーゼは，哲学者たちと数学者たちのどちらにとっても気に入らないものだろう。そのことはよく承知している。

　現代の哲学的「存在論」はハイデガーの名によって完全に支配されている。ところでハイデガーにとって，科学（数学もそれと区別されていない）は形而上学の硬い核をなしている。ハイデガーは，プラトン以来，形而上学がみずからの対象の保証をそこに打ち立てたところのあの忘却——すなわち存在忘却——それ自体が見失われるという事態のなかで，科学を解雇する。近代のニヒリズム，思考の中立性は，科学の技術的な遍在を主要特徴とし，この遍在が忘却の忘却を配備するというのである。

　したがって，ハイデガーにとって，数学——私の知るかぎり，ハイデガーは数学について側面からしか言及していない——は始原的な問いへの接近路ではないと，散逸してしまった現前性への復帰のありうる仲介物ではないと，そう言うだけでは足りない。〔ハイデガーにとって〕数学はむしろ失明それ自体であり，《無》の巨大かつ主要な権力であり，知による思考の締め出しなのである。そもそもプラトンによる形而上学の創始が数学の範例化をともなっていたということが症候的である。かくして，数学はパルメニデスとプラトンのあいだでなされた思考の大いなる「曲がり角」のうちにあるということ，このことはハイデガーにすれば，すでに起源からして示されているのだ。この「曲がり角」によって，開けと隠蔽の態勢のうちにあったものが固定され，それ自身の起源の忘却という代償を払って，《イデア》の形式のもとで操作可能になるというわけである。

　したがって，ハイデガーとの論争という主題は，存在論にかかわると同時に，数学の本質にかかわるだろうし，その結果として，哲学の立地が「元来ギリシア的」であるとは何を意味するのかということにかかわるだろう。この点に関する論述を次のように始めることができる。

　1．ハイデガーは，退隠と脱−隠蔽のその学説においてさえも，私がそれこそ形而上学の本質とみなすもの，すなわち恩恵や贈与，現前性や開けといっ

た存在の形象に隷属したままであり，また近接の行程についての大仰な言葉という存在論の形象に隷属したままである。《現前性》の消失と起源の喪失にとり憑かれたこの手の存在論を，私は**詩的**存在論と呼ぼう。ハイデガーの釈義において，パルメニデスからヘルダーリンやトラークルを通ってルネ・シャールにまで至る詩人たちが，どのような役割を演じているかは周知のとおりである。私がまったく別の狙いをもって，『主体の理論』の分析の要衝で，アイスキュロスやソフォクレス，マラルメ，ヘルダーリン，ランボーを召喚したときに辿ろうとしたのは，彼のこの歩みだった。

　2. ところで詩的な近接という誘惑——そう名指したとたん，私もこの誘惑に屈してしまうが——に対して，私は，表象〔再現前化〕のみならず一切の現前化からも締め出された存在の根底的な免算〔soustraction（差し引き）〕という次元を対置しよう。存在は，それが存在であるかぎりで，いかなる仕方によっても接近されえず，ただその空のなかで，オーラなき演繹的な整合性の峻厳さに縫合されるだけだと言おう。存在は韻律や比喩のなかで流布することはなく，また隠喩に対して君臨することもない。それは推論の無力な君主だ。存在がそこに身を隠す過度の現前性という袋小路のなかに——《歴史＝物語》として——存在する詩的存在論に代えて，書字が脱-修飾化〔脱-質化〕と非現前化とをなしとげる数学的存在論を立てる必要がある。主観的に支払わなければならない代価がどうであれ，〈存在としての存在〉が肝心だというのであれば，哲学は存在についての言説の系譜学を——そして存在の本質について可能な反省を——，ヘルダーリンやトラークルやツェランのなかによりは，むしろカントール，ゲーデル，コーエンのなかに指し示すべきである。

　3. 哲学の誕生がギリシアに歴史にもつのは確かであり，またこの歴史性が存在の問いにあることも疑いない。しかしながら，この起源が解釈されるのは，謎や詩の断片のなかにではない。詩の緊張のなかで発せられた，存在と非存在についての仰々しい言葉であれば，インド，ペルシア，中国にも見られる。哲学——これは存在と〈出来するもの〉についての切り離せない問いがどこで演じられるかを指し示そうとする配置のことである——がギリシアで生まれたというのは，存在論がギリシアで，最初の**演繹的な**数学者たち

と一緒に，その言説の必然的な形式を確立したからである。この哲学と数学の絡み合いこそが——この絡み合いは間接帰謬法の使用によってパルメニデスの詩のなかにも読み取りうる——ギリシアを哲学の始原的な立地としたのであり，そしてカントに至るまで哲学の対象の「古典的」な分野を規定したのである。

つまるところ，数学は存在論を実行（エフェクチュ）するという主張が哲学者たちの気に入らないのは，哲学者たちの言葉の重心でありつづけたものを，彼らのアイデンティティの究極の拠り所を，このテーゼが絶対的に奪ってしまうからである。実際，数学は今日哲学をまったく必要としない。かくして存在についての言説は「独力で」永続すると言うことができよう。そもそも，この「今日」が集合論の創造によって，数学化された論理学の創造によって，それから諸範疇と諸トポスの理論〔圏論〕の創造によって規定されているということからして特徴的である。反省的であると同時に数学内のものでもあるこの努力によって，いまや数学はその前進に必要なものを十分に獲得するほど，その存在を保証されているのである（まだ盲目的な仕方においてではあるが）。

5

危険があるとすれば，存在論がギリシア人たち以来，分離された学科形態をもつと知って哲学者たちが打ちひしがれるかもしれない一方で，数学者たちはそのことにいささかも満足しないだろうということである。数学者たちが自分の学科についてのこの種の啓示を迎え入れるときに示す懐疑的な態度，さらには面白半分の蔑みを，私はよく知っている。こうした反応に気を悪くしないでおこう。というのも私は本書のなかで次の点を立証するつもりだからだ。すなわち，存在論はみずからのアイデンティティを反省的に締め出すなかで実行されることを本質とする，と。数学の真理は〈存在としての存在〉から生じるということを知る人間から見れば，数学——殊に発明的な数学——を作る行為は，この知がいかなる契機においても代表されないことを要求する。というのも，存在を対象という一般的な身分に置くこの知の代表化は，脱対象化という，一切の存在論の実行にとっての必然性をすぐさま腐食

してしまうからである。アメリカ人たちがworking mathematician〔実働的数学者〕と呼ぶ者たちがいるが，彼らが自分の学科についての一般的な考察を遅れた無益なものとつねにみなすのも，この自然な結果である。実働的数学者は，目下の数学的諸問題の激戦地で，自分と腕を組んで働く者しか信用しない。だがこうした信用——これは実践的-存在論的主観性それ自体である——は，みずからの諸操作のジェネリックな本質の厳密な記述については，きまって非生産的である。それは個別の 革 新 に完全に整序されている。

　経験上，数学者は哲学者が数学について十分な知識をもっておらず，それゆえ発言権をもたないといつも疑っている。フランスでは，ジャン・デュドネほどこうした精神状態をよく代表する者はいない。彼はその百科全書的な数学の技量を誰もが認める数学者であり，研究をこのうえなく抜本的に鋳直そうとする配慮によっても知られている。さらにジャン・デュドネはきわめて博識な数学史家でもある。数理哲学に関するあらゆる議論が彼を引き合いに出す。しかしながら，彼が主張するテーゼはきまって，哲学者たちは生きた数学に対して恐ろしく遅れているというものだ(事実,その通りだが)。デュドネはそこから，哲学者たちが数学について言いうることは時代遅れだと結論する。彼が特に目の敵にするのは，主に論理学と集合論に関心を寄せる者たちである(ついでに言えば,私のような)。彼にとって論理学と集合論は「終わった」理論であり，あとは無限に細かくしたり洗練させるしかない理論である。そんなものには，初等幾何学の問題で戯れたり，行列計算に没頭したりする(「ばかげた行列計算」と彼は言う)のと大差ない意味と結果しかないというのである。

　ゆえにジャン・デュドネは，活きた現代数学の資料体に通暁することを唯一の綱領とするに至る。この任務は遂行可能だと彼は確言する。というのも，アルベール・ロトマンという人間がいて，彼はナチに殺される前にそれに成功したばかりでなく，さらに数学における最先端の研究の本性を，同時代の多くの数学者たちよりも進んだ地点まで見抜いていたのだから。

　しかしデュドネのロトマンへの賞賛には驚くべきパラドクスがある。デュドネはロトマンの**哲学**言説については，彼が排撃する無知の輩の言説以上に支持することは絶対にない。それはロトマンの哲学言説が大変ラディカルだ

からである。ロトマンは最新の現代数学から取ったもろもろの例を，それら
の図式の超プラトン的なヴィジョンに奉仕させる。ロトマンにとって数学は，
あらゆる可能な合理性の存在地平をなす弁証法的な諸《観念》〔イデア〕の降
下・発出を，思考において実現するものなのだ。ロトマンは早くも 1939 年に，
大胆にもこのプロセスをハイデガーの〈存在と存在者との弁証法〉に近づけ
ている。この高度な思弁を，1 世紀遅れの「現下の」認識論者の思弁よりも
有効だと認める用意が，はたしてデュドネにあると見えるだろうか。この点
についてデュドネは見解を述べていない。

　そこで私は尋ねたい。数学を余すところなく知っているということは，そ
れ自体はもちろんよいことだし，またその知を獲得するのは大変なことだ。
けれども，そうした網羅的な知が，そもそも数学者たちから見ても，哲学固
有の諸帰結のために格別な有効性の保証となるのでなければ，哲学者にとっ
て何の役に立つだろうか。

　要するに，デュドネによるロトマンの賞賛は貴族主義的な手続きであり，
騎士叙任式なのだ。ロトマンは真の知者たちの同業団体に属する者として認
められているわけである。しかしロトマンで問題になっているのが哲学であ
るということは，この承認のなかでは余計なものにすぎず，またつねに余計
なものでありつづけるだろう⁽⁴⁾。

　数学者たちはわれわれに言う──数学者であれ，と。そしてわれわれが数
学者であれば，この頭領から栄誉を授けられるというわけだ。しかしそのと
き，数学的思考の立地の本質に関する数学者たちの確信と帰属については，
一歩も前進するところがない。実のところ，カント（『純粋理性批判』にお
ける数学への明示的な参照は，有名な「7+5＝12」からたいして先に進ま
ないが）は，ロトマン（彼は同時代の nec plus ultra〔極限〕を参照していた）が
デュドネとその同僚たちから受けるよりもはるかに多くの**哲学的**承認を，ポ
ワンカレ（数学の巨人）から受けていたのである。

　したがっていまやわれわれの方が，次のような嫌疑をかけるべき立場にあ
る。すなわち，数学者たちが数学の知について要求を大きくするのは，この
知の本質を哲学的に指示することにおいてわずかなもの──ほとんど無──
で満足しているからではないか，と。

ところで，ある意味で数学者たちはまったく正しい。数学が存在論**である**ならば，存在論の現在の発展のなかに身を置こうと望む者にとって，その時代の数学者を実践する以外に道はない。「哲学」の核心が存在論であるならば，「数学者であれ」という綱領は結構である。実際，〈存在としての存在〉に関する新しい諸テーゼは，新しい理論，新しい定理以外の何ものでもない。実働的数学者は「そうと知らない存在論者」として，この理論・定理に身を捧げるのだ。「そうと知らずに」ではあるが，この非−知が彼の真理の鍵である。

したがって，本書における数学の使用について理性的な議論をおこなうためには，数学と存在論の同一性から生じる決定的な帰結を引き受けることが本質的である。その帰結とは，**哲学は根源的に存在論から切り離されている**，というものだ。これは，「批判的」な虚しい知がわれわれに信じさせようとするように存在論が実存しないということではない。むしろ存在論が十全に実存するからこそ，その結果，〈存在としての存在〉について言いうること——そして言われたこと——は，いささかも哲学言説には属さないのである。

したがってわれわれの目標は，存在論的な 呈 示〔現前化〕，すなわち存在についての論考ではない。存在についての論考は結局のところ数学の論考でしかない。例えばジャン・デュドネの並外れた『解析学入門』という九巻本がそれだ。こうした呈示への意志のみが，最新の数学の問題の——狭い——割れ目〔突破口〕の通過を要求する。それを欠いては，存在論者ではなく，存在論のコラムニストになるだろう。

われわれの目標は，数学とは〈存在としての存在〉に関する言説の歴史性であるという，メタ存在論のテーゼを立証することにある。そしてこの目標のさらに先にある目標は，**哲学ではない**二つの言説（および実践）のありうる分節を思考する仕事を，哲学に与えることである。その二つの言説（および実践）とは，一方は存在の学である数学であり，もう一方は出来事（これはまさしく「〈存在としての存在〉ではないもの」を指す）に関する介入的な諸学説である。

〈存在論＝数学〉というテーゼがメタ存在論的であるということは，このテーゼが数学的ではない，言い換えれば存在論的ではないということである。

ここでは言説の成層性を受け入れなくてはならない。このテーゼを証明するためには数学の諸断片の利用が必須だが，その場合，数学の諸断片は，数学の現状の規則によってではなく，哲学の規則によって司られる。大雑把に言えば，どんな「対象」も純粋な多性（これ自体は空の非現前のうえに築き上げられる）へ還元可能であるということを歴史的に言表する数学の一部分（集合論）が重要である。もちろん，数学の諸断片は，メタ存在論のあるタイプの存在論的標記として，すなわち言説の脱成層化の指標として，さらには**存在の出来事的生起**として理解されうる。この点は後で議論することになるだろう。さしあたりわれわれは次の点を知っておけば十分である。すなわち，これらの数学の部位〔集合論〕は存在論の発展**において**——理論装置としては——ほとんど不活発である（存在論においては，むしろ代数的位相幾何学，関数解析，微分幾何学などが支配的である）とみなすことと，それと同時に，やはりそれらはメタ存在論の諸テーゼにとって避けられない——特異な——支えであると考えることとのあいだに，矛盾はないということである。

　そこで誤解を解くようにしてみよう。私は，自分の言及する数学の分野〔集合論〕が，数学の現状のなかでもっとも「興味深い」あるいはもっとも意義深い部分だと言い張るつもりはまったくない。存在論がそれ〔集合論〕を越えてそれ自身の展開をたどっていくのは当たり前だ。また，この分野〔集合論〕は一般的に言って，一切の体系的概論の冒頭に来るとはいえ，それらが数学言説の論証性の基礎の立場にあると，そのように言うのでもない。始めることは基礎づけることではない。すでに述べたことだが，私の問題設定は基礎づけにあるのではない。というのも，そうした基礎づけが存在論内部の建築構造のなかを進むのに対して，私の意図は単に存在論の立地を指し示すことだけだからだ。しかしながら，それらの分野〔集合論〕は歴史的に見て**徴候**であると主張しよう。それを解釈することによって，数学は，〈存在としての存在〉について記入されるものを組織するそのかぎりにおいてのみ，その真理を保証されているのだということが認められるのである。

　現在もっと活発であるその他の徴候も解釈の俎上にのせることができるのであれば，それは私にとってとてもうれしいことだ。というのも，そうなれば，世に認められた枠組みのなかでメタ存在論の議論を組織することができ

るだろうから。もしかしたら，ひょっとして数学者たちの騎士叙任式を執り
おこないながら……。

　したがって，哲学者たちに言わなくてはならないのは，本当に彼らに特有
な操作の自由が今日生まれるとしたら，それは存在論の問いを決定的に清算
することによってであるということだ。また数学者たちに対しては次のよう
に言わなくてはならない。すなわち，彼らの研究は自分自身についての無自
覚に縛られてはいるが，その存在論的な威厳は，実働的数学者としてのあり
方から解放された彼らが，メタ存在論において別の規則に従って，別の目的
のために作動しているものに関心を寄せることを排除しない，と。いずれに
せよ，メタ存在論で賭けられているのが真理であるということ，そして真理
が知から切り離されて出来事へと開かれるのは，「存在への配慮」が永遠に
彼らに委ねられたからなのだということ，これを彼らが得心してくれる可能
性はあるだろう。

　とはいえ，そこから正義を数学的に推論すること以外の希望をもっている
わけではない。しかし，それで十分なのである。

6

　「数学は存在論である」というテーゼの実現が本書の土台であるとしても，
それが本書の目標なのではない。このテーゼがいかにラディカルであろうと，
それは哲学に可能な固有の空間を**画定する**だけである。なるほどこのテーゼ
それ自体は，（カントール，ゲーデル，コーエン以後の）数学と（ハイデガー
以後の）哲学の積み重ねられた現状から必然的となったメタ存在論的な──
あるいは哲学的な──テーゼである。しかしこのテーゼの役割は，現代哲学
に特有の諸テーマへと開くこと，とりわけ──〈存在としての存在〉の番人
が数学である以上──「存在としての存在ではないもの」の問題へと開くこ
とにある。「存在としての存在ではないもの」を即座に非存在だと宣言する
のは性急に過ぎるし，実を言えば，不毛である。私がこの序論を始める際に
用いた，時期区分による類型論から予感されるように，〈存在としての存在
ではないもの〉の分野（これは分野**ではなく**，むしろ挿入の切り口，あるい

は後で見るように，追加物[3]である）は，私にとっては，真理と主体という，対になった，本質的に新しい二つの概念をめぐって組織される。

なるほど真理と主体の結びつきは古くさく見えるだろうし，いずれにせよ哲学の最初の近代性（その幕開けの名はデカルトである）の運命を決定づけたものとも思われるだろう。しかしながら私は，この二つの用語がここではまったく別の斜面から再活性化してくるのだと言おう。すなわち，思考のために，存在と真理のハイデガー的紐帯をほどくと同時に，主体を支柱や起源ではなく，真理のプロセスの**断片**として任命するような，そうしたものについて，本書は実際上ポスト・デカルト的で，さらにはポスト・ラカン的な学説を打ちたてようというのだ[5]。

いずれにせよ，私の企てのシンボルとして何かカテゴリーを指し示せというのであれば，それはカントールの純粋な多でもなければ，ゲーデルの構成可能なものでもない。また存在の名である空でもなければ，〈存在としての存在ではないもの〉による追加作用の源としての出来事でもない。それは**ジェネリックなもの**〔le générique〕である。

この「ジェネリックなもの」という単語そのものは，数学に基礎づけという傲慢を断念させたボーダー効果によって，数学者ポール・コーエンから借用したものだ。コーエンの発見（1963 年）によって，19 世紀の終わりにカントールとゲーデルが切り開いた思考の金字塔は終わった。粉々になった集合論は，数学の全体を体系的に展開するには不適格であるということ，さらにその中心的な難問，すなわち連続体仮説の名でカントールを悩ませた難問を解くには不適格であるということが明らかになった。フランスにおけるブルバキ・グループの高慢な試みは塵に帰した。

しかしこの完了を哲学的に読解すれば，反対推論によって，哲学のあらゆる希望が可能となる。私が言いたいのは，コーエンの諸概念（ジェネリック性と強制法）は，私の考えでは，少なくともゲーデルの有名な定理が彼の時代においてそうであったのと同じくらい，根本的な知のトポスをなすということである。ジェネリック性と強制法という概念はその専門技術的な効力のためにこれまで集合論の最後の専門家たちのアカデミックな闘技場のなかに

閉じ込められてきたが，この二つの概念はその専門技術的な有効性を超えて
もしっかりと機能する。事実，それらの概念はその固有の領域において識別
不可能なものという古い難問を解決し，ライプニッツを論駁し，真理と主体
の免算的把握へと思考を開く。

　また本書の使命は，ある知的革命が 60 年代初頭に起こったのだと知らせ
ることにもある。その知的革命は数学を仲立ちとしたが，その反響はありと
あらゆる思考に及んでおり，哲学にまったく新しい任務を提出する。最後の
ほうの省察 (31 から 36) において私がコーエンの操作を細部にわたって語っ
たのは，さらに「ジェネリックなもの」と「強制法」という単語を借用し，
輸出し，それらの哲学的展開をその数学的出現よりも優先したのは，このコー
エンという出来事をようやく見分けられるようにするためであり，大々的に
演奏するためである。このコーエンという出来事はあまりにも徹底的に一切
の介入や意味の外に放置されているため，そのフランス語版は，単にテクニ
カルなものでさえ，ほとんど存在していないのである。

7

　したがって，真理の理念的内省，およびそうした内省の**有限な**審級（私の
見解では，主体のこと）は，まさしく私がジェネリックな手続き[4]と呼ぶこ
とにするもの（それには四つあって，すなわち愛，芸術，科学，政治である）
に結びつく。ジェネリックなものについての思考は，存在の諸範疇（多，空，
自然，無限……）と出来事の諸範疇（〈超-一〉，決定不可能なもの，介入，
忠実さ……）の完全なる横断を前提とする。この思考はあまりに多くの概念
を結晶化させるので，そのイメージを与えることはほとんど不可能である。
しかしながら，この思考が結びついているのが，識別不可能なもの，名づけ
えぬもの，絶対的に任意であるものという深い問題であるということは言え
よう。ジェネリックな多（真理の**存在**とはつねにこうしたものである）とは，
知から差し引かれたもの〔免算されたもの〕，質〔資格〕を奪われたもの，現前
化不可能なものである。それでも，このジェネリックな多は思考されうるの
だということ，これを証明することが本書の決定的な賭金となるだろう。

芸術において，科学において，稀である真の政治において，愛（それが実存すればだが）において起こること，それは時間の識別不可能なものが白日の下に到来することである。したがって時間の識別不可能なものは，既知のあるいは認知された多でもなければ，またえも言われぬ特異性でもない。それは考察される集合体のあらゆる共通特徴をその〈多なる存在〉〔多であること〕のうちに保有しており，この意味でその集合体の存在の真理なのである。芸術，科学，政治，愛といった手続きの謎は，一般的には，それらの表象可能な諸条件（社会的なもの，性的なもの，技術的なもの……についての知）に送り返されるか，あるいはそれらの《一》という超越的彼岸（革命の希望，愛の合一，詩的な〈忘−我〉……）に送り返されてきた。私はこれらの手続きについての同時代的な思考を，ジェネリックなものの範疇において提出する。この思考は，それらの手続きが不確定であると同時に完全なものであることを示す。なぜなら，これらの手続きは利用可能なすべての百科全書の切れ間から，みずからが進展する場の〈共同−存在〉，〈多なる基盤〉をあらわにするからである。

　そのとき，主体はこのあらわになったものの有限な一契機である。主体は**局所的にあらわにする**。主体はジェネリックな手続きによってのみ自己を担うのであり，つまり厳密な意味で，主体には，芸術の主体，愛の主体，科学の主体，政治の主体しかないのである。

　ここではきわめて大雑把にしか言及できないものを真正に思考するためには，存在がどのようにして追加されうるかを理解する必要がある。真理の実存は出来事の生起にかかっている。しかし出来事がそれとして**決定される**のは介入による遡及効果においてでしかない以上，結局のところ複雑な軌道があることになる。その軌道を本書のプランは以下のように復元する。

1. 存在——多と空，あるいはプラトン／カントール。省察 1 から 6。
2. 存在——超過すなわち状況の状態。一／多，全体／部分，あるいは∈／⊂？ 省察 7 から 10。
3. 存在——自然と無限，あるいはハイデガー／ガリレオ。省察 11 から 15。

4. 出来事——歴史と〈超－一〉。〈存在ではないもの〉。省察 16 から 19。

5. 出来事——介入と忠実さ。パスカル／選択公理，ヘルダーリン／演繹。省察 20 から 25。

6. 量と知。識別可能なもの（あるいは構成可能なもの）——ライプニッツ／ゲーデル。省察 26 から 30。

7. ジェネリックなもの——識別不可能なものと真理。P・J・コーエンという出来事。省察 31 から 34。

8. 強制法——真理と主体。ラカンの彼方へ。省察 34 から 37。

　見てのとおり，数学の諸断片の必要な踏破は，存在の徴候的なねじれ——知のつねに全体的な織物のなかで，真理とはこの徴候的なねじれである——をある超過点において**始動させる**ために要求されている。したがって，私の意図は決して認識論的なものではない，すなわち数学〈の〉哲学ではない，と理解されるだろう。そのようなものであれば，この認識論の現代の大きな潮流（形式主義，直観主義，有限主義，等々）について議論したことだろう。ここでは数学は，その存在論的な本質が明らかになるように**引用**されている。《現前性》の存在論はヘルダーリンやトラークルやツェランの偉大な詩を引用して注釈するが，詩のテクストがそのようにして陳列されると同時に切り刻まれても誰も文句を言わない。それと同じように，私の企てが認識論に傾くことなく（ハイデガーの企てが単なる美学に傾かないのと同じように），数学のテクストを引用し，挿入する権利を私にも認めなくてはならない。というのも，この操作に期待されているのは，数学に関する知というよりも，ある点を規定すること，すなわち，存在についての言述が，それ自身に対する時間的超過において一**つ**の真理として——やはり芸術の，科学の，政治の，あるいは愛の真理として——出来する点を規定することだからである。

　真理と主体をそれらの存在において思考可能にするために数学を引用する可能性が要請されるということは，時代の命じるところである。結局のところ，そうした引用は詩人たちの引用よりも普遍的に接近可能であり一義的であると，そう私が言うのを許してもらいたい。

8

　本書は三位一体の聖なる神秘に適った形で「三つで一つ」である。それは
37 個の省察から構成されている。この省察という言葉はデカルトのテクス
トのいくつかの特徴へと差し向ける。すなわち，理由〔理性〕の秩序だった
順序（概念のつながりは不可逆的である），個々の論述の主題上の自律性，
そして既存の学説あるいは敵対する学説の論駁を経由せずに自分自身から出
発して自己の議論を繰り広げる叙述方法などである。しかしながら読者はす
ぐに，はっきりと異なった三つの種類の省察があることに気がつくだろう。
あるものは，提示された思考行程において有機的に結びついた諸概念を説明
し，結合し，展開する。そうした省察を，純然たる概念的省察と呼ぼう。ま
た別の省察は，哲学の大いなる歴史のいくつかのテクスト（順番に従って言
えば，プラトン，アリストテレス，スピノザ，ヘーゲル，マラルメ，パスカ
ル，ヘルダーリン，ライプニッツ，ルソー，デカルト，ラカンという 11 の
名である）を，個々の特異点において解釈する。これをテクスト的省察と呼
ぼう。最後にまた別の種類の省察があり，それは数学言説の――つまりは存
在論的言説の――いくつかの断片を支えとする省察である。それをメタ存在
論的省察と呼ぼう。これら三部門の糸（本書はその三つ編みである）の相互
依存の度合いはどのようになっているのか。

　――概念的省察だけを読むことは確かに可能ではある（味気ないが）。し
かしながら，数学が存在論であるという証拠がそこで本当に提出されること
はない。したがって，数多くの概念のつながりは立証されるにしても，それ
らの概念の真の起源は不明のままにとどまる。さらに言えば，哲学史の横断
的読解（ハイデガーのそれに対抗可能な読解）に向けたこうした出航装備の
妥当性はまだ宙に浮いたままである。

　――テクスト的省察だけを読むことはほぼ可能である。とはいえ，その場
合，解釈が不連続であるという印象は拭えないし，解釈の場が本当に把握可
能となることもない。こうした読み方は本書を一冊のエッセイ集（ある順番
で読むのが適切だと分かっているだけのエッセイ集）に変えてしまう。

──メタ存在論的省察だけを読むことは可能である。しかし概念体に哲学的解釈が積み込まれなくなれば，数学に特有の重さはそうした哲学的解釈に単なる幕間あるいは区切りとしての価値しか与えなくなる恐れがある。そのとき本書は，集合論の決定的に重要ないくつかの断片に関する窮屈な注釈的研究になってしまうだろう。

私がすでに主張したように，哲学とは指示連関における循環であるが，このことが十全に完遂されるのは全体を踏破すればこそである。しかしながら，どれか二つずつの組み合わせ（概念的省察＋テクスト的省察，あるいは概念的省察＋メタ存在論的省察）だけでも，おそらく可能ではあるだろう。

数学は魅惑と恐怖を引き起こす独特の力をもっている。だがそれは社会的に作り出されたものであって，まったく内在的な根拠をもたないと私は言いたい。本書は，アプリオリなこの恐怖から解放された自由な注意以外には，何も前提としない。簡略化された形式的な書記法についての初歩的な慣れ以外，何も必要ではない。その原則と細かい約束事は，第3省察に続く「技術上の注」にまとめられている。

私もすべての認識論者と同じく，数学概念の意味は，それが具体的な証明のなかに投入されて初めて理解可能となると思っているので，相当数の論理的連関を再現するように配慮した。さらに微妙な，しかし教えるところの多い演繹上のいくつかの行程については補遺へ回した。証明の技術性がそれを超えて有益な思考をもたらすのをやめた時点で，私は証明を止めにする。使用される数学上の「大きな山〔土台〕」は次の五つである。

──哲学的に導入され，説明され，注釈された，集合論の諸公理（省察1と2，それから省察4と5）。ここでは誰にとっても難しい点はまったくない（後に続く思考の一切が包み込んでいる難しさは別として）。

──順序数の理論（省察3）。これも難しくない。

──基数についてのいくつかの示唆（省察26）。ここは少しばかり足早に通り過ぎるが，それまでに出てきたあらゆる事柄の訓練を前提にしている。補遺4はこれらの示唆を補完するものだが，それは私の考えでは内在的にきわめて興味深いものを含んでいる。

──構成可能なもの（省察29）。

序　論　37

　　　——ジェネリックなものと強制法（省察 33，34，36）。

　　この最後の二つの論述は決定的であると同時に，ほかの部分よりも錯綜している。だがそれらは本当に苦労に値するものであり，私はあらゆる努力に開かれた叙述を心がけたつもりだ。技術上の詳細については，多くを補遺に回したか，飛ばした。

　　読者を拘束する付番された注というシステムはとらなかった。〔凡例参照〕数字によって読書を中断させるくらいなら，どうして読者に参照させたい当のものをテクストのなかに組み込まないのか。読者が疑問に思えば，私がそれに答えているかどうか，巻末に見に行けばよい。注を飛ばしたことは読者の過ちではなく，読者の要求を裏切った私の過ちである。

　　本書の終わりには概念の辞書がある。

訳注

［1］Jean Cavaillès（1903-1944）　フランスの哲学者。フランスにおける数学基礎論研究の先駆者。集合論の認識論的研究やゲーデルの不完全性定理とフッサール現象学との関係についての研究などでも注目される。対独レジスタンスを組織し，ドイツ軍に銃殺される。

［2］Albert Lautman（1908-1944）　フランスのユダヤ人哲学者。数学的プラトン主義を展開した。『数学における構造と実存の観念に関する試論』をレオン・ブランシュヴィックのもとで博士論文として提出。ブルバキ・グループとも近かった。日本にも 2 年間滞在したことがあり，大阪で文学と哲学を教えた。第二次大戦時に軍属として，その後はレジスタンスとして戦い続けたが，1944 年 5 月にゲシュタポに逮捕され，8 月ドイツ軍に銃殺された。

［3］原語は le supplément（追加物，代補物）。「代補」の議論はデリダにおいて有名であるが，バディウにおいては，土台となる集合がはらむ識別不可能なものを起点にして，新たなものが付け加えられたもののことを指す。この追加作業（la supplémentation）がジェネリック拡張である。

［4］「手続き」の原語は la procédure. フランス語で日常的には「手続き」のことを指すが，語源的には，pro-（前へ）＋ cedere（行く，進む）からなり，「前進すること，進行すること」というのが原義である。日本語で「手続き」と訳すと，お役所的な事務手続きのイメージが強調されるが，バディウはこの語で，数学による形式化にもとづく論理進行のことを言わんとしているので，あながち「形式的な進め方」という意味の「手続き」でも悪くはないと考え，こう訳出した。ニュアンスとして「進め方」「進行」「プロセス」くらいに捉えてほしい。

I

存　在──多と空

プラトン／カントール

省察 1

一と多

——あらゆる存在論のアプリオリな条件——

　パルメニデスが配備して以来，存在論は次のような経験を，廃墟となった神殿の柱廊に据えている。すなわち，〈**現前するもの**〉は本質的に多であり，〈現前するもの〉は本質的に一であるということ，これである。確かに，一と存在との相互性は哲学言説の端緒をなす公理であり，ライプニッツはそれを，「**一つの存在でないものは存在ではない**」と見事に述べている[(6)]。しかしそれはまた哲学言説の袋小路でもあって，われわれはプラトンの『パルメニデス』の回転ドアによって，あの奇妙な悦楽——決着のときが決して来ない〔堂々巡り〕という悦楽——の訓練を受けるのである。というのも，存在が一であるとしたら，一ではないもの——すなわち多——は存在しない，と措定せざるをえなくなるからだ。これは思考の嫌うところである。なぜなら現前するものは多であるし，一切の現前の外で存在に到達できるとはとても思えないからだ。現前が存在しないとしたら，〈（みずからを）現前させるもの〉を存在として指し示すことに，なおも意味があるだろうか。逆に現前が存在するのであれば，多が存在するのでなくてはならず，その結果，存在はもはや一と置換可能ではないという結論，そして現前する**もの**を，それが存在するかぎりにおいて，一とみなす必要はないという結論になる。これも思考の嫌うところである。というのも，現前が**この**多であるのは，現前が現前させるものが一と計算されるがままになるかぎりにおいてであるからだ。以下同様に続く。

　ここでわれわれはある決断〔décision（決定）〕の地点にいる。すなわち，詭弁の焼尽から復活する不死鳥のごとく，そこで哲学が生まれては消滅する一

と多の秘法——これと縁を切るという決断の地点に。この決断は，一は**存在しない**〔l'un *n'est pas*〕という以外に可能な定式をもたない。とはいえこれは，ラカンが象徴界の原理に据えたこと，すなわち《一》が**ある**〔*il y a* de l'Un〕ということについて譲歩することではない。一の存在〔être〕の想定（放棄されるべき想定）と，一が「ある〔il y a〕」というテーゼとのあいだの，この隔たりの会得にすべてはかかっている。存在しない何がありうるのか。厳密に言えば，「《一》がある」と言うことがすでに行き過ぎなのだ。というのも，〔「ある（il y a）」に含まれた〕「そこ〔y〕」は，放浪する局所化として理解されるものであり，それは一に一個の存在点を与えるのだから。

はっきりと言う必要があるのは，一は存在するのではなく，ただ**操作**^{オペラシオン}としてのみ実存するということだ。あるいはまた，一があるのではなく，〈一と計算すること〉のみがあるということだ。一は一個の操作であって，決して現前ではない。「一」が数であるということを真剣に受け止めなくてはならない。ピュタゴラスのように考えるのでもなければ，〈存在としての存在〉が数であると措定すべき理由はない。これは，存在は多でもないということだろうか。厳密に言えば，そうだ。というのも存在が多であるのは，それが現前に出来するかぎりにおいてだからだ。

要するに，多は現前の体制であり，一は現前作用からみれば操作の一結果なのである。存在とは（みずからを）現前させるもののことであり，したがって，存在は一でもなければ（というのも，〈一と計算すること〉に関与的であるのは，現前それ自体のみなのだから），多でもない（というのも，多は**もっぱら**現前の体制なのだから）。

語彙を定めよう。現前化された一切の多性〔集合〕，私はこれを**状況**と呼ぶ。現前が実効的であるとすれば，状況とは，関係する多性の項がなんであれ，ある場に事が起こるときのその場のことである。どんな状況にも，それに固有の〈一と計算すること〉の操作子がある。現前化された多性について，〈一と計算すること〉の体制を規定するもの，これが**構造**のもっとも一般的な定義である⁽⁷⁾。

ある状況において，何かが一と計算されているとき，そのことが意味するのはただ，構造の諸効果に固有の様相で何かが状況に属しているということ

だけである。

　構造とは，それによって数を，現前する多へと出来させるものである。これは，現前化の形象としての多が「まだ」数ではないということだろうか。見失ってはならないのは，どんな状況も構造化されているということである。多は状況のなかで遡及的に，一に「先行」するものとして読み取られるが，それは〈一と計算すること〉がつねに**結果**であるからだ。一とは操作であるという事実から，われわれは次のように言うことができる。すなわち，**現前化においては一でないものは必然的に多であるから，操作の分野は一ではない**（というのも一は**存在しない**のだから），したがって多である，と。実際，一と計算すること（構造）は，一切の状況について，〈一／多〉という対の普遍妥当性を制定するのである。

　一と数えられることになるものは，〔その時点では〕一と数えられていなかったということから，多であるということになる。

　つまり，現前が多としてしか考えられず，また状況の数字的慣性が配備されるのは，なるほどつねに計算の事後においてのことである。しかし計算の効果なしに状況はないのであり，したがって，現前としての現前は，数について言えば，多であると言うことは正しいのである。

　それを次のように言うこともできる。すなわち多とは，一が存在するためには〈一と計算すること〉の操作が実際に操作しなくてはならないという事実から出発して遡及的に検出可能な慣性である，と。多とは，構造化されたものを指す不可避の述語である。というのも，構造化——言い換えれば〈一と計算すること〉——は一つの効果であるのだから。一（これは存在しない）は現前しえず，ただ操作することしかできないということ，これが，現前が多の体制下にあるという事態を，その操作の「後で」基礎づけるのである。

　ここで多が分割されていることは明らかである。実際，「多」と言われているのは，〈一-であること〉が結果であるがゆえに遡及的に〈非-一〉として把握された現前のことである。しかし計算の構成物もまた，すなわち構造の作用によって計算された「複数の-一」としての多もまた，「多」と言われる。慣性の多性すなわち現前運動の多性と，構成物の多性すなわち数や構造効果の多性とがあるのだ。

前者を**非整合的な多性**〔*multiplicité inconsistante*〕，後者を**整合的な多性**[1]〔*multiplicité consistante*〕と呼ぶことにしよう。

状況（言い換えれば，構造化された現前）をこの同じ用語との関係で言えば，それは〈一と計算すること〉の分割において立てられた二重の多性——非整合的多性と整合的多性——であると言える。上流には非整合性があり，下流には整合性がある。構造は，現前が多（非整合的な多）であると遡及によって考えるように義務づけると同時に，現前のもろもろの項を一個の多（整合的な多）の諸単位として構成することを先取りによって許可する。義務と許可とのこの分割が，存在しない一を**法**にするのだとわかるだろう。一について，一は存在しないと言うことと，一は多の法であると言うこととは，まったく一つのことである。その場合，多の法であるとは，それによって多が多として明らかにならざるをえないという意味と，また多の構造化された構成をそれが規制するという二重の意味においてである。

以上のことに適合する，〈存在としての存在〉についての言説とは，どのようなものでありうるだろうか。

あるのはもろもろの状況のみである。存在論も，仮にそれが実存するとすれば，一つの状況である。われわれはすぐさま二重の困難に陥る。

一方で，一つの状況は一つの現前である。ということは，存在をそれとして提示する**一つの現前**があるということになるのか。むしろ「存在」は，どんな現前においても提示されるもののなかに含まれているように思われる。「存在」が**存在するかぎりのもの**として現前しうるかはわからない。

他方で，存在論——〈存在としての存在〉についての言説——が一つの状況なのだとしたら，それは〈一と計算すること〉の一様式，一個の構造を許容する。だが**存在を**〈一と計算すること〉は，一と存在とが相互に交換可能だとこじつけるアポリアへとわれわれを連れ戻すのではないか。一が計算の操作でしかなく，一が存在しないのであれば，存在は**一ではない**ということを認めなくてはならないのではないか。そしてその場合，存在は一切の計算から差し引かれているのではないか。そもそもこれは，存在は一と多の対立とは異質であると宣言したときに，われわれが主張していたことだった。

これはまた，存在の構造はないという言い方でも言える。

まさにこの点において，哲学のもろもろの「存在論」が歴史上抵抗しえなかった《大いなる誘惑》——存在論は状況ではないと措定することによって無理やり障害を突破しようとする《大いなる誘惑》——が差し出される。

存在論は状況ではないという主張の意味するところは，存在は構造化された多のなかではみずからを意味することができないということ，そして一切の構造の彼方に位置するある種の経験のみが，存在の現前性のヴェールに接近する道をわれわれに開くということである。こうした確信のもっとも威厳ある形はプラトンの言表である。プラトンによれば，《善のイデア》は存在を〈至上に存在するかぎりでの存在〉として叡智界という場に配するけれども，それ自身は epekeina tes ousias すなわち「実体の彼方」に存在し，言い換えれば〈そこにたたずむもの〉の布置のなかでは現前化不可能なものである。《善のイデア》は《イデア》ならぬ《イデア》であり，《イデア》のイデア性がみずからの存在（to einai）をそこから受け取るところのものである。要するに，それは場の結節のなかで認識されるがままにならずに，秘儀伝授の遍歴の成果としてのあるまなざしによってただ眺められ，観照されるしかないものなのである。

私はしばしばこの道と交差するだろう。よく知られていることであるが，この道は，**概念**的には，否定神学において与えられる。否定神学にとって，存在が状況の外にあるという事態の本質は，存在が一切の現前や一切の述語づけに対して異質であることに存する。言い換えれば，もろもろの状況の多なる形態に対して根本的に異質であると同時に，〈一と計算すること〉の体制に対しても根本的に異質であることに存する。多から引き剝がされた，《絶対的な他》としか名づけようのない存在の《一》は，この異質性によって樹立される。また**経験**の点から言えば，この道は神秘的な無化〔根絶〕に秩序づけられる。否定的な霊的訓練の果てに，まさしく非存在としての《一》の存在である《現前性》が獲得され，つまり《一》のあらゆる計算機能の解除が獲得されるのは，一切の現前的状況の中断によるのである。最後に，**言語**について言えば，否定神学の道は詩を拠り所とする。詩という方策は，それが命名の法に課す卒倒によって，状況の通常体制からできるかぎりみずからを引き抜いて自己を例外化するのに適した唯一のものなのである[8]。

こうした選択の効果は衝撃的に大きいだけに，私はこの選択を徹底的に反駁するものについて絶対に譲歩することができない。**存在論は状況**〔位置をもつもの〕**である**と，そう私は主張しよう（これが本書の賭けである）。したがって私は，この選択肢から生じる二つの大きな難問──すなわち，〈存在としての存在〉について理性的に語ることを可能にする呈示〔現前化〕という難問と，〈一と計算すること〉という難問──を，〈例外者〉の約束のなかに解消するのではなしに，解かなくてはならない。私がそれに成功するとすれば，今後私が〈現前性の存在論〉と名づけるものの諸帰結を，一点一点論駁していくことによるだろう。というのも，現前性は〔実は〕現前化〔呈示〕と正反対のものだからだ。**概念**について言えば，存在論が実存するということを私が証明するのは，述語づけの，さらには形式化の措定的〔肯定的〕な ポジティブ 体制においてである。**経験**について言えば，それは演繹的発明の経験であって，この発明においては，結果は聖性の絶対的な特異性などではまったくなく，知において完全に伝達可能なものであるだろう。最後に，**言語**はと言えば，一切の詩と解約して，フレーゲが概念記法〔idéographie〕と名づけたものの潜在力のうちになければならない。集合は〔現前化や状況の外にある例外者という〕現前性の誘惑に対して，免算的なものの厳格さを対置するだろう。この免算的なものにおいて存在が語られるのは，存在が一切の現前性にとって，そして一切の経験にとって想定不可能であることによってのみである。

「免算的」とはここでは，後で見るように，存在の退隠というハイデガーのテーゼに対立するものである。実際のところ，存在がみずからの本源的配備の忘却を生み出し，われわれ──ニヒリズムの極点にあるわれわれ──に詩的「反転」を指図するにまで至るのは，存在の現前性の退隠した部分においてではない。否，存在論の真理はもっと縛りが厳しく，もっと預言的ではない。現前から締め出されているからこそ，〈存在としての存在〉がある法──すなわち考えうるあらゆる法のなかでももっとも厳しい法，論証的かつ形式化可能な推論の法──の至厳の効果のなかで，人間にとって言いうることへと至るのである。

したがって，われわれの方針は，状況としての存在論の外見上のパラドクスを維持しておくことである。パラドクスを取り除くには本書全体でも多す

ぎはしないということは，容易に想像できるだろう。だが道を切り開いてみよう。

存在はどのような現前においても出来するのであって——そしてこのことが，存在が**自己**現前しないという事態を引き起こす——，したがって存在の**一つ**の現前はありえないのだとしたら，われわれにはただ一つの出口しか残されていない。すなわち，存在論的状況とは**現前化の呈示**〔現前化の現前化〕であるという道だ。実際そうだとしても，存在論的状況において問題となるのが，〈存在としての存在〉であることは依然として可能である。というのも，さまざまな現前以外に，存在へのいかなる接近路もわれわれに与えられないのだから。少なくとも，その現前的な多が現前化それ自体の多となるような状況〔集合論的存在論〕は，存在への可能な接近の一切が把握されるところの場をなすことができる。

しかし，ある現前化が現前化の現前化〔現前化の呈示〕であるとは何を意味するのか。それは思いつきにすぎないのだろうか。

われわれがいままでのところ現前化に付与してきた述語は，多ということのみだった。一は存在と置換可能ではないが，反対に多は，非整合的な多と整合的な多へのその構成的な分裂において，現前と置換可能である。もちろん，一個の構造化された状況——状況はどれも構造化されたものである——において，現前の多は**この**多であり，そのもろもろの項は構造という法から出発して数えられるがままになる（〈一と計算すること〉）。現前「一般」はむしろ非整合的な多の側に潜伏している。この非整合的な多が〈一と計算すること〉の遡及効果のなかで，〈多として現前化されたもの〉（計算の操作があるのはこれにとってである）の慣性的で領有的な還元不可能性とでもいったものを出現させるのである。

ここから次のようなテーゼが推論される。すなわち，なんらかの存在論が，言い換えればなんらかの現前化の現前化〔現前化の呈示〕が可能であるとすれば，その存在論は純粋な多の状況，「即自的な」多の状況である，と。もっと正確に言えば，存在論とは，**それ自体としての非整合的な多性についての理論**でしかありえない，と。この場合の「それ自体としての」とは，存在論的状況において現前化されたものは，その多性以外に述語をもたない多であ

る，ということを意味する。存在論は，それが実存するかぎり，必然的に多としての多についての学であるだろう。

しかし，そのような学があるとして，その構造は，言い換えれば，その学を概念的状況として規制する〈一と計算すること〉の法は，いったいどのようなものでありうるか。現前化（これを現前化〔呈示〕することが肝心だ）はそれ自体において多性である以上，また一は現前化において結果でしかない以上，多としての多が一から構成されるということは受け入れられないように思われる。存在が現前一般——つまり，その存在において一を免れた〈多としての多〉——の現前としてのみ「状況のなかに」あるならば，多を法——構造——の一に従って構成することは，確実に存在の喪失である。

多が現前化されているためには，一は**存在しない**ということが法そのもののなかに書き込まれている必要があるのではないか。したがって，多は一が操作する場（「《一》がそこにある」の「そこにある」）を確立する運命にあるにもかかわらず，ある仕方で，多それ自身は〈一-なし〉でなくてはならないのではないか。これこそが，一切の状況の多の非整合的な次元から看取されることである。

しかし存在論的状況において，構造が可能にする構成が一から多を織り上げるのではないとしたら，この構造は何の構成を可能にするのか。結局のところ，一と計算されているのは何なのか。

この難題がわれわれに課すアプリオリな要請は，二つのテーゼに要約される。それらはあらゆる可能な存在論の要件である。

1. 存在論が作り出す状況である多は，もろもろの多性からのみ構成される。一はない。あるいは一切の多は〈多からなる多〉である。

2. 〈一と計算すること〉は，それを通して多が多として認識されるがままになる諸条件の体系でしかない。

用心しよう。この第二の要請は極端である。実際それが言わんとするのは，存在論が一と計算するものは「一つ」の多ではないということである。すなわち，多を一へと取り集める明瞭な操作子を，すなわち〈一としての多〉の定義を，存在論が手にしているとでもいうような意味で，それは「一つ」の多なのではない。こうした道を取ると，われわれは存在を見失ってしまうだ

ろう。というのも，存在論の構造がそのようなものだとすると，存在は一と置換可能なものに舞い戻ってしまうからだ。存在論は，どのような条件において一個の**多**が**一個**の多を作り上げるかを語るものになってしまうだろう。そうではない。必要なことは，存在論の操作的な構造が，多を一にする必要なしに，したがって多についての定義を意のままにすることなしに，多を識別することである。この場合，〈一と計算すること〉は，その立法の対象の一切が〈多性からなる多性〉であると規定しなくてはならない。〈一と計算すること〉は，それが構造化する現前の場に，純粋な多と「異なる」一切のもの——すなわち，あれこれのものの多とか，さまざまな一の多とか，一の形式それ自体とか——が出来することを禁じなくてはならないのである。

　しかしながら，この禁止規定はいかなる場合も明示的ではありえず，「私は純粋な多性しか受け入れない」と言うことはできない。というのも，そのように言おうものなら，純粋な多性が何であるかについて判定基準を，定義をもたなくてはならなくなるからであり，つまりまたもや純粋な多性を一と計算しなくてはならなくなり，存在を失わなくてはならなくなるからである。なぜならそのとき現前化〔呈示〕は，現前化の現前化〔現前化の呈示〕であることをやめてしまうだろうから。したがって，規定は全面的に暗黙的である。それは定義された多の概念に決して出会うことのないまま純粋な多性のみにかかわるような仕方で操作するのである。

　その対象が暗黙的であるような法とは何だろうか。それが適用される対象だけは——その操作そのもののなかで——名指すことのない規定とは何だろうか。もちろんそれこそが公理体系である。実際のところ，公理による現前化〔呈示〕の本領は，定義されていない項から出発しつつ，そうした項の運用規則を規定するところにある。もろもろの項は定義されていないにもかかわらず，それらの構成によって一つであるという意味で，この規則において一と計算されるのである。規則が妥当しえない一切の構成は**事実上**禁じられ，規則に順応するもののみが**事実上**規定されたものとなる。公理系が一と計算する**当のもの**（公理系の〈一なる対象〉と計算される**当のもの**）についての明示的な定義に出会うことは決してない。

　現前化されるもの〔呈示されるもの〕が現前化〔呈示〕そのものであるよう

な状況——そうした状況を構造化しうるのは明らかに公理系のみである。実際，公理系のみが，多を一にせざるをえないという事態を避けることができる。それは公理系が，規則づけられたもろもろの帰結（これらを通して多が多として顕現する）の含みのなかに多を残しておくからである。

かくして，なぜ存在論が拘束と許可という法の二つの側面に照らして，整合−非整合の対概念の転覆をおこなうのかが理解される。

存在の学説の枢要な主題は，私がすでに指摘したように，非整合的な多性である。しかし公理系は，非整合的な多性を純粋な多性（すなわち現前化の現前化）の，暗黙的ではあるが記載された論述展開として整合的に存立させることに帰属する。この公理系による整合化は，一に従った構成を回避するものであり，したがってそれは絶対的に特殊である。しかしそれが拘束であることにかわりはない。公理系による整合化の操作の上流には，その操作が禁じるもの——それを名指すことも，それと出会うこともなく——が非−整合的に存立する〔in-siste〕。だがそのように非−整合的に存立するものは**不純な多性**以外の何ものでもない。すなわちそれは，非存在論的な一切の現前化——言い換えれば，そこで現前化されるものが現前化それ自体ではないような現前化——のなかで，一に従って構成可能なもの，あるいは個別のもの（豚や星々や神々……）であり，定められた構造に従って整合的に存立するような多性である。これらの個別の現前からなる整合的な多性は，それらの現前化を現前化させる作業において公理的に出来させられるべく一切の個別性から純化されている以上（つまり，それらが現前する状況を〈一と計算すること〉の上流で把握されている以上），もはやそれらの純粋な多性——言い換えれば，状況内におけるそれらの非整合的な様態——以外の存立をもたない。したがって次の点は確実である。すなわち，個別の現前からなる整合的な多性の原初的存立は公理系によって**禁じられており**，言い換えれば存在論的には整合的に存立しないのではあるが，しかしながら，それらの非存立性（それらの純然たる現前的な多性）は存在論的に整合的であるということ，これは**許可されている**のである。

多性の個別的な非整合性についての公理系である存在論は，一切の非整合性〔非存立性〕の整合化によって，そして一切の整合性の非整合性〔非存立性〕

によって，多の〈即‐自〉を捉える。かくして存在論は，一が非存在である
ということに忠実に，一のあらゆる効果を脱構築するが，それは，現前の絶
対的形式にほかならない多——つまり存在があらゆる接近にみずからを提出
する際の様式にほかならない多——そうした多の規律ある戯れ（ゲーム）を，明示的な
命名なしに配備するためなのである。

訳注

[1] 本書に頻出する consistant（名詞形 consistance），inconsistant（inconsistance）は日本語
に訳しにくい単語である。日常的には「粘り気，硬さ」を意味するが，数学や論理
学では「（論理の）一貫性，整合性」を意味する。語形成としては，co-（共に）＋
sistere（立つ，立てる）からなり，直訳すれば「共立」であり，さまざまなものが「共
に成立すること」という意味である。「立」という語義にこだわれば，「共立」や「存
立」も可能な訳であるが，論理的整合性の意味が伝わりにくい。「成立」や「成り
立つ」がニュアンスとしては一番当たっていると思うが（特に動詞として使われる
場合），日本語のつながりにおいて難がある（「成立的な多」や「成立的な実存」など）。
本書では多くの場合とおりがよかったので，数学的な意味合いの「整合性」という
訳を基本的に当てた。しかし，いずれの場合でも，「整合」には「成立」や「共立」
の意味合いがあることを頭に入れておいてもらいたい。

省察 2

プラトン

「一が存在しなければ，何も存在しない（無が存在する）」
『パルメニデス』

　私の意図全体の源となる存在論的決定——すなわち一の非存在——は，プラトンによって『パルメニデス』の一番最後の個所で，まさにその弁証法的な帰結において展開されている。周知のように，このテクストは，老パルメニデスがまだ青二才のソクラテスに提案する純粋思考の「練習」を主題としている。そしてこの練習において争点となっているのは，一の存在について定式化可能なすべての仮説から導き出される，一と一でないもの（プラトンは「他のものたち」と名づけている）に関する帰結である。
　ふつう仮説6，7，8，9と言われているものは，「一は存在しない」というテーゼの条件下で検証を進める。
　——〈一〉の肯定的な特徴づけないし分有（仮説6）
　——〈一〉の否定的な特徴づけ（仮説7）
　——他のものたちの肯定的な特徴づけ（仮説8）
　——他のものたちの否定的な特徴づけ（仮説9，そして対話篇全体の最後の仮説）[9]
　『パルメニデス』の袋小路がどこにあるかと言えば，一とその他のものたちのどちらもが，考えられうるあらゆる規定を有していると同時に有していないということ，どちらもが全面的にすべてである（panta pantos esti）と同時にすべてではない（te kai ouk esti）ということ，これを立証するところにある。つまり，一の弁証法全体は一見したところ，思考としての思考の全般的な破産へと逢着するように思われるのである。

しかしながら，私はこの袋小路のプロセスを次の症候的な点において中断しよう。その点とは，〈存在者ではない一〉の絶対的な不確定性と他のものたちの不確定性は同じ手続きを踏んで立証されているのではない，という点である。あるいはまた，一の非存在という仮説のもとでは，多の分析論は一それ自体の分析論に対して根底的に非対称的である，という点である。この非対称性の原動力がどこにあるかと言えば，一以外の他のものたちについては存在者が問題になるのに対して，一の非存在は非存在としてしか分析されておらず，一の概念について何も言われていないという点にある。かくして，「一は存在しない」という仮説は**多を教える**仮説であるということが明らかになる。

　一つの例をとって，どのようにしてプラトンが一について操作をしているかを見てみよう。ゴルギアスの作品に見られるソフィスト的なマトリックスに依拠しながら，プラトンは，〈非存在者で在ること〉（to einai me on）という最小限の存在の分有を一に認めることによってしか，「一は存在しない」と言えないと主張する。実際のところ，この〈非存在者で在ること〉は，たとえ一が存在しないとしても，一の非存在に一を結ぶことのできる紐帯（desmon）である。別の言い方をすれば，存在しないものに対して，存在しないと言われるこの非存在者の陰った存在を付与することは，非存在の合理的命名の法なのである。存在しない**もの**は，少なくとも，それが非存在だと指示しうる程度の存在を有しているのであり，あるいはプラトンが言っているように，一は〈存在者ではない一〉**で在る**（eotin to en ouk on）のでなくてはならないのだ。

　ところで，われわれはここで，一に固有の概念にかかわるものを何ももっていない。というのも，上のような考察は存在論の一般定理に属するものにすぎないからである。すなわち，現前していないと言いうるものであっても，少なくともその固有名を現前に差し出しているはずだ，という存在論の定理に属している。プラトンは彼流の言葉でこの定理をはっきりと定式化している。「なるほど非存在者は，〈非存在者で在るのではない〉という非存在者性を帯びているが，そればかりではなく，〈非存在者で在る〉という存在者性をも分有しているのだ。——もしひとが完璧な仕方で，非存在者は存在しな

54 I 存 在——多と空

いということを望むのであれば」[(10)]。存在しない一が，こうした〈非存在者で在る〉という存在者性を分有するというのは逆説的であるが，この逆説的な分有のうちに容易に認められるのは，非存在だと示唆される**もの**を，なんらかの存在空間のなかに標記しなくてはならないという絶対的な必要性である。したがって，ここで〈非存在者としての一〉の最小存在として包摂されているのは，まさしく一の純然たる名なのである。

　とはいえここでは，一は存在しないと述べるとき従わなくてはならない存在の法以外に何かが思考されているわけではない。一はその非存在の仮説上の一般性を超える概念として反省されているわけではない。一以外のものでも，それが存在しないと仮定されるのであれば何の場合であっても，非存在者が名を介して存在に接近するという逆説は，同じ定理の同一の結果を生むことだろう。つまり，この逆説はいささかも一の逆説ではない。この逆説は，非存在に関するゴルギアスの逆説を一について反復しているだけである。なるほど，**規定された**非存在は少なくともその規定という存在をもたざるをえないということに議論の余地はない。しかしそのように言ったところで，その存在が肯定されている当の規定を規定することにはまったくならない。一にかかわっているのだからと言っても，やはり無駄である。

　〈非存在者としての一〉ではないものについては，すなわち「他のものたち」については，事情はまったく異なる。一の非存在という仮説は，この「他のものたち」については反対に，きわめて貴重な概念的分析を，実を言えば，多の完全な理論を提供する。

　プラトンはまず，一でないもの——すなわち他のものたち（alla）——はその差異において，異質性において把握せざるをえないと指摘する。ta alla etera estin を私は「他のものたちは《他》のものたちである」と翻訳しよう。ここでは，素朴な他性（他のもの〔l'autre〕）は創設的な他性（《他》〔l'Autre〕）へ送り返されている。言い換えれば，純粋差異——すなわち，単なる反復的な多様性ではなく異質な散種としての多——の思考へと送り返されている。しかしその場合，《他》eteros は，一が存在しない以上，一と〈一とは異なる他のものたち〉との隔たりを指し示すことができない。その結果，他のものたちが《他》たちであるのは，他のものたち自身に照らしてであるというこ

とになる。一が存在しないということから不可避的に，他のものとは，絶対的に純粋な多としての他のものとは《他》のものである，すなわち自己の全面的な散種である，という推論が生じる[11]。

ここでプラトンが密度の高い見事なテクストのなかで思考しようと努めているのは，もちろん非整合的な多性のことであり，言い換えれば（省察1），どんな〈一の効果〉にも，どんな構造にも先立つ純然たる現前のことである。他のものたちには〈一であること〉が禁じられているのだから，現前化されるものは，すぐさま，そして徹頭徹尾，無限の多性である。——あるいは apeiros plethei〔無限な多〕というギリシア語の意味を保持しつつもっと正確に言えば，それは多なる展開への一切の限界を欠いた多性である。例えば，プラトンは存在論の本質的な真理——すなわち，一の存在を一切欠いている以上，多は，いかなる創始的な停止点ももたないもろもろの多からなる多の現前のなかで非−存立するという真理——を，次のように説明している。際限のない散種は，現前の法それ自体である。「間近で，鋭く思考する者にとっては，一（これは存在しない）が欠けている以上，どの一も際限のない多性として現れる」。

多の本質は，内在的な仕方で自己を多数化する〔自己増殖する〕という点にあり，それこそが，**間近で**（egguthen），すなわち一の非存在から出発して思考する者にとっては，存在の開花様式なのである。〈一なき多〉，〈即自的な多〉を構成することは不可能であるということ，それどころか多の存在そのものが脱−構成〔分解〕であるということ，これこそは，プラトンが思弁的な夢想という驚くべき隠喩のなかで，勇敢にも考察していることである。「最少と思われる存在点を見てみると，眠っているときの夢のなかでのように，それはすぐさま，一に似た姿ではなく多として，極小ではなく極大として現れるだろう。それは散種にも喩えられるが，最少の存在点とはおのずとそうしたものである」。

なぜ多の無限な多性は夢想の像のごときであるのか。仮定されたあらゆるアトムの散種を垣間見るのに，どうしてこうした夜想，思考の眠りなのか。それは，非整合的な多性が実際のところ，それとしては思考不可能だからである。どんな思考も，思考可能なものの状況を前提する。言い換えれば，現

前した多がそこにおいて整合的であり数えられるようになっている構造、〈一と計算すること〉を前提する。してみれば、非整合的な多とは、それを構造づける〈一の効果〉の上流では把握不可能な存在地平でしかない。ここでプラトンがわれわれに伝えようとし、そしてプラトンを前カントール的にしているもの、それは、思考のためのいかなる対象形態であっても、純粋な多すなわち〈一なき多〉を取り集めて整合的に存立させることはできないということである。その結果、純粋な多は現前へと出来するやいなや霧散することになるし、あるいはむしろ、そうした〈非－出来〉によって純粋な多は、夢の次々と逃げ去る場面に喩えられることになるのである。プラトンは書いている。「私が存在者を論証的な思考によって捉えたと思ったとたん、散種された存在者の全体は砕け散る運命にある」。というのも、目覚めた思考（dianoia）は——もしそれが純粋な集合論とならなければ——〈多なる現前〉という、現前可能なもののこの手前へのいかなる取っかかりをも獲得しえないからである。一の非存在的な媒介が思考には必要なのだ。

　しかしながら——そしてこれが『パルメニデス』のこの終結部の明らかな謎なのだが——このように夢想というメタファーによって、われわれから逃れ去り、その破片しか与えられないものが表現されているわけだが、このメタファーが表現しているものにおいて、本当に多が問題にされているのだろうか。仮説9は、実はかなり緊張に満ちたこの対話篇、概念のドラマにも似たこの対話篇の最終的などんでん返しであり、私がいま語ったことをすべて台無しにしてしまうように見える。それは、一が存在しないのだから〈一と異なる他のものたち〉の他性を多として思考できるということに反駁する。「［他のものたちは］さらに複数［polla］でもないだろう。というのも、複数存在者においても一はあるだろうから［…］。そして、他のものたちにおいて一が存在しないというのであれば、他たちは複数でも一でもないだろう」。あるいはもっときっぱりとこうだ。「一がなければ、「複数」について意見をもつこともできない」。

　このようにプラトンは、多の夢想を多からなる多の無制限な非整合性として引き合いに出したあとで、複数性を無効にする。そして、一が存在しない以上、他のものたちは一と多のどちらに即しても《他》でありえないとはっ

きりと定める。そこから，クローデルの『都市』において，技師のイジドール・ド・ベームが暴動による破壊のほとりで発するようなまったくニヒリズム的な結論が出てくる。「一が存在しなければ，何も［ouden］存在しない」。

　しかし〈何もない〉とはいかなることか。われわれの言語は，虚辞の「ない」のなかにラカン以来読みとられた，《主体》のこの切開部をもてあましている。だがギリシア語はわれわれの言語よりももっと直截に語っている。「何も存在しない」は，ギリシア語では ouden eotin と，つまり「無がある」と言われているのである。したがって，ここではむしろ，「何もない」は空の名のことだと考えなくてはならず，またプラトンの言表を次のように転記しなくてはならない。すなわち，一が存在しないのであれば，「複数」の代わりにやって来るのは，空の純然たる名──それのみが**存在として**存続する，空の純然たる名──である，と。この「ニヒリズム」的な結論は，一／多（en/polla）という対立を斜めに走る対角線において，無の存在点を呼び戻す。すなわち，一の非存在からその夢想が導き出されるあの無制限な多あるいは非整合的な多（plethos）の現前化可能な──名として現前化可能な──相関物を呼び戻すのである。

　このことはわれわれの注意を，謎に光をあてる名の違いへと向ける。実際，多からなる多の制限のなさ（その片鱗は論証的思考の翳りとして垣間見られている）を指すギリシア語と，複数（複数とは，一が存在しなければ，他のものたちが受け入れられない規定である）を指すギリシア語は，同じ単語ではない。前者は plethos と言われ，これのみが「多性」と翻訳されるにふさわしい。後者は polla，すなわち複数のもの，複数性と言われている。そうすると，純粋な多の分析論と一切の複数性の拒絶（どちらも一の非存在の仮説のもとにある）の矛盾は見かけにすぎない。plethos は，非整合的な多，〈一なき存在〉，純粋な現前化のことを指し，polla は，整合的な多，もろもろの一の構成のことを指すと考えるべきである。plethos は一からみずからを差し引くものであり，一の非存在と両立可能であるばかりではなく，一を存在論上で解任することから出発してのみ接近可能なものである（たとえ夢想としてであれ）。polla は計算がなされうるということを前提としており，つまりは〈一と計算すること〉によって現前が構造づけられることを前提してい

る。しかし構造は〈一の存在〉すなわち to en on を前提とせず，それどころか，〈一の存在〉を純然たる操作上の「〔そこに〕ある（イリヤ）」のなかでお払い箱にする。構造が，現前へと出来した〈存在としての存在〉として受け入れるのは，当の構造が思考不可能にする非整合的な多のみである。一が操作的に「〔そこに〕ある」ことによってのみ複数（polla）は存在することを許されるが，それに対して，その効果の上流には，一の純然たる非存在に従って，現前化不可能な多性が，plethos が現れるのである（とはいえ消滅するためにではあるが）。実際, plethos の制限のなさ，すなわち apeiros は——あるギリシア人〔プラトン〕にとって——現前化不可能な多性が，およそ考えうるどんな状況によっても支えられないということを名づけたものなのである。

　〈存在する〉とは〈状況のうちに存在する〉ことであると，言い換えれば，あるギリシア人にとっては，自己の制限を繰り広げることであると，そのように認めると，確かに，一の〈〔そこに〕ある〉を削除することはすべてを削除することになるだろう（「すべて」は否応なく「複数」なのだから）。したがって無しかないということになる。しかし，〈存在としての存在〉すなわち〈一なき多〉を目指すことにすれば，一の非存在は，〈制限なく散種された多〉という夢想を立証する効果をもつ真理である，と的確に言えるのである。カントールの創造によって確固とした思考を与えられたのは，まさしくこの「夢想」だった。

　プラトンのアポリア的な結論は，非整合的な多と整合的な多という対を裁断する際の，存在の袋小路として解釈可能である。「一が存在しなければ，何も存在しない［無が存在する］」とは，次のことも意味する。すなわち，一の非存在をその果てまで考え抜いてはじめて，空の名は出来するのだ，と。現前化不可能ではあるが，純粋な多性としてのかぎりで，一切の複数的現前を支え，一切の〈一の効果〉を支えるもの——そうしたものについて着想しうる唯一の現前，それが空の名なのである。

　プラトンのテクストは，一と他のものたちという明白な対から出発して，四つの概念を作動させる。その四つの概念とは，〈存在者としての一〉，一が〈ある〉こと，純粋な多（plethos），構造化された多（polla）である。この四つの概念の結び目が，最終的なアポリア（そこでは空が凱歌を揚げる）にお

いていまだにほどけたままであるのは，一について，それが存在するという想定と〈ある〉の操作とのあいだの隔たりがまだ思考されていないからにすぎない。

　しかしながら，プラトンはこの隔たりを作品のなかで何度も名指している。実際，すぐれてプラトン的な概念，すなわち分有という概念の鍵を握っているのは，この隔たりである。『パルメニデス』の冒頭で，老師匠〔パルメニデス〕が登場する前に，ソクラテスは一と多に関するゼノンの議論を粉砕するが，そのときに彼はこの隔たりに依拠している。これは理由のないことではない。

　周知のように，プラトンにおいて《イデア》とは，〈思考可能なもの〉が存在者へと出来したものである。それは〈思考可能なもの〉の存在点である。しかしまた他方で《イデア》は分有を支えなくてはならない。言い換えれば，私は《イデア》の存在から出発して，実存するもろもろの多を一として思考するという事実を支えなくてはならない。例えば，具体的な人間たち，馬たち，泥だまりなどが思考に現前可能となるのは，なんらかの〈一の効果〉が理念存在の地点——《泥》なるもの，《馬》なるもの，《人間》なるものが叡智的な場に実-存する〔外に-立つ〕地点——から，それらの具体物へと出来するかぎりにおいてである。《イデア》の〈即-自〉はその〈外-立〉存在〔《イデア》が外に-立って存在していること〕であり，分有能力は《イデア》が「そこにある」こと（《イデア》の操作の要衝）である。《イデア》の存在（叡智界）の想定と，《イデア》が支える〈一の効果〉（分有）の確認（分有とは，感性的現前と世界内状況に照らした存在を超過する「そこにある」のことだ）——こうした想定と確認とのあいだの隔たりをわれわれが見出すのは，《イデア》それ自体のなかにである。《イデア》は存在するのであり，他方で，一は《イデア》から出発して，《イデア》それ自身の外にある。《イデア》とは，《イデア》が存在するということであるが，また《イデア》の操作が非存在だということでもある。一方で，《イデア》は一切の実存に，つまり一切の〈一の効果〉に先行しており，他方で，実際に思考可能な一の構成があるという事態は，《イデア》からのみ**結果として生じてくる**のである。

　したがって，**厳密に言えば一の《イデア》がない**のはなぜなのかが理解できる。『ソフィスト』のなかでプラトンは，彼が最高類と呼ぶもの，すなわ

ち絶対的に創始的である弁証法的《イデア》たちを列挙している。それらの《イデア》は五つあり，存在，運動，休息，同，他である。一の《イデア》はそこに載っていない。というのも実際のところ一は存在しないからだ。一のどんな分出存在も考えられない。つまるところ，これが『パルメニデス』の立証することである。一は，存在の側からではなく操作——分有——の側から理解された《イデア》の原理に存するだけである。「一がある」はなんらかの《イデア》にかかわってはいる。しかしそれは，あれこれの実存する（現前化された）事象があれこれのものであることを保証するものとして，《イデア》が一個の多〔集合〕の計算を遂行し，一を結果させるかぎりでのことである。

　一の〈ある〉は存在をもたないのであり，だからこそどんな理念的存在についても，その現前機能，構造化機能の実効を保証する。そして理念的存在の現前機能，構造化機能は，その効果の上流と下流へと，把握不可能なplethos（存在の過多）と，もろもろのpollaの思考可能なまとまり（実際の諸状況に対する数の支配）とを，別々に切り離すのである。

省察 3

純粋な多の理論
——パラドクスと批判的決定——

　刮目すべきことに，カントールは，彼が純粋な多についての数学理論——いわゆる「集合論」——を創造した運動そのもののなかで，集合の抽象観念を次のように有名な哲学素において「定義」できると考えた。すなわち，「集合ということで理解されているのは，われわれの直観ないし思考の判別された諸対象からなる一つの全体への取り集めである」と。この定義においてカントールは，全体，対象，判別，直観といった概念すべてを結びつけているが，その反面，集合論は，これらの概念を分解すると言っても過言ではない。というのも，集合を作り上げるのは全体化ではないし，集合の要素は対象ではないし，集合を無限に集める際に——特別な公理なしには——判別がおこなわれるわけではないし，少し「大きな」集合の仮定上の各要素についてはほんのわずかの直観も持ちえないからである。そこにはほとんど適合的な「思考」しかないのであって，その結果，カントールの「定義」から残るものを考えると，われわれは結局のところ，集合という名で問題となるものが存在であるかぎり，パルメニデスの「同じもの，それは思考と存在である」という箴言に連れ戻される[12]。

　ある偉大な理論〔集合論〕が，数学のすべての部門に一つの普遍言語を提供できることが後で判明することになったが，この理論が生まれたのは，例によって，論証の堅牢さと中心概念の不安定さとの極端な隔たりのなかでだった。これはすでに18世紀の「無限小」でも起こっていたことであったが，この不安定さはやがて集合論のさまざまな有名なパラドクスの形で表面化した。

　それらのパラドクスは数学の確信を揺るがし，危機を引き起こした（この

危機が終わったと想像するのは間違いである。というのも数学の本質に関わっていたその難問は首尾よく解決されたというよりも，むしろ実用的な見地からほったらかしにされたからである）。それらのパラドクスを哲学的に注釈するに際してまず理解しなくてはならないのは，論理学の発展と絡み合った集合論の発展は，カントールの定義が定めた（のちに「素朴」と形容された）考え方をいち早く克服したという点である。「対象の直観」として提示されたものは修正を受けて，概念あるいは特性の外延としてのみ思考可能な存在となった。それは半ば形式化された言語において，さらにはフレーゲの仕事，次いでラッセルの仕事に見られるような，完全に形式化された言語において表現される。そこで次のように言うことができた。自由変項をもつ $\lambda(\alpha)$ という式によって表現される特性が与えられているとき，問われている特性をもつすべての項（あるいは定数，あるいは固有名），言い換えれば，ℓ が項であるとして $\lambda(\ell)$ が真である（証明可能である）ようなすべての項，これを「集合」と呼ぼう，と。例えば $\lambda(\alpha)$ が「α は自然整数である」という式であるとすれば，この式を有効にするものの多を指して，つまりはもろもろの整数を指して，「整数の集合」と言うことになる。別の言い方をすれば，「集合」とは，一つの式を有効にする多を〈一と計算する〉もののことである。

　以下の箇所を完全に理解するためには，読者はすぐにでも本省察の最後に置いた「技術上の注」（75 頁）を読むとよい。そこで形式的な書記法 ^{エクリチュール} の意味を説明しておいた。これらの書記法——これはフレーゲとラッセルの後で獲得された——のおかげで，二つの方面で前進することが可能となった。

　1. 特性という観念を——例えば——一次論理計算における述語という観念へ立ち戻らせることによって，あるいは定数が固定された言語で書かれた自由変数式という観念へ立ち戻らせることによって，特性の観念を厳密に明示し，形式化することが可能になった。かくして私は，自然言語のぼやけた縁がどうしても惹起する妥当性の曖昧さを，制限的ないくつかの拘束によって回避することができる。さもなくば，仮に私の式が「α は翼をもつ馬である」だったとしたら，それに対応する集合はおそらくブケパロ〔アレクサンドロス大王の愛馬〕のみに還元され，私は複雑な実存の議論に巻き込まれてしまうだろう（私は《一》の実存——これは純粋な多のあらゆる理論がすぐに

はまり込んでしまうテーゼである——を認めたことになるからである）。

2. 対象‐言語（形式的言語）——これは私が操作をおこなう理論言語となるが——が提示された暁には，変数をもつあらゆる式に，その式を有効にする諸項の集合が対応すると認めてよいことになった。言い換えれば，対象を全体化する直観能力についてカントールが示していた素朴な楽観論は，ここでは，しっかりと構成された言語が保証する安全（セキュリティ）へと移されているのである。この安全が帰着するところは，言語（書記法）の管理は多の管理に等しいということである。これはフレーゲの楽観論である。すなわち，完全に形式化された言語（概念記法）で記載される概念はどれも，「実存する」多性——この概念のもとに落着し，それ自体として記載可能な項からなる多性——をあらかじめ規定するというわけである。ここには思弁的な前提があって，しっかりと作られた言語からは，多の何ものも過度に到来することはないと，したがって存在は，それがある特性の〈多なる指示対象〉として言語に現前するよう強制されているかぎりで，この言語の建築（それが厳密に構築されてさえいれば）を機能不全に陥らせることはないと，そう前提しているのである。言葉を支配する者は多を支配する者でもあるのだ。

以上がテーゼであった。〔しかし〕集合論が改訂され基礎づけなおされることによって——言い換えれば，公理化されることによって——脱出しなければならなかったもろもろのパラドクスのもつ深い意味は，こうしたことが間違いだということである。実際のところ明らかになるのは，ある種の特性，ある種の式には，その式を記入する言語そのものの崩壊（不整合）という代償を支払うことでしか多性（集合）が対応しえないということなのである。

言い換えれば，多は言語という地点にのみ属するように命じられるがままにはならないということである。もっと正確に言えば，私は一つの特性によって包摂されうる一切のものを「集合」として一と計算する権能をもたないということである。**どんな** $\lambda\,(\alpha)$ の式にも，この式が真あるいは証明可能なものとして適用される項からなる〈一なる集合〉が対応するというのは不正確なのだ。

かくして，集合という概念を，今度は直観とその対象から出発して（カントール）ではなく，特性とその外延から出発して（フレーゲ）定義づけよう

とする第二の企ては崩壊した。純粋な多は，多（集合）とは何かを明確に定義することによって完成すると思われた〈一と計算すること〉を，またしてもすり抜けたのだ。

もっともよく知られたパラドクス，すなわちラッセルのパラドクスの構造を検討してみるとき，さらに確認されるのは，〈多なる存在〉に対する言語の構成的権力が座礁するような式はありふれているということ，そうした式はいささかも異常なものではないということである。ラッセルはその特性をこう考察している。「α は自己自身を要素としない集合である」，すなわち $\sim(\alpha \in \alpha)$，と。この特性は，数学の既知のすべての集合がもっているという点で，まったく適切な特性である。例えば，整数の集合それ自体は整数ではない。これは明らかである。反例のほうがねじれている。もし私が「20 語以内で定義しうるあらゆるものの集合」と言い，同じくその集合の定義（私がたった今書いた定義）それ自体も 20 語以内であるとすれば，その集合は自分自身の要素である。だが，これは少々おふざけのように思われるだろう。

したがって，$\sim(\alpha \in \alpha)$ が真となるすべての集合 α から集合を作ることは大いに理に適っているように思われる。しかし，**この多**を考察すると，そこから推論されるものの非一貫性によって，集合論者の言語は崩壊してしまうのである。

なぜか。この集合を p（「パラドクスの」p）としよう。これを $p=\{\alpha / \sim(\alpha \in \alpha)\}$ と書くことができる。これは「自分自身を自分の要素としないすべての α」と読む。この p について何が言えるか。

もし p が自分自身を要素として含むとしたら，すなわち $p \in p$ だとしたら，p はみずからの要素を定義する特性をもたなくてはならない。すなわち $\sim(p \in p)$ である。

もし p が自分自身を要素として含まないとしたら，すなわち $\sim(p \in p)$ だとしたら，p はみずからの要素を定義する特性をもっている。すなわち p は自分自身の要素であり，$(p \in p)$ である。

結局のところ，$(p \in p) \leftrightarrow \sim(p \in p)$ となる。

一つの言表とその否定とがこのように等価であるという事態は，言語の論理的な整合性を台無しにする。

省察 3　純粋な多の理論　65

　要するに，一切の数学を廃棄してしまう言語の非一貫性という代償を払うことを拒絶するのであれば，〜($\alpha \in \alpha$) という式から出発して，この式を有効にする項を集合論的に〈一と計算して〉帰納することは不可能である，ということだ。この場合，「集合」p は，それが一個の多を一と計算していると想定されるかぎり，言語の演繹的で形式的な資産〔手段〕に対して超過状態にある。

　これこそ大多数の論理学者が，〜($\alpha \in \alpha$) という特性（p はここから生じるとみなされる）はまさにありふれているがゆえに，p は他のものと同じ資格で一個の集合として計算されるには「大きすぎる」と，そう言うときに記録される事態である。ここでは，この「大きすぎる」とは，〈多なる存在〉が，それをひとがそこから推論したがっている言語を超過しているということのメタファーである。

　驚くべきことに，カントールはこの袋小路の地点を，彼流の絶対者の学説によって突破した。彼は宣言する。もろもろの多性を矛盾なしには全体化できないのは，あるいは「一個の統一体として考える」ことができないのは，そうした多性が超〔有〕限的（言い換えれば，数学的）なものではなく，絶対的に無限なものであるからだ，と。カントールは絶対性と非整合性との結びつきにしり込みすることはない。〈一と計算すること〉が卒倒するところ，そこには神がいるのだ。

　「一方で，多性〔集合〕とは，その**すべて**の要素が「集合である」という主張が矛盾に至るようなものでありうる。それゆえ，多性を統一体として，「一個の有限な事物」として把握することは不可能である。そうした多性を私は，**絶対的に無限のあるいは非整合的な多性**と名づける。〔…〕

　しかし他方で，一個の多性の諸要素の全体を「集合的存在者」として矛盾なく思考することができ，その結果，諸要素を「一個の事物」へとまとめあげることができる。そのようなものを私は**整合的な多性**あるいは**集合**と名づける」。

　これでわかるように，カントールの存在論的テーゼは，〈多の一〉〔多が一であること〕の数学上の袋小路である非整合性が思考を最高存在者あるいは絶対者としての《無限》へと方向づける，というものである。つまり，「大きすぎる」という観念はここでは——テクストにおいて明らかなように——

言語に対する超過というよりも，むしろ〈多としての一〉〔一つの集合〕に対する超過なのである。この点において，カントール——彼は本質的に神学者である——は，存在の絶対性を多の（整合的な）現前に結びつけるのではなく，およそ何であれ多を取り集めて数えることにおいて，神的な無限性が一としてのかぎりで非−整合となる，そうした超越に結びつけるのである。

　しかしながら，カントールは天才的な先取の精神によって，多の絶対的な存在点はその整合性——つまり〈一と計算すること〉の手続きへの依存——にあるのではなく，その非整合，いいかえれば，いかなる統一によっても取り集められない〈多なる展開〉にあるということを見ていたと言うこともできる。

　このようにカントールの思考は，存在−神学と数学者の存在論とのあいだを揺れている。その存在−神学が，絶対者を最高の無限存在，すなわち超数学的な存在，数えられない存在として，すなわちいかなる多も整合的に存立しえないラディカルな一の形態として，思考する。その一方で，彼の数学者の存在論においては，整合的存立の障害となるもの（パラドクス的な多性）は整合的存立の不可能性の地点であり，つまり端的に言えば，この障害物は**存在するのではない**という意味で，整合性が非整合性〈の〉理論となる。その結果，整合性の障害は，ある非−存在的な地点を，すなわち，存在の**ある種の**現前があるということがそこから立証されうるような非−存在的な地点を定めるのである。

　実際のところ，集合論が存在の現前の一般形式としての多についての理論であるということが本当ならば，集合論が〈存在しないもの〉についての規則を（明示的に）定めるものであることは確実だ。非整合的な多性あるいは「過度の」多性は，集合論的存在論がその演繹構造の上流において，純然たる非存在として指示するものでしかない。

　カントールはこの非存在の場に絶対者あるいは神を点示するのであるが，このことは，《現前性》の「存在論」，すなわち数学者のものではない「存在論」がそこに根を下ろしているある決定を浮かび上がらせる。その決定とは，多の彼方に一が存在するということを，非整合的な巨大さというメタファーを用いてであれ，言明するという決定である。

　しかし，集合論がもろもろのパラドクスの効果のもとで実現していること

は（このパラドクスの効果において集合論は，みずからに固有の非存在——今度こそは，非存在**そのものだ**——を障害として記録する），まさしく一は存在しないということなのである。

カントールが発明者として実現したのは，一とは〈多なる存在〉〔集合–存在〕における非存在である，ということなのだが，そのカントールという同じ人物が自分の実際にしたことを反省するのは，見上げたことに，もっぱら多の絶対的な推定の一切から神を救う，言い換えれば，一を救うという狂気のなかでなのだ。

パラドクスの現実的な効果は二つの次元に直結している。

a．集合という観念を明示的に定義しようという一切の希望は放棄されなくてはならない。∈で記譜される「……に属する」という関係によってのみ基礎づけられる純粋な多が一義的な概念において一として計算されるという事態，そうした事態をいかなる直観もいかなる言語も支持することはできない。したがって，みずからの「対象」（多性，集合）については暗黙の制御しかない，すなわち，「集合である」という特性が記載されていない公理系のなかに配備された制御しかないということは，多の理論の本質に属する。

b．言語の崩壊をその存在論的な非整合性の徴候とするようなパラドクス的な多性，言い換えれば非存在は，禁止されなくてはならない。つまり公理系とは次のようなものでなくてはならない。すなわち，その公理系によって集合とみなしうるもの，言い換えれば，公理系が語る一切のもの——なぜこのように言うかといえば，この一切のもののなかで，集合を他のものから区別するためには，言い換えれば，（存在する）多を（存在しない）一から区別するためには，最終的には存在を非存在から区別するためには，多のなんらかの概念が，集合の判別基準が，要するに排除されるものが，必要になるからである——は，非一貫性を生じさせる $\sim(a \in a)$ のような式に相関し**ない**のでなくてはならない。

この二重の任務は，1908年から1940年にかけて，ツェルメロによって着手され，フレンケル，フォン・ノイマン，ゲーデルによって完遂された。それは形式的公理体系の完成であり，そこには，今日でも数学のあらゆる分野を配備するのに役立つ多の純粋学説が一次論理において提示されている[13]。

68 I 存　在──多と空

　集合論においては，公理化は叙述技法ではなく内在的必然性であるということを私は強調する。〈多なる存在〉は，それが自然言語と直観にのみ委ねられてしまうと，整合と非整合──つまり存在と非存在──とが不分割の似非-現前化〔偽の呈示〕を生み出す。なぜなら，その場合，〈多なる存在〉は，一の存在推定〔一が存在するという推定〕から明瞭に分離されないからである。ところで，一は存在しないし，多はあらゆる存在提示の形式そのものであるから，一と多は「反対の統一」というような状態にあるのではない。公理化が要請されるのは，多がその計算規則の暗黙状態に委ねられることによって，**概念なしに，言い換えれば〈一の存在〉を暗黙のうちに含意することなしに**，解放されるためなのである。

　こうした公理化の根本は，所属関係 ∈ の用法を定めることにある。等号がどちらかと言えば論理学的な記号だとすれば，数学に固有の語彙全体は最終的にこの所属関係 ∈ に還元される。

　ツェルメロ-フレンケルの形式体系（ZF 系）の第一の大きな特徴は，その語彙系が ∈ という関係しか含んでいないことであり，したがって，いかなる単項述語をも，厳密な意味でのいかなる特性をも含んでいないことである。特に，この体系は，「集合であること」を意味するようなどんな象徴の構築とも相容れない。ここでは多は所属の論理の形で含意的に指示されているのであり，言い換えれば，「何ものか＝α」一般が β という一個の多性〔集合〕にしたがって現前化される際の様式──$\alpha \in \beta$（α は β の要素である）と書かれる──において含意的に指示されているのだ。〈一〉と計算されているものは多の概念ではない。〈一つの-多〉が何であるかについて記載可能ないかなる思考もそこにはない。一は ∈ という記号にのみ，言い換えれば，「何ものか」一般と多との関係の外延的操作子にのみ割り当てられている。一切の一を脱存在化する記号 ∈ は，多に指標づけられた「何ものか」の現前を一様な仕方で示しているのである。

　さらに ZF 系の第二の特徴によってすぐさま排除されるのは，このようにして多なる現前に整序されるものが，本来的に言って**一つ**の「何ものか」であるという考えだ。実際，ツェルメロの公理系は，ただ一種類の変項しか，変項の一リストしか含んでいない。私が「α は β に属する」すなわち $\alpha \in \beta$

と書くとき，α と β という記号は同じリストの変項であり，つまり種として区別不可能なさまざまの項によって代置可能である。仮に「存在するとは，ある変項の値であるということだ」というクワインの有名な定式を——わさびを効かせて——受け入れるならば，そこから結論として言えるのは，存在の現前化〔存在の呈示〕には多という一つのタイプしかないということ，このことを ZF 系は公準とする，ということである。この理論は（カントールのように）「対象」と「対象の集まり」とを区別しないし，また「要素」と「集合」とを区別することさえない。ただ一種類の変項しかないということは，すべては多であり，すべては集合であるということだ。実際，〈存在するもの〉についての概念なき記載が，〈存在するもの〉を所属によって〈多〉に結合されるものとして固定することに帰着するのだとしたら，そしてそのように結合されるものが，それが結びつく当のものと記載という身分において区別されえないのだとしたら——すなわち，$\alpha \in \beta$ において α が集合 β の要素でありうるのは，α が β と，つまり集合それ自体と，同じ表記の種に属するかぎりにおいてだとしたら——，その場合，〈存在するもの〉は一様に純然たる多性となる。

　要するに，この理論は以下のように措定する。すなわち，理論が公理的結構において呈示〔現前化〕するもの（その概念を公示するのではない）——つまりもろもろの項——は，「集合」と言われる種につねに属しているのだということ，多に属するものはつねに多であるということ，「要素」であることは存在の身分，すなわち内在的本質のことではなく，単なる関係，〈……の要素であること〉であり，それによって一個の多性は他の多性によって呈示〔現前化〕されるがままになるのだということ，これである。変項が一様であるということによって，**理論はみずからが一を扱うのではない**ということを定義なしに示すのであり，理論が諸規則の含意性のなかで呈示する一切のものは多であるということを，**定義なしに示している**のである。

　集合論が論証的に繰り広げているのは，およそどんな多も内在的にもろもろの多からなる多であるということである。

　ツェルメロの仕事の三つ目の大きな特徴は，パラドクスをかわすために採用されたその手続きに密接にかかわる。その手続きは，要するに，ある特性

がある多の規定となりうるのは、ある現前化された多がすでにそこにあるということが前提だということに帰着する。ツェルメロの公理系は、言語による多の帰納を、この帰納に先行する最初の多の実存の下に置く。これを満たすのがいわゆる分出公理（あるいは包含公理、あるいは下位集合の公理）である。

　この公理に対する批判（現代の批判も含めて）は、この公理が、容認可能な多性の「規模」について恣意的な制限を提案していると、そうしばしば前提している。これは、数学者たちがパラドクス的ないし非整合的な多性——その実存的な措定が言語の一貫性を超過する多性——を指すために用いる「大きすぎる」というメタファーを、額面どおりに受け取ることである。ツェルメロが「こうした困難の解決は集合という観念の適切な制限においてのみ（見出されなければならない）」と書くとき、彼自身、みずからの企てについてのそうした制限的な見方を承認してしまっている。このように、天才的な数学者がみずからの創造するものについて概念上でメタファーの便宜に服している症候が見られるからといって、私の見るところ、そのことは哲学上の決定的な論拠にはならない。分出公理の本質は「大きすぎる」多性を禁止することではない。なるほど、超過に対する柵があることは、この公理からの帰結である。だが、この公理を統べるものは、言語と実存と多との結び目にかかわっている。

　実際、パラドクスにつまずく（フレーゲの）テーゼはわれわれに何を言っていたか。形式言語のなかで明確に構成された特性 $\lambda(\alpha)$ から、この特性をもつもろもろの項からなる多〔集合〕の実存が推論されるということである。つまり $\lambda(\alpha)$ が証明されるような**あらゆる**項 α を要素とする集合があるということである。

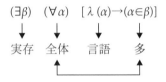

　このテーゼは破滅的な超過なしに多を言語による把握のなかに保持すると主張するが、このテーゼの本質はじかに実存的であることだ。およそどの

$\lambda(\alpha)$ の式にも，この式を有効にする**すべての**項を集めた一個の多の実存が自動的かつ一様に結びついているのである。

　言語の一貫性を矛盾から切り離すラッセルのパラドックスは，実存の優位——実存の量記号[1]の優位——のもとで上の言表のなかに記載された〈実存－言語－多〉の三つ組をばらばらにするものであるとわかる。

　ツェルメロが提起するのは，この同じ三つ組の別の結び目である。

　実際，分出公理が語るところは，一個の多が与えられていれば——あるいは与えられていると想定された，すなわち現前化されているあるいは実存していると想定された，そうしたどの多についても——式 $\lambda(\alpha)$ が表現する特性をもつもろもろの項からなる下位－多〔下位集合〕が実存するということである。言い換えれば，言語の一個の式から直接的に一個の多性〔集合〕の実存・現前が帰納されるのではなく，すでに一個の現前があるという条件のもとで，この現前のなかで，この現前によってもたらされる「分出」——すなわち式を有効にする諸項（一切の多はもろもろの多からなる多であるのだから，つまりは諸多性）からなる一個の下位集合の「分出」——が帰納されるのである。

　形式的には，分出公理は，先ほどの言表とは違って，実存的ではないと結論づけられる。なぜなら，分出公理が一個の実存を推論するのは，現前すると想定された任意の多性という形で，その実存が〈すでにそこに〉あるという事態にもとづいてだからである。分出公理は，所与と想定されたどの多性についても，$\lambda(\alpha)$ を有効にする要素をもつ部分（下位集合）が実存すると言うことによって，量記号の順番をひっくり返す。すなわちそれは，想定されるあらゆる実存から，言語にもとづいて，ある含意された実存を帰納するような普遍的言表である。

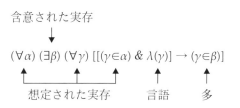

$\lambda(\alpha)$ から直接 β の実存を引き出す言表と違って，分出公理はそれ自身だけではいかなる実存も結論することができない。その含意構造が最終的に述べているのは，α があれば，式 $\lambda(\gamma)$ を有効にする諸要素をもつ β——α の部分である β——があるということである。だがはたして α はあるのか。それについては，この公理は語らない。この公理は，（想定された）実存から（含意された）実存への媒介にすぎないからである。

　ツェルメロが提案する結び目は，もはや言語から多の実存を推論することを命じない。そうではなく，所与と想定された実存（すでに現前化された多）のなかから，言語が下位‐多〔下位集合〕の実存を分出することを命じるのである。

　言語は実存を帰納することはできず，もっぱら実存における分裂を推論するだけである。

　したがって，ツェルメロの公理には唯物論的なところがある。すなわち，この公理は，しっかりと作り上げられた言語から直接に多の実存的現前を推論するというイデア的言語状態〔理想的言語状態〕——超過のパラドクスはその代価である——の形象と手を切る。ツェルメロの公理が確立しなおすのは，言語は実存を前提することによってのみ操作する——分出する——ということ，そしてそのようにして言語が整合的な多性について帰納する内容は，〈すでにそこに〉あるなんらかの現前によって先取り的な仕方で，その存在において支えられているということ，これである。〈多なる実存〉は，言語がそこから遡及的に分出する含意された〈多なる実存〉を先取りしているのである。

　言語の力は，「ある」が「ある」ということを樹立することで作用するのではない。その力は，「ある」のなかに区別可能なものがあると措定することに限られている。そこに，ラカンが区別した現実界（あること）と象徴界（区別可能なものがあること）という原理を指摘してもよい[14]。

　計算というものに刻印された〈すでに〉の形式的瘢痕は，分出公理においては，実存の量記号（言語において分出作用をもつ〈一と計算すること〉）を後に従えた，先頭の量記号の普遍性（一番目の〈一と計算すること〉）の

うちに見られる。

したがって，ツェルメロが制限しているのは基本的に，集合の「規模」ではなく，むしろ言語の思い上がった現前化の力なのである。ラッセルのパラドクスは，言語が砕けることなく多を現前させるという言語の能力を多が超過している事態として解釈できると私は言った。同じく次のように言ってもよい。すなわち，言語は $\sim(\alpha \in \alpha)$ のような特性を言明する権能をもつということから，過剰なのは言語である，と。そしてそうした特性もなんらかの多なる現前を樹立する力量をもつと，言語は言うことを強制されるだろう。存在は，それが純粋な多であるかぎりにおいて，このような強制を免れるだろう。このことが意味しているのは，言語が決壊したところで何も整合的な現前に起こりはしないということである。

分出公理はある存在論上の態度決定を実際にはおこなっている。それをきわめて簡潔に言えば，次のようになる。すなわち，現前の一般形式としての多の理論は，みずからの純然たる形式的規則から——つまりしっかりと形成された諸特性から——なんらかの多（なんらかの現前）の実存が推論されるとは主張できないということである。規則がなんらかの多なる整合性を分出するためには，存在が〈すでにそこに〉存在しているのでなくてはならず，なんらかの純粋な多が，もろもろの多からなる多として現前しているのでなくてはならない。多なる整合性それ自体は，第一の現前の挙措によって二番目に現前化したものなのである。

しかしながら，決定的に重要な一つの問いが提起されたままである。すなわち，公理的現前化の枠組みのなかで，多の実存——つまり理論が現前させる現前〔多〕の実存——が言語によって保証されないとしたら，絶対的に初発の存在点はどこに存在するのか。言語の分出機能が操作をおこなうために，どのような第一の多の実存を保証することができるのか。

これこそが，集合論を〈存在としての存在〉につなぐ免算的縫合の難問そのものである。われわれをこの難問へ連れ戻すのは次のような事情である。すなわち，言語——これはもろもろの分出と構成を供給するものである——は自分自身の超過から帰結するパラドクス的な崩壊に座礁する。このことによって言語はそれ以上先に進むことができないし，また，純粋な多が実存す

74 I 存　在──多と空

るということ，言い換えれば，理論が現前させるものがたしかに現前そのものにほかならないということを，独力では樹立できないのである。

訳注
[1]「実存の量記号（le quantificateur existentiel）」は，数学用語としてふつうは「存在の量記号」と訳されるが，バディウは「存在（être）」と「実存（existence）」，さらに「ある（il y a）」を使い分けているので（つねに厳密であるわけではないが），「存在」と訳して問題がなさそうな場合でも，existence 系のタームは「実存」と訳出した。ここではもちろん「存在の量記号」のことである。

技術上の注
──書字の約束事──

　本書で用いる略号あるいは形式的な書字は，一次論理と呼ばれるものに属している。重要なことは，「こうした一切の項について，以下のような特性がある」とか，「以下のような特性をもつ項は実存しない」とか，「あの言表が真であれば，別のあの言表もまた真である」とか，そうした類の言表を記載できることである。「一切の……について」や「……が実存する」といった書字は項（「個物」）にのみ関わっているのであって，特性に関わっているのでは決してないということ，これが基本原理である。要するに，特性のほうもいくつかの特性をもつことは認められない（それではわれわれは二次論理へ移ることになるだろう）。

　こうした要件を書記上で実現するには，五種類の記号を設定する必要がある。すなわち，変項（これは個物の記載である），論理結合子（否定，連接，離接，含意，同値），量記号（全称記号「一切の……について」と実存記号[1]「……が実存する」），特性ないし関係（われわれにとっては相等と所属の二つしかない），句読法（丸括弧，角括弧，波括弧），以上の五つである。

　──個物の変項（われわれにとっては，もろもろの多あるいは集合のこと）はギリシア文字の $\overset{\text{アルファ}}{\alpha}$ ，$\overset{\text{ベータ}}{\beta}$ ，$\overset{\text{ガンマ}}{\gamma}$ ，$\overset{\text{デルタ}}{\delta}$ ，$\overset{\text{パイ}}{\pi}$ ，そしてときには $\overset{\text{ラムダ}}{\lambda}$ で表す。また必要が特に感じられる場合には，α_1，γ_3 等々とさらに多くの変項を扱えるように指数を用いることにする。したがって，以上の記号は，語られているこのもの，それについてあれこれの主張がなされる当のものを指す。

　──量記号は $\forall$（全称記号）と $\exists$（実存記号）である。これらの記号にはつねに変項が付く。$(\forall \alpha)$ は「一切の α について」と読む。$(\exists \alpha)$ は「α が実存する」と読む。

　──論理結合子とは以下のものである。$\sim$（否定），$\to$（含意），*ou*（離接），

76　I　存　在──多と空

&（連接），↔（同値）。

　──関係には＝（相等）と∈（所属）がある。それらはつねに二つの変項を結合する。$\alpha=\beta$ は「α は β に等しい」と読み，$\alpha\in\beta$ は「α は β に属する」と読む。

　──句読法は，丸括弧（　），角括弧［　］，波括弧｛　｝である。

　一個の式は，もろもろの補正規則に従う諸記号の組み合わせである。これらの規則を厳密に定義することができるが，それらは直観的である。重要なのは，式が読めるということだ。例えば，$(\forall\alpha)(\exists\beta)\,[(\alpha\in\beta)\to\sim(\beta\in\alpha)]$ は問題なく読むことができる。「一切の α について，次のような β が少なくとも一つ実存する。すなわち，α が β に属するならば，β は α に属さないというような β が」と。

　任意の式をしばしば λ の文字で記すことにする。

　きわめて重要な点がある。式のなかで，変項は量化されているかいないかのどちらかであるということだ。上記の式では，α と β という二つの変項は量化されている（α は全称的に，β は実存的に）。量化されていない変項は自由変項である。例えば，次のような式を考えてみよう。

$$(\forall\alpha)\,[(\beta=\alpha)\leftrightarrow(\exists\gamma)\,[(\gamma\in\beta)\,\&\,(\gamma\in\alpha)]]$$

　この式は直観的にはこう読まれる。「一切の α について，β と α の相等は，次のような γ が実存するということと同値である。すなわち，β に属しかつまた α にも属するような γ が実存するということと」。この式では，α と γ は量化されているが，β は自由である。問題の式は β のある**特性**を表現している。すなわち，β に相等であるということは，ある事態（式の断片 $(\exists\gamma)\,[(\gamma\in\beta)\,\&\,(\gamma\in\alpha)]$ が表現しているもの）と同値であるということを表現している。自由変項 α をもつ式は $\lambda\,(\alpha)$ としばしば記される。直観的に言えば，これは式 λ が変項 α のある特性を表現しているということを意味する。もし自由変項が二つある場合には，$\lambda\,(\alpha,\beta)$ と書くことにする。この式は自由変項 α と β の関係を表現している。例えば，$(\forall\gamma)\,[(\gamma\in\alpha)\,ou\,(\gamma\in\beta)]$ という式がある。これは「一切の γ は α に属するか，β に属するか，あるいはその両

者に属するかである」と読む（というのも論理的な *ou* は排他的ではないからだ）。この式は α と β との特殊な関係を定めている。

　議論を進めていくと，基本記号にもとづいて補助記号を定義する権利が与えられるだろう。そのためには，補助記号を基本記号しか含まない式へ翻訳しなおす可能性が同値によって確定されなくてはならないだろう。例えば，$\alpha \subset \beta \leftrightarrow (\forall \gamma)\,[(\gamma \in \alpha) \rightarrow (\gamma \in \beta)]$ という式は，α と β の包含関係を定義している。この式は，「一切の γ について，γ が α に属するのならば，γ は β に属する」という完全な式と同値である。$\alpha \subset \beta$ という新しい書記法は，基本記号によってのみ書かれた $\lambda\,(\alpha, \beta)$ という式（ここでは α と β は自由変項である）の略記にすぎないとわかる。

　本論中では，式の読解に特に何の問題もないし，つねにしっかりとした導入が付けられるだろう。定義も明示されている。読者はさまざまな書記の直観的な意味を頼りにして大丈夫である。

訳注
[1] 省察3訳注［1］を参照のこと。「実存記号」は，集合論でいう「存在記号」のことである。

省察4

空
――存在の固有名――

　ある状況があるとしよう。状況の構造――〈一と計算すること〉の体制
――は現前化した多をその状況のなかで分割する，と私は言った。すなわち，
整合（もろもろの一の構成）と非整合（領地における不活性）へと分割する，
と。しかしながら，どんな現前化も計算の法のもとにあるから，非整合性は
それとしては真に現前化されるものではない。純粋な多としての非整合性と
は，計算の上流には一が存在しないと前提することにすぎない。しかし，な
んらかの状況が明らかに示しているのは，むしろ，一は存在するということ
である。実際のところ，一般的に言えば，状況とは，「一は存在しない」と
いうテーゼを提示するようなものではない。それどころか，〈一と計算する
こと〉を法とする以上，状況は一の実存を包絡しているのであって，計算さ
れていないものは一切状況には現前しない。無でさえ，構造の効果において
でなければ，つまり一の形式および整合的な多性へ一を構成するという形式
においてでなければ，現前可能ではない。したがって，一は構造化された現
前の体制であるばかりではなく，現前それ自体の可能事の体制でもある。非
存在論的（非数学的）状況においては，多は法によって計算の一へと明示的
に整序されるかぎりにおいてのみ可能である。状況の内部からでは，計算か
ら差し引かれたような，つまり脱‐構造化されたような非整合性は，一切理
解できない。したがって，その内在性において把握された状況はなんであれ，
われわれの手続き全体の最初の公理をひっくり返す。状況が述べるのは，一
は存在するが，純粋な多――非整合性――は存在しないということである。
なんであれ状況とは，現前化を呈示することではなく，存在を現前可能なも

のと，つまり一の可能性と，必然的に同一視する以上，これはまったく自然なことである。

したがって，存在とは一の可能性のうちに存在することであるということ，このことは，状況によって知の形態として確立されるものの内部では**適合的**である（私はずっと先の省察31のところで，適合的なものと真理との本質的な区別を基礎づけることにする）。ライプニッツのテーゼ（「**一つの存在でないものは存在ではない**」）は，状況の内在性を，その適合性の地平をまさに司るものなのである。それは法のテーゼである。

このテーゼによって，われわれは次のような困難に晒される。すなわち，非整合性が状況の内在性のなかで確証されないとしても，それでもやはり，〈一と計算すること〉は，それが操作であるかぎり，一が一つの結果であるということを示しているということ，これである。一が結果であるかぎり，多の「何ものか」は結果と絶対的には合致しないのでなければならない。確かに，多のいかなる先行性も現前を引き起こすことはない。現前とはつねに〈すでに構造化された〉ものであるし，したがってそこには一のみが，すなわち整合的な多のみがある。しかし，この「ある」は，「ある」が展開される場である法が操作として識別可能であるということを，差として残余させる。そして，なんらかの結果**しか**──状況のなかには──ない（状況のなかでは一切は計算されている）にもかかわらず，そのように結果として生じるものによって，演算操作の上流にある〈計算されるべし〉が点描され，この〈計算されるべし〉のために，構造化された現前は非整合性の幽霊のほうへとぐらつくのである。

〈一なる存在〉〔一であること〕が結果であるという事実から，この幽霊は，一のみが存在するというテーゼ（状況に関するテーゼ）の内部そのものにおいて，一を存在から軽くずらす。とはいえ，もちろん，この幽霊自体はいかなる仕方によっても現前化されない。というのも，現前の体制は整合的な多であり，計算の結果であるからだ。

したがって，一切が計算されたものであるにもかかわらず，計算の一が結果でなくてはならないということから，多はもともと一の形式において存在するのではないという事態が，計算の一によって幽霊的な残余としてもたら

される。したがって，次のことを認めなければならない。すなわち，状況の内部から見れば，純粋な多あるいは非整合的な多は，全体から——つまりは現前そのものから——除外されていると同時に，現前そのもの，即自的な現前「かもしれない」ものという資格で含まれてもいるのだ，と。「かもしれない」と言ったのは，法がその思考を許可しないもの——すなわち，一は存在しないということ，整合性の存在は非整合であるということ——を，もし思考しうるのであればという条件がつくからである。

　もっと明確に言おう。状況の全体が一と整合性の法の支配下にある以上，計算に即しては絶対に現前化されえない純粋な多は，状況への内在性の地点から見ると，**何ものでもない**〔無である〕のでなければならない。だが〈無-存在〉〔無であること〕は，「ある」が「存在」と異なるのと同じくらい，非存在とは異なる。

　一の身分は，「一がある」という（真である）テーゼと，「一が存在する」という現前性の存在論の（偽である）テーゼとのあいだで決定される。それと同じように，非存在論的状況への内在性において把握された純粋な多の身分は，「非整合性は何ものでもない〔無である〕」という（真である）テーゼと，「非整合性は存在しない」という構造主義的ないし律法主義的な（偽である）テーゼとのあいだで決定される。

　もちろん，計算の上流には何もないというのは真理である。というのも，一切は計算されたものなのだから。しかし，この〈無-存在〉——そこにこそ存在の不法な非整合性が眠っている——は，現前が現実化される場であるもろもろの一の構成の全体があるという事態の支えなのだ。

　構造の効果が完全であるということ，構造を免れるものは何ものでもないということ，そして現前のなかでは法は障害となる特異な孤島に出くわさないということ，こうしたことは確かに引き受けざるをえない。任意の状況のなかでは，〈一の帝国〉が支配しようとする〈純粋な多〉の反逆的あるいは窃盗的な現前はない。したがってそもそも，〈存在としての存在〉の直観を培うものを，状況のなかに探し求めても無駄である。脱落の論理，〈一と計算すること〉が「忘却」しただろうものの論理，〈純粋な多性の徴候あるいは現実〉として実定的に探知可能な〈除外されたもの〉の論理は，実践の袋

小路であると同様，思考の袋小路――幻想――である。状況が提示するのは所詮一から織り上げられた多でしかないし，計算の効果を制限するものなど何もないというのが法のなかの法なのだ。

しかし，である。無の存在――現前化不可能なものの形式としての無の存在――があるというテーゼもまた，それに相関して不可避である。無とは，構造としての現前と〈構造化された現前〉としての現前という二つの現前のあいだの，結果としての一と操作としての一とのあいだの，現前化された整合性と〈現前化されたことになるもの〉としての非整合性とのあいだの，取り消されながらも更新される，知覚できないほど微妙な隔たりの名なのである。

もちろん，無の探求に旅立ったところで何の役にも立たないだろう。言っておかなくてはならないが，そうした探求は詩が試みては疲労困憊に陥る作業であり，詩がたとえ最高の明晰さ，反論の余地なき肯定のうちにある場合でさえ，詩を死の共犯者にする。残念なことに，詩人たちに黄金の冠を与えておいてから追放へと突き落とそうとするのには理があると，プラトンと一緒に認めざるをえないとすれば，それは，すべては整合的である以上，無のための立地――詩人たちが《自然》と呼ぶもの――などありはしないにもかかわらず，詩人たちが無――存在はそこに眠っている――の直観をむやみやたらに広めるからである。われわれが主張しうるのは，どんな状況もその全体の無を含意しているということだけである。だが無は状況の場でも項でもない。というのも，もし無が項だということになれば，それは一つのことしか意味しえず，それは無が一と計算されたということだろうからだ。ところで，計算された一切のものは現前の整合性のなかに存在する。したがって，無――ここでいう無とは，計算の効果から識別可能なもの，つまり現前化から識別可能なものとして，純然たる〈計算されたことになるということ〉を名指している――が項とみなされる可能性はない。〈一なる無〉〔〈一であるような無〉〕があるのではない。「無」が，すなわち非整合性の幽霊があるのだ。

無とは，それ自体では，現前における非現前の名でしかない。無の存在上の身分は次のようなものである。すなわち，一が結果であるならば，〈状況内の項〉ではない「何ものか」，つまり何ものでもない「何ものか」は，〈一

と計算する〉操作が必要だったことを示しながらも，計算されなかったと考えなければならないのである。それゆえに，無は計算の操作である（この操作は一の源泉であるかぎり，それ自身は計算されない）と言おうと，あるいは無は純粋な多である（この純粋な多に計算は操作を及ぼすが，この純粋な多は「それ自体としては」〔即自としては〕，言い換えればそれが計算されないかぎりでは，計算に従って出来する自分の姿から区別される）と言おうと，まったく同じことに帰着する。

　無とは，現前における決定不可能なものの名である。この決定不可能なものは〈現前における現前化不可能なもの〉のことであり，それは多の純然たる領地上の不活性と，操作（一があるという事態はこの操作に発する）の純然たる透明さとのあいだで配分されている。無は，構造の無すなわち整合性の無であるとともに，純粋な多すなわち非整合性の無でもある。無が無であるのは現前の二重の審級——すなわち法と多——によるから，現前を免れるものは何もないと人が言うのは正当である。

　したがって，一つの任意の状況には，『ティマイオス』の宇宙論的大建築（これは普遍的現前化のほとんどカーニヴァル的な隠喩である）に関してプラトンが「彷徨える原因」と名づけ，それについて思考することがきわめて困難だと認めたものに等しいものがある。それは，現前の〈一という結果〉と，現前が「そこから発して」あるようになる出発点とのあいだの隔たりを指し示す，現前化不可能でありながらも必然的な形象〔比喩〕である。その形象が指し示すのは，一切の全体性の非–項であり，一切の〈一と計算すること〉の〈非–一〉であり，状況の本来的な無である。この無は空虚にして位置づけ不可能な〈点〉をなす。この〈点〉において明らかになるのは，状況は存在に縫合されたものであるということ，みずからを現前させる**当のもの**が計算からの免算〔soustraction（控除・逃亡）〕という形で現前のなかを徘徊するということである。この免算を〈点〉として指すことはすでに人を欺くことである。というのも，それは局所的でもなければ包括的でもなく，しかし至る所に，いかなる場のなかにでもないと同時にあらゆる場のなかに，どんな出会いによっても〈現前化可能なもの〉とみなすことが許されないものとして，

蔓延しているからである。

　ある状況がその存在に縫合されていることを，私は状況の**空**と呼ぶ。そして，構造化された一切の現前は「みずからの」空を，計算の免算的側面でしかないあの〈非－一〉の様態において，非現前的なものとして呈示するのだと言おう。

　私は「無」と言うよりも，むしろ「空」と言おう。そのわけは，「無」がどちらかと言えば構造の**包括的**な効果（**一切**は計算されている）に関係づけられた空の名だからであり，また，空が**一として計算**されていない以上，その〈計算されなかった〉は**局所的**でもあると指摘するほうが鋭いからである。「空」とは一の機能不全を表示するものであり，〈まったくない[1]〉よりもいっそう根源的な意味における〈一つもない〉〔〈一なし〉〕の表示なのである。

　「無」であれ「空」であれ，ここで肝要なのは名である。というのも，これらの名が指し示す存在は，それ自体では包括的でも局所的でもないからである。私が選ぶ名，すなわち空は，何ものも，いかなる項も現前化されていないということの表示であると同時に，この現前化不可能なものの指示が，構造上の位置確定も考えられないまま，「空のまま」おこなわれるということの表示でもある。

　空とは状況に即した存在の——非整合性の——名である。すなわち，〈一つもない〉もの，一から構成されえないもの，つまり状況のなかでは無の彷徨としか形容しえないもの，こうしたものの様態において，現前化不可能な接近が——つまりこの接近への非接近が——現前化によってわれわれに与えられる際の名なのである。

　次の点を心に留めておくのは本質的なことである。すなわち，状況のなかでは，いかなる項によっても空は指し示されることがないということ，そしてその意味では，アリストテレスが『自然学』のなかで，仮に「存在」ということを，状況のなかに位置を確定しうるもの，つまりなんらかの項，アリストテレスが実体と呼ぶものと解するのであれば，空は存在しないと宣言したのは当然だということ，これである。一ではない非実体的な空が存在するなどとは言えないということ，これは現前の正常な体制のなかでは正しい。

　空の探知が生じるためには，つまり〈存在としての存在〉を状況内で受け

84　I　存　在——多と空

止める仕方が生まれるためには，〈一の超過〉から導出される，計算の機能障害が必要である。私はこのことをもっと先のところで（省察17）立証しよう。出来事とは，状況の空を遡及的にあらわにする博打の〈超-一〉のことだと定義されることになろう。

　だが，今の段階で押さえておくべきことは，状況のなかでは，空とのいかなる遭遇も考えられないということである。状況が空に対する絶対的な「無自覚」を課すということは，構造化された状況の正常体制なのだ。

　ここから存在論の言説のための補足的な要件が演繹される（存在論言説なるものが実存すればの話，そして存在論言説が，私の主張するように，一つの状況——数学的状況——であればの話だが）。私はすでに以下の点を確立した。

　a．存在論は必然的に現前化を現前化させる〔現前化を呈示する〕作業であり，つまりは一なき純然たる多の理論，もろもろの多からなる多についての理論である。

　b．存在論においては，構造は暗黙の計算でしかありえない。つまり，みずからの項についての〈一としての概念〉をもたない（多の概念をもたない）公理的な現前でしかありえない。

　これにわれわれはいまや次の点を付け加えることができる。すなわち，**存在論の諸構成——概念なき諸構成——を織りあげる出発点となる唯一の項とは，否応なく空のことである**，と。

　この点を立証してみよう。存在論が現前化を現前化させる特殊な状況であるとしたら，存在論は，一切の現前を司る法——すなわち空の彷徨という法，非-遭遇としての現前化不可能なものという法——をも現前させる〔呈示する〕のでなければならない。存在とは，それが適合的に語られるとき，すなわち一切の現前の場から語られるとき，根源的な非整合性が計算を免れるような場としての空のことであるが，存在論は，そのような〔空としての〕存在への現前的縫合の理論となるかぎりにおいて現前化を現前化させる〔呈示する〕。したがって，存在論は空の理論を提出するべく義務づけられているのである。

　しかし，存在論が空の理論であるにせよ，それはある意味では空**にのみ**か

かわる理論でしかありえない。実際，もし存在論が空以外のもろもろの項を公理的に現前化させる〔呈示する〕——他方，空を「現前化させ」なくてはならないということは大変な困難を伴う——のだと想定してしまうと，その場合，存在論は空を他の項から区別するということになり，つまり存在論は，その構造上，「充実した」項との種差において，それとしての空を〈一と計算すること〉を許されることになる。そのようなことが不可能なのは明白だ。というのも，〈充実した一〉との差異において空が〈一と計算されて〉しまえば，空はすぐさまこの他者性によって満たされてしまうからだ。空が主題として立てられるにせよ，それは空の彷徨の現前化においてでなくてはならず，その単独性においてであってはならない。単独性とは必然的に充実したものであって，空の単独性ということでは，空は，差異を生み出す計算のなかで一として区別されてしまう。唯一の解決策は次の点にのみある。すなわち，**すべて**の項は，それが空からのみ構成されるという点で「空」であるということ，そしてそのように空は至る所に配分されているということ，そして，純粋な多性の暗黙の計算によって区別されるものは，どれもこれも空それ自体の〈一に即した諸様相〉でしかないということ，これである。こうした事態のみが，空は状況のなかでは〈現前における現前化不可能なもの〉であるということを説明できるのである。

　これを別の仕方で言ってみよう。存在論が純粋な多の理論であってみれば，その現前的公理系はいったい何を構成しているのか。多についての諸《観念》は〈多としての多〉に関する規則を定めるものであり，存在論の諸公理はこの立法活動の制定物であるが，そうした諸《観念》はいかなる**実存者**をとらえるのか。一でないことは間違いない（一は存在しない）。どんな多ももろもろの多から構成されているということ，これは存在論の第一法則である。しかし，どこから始めるべきなのか。最初の〈一〉ではないとしたら，絶対に根源的な実存的立場は，最初の計算は，どのようなものなのか。概念なしに現前化される「最初の」多性は，必然的に，何ものでもないもの〔無〕の多でなくてはならない。というのも，もし「最初の」多性が何ものかの多だとしたら，この何ものかは一の立場にあることになるからだ。次に，公理的な規則がもっぱらこの〈何ものでもないものの多〉から出発して，言い換え

れば，空から出発して，もろもろの構成を可能にするのでなくてはならない。

　そして三番目の行程。存在論が理論化するのは，任意の状況の非整合的な多であり，すなわち一切の個別の法を免れ，一切の〈一と計算すること〉からみずからを差し引くような多，脱−構造化された多である。ところで，非整合性が状況の全体のなかを徘徊するときの固有の様態は無であり，また非整合性が自己を非現前化するときの固有の様態は，計算を免れること，〈非−一〉，空である。したがって，存在論の絶対的な最初の主題は空である（このことを，ギリシアの原子論者たち，すなわちデモクリトスとその後継者たちはよくわかっていた）が，それはまた最終的な主題でもある（原子論者たちはそうは考えなかった）。というのも，**一切**の非整合性は最終的には現前化不可能であり，したがって空であるからだ。「原子」があるとすれば，「原子」は（古代の唯物論者たちが信じていたように）存在の第二原理，すなわち〈空の後の一〉なのではなく，空それ自体の構成物なのであって，この構成物は多の理念的な諸法則（存在論はこの諸法則の公理系を配備する）によって規制されている。

　したがって，存在論が実存者として計算できるものは空しかない。この言表が言っているのは次のことである。すなわち，存在論によってその規制的な秩序——整合性——が詳述されるものとは，まさしくあらゆる状況の〈存在への縫合〉のことであり，すなわちおよそどんな現前的な整合性もがはらむ〈現前化しえないもの〉でしかないように非整合性によって定められた，そのかぎりで自己を現前化させる**それ**のことである，と。

　このようにして主要な難問が解決されるように見える。私は次のように言った。すなわち，存在が純粋な多として呈示〔現前化〕されているのであれば（これは私が存在は多であると言うときに，危険な仕方で簡略に述べていることである），**存在としての存在**は，厳密に言えば，一でも多でもない，と。ところで，存在としての存在についての学として想定された存在論は，状況の法に服しながらも，現前化を，つまり純粋な多を呈示〔現前化〕**しなければならず**，また上手くいけば，それを呈示〔現前化〕する。存在論は，存在としての存在について，多の有利になるような裁決をいかにして避けるのか。それはその固有の存在点が空であるということによる。言い換えれば，無の

多〔無の集合＝空集合〕であるがゆえに──つまり，みずからの集合に関して，一の形式においても多の形式においても，**何ものも**呈示〔現前化〕しないがゆえに──一でも多でもないような「多」，そうした「多」がその存在点であるということによる。その結果，存在論は次のように言明することになる。なるほど現前は多であるが，現前の存在，呈示されたもの〔現前化されたもの〕は，それが空であることによって，〈一／多〉の弁証法を免れる，と。

そこでひとは問うだろう。しかし「無の多」〔空集合〕というのであれば，空が「多」〔集合〕であると言うことに何の意味があるのか，と。その答えは，存在論は一つの状況であるということ，したがって存在論が呈示する〔現前させる〕一切の事柄は，存在論の法──すなわち，〈一なき多〉しか認識すべきものをもたないという法──のもとにあるということだ。その結果，たとえ空が何も構成せず，実は一と多の状況内的な対立と一線を画す対角線であるにせよ，空は多〔集合〕として**名指される**のである。空を多と名指すことは，空を一と名指すことができないという事態から残される唯一の道である。なぜならば，存在論は一が存在しないということを最重要原理に据えるが，その一方で，一切の構造は（それが存在論の公理的構造であっても），ここでのようにたとえ一が存在することを取り消すためであったとしても，一と多しかないということを明らかにするからである。

一の存在を取り消す行為の一つはまさしく次のように措定することである。すなわち，空は多であると，空は第一の多であると，要するに，空は一切の多の現前が──その現前が呈示〔現前化〕されたときに──そこからみずからを織り成し，そこからみずからを計算する起点となる存在そのものである，と。

もちろん，空は項としては識別不可能（空は〈一なし〉であるから）である以上，端緒となるその出来は純然たる命名行為である。この名は特殊的ではありえない。この名は空を，それを包摂するいかなるもののもとにも整理することはできない。そんなことをすれば一を復活させることになるだろう。名は，空とはこれであるあるいはあれであるなどと指示することはできない。この命名行為は，特殊性〔特性〕を失ったものであり，自分自身を蕩尽するのであり，現前化不可能なものそれ自体以外の何も示さない（しかしながら

存在論において，この現前化不可能なものは，現前の強制法——現前化不可能なものをあらゆるものの発生点である無として配備する現前の強制法——において出来する）。したがって，空という名は純然たる**固有名**だということになる。すなわち，自分自身を指示し，みずからが指示するものにおいていかなる差異の指標をも与えず，そして多という形式において——とはいえ，多ということで**何ものも**数えられてはいないのだが——自己を宣言する，そうした固有名である。

　存在論は，多の立法的な諸《観念》がひとたび配備されるや，不可避的に一個の固有名の恣意性を純然と発することから始まる。空の指標となるこの名，この記号は，永遠に謎めいた意味において，存在の固有名なのである。

訳注
[1]「まったくない」のフランス語は le pas-du-tout. 日常表現の pas du tout（「まったく
　〜ない」）から作られた言い回しだが，「全体がない」とも解釈できる。バディウは
　ここで「全体がないこと」よりも「一がないこと」のほうが，いっそう根源的であ
　ると考えている。

省察 5

標記 ∅

　存在論——言い換えれば，多の**数学**理論すなわち集合論——の実行は，概念の要請（省察 1）に適った形では，公理系としてしか呈示〔現前化〕されない。つまり，多についてのもろもろの大《観念》は，α, β, γ といった諸変項にかかわる開設的な言表である（これらの変項は純粋な多性の外延を示すということが暗黙のうちに同意されている）。この呈示〔現前化〕は多について明示的な定義を一切排除するが，それは《一》の実存を避ける唯一の手段である。それらの言表の数がきわめて少ないことは注目に値する。それには九個の公理ないしは公理図式しかない。この節約された呈示〔現前化〕のなかに，アリストテレスが述べたように，「存在の第一原理」は決定的であると同じくらい少数でもあるということの証が認められるだろう[15]。

　それらの言表のなかで，ただ一つだけが本来の意味で実存的である。つまり，その言表は実存をじかに記入する任務を負っているのであり，現前化された多がすでにあることを前提するような構成物を統制するのではない。あらゆることから予想されるとおり，この唯一の言表は空にかかわる。

　空に関するこの実存的言表の特異性を考えるために，最初にまず手短に，厳密に操作的な価値をもつ多の主要な諸《観念》を位置づけよう。

1　同と他——外延性公理

　外延性公理は次のように措定する。二つの集合があるとして，この二つの集合をなしているもろもろの多——すなわち，この二つの集合はそれらの多

を〈集合論的に一と計算〉しているわけである——が「同じ」であれば，この二つの集合は等しい（同一である），と。「同じ」とは何を意味するのか。同を同のうえに基礎づけるような循環がありはしないか。「要素」と「集合」を区別する自然だが不適格な言葉遣いにおいて（この言葉遣いは多しかないということを隠蔽する），外延性公理は，「同じ要素をもつとき，二つの集合は同一である」と表現される。しかし，われわれが知っているように，この「要素」は内具的なものを何も指し示さない。それが指し示すのはただ，ある多 γ が別の多 α の呈示〔現前化〕によって呈示〔現前化〕されているということ（$\gamma \in \alpha$ と記載される事態）だけである。要するに，外延性公理が述べているのは，α の呈示において呈示される一切の多が β の呈示においても呈示され，またその逆でもあるならば，このときこの二つの集合 α と β は同じである，ということである。

この公理の論理構成は主張の普遍性にかかわるのであって，同じものの反復にかかわっているのではない。それが示すのは，およそすべての多 γ について，それが α に属すると主張することと，それが β に属すると主張することとが等しければ，つまりそこに差異がないならば，α と β は区別不可能であり，至る所で互いに置換可能であるということである。多〔集合〕同士の**同一性**は，所属の**無差異**〔所属が違わないこと〕にもとづいている。これは次のように書かれる。

$$(\forall \gamma)\,[(\gamma \in \alpha) \leftrightarrow (\gamma \in \beta)] \rightarrow (\alpha = \beta)$$

二つの集合の差異の標示は，それらの集合の呈示〔現前化〕に属するものに従ってなされる。しかし，この「もの」は，つねに一つの多である。この多（γ としよう）が α と所属関係——多 α を構成するもろもろの多の一つであること——を結び，β とは所属関係を結ばないとしたら，α と β は違うものとして計算されるわけである。

同と他の体制のこうした純粋に外延的な性格は，集合論が〈一なき多〉の理論であるということ，〈複数の多からなる多〉としての多についての理論であるということ，このことに本質的に属している。だとすれば，ある多に

ある多が欠けているということ以外のどこから，差異があるという事態が生じうるだろうか。一が多から区別されえない（一は存在しないのだから）のに加えて，ここでは，いかなる特殊な質も差異を標記する役には立たない。要するに，外延性公理は，現前化の呈示を構造化するものとしての計算の，その厳格な厳密さへと，同と他を連れ戻すのである。どんな多も，それが一と計算されるや，もろもろの多から構成されることになるが，同とは，そうしたもろもろの多の計算における同なのである。

　とはいえ，次のことに注意しよう。すなわち，同と他の法である外延性公理がわれわれに語るのは，何であれ何かが実存するということではいささかもないということである。外延性公理は，場合によっては実存するかもしれない一切の多について，その差異化の規範的規則を定めているにすぎない。

2　条件下の諸操作──下位集合，合併，分出，置換の諸公理

　選択，無限，基礎の諸公理はとりあえず脇においておくとして（これらの公理が本質的に有するメタ存在論上の重要性についてはもっと先のところで細かく述べることにしよう），他の四つの「古典的」な公理が第二のカテゴリーをなしている。それらはすべて次のような形をとる。「実存すると想定された任意の集合 α があるとしよう。その場合，α からなんらかの仕方で構成された，もう一つ別の集合 β が実存する」。またこれらの公理は，ある実存を別の実存の条件下でしか示さないから，何であれ何かの非−実存と，すなわち絶対的な非−現前と，両立可能でもある。実存の純粋に条件づけられた性格は，ここでもまた，それらの公理の論理構造によって標記されている。それらの公理はどれも，「一切の α について，定義づけられたある関係を α ととりもつような β が実存する」というタイプのものである。もちろん，「一切の α について」ということが意味するのは，一つの α が実存するならば，しかじかの規則に従って α と結びついた β がどんな場合にも実存する，ということである。しかし，この言表は，これらの α の一つのものだけについて，それが実存するとかしないとか裁断を下すのではない。技術的に言えば，それらの公理の**接頭辞**──先頭の量記号──は，「一切の……につい

て，……のような……が実存する」，すなわち $(\forall\alpha)(\exists\beta)[...]$ というタイプの
ものである。反対に，無条件の実存を肯定するような公理があるとすれば，
それは「……のような……が実存する」というタイプのものであり，したがっ
て実存の量記号で始まるだろうことは明らかである。

　結局のところ，下位集合，合併，分出，置換の四つの公理（それらを技術
的に細かく調べることはここでは無用である）は，実存すると想定された多
のいくつかの内部特徴からもろもろの多を構成するための，実存面の保証に
かかわる[16]。図式的には，以下のようになる。

a. 〈下位集合の集合＝冪集合[1]〉の公理

　この公理の主張は，一個の集合が与えられていれば，この集合のもろもろ
の下位集合は〈一と計算される〉のであり，それらは一個の集合〔冪集合〕
である，ということだ。多の下位集合とは何か。それは次のような多のこと
である。すなわち，それの現前のなかに現前しているすべての多（それに「属
する」すべての多）が，最初の多 α によっても現前化されており，しかし
その逆が必然的に真であるわけではない（さもなくば外延的同一性になって
しまう）ような多のことである。ここでの論理構造は同値ではなく含意であ
る。γ が β の要素（すなわち $\gamma\in\beta$）であるとき，γ がまた α の要素（すなわ
ち $\gamma\in\alpha$）でもあるならば，集合 β は α の下位集合である（これは $\beta\subset\alpha$ と記
される）。別の言い方をすれば，$\beta\subset\alpha$（これは「β は α に含まれる」と読む）
は $(\forall\gamma)\,[(\gamma\in\beta)\rightarrow(\gamma\in\alpha)]$ という式を簡略化した書き方である。

　私は省察 7 と 8 で，実は根本的である下位集合あるいは下位多の概念に，
そして**所属**（$\in$）と**包含**（$\subset$）の区別に立ち返ることにしよう。

　さしあたりは，一個の集合が実存する**ならば，そのとき**，この集合のすべ
ての下位集合を一と計算する集合〔冪集合〕もまた実存するということが，
冪集合の公理によって保証されるとわかれば十分である。概念的な仕方で言
えば，一個の多が現前しているならば，この多の下位のもろもろの多を項（要
素）とするような多もまた現前しているということである。

b. 合併公理

一個の多はもろもろの多からなる多であるのだから，**一個の多を現前させ
る計算の力**は，その多を構成するもろもろの多の展開された現前をも開くの
かと問うのは正当である（その場合，そうしたもろもろの多のほうも，もろ
もろの多からなる多として理解されることになる）。もろもろの多は一個の
多によって計算結果の一へと作り上げられるのであるが，そうしたもろもろ
の多を内部で散種することはできるだろうか。これは冪集合の公理が遂行す
るのとは逆方向の操作である。

実際，冪集合の公理によって，私は，一個の所与の多に属するもろもろの
多から構成されたすべての集まり――すべての下位集合――からなる多〔冪
集合〕を，一と計算することを保証された。所与の集合と所属関係を結ぶも
のに関するすべての可能な **構 成**――言い換えれば，すべての包含――の〈一
としての結果〉（集合）はある。〔では〕所与の多に属するもろもろの多の
分 解 を体系的に計算することはできるだろうか。というのも，一個の多
がもろもろの多からなる多であるのならば，それはもろもろの多の多の多の
多……であるからだ。

ここでの問いは二重である。

a. 〈一と計算すること〉は分解にまで拡張されるのか。構成の公理系があ
るのと同じように，散種の公理系はあるのか。

b. 停止点はあるのか。というのも，いましがた見たように，散種は無限
に進行しなくてはならないように思われるからだ。

二番目の問いはきわめて深いが，その理由は理解できる。この問いは，現
前はなんらかの固定点に，もはやそれ以上分解できないなんらかの存在原子
に，どこで縫合されるのかと問うているのである。〈多なる存在〉〔多である
こと〕が現前の絶対的な形式であるならば，これは不可能に思われる。答え
は二段階でなされるだろう。まずは少し先のところで空〔空集合〕の公理に
よって，次に省察18で基礎の公理の検証によって。

一番目の問いのほうは，すでに今から合併公理によって解決される。合併
公理は，散種の歩みのそれぞれが一と計算されるということを言い表したも
のである。別の言い方をすれば，〈一つの‐多〉を構成するもろもろの多の，

94　I　存　在──多と空

さらにその構成のもとになるもろもろの多は，それら自体が一個の多をなしているということである（くり返しになるが，「集合」という語は定義されてもいなければ定義可能でもないが，それは公理的な現前化〔呈示〕によって一と計算可能になるものを指している）。

　要素というメタファーは所属関係を実体化したものでしかないが（この実体化はつねに危険である），このメタファーを用いて言えば，どんな集合にも，その集合の諸要素の諸要素からなる集合が実存するということである。すなわち，α が現前化〔呈示〕されているのであれば，この α になんらかの γ が属しており，またこの γ にもろもろの δ が属しており，さらにこれら δ のすべてが属する β もまた現前化〔呈示〕されているということである。あるいはまた，$\gamma \in \alpha$ かつ $\delta \in \gamma$ であれば，$\delta \in \beta$ であるような β が実存するということである。α の最初の散種は，α に属するもろもろの多をさらにもろもろの多へと分解することによって，すなわち α を**無‐数にする**ことによって得られるが，多 β はそうした α の最初の散種を集めたものである。すなわち，

$$(\forall\alpha)(\exists\beta)\,[(\delta\in\beta)\leftrightarrow(\exists\gamma)\,[(\gamma\in\alpha)\,\&\,(\delta\in\gamma)]]$$

α が与えられているとき，ここでその実存が肯定されている集合 β は，$\cup\,\alpha$（α の**合併**〔和集合〕）と表記される。「合併」という言葉を選んだのは次のような考えからである。すなわち，この公理的命題は，一つの多が「合併させる」〔一つにする〕もの──すなわち，もろもろの多──の本質そのものを提示しており，また，この本質が提示されるのは，（最初の一つの多に照らして）二次的なもろもろの多を「合併させる」〔一つにする〕ことによってである，と（そして，最初の一つの多を生み出していた一次的なもろもろの多は，この二次的なもろもろの多から構成されるということになる）。

　ここでは存在の根本的な同質性が想定されている。というのも，$\cup\,\alpha$ は最初の〈一つの‐多〉をまず散種させ，それから散種されたものを一と計算するのであるが，そうした $\cup\,\alpha$ もまた，それが出発したところのものとまったく同じように一つの多であるからだ。それは，冪集合ということで，われわれが多の──概念なき──領界の外にいささかも出るのではなかったのと

同様である。集合論は，下方においても上方においても，また分散させるの
であれ集結させるのであれ，とにかく，純粋な多に異質な「何ものか」につ
いて認識する必要はない。存在論はここでは《一》も《全体》も《原子》も
告示しない。それが告示するのは，ただ，もろもろの多性を一様に，公理的
に〈一と計算すること〉のみである。

c. 分出公理あるいはツェルメロの公理
これについては省察 3 で詳しく研究した。

d. 置換（あるいは代替）公理の図式
置換公理とは，それを自然な定式で言えば，一個の集合があるとして，そ
の諸要素を他の諸要素と置き換えても，一個の集合が得られるということで
ある。

それをメタ存在論的な定式で言えば，むしろ次の謂である。すなわち，も
ろもろの多からなる一個の多が呈示されているならば，その最初の多が呈示
するもろもろの多を，他のところで呈示されてあったと想定される新しいも
ろもろの多と逐一取り替えても構成されるような，そうした多もまた呈示さ
れているということ，これである。

その深くも特異な発想は次の点にある。すなわち，もろもろの多に〈一つ
の–多〉という整合性を与えることによって〈一と計算すること〉が遂行さ
れるとき，それらの多を他の多と一つ一つ置き換えたとしても，〈一と計算
すること〉は遂行される，ということだ。これは要するに，**一個の多の整合
性は，その多を構成する個々の多には依存しない**，ということである。個々
の多を交換しても，そうした代替が多と多の代替として操作されたものであ
るかぎり，〈一なる整合性〉（これは一個の結果である）は存続するのである。

ここで集合論は，みずからが〈多なる現前〉の呈示〔現前化〕として実行
していることをまたもや純化しながら，次のことを主張している。すなわち，
多を〈一と計算すること〉は，多がその多となっているところの**もの**〔多
を構成する個々の多〕には——それが多以外の何ものでもないということが保
証されてさえいれば——無関心である，と。要するに，「一つの多である」

という属性は，当該の多の要素をなす個々の多を超越しているのである。〈一つの多をなすこと〉（カントールは「集合を保つこと〔一緒に保つこと〕」と言っていた）——これは現前の構造づけられた究極の比喩形象である——は，その多を構成する一切のものが置き換えられたとしても，それとして維持されるのである。

　純粋な多のみを呈示する〔現前させる〕という使命を，この理論がどこまで推し進めるのかがわかる。すなわち，この理論の公理系が組織する〈一と計算すること〉が，それ自体としての〈多なる結束〉——結びつけられるものの特殊性を一切欠いた結束——という主題について，その演算操作の永続性を確立する地点に至るまで，である。

　多は，項を配属するどんな代替においても不変な〈多なる形式〉として真に呈示されている（ここで不変というのは，多〔集合〕の〈一なる結束〉のなかにつねに配置されたものとしてのかぎりで不変であるという意味だ）。

　数学的状況とは，存在が〈存在するもの〉として出来する純然たる現前形式の呈示〔現前化〕である。置換公理はそうした事態に他のどんな公理よりも適合している。——そうした事態を示しすぎていると言ってもよいくらいだ。

　とはいえ，外延性，分出，部分，合併の諸公理と同様に，置換公理も，なんらかの多の実存をまだ帰納するわけではない。

　外延性公理は同と他の体制を確定する。

　冪集合と合併集合は，内部構成（下位集合）と散種（合併）が計算の法のもとに捉えなおされるように統制し，そして，多としての現前の画一性にとって障害となるようなものに——上方においても下方においても——一切遭遇しないように統制する。

　分出公理は，もろもろの多を呈示する〔現前させる〕という言語の能力を，すでに現前があるという事態に従わせる。

　置換公理は，多が〈多なる形式〉——これは結束の不朽の観念である——としての計算の法のもとにあるということを措定する。

　要するに，以上の五つの公理あるいは公理図式は，存在形態としてのどんな現前もが現前化される際の法をなす，次のような諸《観念》の体系を定め

ているのである。すなわち，所属（唯一の本源的《観念》，〈被現前化−存在〉〔現前化されて−あること〕の究極的シニフィアン），差異，包含，散種，言語／実存という対，代替，といった《観念》である。

まさにここに，われわれは存在論の素材のすべてをもっている。ただし，それらの《観念》の法を与える開設的な言表のいずれによっても，「無ではなく，むしろ何ものかがあるのか」という問いが解決されるわけではいまだにない。

3 空──存在への免算的縫合

この点で，公理的決定はとりわけリスクをともなう。**ある 一つの多**が，最初にその実存を肯定される多として指名されるために，どんな特権をもちうるというのか。そしてそれが，そこから他のもろもろの多が諸《観念》の法に適った構成によって結果として生じてくる源としての**類的な多**〔le multiple〕なのだとしたら，それは実は，われわれがそれは存在しないと証明することに全精力を傾けているあの〈一〉なのではないか。反対に，それがたしかに〈一と計算された多〉，つまりもろもろの多からなる多であるとすれば，それはすでに構成の結果である以上，どうして絶対に最初の多でありうるのか。

この問いは，それ自身が公理的に呈示〔現前化〕された現前化理論の〈存在への縫合〉についての問いにほかならない。見出されるべき実存の指標は，諸《観念》の立法体系（この立法体系によって，何ものも多を不純にしないことが保証される）が，〈存在としての存在〉の展開（表記上の展開）としてみずからを示す際のものである。

しかし，非存在論的な状況に再び陥らないためには，この指標は個別のものを**何も**示さないのでなければならず，したがって，重要なのは一でもなければ（これは存在しない），構成された多でもない（これは結局のところ，計算の結果，構造の効果でしかない）のでなければならない。

この難問の驚くべき解決は以下のようなものである。諸《観念》の法は何も提供しないという筋を通すこと，しかしながら，純然たる固有名の想定

によって，この無を〈存在させること〉，これである。さらに言えば，**一個の名の超過的選択によって，現前化不可能なもののみを実存者として確証する**ことである。そうすれば，その次に，諸《観念》によって，現前化不可能なものの現前化の容認可能な一切の形式を進展させていくことができるだろう。

　集合論の枠組みにおいては，現前化〔呈示〕されているものはもろもろの多からなる多，言い換えれば現前化〔呈示〕それ自体の形式であるのだから，現前化〔呈示〕不可能なものは，**無の「多」**としてしか言語に到来しえない。

　すぐに次の点を注記しておこう。外延性公理によって規制されるような二つの多の差異は，差異化されるもろもろの多に属するもろもろの多によってしか標記可能ではない。したがって，〈無の多〉は，考えられうるいかなる差異の標記ももたない。現前化〔呈示〕不可能なものは非外延的であり，つまり無－差異的である。その結果，この〈無－差異的なもの〉の記入は必然的に否定的なものとなる。なぜなら，いかなる可能性——いかなる多——によっても，まさに**それ**の実存が肯定されているのだと示すことができないのだから。絶対的に最初の実存が否定の実存であるというこの要請は，存在が多の諸《観念》に縫合されるのはまさしく免算の様態においてであるということを明らかにする。ここに，存在のあらゆる現前的想定との解約が始まる。

　しかし，〈無－差異としての現前化不可能なもの〉の実存を記入する否定とは，いったい何を否定するのか。多の本源的な《観念》は所属の《観念》であり，また重要なことは，〈もろもろの多からなる多〉としての多を否定しつつも，一を出来させないことであるのだから，否定されるのは間違いなく所属ということそのものである。現前化〔呈示〕不可能なものとは，それに属する何ものをも——いかなる多をも——もたないもののことであり，したがって，差異においてみずからを現前させる〔呈示する〕ことのできないもののことである。

　所属を否定すること——それは現前を，つまりは実存を否定することである。というのも，実存とは〈現前のなかに存在すること〉だからである。したがって，「最初の」実存を記入する言表の構造は，実は，所属に従う一切の実存の否定である。この言表は何か次のようなことを言うだろう。すなわち，「どんな実存もそれに属するとは言えないようなものが実存する」と。

あるいは、「多の本源的な《観念》を免れたある「多」が実存する」と。

この特異な公理——われわれのリストの六番目の公理——こそ、**空集合の公理**である。

それを自然な定式で言えば（実を言えば、今度は、それ自身の自明性の袋小路のなかでであるが）、「いかなる要素ももたない集合が実存する」ということである。これは、存在の免算的なものが、〈要素／集合〉という直観的な区別を機能不全に陥らせる地点である。

それをメタ存在論的な定式で言えば、現前化不可能なものが、現前化の現前化における免算的な項として呈示されているということである。あるいは、多の《観念》のもとにはないある多が存在するということである。あるいは、存在は、存在論的状況において、その実存が実存しないようなものとして命名されるということである。

概念にもっとも適合した技術的な定式で言えば、空集合の公理は、実存の量記号で始まり（これは存在が諸《観念》を備給すると宣言することである）、実存の否定によって続ける（これは存在を非現前化することである）。そしてこの否定自体は所属に対する否定である（これは存在を多として非現前化することであり、多の《観念》は ∈ である）。したがって以下のようになる（否定は ～ で示す）。

$$(\exists\beta)\,[\sim(\exists\alpha)(\alpha\in\beta)]$$

これは、それに属するいかなる α も実存しないような β が実存する、と読む。

ここではある β の実存が主張されており、つまりこの β はもはや単なる《観念》や法ではなく、存在論的縫合——すなわち、ある非実存者の実存——である。しかし、そうした β が実は一個の固有名であると、いま私はどのような意味で言えたのか。固有名はその指示対象が唯一的であることを要求する。〈一〉と**唯一性**とを丁寧に区別しよう。一は計算の——つまり公理的諸《観念》の——暗黙の、存在なき効果でしかないのに対して、唯一性は完全に多の属性でありうる。唯一性は、当該の多が他の一切のものと異なるということのみを示す。そのような多は外延性公理によって制御することができる。しか

し，空集合は非外延的，無−差異的である。差異を標記しうるものが何もそれに属さないのに，どうして私はその唯一性を考えることができるのか。一般に数学者たちは，少しばかり軽々に，空集合は「外延性公理にもとづいて」唯一的なのだと言う。これは「二つ」の空を二つの「何ものか」として，言い換えれば，もろもろの多からなる二つの多として，同定できるかのように振る舞うことである。だが差異の法は，形式上はともかく概念上，空には不適切である。むしろ真理は次の点にある。すなわち，空集合の唯一性は直接的なものであるが，それは，その差異が証明可能だからではなく，空集合は何ものによっても差異づけられないからである。ここでは，無−差異のいかんともしがたい唯一性が，差異による唯一性に取って代わるのだ。

　空集合が唯一的なものであるということを確かめるすべがある。それは，「複数の空」がありうるという仮説を立てて，空集合を種として，あるいは普通名詞として思考しようとすると，多の存在論的理論の枠組みにおいて，同と他の体制を乱調させる危険を冒すことになり，そして**所属とは別のものに差異を基礎づけざるをえなくなる**ということである。ところで，この手の進め方はすべて，事実上，一の存在を復活させることになるだろう。というのも「複数の」空は，それらが非外延的である以上，多としては区別不可能だからである。したがって，それらの空をまったく新しい原理によって　として差異化せざるをえなくなるだろう。しかし一は存在しないのであって，したがって，私は〈空−存在〉が固有性〔特性〕，種，普通名詞であると認めることはできない。「複数の」空はないのであって，空は一つしかない。このことが意味するのは，現前のなかに標記された現前化不可能なものの唯一性のことであり，一の現前のことではいささかもない。

　したがって，われわれは注目すべき結論に到達する。すなわち，**空が唯一的であるのは，一が存在しないからである**，と。

　空集合が唯一的であると言うことは，空集合の標記は固有名であると言うことに帰着する。かくして存在は，固有名が合図する唯一性という形式において，純粋な多の現前化の諸《観念》を備給する。数学者たちは，存在のこの名，多——すなわち，それによって現前がみずからを現前化するところの，つまり**存在する**ようになるところの一般形式——の免算的なこの点を書くた

めに，彼らの習慣的なアルファベットから遠く離れたある記号を探し求めに行った。それはギリシア文字でもラテン文字でもゴシック文字でもなく，古いスカンディナヴィア文字の Ø である。これは空の徽章であり，意味の遮断線を引かれたゼロである。数学者たちはひそかに次のように意識していたかのようだ。すなわち，多において空のみが非‐実存であるがゆえに空のみが存在するのだと宣言することで，また多の諸《観念》はそれらを免れる〔それらからみずからを差し引く〕ものによってのみ活けるものとなると宣言することで，自分たちはなにか神聖な領域に触れているのだ，と（この神聖な領域自体は言語の外れにある）。そして，久しい以前から最高存在を固有名とみなしてきた神学者たちと競い合いながら，しかし神学者たちの《一者》および《現前》の約束に対して，非現前の撤回不可能性と一の脱存在〔désêtre〕をぶつけることによって，ある失われた言語の暗号のなかに数学者たち自身の大胆さをかくまわなければならなかったのである。

訳注
[1]「〈下位集合の集合＝冪集合〉」（l'ensemble des sous-ensembles）。「下位集合（sous-ensemble）」はもちろん「部分集合」（フランス語では partie）のことであり，l'ensemble des sous-ensembles あるいは l'ensemble des parties は，いわゆる「冪集合」（英語では power set）のことを指す。つまり，「ある集合のすべての部分集合からなる集合」のことである。数学用語ではこれを「冪集合」と訳しており，バディウがここで扱っている「下位集合からなる集合の公理」も，ふつうは「冪集合の公理」と呼ばれている。本訳書では，「下位集合の集合」や「部分集合の集合」と訳すとわずらわしいので，特に問題がない場合は「冪集合」と，よく知られた簡潔な訳語を当てた。ただし，partie（「部分（集合）」）や sous-ensemble（「下位集合」）に形容詞がかかっている場合は，「〜な冪集合」としてしまうと形容詞がかかる単語が違ってしまうので，「〜な部分からなる（の）集合」というように直訳した。

省察 6
アリストテレス

「点が空であるというのは不条理（場違い）だ」
『自然学』第 4 巻

　ほぼ 3 世紀のあいだ，合理的な物理学の実験によって，空の実存に対する
アリストテレスの反駁は完全に無効になったと信じられてきた。パスカルの
有名な小冊子『真空に関する新実験』（アリストテレスの概念装置ではこの
表題だけでも受け入れがたい）は，1647 年に，科学者ではない公衆に訴え
かけるのに適した布教的な力を，それ以前のトリチェリの仕事に与えなけれ
ばならなかった。

　アリストテレス自身は，空概念のみずからの批判的検討のなかで（『自然学』
第 4 巻，第 8 章），実証科学の成立が彼のテーゼに対する実験上の反例を生
み出すことに，すでに三重の仕方で身をさらしていた。彼はまず，空につい
ての理論を立てるのは自然学者の仕事であるとはっきりと宣言している。次
に，彼自身の手続きは，水に沈められた立方体の木片（これがその効果にお
いて，空っぽの立方体に喩えられる）のような実験を引き合いに出していた。
最後に，彼の結論はまったく否定的なものである。空は思考可能な存在を一
切もたないのだから，それは分割可能でもなければ，分割不可能なのでもな
い（oute axôriston oute kexôrismenon）。

　しかしながら，この点についてハイデガーや他の何人かの者たちによって
啓発されたわれわれは，今日，問いのこのような解決の仕方に満足すること
はできない[17]。仔細に見たとき，まず認めなくてはならないのは，アリス
トテレスは少なくとも一つの可能性を開いたままにしているということであ
る。すなわち，空は，それとして考えられた質料（hē hulē hēi toi autē）——

特に，重たいものと軽いものの〈潜在的‐存在〉の概念であるかぎりでの質料──を指すための別名であるという可能性だ。その場合，空とは移動の質料因の名だということになるが，それは（原子論者たちにおけるような）局所的な運動の普遍的な媒質としてではなく，重たいものを下へ，軽いものを上へ運ぶ自然の運動に内在する，未規定の存在論的潜在性としての質料因である。運動は物体の質的存在（重い，軽い）によって規定されるとき自然のなかで差異化するが，空とは，そうした運動の自然な差異化の潜伏的な無‐差異だということになる。その意味では，たしかに空の存在はあるのだが，それは前実体的な存在，つまりそれとしては思考不可能な存在であるだろう。

　そもそもアリストテレスの言う実験は，水や水銀の入ったトリチェリやパスカルの管が具体的に物体化するような概念的人工物（そこでは数学化可能な計測の媒介が優位を占める）のことでは少しもない。アリストテレスにとって，実験とは，論証の展開を飾りつけ下支えする普通の一事例，感性的な像であって，論証の展開のほうは，その鍵を正確な定義の産出のなかにしかもたない。パスカルとアリストテレスが空と呼ぶものに共通する指示対象が実存するかどうかは，たとえそれが唯一のものと考えられうる非存在者のことであったとしても，疑わしい。アリストテレスから学ぼうと望むなら（あるいは彼を論駁しようと望む場合であっても），彼の諸概念と諸定義が機能している思考空間に注意しなくてはならない。このギリシア人にとって，空は実験上の差異ではなく，存在論的カテゴリーであり，存在の諸形象として至るところに**自然に**存在するものについての仮定である。こうした論理のなかでは，空を**人工的に**産出したところで，「何も存在しない場」（to kenon topos en hōi mēden estin）──これがアリストテレスによる空の定義である──が自然のなかでそれ固有の開花に従って出来するかという問いに，適切に答えたことにはならない。

　これは，アリストテレスの言う意味での「自然学者（フィジスィアン）」とは，近代の物理学者（フィジスィアン）の考古学的形態などではいささかもないということである。自然学者がそうした形態を取るのは，ガリレオ革命が生む遡及的な幻想のもとでしかない。アリストテレスにとって，自然学者は自然を研究するのであり，言い換えれば，運動と静止という概念が妥当する存在の領域（われわれならば，

状況のタイプ，と言うところだ）を研究するのである。さらに，自然学者の観照的な思考が何に関心を寄せるのかと言えば，運動と静止とを，「自然的」状況のなかに〈存在するもの〉の**内具的属性**にするものにである。引き起こされた（アリストテレス曰く「暴力的な」）運動——つまり，いわば実験の術策，技術的モンタージュの術策が産出しうる一切合切——は，アリストテレスの言う意味での自然学（フィジック）の領野の外にとどまる。自然とは，その現前が運動を含意するものの〈存在としての存在〉である。自然は運動**である**のであって，運動法則ではない。自然学は，存在の自然な出来の形象としての運動が〈ある〉ということを思考しようと試みるのであり，なぜ絶対的な不動性ではなく運動があるのかという問いに向き合うのである。自然とは，〈みずから動くこと〉と〈静止していること〉の原理（arkhē）・原因（aitia）であり，その本源は〈動かされていること〉か〈静止していること〉にあり，しかも偶然にではなく，それ自身において，おのずから（kath auto），どちらかである。パスカルやトリチェリの空は，自然的な根源性においてみずからを現前させるものへの本質的な所属として規定されていないため，それが自然から見て非実存者である可能性，（アリストテレスの言う意味での）自然的な非存在，言い換えれば，強制された産物あるいは偶然的な産物である可能性は，少しも排除されない。

　したがって，われわれのものである存在論的な照準において，アリストテレスの問いを検討しなおすのが適切である。われわれの行動指針はパスカルのそれではありえない。パスカルはまさに空の実存について，仮説から「現象のどれか一つにでも反する何かが帰結する」ならば，「それだけでその仮説が誤りであることが確言できる」と宣言している。このように事実の唯一性によって概念体系を崩壊させること（この点でパスカルはポパーを先取りしている）に対して，われわれはアリストテレスの論証の内部を検証する作業を対置すべきである。われわれにとって，空とは実は存在の名であり，実験結果によって無効にすることも立証することもできないものなのだから。（近代的な意味での）物理学的反駁の安易さはわれわれには禁じられている。アリストテレスはある装置の内部で，空を絶対に実存しないものとみなしているわけだが，われわれはそのアリストテレスの装置の存在論上の弱点を発

見しなくてはならない。

アリストテレス自身は，実験の安易さとある意味で対称をなす存在論的な安易さを退けている。実験の安易さは空虚な空間を産出できると自負するが，存在論的な安易さ——メリッソスとパルメニデスに責任ありとされた安易さ——のほうは，空をまったくの非存在として拒絶するだけで満足する。to de kenon ou tōn ontōn，空は存在者の数に入らない。それは現前から締め出されているのである。こうした議論はアリストテレスには適さない。彼にとって思考すべきは，当然のことながら，まずは空と「自然的」現前との相関関係であり，それから空と運動との結びつきである。「それ自体における〔即自的な〕」空は本来思考不可能であり，したがって反駁不可能なものである。空の問いが自然の理論に属しているかぎり，批判の出発点は，〈みずからを動かすこと〉のなかに空が配置されるという想定になければならない。それを私の言葉で言えば，空は**状況において**検討されなくてはならないということである。

自然という状況についてのアリストテレスの概念は場である。場は実存しない。それは一切の実存者が自然の立地のなかに配属される際に，実存者を包み込むものである。そうすると，「状況における」空とは，そのなかに何もないような場だということになるだろう。直接相関関係にあるのは空と非存在ではない。問題は，場の媒介——自然なものではあるが非存在者的な媒介——による空と無の相関関係なのである。しかし場の自然性とは，物体——存在者——がみずからをそこへと動かしていく先の立地だということであり，場とは物体の場のことである。どんな場もなんらかの物体の場であり，その証拠として，この物体をその場から引き離そうとしても，物体はそこへ舞い戻ろうとする。したがって，空の実存についての問いは，〈みずからを動かすこと〉——その極が場である——に照らした空の機能の問いに帰着する。

アリストテレスの最初の大きな証明が立証しようとするのは，空が運動と相容れないということ，したがって空は，自然的現前において理解された〈存在としての存在〉から自分自身を除外するということである。この証明はきわめて強力であり，差異，無際限性（あるいは無限性），通約不可能性といっ

た概念を次々に巻き込んでいく。このように空を無‐差異，非‐有限性，脱‐尺度として措定することはきわめて深い。この三重の規定はそれぞれ，空の彷徨，空の存在論的な免算機能，現前化した一切の多から見た空の非整合性を明示している。

a. **無‐差異**。その自然の存在において捉えられたどんな運動も差異化を必要とする。この場合の差異化とは，運動する物体が位置づけられるべき場のことである。ところで，空はそれとしてはいかなる差異ももたない（hēi gar kenon, ouk exei diaphoran）。実際，差異の前提となるのは，差異化されたもろもろの多——アリストテレスが物体と呼ぶもの——がそれらの局所的な目的地の自然性に従って一と計算されるという事態である。ところで，非整合性を名づけたものである空は〈一と計算すること〉に「先行する」。空は差異を支持することができず（この点の数学については省察5を参照のこと），したがって運動を禁じる。ジレンマは次の点である。すなわち，「いかなる場所にも，いかなる存在についても，自然による移動［phora］はないか，あるいは，移動があるとすれば空は存在しないか，そのどちらかである」。だが運動を排除するのはばかげている。というのも運動とは，存在の自然な開花としての現前それ自体なのだから。そしてどんな実存も現前そのものを確保しているのだから，現前が実存しているかどうかの証拠を要求することはお笑い種——これはアリストテレスの表現そのものである——だろう。さらに，「もろもろの存在のあいだには，自然に属する複数の存在があることは自明である」。したがって，空と差異が相容れないのであってみれば，空に自然存在としての存在を確保することは「お笑い種」である。

b. **非‐有限性**〔無‐限性〕。アリストテレスにとって，空と無限とのあいだには**内具的**な連関がある。この点で彼はまったく正しいということをわれわれは後で確認しよう（例えば，省察13と14）。すなわち，空とは無限なものの存在点である。アリストテレスは存在の免算的なものに従ってそのように語り，そして無‐差異を，無および非‐存在者の種である空と無限とに共通するものとして措定する。「空と無限によっては，いかなる差異も実存しない以上，どうして自然による運動がありえようか。［…］というのも，無［tou mēdenos］にいかなる差異もないように，非‐存在者［tou mē ontos］にも差

異はないからだ。ところで，空は非-存在者であり欠如態［sterēois］である
と思われる」。

とはいえ，無限とは——もっと正確に言えば，限界なきものとは——何だ
ろうか。それは，ギリシア人〔アリストテレス〕にとっては，現前それ自体の
否定である。なぜならば，〈みずからを現前させるもの〉は自己の存在をそ
の限界（peras）の堅固な配置のなかで肯定するからである。空が本来的に無
限であると言うことは，空が状況外にあるということ，現前化不可能である
と言うことに帰着する。このように空は，思考可能な配置としての存在に対
して，殊に自然の配置としての存在に対して，超過状態にある。その超過は
三重である。

——第一に，運動が（つまり自然の現前が）空のなかにある，あるいは空
に即してあると仮定すると，いかなる差異によっても物体が停止させられな
くなるから，必然的に物体は無限に移動する（eis apeiron anagkē pheresthai）
と考えなくてはならなくなるだろう。この指摘は（近代的な意味での）物理
学にとっては正しいかもしれないが，アリストテレスの意味での存在論に
とっては——つまり自然学にとっては——不可能である。この指摘が示して
いるのは，空が自然な存在であるという仮説は一切の実際の現前に内属する
限界を即座に超過するということだけである。

——次に，空が無-差異であるということによって，運動にはいかなる自
然な方向づけもすることができないのだから，運動は「炸裂的」と，言い換
えれば多方向的となるだろう。移動は「至るところで」（pantēi）起こるだろ
う。この場合もまた，自然の配置がもつつねに**方向づけられた**性格は超過さ
れる。空は状況の位相を破産させる。

——最後に，物体を軽いものにし上昇させるのが，物体**内部**の空であると
仮定するなら，つまり空が運動の原因であると仮定するなら，空はまた運動
の目標でもなければならないだろう。空はそれ自身の自然な場——例えば上
方として仮定される場——へとみずからを運ぶわけである。そうすると，空
の重複があることに，すなわち，自分の方へ向かう自分自身の可動性を引き
起こす，自分自身に対する空の超過が，「空の空」（kenou kenon）とアリス
トテレスの呼ぶものが，あることになるだろう。ところで，空が無差異であ

ることは，空がそれ自身と差異あることを禁じるのであり——実際のところ，これは存在論の一定理である（省察5を参照のこと）——，したがって，空は自己自身をその自然存在の目的地として前提することはできない。

　以上の指摘の全体は，私の見るところ，まったく首尾一貫している。空は，それが「状況において」名指されるや，それ自身の非有限性〔無限性〕に従って状況を超過するというのは確かである（そしてこのことは特に政治において判明する）。また，空の出来事的な到来が状況のなかで炸裂的に，あるいは「至るところで」進展するということも確かだ。そして最後に，空は，状態によって課される彷徨から解放されるや，自分自身の展開を続行するということも確かだ。したがって，もし「存在」とは，限界のある現前秩序のことだと，とりわけこの秩序の自然的性格のことだと解するのであれば，空は**存在しない**と，アリストテレスとともに確かに結論しなくてはならない。

　c. **脱-尺度**。どんな運動も，他の運動との関係において，その速度によって計測可能である。あるいはアリストテレスが言うように，一つの運動ともう一つ別の運動とは，両者が時間のなかに存在するかぎり，そして時間に限りがあるかぎり，つねに比例関係（logos）にある。状況の自然的な性格は，比例ある性格，広い意味で計算可能な性格でもある。これは，自然の諸状況を順序的な多という概念に結びつけることによって，私が実際に立証しようとすることである（省察11と12）。自然（phusis）と比例・理性（logos）とのあいだには相互性がある。運動が存在する場である媒質の抵抗は，障壁の——つまり限界の——潜在力として，この相互性に貢献する。この抵抗がゼロでありうると認めれば（媒質が空である場合がそれである），運動は一切の尺度を失って，他の一切のものと比較不可能となり，無限速度へと向かうだろう。アリストテレス曰く，「空は充満といかなる比例関係ももたないから，したがって，［空のなかでの］運動もまた，充満といかなる比例関係ももたない」。ここでもまた概念上の媒介は免算的な仕方で無によってなされる。すなわち，「空は，それに対する物体の超過から見た場合，いかなる比例関係ももたないが，それは無［to mēden］を数から見た場合と同じである」。空は〈数えられ-ない〉もの〔非-可算〕である。それゆえ，空のなかにあると想定される運動は，他の何かとの比較を保証しうる一切の比率〔理性的な

もの〕をもたないのであるから，思考可能な一切の本性〔自然的なもの〕をもたないということになる。

　ここで，（近代的な意味での）物理学によって惑わされてはならない。アリストテレスがわれわれに思考させるのは，空へのどんな準拠も，〈一と計算すること〉に対する超過を生み出すということ，無限速度をもって状況のなかに——形而上学的に〔超物理学的・超自然学的に〕——伝播する非整合性の闖入を生み出すということである。つまり空は，現前するもろもろの多に状況がそれらの席を再-保証する枠組みである遅鈍な秩序と両立しえないのである。

　したがって，空に関する三つの否定的規定（無-差異，非-有限性，脱-尺度）は，空に対して一切の**自然的な**存在をアリストテレスに拒絶させるに至る。それでは，空は**非自然的な**存在をもちうるというのだろうか。ここで以下の三つの定式——現前不可能な，前実体的な空の謎がそこに眠る三つの定式——を検討すべきである。空の存在は開花も出来もしないが，それでもそれは，存在するものとしてのかぎりで存在するものの潜在的な閃光であるだろう。

　その定式の第一のもの——実はアリストテレスが論駁しようとする「空の信奉者たち」に帰されている定式——は次のように宣言する。「空，充満，場は同じ存在者であるが，存在の観点からみれば，それらに属しているのは同じ存在者ではない」。もし場を状況一般として，言い換えれば，**一個の実存**（一個の多）としてではなく，実存活動の立地（この立地がそれぞれの実存項を取り囲む）として考えるとすれば，アリストテレスの言表が指し示しているのは，充満（実効的な多）と空（現前化されていないもの）とが，状況と同一だということである。しかし，空，充満，場という三つの名は**存在に応じて**差異を付与されるから，この言表はまたそれらの非同一性をも示している。したがって，次のように想像されるかもしれない。構造化された現前として理解された状況は，整合的な多性（充満）と非整合的な多性（空）と状況自身（場）という三者を，経験の完成した領野である〈全体のうちにある存在者〉という直接的な同一性に従って，同時に実現するのだと。しかし反対に，〈存在としての存在〉についてこの三つの項が言明しうるものは

同一ではない，とも考えられる。というのも，場の側には計算の法である一があるし，充満の側には一と計算されたものとしての多があるし，空の側には〈一なし〉が，〈現前化されないもの〉があるのだから。「存在は複数の仕方で言われる」というのが，アリストテレスの主要公理であることを忘れないようにしよう。こうした条件下では，空は非存在——あるいは非現前——としての存在であるし，充満は存在——整合性——としての存在であるし，場はその存在の非存在者的な境界——一による多の縁取り——としての存在であるだろう。

　第二の定式については，アリストテレスはこれを，空のなかに移動の原因を絶対的に（pantōs）見ようと望む人々に授ける。その場合，空は「重さと軽さの質料それ自体」であると認めることになるだろう。空は即自的な質料の名であると認めることは，アリストテレスが『自然学』の第1巻からつとにその必然性を打ち立てる「第三原理」のあの謎めいた実存，すなわち〈支えとしての基体〉（to hupokeimenon）という属性を，空に付与することである。そうすると，空の存在は，空を純粋な非存在と〈実効的に存在することとしての存在〉とのあいだに宙づりにする一種の不安定さを，質料の存在と共有することになるだろう（もちろん，この不安定さは，アリストテレスにとって，特殊化可能な項，一個の何ものか（to tode ti）にすぎないが）。言ってみれば，空は，それが多の整合性のなかで現前化されるのでなければ，現前化の存在の潜伏的な彷徨となるだろう。アリストテレスは，現前化されたその整合性の手前における，そして整合性の縁におけるこの存在の彷徨を，はっきりと質料の属性だとするが，その際に彼は，質料はなるほど非存在ではあるが，しかし偶然的に（kata oumbesēkos）非存在なのだと言い，そしてとりわけ質料は「いわば準-実体（eggus kai ousian pōs）」——驚くべき言い回しだ——なのだと言う。空が質料の別名でありうると認めることは，空に〈ほぼ存在〉という身分を授けることである。

　最後の定式は，アリストテレスが拒絶するある可能性を，そしてわれわれがそこを出発点として彼から離れていくある可能性を喚起する。その可能性とは，空は局所化しえないもの（あるいは状況外のもの）である以上，それは純然たる点として思考されなくてはならないという可能性である。わかる

だろうが，これこそが真に存在論的な解決である。なぜなら，空集合はその名∅によってしか実存しないものであるが，しかしながら唯一的なものとして述語づけられることができ，したがって，空間ないし延長としてではなく点性として形象されうるからである（省察5を参照のこと）。空は一切の現前化の現前化不可能な**存在点**なのだ。アリストテレスはこの仮説を断固として追い払う。Atopon de ei hē stigmē kenon，すなわち「点が空であるというのは場違い（不条理）だ」と。アリストテレスにしてみれば，空の問いを場の問いから全面的に解除して開封することは考えられないからだ。空が存在しないのは，空っぽな場というものが考えられないからである。アリストテレスが解説しているように，空が点であると仮定すると，その点は「触知可能な物体の延長がある場」だということにならざるをえない。点は広がりをもたないのだから，そこには空のためのいかなる場もない。まさにこの地点において，アリストテレスのかくも鋭い思考は，みずからに固有の不可能事に触れる。すなわち，一切の場——一切の状況——がみずからの存在の支えとする〈場違い〔場−外〕〉を，空という名のもとで思考しなくてはならなくなるのだ。この〈場なし〉（atopon）が不条理〔ばかげたこと〕を意味するとみなされるとき，点は場ではないからこそ空のアポリアをまさに取り繕うことができる，ということが忘れられてしまう。

　空が，存在の存立する状況に憑依するあの〈ほぼ存在〉でもあるのは，空が存在の点であるからだ。空の執拗さ〔内存立性〕は，脱所在化として非−存立することなのである。

II

存　在──超過，状況の状態

一／多，全体／部分，あるいは ∈ ／ ⊂ ？

省察 7

超過点

1　所属と包含

　集合論は，多くの点からみて，多の複雑な議論に対する一種の創設的な中断である。何世紀ものあいだ，哲学は〈現前化されてある〉ということを，二つの弁証法的な対——それらの干渉があらゆる種類の深淵を生み出す——を通して思考してきた。その二つの対とは，〈一／多〉と〈全体／部分〉である。《統一性》と《全体性》との連結あるいは非連結を検討することは，あらゆる思弁的存在論を巻き込むことになると言っても過言ではない。それはつとに形而上学の起源からしてのことである。というのも，プラトンは本質的に《全体》よりも《一》を優先させ，アリストテレスは反対の選択をするということが示せるからである。

　集合論は，〈全体／部分〉関係と〈一／多〉関係のどちらをも最終的に廃棄するからこそ，両者のあいだの肥沃な境目を照らし出す。多——集合論はこの多の概念について，その意味を定義することなく思考する——は，カントール以後の人間にとっては，《一》の実存によっても支持されないし，有機的な全体性として展開されることもない。多は〈一なし〉であること，あるいは多からなる多であることによって存立（コンシスト）するのであって，多を把握するのに，《統一性》と《全体性》というアリストテレス（あるいはカント）のカテゴリーは役に立たない。

　とはいえ，集合論は多のあいだにありうる二つの関係を区別する。ある多

が別の多の現前のなかで要素として計算されることを示す，∈ と標記される**所属**という根源的な関係がある。しかしそればかりではなく，ある多が別の多の下位集合であることを示す，⊂ と標記される**包含**という関係もある。この点はすでに，冪集合の公理について述べた際に言及した（省察 5）。思い出しておけば，β は α に包含されるあるいは β は α の下位集合であると読む β⊂α という書字の意味するところは，β に属する一切の多は α にも属するということである。すなわち，(∀γ) [(γ∈β)→(γ∈α)]。

所属と包含の区別がもつ概念上の重要性を過小評価することはできない。この区別は徐々に量の思考全体を司るようになり，最終的には，存在それ自体によって規定される思考の大きな方向づけと私が後で呼ぶものをも司る。したがって，今すぐにでもその意味をはっきりさせておく必要がある。

まず注意すべきは，多は，それがどちらの関係を支持するかに応じて異なった仕方で思考されるわけではないということである。私が「β は α に属する」と言ったら，そのときの多 α は，「γ は α に包含される」と言ったときとまったく「同じもの」——すなわち，もろもろの多からなる一個の多——である。α はまず《一》として（すなわち諸要素の集合として）思考されてから，それから次に《全体》として（すなわち諸部分の集合として）思考されると考えるのは，まったくの見当違いである。それと対称的に，所属する集合あるいは包含される集合というのも，それらの相関的な立場から質において区別されているのではない。なるほど私は，β が α に属していれば，β は α の要素であると言い，また γ が α に包含されていれば，γ は α の下位集合であると言うだろう。しかし，それらの規定——要素と下位集合ということ——によって，何か内具的なものが思考されているのではない。どちらの場合においても，要素 β も下位集合 γ も純粋な多である。変化しているのは，多 α に照らしたそれらの立場だけである。所属の場合（∈ の場合）は，多は別の多である〈一と計算すること〉のもとに収まる。包含の場合（⊂ の場合）は，最初の多によって現前化された一切の要素が第二の多によっても現前化されている。しかし，〈多であること〉自体は，こうした相関的な立場の区別によっても絶対に変様していない。

そもそも，冪集合の公理は，所属と包含という区別のこうした存在論的中

立性の解明に貢献する。この公理は何と言っているか（省察5）。ある集合 α が実存する（現前化されている）としたら、それのすべての下位集合からなる集合〔冪集合〕もまた実存するということである。この公理は数ある公理のなかでももっとも根底的で、またその結果においてもっとも謎めいた公理であるが（この点には後で長々と立ち戻ることにしよう）、この公理が主張していることは、$\in$ と $\subset$ とのあいだには少なくとも次のような相関関係があるということだ。すなわち、ある実存すると想定された α に**包含された**すべての多はある β に**属する**、言い換えれば、一個の集合を、一と計算される集合を形成する、という相関関係である。つまり、

$$(\forall\alpha)(\exists\beta)\,[(\forall\gamma)\,[(\gamma\in\beta)\leftrightarrow(\gamma\subset\alpha)]]$$

α が与えられているとして、ここでその実存が主張されている集合 β——すなわち α の下位集合からなる集合〔冪集合〕——を $p\,(\alpha)$ と記すことにする。すると、次のように書くこともできる。

$$[\gamma\in p\,(\alpha)]\leftrightarrow(\gamma\subset\alpha)$$

ここで所属と包含とが結びついた弁証法によって、〈一と計算すること〉の力は、一個の多において内部のもろもろの〈多なる現前〉から区別されるものにまで拡張される。言い換えれば、最初の多において現前しているのと同じもろもろの多性から出発して、最初の現前化の**なかで**「すでに」遂行可能な計算の諸構成物から区別されるものにまで拡張されているのである。

この拡張のために公理が特別な操作を導入することはない。すなわち、所属とは別の**本源的な**関係を導入することはない。この点は、後でわれわれが見るように、きわめて重要である。実際、包含は所属から出発してのみ定義されるということを、われわれはすでに見た。$\beta\subset\alpha$ と書くところならどこででも、私は略すことなく、$(\forall\gamma)\,[(\gamma\in\beta)\rightarrow(\gamma\in\alpha)]$ と書くことができるだろう。これは要するに、下位集合を指し示すのに「部分」という単語が便宜上用いられる場合でさえ、そこに全体の概念はないし、したがって部分の概念もな

い（同様に一の概念もない）ということである。そこにあるのは所属関係のみなのだ。

α のすべての下位集合からなる集合〔冪集合〕$p(\alpha)$ は，**α それ自身から本質的に区別された多**である。この決定的に重要な点がわれわれに教えてくれるのは，α を思考するときに，α をあるときは諸要素を一つにするものとして（所属），またあるときは諸部分の全体として（包含）思考しうると思うことが，いかに間違っているかである。もちろん，α に属するもろもろの多からなる集合は，もろもろの多の〈多なる現前〉である α それ自身である。α に包含されたもろもろの多（すなわち α のもろもろの下位集合）の集合は，**新たな一個の多** $p(\alpha)$ である。この $p(\alpha)$ の実存を保証するのは，α の実存がひとたび仮定されれば，特殊な存在論的《観念》のみ，すなわち〈下位集合の集合＝冪集合〉の公理のみである。α（これは所属ないし〈要素を一と計算するもの〉である）と $p(\alpha)$（これは包含ないし〈下位集合を一と計算するもの〉である）とのあいだのこの隔たりは，われわれが後で見るように，存在の袋小路が潜む地点である。

結局のところ，多 α において所属と包含が関わるのは，区別された二つの計算操作なのであって，多の存在を思考する二つの仕方ではない。α の構造は，みずからに属するすべての多を一つにする α それ自身である。α のすべての下位集合の集合〔冪集合〕すなわち $p(\alpha)$ は，α に包含されたすべての多を一つにするのではあるが，この第二の計算は α に関係しながらも，絶対的に α それ自身とは区別される。つまり，それはメタ構造，別の計算なのであって，内部の多のすべての下位構成（すなわちすべての包含）がそれによって取り集められるという点で，最初の計算を「締める」ものなのだ。冪集合の公理が措定するのは，第一の計算あるいは現前構造が実存すれば，この第二の計算，このメタ構造も必ず実存するということである。省察 8 では，この倍化の必然性について，あるいはどんな〈一と計算すること〉も計算の計算によって二重化されるという要請，すなわち，どのような構造もメタ構造を呼び招くという要請——空の脅威に対抗する要請——について考えよう。数学者の公理系は，いつものことながら，この必然性を思考しはしない。それを**決定する**のだ。

しかし，この決定からすぐさま出てくる帰結が何かと言えば，構造とメタ構造，要素と下位集合，所属と包含とのあいだの**隔たり**は，思考の恒常的な問いであり，存在の知的挑発であるということである。私は α と $p(\alpha)$ は区別されると言った。それはどのような尺度においてか。どんな結果を伴うのか。一見技術的と見えるこの点は，われわれを《主体》にまで，真理にまで導いていくだろう。いずれにせよ確かなことは，いかなる多 α もその下位集合の集合〔冪集合〕と合致しえないということである。所属と包含は，〈実存者-存在〉〔実存者であること〕の次元においては，解消不可能なほど分離されている。われわれがこれから見るように，数学者の存在論はこれを**証明する**。

2 超過点の定理

立証しなくてはならないのは，一個の現前する多が与えられた場合，そのもろもろの下位集合（それらの実存は冪集合の公理によって保証されている）が構成する〈一なる多〉は，本質的に最初の多「より大きい」ということである。これはきわめて重大な存在論的定理であるが，この定理は，〈より大きい〉の「尺度」それ自体が本来的に指定不可能であるという現実的な袋小路に行き着く。さらには，冪集合への「移行」は状況それ自体を**絶対的に**超過する操作であるという袋小路に行き着く。

始めから始めなくてはならない。そして一個の集合の下位集合からなる多〔冪集合〕は，最初の集合に属さない多を少なくとも一個はどうしても含まざるをえないということを明らかにしなくてはならない。われわれはこれを**超過点の定理**と呼ぶことにしよう。

実存すると仮定された多 α があるとしよう。α が一つにするすべての多——すなわち，$\beta \in \alpha$ であるようなすべての β——のなかでも，「自分自身の要素」ではないという特性をもつ多，言い換えれば，自分がそれであるところの〈一なる現前〉において自分自身を多として現前させないという特性をもつ多，これを考察してみよう。

要するに，ここでわれわれはラッセルのパラドクスの与件に再び出くわし

120 II 存 在——超過，状況の状態

ている（省察 3 を参照のこと）。つまり，それらの多 β は，第一には，α に属するという特性（$\beta \in \alpha$）をもち，第二には，自分自身に属さないという特性（$\sim(\beta \in \beta)$）をもつわけである。

　自分自身に属さないという特性（$\sim(\beta \in \beta)$）をもつ多性を**通常の**多性と呼び，自分自身に属するという特性（$\beta \in \beta$）をもつ多性を，省察 17 が明らかにするいくつかの理由から，**出来事的**多性と呼ぼう。

　そこで，α の通常のすべての要素を取り上げよう。もちろん，それは α の一個の下位集合，通常の下位集合である。この下位集合は一個の多であり，それを γ と呼ぶことができる。私がこれからしばしば用いる単なる書き方の約束事だが，なんらかの特性をもつすべての β から構成された多を $\{\beta ／ \cdots\}$ と書くことにする。したがって，例えば α の通常のすべての要素の集合 γ は，$\gamma = \{\beta ／ \beta \in \alpha \ \& \ \sim(\beta \in \beta)\}$ と書かれる。実存すると仮定された α が与えられていれば，分出公理によって（省察 3 を参照のこと）γ もまた実存する。すなわち，私は α のなかから，通常であるという特性をもつすべての β を「分出する」わけである。こうして私は α の**実存する**一部分を得る。この部分を α の**通常の下位集合**と呼ぼう。

　γ は α に**包含**されている（$\gamma \subset \alpha$）のであるから，γ は α の冪集合に**属する**（$\gamma \in p\,(\alpha)$）。

　その反面，γ は α それ自体には属さ**ない**と私は言おう。実際もし γ が α に属するとしたら，すなわち $\gamma \in \alpha$ であるとしたら，二つのものが一つになってしまう。γ は通常である，すなわち $\sim(\gamma \in \gamma)$ であるとする。この場合，γ は α の通常の下位集合となり，γ 自身にほかならない下位集合となる。つまり $\gamma \in \gamma$ となり，言い換えれば γ は出来事的となる。しかし γ が出来事的であれば，すなわち $\gamma \in \gamma$ であれば，γ は通常の下位集合 γ の要素であるのだから，γ は通常のものでなくてはならない。このように γ について，出来事的なもの（$\gamma \in \gamma$）と通常のもの $\sim(\gamma \in \gamma)$ が等しいということは形式上の矛盾である。ゆえに，γ が α に属するという最初の仮説は棄却せざるをえない。γ は α に属さない。

　したがって，α の要素ではないような $p\,(\alpha)$ の要素（ここでは γ）が少なくとも一つ，つねに——α がなんであれ——ある。これは，**いかなる多も，**

それが包含するあらゆるものを〈一つにする〉ことのできる状態にはない，ということである。「βがαに**包含**されていれば，βはαに**属する**」という言表は，一切のαに関して誤りである。包含は治癒不可能な仕方で所属を超過している。とりわけ，通常のもの全体から構成された包含された下位集合は，考察対象の集合に対する決定的な超過点である。そうした下位集合が〔もとの〕集合に属することは絶対にない。

　したがって，現前化された多がはらむ内在的な資源は，多の概念をその下位集合にまで拡張すれば，当の現前化された多を〈一としての結果〉として生み出している計算の容量を超える。この資源を数えるためには，現前する多を生み出している計算とは別の計算の潜勢力〔計算の冪乗〕が必要となる。この別の計算が実存するということ，すなわち，最初の多に包含されたもろもろの多が新たにそこに所属することが許されるような〈一なる多〉が実存するということ，これこそまさしく，冪集合の公理が述べていることである。

　この公理を受け入れるならば，〈単純な現前〉と〈下位集合を一と計算することというこの種の再−現前〉とのあいだの隔たりを思考することが**必須**となる。

3　空と超過

　所属と包含は根底的に区別されるものであるが，この区別が，空集合の標記 Ø という存在の固有名に及ぼす遡及的な効果はどのようなものか。これは存在論の典型的な問いである。すなわち，一個の《観念》（一個の公理）が導入した概念上の区別が存在点に及ぼす効果を立証することである（そしてわれわれが手にしていた唯一の存在点が Ø である）。

　空は何も現前させないのだから，そんな効果はないと思うかもしれない。また空には何も包含されていないと仮定することも論理的なように見える。空はいかなる要素ももたないのに，どうしてそれが下位集合をもちうるというのか。こうした思い込みはもっともらしいが偽りである。空は所属との関係におけるその無に関連して，本質的に新しい二つの関係を包含概念と取り結ぶ。すなわち，

122　II　存　在——超過，状況の状態

　　——空はあらゆる集合の下位集合である。それは普遍的に包含されている。
　　——空は一個の下位集合を所有するが，この下位集合は空それ自身である。
　　この二つの特性を調べてみよう。この検証は，あるテーゼ（存在の固有名
としての空）と決定的な概念上の区別（所属と包含）とを結びつける，存在
論の練習でもある。
　　最初の特性は空の遍在性を示している。それが証明するのは，空があらゆ
る現前のなかをさすらっているということである。すなわち，空は，何も
それに属さないという事実そのものによって，あらゆるもののなかに包含され
ているのだ。
　　「空集合は，実存すると仮定されたあらゆる集合の下位集合である」と言
表される定理の存在論上の妥当性は，直観的に把握できる。というのも，空
とは現前化不可能な存在点——Ø はこの非実存の唯一性〔特異性〕を一つの
実存する固有名によって標記する——であるとすれば，いかなる多の実存も，
この非実存者の侵入を阻止できないからである。現前化可能でないあらゆる
ものから推論して，空はその標記において，至るところで現前化されている。
とはいえ，〈唯一性の一〉として現前化されているのではないし，〈多なる一〉
によって計算される直接的な多としてでもない。そうではなく，**包含として**
である。というのも，下位集合とは，無それ自体が全体のなかをさすらうの
とまったく同じように，何ものでもないものの多がさすらうことのできる場
そのものなのだから。
　　存在論のこの根本定理を演繹的に現前させること〔演繹的に呈示すること〕
——すなわち，存在論的状況の忠実さの体制とわれわれが呼ぼうと思うもの
——において，この定理が ex falso sequitur quodlibet〔偽からはどんなものでも引
き出せる〕という論理学の原理の帰結として，あるいはもっと正確に言えば，
その特殊事例として現れるということは注目に値する。空集合の公理が実質
的に述べているのは，一個の否定（「その集合に属さないということ」を普
遍的属性とするような，すなわちあらゆる多の属性とするような集合）が実
存するということだった点を思い出すなら，これは突飛な話ではない。この
真である否定的言表を否定しようとすれば——つまりある多が空に属すると
誤って仮定してしまうと——，そこから何でも推論されてしまうし，とりわ

け，空に所属できると仮定されたその多は，ほかのどんな集合にも確かに所属できるということにならざるをえない。別の言い方をすれば，「空〔空集合〕の要素」という不条理なキマイラ——あるいは存在なき観念——が含意するのは，この要素——根底的に現前しないことが確実な要素——がもし現前化されるとすれば，それは任意の集合の要素になっているはずだということである。そこから，「空〔空集合〕が多αを現前させるのであれば，その場合，どのような多βもまた，このαを現前させる」という言表が出てくる。また，空に属するような多があるとすれば，それは〈超–無〉，〈超–空〉となると言うこともできる（そのようなものに対しては，それが現前するのは〈多としての実存〉のおかげだと，いかなる〈多としての実存〉をもってしても反論することはできないだろう）。空集合について仮定される一切の所属はあらゆる多に拡張される以上，空集合が実際上一切のものに包含されていると結論するには，これで十分である。

　以上のことは形式的には以下のように呈示〔現前化〕される。

　$\sim A \rightarrow (A \rightarrow B)$ という論理的トートロジーがあるとしよう。これは私が先にラテン語で言及しておいた原理である。すなわち，言表Aが誤りであったとして（私が非Aをもつとして），それでも私がAを主張するならば（Aを措定するならば），なんでも（どんな言表Bでも）真であると推論されるということである。

　このトートロジーの次のような変形（特殊事例）を考えてみよう。すなわち，$\sim(\alpha \in \emptyset) \rightarrow [(\alpha \in \emptyset) \rightarrow (\alpha \in \beta)]$ である（この式でαとβは，所与のものと仮定された絶対的に任意の多である）。この変形自体は論理的トートロジーである。ところで，先頭の $\sim(\alpha \in \emptyset)$ は公理上真である。というのも，いかなるαも空集合には属しえないのだから。したがって，その後に続く $[(\alpha \in \emptyset) \rightarrow (\alpha \in \beta)]$ も同様に真である。αとβは任意の自由変項であるから，私は式を普遍化することができる。すなわち，$(\forall \alpha)(\forall \beta)\,[(\alpha \in \emptyset) \rightarrow (\alpha \in \beta)]$ と。しかし $(\forall \alpha)\,[(\alpha \in \emptyset) \rightarrow (\alpha \in \beta)]$ は，$\emptyset$ と β の包含関係，すなわち $\emptyset \subset \beta$ という関係の定義そのものでなければ，いったい何だろうか。

　その結果，私の式は $(\forall \beta)\,[\emptyset \subset \beta]$ という式に帰着する。この式は，前述したとおり，所与のものと仮定された一切の多βについて，$\emptyset$ はその下位集

合である，と読む。

　したがって，空は確かに普遍的包含のうちに置かれているのだ。

　まさにここから，空はいかなる要素ももたないにもかかわらず，下位集合をもつということが推論される。

　空の普遍的包含を示す $(\forall \beta)\ [\varnothing \subset \beta]$ という式において普遍の量記号が示しているのは，実存するあらゆる多が空を下位集合として受け入れることに制限はないということである。ところで，$\varnothing$ それ自体は一個の〈実存する‐多〉であり，〈無の多〉**である**。したがって，$\varnothing$ は自己自身の下位集合である。すなわち，$\varnothing \subset \varnothing$。

　この式は一見したところまったく謎めいたものに見える。それは，「内にある」という曖昧なイメージのもとで所属と包含との区別をきちんとしない悪しき言葉遣いに導かれて，直観的に，包含ということで，空が何ものかで「満たされた」かのように思うからである。だがそれは間違いである。現前を「満たす」のは，現前する多の最高にして唯一の《観念》である所属のみ，$\in$ のみである。実際，空には何も属さないのだから，空が自分自身に属する——$\varnothing \in \varnothing$ と記載される事態——などと想像するのはばかげているだろう。そうではなく，$\varnothing \subset \varnothing$ という言表が実際に述べているのは，現前化されているあらゆるもの——〈現前化不可能なもの〉の固有名も含めて——は，自己自身の下位集合，すなわち「最大の」下位集合を構成するということ，これだけである。このように包含によって同一性を重複させるからといって，$\varnothing \subset \varnothing$ と書くことは，$\alpha \subset \alpha$（これはあらゆる場合に真である）と書くとき以上に無茶苦茶なわけではない。そして，空のこの最大の下位集合がそれ自身空であるということは最小限のことなのである。

　空は少なくとも一個の下位集合を，すなわち自分自身を容認するのだから，いまや，空に冪集合の公理を適用してよいと考える十分な理由がある。$\varnothing$ が実存するのだから，その冪集合 $p(\varnothing)$ も実存するはずである。無の構造としての空の名は，みずからの下位集合を計算するメタ構造を呼び招くのである。

　空の冪集合とは，空に**包含**されるものの一切が**属する**ところの集合である。しかし空には空のみが包含されるのであり，すなわち $\varnothing \subset \varnothing$ である。したがって，空の冪集合 $p(\varnothing)$ は，空が——そしてそれのみが——属するところの集

合である。だが注意しよう！　空だけが属する集合は，空それ自体ではありえない。というのも，空には**何も**——空でさえも——属さないからだ。空は要素をもつということでさえ，すでに言い過ぎだろう。いや，要素は空なのだから問題ないという反論もあるかもしれない。そうではない！　その場合の要素は，無としての空（空は無である），現前化不可能なものとしての空ではないだろう。それは空の**名**，すなわち現前化不可能なものの実存する標記であるだろう。ところで，空にその名が属するとしたら，空はもはや空ではなくなるだろう。なるほど，空の名は空に**包含**されうる（これは結局のところ，状況のなかでは空の名は空に等しいということである。というのも，現前化不可能なものはその名によってしか現前化されないからだ）。しかし，みずからの名に等しい空は，自分を自分自身から差異化することなしには，そのようにして一個の〈非−空〉となることなしには，この名を一つのものにすることができない。

　したがって，空の冪集合とは，空の名を唯一の要素とするような，空ではない集合である。波括弧で括られた諸集合から構成される（それらの集合を一つにする）集合のことを，今後 $\{\beta_1, \beta_2, ... \beta n...\}$ と表記することにしよう。要するに，この集合の要素は正確に β_1，β_2 等々である。$p(\alpha)$ は $\emptyset$ を唯一の要素とするから，$p(\emptyset)=\{\emptyset\}$ が与えられる。もちろん，これは $\emptyset \in p(\emptyset)$ ということを含意する。

　この新しい集合 $p(\emptyset)$ は，われわれがここで展開している集合論の公理系の「系譜学」の枠組みにおいて第二の〈多なる実存者〉である。これを仔細に調べてみよう。$p(\emptyset)$ は $\{\emptyset\}$ と書かれ，そして $\emptyset$ がその唯一の要素である。これはよい。だがまず第一に，「空」が多の要素であるとはいったいどういうことだろうか。$\emptyset$ は，実存すると仮定されたあらゆる多の下位集合であるということ，このことは理解できた。だがそれは「要素」なのか。そもそも，$\{\emptyset\}$ ということは，$\emptyset$ は下位集合であると同時に要素でもあり，包含されたものであると同時に所属するものでもあるということ，すなわち，$\emptyset \subset \{\emptyset\}$ であると同時に $\emptyset \in \{\emptyset\}$ でもあるということを意味するのでなければならない。これは，所属と包含は合致しえないという規則に背くのではないか。次に，そしてさらに重大なことがある。すなわち，この多 $\{\emptyset\}$ は〈空の名〉$\emptyset$

を唯一の要素とする。すると，それは端的に言って，われわれがその存在を
疑うと主張していた〈一〉のことになるのではないか。

最初の問いには簡単な答えがある。空はいかなる要素ももたず，したがっ
てそれは現前化不可能なものである。われわれは空の固有名にのみ関わるの
であり，この名は存在をその欠如において現前させる。集合 {∅} に属するの
は「空」ではない。というのも，空は〈多なる現前化〉の存在そのものであっ
て，現前化したいかなる多にも属さないからである。集合 {∅} に属している
のは，純粋な多の公理的現前化（すなわち現前化の現前化〔現前化の呈示〕）
を〈存在への縫合〉に変える固有名なのである。

第二の問いも恐れることはない。包含と所属との非合致ということが意味
するのは，包含が所属を超過しているということ，ある多の全部分が当の多
に属することは不可能であるということである。反対に，ある多に属するあ
らゆるものが当の多に包含されているということは，いささかも排除されな
い。含意の非対称性は一方通行なのだ。たしかに $(\forall \alpha) [(\alpha \subset \beta) \to (\alpha \in \beta)]$ とい
う言表はあらゆる多 β について誤りである（超過点の定理）。しかし
$(\forall \alpha) [(\alpha \in \beta) \to (\alpha \subset \beta)]$ という「逆方向の」言表は，いくつかの多について真
でありうる。とりわけ集合 {∅} については真である。というのも，その唯一
の要素 ∅ は普遍的な包含のなかにあり，下位集合の一つでもあるのだから。
ここにはいかなるパラドクスもなく，むしろ {∅} の特異な特性がある。

さて，ここで第三の問いに到達する。それは《一》の難問を明らかにする
という問いである。

4　一，〈一と計算すること〉，唯一性，〈一に置くこと〉

「一」というシニフィアンのもとには四つの意味が隠れている。それらを
区別すること——数学的存在論はその強力な助けとなる——は，多くの思弁
的アポリア，殊にヘーゲルのアポリアの解明につながる。

そのものとしての〈一〉は存在しない，と私は言った。それはつねに計算
の結果であり，構造の効果である。というのも，存在へのあらゆるアプロー
チが配備される場である現前の形式は，多（もろもろの多からなる多）であ

るからだ。例えば，集合論において，私がある集合 α という名のもとで一
と計算するものは，〈もろもろの多からなる多〉である。したがって，〈一と
計算すること〉すなわち構造（これは一を多の名辞的な押印として出来させる）
と**効果としての一**（その虚構的な存在は，それが考察される際の構造上の遡
及にのみ由来する）とを区別しなくてはならない。空集合の場合では，〈一
と計算すること〉は，現前化したあらゆる多を否定する固有名を，すなわち
現前化不可能なものの固有名を固定することである。虚構的な〈一の効果〉
がありありとわかるのは，私が ∅ は「空」であると便宜的に（この便宜の
罠についてはすでに見た）あえて言い，そうすることによって，名という〈存
在への縫合〉に一という述語を付与し，現前化不可能なものを**そのまま**現前
させるときである。数学理論はそれ自身のパラドクスのなかで一段と厳密に
なる。数学理論は「空集合」を語ることによって，この何も現前させない名
がそれでもやはり名であるということを，それが名として多の公理的諸《観
念》に従う以上，やはり多の名であるということを，主張するのである。

　唯一性について言えば，それは存在ではなく，多の述語である。唯一性は，
構造によってその法が制定されるような〈同と他の体制〉に属する。唯一的
であるのは，〈あらゆる他と異なる他〉としての多である。そもそも神学者
たちは，「神は《一》である」というテーゼが「神は唯一である」というテー
ゼとはまったく異なると，すでに知っていた。例えばキリスト教神学におい
て，神の位格の三重性は《一》の弁証法に内属しているが，それによってそ
の唯一性が害されることは決してない（一－神教）。したがって，〈無の多〉
のための〈一つの－名〉としてひとたび遡及的に生成した空の名が唯一的で
あるということは，「空は一である」ということをいささかも意味しない。
それが意味するのは次のことだけである。すなわち，現前不可能なものであ
る「空」が名としてしか現前しない以上，「複数」の名の実存は同と他の外
延の体制と両立不可能だということ，そしてそれは事実上，一の存在を――
たとえ〈空なる一〉あるいは純粋なアトムという様態においてだとしても
――前提するように拘束するだろうということ，これだけである。

　最後に，すでに計算ずみの〈多なる一〉を一と計算すること，言い換えれ
ば，計算の〈一なる結果〉に計算を適用することは，つねに可能である。こ

れは実は，現前化された多に当てるために一という押印として法が産出する
もろもろの名を，今度は法に従属させることである。あるいはまた，名とは
一が操作の結果であるということの標記なのだが，そうした名の一切は，状
況のなかでは，一と計算されなくてはならない多とみなしうるということで
もある。というのも，一は構造の効果によって多に出来し，そうして多を整
合的に存立させるものであり，現前を超越しているのではないからだ。一は
結果として生じるや，今度はそれのほうが現前化され，一個の項として，つ
まり一個の多として，みなされる。法は一を〈一つの多〉と計算することに
よって一を産出するのであるが，法がそうした一をみずからに際限なく従わ
せる操作——これを私は〈一に置くこと〉と呼ぶ。〈一に置くこと〉は**現実
には**〈一と計算すること〉と区別されない。それは〈一と計算すること〉の
一様態にほかならず，〈一と計算すること〉が〈一なる結果〉に適用された
ものとして考えてよい。〈一に置くこと〉は，計算が与える以上の存在を一
に与えるわけではないということ，これは明白である。ここでもまた，〈一
の存在〉は遡及的な虚構なのであって，現前化されているものは，たとえそ
れが複数の名からなる多であったとしても，つねに一個の多にとどまるので
ある。

　かくして私は次のように考えることができる。すなわち，根源的計算のこ
の結果を——空という名のこの〈多なる一〉を——〈一〉と計算する集合 {Ø}
は，この空という名を〈一に置くこと〉である，と。この場合，一には，多
の構造的押印であるということによって操作上授与される以上の，どんな新
しい存在があるわけではない。さらにまた，{Ø} は一個の集合，一個の多で
ある。明らかなのは，それに属するものすなわち Ø が唯一的であるという
ことだけである。しかし，唯一性は一ではない。

　空の名に適用される冪集合の公理によって {Ø}——すなわち Ø を〈一に置
くこと〉——の実存がひとたび保証されれば，〈一に置くこと〉の操作は，
すでに実存すると仮定された一切の多に一様に適用可能である点に留意しよ
う。省察 5 で述べた置換公理の意義はそこにある。この公理の要点は，一個
の多が実存するならば，この多のもつ諸要素を別の実存するもろもろの多に
よって置き換えて得られる多も，また実存するということである。したがっ

て，実存する {∅} において，∅ を，実存すると仮定された集合 δ に「置き換え」れば，{δ} が得られる。言い換えれば，δ をその唯一の要素とする集合が得られる。ところで，この集合が実存するのは，置換公理が，実存する〈多なる一〉に属するものを逐一代替するあらゆる作業のために，その実存する〈多なる一〉の恒常性を保証するからである。

　かくして，われわれはいまや，集合論の公理の枠組みから派生する最初の法を手に入れる。すなわち，多 δ が実存するならば（現前しているならば），多 {δ} もまた現前しているという法である。この多 {δ} には δ しか属していない。言い換えれば，「δ」という〈一なる名〉——一と計算されたことによって δ という多が受け取った〈一なる名〉——しか属していない。δ→{δ} というこの法は多 δ を〈一に置くこと〉であり，その多 δ はすでにして，計算の結果から生じた〈多なる一〉である。〈一に置くこと〉の〈一なる結果〉である多 {δ} は，δ の**単集合**と呼ばれるだろう。

　したがって，{∅} は端的に言って「最初の」単集合である。

　結論として次のことを指摘しよう。〈一に置くこと〉はあらゆる実存する多に適用可能な法であるのだから，そして ∅ の単集合は実存するのだから，それを〈一に置くこと〉——言い換えれば，∅ を〈一に置くこと〉を〈一に置くこと〉——もまた実存する，と。すなわち，{∅}→{{∅}} である，と。この空の単集合の単集合は，一切の単集合と同様に，要素を一つだけもつ。とはいえ，それは ∅ ではなく {∅} である。この二つの集合は，外延性公理に従って，異なっている。実際，∅ は {∅} の要素であって，∅ の要素ではない。最終的には，{∅} と {{∅}} もまた異なったもの同士であることが明らかになる。

　まさにこうして，新しい多の無制限の産出が開始される。それらの新しい多はすべて空から引き出されるものだが，それらが引き出されるのは，冪集合の公理——というのも空の名はそれ自身の部分であるからだ——と〈一に置くこと〉とが組み合わさった効果である。

　かくして〔集合論の〕諸《観念》は，たった一つの簡単な固有名，すなわち存在の免算的な固有名から発して，複雑なもろもろの固有名が分化することを可能にする。そして，それらの差異化されたもろもろの固有名のおかげで，無限にある多の現前を構造づける一が標記されるのである。

省察 8

状態あるいはメタ構造と存在の類型学
（正常性，特異性，過剰性）

　一切の〈多なる現前〉は，その存在そのものである空の危険のもとにある。空——これは状況のなかでは（つまり〈一と計算すること〉の法のもとでは）非整合性の名である——それ自体は現前化されえないし固定化されえないということ，多の整合性はここに帰着する。ハイデガーが存在への配慮と名づけたもの，すなわち存在者の脱存エクスターズ，これはまた，空に対する状況の恐れ，空から身を守る必要性と呼ばれてもよい。というのも現前の世界の見た目の堅牢さは，構造の作用の一結果でしかないからである（たとえこの結果の外部には**何も**存在しないとしても）。現前が自分自身の空と遭遇すること，言い換えれば，非整合性がそれとして現前に出来すること，あるいは《一》の崩壊，これは現前の破局であって，この破局を禁じることが求められるのである。

　空の彷徨が**固着**すること，そして空の彷徨が，現前不可能なものの現前として，一切の存在の贈与の崩壊，《カオス》の秘められた形象となること，これを封じ込め禁じるためには，整合的存立コンシスタンス（「《一》がある」ということ）の保証にとって，構造のみで，すなわち〈一と計算すること〉のみで満足するわけにはいかない。これはもっともである。この不十分さには根本的な理由がある。それは，現前においては**何か**が計算を逃れるからであり，その何かとは，ほかでもない計算それ自身であるからだ。「《一》がある」という事態は，純然たる操作結果，すなわち結果を生み出す操作を透明性のなかに残すような操作結果である。してみれば，計算を免れた，したがって脱‐構造

省察 8 状態あるいはメタ構造と存在の類型学（正常性，特異性，過剰性） 131

化された構造それ自体は，空が与えられている地点であると言えるかもしれない。空が現前するのを禁じるためには，**構造〔自体〕が構造化される必要がある**のであって，「一がある」ということが〈一と計算すること〉にも適用されるのでなくてはならない。かくして，現前の整合的な存立のためには，どんな構造であれ，それがなんらかのメタ構造によって**二重化**〔裏打ち〕されるということが必要であり，このメタ構造のおかげで，構造は空のあらゆる固着に対してみずからを閉ざすことができるのである。

　〈どんな現前も二度構造化されている〉というテーゼは，完全にアプリオリであるように見えるかもしれない。だがこのテーゼは究極的には，誰もが確認できるが哲学的には驚くべきものである次の点に帰着する。すなわち，現前の存在が非整合的な多性であるにもかかわらず，現前は決してカオスではないということである。私が言っているのは，《カオス》は存在の贈与形態などではないということから，〈一と計算すること〉の重複があると考えなければならないということにすぎない。空のあらゆる現前の禁止が直接的かつ恒常的であるのは，整合的な多のこの消失点（この消失点は操作結果としての多の整合性そのものにほかならない）が，今度は，操作それ自身を〈一と数えること〉によって，すなわち計算の計算，メタ構造によって，ふさがれ，締められるからなのである。

　付言すれば，それが自然のものであれ歴史的なものであれ，およそ一切の実際の状況（構造化された現前の一切の領域）について調べてみれば，第二の計算の現実的な操作が明るみに出る。具体的な分析は哲学的な主題を伴いつつ，この点に収斂する。すなわち，〈どんな状況も二度構造化されている〉という点に。またこれは，現前と再現前とがつねに同時にあるという意味でもある。この点を思考することは，空の彷徨，非整合性の非−現前，〈存在としての存在〉が表す〔再現前させる〕危険——この危険が現前には**つきまとっている**〔憑依している〕——，こうしたものの要件を思考することである。

　したがって，空への恐れ——存在への配慮はその別名である——は，あらゆる現前において，以下の点に認められる。すなわち，計算の構造が自分自身を確かめるために，つまりみずからの効果が完全であると自分自身の営みのあいだずっと示しておくために，要するに，遭遇しえない空の危険のもと

132 II 存 在——超過，状況の状態

で倦むことなく一を存在させるために，みずからを重複させるという事態の
うちに。（もろもろの項を）〈一と計算する〉どんな操作も，計算の計算によっ
ていわば二重化されている。この計算の計算はつねに次のように言って自分
を安心させる。整合的な多（一から構成され，結果として生じた多）と非整
合的な多（空を前提するにすぎず，何ものをも現前させない多）との隔たり
は本当にゼロであり，したがって自分自身の空がねじれた仕方で現前に出来
するという，あの現前の破綻が生じる可能性などまったくないのだ，と。

　構造の構造とは，一が存在するということが状況においては普遍的に真で
あるということを，空の危険のもとで確立する当のものである。その必然性
の全体は次の点にある。すなわち，一が存在しないとなれば，〈一の効果〉
がその適合性の保証を展開しうるのはもっぱら，みずからの分身が露呈させ
る自分自身の操作的な本性にもとづいてのみだという点である。ある計算は，
それもまた一個の計算の操作のなかに捕らえられているという点で想像的な
存在であるわけだが，そのようにして確立される適合性は，本来的にみれば，
計算の虚構化である。

　空の彷徨は次のような必要性を誘い出す。すなわち，構造とは，それが純
然たる操作上の透明性であることによって脅かされる危険の場であり，また
構造が多に対して操作を及ぼさなくてはならないということから，一につい
ての懐疑が生じる危険の場でもあって，こうした構造は一のなかに固く固着
される必要があるのだ。

　したがって，どのような通常の構造も，二次的であると同時に最高権力を
ももつ〔メタ〕構造をはらんでおり，状況を構造化する〈一と計算すること〉
も，この二番目の構造によって一と計算されるのである。かくして，一が存
在するという保証は，一が存在するという事態を生じさせるもの——計算
——が**存在する**ということによって成就する。この場合の「存在する」とは
言い換えれば〈一である〉ということだ。なぜなら，「存在」と「一」とが
多の整合性を介して置き換えうるということは，構造化された現前を司る法
だからである。

　状況——すなわち，なんらかの構造化された現前——の構造を一と計算す
るもの，言い換えれば，〈一の効果〉それ自体の一，あるいはヘーゲルが《一》

省察 8　状態あるいはメタ構造と存在の類型学（正常性，特異性，過剰性）　133

としての《一》と名づけるもの，これを私は今後，政治との隠喩的なつながりから（この点については省察 9 で説明する），**状況の状態**と呼ぶことにする。

　状況の状態の操作領域は，正確にはどのようなものだろうか。このメタ構造が状況のもろもろの**項**を計算することしかしないのであれば，それは構造自体から区別できないだろう（状況の項を計算するのはまさに構造の務めである）。他方で，メタ構造を計算の計算とだけ**定義する**のも不十分であり，あるいはむしろそうした定義は，状態の操作の最終結果でしかありえないと認めなくてはならない。というのも，まさしく構造は状況の項ではないし，構造はそのかぎりで計算されるがままにならないからである。構造は，一があるというみずからの効果のうちに尽きる。

　したがって，メタ構造は単に状況のもろもろの項を再計算して整合的な多性を再構成することはできないし，また純然たる操作を自身の操作領域とすることも，すなわち〈一の効果〉を一つにすることを直接の務めとすることもできない。

　われわれが問いをもう一方の極端――すなわち，空への配慮，そして構造に関して空が表象する危険――の側から攻めるならば，次のように言うことができる。すなわち，構造の完全性は完全**である**と宣言し，構造に――つまり一に――〈自己所属存在〉〔自己自身に属していること〕を授けることは空の亡霊を祓い除けることを目指しているのだが，私がすでに述べたように，空は局所的でも包括的でもありえない。空が**一つ**の項であるという危険はまったくないし（なぜなら空は〈計算を免れるもの〉の《観念》なのだから），また空が全体であるという危険もまったくない（なぜなら空はまさしくこの全体の無なのだから）。空の危険というものがあるとすれば，それは（**一つ**の項という意味での）局所的な危険のことでも，（状況の構造化された完全性という意味での）包括的な危険のことでもない。となれば，厳密に言って局所的でも包括的でもないいったい何が，二次的かつ最高権力をもつ〈一と計算すること〉――状況の状態を規定する計算――がじかに行使される領域を画定することができるのか。直観的には，それは点でも全体でもない状況の**部分**であると答えることができるだろう。

　しかし概念的には，「部分」とは何なのか。最初の計算（すなわち構造）は，

〈多なる一〉すなわち整合的な多性であるもろもろの項が状況のなかで指し示されることを可能にする。「部分」とは，直観的に言えば，それもまたそうしたもろもろの整合的な多性から構成される多である。「部分」は，構造によって一という記号のもとに構成される多性を特に構成するだろう。部分とは下位多〔sous-multiple（下位集合）〕のことである。

　しかし，よく注意しよう。事態は次のどちらかである。すなわち，下位多というこの「新たな」多が，構造という意味での一をなす場合。この場合，この「新たな」多は実は一介の項でしかない。なるほど構成された項ではあるが，すべての項がそうだ。この項がもろもろの構成ずみの多から構成されているということ，そして全体が一によって押印されているということ，これは構造の通常の効果である。あるいは反対に，「新たな」多が一をなさない場合。この場合，この多は状況のなかには端的に実存しない。

　思考を簡単にするために，集合論の諸カテゴリー（省察7）をじかに導入してみよう。すなわち，一と計算された整合的な多性は状況に**所属**すると，そしてもろもろの整合的多性から構成された下位多は状況のなかに**包含**されていると，そう言うことにしよう。状況に属するもののみが現前する。包含されたものが現前するのは，それが所属しているからだ。逆に，下位多が状況に所属しないのであれば，それは状況に抽象的に「包含」されていると言うことができ，それは実際には現前していない。

　下位多は状況のなかで一と計算されたものであるがゆえに一つの項にすぎず，したがって新しい概念を導入する必要などないか，あるいは，下位多は計算されたものではなく，それは実存せず，したがってこの場合もまた概念を導入する必要はない——一見このどちらかであるように見える。だがいずれにせよ，非‐実存するものがまさしく空の危険の場でありうるのであれば話は違ってくる。包含が所属と区別されうるのであれば，その非実存が空に潜伏的な形象を与えるような，整合的な多性のなんらかの〈非‐一〉的な構成が，なんらかの部分が，あるのではないか。空の純然たる彷徨と，この空（一の限界と考えられた空）が整合的な多性の構成（構造が一の押印をそれに与えようとしても失敗する構成）の非実存において結局は「実現」されうると突きとめること，この二つのことは別々の事柄である。

要するに，空が〈一なる項〉でも全体でもないとしたら，空にありうる場は，もろもろの下位多，もろもろの「部分」なのではないか。

構造は，その構造のなかでもろもろの構成物から構成されるあらゆるものに一を授与する力をもっているはずだという反論がすぐに出るだろう。われわれの術策の全体は，所属と包含の区別に立脚している。われわれはなぜ，整合的多性からなる構成物もまた整合的であると，言い換えれば，状況のなかで〈一なる実存〉を授けられていると措定しないのか。したがって，包含は所属を含意するとなぜ措定しないのか。

われわれはここで初めて，省察7で証明された**存在論の定理**，すなわち超過点の定理を使用しなくてはならない。この定理は多の純粋理論すなわち集合論の枠組みにおいて，次のように主張する。包含されるものの**一切**（一切の下位集合）が状況に属することは，その状況がどのようであれ，形式的に不可能である，と。下位多は，どうしようもないほど項を超過している。状況においては，「属する」とは，整合的な多性であるということ，つまり現前化されているということ，あるいは実存するということを意味するが，超過点の定理がそうした状況に適用された場合，それは単に次のことを言っている。すなわち，もろもろの多性の構成物として状況のなかに包含されながらも，状況のなかで項として数えることのできないような，つまり実存しないような，そうした下位多がつねにある，と。

したがって，いまやわれわれは次のように認めなくてはならない地点に連れ戻されている。すなわち，「部分」──ここでわれわれはこの単純な単語を選択しておくが，その正確な意味，全体／部分の弁証法から分離されたその正確な意味は，下位多ということである──とは，空が存在の潜伏的な形象を受け取ることのできる場にほかならない，と。なぜなら，状況のなかで非-実存する諸部分が，したがって一を免れる諸部分が，つねにあるからだ。非実存的な部分〔部分集合〕とは，構造を崩壊させる次のような事態の下支え（可能な下支え）である。すなわち，一はどこかで〔なんらかの部分において〕存在しないということ，非整合性は存在の法であるということ，構造の本質は空であるということ，こうしたことの下支えなのである。

このとき，状況の状態についての定義が突如として明らかになる。**メタ構**

造の〔操作〕領域は諸部分であるということだ。すなわち，最初の構造が所属に適用されたように，一は包含に適用されるということ，このことをメタ構造は保証する。さらに正確に言えば，その構造がもろもろの整合的な〈多なる一〉を与えるような状況が与えられていれば，それらの整合的な多性の一切の構成を一と計算するメタ構造——状況の状態——がつねにあるということだ。

　状況のなかに包含されているものは，その状況の状態に所属する。このようにして，裂け目——そこを通して空の彷徨が，計算されていない部分という非整合的な様態で多に固着しえていた裂け目——がふさがれるのである。一切の部分は状態から一の押印を受け取るのである。

　と同時に，第一の計算すなわち構造が状態によって計算されるということも，最終結果としては正しい。実際，明らかなように，あらゆる「部分」のなかでも，とりわけ「全体的な部分」というものがあるのであり，言い換えれば，最初の構造が発生させる整合的な多性の一切——すなわち最初の構造が一と計算する一切のもの——の完全な集合がある。状態が諸部分の完全な多を構造化する場合，この全体性は状態に属している。したがって最初の〈一の効果〉の完全性もまた，その実効的な全体という形で，状態によって一と計算されているのである。

　状況の状態とは，その諸部分を〈一と計算すること〉によって得られる，空に対する防御である。この防御は外見上は完成しているように見える。なぜなら，この防御は，最初の構造が非－実存のままにしておいたもの（定数外の諸部分，所属に対する包含の超過）を数えると同時に，最終的には，構造の完全さそれ自体を数え上げることによって《一》としての《一》を発生させるからである。かくして，状況の状態は空の危険の両極——非整合的あるいは非－実存的な多と一の操作的透明性——において，閉鎖と保証の約款を提出し，それによって状況は一に即して整合的に存立するようになる。それこそは，状況のなかに一が存在するという十全な主張を唯一可能にする，まさに状態の底力なのである。

　状態とは，その内在的な本質から見れば，状況のもともとの構造から分出された構造であると気づくだろう。超過点の定理によれば，もとの構造にとっ

省察8　状態あるいはメタ構造と存在の類型学（正常性，特異性，過剰性）　137

ては非–実存でありながらも，状態の〈一の効果〉に属するようないくつか
の部分が実存する。それは，状態の〈一の効果〉が最初の構造の全効果から
根本的に区別されるからである。したがって，通常の状況においては，状態
に特徴的な特殊な操作子が必要となるのは確かである。すなわち，状況の〈一
と計算すること〉を免れる諸部分から一を結果として生みだすのに適した操
作子が必要なのである。

　しかしもう一方で，状態はまさしく状況〈の〉状態でもある。すなわち，状
態において一のしるしのもとで整合的な多として現前するものも，状況にお
いて現前するもののみから構成されている。というのも，**包含**されているも
のは，**所属する**〈一なる多〉を構成するからである。

　かくして，状況の状態とは，状況および状況のもともとの構造から分出さ
れた（あるいは超越した）ものでありつつ，またそれらに結合された（ある
いは内在した）ものでもあると言うことができる。分出態と結合態とのこの
連結は，メタ構造——すなわち計算の計算，〈一の一〉——としての状態の
特徴である。このメタ構造としての状態こそが，構造化された現前にその虚
構としての**存在**を授ける。そして現前がそのように虚構であることによって，
空の危険が追い払われるように見えるのであり，また完全さが数え上げられ
るがゆえに，一の普遍的〔全称的〕な治安が支配するのである。

　現前のもともとの構造とその状態のメタ構造とのあいだの連結の度合いは
さまざまである。この**隔たり**の問いは存在分析の鍵であり，〈状況内的な多〉
の類型学の鍵である。

　状況において一と計算された多は，その状況のなかに**現前**していることに
なる。同様に，多がメタ構造すなわち状況の状態によって一と計算されてい
るのであれば，その多は**表象**〔再現前化〕されていると言ってよい。すなわち，
多は状況に属する（現前）と同時に，おなじく状況のなかに包含されてもい
る（表象＝再現前〔représentation〕）ということだ。この場合の多は〈部分–項〉
である。反対に超過点の定理がわれわれに示すのは，現前していない（所属
しない）が，包含された（表象＝再現前化された）多があるということだ。
そうした多は部分〔部分集合〕であって，項ではない。最後に，状況の部分
をなすことなく，状況の直接的な項の一つをなすにすぎないがゆえに，表象

138 II 存　在——超過，状況の状態

〔再現前化〕されてはいないが，現前する項がある。

　現前すると同時に表象〔再現前化〕されてもいるような項を，私は**正常体**と呼ぶことにする。表象〔再現前化〕されてはいるが現前していない項のことは，**過剰体**〔excroissance〕と呼ぶことにする。そして現前してはいるが，表象〔再現前化〕されていない項を**特異体**と呼ぼう。

　存在者（つまり現前化されたもの）の調査が〈現前／再現前〉の弁証法の選別器（フィルター）を経由するということは，いつでも誰にでも知られてきた。われわれが引き受ける論理，すなわち存在に関するある仮説にじかに保証をもつ論理においては，正常性，特異性，過剰性——これらは，構造とメタ構造，所属と包含との隔たりに結びついている——は，存在の贈与に関する類型学の決定的な諸概念である。

　正常性とは，根源的な一を，この一が現前する場である状況の状態によって再‐保証することである。正常な項は現前のなかにある（それは所属する）と同時に，再‐現前〔表象〕のなかにある（それは包含されている）ということを確認しておこう。

　特異な項は〈一の効果〉に従ってはいるが，それは計算が受け取らない諸要素から多として構成されているので，部分として理解することができない。別の言い方をすれば，そのような特異な項はたしかに状況の〈一つの‐多〉ではあるのだが，それが「分解不可能」（アンデコンポザーブル）であるのは，その項を構成するものが——少なくともその一部は（ユヌ・パール）——状況のなかのいかなるところにも**分出され**（ニュル・パール）**た**仕方で現前していないからである。この項は，これまた必ずしも項ではないさまざまな成分を統一するものであって，一個の部分とみなすことはできない。それは状況に所属するとはいえ，状況に包含されていない。そのような分解不可能な項は，状態によってそのまま再‐保証されることはないだろう。実際，状態にとってみれば，部分をなさないそのような項は，もちろん状況のなかの一ではあるが，一ではない。さらに言えば，この項は実存する——現前している——のではあるが，その実存は状態によってじかに確かめられない。その実存が確かめられるのは，この項が，それを超過する諸部分によって「担われる」かぎりにおいてである。状態は，〈状態の一〉としてのこの項について知るにはおよばない。

省察 8　状態あるいはメタ構造と存在の類型学（正常性，特異性，過剰性）　139

　最後に過剰体だが，それはもともとの〈構造の一〉ではない〈状態の一〉
である。すなわち，状況（状態とはこの状況の状態のことである）のなかに
は実存しない，状態のなかの実存者である。

　われわれは，状況の完全な（言い換えれば，状態化された）空間のなかに，
三つの根本的なタイプの〈一なる項〉をもつ。すなわち，現前しかつ再現前
化〔表象〕されている正常な項，現前してはいるが再現前化〔表象〕されてい
ない特異な項，そして再現前化〔表象〕されてはいるが現前していない過剰体，
この三つである。この三つ組みは，状態の分出から導出される。つまりは，
空のあらゆる〈多への固着〉から一を保護するためには状態の力が必要であ
るということから導出される。またこの三タイプの項は，状況において賭け
られているものの本質的な部分を構造化するものである。それらは，なんで
あれ経験一般のもっとも始原的な概念である。省察 9 では，歴史的 - 政治的
状況の事例にもとづいて，それらの妥当性が立証されるだろう。

　以上のすべての推論から，存在論的状況にとって，どのような特殊な要請
が帰結するだろうか。存在論は，それが現前化の理論であるかぎり，状態の
理論をも作り上げなくてはならないということ，言い換えれば，包含と所属
との区別を抽出し，諸部分を〈一と計算すること〉に意味を与えなくてはな
らないということ，これは明らかである。しかし存在論に特殊な拘束が何か
と言えば，それは，存在論的状況については「状態なし」でなくてはならな
いという点である。

　実際，もし仮に存在論的状況についてある状態が実存するということにな
れば，それは，そこに純粋な多が現前化されているだけではなく再現前化さ
れてもいるということ，したがって，理論が現前させる第一の「種類」の多
と，ほかの多の下位多である第二の「種類」の多とのあいだに次元の断絶が
あるということになるだろう（この下位多の公理的計算がなされるのは，存
在論的状況の状態によってのみ，その理論的メタ構造によってのみである）。
さらに深く掘り下げてみれば，状況の状態によって**のみ**一と計算されるよう
なメタ的な多——理論〔集合論〕によって直接に現前化された単純な多から
構成されるメタ的な多——があるということになる。あるいはまた，要素と
部分という二つの公理系，所属（∈）と包含（⊂）の二つの公理系があると

いうことになる。こういったことは，もろもろの多からなる多を現前の**唯一の一般形式**として呈示する公理的現前化という理論の焦点からすれば，間違いなく不適切である。

こう言ってもよい。存在論的公理系による多の内含的現前化が，二つの離接された公理系，すなわち構造化された現前の公理系と状態の公理系という二つの公理系を含意することは，事実上考えられない，と。

あるいはまた，存在論が現前させる〔呈示する〕のは現前化そのものである以上，存在論は自分自身の**過剰体**——すなわち**多として現前化されたためしがないのに再現前化**〔装象〕されるような「多」——をもちえない，と。

したがって，存在論は，「下位集合」の概念を構築し，所属と包含との隔たりからあらゆる帰結を引き出すように強いられていると同時に，それ自身はこの隔たりの体制下に存在してはならない。**存在論においては，包含は所属とは別の計算原理に属してはならない**。これはつまり，多（それがいかなるものであれ）の下位集合を〈一と計算すること〉は，結局のところ，純粋な多の公理的現前化の空間における一項にすぎないということを，存在論がそれ自身のために措定し，この要請を制限なしに受け入れなくてはならないということである。

したがって，存在論的状況の状態は分出不可能であり，言い換えれば，非実存的である。これは，冪集合の実存が，**他のさまざまなものと同様に**，一個の公理ないし《観念》であるということが意味するところである（省察7）。冪集合が実存するということがわれわれに与えるのは，一個の多のみなのである。

ここでの代償は間違いなく次の点にある。すなわち，状態のもつ「反－空」的な機能がそこでは確保されないということ，とりわけ諸部分の場への空の固着が単に可能であるというばかりでなく，不可避でもあるということ，これである。空は存在論の装置においては卓越的な下位集合であらざるをえない。なぜなら，空が徘徊している状況の計算操作子から区別されるような，そうした特殊な操作子による空の追放を確保しうるものが，そこには何もないからである。実際われわれは省察7において，集合論では空が普遍的に包含されているということを見た。

存在論が一の非存在を十全に現実化する作業は，存在論という状況には状態が実存しないということへと導く。そうして，所属ということを空のみを織り成すことへと従属させた後で，今度は包含を空に感染させるのである。

ここで状況は，現前化不可能な空によって，その状態の非分出へと縫合されるのである。

142 II 存 在──超過，状況の状態

補遺 〈現前／再現前〉の対に関する概念表

状　　況		状況の状態	
哲学	数学	哲学	数学
──状況の項とは，この状況が現前させ，一と計算するものである。 ──「状況に属するということ」が意味するのは，この状況によって現前化されているということ，状況が構造化する諸要素のうちの一つであるということである。 ──したがって，所属は現前ということに等しく，所属する項はまた要素とも言われる。	──集合 β は，それが α という〈多なる構成〉のなかに入るならば，集合 α の要素である。その場合，β は α に属すると言う。これは $\beta \in \alpha$ と書かれる。 ──$\in$ は所属の記号である。それは集合論の根本的な記号である。この記号によって，《一》に頼らずに，純粋な多を思考することが可能になる。	──状態は，状況のすべての下位多ないし下位集合ないし諸部分を〈一と計算すること〉を保証する。状態は，状況の項がそうした下位多によって現前させられているかぎりにおいて，状況の項を再-計算する。 ──「状況に包含されているということ」が意味するのは，状況の状態によって計算されているということである。 ──したがって，包含は状況による再現前ということに等しい。包含された，つまり再現前化された項は，部分であると言われる。	──所与の集合 α のすべての下位集合の集合〔冪集合〕が実存する。その集合は $p(\alpha)$ と書かれる。$p(\alpha)$ の一切の要素は，集合 α の下位集合（英語では subset）あるいは部分（フランス語の慣用）である。 ──下位集合（あるいは部分）であることは，γ は α に包含されているというふうに言われる。これは $\gamma \subset \alpha$ と書かれる。 ──$\subset$ は包含の記号である。これは派生的な記号である。$\subset$ は $\in$ をもとにして定義される。
	α $\cdot\,\beta$ $\beta \in \alpha$		α γ $\gamma \subset \alpha$ あるいは $\gamma \in p(\alpha)$

したがって，次の点をしっかりと把握しなくてはならない。すなわち，

──現前，〈一と計算すること〉，構造，所属，要素は，**状況の側**にある。

──再現前，計算の計算，メタ構造，包含，下位集合，部分は，**状況の状態の側**にある。

省察 9

歴史的-社会的状況の状態

　私は省察 8 で，一切の構造化された現前は，状況の状態と名づけられたメタ構造を受け入れると述べた。私はこのテーゼの証拠として経験的な論拠を援用した。すなわち，実際に現前化した一切の多性は，構造すなわち計算の，そうした重複に服していることが判明する，と。ここで私はその一つの例を，すなわち歴史的-社会的な状況の例を挙げたい（《自然》の問題は省察 11 と 12 で取り扱う）。例を提示するこの省察によって，状況の状態という概念が実証されるのに加えて，正常性，特異性，過剰性という，〈現前化された存在〉の諸カテゴリーを鍛え上げることも可能になるだろう。

　国家はその本質において個人と関係をもたないということ，国家の実存の弁証法は〈権威の一〉と〈主体の多〉との弁証法ではないということ——これは間違いなくマルクス主義が獲得した大いなる成果だった[18]。

　しかし，発想それ自体は新しいものではなかった。すでにアリストテレスは次のように指摘していた。概念の均衡に適う，思考可能な政体の実現を事実上禁じているもの，病理（専制，寡頭制，民主制）が正常（君主制，貴族制，共和制）を必ず凌駕するあの奇妙な分野へと政治を変えてしまうもの，それは結局のところ富者と貧者の実存なのだ，と。富者と貧者が現にいるという事実は，純粋思考としての政治なるもの〔政治の本質〕が突き当たる究極の現実的な袋小路であって，アリストテレスにはそれをどのように除去すればよいか見当がつかなかった。とはいえ，富者と貧者の存在をまったく「自然」だと宣言することもためらわれた。というのも彼が心から願っていたのは，中間階級の拡大——理性的に言えば，普遍性——だったからである。つ

まりアリストテレスは，現実の国家は社会の結束よりもむしろその脱−結束に，その内部対立に結びついており，最終的には，**政治**〔具体的な政治政策〕は**政治なるもの**〔政治の本質〕の哲学的な明晰さに適合しないということを，はっきりと見ていた。なぜなら，具体的な運命のなかにある国家は，市民の均衡のとれた広場〔アゴラ〕によって規定されるというよりも，むしろ経験的であると同時に変動する，富者と貧者からなるあの大きな塊ママ——しばしば党派バルティであるあの部分バルティ——によって規定されているからである。

　マルクス主義の装置は，国家を状況の下位多〔下位集合〕に——項にではない——じかに関係づける。国家が遂行する〈一と計算すること〉の対象は，根源的には個人の多ではなく，個人からなる階級の多であると，マルクス主義の装置は措定する。たとえ階級という特殊用語を放棄するとしても，国家（これは歴史的−社会的状況の状態エタである）は個人ではなく集団的な下位集合を扱うという形式的な着想は本質的である。個人を知らなくてもよいという点に国家の本質はあるということ，国家が個人を知る必要があるときでも（言い換えれば，実際の場面でも），つねに，個人としての個人と関わりのない計算原理に即してであるということ，こうした着想は深く理解する必要がある。たとえ国家があれこれの個人に対して強制——たいていの場合，アナーキーな，過度の，愚かな強制——を行使する場合でも，国家は個人あるいは諸個人一般に対する強制という「関心」によって**規定**されているということではまったくない。これは，「国家とは支配階級の国家のことだ」という通俗的マルクス主義の考えに与えなくてはならない深い意味である。私が提案する解釈は次のとおりだ。すなわち，国家がその支配を行使するのは，状況の諸**部分**を〈一にする〉ことを目指す法に従ってのみであるということ，そして国家の役目とは，もろもろの多の構成物のすべての構成（状況——言い換えれば「すでに」構造化された歴史的現前——は，この構成の一般的な整合性をその**項**との関係で保証する）を，一つ一つ規定し，それに資格を付与することに存するということ，これである。

　国家とは，端的に言えば，あらゆる歴史的−社会的な状況の必然的なメタ構造である。言い換えれば，社会の直接態のなかに一があることを保証するのではなく——それならば非国家的な構造がつねにすでに応えている——，

社会の冪集合〔下位集合からなる集合〕のなかに一があるように保証する法なのである。マルクス主義が国家とは「支配階級の国家」であると言うときに指しているのは，この〈一の効果〉のことである。この定式が，国家とは支配階級の「所有する」道具であるという意味だったとしたら，それは何の意味もないだろう。この定式が意味をもつのは，国家効果——これは歴史的－社会的現前の複雑な諸部分のなかに一を結果として生じさせる効果である——がつねに一つの構造であるかぎりにおいてであり，またそこに一つの計算法則が，つまり**効果の画一性**がなくてはならないかぎりにおいてである。少なくとも，「指導階級」という表現が——その意味の妥当性はどうあれ——指しているのは，まさにこの画一性のことである。

　また，このマルクス主義の言表には，それをその純粋形式において把握するなら，もう一つの利点がある。その利点とは，国家が支配階級〈の〉国家であると措定することによって，**国家とは，すでに現前させられたものをつねに再－現前化〔表象〕するものであるということが指示される**点である。支配階級の定義は経済的かつ社会的なものであり，国家的なものではないがゆえに，ますますこの点がよく示される。マルクスの著作において，ブルジョワジーの現前は国家を介してなされるのではない。その判定基準は，生産手段の所有，所有権体制，資本の集中，等々である。国家がブルジョワジー〈の〉国家であると語ることには，すでに歴史的・社会的に現前する一つの事態を国家が再－現前化する〔表象〕という点を強調するという長所がある。もちろん，この再－現前化は，政府の政体構成上の代表制という性格とは何の関係もない。それが意味しているのは，国家が歴史的－社会的現前のもろもろの下位集合あるいは諸部分に一を割り当てることによって，すなわち国家みずからがそれであるところの法に即してそうした下位集合に資格を与える〔規定する〕ことによって，国家は，状況のなかに現前するもろもろの項の再－現前化〔表象〕としてつねに定義づけられるということである（そしてこの再－現前化は，項が属する多からなる多に即して，つまり状況に**包含**されているものへの項の所属に即してなされる）。もちろん，マルクス主義の指示ははるかに限定的であって，（状況の）状態としての国家を完全には捉えていない。しかし，諸部分を〈一と計算すること〉（これが国家の任務である）

の特殊形態がどのようなものであれ、国家が専心するのは現前を再−現前化することなのだということ、したがって国家とは、歴史的−社会的構造を構造化する構造であって、一が**全体において**結果として生じる保証であるということ、このことを見ることによって、マルクス主義の指示は正しい方向を向いているのである。

となると、なぜ国家は歴史的−社会的現前に絶対的に**結びついている**と同時に、しかしながらそれから**分出されている**のか、その理由は明らかである。

国家が歴史的−社会的現前に結びついているというのは、国家が一へと作り上げる諸部分は、状況の構造によってすでに〈一と計算された〉多からなる多でしかないからである。この観点から見ると、国家は、現前の運動そのものにおいて歴史的に社会と結びついている。再−現前化〔表象・代理〕することしかできない国家は、状況のなかにその構成因や要素をもたないいかなる多も——いかなる項も——〈一〉として出来させることはない。これは国家の管理的・行政的な機能をはっきりと示す点である。国家のこの管理的・行政的機能は、その勤勉な画一性において、そして**状況の状態**であるということが課す特殊な拘束において、国家の強制機能よりもはるかに構造的であり恒久的である。だがもう一方では、社会の諸部分は社会の項を至る所で超過するがゆえに、また歴史状況に包含されているものは歴史状況に属するものへと切り下げられえないがゆえに、国家——計算操作子として、また一を普遍的に確保しなおす保証として考えられた国家——は必然的に分出された装置でもある。なんらかの状況の状態がすべてそうであるように、歴史的−社会的状況の《状態》〔国家〕も、超過点の定理に従っている（省察7）。国家が処理するもののせいで、すなわち状況のもろもろの下位集合が織り成す巨大な無限の網状組織のせいで、国家は、現前の整合的存立——言い換えれば、直接的な社会的結束——を配備する根源的な構造と同一視されえないのである。

ブルジョワ国家は《資本》とその全般的な構造化効果から分出されている、とマルクス主義者は言うだろう。なるほど、国家は下位集合を数え、管理し、整序することによって、社会の「資本主義的」特質がすでに構造化しておいたもろもろの項を再−現前化〔表象・代理〕する。だが国家は操作子であるか

ぎり，そうした項から区別される。この分出は，「他所から到来する」法に従って項を直接的に構造化することに関わるのだから，強制機能の定義である。この強制は原則的なものであり，それは諸部分の計算において一が確保されなおすときの様態である。例えば，ある個人が国家によって「処理される」場合（それがどういうケースであれ），その個人は「彼自身」として——この場合の「彼自身」としてとは，現前の直接性（構造化する直接性）において一を受け取った多として，というそれだけの意味である——〈一〉と計算されているのではない。その個人は**一個の下位集合として**，言い換えれば——ここで数学の概念（省察5を参照のこと），つまり存在論の概念を輸入して言えば——彼自身の単集合として，みなされているのである。すなわち無限な多の固有名であるアントワーヌ・ドンバールではなく，名を〈一に置くこと〉によって構成される唯一性の無差異な形象である〔アントワーヌ・ドンバール〕なのである。

　例えば，「投票者」とはなにがしかの主体のことではない。それは，国家の分出された構造が，彼の固有の一に従って再‐現前化する部分のことであり，言い換えれば，誰某を唯一の要素とする集合〔単集合〕のことであって，「誰某」が〈直接的な一〉である多のことではない。それゆえ，個人は，あらゆる可能な拘束——死刑も含め——の可能性を築き上げるこの拘束のアトム，この基礎的強制を，我慢しようとしまいと，つねに蒙るのである。それは，社会に**所属**する者とみなされずに，社会に**包含**された者とみなされることによる。国家は本質的に所属に無関心であり，包含への恒常的な配慮がある。整合的な下位集合ならばなんであれ，国家によってすぐさま良くも悪くも計算され，考慮されてしまう。というのも下位集合は再現前化の材料だからである。その代わりに，人々の**生**については，言い換えれば，人々がそこから一を受け取ったところの多については，国家はいかなる配慮もしないということ，このことは，それがどれほど大仰に聞こえようとも，最終的に明らかである。以上が，国家の分出ということの，究極の，そして避けることのできない深さである。

　とはいえ，マルクス主義の分析の線が致命的な曖昧さに次第に陥っていくのも，この地点においてである。たしかに，エンゲルスとレーニンは国家の

148　II　存　在——超過，状況の状態

分出された性格を大いに強調し，さらに強制が分出と相互的であることを示
した（これは真理である）。それゆえに彼らにとって，国家の本質は，最終
的には，社会の直接性に対する**超過**の構造的可視性である官僚機構と軍事機
構だということになる。すなわち，怪物じみた**過剰体**という性格にあるとい
うことになる。この過剰体という性格は，国家を直接的な状況とその項とい
う観点からのみ見た場合に立ち現れる国家の性格である。

　「過剰体」という言葉に軸足を置いてみよう。前の省察のなかで，私は，
状況における〈一の効果〉の完全性に関する三つのタイプを（所属と内包も
加えつつ）まったく一般的な仕方で区別した。その三タイプとは，すなわち，
正常性（現前し，かつ再現前化されていること），特異性（現前してはいるが，
再現前化されていないこと），過剰性（再現前化されてはいるが，現前して
いないこと）である。もちろん，現前も再現前もしていない空は別枠にある。

　エンゲルスは官僚機構と軍事機構のなかに，はっきりと過剰性のしるしを
見て取っている。状況のそうした部分は，現前するものというよりも，むし
ろ再-現前化されたものであるということ，このことはまったく疑いない。
それらの機構それ自体が再現前化の操作子に関与しているからである。だが
まさにそこである。古典的なマルクス主義の分析の両義性は，それを一息に
要約すれば，次の点にある。すなわち，もろもろの過剰体があるのはもっぱ
ら国家の地点からであるがゆえに，国家**それ自体**も過剰体であると，そのよ
うに考えるのである。その結果，革命による国家の廃絶が，つまり再現前化
の終焉が，そして単純な現前の普遍性が，政治プログラムとして提案される
ことになるのである。

　この両義性はどこから生じるのか。ここで再び言う必要があるのは，エン
ゲルスにとって，国家の分出は諸階級（諸部分）の単なる実存からじかに生
じるのではなく，階級利害の敵対的性格から生じるということである。もっ
とも重要な階級——実際には，古典的マルクス主義にとって，歴史的現前の
整合性を現実にする二つの階級——のあいだに，和解不可能な衝突があるの
だ。したがって，武器と構造暴力の独占が国家装置という形態において分出
されなければ，それは永続的な内戦となるというわけである。

　こうした古典的な言表は精緻に分別されなくてはならない。というのも，

それは，**国家は社会的結合（国家が表現するとされるもの）に基礎を置いているのではなく，脱−結合（国家が禁じるもの）に基礎を置いている**という深い考えを含んでいるからである。もっと正確に言えば，国家の分出は，現前の整合性から生じるというよりも，むしろ非整合の危険から生じるという考えである。周知のように，この発想はホッブズに遡る（超越的な絶対的権威が，万人に対する万人の戦争によって要求される）が，この認識は，それを次のような形式で言うならば，根本的に正しい。すなわち，なんらかの状況（歴史的であるにせよないにせよ）においてメタ構造による諸部分の計算が要請されるのは，諸項に対する諸部分の超過が最初の計算を逃れることによって，空の固着の潜在的な場を指し示すからなのだ。したがって，国家の分出は，状況に所属するもろもろの項を越えて〈一の効果〉の完全性を持続させ，さらには，**包含された**もろもろの多性の統御（国家がこれを確保する）にまで至るということ，かくして空——つまり計算と計算されたものとの隔たり——を探知可能にすることによって，〈整合性がそれ**である**ところのあの非整合性〉が出来しないようにするということ，これが真理なのである。

　もろもろの政府が，みずからの空の記章となるものが徘徊し出すやいなや，一般的に言えば，非整合的あるいは暴動的な群衆が徘徊し出すやいなや，「三名以上の集会」を禁止することは理由のないことではない。言い換えれば，それは，そうした諸「部分」が一つになることを政府は許容しないということをはっきりと宣言しているのであり，そのようにして，国家の機能とは，整合的な所属を保守するために，包含を数え上げることにあると布告しているのである。

　とはいえ，これは正確にはエンゲルスの言っていることではない。大雑把に言うが，エンゲルスにとっては，省察8の類型学を再び持ち出すなら，ブルジョワジーは正常な項であり（ブルジョワジーは経済的にも社会的にも現前しているし，国家によって再−現前化〔表象・代理〕されてもいる），プロレタリアートは特異な項であり（プロレタリアートは現前してはいるが，再現前化されていない），国家装置は過剰体である。国家の究極基盤は，特異な項と正常な項とが敵対的な脱−結合状態にあることなのだ。したがって，国家という過剰体は，現前不可能なものにではなく，現前のもろもろの差異

150 II 存 在——超過，状況の状態

に準拠した結果である。だからこそ，この差異を修正することによって，国家の消滅という希望を抱くことができるのだ。特異性が普遍的になるだけで十分であって，それがまた階級の終焉，言い換えれば，諸部分の終焉，つまりは諸部分の超過を管理する一切の必要の終焉とも呼ばれることになる。

　こうした観点からすれば，共産主義とは，実は個人の制限なき体制だということになるだろう。このことには留意しよう。

　つまるところ，国家に関するマルクス主義の古典的な記述は，形式的には正しいが，その一般的弁証法は正しくない。状況の状態の二大要因——すなわち，空の現前化不可能な彷徨と，所属に対する包含の取り返しようのない超過（一を再保証し，構造を構造化する必要性は，この超過の結果として生じる）——は，エンゲルスにおいては，現前の特殊事例，また現前において数え上げられるものの特殊事例とみなされている。空はプロレタリアたちの非－再現前へと切り下げられており，つまり非現前ということが非－再現前の一様相へと切り下げられているのだ。また諸部分の計算（分出された計算）は，ブルジョワジーの利害の普遍的ではない性格へと切り下げられ，正常性と特異性とのあいだの現前の引き裂きへと切り下げられている。最後に，〈一と計算すること〉の機構が一個の過剰体へと還元されており，その機構が処理する超過は，それが存在の定理である以上避けられないものであるということを，とことんまで看取することがない。

　こうしたエンゲルスの諸テーゼからは，その結論として，政治とは国家に対する襲撃だとする定義（その襲撃がいかなる様態のものであれ，平和的であれ暴力的であれ）が出てくるだろう。その襲撃のためには，過剰体は許せないという結論を引き出すことによって，正常な多に反抗する特異な多を動員するだけで「十分」である。ところで，たとえ政府が——また国家装置の唯物的な実体さえもが——転覆あるいは破壊されうるとしても，さらにはたとえ特定の情勢においてはそうすることが政治的に有益だとしても，そのものとしての国家——言い換えれば，諸部分（あるいは諸党派……）の超過に対して一を確保しなおすもの——は，そう安易には破壊しえないし，襲撃することさえ容易ではないという点を見失ってはならない。十月革命のわずか五年後，死に向かいつつあったレーニンは，国家の猥雑なまでの永続性に絶

望していた。レーニン以上に冒険的であり，また沈着冷静な人間だった毛沢東も，25年間の権力の座の後，また文化大革命の残忍な10年間の動乱の後，結局のところ大した変化は引き起こせなかったという事実を認めていた。

これは，政治変化の道——私は正義のラディカルさの道と言いたい——は，その道のりの周辺にいつも国家をもつとはいえ，国家から出発しては絶対に描かれないということだ。というのも国家は，変化を引き起こせない——持ち主が変わるということはあるかもしれないが，その戦略的な意味の少なさをわれわれは知っている——という点で，まさしく政治的ではないからだ。

国家の起源にあるのは敵対関係ではない。というのも，空と超過の弁証法を敵対関係と考えることはできないからだ。なるほど政治それ自体は，国家が起源をもつところに，つまりこの空と超過の弁証法のなかに，その起源をもたなくてはならないだろう。とはいえ，それは国家を奪取したり，国家の効果を倍増させたりするためでは絶対にない。反対に，政治は，国家の関係とは本質的に異なる他の関係を空および超過と結ぶ能力のなかに，みずからの実存を賭けるのである。なぜなら，政治を国家〔状態〕による再保証の一から差し引くことができるのは，この他性だけだからである。

政治活動家〔le politique（政治的なもの）〕は，国家の城壁の下にいる戦士であるよりも，むしろ忍耐強い空の見張り番である。彼は出来事から多くを教わる。国家が自分自身の支配に盲目となるのは,出来事と争うからである(省察17)。まさにこの点において政治活動家は，現前化しえないものの立地を——たとえ一瞬の閃光のうちにであれ——探査するすべを作り出し，そして空という，あの〈場の非－場〉に事後的に与ええたことになるだろう固有名に——あるいは聞き取りえたことになるだろう固有名に（どちらかは決定しかねる）——いまや忠実であるすべを作り出すのである。

省察 10

スピノザ

« Quicquid est in Deo est〔存在するものはみな神のうちにある〕», あるいは,
あらゆる状況は同じ状態をもっている。

『エチカ』第 1 部[19]

　スピノザは, 現前化した多（彼が「単独的事物」(res singulares) と呼ぶもの）
が, 一般的に言って, もろもろの多からなる多であることに鋭い意識をもっ
ている。実際もろもろの個体的な多（plura individua）からなる構成物は, そ
れらの個体が唯一の活動にわずかでも参加していれば, 言い換えれば, 同時
に唯一の結果の原因（unius effectus causa）となっていれば, 同じ一つの単独
的な事物なのである。別の言い方をすれば, スピノザにとって, ある多を〈一
と計算すること〉——すなわち構造——とは, **それは因果性なのである**。多
の一つの組み合わせは, それが因果作用の一であるがゆえに, 一個の〈一な
る多〉である。構造が読解可能となるのは遡及的にである。すなわち, 結果
の一が原因の〈多なる一〉を有効にするのである。この読解可能性に関する
不確かさの時間によって, もろもろの個体は区別される。各個体の多（これ
は非整合的と仮定される）は, それらの結果の統一性が指し示されるや, 整
合性の押印を捺される。そのとき個体の非整合性あるいは離接は, 同じ一つ
の単独的事物の整合性として受け取られる。ラテン語で言えば, 非整合性と
は plura individua〔複数の個体〕である。整合性とは res singulares〔単数の事物＝
単独的事物〕である。両者のあいだで, 〈一と計算すること〉は unius effectus
causa〔一つの活動の原因〕あるいは una actio〔一つの活動〕である。
　この学説の難しい点は, それが循環的であることだ。実際のところ, 単独
的事物という多は唯一の結果を生み出すかぎりにおいてしか一と規定されえ

ないのだとしたら，私はこの唯一性に関する判定基準を前もって手に入れて
おかなければならない。ところで結果とは何だろうか。疑いなく，それもま
たもろもろの個体からなる一つの複合体である。その一を証明するためには，
それが確かに**一個の単独的事物**であると言うためには，私はそこに含まれる
もろもろの結果を考慮しなければならず，またそのもろもろの結果も……と
以下同様に続く。因果構造に即して〈一という結果〉を遡及していくことは，
結果の結果を予想することにより宙づりとなる。そこには個体の非整合性と
単独的事物の整合性とのあいだの無限の鼓動があるように思われる。両者を
分節する計算操作子——因果関係——もまた，結果の計算からしか証明され
えないのだから。

　驚くべきは，スピノザがこうした袋小路にまったく困惑していないように
見えることである。私がここで解釈したいのは明白な困難ではなく，むしろ
スピノザ自身にとってこの困難が困難ではないという事実である。私の見る
ところ，問題の鍵は次の点にある。スピノザのものである根本的な論理にお
いて，〈一と計算すること〉は最終的にはメタ構造によって保証されており，
スピノザが神あるいは《実体》と呼ぶ〈状況の状態〉によって保証されてい
るということである。スピノザとは，構造とメタ構造を同一視しようとし，〈一
という結果〉を状態にじかに割り当てようとし，また所属と包含を無−区別
にしようとする，かつて企てられたなかでももっともラディカルな存在論的
試みである。と同時に，それは**空を締め出す**哲学の典型でもあることが理解
されるだろう。私の意図は，この締め出しが失敗すると証明することである。
そして，メタ構造によるあるいは神による囲い込みは，この空が非−実存で
あり思考不可能なものであると保証しなければならなかったが，この空はスピ
ノザが**無限な様相**という概念でまさしく名指し位置づけたものにほかなら
ないと証明することである。また無限な様相とは，《主体》の仮定なしでは
すますことのできない地点（スピノザが至るところで追い回す地点）を，ス
ピノザがみずからの意に反して——したがって彼の任務の最高度の無意識的
意識によって——指し示す際に，介在させざるをえないものであると言って
もよいだろう。

　まず第一に，所属と包含が本質的に同一視されているということが，単独

154 II 存 在——超過，状況の状態

的事物の定義における諸前提からはっきりと演繹される。スピノザがわれわれに語るところによれば，われわれの経験の領野全体において，つまり現前一般において，一として結果してくるものが単独的事物である。それは「明確な〔限定された〕実存」をもつものである。しかし実存するものは，〈存在としての存在〉——言い換えれば，唯一の実体（その別名は神である）の〈一なる無限性〉——であるか，神それ自身の内在的な変様——言い換えれば，実体の一結果（この結果の全存在は実体それ自身である）——であるか，そのどちらかである。「神はあらゆる事物の内在因であって，実は外在因ではない」とスピノザは言う。したがって，なんであれ事物は神の一様相なのであり，必然的に事物は，神的自然の「後に生じる」「無限な様相における無限」(infinita infinitis modis) に属するのである。さらに言えば，Quicquid est in Deo est, すなわち，存在するその事物がなんであれ，それは神のうちにある。所属の in は普遍的である。そこからなんらかの別の関係——例えば包含——を分出することはできない。実際，複数の事物——複数の個体——を，例えば因果の〈一と計算すること〉に即して（それら事物の結果の一から出発して）組み合わせたとしても，そこで得られるのは，結局のところまた別の一事物でしかなく，言い換えれば，神に属する一様相でしかない。状況の要素または項を，状況の一部分であるものと区別することはできない。「単独的事物」（これは〈一つの−多〉である）は，それを構成するもろもろの個体と同じ資格で実体に属するのであり，もろもろの個体とまったく同様に実体の一様相なのであって，言い換えれば，それは実体の内部「触発」であり，実体の部分的かつ内在的な効果〔結果〕である。所属する一切のものは包含されており，包含されている一切のものは所属している。最高の計算（すなわち神的状態）の絶対性から導き出されるのは，〔ここでは〕**現前と再現前が同じことであるがゆえに**，現前化された一切のものは再現前化されており，またその逆でもあるということだ。「神に属すること」と「実存すること」とが同義である以上，諸部分の計算は，項の計算を保証する運動そのものによって，すなわち，実体の枯れ果てることのない内在的生産性の運動そのものによって保証されている。

　これはスピノザがさまざまな状況を区別していないということ，一つの状

況しかないということだろうか。まったくそうだというわけでもない。神が唯一的であるとしても、また存在が唯一的に神であるとしても、神の**同一化**は、知的に分出可能な無数の状況を展開するのであり、スピノザはそうした無数の状況を実体の諸属性と呼ぶ。この諸属性は、実体が無数に異なった仕方で同一化されるかぎりで、実体それ自身である。ここでは、〈存在としての存在〉（実体の実体性）と、差異化可能な存在の同一性——スピノザの言う本質——を構成する（と思考がみなす）複数的なものとを、区別する必要がある。属性とは、「悟性（intellectus）が実体について、実体の本質を構成するものとして知覚するところのもの」である。こうも言えるだろう。〈存在の一〉が思考可能なのは、状況の多を介してである（それぞれの状況はこの一の「表現」である）、と。なぜなら、この一がたった一つの仕方でしか思考されえないとしたら、この一は自己の外部に差異をもつことになり、言い換えれば、それ自身が計算されたものであるということになるが、この一が最高の計算**である**以上、これはありえないからである。

　存在の一が内在的な差異化として思考される諸状況は、それ自体として、「数」が無限である。というのも無限に同一化可能であるということが存在の存在には属しているのだから。実際、神は「無数の属性において存立する実体」である。というのも、そうでなければ、諸差異が外的に計算されるということにまたもやなるからである。しかしながら、われわれについては、人間の有限性に即して、思考（cogitatio）の属性と延長（extensio）の属性のもとに包摂される二つの状況を分出することができる。この人間という動物の特殊様態の存在は、この二つの状況に等しく属するという点にある。

　とはいえ状況の現前構造は、それが神のメタ構造に還元されうる以上、明らかに唯一的である。人間が実存する二つの状況は、構造上——言い換えれば、状態として——同一である。Ordo et connexio idearum idem est, ac ordo et connexio rerum〔観念の秩序や連結は、事物の秩序や連結と同じである〕。ここでは、「事物」（res）とは「延長」の状況の実存者——一様相——のことであり、また「観念」（idea）とは「思考」の状況の実存者のことだと理解されている。この例は驚くべきものである。というのもそれは、分出しうる二つの状況に人間が属するにせよ、この二つの状況は同じものであるから、人間は一つと

して通ると立証するのである。ここでは状態の超過が諸状況（諸属性）の現前的な直接性をどれほど服属させているかを強調してもしすぎることはない。人間という**部分**〔部分集合〕——魂と身体——は，多の二つの分出可能な型——extensio と cogitatio——を横断し，したがってそれらの統一のなかに一見包含されているように見えるが，実は様相の体制に属することしかしていない。なぜなら最高のメタ構造が，その状況はどうあれ，一切の実存するものを〈一と計算すること〉をじかに保証しているのだから。

以上の前提からすぐさま空の締め出しが出てくる。一方では，空は状況に**所属**できない。というのも，所属するとなると，空は状況のなかで一と計算されることになるからだ。ところで，計算の操作子は因果関係である。だが，いかなる個体も含まない空は，唯一の結果をもたらすようなどんな活動にも寄与しえない。つまり空は非実存的であり，現前化されないものである。「空は《自然》のなかには与えられていない。あらゆる部分は，空が実際上与えられないように協力しなくてはならない」。また他方で，空は状況のなかに**包含**されることもできないし，状況の一部分であることもできない。というのも，包含されるとなると，空はその状態によって，そのメタ構造によって一と計算されることになるからだ。だが実際には，メタ構造は因果関係でもある（今度は，因果関係が神的実体の内在的産出と考えられている）。空がこうした（計算の）計算——計算それ自身に同一的な計算——のもとに包摂されることはありえない。してみれば空は現前化されえないし，また状態的計算という様式で現前を超過することもできない，というわけだ。空は現前可能もの（所属）でもなければ，現前不可能なもの（超過点）でもないのである。

しかし，このように空を演繹的に締め出したとしても，スピノザ哲学の体系のある断層——あるいは見捨てられた継ぎ目——において空の彷徨を引き受ける可能性が一切封殺されるわけではない。〈一と計算すること〉に照らして無限と有限の不均衡を考慮するに至るや，この危険は顕著になると言おう。

《思考》と《延長》の状況に応じて人間の経験に現前するもろもろの「単独的事物」は有限なものである。この有限とは，「単独的事物」の定義にお

いて与えられる本質的な述語である。〈一と計算すること〉の究極的な力が神である——神は諸状況の状態であると同時に現前化の内在的な法でもある——ということが本当だとすれば，計算とその結果とのあいだには明らかに共通の尺度がない。というのも神は「絶対的に無限」だからだ。もっと正確に言おう。すなわち，因果関係——これによって事物の一がその結果の一において認識されるわけだが——は，無限の起源と〈一の結果〉の有限性とのあいだに測定可能なある種の非-関係という空を導入する恐れがあるのではないか。「結果の認識は原因の認識に依存しつつも，それを包み込んでいる」とスピノザは措定する。有限な事物の認識が無限な原因の認識を包み込んでいるということが，じかに考えられるだろうか。原因が無限であり，結果が有限であるとしたら，原因と結果とのあいだの現実性の絶対的喪失という空を飛び越える必要があるのではないか。さらに言えば，この空は，有限な事物が神そのものの様相である以上，内在的でなければならないような空なのだ。原因の源泉の超過は，それに内属する資格（すなわち絶対的な無限性）それ自体が，有限な結果と同じ平面では再現前〔表象〕しえない地点で，再び噴出してくるように思われる。したがって無限性とは，有限な単独的な諸事物の現前的所属に対して状態が超過している事態を指すことになるだろう。そして，それと不可避的に相関して，空はこの超過の究極的な土台であるのだから，空は無限と有限との通約不可能性の彷徨だということになるだろう。

　スピノザは，「実体と諸様相以外には何も与えられない（nil datur）」と断固として主張する。実際，諸属性は「与えられたもの〔所与〕」ではなく，それらは贈与の諸状況を名指すものである。実体が無限であり，諸様相が有限であるとすれば，実体的な〈存在としての存在〉とその有限な内在的産出物とのあいだに存する現前化の断層の傷跡として，空は避けがたい。

　規定不可能な空のこうした再噴出を防ぐために，そしてみずからの存在論の完全に肯定的な枠組みを維持するために，スピノザは，「**存在の一切の贈与を規定する〈実体／様相〉という対は，〈無限／有限〉という対に合致しない**」と措定せざるをえない。当然のことながら，現前化する命名とその「外延的」規定とのあいだのこうした構造的なずれは，定義上「絶対的に無限」である実体に有限性があるというような地点から生じることはできない。残された

158　II　存　在——超過，状況の状態

道は一つだけである。**無限な諸様相**が実存するという道である。あるいはもっと正確に言えば——というのも，むしろそうした様相は非‐実存するということを，われわれは後で見るからだが——有限な単独的事物の直接の原因は，またもう一つ別の有限な単独的事物でしかありえないという道，そして反対推論によって，一個の無限な（と想定された）事物はなんらかの無限しか生み出しえないとする道である。かくして，因果関係が無限と有限とのあいだの深淵を免れている以上，ひとは現前において超過が無となる地点へと，つまり空へと舞い戻ることになるだろう。

　そのときのスピノザの演繹の歩み（『エチカ』第1部の命題21, 22, 28）は，以下のとおりである。

　——「絶対的な仕方で把握された神の属性の本性から生じる一切のものは［…］無限である」と証明すること。これは結局のところ，現前の一状況（属性）において同定された神の無限性から直接に結果が（つまり様相が）生じるならば，この結果は必然的に無限であると語ることに帰着する。これは無限の直接的様相である。

　——無限の様相（上の命題の意味での）から生じる一切のもののほうも無限であると証明すること。これは無限の間接的様相である。

　この地点に到達すれば，原因の無限性は，それがじかに実体的であろうと，あるいはすでに様相的であろうと，とにかく無限しか生まないとわかるだろう。このようにして，無限な原因と有限な結果の等しさ——あるいは尺度なき関係——を失うことが回避されるわけである（それを失うと，ただちに空が場に固着することになるだろう）。

　これと相互的な議論がすぐに出てくる。

　——ある単独的事物をその有限とされる結果にもとづいて〈一と計算すること〉は，すぐさまその単独的事物を，それ自体有限な存在者として指し示すことになる。というのも単独的事物が無限であれば，その結果もまた，われわれが見たように，無限であるはずだからだ。単独的事物の構造化された現前のうちには，有限なものの因果上の回帰がある。「もしなんらかの単独的事物——定まった実存を有する有限な事物——が，また別の原因——それ自身も定まった実存を有する有限な別の原因——によって実存するように，

また作用するように定められていなかったとしたら，それは実存することも，現に作用するように定められていることもできない。またこの原因のほうも，別の原因――それ自身も定まった実存を有する有限な別の原因――によって実存するように，また作用するように定められていなかったとしたら，それは実存することも，現に作用するように定められていることもできない。以下同様に無限に続く」。

ここでのスピノザの回転する手管は，状態の超過――これが因果の実質上の無限な起源である――が因果の連鎖の現前のなかでそれとして識別されえないようにする点にある。因果による計算の〈一の結果〉については，有限は有限にしか送り返さない。無限と有限の断層――そこには空の危険が横たわる――が，有限の現前を横切ることはない。現前のこの本質的な同質性によって，度−外れ〔dé-mesure（脱−尺度）〕は――すなわち，空と超過の弁証法が現前のなかで判明し，遭遇されえた場である度−外れは――追い払われる。

しかし以上のことが樹立されるのは，また別の因果の連鎖が有限なものの反復，すなわち最初は直接的，次に間接的となる無限な様相の連鎖を，いわば「重複させる」と仮定すればこそである（この無限な様相の連鎖それ自体はその本質上同質的であるが，「単独的諸事物」の現前的世界からは完全に切り離されている）。

問題は，このもろもろの無限な様相がいかなる意味で**実存**するかを知ることである。これらの無限な様相が正確には何のことかと，スピノザに尋ねた奇特な人々は早くからいた。特にドイツ人の文通相手のシュラーとかいう人がそうで，彼は 1675 年 7 月 25 日付の書簡のなかで，「博識かつ慧眼な哲学者バルーフ・ド・スピノザ」に向かって，「神によって直接的に産出された事物の例，また無限な様相化によって間接的に産出された事物の例」を示してくれるよう頼んでいる。4 日後にスピノザは次のように返信している。「思考の領域においては」（状況においては，あるいは属性，思考においては，と理解しよう），無限の直接的な様相の例は「絶対的に無限である悟性」であり，延長の領域においては，運動と休止である，と。無限の間接的な様相については，スピノザは一つの例しか挙げておらず，しかもその属性は特定されていない（おそらく延長であると思われる）。それは「宇宙の全体の形象」

160　II　存　在──超過，状況の状態

（facies totius universi）である。

　彼の全著作を見ても，スピノザは無限な様相についてこれ以上のことを何も言わないだろう。『エチカ』の第2部「補助定理」7で，彼は〈もろもろの多からなる多〉としての現前（物体を事柄とする延長という状況に適合した現前）という考えを展開し，それを，多としてのあり方の複雑さに応じて序列化された，物体の無限な階層構造という考えにまで発展させている。この階層構造を無限に（in infinitum）追っていくと，「《自然》全体はたった一つの《個体》であり（totam Naturam unum esse Individuum），その諸部分──言い換えれば，あらゆる物体──は無数の様相へと変様しながらも，その《個体》全体はいささかも変化しない」ということがわかる。第5部の定理40の「注解」では，スピノザは次のように宣言する。「われわれの魂は，認識するものとしてのかぎりで，思考の永遠の様相（aeternus cogitandi modus）であるが，それはまた思考の別の永遠の様相によって規定されており，さらにこのまた別の様相もまた別の様相によって規定されており，以下同様に無限に続いていく。そして，それらがすべて一緒になって，神の永遠かつ無限の悟性を構成することになる」。

　以上のような断定は，論証の脈絡に属していないということに留意しよう。これらの断定は孤立している。それらは《自然》を，運動する単独的な諸事物からなる不動の無限な全体として提示し，また神の《悟性》を，もろもろの個別の魂からなる無限な全体として提示しようとする。

　そのとき，こうした全体的なものの実存という悩ましい問いが舞い戻ってくる。というのも，in infinitum〔無限に〕総和を求めることによって得られる《全体》の原理は，《一》の原理──内在的だが徹底的な〈状態の超過〉において，実体が一切の単独的事物の計算を保証するのはこの《一》の原理によってである──と何の関係もないからである。

　実存を立証するのに利用可能な方途について，スピノザの態度は明確である。1663年3月の「きわめて博学な若者シモン・ド・ヴリーへ」の書簡のなかで，スピノザは，存在の贈与の二つの審級──すなわち実体（およびその諸属性の同一性）と様相──に応じて二つの方途を区別している。まず実体については，その実存は本質から区別されないのだから，実体の実存は，

実存する事象の定義のみにもとづいてアプリオリに証明可能である。『エチカ』の第1部の定理7が強く主張するように、「実存することは実体の本性に属する」。様相については経験に頼るしかない。というのも、「諸様相の実存は事象の定義から結論（しえない）」からである。〈一と計算すること〉の普遍的な力──あるいは状態の力──が実存することは根源的あるいはアプリオリなことであり、個別の事物が状況のなかに実存することはアポステリオリあるいは経験的なことなのである。

　となれば、もろもろの無限な様相の実存が立証されえないということは明らかである。それらは様相であるから、その実存は経験によって確かめられなくてはならない。ところで、これは間違いのないことだが、われわれは**無限な様相としての**運動や休止についていかなる経験ももちえないし（われわれが経験しうるのは、運動ないし休止のうちにある有限な個別の事物でしかない）、またわれわれの単独的な諸観念を徹底的に超過する全体的な《自然》あるいは facies totus universi〔宇宙の全体の形象〕についても、そしてもちろん、本来的に再現前化〔表象〕不可能な、絶対的に無限である悟性（あるいはもろもろの魂の全体）についても、いかなる経験ももちえない。その反対推論として、経験が挫折する場合にはアプリオリな演繹が妥当するのだとすれば、したがって、運動や休止や全体的な《自然》や魂たちの再結集の定義上の本質には実存ということが属するのだとすれば、これらの存在物はもはや様相ではなく実体であることになるだろう。それらの存在物は、最善の場合、実体をさまざまに同定した姿であり、さまざまな状況〔位置づけたもの〕だということになるだろう。それらは所与のものではなく、贈与運動のもろもろの場──言い換えれば、属性──を構成するということになるだろう。そうすると、全体的な《自然》を「延長」の属性と実際に区別することはできなくなるし、神の悟性を「思考」の属性と区別することはできなくなるだろう。

　したがって、われわれは次のような袋小路に陥る。すなわち、無限と有限の直接の因果関係（これは空の尺度なき彷徨が発生する地点である）を完全に避けるためには、実体の無限性の直接的な活動がそれ自体として、無限な諸様相しか生み出さないと仮定する必要がある。しかし、そうした諸様相はどれ一つとして、その実存を正当化されうるものではない。したがって、無

限な諸様相は実存するけれども，思考も経験もそれに接近しえないと措定するか，あるいは無限な諸様相は実存しないと措定せざるとえない。第一の可能性は，無限な諸事物からなる背後世界を創造することになる。すなわち，完全に現前化不可能な叡智的な場，つまり，われわれがその場について証示しうるただ一つの「実存」は「無限な様式」という名だけであるという意味で，**われわれにとって**（われわれの状況にとって）空であるものを創造することになる。第二の可能性はじかに一つの空を創造することになる。すなわち，因果における有限なものの反復の証拠，つまり整合性の証拠および現前の同質性の証拠が打ち立てられるのは非−実存者にもとづくという意味で，一つの空を創造することになる。この場合もまた，「無限な様相」とは純然たる名であって，その指示対象は蝕のなかに姿を消す。この名が引き合いに出されるのは，証明がそれを要求するかぎりにおいてであって，その後この名は，みずからがその統一を基礎づけるのに奉仕した有限な経験の全体のなかで，無に帰されるのである。

　スピノザは，状況（現前）とその状態（再現前）との絶対的な統一という適切な手段によって，空の存在論的根絶を企てた。所属と包含のこの均衡を所与の状態において最大限に実現する多性を，私は**自然的多性**（あるいは順序的多性）と名指すことにする（省察11）。この多性が含むすべての項は**正常**（省察8）であり，言い換えれば，それらの現前のまさにその場において再現前化されている。こうした定義によって，一切の項はスピノザにとって自然のものとなる。すなわち，有名な Deus, sive Natura〔「神あるいは自然」〕が完全に基礎づけられる。しかし，この基礎づけの規則は空虚な項を召喚しなくてはならないという必要に躓く。証示可能な指示対象をもたないある名（「無限な様相」）が，演繹の連鎖のなかに，この空虚な項の彷徨を書き込むのである。

　結局のところ，スピノザの大いなる教訓は次の点にある。すなわち，状況の状態と状況とを，メタ構造と構造とを，包含と所属とを融合させる最高の〈一と計算すること〉を措定し，そうすることによって超過を解除して現前平面の統一性へ連れ戻そうと企てたところで，空の彷徨を省くことはできないのであり，空という名を据えざるをえないということである。

必然的だが非実存的な無限な様相なるものは，その概念上の出現の時間が
その存在論上の消滅の時間でもあるがゆえに，無限と有限のあいだの因果の
深淵を埋める。しかしながら，それは深淵の技術上の名となるためでしかな
い。すなわち「無限な様相」というシニフィアンは，締め出さざるをえなかっ
たあの空を巧妙に組織的に無視するが，しかしこの空は，その根底的な不在
がそこから理論的に演繹された名の術策の下で，執拗にさすらっているので
ある。

III

存　在──自然と無限

ハイデガー／ガリレオ

省察 11

自　然

──詩か数学素か？──

　「自然」というテーマ──自然という言葉の下にギリシア語のピュシスという言葉を響かせることを受け入れよう──は,《現前性》の存在論にとって,あるいは詩的存在論にとって決定的である。ハイデガーは,「ピュシスは存在のための根本的なギリシア語」であると，はっきりと宣言している。ピュシスという語が根本的なのは，それが現前性という存在の天命を，存在の出現の様相において,あるいはもっと明確に言えば,存在の非-潜伏性（alēheia）の様相において，指し示しているからである。自然は存在の一領域,〈全体としての存在者〉の一区分ではない。自然は存在そのものの出現あるいは開花であり，存在の現前性の到-来あるいは「存在の存立〔estance〕」である。ギリシア人たちがこのピュシスという語のもとで迎え入れたもの，この語の指し示す〈存在と出現との親密な連結〉のなかで迎え入れたものとは，存在は《現前性》におけるみずからの到来を**強制する**のではなく，出現，提-示〔pro-position〕という仕方で，この曙光の到来と一致するということである。存在がピュシスであるのは，存在が「それ自身のうちに存する出現」であるからだ。このように自然は所与の客観性などではない。それは自己の限界というものを,〈自己がそこにおいて限界なく存するところ〉として配置するような贈与，開花の動作なのである。存在は「圧倒的な開花，つまりピュシス」である。したがって次のように言っても過言ではない。すなわちピュシスとは，自己現前化の差し出された本質に従った〈現前的-存在〉〔現前的であること〕のことであり，したがって自然とは，現前性の存在論においてその近接性，脱-隠蔽が支持される〈存在そのもの〉のことである，と。「自然」

168 III 存　在——自然と無限

ということが言わんとするのは，現前性の現前化，覆い隠されたものの奉献
〔差し出し〕である[20]。

　もちろん，「自然」という語は，とりわけガリレオによる切断の影響のも
とで，ピュシスというギリシア語が保持するものを完全に忘却している。「数
学の言語で書かれた」自然のうちに，ハイデガーが「ピュシスとは〈自己に
おいてそこに留まること〉である」と言うときにわれわれに改めて聞かせよ
うとするものを，いかに認めることができようか。しかし，開花したもの・
開かれたものという，ピュシスが保持していた意味の一切が「自然」という
語において忘却されたという事態は，ガリレオ的な意味での「自然学」〔物
理学〕の宣言よりもはるかに古い。むしろ，物理学が扱う「自然的」客観性
が可能だったのは，ピュシスという語のなかに響いている《現前性》，〈出現
的–存在〉〔出現しつつあること〕が形而上学〔超自然学〕によって転覆される
という事態が，早くもプラトンから始まっていたからである。ガリレオがプ
ラトンを参照している（プラトンのベクトルはまさしく数学主義であるとい
う点を強調しよう）のは偶然ではない。プラトンによる「方向転換」の骨子
は，存在のギリシア的運命の曖昧な境目において，「イデアとしてのピュシ
スという解釈」を提出することにあった。しかしまたプラトンの言う「イデ
ア」は，自然についてのギリシア的な考え方，すなわちピュシスの**地点から**
しか理解不可能でもある。イデアは変節や衰退などではない。それは〈出現
としての存在〉というギリシア思想を**完成させる**ものであり，それは「始ま
りの完成」なのである。というのも，イデアとは何かと言えば，それは〈差
し出されたもの〔贈与物・供物〕〉の**自明の**〔évident（外に見える）〕側面であり，「表
面」・「正面」であり，すなわち，自然として開花するものがまなざしに差し
出された姿である。イデアもやはり存在の曙光的存在としての出現であるこ
とにかわりはないが，しかしそれは**われわれにとっての**可視性という制限，
切り取りにおける出現なのだ。

　この「第二の意味での出現」が目立つようになり，出現それ自体の尺度と
なり，イデアとして孤立するようになるときから，また出現のこうした切り
取りが出現者の存在とみなされるようになるときから，現前のうちに存する
現前性の事柄，すなわち非–潜伏性（alētheia）の事柄の一切の「衰退」が

省察 11 自 然 169

──言い換えれば「喪失」が──実際に始まる。プラトンによる方向転換（そ
のときから自然はピュシスを忘却する）において決定的なこと，「それはピュ
シスがイデアとして特徴づけられたことではなく，イデアが存在についての
唯一の確定した解釈として定着したということである」[(21)]。

　私がハイデガーのこうしたよく知られた分析を改めて思い起こさせるのは，
私には本質的と見える次の点を際立たせるためである。すなわち，開花の喪
失，ピュシスの喪失としての「客観的」自然（これは数学の諸《観念》に服
する）を創設する忘却の軌道は，最終的には，現前性を欠如に，提‐示〔pro-
position〕を免算〔soustraction（差し引き）〕に置き換えるに至るという点である。
イデアとしての存在が真の存在者の地位に昇進したときから──出現者の自
明の〔目に見える〕「正面」が出現そのものの地位に昇進したときから──，「そ
れ以前には圧倒的だったものが，プラトンによって mē on〔非存在〕と呼ば
れるもの，本当は存在してはならないものという身分に転落する」。出現は
イデアの自明性によって抑圧あるいは圧縮されて，〈現前性への開花〉とし
て迎え入れられなくなり，反対に，形をもたないがゆえに理念的範例にはつ
ねにふさわしくないものとされ，**存在の欠落**として形象されざるをえなくな
る。「出現者，現れはもはやピュシスではないし，みずからを開花させるも
のの支配ではない［…］。出現者は**単なる**現れにすぎず，それは外見，言い
換えれば，いまや欠如にすぎない」。

　「存在をイデアとして解釈することとともに，真正な始まりに対するずれ
が開かれる」が，それは，ピュシスという名で〈出現と存在との根源的な紐
帯〉を示唆していたもの，すなわち現前化の現前性の仕方だったものが，差
し引かれるべき，不純な，非整合的な所与という身分に貶められたからであ
る。そして，この所与が整合的に開花するのは，イデア──もっと詳しく言
えば，プラトンからガリレオ，そしてカントールにまで至る数学的《観念》
（イ デ ア）──の切り取りにおいてのみである。

　この場合，プラトン的な**数学素**（マ テ ー ム）は，前プラトン的な**詩**（ポ エ ー ム）──すなわちパルメ
ニデスの詩──から分離された，そしてそれを忘却する配置として，まさに
考えられなくてはならない。ハイデガーは彼の分析の最初からつとに，ピュ
シスとしての存在についての真正な思考，「この語〔ピュシス〕の命名する力」

III　存　在──自然と無限

は，「ギリシア人たちの偉大な詩」に結びついていると指摘する。彼は，「ピンダロスにとって，phua は現存在の根本特徴をなす」と強調する。さらに一般的に言えば，ギリシア語の意味での芸術作品，すなわち tekhnē は，ピュシスとしての自然との，根拠づけられた調和のうちにある。「出現者とみなされた芸術作品において，圧倒的な開花すなわちピュシスが現れるのである」。

　したがって明らかなのは，二つの道，二つの方向づけが，西洋の思考の全運命をここで司っているということである。一つは，もともとのギリシア語の意味における自然に支えられた道であり，これは存在の到‐来的な現前性としての出現を詩のなかに迎え入れる。もう一方は，プラトン的な意味における《理念》に支えられた道であり，これは一切の現前性の欠如，現前性の差し引きを数学素のもとに置き，かくして存在を出現から，本質を実存から引き離す。

　ハイデガーにとっては，非‐隠蔽としての現前を〈存在するがままにする〉詩的‐自然的な道が真正な起源である。現前性を差し引き，自明性を昇進させる数学的‐理念的な道は，形而上学の囲いであり，忘却の第一歩である。

　私はこの二つの道の逆転をではなく，もう一つ**別**の配置を提案する。私は，詩的なもののなかに，そして出現を〈存在するがままにすること〉のなかに，まったく根源的な思考が活動していることを認めるにやぶさかではない。それは，詩作品と詩創作の太古的な性格によって，また自然というテーマとの確かな，恒常的な縫合関係によって証明されている。しかし，この太古的な性格は，ギリシアにおいて哲学が出来事として発生したことについて不利な証言となる。本来の意味での存在論──西洋哲学生来の形象としての存在論──は，存在が〈白日のもとに到来すること〉として，あるいは非‐潜伏性として出現することを──潜在的にかつ華々しく──名づける詩の試みの成立ではないし，またそうしたものではありえない。そうした試みは時代的にはるかに古くからあるし，その立地においてもはるかに多様である（中国，インド，エジプト……）。ギリシア的な出来事をなすのは，反対に，存在を理念的あるいは公理的な思考の様態で差し引きにおいて思考する**第二**の道である。ギリシア人たちに固有の発明が何かと言えば，それは，思考による決定が存在を現前性の一切の審級から差し引くからこそ，存在は言明可能なも

のとなる，という点にあるのだ。

　ギリシア人たちは詩を発明したのではない。彼らはむしろ詩を数学素に
よって**中断した**。この中断によって，すなわち演繹の実践において——演繹
とは，〈空によって名指されるもの〉としての存在に忠実であることだ（省
察 24 を参照のこと）——，ギリシア人たちは，存在論のテクストの無限の
可能性を開いたのである。

　またギリシア人たちは——殊にパルメニデスとプラトンは——存在をピュ
シスないし自然として思考しなかった（たとえこのピュシスという語が彼ら
にとってどれほど決定的に重要であったとしても）。むしろ彼らは，存在の
思考を，自然な出現への詩的束縛から根源的に**解き放った**のである。イデア
の到来は，このように存在論が鎖から解き放たれたということを指している
のであり，また存在論の無限のテクストが数学的連鎖の歴史性として開かれ
たということを指している。ギリシア人たちは，詩の点的・忘我的・反復的
な形象に換えて，数学素の革新の累積を置いた。始原への秘儀伝授的な転向
を要求する現前性に換えて，彼らは，伝達可能な思考を司る免算的なもの，〈多
としての空〉を置き据えたのである。

　なるほど，詩はギリシアの出来事によって中断されはしたが，しかし決し
て終わってしまったわけではない。思考の「西洋的」な布置は，〈免算的存
在論の累積的な無限性〉と〈自然的現前性の詩的テーマ〉とを組み合わせて
いる。その断絶的な律動は忘却ではなく，むしろ，それ自身が区切りと中断
の形をした**追加**〔*supplément*〕である。数学者による追加作業が導入した根底
的な変化は，次の点にある。すなわち，元来の十全な贈与であった〈詩の太
古的なもの〉は，ギリシアの出来事以後，回帰の**誘惑**となったということで
ある。ハイデガーは——多くのドイツ人と同様に——この誘惑を望郷であり
喪失であると信じたが，それは数学素の仮借なき新しさによって思考のなか
に引き込まれた，永続する遊戯にすぎない。テクストと発明的理性との労苦
である数学者の存在論こそが，遡及的に，詩の声高な言明を現前性と休息の
曙光的誘惑へと，それらへの望郷へと作り上げたのである。あらゆる偉大な
詩的企てのなかにいまや潜伏するこの望郷が織り成されるのは，存在の忘却
からではない。むしろ反対に，数学の思考努力によって，存在がその差し引

172 III 存　在——自然と無限

き〔免算〕において述べられているということから織り成されるのである。数学者の勝ち誇った言表のせいで，詩は失われた現前性を，意味の敷居を語るものだという思い込みが引き起こされる。しかしそれは，存在を語ることができるのは論証的テクストとの空虚な縫合点からのみであるという事態と相関した，悲痛な幻想にすぎない。詩がノスタルジックに自然に身を委ねるのは，詩が一度数学素によって中断されたからである。数学は〈純粋な多〉の秘法のなかに，存在そのものについて真に，差し引きにおいて言明しうるものを際限なく識別するが，詩がその現前性を追い求める「存在」とは，そうした空の不可能な**穴埋め**でしかない。

　こうした布置のなかで，「自然」の概念は，それが詩に委ねられていない部分について言えば，どうなるのか。数学者による存在論の枠組みにおいて，「自然」概念の運命と射程はどのようなものか。この問いは存在論的なものであり，現前の特殊分野（「物質」）の法を確立する物理学とは何の関係もない，ということは理解されたい。この問いは次のように定式化される。すなわち，多の学説のなかに適切な自然概念はあるのか。「自然な」多性について語る道理はあるのか。

　逆説的にも，ハイデガーはここでもわれわれの案内人でありうる。ピュシスの一般的な特徴のなかでも，ハイデガーは「自己自身から開花したものの恒常性，安定性」の名を挙げる。自然とは，「安定したものがそこに留まること〔re-ster（再び-立つこと）〕」である。ピュシスという語が迎え入れるこの存在の恒常性は，言語上の語根にまで見出すことができる。ギリシア語のphuō，ラテン語のfui，フランス語のfus，ドイツ語のbin（私は在る），bist（君は在る）は，どれもサンスクリット語のbhû, bheuから派生している。ところで，こうした系譜のハイデガー的な意味とは，「立つことへと到来すること，自己自身から出発して立つことのなかに留まること」である。

　このように，ピュシスとして思考された存在は，〈そこにたたずむこと〉の安定，みずからの限界〔リミット〕の開花のなかにたたずむものの恒常性，均衡である。こうした自然概念を考慮すれば，次のように言えるだろう。すなわち，ある純粋な多が，その〈多なる形式〉〔集合としての形式〕そのものにおいて個別の存-立〔con-sistance（共-立）〕を，特殊的に〈共に-保つこと〔集合をなすこと〕〉

をしっかりと示していれば，それは「自然」なものである，と。自然な多とは，多の内的なまとまり〔凝集〕の上級形態である。

　以上のことを，われわれ自身の観点において，すなわち多の類型学の内部で，どのように考察すべきか。私は，構造化された現前として，正常な項（現前しており，また再現前化されてもいるもの），特異な項（現前してはいるが，再現前化されていないもの），そして過剰体（再現前化されてはいるが，現前していないもの）を区別した（省察 8）。現前（あるいは所属）と再現前（あるいは包含）とを均衡させ，また構造（現前化のなかで現前化されているもの）とメタ構造（状況の状態によって一と計算されたもの）とを対称にする**正常性**は，均衡，安定，〈自己自身のうちに‐そこに‐留まること〉にふさわしい概念であると，すでに考えられる。われわれにとって，安定性は〈一と計算すること〉から必然的に派生する。というのも，一切の整合性〔consistance（存立性）〕が生じるのは計算からだからである。そして，多として，それ自身の場所において，〈状況〉と〈状況の状態〉によって二倍に計算されるもの以上に安定的なものがあるだろうか。所属と包含の最大の紐帯である正常性は，多の自然な静止状態〔stase〕を思考するのにうってつけである。自然は正常なものであり，状態によって再‐保証された多なのである。

　しかし一個の多もまた，もろもろの多からなる多である。ある多が，それが現前し計算されている状況のなかで正常であるとしても，その多を構成するもろもろの多のほうは，その多に対して，特異だったり，正常だったり，過剰だったりすることがありうる。一個の多が安定して〈そこに留まること〔rester-là（くり返しそこに立ち続けること）〕〉は，その多によって現前化されはしても再現前化〔表象・代理〕されはしないもろもろの特異性によって，**内部から**反駁されることもある。自然な多の安定的な整合性〔存立性〕を充足的に考えるためには，そうした内部の特異性を禁止し，正常な多はこれまた正常なもろもろの多からのみ構成されるのだと措定する必要がある。別の言い方をすれば，正常な多は，状況のなかに現前していると同時に表象〔再現前化〕されているわけだが，さらには，それ自身の内部においても，それに所属する（それが現前させる）すべての多が同様に包含（表象＝再現前化）されてもいるのであって，そしてそれらの多を構成するすべての多もまた正

常である……といった具合でなくてはならない。自然な〈現前化された多〉（自然な状況）とは，所属と包含，構造とメタ構造とのあいだの特殊な均衡の反復的な〈多なる形式〉〔集合としての形式〕である。こうした均衡のみが多の整合性を保証しては再-保証する。自然さとは，状況の内在的な正常性のことである。

　したがってわれわれは次のように言おう。すなわち，状況が現前させるすべての〈多なる項〉が正常であるなら，そしてさらにそれらの多としての項が現前させるすべての多もまた正常であるなら，その状況は**自然**であると。図式的に言えば，N が考察対象の状況であるとして，N の一切の要素が N の下位多でもある，ということだ。存在論はこれを次のように記す。$n \in N$（所属）があるとき，また $n \subset N$（包含）もある，と。そして $n' \in n$ であれば，また $n' \subset n$ でもあるという点で，多 n も自然な状況である，と。ここに見られるのは，一個の自然な多が複数の正常な多を一と計算し，またこの複数の多自身も複数の正常な多を一と計算する，という事態である。この正常な安定性によって，もろもろの自然な多性の**同質性**が保証される。実際，自然さと正常さとのあいだに相互性があるとわれわれが措定するならば，自然な多の項もまたもろもろの正常な多から構成されている以上，自然は**散種において**同質的なのだということになる。一個の自然な多が現前させるものは自然なものなのであって，以下同様に続く。自然が内部から反駁されることは決してない。自然は自己自身に同質的な〈自己現前〉なのである。このようにして，純然たる多としての存在概念においても，ハイデガーがピュシスとして規定した「自己自身のうちに，そこに-留まること」は達成される。

　しかし，曙光や開花といった詩的カテゴリーは，現前と再現前，所属と包含との最大の相関関係に関わる構造的カテゴリー――概念によって伝達可能なカテゴリー――に置き換えられている。

　存在は「ピュシスとして在る」と，ハイデガーは主張する。われわれはむしろ次のように言おう。存在は，自然な多性として，言い換えれば，同質的な正常性として，最大限に共-立〔整合的に存立〕する，と。その近さが失われてしまった非-隠蔽〔隠れなさ〕を，われわれは次のようなオーラなき言表に置き換える。すなわち，自然とは，存在の厳密に正常な部分のことである，と。

省察 12

自然な多の存在論的図式と《自然》の非実存

　純粋な多（すなわち現前化の現前化）についての適切な思考とみなされた集合論は，なんらかの状況を**形式化**するものであるが，それは，集合論が状況の存在をそれとして反映しているから，すなわち一切の現前を構成する〈もろもろの多からなる多〉を反映しているからである。この枠組みのなかに**一つ**の状況についての形式主義を見出そうと望むのであれば，次のような**一つ**の集合を考察するのがよいだろう。すなわち，所属記号 ∈ の論理だけで最終的に言明可能な特徴をもち，そしてその特徴が，考察対象の構造化された現前──状況──の特徴と比較しうるような，そうした集合である。

　われわれが省察 11 で思考した，自然な多性──すなわち，それ自身も正常な多性から構成されている正常な多性からなる集合──の存在論的図式，つまり〈現前化されて在ること〉の最大の均衡の図式を見出そうと望むのであれば，われわれは最初にまず正常性の概念を形式化しなくてはならない。

　実際，問いの核心は状態的な再保証にある。私がもろもろの項を，特異性，正常性，過剰性といった具合に分類し，最終的に，自然な状況（そこでは一切の項が正常であり，それらの項をなす項もまた正常である）の定義をおこなったのは，状態的な再保証から出発して，つまり現前と再現前の離接から出発してであった。

　集合論の公理をなす多の諸《観念》によって，正常性の概念を形式化すること（すなわち思考すること）は，可能だろうか。

176 III 存 在——自然と無限

1 正常性の概念——推移集合

　正常性の中心概念を規定するためには，次の点を言わなくてはならない。すなわち，ある多 α は，その集合の一切の**要素** β が**下位集合**でもある場合に正常である，と。すなわち $\beta \in \alpha \rightarrow \beta \subset \alpha$，と。

　ここでは α は β が現前化されている状況として考えられているということがわかる。そして上記の含意は，β が要素としてと同時に下位集合としても，現前化によってと同時にまた状態によっても，言い換えれば，α に従ってと同時にまた $p(\alpha)$ に従っても，**二度**，一と（α のなかで）計算されているという考えを記している。

　このような集合 α を指す専門的な概念は，**推移**集合という概念である。推移集合とは，それに属する一切のもの（$\beta \in \alpha$）が，またそこに包含されてもいる（$\beta \subset \alpha$）ような集合のことである。

　表現をあまり重くしないために，また〈所属／包含〉という組み合わせは《一》／《全体》という組み合わせと同じでは**ない**（この点については，省察 8 に付した表〔142 頁〕を参照のこと）ということがひとたび確定されたのであってみれば，今後われわれはフランス語圏の数学者たちと一緒に，α の一切の下位集合を α の**部分**〔部分集合〕[1] と呼ぶことにしよう。別の言い方をすれば，われわれは $\beta \subset \alpha$ という標記を「β は α の部分である」と読むことにしよう。同様の理由から，α のもろもろの下位集合からなる集合〔冪集合〕（つまり状況 α の状態）である $p(\alpha)$ を，「α の諸部分の集合〔冪集合〕」と名づけよう。この約束事によって，推移集合は，そのすべての**要素**が同時に**部分**でもあるような集合となるだろう。

　推移集合は集合論において根本的な役割を果たす。推移性はいわば**所属と包含との最大の相関関係**であるからだ。推移性は，「所属する一切のものは包含されている」ということをわれわれに告げている。超過点の定理（省察 7）から，逆の言表は不可能であるとわれわれは知っている。包含されているすべてのものが所属するとは言えない。推移性（これは存在者の均衡概念についての存在論的な概念である）とは，〈一としての多〉の本源的な記

省察 12　自然な多の存在論的図式と《自然》の非実存　177

号 ∈ がここでは——集合 α への内在性において——包含へと翻訳可能であるということに帰着する。別の言い方をすれば，一切の要素が部分〔部分集合〕となる推移集合では，集合論の〈一と計算すること〉において現前化されたものは，また冪集合〔諸部分の集合〕の〈一と計算すること〉において再-現前化されてもいるのである。

　そうした集合は，たとえそれが推移集合にすぎないとしても，はたして実存するのだろうか。われわれが到達した地点では，実存の問いは空の名の実存に厳密に依存している。これは集合論の諸公理あるいは多の諸《観念》のなかに記載されるべき，実存についての唯一の主張である。空の名を〈一に置くこと〉である空の単集合（{Ø} と記される），すなわち Ø をその唯一の要素とする多が実存するということを，私は立証した（省察 7）。この {Ø} の下位集合の集合〔冪集合〕，すなわち p ({Ø}) を考察してみよう（いまわれわれはそれを「空の単集合の冪集合」と名づける）。{Ø} が実存するのだから，また冪集合の公理は実存の条件つきの保証であるのだから（α が実存するならば，p (α) は実存する。省察 5 を参照のこと），この集合は実存する。{Ø} の諸部分はいったいどのようなものでありうるか。「全体的な部分」と要約してよい {Ø} それ自体は間違いなくある。そして空は一切の多に普遍的に包含されているのだから（Ø は一切の集合の部分である。省察 7 を参照のこと），Ø もある。その他のものがないのは明らかである。したがって，単集合 {Ø} の冪集合である多 p ({Ø}) は，Ø と {Ø} という**二つの**要素をもつ多である。実はそれは空からのみ織り成された《二》の存在論的図式である。これは {Ø, {Ø}} と書くことができる。

　ところで，この《二》は推移集合である。実際のところ，

　　——普遍的な部分である要素 Ø は《二》の部分である。

　　——要素 {Ø} もまた部分である。というのも，Ø は《二》の**要素**である（Ø は《二》に属する）からである。したがって，**Ø の単集合**——すなわち Ø をその唯一の要素とする《二》の部分——は，たしかに《二》に包含されている。

　その結果，《二》の二つの要素はまた《二》の二つの部分でもあり，そして《二》は，等しく部分である多たちからのみ〈一を作る〉のであるから，

推移的である。

　正常性あるいは〈多の安定性〉を形式化する推移性という数学概念を考えることは可能であり，さらに推移性の数学概念は，もろもろの実存する多（その実存が公理から演繹される多）を包摂するのである。

2　自然な多——順序数

　それだけではない。《二》が推移集合であるばかりではなく，さらに∅と{∅} というその要素もまた推移的である。かくしてわれわれは，正常な多から構成された正常な多である《二》とは，**自然な**〈存在者的-二重性〉を形式化したものであることを確認する。

　状況の自然な性格を形式化するためには，純粋な多が推移的でなければならないだけでなく，そのすべての要素も同様に推移的でなければならない。状況の自然な均衡を規制するのは，推移性の「下方への」くり返しである。というのも，そうした状況は正常なものであり，そこで現前化される一切のものもまた現前化に関して正常であるのだから。ところで，ここで何が確認されるだろうか。

　——要素 {∅} は要素 ∅ をその唯一の要素とする。ところで，空は普遍的な部分である。したがって，この要素 ∅ は部分でもある。

　——空の固有名である要素 ∅ はいかなる要素をも現前させない。したがって，∅ のなかの何ものも部分**ではない**（まさしくこの点において，空の特徴である無差異に即して差異が戯れる）。∅ が推移的であると宣言することに何の妨げもない。

　かくして《二》は推移的であり，そのあらゆる要素は推移的である。

　こうした特性をもつ集合は**順序数**と呼ばれるだろう。《二》は順序数である。順序数は，自然な状況の〈多なる存在〉〔自然な状況が〈多であること〉〕を存在論上で反映したものである。もちろん順序数は集合論において決定的な役割を果たす。その主要な特性の一つは，**順序数に属するどんな多もまた順序数である**ということである。これは《自然》についてのわれわれの定義の存在の法である。すなわち，ある自然な状況に属する一切のものは，それもま

た一つの自然な状況とみなされうるということである。われわれはここでも
また《自然》の同質性に出くわす[22]。

楽しいので，この点を証明してみよう。

ある順序数 α があるとしよう。$\beta \in \alpha$ であるならば，β は推移的であるとい
う結論がまずは出てくる（順序数の一切の要素は推移的であるから）。次に，
α は推移的であるわけだから，つまり α に**所属**する一切のものは α に**包含**さ
れてもいるわけだから，$\beta \subset \alpha$ という結論になる。しかし，β が α に包含され
ているのであれば，包含の定義によって，β の一切の要素は α に属している。
したがって，$(\gamma \in \beta) \rightarrow (\gamma \in \alpha)$ である。しかし，γ が α に属しているとすると，
α が順序数である以上，γ は推移的である。結局のところ，β の一切の要素
は推移的であるということに，そして β それ自体が推移的であるのだから，
β は順序数であるということになる。

したがって，順序数とは，それ自身も順序数であるもろもろの多からなる
多なわけである。この概念は《自然》の概念そのものであるから，それは文
字どおり存在論全体の背骨をなしている。

〈存在としての存在〉の思考の地点から見れば，自然についての学説は，
このようにして順序数の理論において成就する。注目すべきことに，この主
題に対するカントールの創造者としての熱狂にもかかわらず，その後，順序
数のこの理論は，数学者たちから大した成果をもたらさない物好きの議論に
すぎないとみなされてきた。これは，現代の存在論が，古代の存在論とは違っ
て，〈全体としての存在者〉の建築構造をその細部全体において展開しよう
としなくなったということである。この迷宮に身を捧げるのは，何人かの専
門家たちだけである。すなわち，存在‐論――存在について語りうるものと
言語との紐帯――についてきわめて制限された前提をもつ専門家たちだけで
あり，とりわけ（私が後で立ち帰るように），許容可能な実存をもつ多と形
式言語との連結を全面的に統御するプログラムとして考案された**構成可能性**
の支持者たちだけである。

順序数の重要な特徴は，その定義が内属的あるいは構造的であるという点
だ。ある多が順序数である――すなわち，もろもろの推移集合からなる推移
集合である――と言うとき，それは，その多が現前化されている状況に関係

のない，**絶対的な**規定である。

　自然な多を存在論的に判別する基準は，それらの安定性，同質性，言い換えれば，われわれがすぐに見るように，内在的な秩序〔順序〕である。さらに正確に言えば，所属（∈）という，多の思考における創始的な関係は，あらゆる自然な多を特殊な仕方で相互に連結する。自然な多は，存在論が現前をそこに集約している記号によって，普遍的に絡み合わされている。あるいは自然な整合的存立とは，所属という，〈多なる現前〉の根源的な《観念》が〈自然な多〉の広がり全体を「支配」──ハイデガーのように語れば──しているということなのである。自然はそれ自身に属する。この点──ここから，数，量，そして思考一般についての巨大帰結が導出される──は，さまざまな推論の脈絡において，われわれを厳しく問い詰めていくことになる。

3　自然な多あるいは順序的な多における現前の戯れ

　順序数である自然な多 α を考えてみよう。この多の要素 β がある，すなわち $\beta \in \alpha$ だとしよう。α は正常（推移的）であるから，自然な多の定義によって，要素 β は部分でもあり，したがって $\beta \subset \alpha$ が得られる。そこから，β の一切の要素はまた α の要素でもあるということになる。さらに，自然の同質性のゆえに，一個の順序数の一切の要素は順序数である（前述の箇所を見よ）。われわれは次の結果にたどりつく。すなわち，順序数 β が順序数 α の要素であり，かつ順序数 γ が順序数 β の要素であるならば，そのとき γ はまた α の要素でもある，と。つまり，$[(\beta \in \alpha) \,\&\, (\gamma \in \alpha) \rightarrow (\gamma \in \alpha)]$。

　したがって，所属は一つの順序数から，その順序数を〈多なる一〉において現前させるあらゆる順序数へと「伝達」される，と言うことができる。要素の要素もまた一個の要素であるわけだ。自然な現前のなかをどこまでも「下降」していったとしても，現前のなかにとどまるのである。メタファーで言えば，複雑な有機体の一つの細胞およびその細胞の構成要素は，その有機体の目に見える機能的な諸部分と同じくらい自然に，その有機体の構成要素なのである。

省察 12　自然な多の存在論的図式と《自然》の非実存　181

　自然言語をわれわれの導きにすれば——免算的存在論にとって直観は危険
ではあるが——，$\beta \in \alpha$ であるとき，順序数 β は順序数 α より**小さい**と言え
ば便利だろう。α が β と異なる場合，「より小さい」ということは所属と包
含を一致させるという点に注意しよう。というのも，α の推移性によって，
$\beta \in \alpha$ であれば $\beta \subset \alpha$ でもあり，要素 β は部分でもあるからだ。ある順序数が
別の順序数より小さいということは，その順序数がより大きな順序数に属し
ているという事態と，それがより大きな順序数に包含されているという事態
とを，区別なく意味している。
　「より小さい」ということを**厳格な意味で**，すなわち α は α より小さいと
語ることを排除して，理解すべきだろうか。一般的に集合がそれ自身に属す
ることは考えられない，とわれわれはここで認めるだろう。$\alpha \in \alpha$ という書
式は禁止されている。この禁止の思想的な理由は，それが出来事の問いに触
れるだけにきわめて深い。この点は省察 17 と 18 で研究することにしよう。
さしあたりは，この禁止を禁止として受け入れるように私は要求する。もち
ろん，その帰結は，いかなる順序数も自分自身より小さいことはありえない
ということである。「より小さい」とは，自然な多の場合，「……に属する」
ことと同じことなのだから。
　われわれが上に述べたことは，次のような約束事によって言い表されるだ
ろう。ある順序数が別の順序数より小さく，またこの別の順序数が第三の順
序数より小さいのであれば，最初の順序数は第三の順序数より小さい，と。
これは**順序**の平凡な法であるが，この順序はまさしく，$\in$ という記号が標記
する現前の順序〔秩序〕そのものであって，これが自然な同質性の基礎である。
　順序があるときから，すなわち「より小さい」があるときから，この順序
に応じてあれこれの特性をもつ「もっとも小さい」多を問うことに意味が生
まれる。
　この意味は次の点を知ろうとする問いに帰着する。すなわち，集合論の言
語において特性 Ψ が与えられているとして，あれこれの多が
　——第一に，この特性を所有しているか，
　——第二に——順序関係が与えられているのだから——，順序関係から見
て「より小さい」，同じ特性をもつ多がまったく存在しないような多なのか，

ということである。

　順序数あるいは自然な多については，「より小さい」ということは所属に即して言われるのであるから，上の意味するところは，それ自身は特性 Ψ をもつが，そこに属するいかなる多も特性 Ψ をもたないような，そうした α が実存する，ということである。このような多は，特性 Ψ についての最小の ∈ の項であると言えるだろう。

　存在論は次のような定理を立てる。特性 Ψ が与えられている場合に，ある順序数がその特性をもっている**ならば，そのとき**，この特性にとっての最小の ∈ の順序数が実存する，と。自然の存在論的図式と〈所属に即した最小性〉とのこの連結は，決定的に重要である。この連結は思考を広い意味での自然の「原子論」へと方向づける。すなわち，ある特性が少なくとも一個の自然な多について証明されるならば，この特性に適う自然な**究極**の要素がつねに実存するのである。自然は，もろもろの多のなかに識別可能などんな特性についても一個の停止点を——その停止点の手前では，もはやどんな自然なものも特性のもとに包摂されるがままにならない——われわれに提出するのである。

　この定理を証明するためには，ある原理の使用が——すなわち，出来事という主題に結びついたその概念上の検証が省察 18 になってようやくなされるある原理の使用が——必要である。本質的なことは**最小性の原理**に留意することである。すなわち，一個の順序数について何を真と考えようと，その思考にとって妥当と考えられる順序数で（つまり考察対象の順序数に属するもので），それ以上に小さいものがもはや存在しないという意味で，その思考が「最小に」適用されるような順序数がつねにあるのだ。自然の一切の規定には，**下方への停止点**がある。それは次のように書かれる。

$$\Psi(\alpha) \rightarrow (\exists \beta)\, [\Psi(\beta)\, \&\, (\gamma \in \beta) \rightarrow\, \sim\!\Psi(\gamma)]$$

　この書式において，順序数 β は特性 Ψ の有効性の自然な極小である。自然な安定性が具現化するのは，この「原子的」な停止点においてであり，安定性はこの停止点をあらゆる明示的な特徴に結びつける。この意味で，あら

ゆる自然な整合性は原子的である。

最小性の原理は，あらゆる自然な多の**一般的連結**という主題へわれわれを導く。こうしてわれわれは初めて，一切の自然な多は現前によって他の一切の多に連結されているという，**包括的な**存在論的規定に出会う。自然とは穴のないものなのだ。

もろもろの順序数のあいだに所属関係がある**ならば**，その所属関係は順序関係として機能している，と私は言った。鍵となるのは，異なる二つの順序数のあいだには，実は**つねに**所属関係があるという点である。α と β が $\alpha \neq \beta$ という二つの順序数であるならば，$\alpha \in \beta$ であるか，あるいは $\beta \in \alpha$ であるかのどちらかである。（順序数の推移性によって，$\alpha \in \beta \rightarrow \alpha \subset \beta$ である以上）一切の順序数はまた別の順序数の「断片」である——その別の順序数が最初の順序数の断片でないかぎり。

一切の多の〈一と計算すること〉は順序数によって保証されるが，そうした多それ自身も一個の順序数であり，この点で，自然な順序数に関する存在論的図式はその本質において同質的である，ということをわれわれは見た。いまわれわれが到達する考えはそれよりもはるかに強力である。それは，もろもろの順序数は普遍的に絡み合っている，あるいは共現前するというものである。一切の順序数は所属によって他の一切の順序数に「結びついて」いる以上，自然な状況においては，〈多なる存在〉は**分離可能**なものを何も現前させないと考えなくてはならない。自然な状況において多として現前化された一切のものは，現前化された別の多の現前のなかに含まれているか，あるいはみずからの現前のなかに別の多を含んでいるか，そのどちらかである。この主要な存在論的原理は，《自然》は独立を知らない，と言い表される。自然な世界は，純粋な多の観点においては，つまり自然な世界の存在に従えば，各項がその他の項を記載しているか，あるいは各項がその他の項によって記載されているか，そのどちらかでなくてはならない。このように自然は普遍的に**連結**しているのであり，それは分離を引き起こす空なしに互いに絡み合った多の集積なのである（ここで言う「空」は経験的あるいは天体物理学的な用語ではなく，存在論的なメタファーである）。

この点の証明は多少デリケートではあるが，しかし最小性原理を大いに使

用すれば，概念的に示唆に富むものである。例えば，そこでは，正常性（あるいは推移性），順序，最小性，全体的連結といった概念は，自然な存在の有機的な概念として立ち現れる。以下の証明が面倒だと思う読者は結論を既得のこととみなして，第4節へ進んでかまわない。

二つの順序数 α と β は異なってはいるが，所属関係で「結ばれて」**いない**という特性をもつと仮定しよう。α が β に属してもいないし，β が α に属してもいない。すなわち，$\sim(\alpha\in\beta)$ & $\sim(\beta\in\alpha)$ & $\sim(\alpha=\beta)$。このとき，この特性の最小の $\in$ である二つの順序数（γ と δ としよう）が実存する。これは詳しくは以下のことを意味する。

——順序数 γ は，「$\sim(\gamma\in\alpha)$ & $\sim(\alpha\in\gamma)$ & $\sim(\alpha=\gamma)$ であるような順序数 α が実存する」という特性，すなわち「考察対象の順序数と連結されていない順序数が実存する」という特性の最小の $\in$ である。

——そのような最小の $\in$ である γ が固定されたのであれば，δ は，$\sim(\gamma\in\delta)$ & $\sim(\delta\in\gamma)$ & $\sim(\delta=\gamma)$ という特性の最小の $\in$ である。

所属関係において**非連結**であるという仮定された特性について，γ と δ はその最小の $\in$ であるが，この γ と δ をいかに相互に「位置づける」べきか。私は，いずれにせよ δ は γ に**包含**されていること，すなわち $\delta\subset\gamma$ であることを示そう。これは結局のところ，δ の一切の要素は γ の要素であると立証することである。ここで最小性が舞台に登場する。δ は γ との非連結の最小の $\in$ であるのだから，δ の少なくとも一個の**要素**は連結されていることになる。つまり，$\lambda\in\delta$ であるとして，λ は γ に連結されている。これが言わんとするのは以下のいずれかである。

——$\gamma\in\lambda$。これは不可能だ。なぜなら，順序数のあいだでは，$\in$ は順序関係であるのだから。$\gamma\in\lambda$ かつ $\lambda\in\delta$ であれば，そこから $\gamma\in\delta$ が引き出せるところであるが，これは γ と δ の非連結によって禁じられている。

——$\gamma=\lambda$。これに対しても上と同じ反駁が可能である。$\lambda\in\delta$ であれば $\gamma\in\delta$ となるが，これも受け入れられない。

——$\lambda\in\gamma$。これが唯一の解答である。つまり，$(\lambda\in\delta)\rightarrow(\lambda\in\gamma)$。これは δ が γ の部分である（δ のあらゆる要素は γ の要素である）ということをまさに意味する。

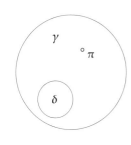

さらに、δとγの非連結は両者の相等を排除するから、δ⊂γは**厳密な**包含であるということに注意しよう。私はγとδとのあいだの**差異**の要素を考えることを許される（γとδとのあいだには差異があるが、この差異は空ではないから）。この要素をπとしよう。すると、π∈γ & ~(π∈δ) となる。γは「考察対象の順序数と連結されていない順序数が実存する」という特性の最小の∈であるから、**一切の**順序数はγの要素と連結している（さもなくば、γはこの特性の最小の∈ではなくなってしまう）。特に、順序数δは、γの要素であるπに連結している。したがって、以下のいずれかとなる。

——δ∈π。これは不可能である。というのも、π∈γである以上、δ∈γということにならざるをえないが、これはδとγの非連結が禁じることである。

——δ＝π。同様に反駁される。

——π∈δ。δの外にπを取ったのだから、これも禁じられる。

今回は袋小路に陥る。あらゆる仮説が通用しない。したがって、証明の最初の仮定、すなわち連結されていない二つの順序数が実存するという仮定を放棄して、異なる二つの順序数が与えられている場合、一方が他方に属しているか、あるいは他方が一方に属しているかである、と指定しなくてはならない。

4 自然な究極要素（唯一の原子）

順序数のあいだでは、所属が全体的な順序であるという事実は、最小性の原理——すなわち所与の特性をもつ自然な究極要素の原子論——を完全なものにする。実際、究極要素（特性Ψの最小の∈）は最終的に**唯一**のものである。

ある特性Ψをもち、またこの特性の最小の∈である順序数αがあるとしよう。αと異なる任意の順序数βを考えると、このβは所属によってαに連結されている。つまり、α∈βであるかβ∈αである。α∈βの場合、βは当該

の特性をもつ α を含んでいるのだから，β は──それが特性をもつとして──この特性の最小の ∈ ではない。β∈α 場合，α が最小の ∈ であるのだから，β は特性をもたない。その結果，α はこの特性の最小の ∈ である**唯一の**順序数である。

　この考察の射程は巨大である。というのも，この考察によってわれわれは，自然な特性──自然な多に適合する特性──について，その特性が適合する「もっとも小さい」要素である，**あの唯一の**順序数を考えることが許されるからである。こうしてわれわれは，どんな自然な特性についても，一個の「原子」を特定することができるようになる。

　多の存在論的図式から明らかになるのは，明示的な特性を「担う」ことのできる究極の構成要素の概念を規定しようとする傾向が──物理学も含めて──つねにあるということである。極小の存在上の唯一性は，こうした構成要素の概念上の唯一性の基礎である。自然を検証する作業は，究極要素への「下降」には唯一の停止点がある（これは自然の純粋存在の法である）という確信のなかにしっかりと錨を下ろすことができる。

5　順序数は，それが名となっているところのものの数である

　ある順序数──言い換えれば，自然な多についての純粋図式──を「α」と名づけるとき，その順序数に属するもろもろの多のなかの一つが密封される。しかし，それらの多は順序数であるから，所属によって完全に順序づけられている。つまり，順序数は一連の所属の連鎖によって「視覚化」される。その連鎖は空の名とともに始まり，α に至るまで続いていくが，α∈α が禁じられている以上，**α を包含することはない**。この状況は要するに以下のとおりである。

所属によって一列に並んだすべての要素は，多 α を構成する要素でもある。シニフィアン「α」は，α の階数で所属の連鎖が中断されることを示している。この中断はまた，この連鎖のなかに順序づけられるすべての多を一個の多へと取り集めなおすことでもある。したがって，α は順序づけられた所属の連鎖の α 番目の項であるから，順序数 α のなかには「α」個の要素があると言ってよい。

かくして順序数とは，その名の数である。これは，その存在に即して思考された自然な多について可能な定義である。自然な多は〈多なる一〉であるが，この自然という〈多なる一〉が示されるのは，その「一」がその〈多なる拡張〉の点そのものにおける中断であるような，そうした一個の順序数の再集においてである。「構造」（順序の）と「多」は，ここでは，どちらも多の本源的な記号 $\in$ に送り返しながら，名において多義的である。「順序数」というカントールの単語を正当化する，存在と秩序との均衡状態がここにはある。

自然な多はみずからが一つにする多を数へと構造化し，その自然な多の〈一なる名〉はこの〈多なる数〉と合致する。

したがって，「自然」と「数」が代替可能であるというのは正しい。

6 《自然》は実存しない

自然な存在者とは，順序数の形式をその現前の存在論的図式とするものであるということ，このことが明らかであるならば，《自然》なるもの——「数学の言語で」書かれているとガリレオが宣言するそれ——は，いったいどのようなものでありうるのか。自然は，それが純然たる〈多なる存在〉において捉えられたならば，〈全体としての自然な存在者〉でなければならないだろう。すなわち，**すべての順序数から**——つまり，現前化されたり現前化可能なすべての自然な多性が可能となる土台として提示される，すべての純粋な多から——構成される多でなければならないだろう。すべての順序数——すべての〈数としての名〉——からなる集合というのは，多の諸《観念》の枠組みにおいては，〔大文字の〕《自然》の存在論的下部構造の定義である。

188　III　存　在——自然と無限

　ところで，このような集合は多の諸公理と両立不可能であり，それを存在
－論の枠組みにおいて実存者として受け入れることはできないということ，
これが存在論の新たな定理である。〔大文字の〕《自然》は言明可能な存在を
もたない。現にあるのはただいくつかの自然な存在のみなのだ。

　すべての順序数を一つにする多が実存すると仮定し，この多を O としよう。
この多が推移的であることは確実である。実際，$\alpha \in O$ であれば，α は順序
数であり，したがってそのすべての要素も順序数であり，したがって O に
属する。つまり α は O の一部分でもある。$\alpha \in O \to \alpha \subset O$。他方で，$O$ のすべ
ての要素は順序数であるから，それらの要素自体も推移的である。かくして，
集合 O は順序数の定義を満たす。すべての順序数の仮定上の集合である O
も順序数であるとなると，O は自己自身に属することに，すなわち $O \in O$ と
ならざるをえない。しかし自己－所属は禁じられている。

　したがって，自然な多性についての存在論的な学説は，一方では，自然な
多の普遍的な絡み合いの認識に至り，他方では，自然な多の《全体》の非実
存に逢着する。お望みならば，一切（の自然なもの）が一切のなかにある（属
する）と，そう言ってもよい——一切などはないのではあるが。自然な現
前についての存在論的図式の同質性は，その各々がそれに先行するすべての
ものから構成されるような〈数としての名〉の連鎖の無制限な開けのなかで，
その効果を及ぼすのである。

訳注

[1] 省察5訳注[1]を参照のこと。バディウの言うように，フランス語圏では「部
　　分集合」のことを単に partie（部分）とだけ呼ぶのが慣例である。それにならって
　　本訳書も，本文中に出てくる partie を「部分」とだけ訳出するが，その場合，「部分
　　集合」という意味合いで使用されていることをつねに念頭に置いておいてもらいた
　　い。もっとも，「部分」にかぎらず，バディウにとっては，宇宙のなかの存在者は
　　すべて〈多＝集合〉であるので，なにを指すにしてもすべて語尾に「〜集合」を付
　　けて理解する必要がある。たとえば，「条件（集合）」，「状況（集合）」，「一（集合）」，
　　「理念・観念（集合）」，「支配（集合）」，「政治（集合）」，「音楽（集合）」，「映画（集
　　合）」，「愛（集合）」……といった具合である（宇宙には〈集合＝多〉しかないのだ）。
　　この点は，ドゥルーズの「〜機械」という世界の把握の仕方に似ている。

省察 13

無　限
——他のもの，規則，そして《他》——

　神の無限性がギリシア人たち（とりわけアリストテレス）の本質的に有限
な存在論と両立可能であるということ，これは，存在（存在としての存在）
が無限であると語ることに意味があるのかどうか，あるとしたらいかなる意
味があるのか，という問いに光が当てられる地点である。中世の大哲学者た
ちは無限の最高《存在者》という観念を，実体論的な学説（そこでは，存在
は自分自身の限界を措定することのなかで配置される）に接木して失うとこ
ろがなかった。このことは次のことをよく示している。すなわち，《自然》
が示すどんな有限な区別も妥当しない存在を神という名で仮定し，そのよう
にして表象可能なヒエラルキーの頂点に超過的な差異を配しつつ，存在をこ
の特異な差異の有限な開花として思考することが少なくとも可能である，と。
　ここで認めなくてはならないのは，キリスト教の一神論は，たとえ神を無
限として示すとはいえ，ギリシアの有限主義と即座に，そして根底的に，縁
を切ってはいないということである。存在を存在として思考することは，自
然界を超えた彼方——しかしまた演繹可能な彼方——への，ヒエラルキーに
即して表象可能な超越によっても根底において妨げられてはいない。このよ
うな存在論の言説の連続的な配置の可能性の基盤は明らかに次の点にある。
すなわち，存在の問いを最高存在者の問い（〈神としての存在者〉の無限性
についての問い）へと安売りする思考の形而上学的な時代が，〈存在として
の存在は本質上有限にとどまるという思考〉によって下支えされたままであ
りうるのだ。神の無限性は，存在の本質的な有限性がいかなる意味で営まれ
るかについて**われわれがそれ以上は知りえないような**，そうした〈全体とし

ての存在者〉の超越的な「領域」を指し示しているだけである。〈無−限〉とは，〈有限−存在〉に関する**われわれ**の思考の営みの限界点である。ハイデガーが存在−神論と名づけるものにおいては，すなわち存在の思考が〈最高に存在する者〉に従属する形而上学的な枠組みにおいては，無限と有限の差異（存在者における差異すなわち存在者的な差異）は，〈存在としての存在〉について本来的に何も語らない。それはギリシア的な有限性の思考配置を完璧に保守する。〈無限／有限〉という対は本来的な意味での存在論的差異の空間では不適切であるが，このことが最終的には，〈無限の神学〉と〈有限の存在論〉との両立可能性の鍵を握っている。〈無限／有限〉の対は，実体論の揺るぎない枠組みのなかで，全体としての存在者を**分配する**。実体論は存在を（それが神的存在であれ自然的存在であれ）tode ti〔このもの〕として，すなわち，その限界の断定的な配置のなかで思考可能であるだけの単独的な本質として描くのである。

　中世キリスト教の無限の神は存在として本質的に有限**である**。もちろん，だからこそ，《彼》と創造された自然とのあいだに乗り越えがたい深淵がまったくないのである。自然を理性的に観察すれば，《彼》の実存の証拠がわれわれに提供されるのだから。そもそも，この証拠の真の操作子は，運動の領域（有限と言われる自然の実体物に固有の領域）と不動の領域（無限と言われる実体を特徴づける領域──神は最高の〈不動の動者〉である）との区別（殊に自然な実存に結びついた区別）である。この点において次のことを強調しておこう。すなわち，デカルトはガリレオという出来事の影響下で，被造物である自然それ自体の無限性を認識するその縁で，また神の実存についての**証明を変え**なくてはならなくなるだろう，と。

　存在が現実的に無限であるとする認識は，最高存在者の実体的な無限性を想定し，それを形而上学的な点として理解するだけではなされない。存在の無限性というテーゼは必然的にポスト・キリスト教的であり，お望みであれば，ポスト・ガリレオ的であると言ってもよい。それは歴史的に見れば，無限を扱う数学の存在論的到来に結びついている。この到来は，科学の《主体》──コギトの空──と親密に連結しており，それがギリシアの境界を崩壊させ，無限性それ自体の有限な存在論的本質が神と名づけられていた存在者の

覇権構造を不調にする。

　こうした事態の帰結として言えるのは，あらゆる無限論の徹底は，逆説的にも神に関わるのではなく，《自然》に関わるということである。間違いなく，近代の大胆さは無限概念を導入することにあったのではない。無限概念は長い間，ユダヤ＝キリスト教の基盤のうえでギリシア思想に調整されてきた概念だからである。近代の大胆さは，無限概念の使用を脱中心化し，〈全体としての存在者〉の領域を配分するという機能を無限概念から奪い，無限ということを〈存在者としての存在者〉の特徴にすることにあった。自然は無限である，と近代人たちは言ったのだった。

　とはいえ，自然の無限性というこのテーゼが世界――あるいは《宇宙》――についてのテーゼであるとしても，それは表面的にでしかない。というのも，「世界」とは一つの〈一の存在〉としても考えられるのであり，またそうしたものとして，カントが宇宙論的な二律背反において示したように，単なる幻想の袋小路でもありうるからである。キリスト教の思弁の資源はいかなる努力だったか。それは存在論的な有限性を普遍的に保ちつつ，無限を〈存在者としての《一》〉の属性として思考し，有限性の存在者的な意味を多にのみ割り振ろうとする努力であった。あれらの偉大な思想家たちが無限（神）を存在者化し，有限（《自然》）を存在者化しながらも，また同時に，どちらにおいても，有限な存在論的下部構造を維持しえたのは，一の存在に関するある仮定を媒介にすればこそであった。存在者的には被造物を指し，存在論的には存在（神をも含む）を指す，こうした有限の両義性は，《一》の存在を保証する《現前性》の壮挙のなかにその源泉をもつ。自然の無限性とは世界の無限性――すなわちコイレがそこに近代的な断絶を見る「無限な宇宙」――を指すにすぎないとしても，〈一が存在者であること〉を現実にしたこの宇宙が，点ではなくなった神にすぎないということも考えられるのであり，存在者的な無限性がその超越的かつ人格的な地位から転がり落ちて宇宙論的な空間が幅を利かせるようになる（だが存在の本質的な無限性についての根底的な言表が開かれることはない）あの大変転のなかにさえ，存在論の有限主義的な下部構造が執拗に存続するということも考えられるのである。

192 III 存 在——自然と無限

　したがって，自然の無限性とはいっても，それは〈世界という《一》〉の無限性を想像的にしか指していないということを理解する必要がある。その本当の意味は，一が存在しない以上，純粋な多に，言い換えれば現前化に関わっている。歴史的に見れば（最初は理解されていなかったが），無限概念が思想において革命的となったのは，無限概念は自然にこそ妥当すると宣言されたときであって，なぜなら，そのとき，〈無限／有限〉の対との特別な交差において存在−神論の装置それ自体に手を出していると誰もが感じたからであり，神と創造された《自然》という，〈全体としての存在者〉における領域区分の単純な判定基準が崩壊すると感じたからである。この動揺の意味は，デカルトからカントへの哲学の動向に見られるように，存在論の問いそれ自体の再開であった。なぜなら絶対的に新しい不安が有限主義の確信を揺るがしたからである。実際，無限が自然であるとしたら，無限が〈最高−存在者〉という否定的な名称——すなわち〈一の存在〉として思考可能なヒエラルキー上の点性がそこに見分けられる例外的な指標——などではないのだとしたら，この〔無限という〕述語は，現前化されたものとしての存在に，つまりそれ自体としての多にこそふさわしいと仮定できるのではないか。16世紀と17世紀の知的革命が，存在の問いの大胆きわまりない再開とギリシア的な設定の不可逆的な放棄とを思想に引き起こしたのは，一つの無限存在という仮説によってではなく，無数の多という仮説によってなのである。

　存在の無限性を認識するとはどういうことか。それをもっとも抽象的な形で言えば，何よりもまず状況の無限性を認識することであり，〈一と計算すること〉が無限な多性に関わると仮定することである。とはいえ，無限な多性とはいかなるものか。この問いは，ある意味で，今日でもまだ完全には解決されていない（その理由は後で見る）。さらに，この問いはその本質において存在論的な——言い換えれば，数学的な——問いの例そのものである。数学以下の**いかなる**無限概念もなく，あるのはただ「きわめて大きい」という漠然としたイメージだけである。したがって，存在は無限であると主張するばかりでなく，**存在のみが**無限であると主張する必要がある。あるいはむしろ，無限とは〈存在としての存在〉にのみふさわしい述語なのだと主張する必要がある。実際，無限の一義的な概念化作業が見出されるのが数学のな

かにのみであるとしたら，それは無限概念が，存在としての存在という，数学の取り扱うものにのみ適合可能だからである。カントールの作業はガリレオの歴史的な快挙を完成させるものであったが，それがどのような点でそうなのかは明らかである。ギリシア思想においては，またその後はギリシア－キリスト教思想においては，存在は本質的に有限に割り振られていた（無限は〈神的な差異〉の存在者的属性の表現であった）。それに対して，いまや反対に，「無限集合」という形で無限性の述語が与えられるのは〈存在としての存在〉についてであり，そしてそれについてのみなのである。そして有限のほうは，状況内部における経験的あるいは存在者的な差異を思考するのに用いられるのである。

　付け加えておけば，無限を数学によって存在論化することは，必然的に無限を〈一〉（存在しない一）から絶対的に切り離すことである。無限として認識されるべきものが純粋な多であるならば，〈無限な一〉があるという可能性はない。あるのは必然的に**いくつかの**〈無限な多〉だろう。しかしさらに深いのは，〈無限な多〉の単〈一〉の概念を認めうるどんな保証ももはや与えられないということだ。というのも，もしそのような単一の概念が正当と認められてしまうと，そうした概念に適う多はいわば〈最高の多〉ということになってしまい，他の多「より多でない」ことのない多になってしまうからである。そうなると，この〈無限な多〉の彼方には何もないということになり，それゆえに無限は〈純然たる多〉の思考を配する停止点という様態で，〈最高に存在する者〉へとわれわれを連れ戻してしまうだろう。したがって，むしろ，相互に差異化可能な——しかも**無限**に差異化可能な——もろもろの無限な多があるのだと想定しなければならない。無限を存在論化することは〈無限な一〉を廃するばかりではなく，無限のもつ唯一性をも廃するのであり，有限との対立のなかで区別されうる〈無数の無限者たち〉の眩惑を提示するのである。

　「現前化にはある種の無限性がある」というテーゼを実効あらしめるために用いうる思考手段はどのようなものだろうか。すなわち，**一の媒介なしに**無限を思考可能にする方途はどのようなものだろうか。すでにアリストテレスは，無限（彼にとっては apeiron すなわち〈限界づけられていないもの〉）

194 III 存 在——自然と無限

の観念には踏破の知的な操作子が必要だと見ていた。彼にとって「無限」とは，たとえ可能な網羅の方法が与えられていたとしても，思考がその手続きを使って網羅することのできないような存在のことだった。これは必然的に，手続きの段階（それがどのようなものであれ）とゴール（言い換えれば，考察対象の存在者の仮定上の限界）とのあいだには，つねに「まだ」があるということを意味する。ここでは，存在者の物理的な〈身体において〔en-corps〕〕は手続きの〈まだ〉でもある（その手続きが網羅の試みのどの段階にあろうとも）。アリストテレスはこのような状況が実現可能であることを否定した。その理由は，考察対象の存在者が〈すでにそこに〉あるということはその存在者の限界が配置されているということでもあるからという当たり前の理由による。アリストテレスにとっては，なんらかの存在の単独的な「すでに」は，〈まだ〉のどんな不変性とも，〈まだ〉のどんな永遠の重複とも相容れない。

「すでに」と「まだ」のこの弁証法は中心的なものである。それは，多に関する網羅の手続きが意味をもつためには，なんらかの多が現前しているのでなくてはならないということに帰着する。しかし多が実際にすでに現前しているのであれば，その現前の踏破はみずからが〈つねにまだ来たるべきもの〉であること〔終わっていないこと〕を，どうして要求しうるというのか。

結局のところ，無限——言い換えれば，超越的な《一》ではなく，無限な多〔無限集合〕——の存在論は，三つのものを要求する。

a. 一つの「すでに」，一つの〈存在点〉，すなわち現前化した（あるいは実存する）一つの多。

b. 現前化した一つの項からもう一つ他の項へとどのように「移行する」かを指示する手続き（規則）。すなわち，多の完全さを踏破するのに失敗することによって多の無限性を立証するのに必要な規則。

c. 規則があいかわらず〈まだ〉であること，すなわち〈まだ〉踏破されてい〈ない〉項があいかわらずあるということを，〈すでに〉から出発して，そして規則に即して確認すること。

しかし，これだけでは十分ではない。というのも，こうした状況は規則の無力さを語るだけであり，**この無力さの原因が実存する**ということを語って

はいないからだ。したがって，加えて次のものも必要である。

　d.（「すでに」に加えて）網羅の手続きの失敗の原因に当たる第二の実存者，言い換えれば，そこにおいて「まだ」が繰り返される仮定上の多。

　この多の実存の仮定がないと，規則（その手続きの段階はどれほどその数が多かろうと，どれも有限しか与えない）それ自体が極限に到達しえないのは経験上のことにすぎないというだけの話になってしまう。網羅というものは経験上の事柄ではなく原理上の事柄であってみれば，「まだ」の重複は実存者の場において，言い換えれば，現前化した多の場において，立証可能でなくてはならない。

　規則がこの仮定上の多を呈示する〔現前化する〕ことはないだろう。規則がこの多を無限と形容するのは，その全体の踏破に失敗することによってなのだから。つまり，この多は「別途に〔他の場所から〕」，規則の無力さの場として呈示〔現前化〕されなくてはならないのである。

　これを異なった仕方で言ってみよう。規則はある項から他の項へいかに移行するかを告げる。この他の項はまた同じものでもある。というのも，この他の項の後でも「まだ−もう一つ」が繰り返されるからである。この「まだ−もう一つ」によって，この他の項は，その他者（最初の項）と来たるべき他者〔後に続く仮定上の項〕とのあいだの媒介にすぎなくなっているだろう。規則に従うなら，絶対的に初発の〈すでに〉のみが，先行するものと無−関係〔無−差異〕のうちにあった。とはいえ，その初発の〈すでに〉も，後続のものと遡及的に並べられたものである。なぜなら，その〈まだ−もう一つ〉もすでに，規則が〈すでに〉から出発して見つけたものであるのだから。それらがどれも〈まだ−もう一つ−他のもの〉の縁にあるという事態は，そうした各々の他者たち〔無限集合に属する多＝要素〕を自分の他者と同じものにする。規則によって他者は無力さにおける同一性に拘束される。他者たち〔もろもろの他〕が〈まだ−もう一つ−他のもの〉ということに即してこのように〈同じものになる〉という事態は，実はある**多のうちで**進展する。そのような多〔無限な多＝無限集合〕が実存すると私が措定するとき，またそうした他者たちはすべてこの多のうちに姿を現すと措定するとき，私が出来させようとしているのは，〈まだ−もう一つ−他のもの〉ではない。そうではなく，な

んらかの他者〔小文字の他〕——言い換えれば，同じもの——があるという
事態がそこから生じてくるような，そのような《他》〔大文字の他，無限集合〕
である。

《他》は，一方では，〈同じ他者たち〉のための場という位置にある。すな
わち，それは規則の行使の——そして規則の無力さの——空間である。他方
で，《他》は他者たちのいずれでもないもの，規則によって踏破しえぬもの，
つまり規則を免れる**この**多であり，またもし規則がそれに触れれば規則の行
使が中断されてしまうようなものでもある。《他》は明らかに規則にとって
の**限界**〔極限〕の位置にある。

したがって〈無限な多〉とは，踏破の規則が相関する現前化された多では
あるが，それは踏破の規則の行使の場であると同時にその限界ともなってい
る。無限とは，他者たちを同じものにする規則が〈すでに〉の固定性と〈ま
だ〉の反復とのあいだにあるという事態を支える，そうした《他》のことで
ある。

無限の実存的な地位は二重である。〈初発の多がすでにそこに存在する〉
という事態が必要であると同時に，規則から決して推論されえない《他》の
存在が必要なのだ。この実存上の二重の刻印は，現実的な無限を〈一なる無
限〉という想像の産物（これは一挙に措定されていた）から区別する点であ
る。

最終的に言えば，無限は，存在点，反復の自動性，実存の第二の押印との
あいだの連結を実現する。無限において，起源，〔小文字の〕他〔無限集合に属
する個別の多〕，〔大文字の〕《他》〔無限集合＝無限な多〕が結ばれる。他から《他》
への送り返しの二重の様相があり，つまり《他》は場であり（一切の他は，《他》
に属する同じものとして，《他》によって現前化される），そして限界である
（《他》は，規則によって踏破されうる他〔個別の他・要素〕たちのいずれでも
ない）。

実存の第二の押印は，無限を有限から演繹できるという想像を禁じる。規
則によって完全に踏破されるもの，すなわち，ある地点でみずからの《他》
を他として包摂するもの，これを「有限」と呼ぶのであれば，無限を有限か
ら推論しえないのは明らかだ。なぜなら無限は，もろもろの他に関わる一切

の規則とは別のところから《他》が到来することを要求するのだから。

そこから次のような決定的に重要な言表が出てくる。すなわち，存在の無限性というテーゼは，必然的に一つの存在論的決定であり，言い換えれば，一つの公理である，ということだ。この決定がなければ，存在が本質的に有限であるという事態はいつまでも可能だろう。

そして実際に，これこそまさに，16 世紀と 17 世紀の人々が，自然は無限であると措定することによって決定を下したことなのだ。このような地点は，観察とか新しい望遠鏡とかから導出できるものではない。そこにおいては思考の純然たる勇気が必要だったのであり，存在論的な有限主義の装置（永遠に擁護可能な装置）のなかに意志をもって切り込むことが必要だったのである。

なんにせよ，存在論——存在史的に限界づけられた存在論——は，存在の無限性に関する〈実際上無神論的な言表〉のみが自然についてもたらすことのできた事柄の痕跡を背負わねばならない。

自然な（あるいは順序的な）多性は，所属（〈一と計算すること〉の体制）と包含（状態の体制）との最大の均衡を実現する多性である，と私は述べた（省察 11）。であれば，無限に関わる存在論的な決定を簡潔に表現すれば，自然な無限の多性がある，と言えるだろう。

この言表は自然**なるもの**〔すべてを包括する大文字の自然〕に準拠することを注意深く避ける。自然なるもののうちには，数世紀にわたる神の〈無限な一〉の権勢の後も，〈宇宙論の一〉〔一元的宇宙論〕がそれに代わって権勢をふるうさまが，いまだにあまりにも読み取られる。私の言表が公準として要請するのは，少なくとも一個の自然な多——言い換えれば，推移的なもろもろの多からなる推移的な〈一つの多〉——が無限である，というそれだけのことである。

この言表は，「無限」という形容詞に定義もなく言及していることから，失望を生み出すかもしれない。したがって，むしろこう言ったほうがいいだろう。すなわち，それが行使されるどの瞬間においても，〈まだ−もう一つ−他のもの〉があるようにする規則があって，この規則に結びついた自然な多が実存する，と。そして，そうしたすべての他者たちがそれに属していなが

らも，その他者たちのいずれでもないような自然な多が実存する，と。

この言表は，なんらかの立証可能な状況のなかに実存するものとして，一**個**の無限な多しか見ないという点で，慎重なものに思われるかもしれない。〔しかし〕一個の無限な多があるのであれば，その他のもろもろの無限な多があり，またそれらからなる《他》があり，以下同様に続く——このことを証明するのは存在論の仕事になるだろう。

またこの言表は無限の概念しか与えないという点で，限定的かつ危険なものに思われるかもしれない。〔しかし〕一個の無限な多が実存するならば，明確な規範に従ってその無限な多と通約不可能な他のもろもろの無限な多も実存するということを証明するのは，存在論の仕事になるだろう。

存在の無限性を可能な仕方で保持するという歴史的な決定が構築されるとしたら，このようにしてだろう。この無限性は，一の支配力を免れるや，つまり一切の《現前性》の存在論がなければ，表象〔再現前化〕が許容するあらゆるものの彼方へと繁殖していく。そして思考の先行時代を記念すべき仕方で逆転させ，有限のほうを例外的な存在者として指示するのである。この例外をわれわれが兄弟として共有する脆弱さだとあいもかわらず考えるのは，ただ観照の貧困化——おそらく死活的な貧困化——によってのみである。

人間とは，自分が無限の遍在によって全面的に貫通されて（そして囲われて）いると知るよりも，有限性（死がその表徴である）において自己を表象するほうを好む存在である。

少なくとも，人間には次のことを発見してみずからを慰める手が残っている。すなわち，この地点においては，思考は決断によって導かれるしかないのだから，実際にこの知に縛りつけられているわけではまったくない，と。

省察 14

「自然な多には無限がある」という存在論的決定

　自然な多の存在論的図式は順序数の概念であるのだから，また無限の存在についての決定の歴史性は「自然は無限である」というテーゼのうちに（「神は無限である」のテーゼのうちではない）標記されているのだから，無限公理は，「無限順序数が実存する」と理性的に書かれなければならない。とはいえ，この公理は循環的であるので（この公理は無限の存在を措定する際に無限を暗黙のうちに前提しているので），無限の観念は集合論の言語で書かれた述語形式へと，また多についてすでに受け入れられた諸《観念》と両立可能な定式へと変形されないうちは，いかなる意味ももたない。

　自然な無限性を順序数の**全体**によって定義する道は，われわれには禁じられている。そんなふうに考えられた《自然》は存在をもたないということを，われわれは省察 12 で示した。というのも，すべての順序数——つまり自然な形態をもつありとあらゆる存在——を呈示すると想定された多は，自己-所属の禁止を課されているからであり，したがって実存しないからである。宇宙論的な《全体》観は承認できないと，カントとともに認める必要がある。無限が実存するとしても，それは《偉大なる全体》という形においてではなく，一個もしくは複数の自然な存在という形においてでなくてはならない。他の場合と同じく無限についても，〈一-多〉（これは現前化の結果である）が〈全体-部分〉の幽霊に勝るのである。

　このときわれわれがぶつかる障害は，自然な多の存在論的図式の同質性である。〈無限／有限〉という質的な対立が順序数の概念を貫いているのは，自然な〈多-存在〉には，根本的に異なる二つの**種類**があるからだ。事実な

200 III 存 在──自然と無限

んらかの決定がここで必要であるとすれば，それはこの種差を引き受けるという決定，したがって，自然な存在の現前的同質性を部分へと砕くという決定だろう。こうした決定の場を前もって規定することは，順序数の定義において，ある断層──すなわち異なる二つの種を基礎づけつつ，この二つの種の実存について裁定を要求する概念上の非連続性──を，どこに位置づけるべきかを思考することに帰着する。ここでわれわれは無限観念の歴史的-概念的な調査（省察 13）を導きの糸とするだろう。

1　存在点と踏破の操作子

　無限が実存するということを思考するためには三つのものが必要だと私は言った。すなわち，初発の存在点，〈同じ他のもの〉を生み出す規則，そして〈他のもの〉のために《他》の場を固定する第二の実存的押印，この三つである。

　存在論の絶対的に初発の存在点は空の名 ∅ である。お望みならば，これはまた──それを禁じるものは何もないのだから──〈自然な多〉の名だと言ってもよい（省察 12 を参照のこと）。そもそもそれはわれわれがこれまで留意してきた唯一の実存的《観念》である。この空の名から出発して実存を認められたもろもろの多（例えば {∅}）は，構成的な諸《観念》──集合論のその他の諸公理──との合致において認められたものである。

　自然な多を踏破する規則は，われわれが ∅ から出発して，他の実存する順序数を倦むことなく──つねに「まだもう一つ」──構成できるようにしなくてはならない。他の実存する順序数とは，言い換えれば，推移集合のことだが，この集合はその要素もまた推移的である。推移集合は，純然たる多の現前についての公理的諸《観念》に即して受け入れ可能な集合である。

　われわれの拠り所は《二》の実存する形象（省察 12）である。すなわち，空とその単集合を要素とする多 {∅, {∅}} である。置換公理（省察 5）によれば，この《二》が実存するのであれば，自分の要素を他の要素（実存すると仮定された要素）に置き換えて得られる集合も，どんなものであれまた実存する。こうしてわれわれは《二》の抽象概念を得る。すなわち，α と β が実存すれば，

α と β を唯一の要素とする集合 $\{\alpha, \beta\}$ もまた実存する（ここで私は，実存する《二》のなかで，$\emptyset$ を α に，$\{\emptyset\}$ を β に置き換える）。$\{\alpha, \beta\}$ を α と β の**対**〔paire〕と呼ぼう。それは α と β を「二に置くこと」である。

　われわれは対にもとづいて，二つの集合の古典的な合併 $\alpha \cup \beta$（その要素は「一緒に置かれた」α の要素と β の要素である）という操作を定義してみよう。対 $\{\alpha, \beta\}$ があるとする。合併公理（省察5を参照のこと）によれば，〈ある所与の集合の要素の要素〉からなる集合が実存する（すなわち，その散種が実存する）。対 $\{\alpha, \beta\}$ が実存するなら，またその合併 $\cup \{\alpha, \beta\}$ も実存する。この合併は〈対の要素──つまり α の要素と β の要素──の要素〉を要素とする。これこそわれわれが求めていたことである。したがって $\alpha \cup \beta$ は $\cup \{\alpha, \beta\}$ の規準的な書式であると措定しよう。そして α と β が実存するなら，$\alpha \cup \beta$ も実存するということは，いま見たところである。

　したがって，われわれの踏破の規則は次のようになる。

$$\alpha \to \alpha \cup \{\alpha\}$$

　この規則は一個の所与の順序数から，その順序数自身とその単集合との合併集合を「産出する」。つまり，この合併の要素は，一方では α の諸要素であり，もう一方では，α の単集合の唯一の要素である α それ自身である。要するに，α にそれ自身の名が付け加えられるのである。あるいは，α が呈示する多に，α がそれであるところの〈多なる一〉が付け加えられるのである。

　まさにこのようにして，もう一つ**他のもの**が産出される，ということに気づこう。実際 α は，私がいま述べたように，$\alpha \cup \{\alpha\}$ の要素である。ところで α は α の要素ではない。というのも $\alpha \in \alpha$ は禁じられているからである。つまり外延性公理によって，α は $\alpha \cup \{\alpha\}$ とは異なるのである。α と $\alpha \cup \{\alpha\}$ とは，まさに α である多によって異なる。

　これ以後，$\alpha \cup \{\alpha\}$ を $S(\alpha)$ と書くことにする。これは α の後続体〔successeur〕と読む。踏破の規則は一つの順序数からその後続体へと「移行」させるわけである。

　この後続体という「他のもの」は，**順序数の後続体は順序数である**という

202 III 存 在——自然と無限

点で、「同じもの」でもある。このようにわれわれの規則は、自然な多に内在的な踏破の規則である。それを証明しよう。

一方では、$S(α)$ の要素はたしかにどれも推移的である。実際、$α$ は順序数であるから、$α$ それ自身も、そして $α$ の諸要素も推移的である。ところで $S(α)$ は、$α$ それ自体もそこに付け加えられる $α$ の諸要素から構成される。

他方で、$S(α)$ もまた推移的である。実際、$β∈S(α)$ だとしよう。その場合、以下のようになる。

——$β∈α$、したがって $β⊂α$ である（$α$ は推移的なのだから）。だが $S(α)=α∪\{α\}$ なのだから、$α⊂S(α)$ であるのは明らかである。部分の部分もまた部分なのだから、$β⊂S(α)$ が得られる。

——$β=α$、したがって、$α⊂S(α)$ なのだから、$β⊂S(α)$ である。

かくして、$S(α)$ に**所属**する一切の多は $S(α)$ に**包含**されている。つまり $S(α)$ は推移的である。

そのすべての要素が推移的であるような推移的な多 $S(α)$ は順序数である（$α$ が順序数であるだから）。

さらに、$S(α)$ は $α$ の**まさに**後続体であると、あるいは $α$ の直「後」に来る順序数——〈まだ−もう一つ〉の順序数——であると、そう言うことには明確な意味がある。実際いかなる順序数 $β$ も $α$ と $S(α)$ の「あいだ」に位置づけられない。それはどのような配置の法によるのか。順序数のあいだにおける全体的な順序の関係（省察 12）である所属の法によってである。別の言い方をすれば、$α∈β∈S(α)$ であるような順序数 $β$ は絶対に実存しない。

$S(α)=α∪\{α\}$ であるから、「$β∈S(α)$」という言表は以下のどちらかを意味する。

——$β∈α$. これは $α∈β$ と相容れない。というのも、順序数のあいだでは所属は順序関係である以上、所属は推移的であり、したがって $β∈α$ と $α∈β$ となると、$β∈β$ が引き出されることになるが、これは不可能だからである。

——$β∈\{α\}$. これは、$α$ が単集合 $\{α\}$ の唯一の要素である以上、$β=α$ に帰着する。だが $β=α$ は、ここでもやはり自己所属の禁止によって、明らかに $α∈β$ と相容れない。

どちらの場合にしても、$α$ と $S(α)$ とのあいだに $β$ をはさみ込むことは不

省察 14 「自然な多には無限がある」という存在論的決定 203

可能である。したがって後続規則は一義的である。後続規則によって，われ
われは順序数 α から，所属という全体的な順序関係に即して，α に後続する
唯一の**それ**〔後続順序数〕へと移行するのである。

　われわれは初発の存在点 $\emptyset$ から出発して，**実存する**（$\emptyset$ は実存するのだ
から）順序数の連続を次のように構成する。

$$\overbrace{\qquad}^{n\,\text{回}}$$
$$\emptyset, S(\emptyset), S(S(\emptyset)), ..., S(S(... S(\emptyset))) ...), ...$$

　ここで直観に従うと，われわれはまさに無限の順序数を「産出」したのだ
と，つまり自然な無限性に有利となるように決着をつけたのだと，そう思い
がちである。それでは《全体》の想像的な威信に屈することになる。規則が
もたらす効果のこの反復のなかで私が得るのは，〈同じ他のもの〉の際限の
なさにすぎず，無限の実存者などではないということを，古典的な哲学者た
ちはみなよくわかっていた。一方で，そのようにして得られた順序数の**それ
ぞれ**は，直観的な意味で，明らかに有限である。それらは空の名の n 番目の
後続体であって，n 個の要素をもつ。これらの要素はどれも，〈一に置くこと〉
の繰り返しによってただ一つの空から織り上げられたものである（これは存
在論の要求するところである。省察 4 を参照のこと）。他方で，純粋な多の
どんな公理的な《観念》も，後続規則が到達可能にする**すべて**の順序数を〈一
つにする〉ことを許さない。順序数のそれぞれは，来たるべき〈まだ－もう
一つ〉に即して実存する。この〈まだ－もう一つ〉によって，それが〈他－
であること〉は，同じものとして遡及的に規定可能となるのであり，すなわ
ち，規則の反復（順序数のそれぞれはこれを支える）の縁で佇む〈他のもの
の一つ〉となるのだ。だが，《全体》は到達不可能なものである。そこには
ただ決定だけが飛び越えることを可能にする深淵がある。

2　後続と極限

　順序数は後続規則から構成された連続性にその実存の基礎をもつが，そう

した順序数のなかでも，まず区別されるべきは∅だろう。∅はあらゆる点で例外的だが，とはいえ，それが例外的であるのは存在論全体にとってのことである。∅とは異なるさまざまの順序数はどれも，連続のなかで，なんらかの他のものの**後続体**である。まったく一般的な形で言えば，ある順序数αは，それが後続する順序数βが実存するならば，後続順序数——われわれはこれを$Sc(\alpha)$と表記しよう——である。すなわち，$Sc(\alpha) \leftrightarrow (\exists\beta)\,[\alpha = S(\beta)]$。

〈後続体としての順序数〉が実存するということについては，私がすでにその連鎖全体を提示したので問題ない。無限についての存在論的な決定が賭けられることになる難問は，**非後続的な順序数**が実存するという難問である。順序数αがいかなる順序数βの後続体でもない場合，この順序数αを**極限順序数**と言い，それを$lim(\alpha)$と記すことにする。

$$lim(\alpha) \leftrightarrow \sim Sc(\alpha) \leftrightarrow \sim (\exists\beta)\,[\alpha = S(\beta)]$$

極限順序数——そうしたものが実存するとして——の内部構造は，本質的に後続順序数のそれとは異なる。自然な多の存在論的下部構造の同質宇宙のなかで，質的な不連続性に遭遇するのはここにおいてである。この不連続性に無限への**賭け**はかかわる。というのも極限順序数は，そこに属する〈同じ他のもの〉たちが継起するための《他》の場であるからだ。

枢要な点は，ある順序数が極限順序数に属していれば，その後続体もこの極限順序数に属するということである。実際，$\beta\in\alpha$（αは極限と仮定されている）であれば，$\alpha\in S(\beta)$は得られない。というのも，その場合αはβと$S(\beta)$とのあいだにはさみ込まれるということになるが，それは先にわれわれが不可能だと立証したことだからである。またαは極限順序数としていかなる順序数の後続体でもないのだから，$S(\beta)=\alpha$も得られない。所属は順序数のあいだの全体的な秩序であるのだから，$\alpha\in S(\beta)$と$\alpha=S(\beta)$の不可能性ということから必然的に$S(\beta)\in\alpha$となる。

この考察から帰結するのは，極限順序数とそこに属する順序数βとのあいだには，（直観的な意味でだが）無限の順序数がはさみ込まれているということである。実際のところ，$\beta\in\alpha$でありαが極限であるならば，$S(\beta)\in\alpha$で

あり，また $S(S(\beta))\in\alpha$ であり，以下同様に続く。極限順序数とはまさしく，継起する他のものがそこに執拗に書き込まれる《《他》なる場》なのである。極限順序数に属する一つの順序数から出発して後続規則 S によって構成可能な継起する後続体の連なりの全体は，その連なりのすべての項がそこに属するという意味で，この極限順序数の「内部で」展開される。それに対して，極限順序数それ自体は，他のものに後続する〈まだ－もう一つ〉では決してありえないことから，《他》なのである。

　われわれはまた後続順序数と極限順序数の構造上の差異についても，すなわち，後続順序数はそれ自身のうちに最大の多を保有するが，極限順序数はそうではないという差異についても言及することができる。というのも，順序数 α が $S(\beta)$ すなわち $\beta\cup\{\beta\}$ という形式に属するならば，α に属する β は，α を構成するすべての順序数のなかで最大のものである（所属関係による）。実際われわれは，いかなる順序数も β と $S(\beta)$ とのあいだにはさみ込まれえないということを見た。したがって順序数 β は絶対に，$S(\beta)$ に含まれる最大の多である。反対に，この種のいかなる最大項も極限順序数には属さない。なぜなら $\beta\in\alpha$ であり α が極限であるということになると，$\beta\in\gamma\in\alpha$ であるような γ が実存するからである。このように「順序数」の存在論的図式は，こと後続体に関しては，堅固な階層構造をもつ自然な多にふさわしい。自然な多についてならば，その支配的な項を曖昧さなく，内在的な仕方で指し示すことができよう。ことが極限順序数となると，この極限順序数によってその存在の下部構造が形式化される自然な多は，その内部序列にどんな最大の項も，どんな終結も含まないという点で「開かれて」いる。この序列を支配するのは極限順序数それ自身であるが，極限順序数はその支配を外からしかなしえない。というのも，極限順序数は自己自身に属さないので，みずからが極限となっている連なりの〈外に－立つ〉のである。

　後続順序数と極限順序数とのあいだに探知される不連続性は，最終的には次の点に結びついている。すなわち，後続順序数は，それが後続する唯一の順序数から規定されているのに対して，極限順序数は継起それ自体の場であるため，あらかじめ踏破された順序数の「完全な」（だが規則から言って，完全なものになりえない）連なりの彼方でしか，標記されるがままにならな

いということである。後続順序数はそれより小さい順序数に照らして**局所的な**地位にある（注記しておけば，この場合「それより小さい」とは，それに属するという意味である。というのも順序数を全体的に順序立てるのは所属であるのだから）。実際，後続順序数はそれより小さいもろもろの順序数の一つに後続するものである。〔それに対して〕極限順序数は**包括的な**地位にある。というのも，それより小さい順序数のいかなるものも，極限順序数にことさら「より近い」ということはないからである。それはあらゆる後続順序数の《他者》なのだ。

　極限順序数は，「まだ」の記号のもとで〈他のもの〉のなかに留置されたあの〈同じもの〉の部分を免れる。極限順序数は，それに先立つ後続体の連なり全体の〈非－同じもの〉である。それは〈まだ－もう一つ〉ではなく，規則——後続——の存続がそこで〈外－立〉する〈多なる《一》〉なのである。次から次へと踏破されていく順序数の連なりからみた場合，極限順序数とは，踏破それ自体を，連なりの個々の項の実存（エグジスタンス）の彼方で〈外－立〉（エクシスタンス）へと刺し留めるものであり，踏破された順序数がそこに一歩一歩標記されている〈多なる支え〉である。極限順序数において，他性の**場**（連なりのすべての項がそこに属する）と《他》の**点**（その名 α は，連なりのなかに記載されるすべての順序数の彼方に位置する**ある一個の**順序数を示す）とが融合する。したがって，それを**極限**（リミット）と名づけることは正しい。すなわち極限とは，続きに対してその存在原理（つまり続きという多の〈一なるまとまり〉）を与えると同時に，その「究極」項（つまり続きがそこに到達することはもとより，接近することさえできないまま向かおうとする〈多なる一〉）を与えるものなのである。

　《他》の場とその一とが極限においてこのように融合するということを，初発の存在点（ここでは Ø，空）と踏破の規則（ここでは後続）へと送り返してみれば，それはもともと無限の一般概念なのである。

3　実存の第二の押印

　現在のわれわれの議論の地点では，極限順序数の実存を受け入れさせるも

のは何もない。これまで投入されてきた多の諸《観念》（外延性，冪，合併，分出，置換，空）は，そこに基礎の観念（省察 18）や選択の観念（省察22）を加えたとしても，極限順序数が実存しないということと完璧に両立しうる。なるほどわれわれは，その初発の存在点を∅とし，後続規則による踏破が未完に終わる，そうした順序数の連なりの実存を確認した。だが本来的に言えば，実存するのは連なりではなく，個々の（有限な）項である。連なりそれ自体を〈一つにする〉ことをわれわれに許可するものがあるとすれば，それは絶対的に新しい公理的な決定のみだろう。自然な多の存在論的図式の水準において無限性に有利になるように決定を下すことに帰着し，またそのようにして 17 世紀の物理学者たちの歴史的な壮挙を形式化する決定。それを簡潔に言えば，極限順序数が実存する，というものだ。この「……が実存する」という文言は，存在の無限性を基礎づける，実存の第二の押印である（第一の押印は，空の名が実存するという主張をしたときにわれわれが発したものである）[23]。

4 ついに定義された無限[1]

「極限順序数が実存する」とは，空の名の断定に続く，実存に関するわれわれの第二の断定である。とはいえ，この第二の断定は，多の諸《観念》の装置を〈存在としての存在〉へと縫合する第二の仕方を導入するわけではない。他のもろもろの多とまったく同様に，極限順序数の根源的な存在点も空であり，そこに含まれる諸要素も，空と空自身との組み合わせ（公理によって規制された組み合わせ）でしかない。この観点からすれば，無限は，空の結果でもって後から織り成される存在の「第二の種類」などではいささかもない。ギリシア人たちの言葉で言えば，実存について二つの公理があるとはいえ，二つの《原理》（空と無限）があるわけではない，と言えよう。空がすでに極限順序数に属していると仮定して（これは決定を形式化する公理においてわれわれが標記したことである），極限順序数は二番目に〔第二の場において〕「実存するもの」である。∅ は存在をそれとして存在論的な呈示〔現前化〕へと呼び出すが，それに対して極限順序数が実存させるものは，反復

の場，他にとっての《他》，ある操作子（後続）の営みの空間である。極限順序数が実存すると決定することは，存在の**潜勢力**に触れているのであって，その存在に触れているのではない。無限は，二つの異質な形式同士の弁証法的な戯れから，その全体として存在が結果してくるような混合物の学説を開くのではない。あるのは空のみ，そしていくつかの《観念》のみである。要するに，「極限順序数が実存する」という公理は，実存の断定に秘められたある《観念》であって，すなわち，期限なき反復——〈まだ－もう一つ〉——によって場と一との融合が実存の第二の押印へと呼び出されるという《観念》なのである。この融合点はマラルメが「一つの場所が一つの彼方と融合するほどに遠いところ」として範例的に示したものである。そして存在論においては，実存することは〈一つの－多〉であることなのだから，一つの彼方でもある場所を認識するかたちは，順序数という一つの多を付け加えることであるだろう。

とはいえ，**われわれはまだ無限を定義していなかった**。極限順序数が実存する——これはいいだろう。だが無限概念と極限順序数の概念とを一致させることができるわけではないし，したがって，有限概念と後続順序数の概念とを一致させることもできない。というのも，α が極限順序数であるとして，その後続体 $S(\alpha)$ は α「より大きい」からである（$\alpha \in S(\alpha)$ なのだから）。したがって，この有限な後続体——後続体＝有限という等式を措定すればだが——は，その無限の先行者——極限＝無限と措定すればだが——よりも大きいということになるが，一切の思考はそれを承知しないし，それでは「無限への移行」が不可逆的な挙措でなくなってしまう。

自然存在の無限についての**決定**はたしかに極限順序数にかかわるが，だとしても，この決定が支持する**定義**は否応なく違うものだ。これは思考の現実——言い換えれば，障害——が正確な定義を見つけるのは稀であるということの補足的な証拠である。正確な定義はむしろ特異点から，偏心的な点から導き出される。この偏心的な特異点においては，初発の問題との直接的なつながりが明らかでない場合でも，意味に賭けなくてはならなかった。そのようにして無謀な迂回の法によって，主体は，みずからの客体との本来的に計算不可能な距離へと呼び出される。だから《方法》などないのだ。

省察12で，私は順序数のもっとも重要な特性である最小性を指摘した。すなわち，ある所与の特性をもつ順序数が実存するなら，この特性にとっての最小の ∈ という唯一の順序数（言い換えれば，それに属するどんな順序数も当該の特性をもたないような順序数）が実存する，と。ところで，「極限順序数であること」は，自由変項をもつ式 $\lambda(\alpha)$ によって適切に表現された特性である。そして「極限順序数が実存する」という公理はまさに，少なくとも一個の実存する順序数がこの特性をもっていると言っている。したがって，この特性にとっての最小の ∈ という唯一の順序数が実存するわけである。**われわれはここで極限順序数のなかでも最小のものを手にする。その最小の極限順序数の「手前」には，空を除けば，もろもろの後続順序数しかない。**この存在論的図式は根本的である。それは無限の戸口を示しており，ギリシア人たち以来，数学者の思考における範例的な多である。われわれはそれを ω_0 と呼ぶことにする（ℵ ないしアレフ・ゼロとも呼ばれている）。この固有名 ω_0 は，存在の無限性にかかわる決定が仮定する第一の実存を**一個の多**の形で呼び出す。それはこの決定を，ある特殊化された純粋な多という形で遂行する。後続体の秩序（階層構造をもった閉じた秩序）と極限の秩序（開かれた，そして〈外‐立〉するものによって押印された秩序）とを自然の同質性のなかで対立させる構造上の断層は，ω_0 のなかにその**縁**を見出す。

無限の定義はこの縁のうえに確立される。**ある順序数が ω_0 であるならば，あるいは ω_0 がその順序数に属するならば，この順序数は無限である**と言える。**ある順序数が ω_0 に属するならば，その順序数は有限である**と言える。

したがって ω_0 は，自然な多について言えば，有限と無限との分割の名である。無限という数学素が自然な秩序において想定しているのは，極限の最小性によって ω_0 が特定されるということだけである。この極限の最小性によって**唯一の**順序数が定義され，固有名の使用が正当化される。

$$lim\,(\omega_0)\ \&\ (\forall\alpha)\,[[(\alpha\in\omega_0)\ \&\ (\alpha\neq\varnothing)]\rightarrow Sc\,(\alpha)]$$

それから，次のような *Inf*（無限）と *Fin*（有限）の定義が措定される。

210 III 存 在——自然と無限

$$Inf(\alpha) \longleftrightarrow [(\alpha = \omega_0) \text{ ou } \omega_0 \in \alpha]$$
$$Fin(\alpha) \longleftrightarrow (\alpha \in \omega_0)$$

ω_0 によって現前化**されるもの**は，有限な自然の多である。ω_0 を現前化**するもの**は無限である。分割状態にある ω_0 は，極限の側にあるとき，すなわち何にも後続しないとき，無限であると言えるだろう。

無限集合のなかのあるものは後続体であり，例えば $\omega_0 \cup \{\omega_0\}$ すなわち ω_0 の後続体がそうである。また別のあるものは極限であり，例えば ω_0 である。反対に有限集合のなかでは，$\emptyset$ を除いて，すべてが後続体である。したがって，自然な現前における離接という決定的な操作子（極限／後続）が，定義づけられた離接（無限／有限）において復元されているわけではない。

この点について，ω_0 の例外的な地位に注目する必要がある。実際，ω_0 はその定義である最小性によって，他のどんな極限順序数も属さない唯一の無限順序数である。他のあらゆる順序数には少なくとも ω_0 が属する（ω_0 が自己自身に属することはないが）。したがって，もろもろの有限順序数（ω_0 に属する有限な順序数）と ω_0 それ自体とのあいだには，媒介なき深淵がある。

この深淵が無限そのものにおいても反復されうるかどうかという問いは，多の学説〔集合論〕の最奥の難問の一つ——「巨大基数」理論という名で知られる難問——である。問題となるのは，ω_0 より大きく，またどんな手続きによっても到達不可能な無限順序数が実存するかどうかである。すなわち，有限順序数とその《他》である ω_0 との関係の場合のように，先行するもろもろの無限集合とそれ自身とのあいだにまったく媒介がないような無限順序数があるかどうかである。

特徴的なのは，そうした順序数が実存するためには**新しい決定**——すなわち無限についての新たな公理——が必要だということである。

5　二番目に，有限

われわれの初発の実存体〔エグジスタン〕は $\emptyset$ であり，そこからわれわれは $\{\emptyset\}$, $S\{\emptyset\}$ 等々を，すなわちあらゆる「有限」を引き出すのであるから，**実存**の領域では，

有限が第一のものである。だが**概念**の領域では，有限は第二のものである。われわれが集合 Ø, {Ø} 等々を有限と形容するのは，極限順序数 ω_0 の実存の遡及効果によってのみである（さもなくば，それらの集合は，実存する〈多なる一〉という以外の属性をもたなくなってしまう）。有限の数学素すなわち $Fin\,(\alpha) \leftrightarrow \alpha \in \omega_0$ により，有限性の判別基準は，極限順序数の実存の決定の仕方次第である。ギリシア人たちが有限を存在と同一視しえたのは，無限に関する決定を欠いた場合，存在するものは実際上なんでも有限であることになるからである。その場合，有限の本質は単に多として多であることにすぎない。自然な無限集合を存在させるという歴史的な決定がなされるや，有限は存在の**領分**として，存在の現前のより小さな形態として，形容されるようになるのだ。有限性の概念が十全に解明されるのは無限の内奥の本性から出発してのみであるという帰結はここから生じる。《思考》の数学王国は〈無限な現前化〉の増殖を「《天国》」——ヒルベルトはそう言った——とし，そして有限は二番目にやって来る，と措定することは，カントールの偉大な直観の一つであった。

　エウドクソスの幾何学革命以前のギリシア思想の女王であった算術は，実のところ，第一の極限順序数 ω_0 についてのみの学問である。算術は極限順序数 ω_0 のもつ《他》としての機能を知らず，そこに属するもの，すなわち有限な順序数の初歩的な内在性の**なか**に身を置いていた。その強みは，限界を締め出すことによって得られる計算の支配であり，〈同じ他のもの〉の連鎖の純粋な遂行である。その弱みは，みずからの計算対象である多の現前的本質を知らないことである。この本質が明らかになるのは，《他》の場においてしか他のもの〔同じ他のもの〕たちの連続はないと決定することによってのみである。つまり，反復がみずからを深淵において中断し，みずからがそれであるところの〈多なる一〉の名を自己自身の彼方で呼び出すような地点，そうした地点を反復は前提するのだと決定することによってのみである。

訳注
[1]「ついに定義された無限」という節タイトルの原文は，L'infini enfin défini. バディウは fin 系列の単語を使って言葉遊びをしている。

省察 15

ヘーゲル

「無限性はそれ自身において，空虚な〈他−在〉の他である」
『論理学』[24]

　ヘーゲルに固有の存在論上の袋小路は，究極的には，《一》の存在がある
との主張に帰着する。もっと詳しく言えば，**現前化が構造を生成する**という
主張，純粋な多はそれ自身のうちに〈一と計算すること〉を保有するという
主張である。ヘーゲルは他〔同じ他のもの，個別の他〕と《他》との無−差異
をたえず書くと言ってもよい。そうすることでヘーゲルは，存在論が一つの
状況である可能性を放棄するのだ。このことはその証拠となる二つの帰結か
ら判明する。

　──他，規則，《他》を結節させているのは無限であるから，袋小路が破
裂するのはこの〔無限という〕概念をめぐってであると予想できる。ヘーゲ
ルが除去しようとする他と《他》との離接は，切り離されていると同時に同
一でもある二つの展開（質と量）の形で彼のテクストにくり返し現れる。

　──存在論的**状況**を構成するのは数学であるから，ヘーゲルが数学を貶め
るのにも必然性がある。だから量的無限に関する章の後に数学的無限につい
ての巨大な「注解」が来るわけであって，その注解のなかでヘーゲルは，概
念に照らすと，数学は「即自的かつ対自的に欠陥をもつ」思考状態の代表で
あり，その「手法は非学問的である」こと，これを立証することを目論んで
いるのである。

1 無限という再考された数学素

　ヘーゲルの無限概念のマトリックスは次のように述べられている。「質および量の無限について本質的に注目すべき点は，有限は第三者によって越えられるのではなく，自己自身のうちに溶解するものとしての規定態が，自己を越えるということである。」

　したがって，この概念〔ヘーゲルの無限概念〕を築き上げているのは，弁証法全体の出発点である規定態（Bestimmtheit）と，そして踏み越え（hinausgehen über）という観念である。そこには，一方に初発の存在点があり，他方に踏破の操作子があるということが，すなわちわれわれが「すでに」と「まだ」とも呼んだものがあるということが，容易に見て取れるだろう（省察 13 を参照のこと）。「まだ」が「すでに」に内在しているということ，存在するものの一切はすでに，まだ存在するのだということ，ヘーゲルの全体はこの点に集約されると言っても過言ではない。

　「何ものか」（現前化された純然たる項）が規定されるのは，ヘーゲルにとって，それがもう一つ他のものとは別のものとして思考されるがままになるかぎりにおいてである。すなわち，「〈他−在〉の外在性は何ものかに固有の内在性である」。その意味するところは，計算された項が**それ自身のうちに**みずからの存在の〈他なる標記〉を所有するということが〈一と計算すること〉の法であるということだ。あるいはまた，存在について一が言えるのは，存在がそれ自身の〈非−存在〉であり，みずからがそれではないところのものであるかぎりにおいてだと言ってもよい。ヘーゲルにとっては，「ある」（純粋な現前）と「一がある」（構造）との，生成中の同一性があるのであって，その両者の**媒介が否定的なものの内在性**なのである。「何ものか」はみずからの同一性の標記を保有すべきである，とヘーゲルは措定する。その結果，一切の存在点は自分自身とその標記との「あいだ」に存在するということになる。規定態とは，《同》を創設するために，他のもののなかに《他》があることが要請されているという事態である。そこに無限は起源をもつ。

　ここでの分析論はきわめて巧妙である。存在点の一（現前化された項を〈一

214 III 存 在──自然と無限

と計算すること〉）、言い換えれば、項の限界あるいは項を識別するものとは、存在点がみずからの〈他なる標記〉を内部に保有しているということ──それがみずからそれではないところのものであるということ──から生じる結果であってみれば、〈一つの-事物〉としてのこの点の存在は、限界を踏み越えることに存する。「限界とは、それが何ものかの規定を構成すると同時に〈非-存在〉として規定されもするのだから、境界である。」

　純然たる限界（Grenze）から境界（Schranke）への移行は、存在点がじかに**要請する**無限性の原動力である。

　ある事物がそれ自身において一として標記されていると語ることは二つの意味をもつ。というのも、そのことによって事物は、その存在と〈存在の一〉との隔たりとなるからである。この隔たりの縁の一方側において、一であるのはまさしくそれ、事物であって、それが自分ではないものによって限界づけられている。そこには標示の静態的な結果、Grenze、限界がある。だが隔たりの他方の縁においては、事物の一はその存在ではなく、事物はそれ自身において自分自身とは他のものである。それは Schrenke であり、それの境界である。だが境界は標示の動態的な結果である。というのも、事物は必然的にみずからの境界を越えるからである。実際、境界は、それを介して限界が出来するところの〈非-存在〉である。ところで、事物は**存在する**。その存在は〈非-存在〉の乗り越え、言い換えれば、境界の踏み越えによって達成される。この運動の奥深い根がどこにあるかと言えば、一は**自分自身のうちに存在を標記している**としても、みずからが標記するその存在によって越えられているという点にある。〈一と計算すること〉が法であることについて、ヘーゲルは深い直観をもっている。しかし彼は、この法がなんとしてでも**存在の法であってほしい**と思っているので、それを当為〔べき〕へと変形するのである。〈一の存在〉は、境界を踏み越え**なくてはならない**という点に存する。事物は〈一〉──みずからがそれではないことによってそれであるところの〈一〉──で〈ある-べき〉こととして規定されている。「限界とのこうした関係──私が言いたいのは、境界としての自己との関係ということだが──において、規定の即自存在とは、〈**ある-べき**〉ということなのである」。

一は，それが存在するかぎりにおいて，みずからの〈非－存在〉を踏み越えることである。つまり〈一なる存在〔一であること〕〉（規定態）は境界の踏み越えとして成就するのである。だが同時に，それは純然たる〈ある－べき〉でもあって，その存在は〈自己の一〉の踏み越えという至上命令である。つねに識別可能な存在点はそれ自身のうちに一を所有しており，そのことからじかに自己の踏み越えということが，したがって有限と無限の弁証法が，結果として出てくる。「〈ある－べき〉のなかで，一般的に有限性の概念が始まるのであり，そのことによって同時に有限性を乗り越える行為，すなわち無限性が始まるのである。〈ある－べき〉は，みずからを無限の進歩として現前させるものを含んでいる」。

無限に関するヘーゲルのテーゼの本質は，われわれがいまいる契機においては，次の点にある。すなわち，存在点はそれに具わった本質から言ってつねに識別可能なものであるがゆえに，自己を基点にして無限という操作子を**生成させる**ということ，すなわち，この種の一切の操作子と同様に，〈さらなる否定〔さらなる一歩〕〉（まだ）——ここでは境界——と反復の自動性——ここでは〈ある－べき〉——とを組み合わせる踏み越えを生成させるということ，これである。

免算的存在論においては，〈一と計算すること〉は非整合的な現前からは引き出されないから，外因的なものがあることを許容するし，さらにはそれを要求しさえする。生成的弁証法であるヘーゲルの学説では，〈他－在〉は〈存在の一〉であるから一切が内具的であり，一切は〈非－存在〉の内部性〔非－存在〉も内部にある〕という形で同一性の標記を保有する。したがって，免算的存在論にとって無限は（存在論の）一つの**決定**であるのに対して，ヘーゲルにとっては**法**であるという結果になる。〈一の存在〉が存在一般に内在的であるということから，ヘーゲルの分析においては，無限であることは存在の〈一なる本質〉に属することになる。

ヘーゲルはその特殊な天才によって，有限と無限をただ一つの存在点から同時に生み出すことに専心する。無限は〈一の体制〉の結果であり，存在と〈一であること〉との縫合によって事物が存するところの〈二のあいだ〉の結果であるから，無限は有限それ自体の内部理性となり，経験一般の単一の

216 III 存在——自然と無限

属性となる。存在は無限でなければならないのだ。「したがって，有限はそれ自体が自己のこうした止揚であり，**無限**であるという事態である。」

2 いかにして無限は悪しきものでありうるか

しかしながら，われわれはどのような無限を手にしているのか。限界／境界という分裂は，有限が執拗に自己を踏み越えることを，すなわち有限の〈ある−べき〉を基礎づける。この〈ある−べき〉は，踏破の操作子（踏み越え）が存在点（規定態）からじかに派生するということの結果である。だがそこには単に無限があるだけだろうか。一の法のもとで有限の**反復**があるばかりではないのか。無限の数学素と私が呼んだものにあっては，〈同じ他のもの〉としての項の反復は，まだ無限ではない。無限が存在するためには，他のものが成立する《他》という**場**の実存が必要である。私はこの要件を実存の第二の押印の要件と呼んだ。それによって，初発の存在点はみずからの反復を《他》の場のなかに書き込むように呼び出されるのである。この第二の実存のみが無限の名に値する。ところで，ヘーゲルが「何ものか」の固定した内的な同一性という仮説のもとで，いかにして踏破の操作子を生み出すかはよく理解できる。だが彼はいかにして，完了した踏破を取り集めて回想するところにまで**飛躍**しうるのか。

もちろん，この難点は完全に意識されている。〈ある−べき〉ないし無限の進歩は，ヘーゲルにとって，彼が悪無限——際立つ症候である——と呼ぶ凡庸な過渡的な段階でしかない。実際，踏み越えが存在点の内部の法であってみれば，そこから結果する無限はこの点の存在以外の存在をもたない。今度は，もはや有限が無限なのではなく，むしろ無限が有限なのだ。あるいは正確に言えば（きわめて強力な記述だ），無限は有限の反復が操作をおこなう場である空でしかないのだ。〈さらなる一歩〔否定〕〉ごとに，それが反復されうる場である空が呼び招かれる。「この空において，何が出現するか。〔…〕この新たな限界はそれ自体，止揚されるべき，あるいは踏み越えられるべき何ものかでしかない。かくして再び空が，無が出現した。だがこの空無においてこそ，この限定が，新たな限界が，措定されうるのであって，**そして以**

下同様に無限に続くのである」。

　したがってわれわれは限界と空との純然たる交替しかもたないのであって，そこでは，「有限は無限である」という言表と「無限は有限である」という言表とが，「退屈でつねに同一の反復の単調さ」として，〈ある-べき〉のうちで相次ぐのである。この退屈は悪無限の退屈である。それはさらなる高みにある当為〔べき〕を要求する。すなわち，踏み越えが越えられることを，反復の法が**包括的に**肯定されることを求める。要するに，《他》が出来することを。

　しかしこの任務は最高に困難なものである。結局のところ，悪無限が悪であるのは，ヘーゲルにとって無限を善にするまさに当のものによる。すなわち，一の存在論的な内在性を断ち切らないこと，さらにはそこから派生すること，これによる。悪無限の限界づけられた有限な性格は，それが局所的にしか，すなわち規定態という〈すでに〉の〈まだ〉〔またもや〕によってにしか，定義されていないという点に由来する。しかし項が計算される（あるいは識別される）のはまさにつねに局所的にである以上，この局所的な地位こそが一の獲得〔足がかり〕を保証しているわけである。包括的なものへの移行，つまり「良き無限」への移行は，一の存在が機能不全に陥るような離接的な決定を課すのではないか。ここでヘーゲルの詐術はその頂点に達する。

3　反転と命名

　弁証法の連続性をばらばらにすることなく問題を解決する必要があるのだから，われわれは再度ヘーゲルとともに「何ものか」のほうへ向かおう。この何ものかの存在，その〈一なる存在〔一であること〕〉の彼方で，その限界，その境界の彼方で，そして最終的にはその「何ものか」がそこに成立する〈ある-べき〉の彼方で，ヘーゲルは，踏み越えを越えて，〈包括的な無限〉の虚ろでない充溢を獲得するいかなる方策をもっているのか。ヘーゲルの天才的な一撃（至高の才能というわけではないが）の本領は，純然たる現前化のほうへ，非整合性そのもののほうへ突然反転する点にあり，悪無限の**現前**こそが良き無限をなすと宣言する点にある。悪無限が**実効的**であること，この

こと自体は悪無限の悪によっては説明できない。みずからを単に反復することを越えて、この反復を超過する何ものかが、みずからを反復するという本質的かつ現前化可能な能力を保有するのである。

客観的無限性すなわち悪無限は、〈ある‐べき〉のうちにある有限と空虚な無限とのあいだの反復的鼓動であり、それらの退屈な差し向かいである。真の無限性とは、それが有限の純然たる現前性のなかに含まれた潜在性であるという点で主観的である。かくして客観的反復の客観性は肯定的無限性であり現前性なのだ。「有限と無限の統一性［…］はそれ自体**現前的**である」。反復的過程の現前性とみなされるにいたった「何ものか」は、みずからの規定をそこから受け取っていた〈他のもの〉との外的な関係を絶った。いまやそれは〈自己との関係〉であり、純然たる内在性である。というのも、〈他のもの〉は、**何ものかがみずからを反復する際の無限な空という様態において**実効的となったからである。結局のところ、良き無限とは、〈空の他なるもの〉として、反復の反復性のことである。「無限性は［…］空虚な〈他‐在〉とは他のものとして［…］自己への帰還であり、自己自身との関係である」。

この主観的無限性あるいは対自（これは悪しき操作の良き現前性のことである）は、もはや再現前化可能なものではない。というのも、この無限性を再現前化するものは有限の反復であるからだ。反復が反復しえないもの、それは反復それ自身の現前性であり、反復は**その現前性において**、反復することなくみずからを反復する。したがって、一本の分割線が次の二つのもののあいだに引かれる。すなわち、

——悪無限。つまり客観的プロセス、超越（〈ある‐べき〉）、再現前化。

——良き無限。つまり主観的潜在性、内在、再現前化不可能なもの。

二番目の項は最初の項の裏地のようなものである。そして良き無限を思考するために、ヘーゲルが純然たる現前性と空という存在論の創始的なカテゴリーに訴えているのは驚くべきことである。

残る問いは、ここで現前性あるいは潜在性が、たとえ**良き**無限の世界においてではあれ、執拗に「無限」と呼ばれているのはなぜかという問いである。悪無限については、それが数学素とつながっているのはよくわかる。初発の存在点（規定態）と反復の操作子（踏み越え）が認められるからである。だ

が良き無限のほうはどうか。

実はこの〔良き「無限」という〕命名は，以下のような六つのステップに要約できる手続き全体の結果である。

a. 何ものかは，外的な差異から出発して一として指定されている（それは他のものとは他のものである）。

b. だが何ものかは内具的に識別可能であるべきなので，みずからの一における〈他の標記〉を自己自身のうちにもつと考えなくてはならない。何ものかは外的な差異を取り込みつつ，また他の何ものかを**空にし**，その結果，この他の何ものかは，もはや**一つの**他の項ではなくなり，空虚な空間，〈空っぽの他〉となる。

c. 存在しながらも，みずからの〈非−存在〉を自己自身のうちにもつ何ものかは，みずからの限界がまた境界でもあることを見て取り，みずからの存在全体が踏み越え（〈ある−べき〉として存在すること）であるということを見て取る。

d. 踏み越えは点 b にもとづいて空のなかでなされる。この〈空〉と〈何ものかの反復〉との交替がある（何ものかはみずからの限界を再び繰り広げ，次にその限界を境界としてまたもや踏み越える）。これが悪無限である。

e. この反復は現前的である。何ものかの純然たる現前性は潜在的に反復の現前性と反復の法とを保有する。それは，有限（規定態）／無限（空）の交替運動の個々の鼓動がその局所態となすところの包括態である。

f. この潜在性を名づけるために，私は**空から名を引き出さ**なくてはならない。なぜなら自己との関係としての純然たる現前性は，われわれがいまいる地点においては，空それ自体であるからだ。そして空は悪無限の超−有限的な反対極性であるから，必然的にその名は，無限，良き無限でなくてはならない。

したがって無限とは，自己反復するものが現前する際に，反復が潜在性へと収縮することである。反復が尽き果てるところの空から出発して「無限」と名づけられた収縮。良き無限とは，悪無限の反復可能態において出来するものの名である。それは空から引き出された名であり，この空の縁に沿ってなるほど退屈なプロセスが経過するのであるが，この空を現前性として扱う

ことによって，それが主観的には無限なものだと宣言しなければならないということもわかるのである。

　無限についての弁証法は完全にできあがっているように思われる。とすれば，そのやりなおしはどこから到来するのだろうか。

4　量の秘法

　無限は良きものと悪しきものへと引き裂かれていた。だがいまや無限はまた新たに，質的無限（われわれがたったいまその原理を研究した無限）と量的無限へと引き裂かれる。

　この回転ドアの鍵は，迷宮のごとき《一》の複雑な論理にある。無限の問いを再び取り上げなくてはならないのは，〈一の存在〉が量と質とでは同じように作用しないからである。さらに存在点——規定態——は量においては，質の構造とは逆さまに構築されているからである。

　私がすでに指摘したのは，第一の弁証法の果てでは，何ものかはもはや自己自身にしか関係しないということだった。良き無限において，存在は対自的であり，みずからの他者を「空にし」た。存在は〈みずからがそれであるところの一〉の標記をいかにして保有できるのか。質的な「何ものか」のほうは，それが自己自身のうちに自分とは他のものをもつということによって識別できる。反対に，量的な「何ものか」は他のものなしに存在するのであり，したがって，**その規定態は無差異〔無差別〕である**。量的な《一》は，何ものとも異ならない純然たる《一》の存在であるということ，これを理解しよう。量的な《一》が識別不可能であるということではない。**それは《一》の識別不可能態であることによって，すべてのものにおいて識別可能である**。

　量を基礎づけるもの，量を識別するもの，それは本来的に言って，差異の無差異〔量の違いには差異がないこと〕，すなわち匿名の《一》である。だが量において〈一であること〉が差異をもたないのは，その限界が必然的に限界ではないからである。というのも，われわれが見たように，一切の限界は他のものを取り込んだ結果だからだ。ヘーゲルは，「存在に無関心〔無差異〕となった規定態，限界ではないような限界」を語るだろう。しかし，限界でな

い限界には穴が開いている。量の《一》，無差異な《一》（それが数である）
は，その〈無−差異〉が自己の外に〈自己と同じもの〉を増殖させることで
もある以上，また〈多なる一〉でもある。その限界がただちに〈非−限界〉
でもある《一》は，「自己に外的な多性によって，無差異な《一》をその原
理ないし単位〔統一性〕とする，自己外的な多性において」実現する。

　かくしてわれわれは，質的無限と量的無限のそれぞれが産出される運動の
差異を把握する。質的な何ものかの本質的な時間が**他性の取り込み**（そこで
は限界が境界となる）であるとすれば，量的な何ものかのそれは**同一性の外
在化**である。質的な何ものかの場合は，境界を踏み越えていかざるをえない
〈二のあいだ〉で一が存在と戯れる。量的な何ものかの場合は，《一》はみず
からを〈多なる《一》〉であるようにし，すなわち，自己を自己の外へとま
き散らすことが休止となるような統一性であるようにする。質の無限は，一
が他のものから生じる同一化の弁証法に従う。量の無限は，同じものが《一》
から生じる**増殖**の弁証法に従う。

　したがって数の外部性とは，反復が続行される場である空のことではない。
数の外部性とは，多なる増殖としてのそれ自身である。質と量では操作子が
異なると言ってもよい。質的無限の操作子は踏み越えである。量の操作子は
重複である。一方は何ものかを〈置き−なおす〔re-poser〕〉（まだ〔さらに〕），
他方は何ものかを〈置き−入れる〔im-poser〕〉（あいかわらず）。質において
反復される事態は，〈他のもの〉とは，みずからの限界を越えなくてはなら
ない内部だということである。量において反復される事態は，〈同じもの〉
とは，みずからをまき散らさなくてはならない外部だということである。

　こうした差異から生じる決定的な帰結は，量の良き無限とは，純然たる現
前性，内的潜在性，主観的なものではありえないということである。という
のも，量の《一》の〈同じもの〉はそれ自身においても増殖するからである。
それは自己の外部ではやむことのない数（無限に大きいもの）であるとして
も，内部では外的なものにとどまり，つまり無限に小さいものである〔自分
より大きな数を無限に生み出していくから〕。《一》が自己自身において散種して
いることはその増殖と釣り合っているのだ。量的なものの内部にはいかなる
現前性もない。限界が無差異〔無差別〕である以上，同じものは至るところ

222 III 存 在——自然と無限

に限界を自由に配-置する〔dis-poser〕。量的無限性の配列である数は，普遍的に悪しきものであるように思われる。

現前性のこうした袋小路（われわれにとっては，数が免算的なものの危険，非現前性の危険を課す様子を見るのは喜びであるが）に対峙したヘーゲルは，次のような解決方針を提出する。すなわち，無差異な〔無差別な〕限界が最終的には現実の差異を産出すると考えるのである。真の——あるいは良き——量的無限は，**無差異を差異に投入**〔投資〕**する**ものとなるだろう。例えば，こう考える向きもあるかもしれない。すなわち数の無限性とは，増殖しあれこれの数を構成する《一》を越えて一つの数**である**ことだ，と。量的無限性とは，量としての量であり，増殖の増殖であり，端的に言い換えれば，量の質，すなわち，他のあらゆる規定からその質において区別される量的なもののことなのだ，と。

だが私の見解では，これは上手くいかない。何が上手くないのか。命名の仕方がである。量の質的本質があるということ，これはよい。だがどうしてそれを「無限」と名づけなくてはならないのか。**無限という名は空から引き出されたのであるから**，そして空はプロセスにおける超有限的な反対極性であったから，質的無限の場合にはその名は適していた。数の増殖に空はない。というのも《一》の外部は内部であり，《《一》と同じもの》がみずからをまき散らすようにする純然たる法**である**からだ。ここでは，他のものの徹底的な不在，無差異によって，〈有限な数〉の本質（その数性）が無限であると宣言することは不当となる。

別の言い方をすれば，**ヘーゲルは数に介入するのに失敗している**のだ。ヘーゲルが失敗するのは，空における踏み越えの純然たる現前性（質的な良き無限）と量の質的概念（量的な良き無限）とのあいだに彼が提出する名の同等性が，だまし絵であり，思弁的演劇の錯覚的な光景だからである。同じものと他のもの，増殖と同一化とのあいだに対称性はない。その努力がどれほど英雄的であるとしても，それは純粋な多の外在性そのものによって事実上**妨げられている**。ここにおいて数学は弁証法の不連続性として到来する。離接した二つの言説次元を同じ呼び名——無限——で縫合することによってヘーゲルが覆い隠そうとするのは，この教訓である。

5　離　接

　ここでヘーゲルの企ては，その現実^{レエル}として，純粋離接の不可能事に遭遇する。ヘーゲルの前提条件から出発すると，数における《一》の反復は否定的なものの内部によって止揚されるがままにならないと確認せざるをえない。ヘーゲルが思考できないもの，それは〈同〉と〈同〉との差異であり，すなわち二つの文字の純然たる措定である。質的なものの場合，すべては，〈他のものが一によって存在点を標記する必要〉の不純性に源をもつ。量的なものの場合は，《一》の表現を標記することはできず，その結果，一切の数は一切の他のものから離接されていると同時に同じものから構成されることになる。無限を欲するのであれば，《他》の場をもろもろの〈同じ他のもの〉の存続全体から一挙に離接させる決定に対して，われわれをここで保護してくれるものは何もない。ヘーゲルが純粋な多の迷路のなかでさえ弁証法的連続性を保持せんとし，またその連続性を存在点のみから生じさせようと欲したとしても，彼は無限に追いつくことはできない。実存の第二の押印なしですますことはできない相談なのだ。

　離接の決定は，たとえそれが表象と経験から追い払われたとしても，質と量というよく似た二つの弁証法のあいだの裂け目を通して，テクストそのもののなかに舞い戻ってくる。この二つの弁証法はきわめて似ているので，双子のような両者の溝をのぞき込み，両者の不調和という逆説を見ないようにするには，一方から他方へと投げかけられた脆弱な言葉のタラップ——無限と呼ばれるタラップ——しかないのだ。

　量的な「良き無限」なるものは，まさしくヘーゲルの妄想である。カントールは，まったく別の精神病^{プシコーズ}——神は非整合性であるという精神病——から，無限な多性〔無限集合〕を正当に命名するものを引き出さざるをえなかった。しかし，そのとき彼は，ヘーゲルが〈差異化可能な無差異〉という秘策によって悪しきものとして縮減できると想像したあの増殖を，代償としてもたらしたのだった。

IV

出来事──歴史と〈超‐一〉

省察 16

出来事の立地と歴史状況

　われわれがカントールの発明に導かれて特定した〈存在としての存在〉の諸カテゴリーは，さしあたり以下のとおりである。現前化の一般形態である多，存在の固有名である空，現前化の構造（あるいは〈一と計算すること〉）の再現的〔表象的〕重複である超過すなわち状況の状態，多的な仕方で〈そこにたたずむこと〉の安定性と同質性の形態である自然，自然な多をそのギリシア的限界の彼方へと拡大することを決定する無限。

　これから私は「〈存在としての存在〉ではないもの」の問いに着手するが，それは以上のように構成された枠組みのなかでのことである。この「〈存在としての存在〉ではないもの」をいきなり〈非−存在〉と呼ぶことはうかつであろう。

　驚くべきことに，ハイデガーにとって，〈存在ではないもの〉は芸術との否定的な 対 照 によって区別されている。実際，彼にとって，ピュシスは芸術作品によって——そしてそれによってのみ——開花し，形〔作品〕になるものである。「その他の一切の現れるもの」——自然という現れそのものとは他のもの——が確認され接近可能になるのは，「計算しないものとして，無として」でしかないが，そのことをわれわれが知るのは芸術作品によってなのである。かくして無とは，それが〈そこにたたずむこと〉が存在の黎明や現れの自然な動きとは異なる外延をもつものである。それは分離されることによって死んだものである。ハイデガーは無の措定を，すなわち〈存在ではないもの〉の措定を，ピュシスの圧倒的な優位のなかに基礎づける。無とは，現れからの不活性な落下物，〈非−自然〉であり，ニヒリズムの時代に

228　IV　出来事——歴史と〈超−一〉

おけるその極みは，現代技術の暴力的かつ抽象的な権勢のなかで一切の自然な現れが取り消されるという事態である。

　私はハイデガーから彼の命題の根幹を取り出そう。すなわち〈存在ではないもの〉についての思考の**場**は〈非−自然〉であり，それは自然な，安定的な，正常な多性とは〈**他の**現前するもの〉であるということ，これである。〈存在とは他のもの〉の場は，〈異−常〉，不安定，反自然である。このように自然の対立者として規定されたものを，私は**歴史的**と呼ぶ。

　〈異−常〉とは何か。省察8の分析論で，正常な多性（現前化も表象〔再現前化〕もされているもの）の第一の対立者は，現前してはいるが表象されてはいない特異な多性であった。それは状況に包含されることなく状況に所属する多であり，要素ではあるが部分ではない多である。

　現前化した多が同時に状況の部分ではないということは，その多を構成するもろもろの多のいくつかが状況の項ではないということを必然的に意味する。実際，現前化した多の**すべて**の項が状況のなかに現前しているのであれば，それらの項の集積体——言い換えれば，多〔集合〕それ自身——は状況の**部分**〔部分集合〕であり，したがって状態によって計算されている。あるいはまた，多が現前していると同時に表象されているための必要十分条件は，そのすべての項も現前していることである。一つの喩え〈イメージ〉を出してみよう（実はかなり大雑把な喩えだが）。人間の家族とは，社会状況において現前化した一個の多である（その家族が同じ一つのアパルトマンで一緒に暮らしているとか，ヴァカンスに出かけるなどという意味で）。また家族の**各々**が届け出をして市民状態にあるとか，フランス国籍をもつとかいう意味で，それは表象された多，部分でもある。しかしながら，肉体的に〔物理的・ピュシス的に〕〈フィジックマン〉つながった家族の一員が届け出ておらず不法のままでいて，そのためひとりで外出できなかったり変装したりする場合，この家族は現前しているにもかかわらず，表象されていないと言える。つまりそうした家族は**特異な**〔singulière（変な）〕家族なわけだ。事実，家族という現前化したこの多の構成員の一人は，**状況のなかで**〔その身分において〕非現前のままである。

　これがどういうことかと言えば，一個の項は，それ自身がじかに状況の多であることなしに，それが属する多によってのみ状況のなかに現前化される

こともありうるということだ。そうした項は現前化による〈一と計算すること〉のもとにあるが（その項はそれが属する〈一なる多〉に即して存在するのだから）、それは分出された仕方で〈一と計算されて〉いるのではない。こうした項が一つの多に属しているということが、それを特異なものにしているのである。

〈異−常〉、反自然、つまり歴史を、特異性の遍在と考えることは理に適っている——われわれが自然を正常性の遍在と考えたのとまったく同様に。歴史性の〈多なる形式〉は、〈特異なもの〉の不安定さのうちに全面的に存在するものであり、状態のメタ構造が掌握しえないものである。それは状態による計算の再保険を逃れる免算点である。

私はこうした完全に〈異−常〉な多、言い換えれば、そのいずれの要素もが状況のなかに現前化されていないような多、これを**出来事の立地**と呼ぼう。この立地はそれ自体は現前化されているのだが、その「下では」、その立地を構成する何ものも現前化されておらず、したがって、立地は状況の一部分ではない。またこのような多（出来事の立地）は**空の縁**にあると、あるいは**創始的**〔fondateur（基礎づけ的）〕であるとも言おう（これらの呼び方については後で説明しよう）。

先ほどの家族の喩えを再び出すなら、その**すべて**の成員が不法であり（あるいは届出をしておらず）、家族の外出という集合形態のもとで**しか**みずからを現前させない——公の場に現れない——ような具体的な家族のことが思い浮かぶだろう。要するにそうした多は〈みずからがそれであるところの多〉として**しか**現前化していないのである。その項のいずれもがそれとして〈一と計算されて〉おらず、もろもろの項からなる多のみが一をなしている。

このような多は、状況の地点から見たとき、現前化していないもろもろの多から構成されているわけだが、このことを考えれば、なぜ出来事の立地が「空の縁に」あると言えるかが明らかになる。この多のちょうど「下には」（すなわち、この多を構成するもろもろの〈多なる項〉を考えてみた場合）、**何もない**（それらの項はどれも〈一と計算されて〉いないのだから）。したがって立地とは、構造効果の**極小**のことであり、すなわちその立地は状況に属しているが、その立地に属するものはもはや状況に属してはいないというよう

な，そうした**極小**のことである。こうした多が空に接する縁効果がどこから発生するかというと，計算を免れるものであるがゆえに，〈状況から見れば非−整合と見えるもの〉からしか整合性（〈多なる一〉）は構成されないということ，このことからである。この多は状況のなかに存在するのではあるが，その多をなしている**当のもの**は存在しないのである。

まさしくこのような多が計算効果にとって極小であるということから，なぜ出来事の立地（あるいは空の縁にある立地）が創始的〔基礎づけ的〕であると言えるのかが明らかになる。もちろん，この多は続いてもろもろの整合的な組み合わせのなかに入っていくことができ，状況のなかで〈一と計算された〉多に**属する**こともできるようになる。しかし，この多それ自体は，そこに属するものが何も現前化していないというかたちで純粋に現前しているのであるから，状況内部の組み合わせの結果ではありえない。お望みなら，それは状況の〈最初の一〉であると言ってもよい。すなわち「先立つ」計算の結果ではなく，計算に「迎え入れられた」多である，と。この意味において，この多は構造から見て分解不可能な項であると言うことができる。その結果，出来事の立地は多の組み合わせによる無限遡行を停止させる。出来事の立地は空の縁に存在する以上，この立地が現前化される手前を思考することはできない。したがって，出来事の立地は状況における絶対的に最初の項であり，組み合わせからの派生に則った問いをさえぎるのであるから，この立地が状況を**創始する**と言うことは正しいのである。

自然な多性の概念とは違って，出来事の立地の概念は内具的でも絶対的でもないということに気づいてほしい。というのも，一個の多は，ある状況では特異である（その多自体は現前しているが，その要素は現前していない）が，また別の状況では正常である（その要素がこの新しい状況では現前するようになる）ということも大いにあるからだ。それに対して，それ自体が正常であり，かつまたその項も正常である自然な多は，それがどこに現れようと，その〔正常という〕性質を保存する。自然は絶対的であり，歴史性は相対的である。**正常化**されることがつねにありうるということが，特異者たちの深い特徴である。そもそも政治的−社会的な《歴史》が示しているように，出来事のあらゆる立地は，最後には状態〔国家〕による正常化〔規格化・正規化〕

を被る可能性をもつ。だが自然な正常性を特異化することは不可能である。歴史性があるためには出来事の立地が必要であるということを受け入れるならば，歴史は自然化できるが，自然は歴史化できないということが確認されるだろう。そこには際立った非対称性があるのであって，この非対称性によって，自然と歴史との一切の次元の統一が——純粋な多の存在論的思考の枠組みの外では——禁じられるのである。

　別の言い方をすれば，出来事の立地の定義のうちにある**否定的**なもの（表象されていないということ）によって，「それ自体としての〔即自としての〕」立地を語ることが禁じられる，ということである。一つの多が立地であるかどうかは，その多が現前化されている（一と計算されている）状況との相関関係による。多は状況の**なか**でしか立地ではない。それとは反対に，みずからのすべての項を正常化する自然の状況は内具的に定義可能であり，それがさらに広い現前化の枠のなかで〈下位−状況〉（〈下位−多〉）となった場合でも，みずからの性質を保存する。

　したがって，自然の状況の定義が包括的であるのに対して，出来事の立地の定義は**局所的**であるということ，この点をしっかりとおさえておくことは本質的である。状況のなかには，ある種の多が空の縁にある（しかしその他の多はそうではない）ような，そのような〈立地−**点**〉しかないと主張することができる。それに対して，自然の状況は包括的にある。

　私は『主体の理論』のなかで，〔大文字の〕《歴史》は実存しないというテーゼを導入しておいた。それは《歴史》の意味についての通俗的マルクス主義の考え方を反駁するためであった。本書のような抽象的な枠組みにおいても，同じ考えが次のような形で再び現れる。状況のうちに出来事の立地があるのであって，出来事的な状況があるのではない，と。われわれはいくつかの多の**歴史性**を考えることはできるが，**一つの**《歴史》を考えることはできない。この考え方から導かれる実践上——政治上——の帰結は，それが行動の差異位相学を開始するがゆえに，きわめて重要である。全体性の状態にその源をもつ転覆という発想は想像的である。変形のためのラディカルなあらゆる行動の源は，状況の内部において出来事の立地となる**一つの点のうち**にこそある。

232 IV 出来事──歴史と〈超-一〉

これは，状況という概念は歴史性とは無関係だということだろうか。そういうわけではない。実際，当たり前のことだが，考えうるすべての状況が出来事の立地を必ずはらんでいるわけではない。この指摘は状況の類型論とでも言うべきものへ通じるだろう。この類型論は，ハイデガーから見れば，〈存在者の存在〉についての学説ではなく，存在者「全体」ついての学説の出発点だろう。この状況の類型論については後回しにしておく。この類型論によってのみ知の分類が整理可能となり，一時期「人間科学」と呼ばれたあの寄せ集めの地位も認知できるようになる。

さしあたり，われわれにとっては，出来事の立地がある状況とそれがない状況とを区別しておけば十分である。例えば，自然な状況のなかに立地はない。だが現前化の体制には他にも多くの状態があるのであって，とりわけ，特異な項，正常な項，過剰体といった項の配分が，自然な多をも出来事の立地をもともなわないような状態もある。それはわれわれの実存を織り成す巨大な貯蔵庫，**中立的**状況の貯蔵庫であり，そこでは生命（自然）も行動（歴史）も問題にならない。

少なくとも一つの出来事の立地が形をなしている状況を，私は**歴史的**と名づけよう。私はこの「歴史的」という言葉を，自然な状況の内具的な安定性に対置して選択する。歴史性は局所的な判別基準であるという事実を私は強調する。すなわち，状況が現前させつつ計算するもろもろの多の（少なくとも）一つは，立地である。言い換えれば，それ自身の諸要素（それが取り集め〈多なる一〉にするところのもろもろの多）のいかなるものも状況のなかに現前化していない，そうした立地である。つまり歴史状況は，少なくともそのもろもろの点の一つにおいて，空の縁にあるのだ。

かくして歴史性とは，みずからの存在の点的な限界〔境界〕上にある現前化のことである。ハイデガーとは逆に私はこう主張する。すなわち，何かが表象もしくは状態から差し引かれているのであれば，存在が現前性という近所へと出-来してくるのは歴史的な局所化を通ってである，と。そして，構造的な安定性であり，現前と再現前との均衡である自然は，むしろ現存在がそこから最大の忘却を織り上げるところのものである，と。現前性と計算とが過剰に密集した自然は，非整合性を穴埋めして覆い隠し，空から身を背け

る。それはあまりに包括的であまりに正常であるがゆえに，みずからの存在
の出来事的な召集へと開くことができない。〈多なる存在〉は整合しない〔非
存立する〕ということが，追加作用のめぐり合わせのなかで判明するのは，
歴史の地点においてのみ，出来事の立地の再現前化のはかなさにおいてのみ
なのである。

省察 17

出来事の数学素

　ここでは私は構成的な方途によって事を進めよう。というのも実際のところ，出来事は多の分析論の内部にはないからである。とりわけ，出来事はつねに現前化のなかで**局所化可能**であるとしても，それとして現前化されてはいないし，現前化可能でもない。出来事は定数外である（〈在る〉のではないが）。

　ふつう，出来事は〈出来するもの〉の純粋な経験性のなかへ追い払われ，概念の構成は構造にのみ割り振られている。私の方法は逆である。私にとって，〈一と計算すること〉は現前化の自明事である。出来事こそが概念構成の領域に属する。それは二重の意味においてである。すなわち，出来事を**思考する**ことは出来事の抽象形式を〈先取り〉することでしかなされえないし，そして出来事が**判明になる**のは，それ自体完全に反省された介入的実践による〈遡及〉においてのみであるからだ。

　出来事はつねに局所化可能である。これはどういうことか。何よりもまず，いかなる出来事も状況の全体には直接関わらないということである。出来事はつねに状況の一地点に存在する。つまり，出来事は状況のなかに現前化した**一つの多**に「関わる」ということだ（「関わる」という語がどういう意味であれ）。出来事がなんらかの状況において「関わる」ことの**ありうる多の型**について，その特徴を一般的な仕方で言うことは可能である。予想されるように，それは出来事の立地（あるいは空の縁にある立地，あるいは創始的な立地）と私が名づけたもののことである。自然な出来事というものはないし，また中立的な出来事というものもないと，そうきっぱりと措定しよう。

自然なあるいは中立的な状況のなかには**事実**しかない。事実と出来事の区別
は，最終的には，自然なあるいは中立的な状況（その基準は包括的である）
と歴史状況（その基準──立地の実存──は局所的である）の区別へと送り
返す。少なくとも一つの立地を現前させる状況のなかにしか出来事はない。
出来事はその定義そのものにおいて，状況の歴史性を集約する場・地点に結
ばれている。どんな出来事も歴史状況のなかに特異化しうる立地をもつ。

　立地とは，出来事が「関わる」多の局所的な型のことを指す。出来事があ
るのは，立地が状況のなかに実存するからではない。そうではなく出来事が
ある**ためには**，立地の局所的な限定が必要であり，要するに空の縁にある少
なくとも一つの多が現前化している状況が必要なのだ。

　立地が現にあるということ（例えば，労働者階級とか芸術的潮流の特定の
状態とか科学の袋小路とか……）と出来事の必然性との混同は，決定論的も
しくは包括論的な思考の十字架である。立地は結局のところ出来事の**存在条
件**にすぎない。たしかに状況が自然的，密着的あるいは中立的であれば，出
来事は不可能である。しかし空の縁に一個の多が現にあるからといって，そ
れが出来させるのは出来事の可能性でしかない。出来事がまったく起こらな
いということもつねにありうる。立地が厳密な意味で「出来事的」となるの
は，出来事によって遡及的に形容されるようになってからにすぎない。とは
いえ，われわれは立地について，現前化の形式に結びついたその存在論的な
特徴を知っている。すなわち，立地はつねに〈異−常〉な多であり，空の縁
の多である。したがって，たとえ歴史状況が**必然的**に出来事を産出するわけ
ではないにせよ，出来事があるのはなんらかの歴史状況と相関してのみであ
る。

　そして今や，ここがロードスだ，ここで跳べ（hic Rhodus, hic salta）[1]。

　ある歴史状況のなかに出来事の立地 X があるとしよう。

　**一方では立地の諸要素から構成され，他方では自分自身から構成されている
ような多を，私は立地 X の出来事と呼ぶ。**

　出来事の数学素をここに書き込むことは贅言ではない。状況を S とし，出
来事の立地を $X \in S$（X は S に属する，X は S によって現前化されている）と
しよう。出来事は e_x と表記しよう（「立地 X の出来事」と読む）。そのとき，

236　IV　出来事——歴史と〈超－一〉

私の定義は次のように書くことができる。

$$e_x = \{x \in X, e_x\}$$

すなわち出来事は，その立地に属するすべての多と出来事それ自体から〈一つの多〉を作るということである。

　二つの問いが即座に生じる。第一の問いは，この定義がどの程度まで出来事の「直観的」な観念に多少とも対応しているのかという問いである。第二の問いは，出来事が状況のなかにいかなる場所をもつかに関して，この定義から出てくる帰結を規定する問いである（出来事の立地が絶対的に特異な状況の多であるという意味で，出来事は状況の出来事である）。

　第一の問いに対してはある喩えで答えよう。「フランス革命」という連辞があるとしよう。これらの語で何が理解されなくてはならないのか。「フランス革命」という出来事は，その立地を構成する一切のもの——すなわち1789年から（例えば）1794年までのフランス——を一つにしていると確かに言うことができる。そこには三部会の有権者たち，《大恐怖》の農民たち，都市のサンキュロットたち，国民公会の関係者，ジャコバン諸派，国民総動員下の兵士たちなどがいる。そればかりではない。また食料価格，ギロチン，論壇の影響，数々の殺戮，イギリスのスパイ，ヴァンデの反革命軍の人々，アシニャ紙幣，劇場，『ラ・マルセイエーズ』，等々も見られる。歴史家は時代が委ねるあらゆる痕跡や事実を「フランス革命」という出来事のなかに含めるに至る。だがこの手法——立地のすべての要素の目録作成——では，出来事の一は分解され，共存するさまざまな挙措，事物，言葉の果てしない列挙にすぎなくなるだろう。こうした散種の停止点をなすのは，**《革命》が《革命》それ自身の枢軸的な項となるその様式**であり，言い換えれば，時代の意識が——そしてわれわれの意識の遡及的な介入が——立地全体をその出来事を表す形容の一によって濾過〔選別〕する仕方である。例えばサン゠ジュストが1794年に「フランス革命は凍りついた」と宣言するとき，なるほど彼は一般的な倦怠と制約の無数の徴候を指して言っているのではあるが，彼はまたそこに《革命》それ自体を示す**一の特徴線**を，出来事のシニフィアンと

して付け加えてもいるのだ。そしてこの出来事のシニフィアンは，出来事が形容されうることによって（革命は「凍りついた」），この出来事自体が，みずからそれであるところの出来事の**項**であることを証示しているのである。出来事としてのフランス革命については，それは1789年と1794年のあいだに位置する事実の連なりからなる無限の多を呈示していると言うと同時に，それに**加えて**，それは自分自身を，自分自身の多の内在的な要約として，〈一の特徴線〉として呈示してもいるのだと言わなくてはならない。《革命》は，歴史的な遡及によってそれとして解釈された場合でも，それ自体としてはやはり，その立地のもろもろの項の列挙にのみ尽きない定数外のものである（革命はそうした列挙を呈示するけれども）。つまり出来事とは，みずからの立地全体を現前させる多であると同時に，自分自身の多に内在する〈自分自身の純粋なシニフィアン〉によって，現前化それ自体を──言い換えれば，自分自身である無限の多〔無限集合〕の一を──現前させるに至る多でもあるのだ。これは経験的には自明のことであるが，この自明事は，出来事の多にはその立地のもろもろの項に加えてさらに多自身の標記 e_x が属していると措定するわれわれの数学素に，まさに呼応している。

　とすると，以上の議論は，出来事が状況と取り持つ関係についてどのような帰結をもたらすだろうか。そして何よりもまず，出来事は，そのなかに出来事の立地がある状況の**項**であるのかないのか。

　ここで私は私の理論的建造物の岩盤に触れている。というのも，この簡単な問いに答えるのは──いまわれわれのいる地点では──明らかに不可能だからだ。ある出来事が実存するとして，**出来事がその立地の状況に属しているかどうかは，状況それ自体の地点からは決定不可能である**。実際，出来事のシニフィアン（われわれの e_x）は必然的に立地の定数外である。このシニフィアンは状況のなかに実際に現前化した多に呼応しているだろうか。そしてこの多はいかなるものであるのか。

　$e_x = \{x \mid x \in X, e_x\}$ という数学素を注意深く調べてみよう。立地 X は空の縁にあるから，その諸要素 x はいずれにせよ状況のなかには現前化されていない**のであり，ただ X それのみが現前化されている（例えば，「農民たち」は1789-90年のフランスの状況のなかにたしかに現前しているが，貴族の城館

を襲ったあの《大恐怖》の農民たちが現前しているわけではない）。出来事が現前しているかを確かめたいと思っても，出来事の別の要素，すなわち出来事それ自体のシニフィアン e_x という別の要素が残る。かくして決定不可能性の根をはっきりと見ることができる。すなわち問題は循環的なのだ。出来事が状況のなかに現前しているかを確かめるためには，その出来事が自分自身の要素として現前しているかを確かめることができなければならないだろう。フランス革命がたしかにフランス史の一つの出来事であるかどうかを知るためには，フランス革命がたしかにフランス革命自身の内在的な項であることが立証されなくてはならない。〈非‐存在〉が存在へ出来すること，不可視なものが可視的なものへ出来すること――そうしたものとして出来事が状況のなかに現前している〔存在する〕と言うことができるのは，もっぱら**解釈的介入**のみなのであり，このことをわれわれは次章で見るだろう。

　さしあたりわれわれは二つのありうる仮説の帰結を調べることしかできない（この二つの仮説は実は一つの解釈的介入，一つの**切断**の広がり全体によって分離されている）。出来事は状況に属するという仮説と，あるいは出来事は状況に属さないという仮説である。

　――**第一の仮説**，すなわち出来事は状況に属する。状況の観点から見れば，出来事は現前的存在者として**存在する**。しかしながら，その特徴はまったく特殊である。まずは，出来事は（それがそこに属するとわれわれが仮定する状況のなかで）**特異な多**であるということに注目しよう。実際のところ，それが正常であり，したがって表象〔再現前化〕されうるというのであれば，出来事は状況の**部分**だということになるだろう。だがこれは不可能である。なぜなら出来事には，その立地の諸要素が，すなわち立地が空の縁に存在する以上それ自体は現前化されていない諸要素が，属しているからである。したがって出来事は（そもそも直観によって容易に把握されるように）状態においては，すなわち状況の部分という観点からは，思考しえないのである。状態はいかなる出来事をも数えない〔考慮しない〕。

　とはいえ出来事は，**それが状況に属するのであれば**――状況に現前しているのであれば――それ自身が空の縁に存在するわけではない。というのも自己自身に属するというあの本質的な特徴 $e_x \in e_x$ をもつ出来事は，それが多で

あるかぎりで，少なくとも一個の現前化している多を——すなわち自己自身を——現前させているからである。われわれの仮説にあっては，出来事それ自体である多に出来事のシニフィアンが属することによって，出来事はみずからの**全面的な**特異化を妨げる。それを次のように言おう。出来事は出来事の立地ではない（立地と合致しない），と。出来事はみずからの立地の諸要素を「動員する」が，さらにそこに自分自身の現前化をも付け加えるのだ。

状況の観点から見れば，仮定したように出来事が状況に属する場合，出来事は出来事それ自身によって空から分出される。これこそ，われわれが出来事の〈超－一〉の存在と呼ぼうと思うものである。なぜ〈超－一〉なのか。なぜなら，出来事がその立地と同じく空の縁に存在するのではないことを保証する〔出来事の〕唯一の項は，〈出来事がそれであるところの一〉であるからだ。そして，出来事は**一である**。というのも，われわれはそれが状況によって現前化されると，つまりそれは〈一と計算すること〉の手に落ちると，そう仮定したのだから。

出来事が状況に属すると宣言することは，結局，次のように言うことである。すなわち，出来事は空と自身とのあいだに自分自身を介在させることによって，みずからを概念上その立地と区別する，と。この介在は自己自身への所属に結びついており，〈超－一〉である。なぜなら，それは同じものを二回，一として計算しており，すなわち〈現前化された多〉としてと同時に，〈みずからの現前化において現前化された多〉としても計算しているからである。

——**第二の仮説**，すなわち出来事は状況に属さない。これは「場以外の何ものも場をもたなかった〔起こらなかった〕」という結果になる。というのも出来事は自己自身のほかには，みずからの立地の諸要素（状況のなかに現前していない諸要素）しか現前させないからである。出来事自身も現前化していないのであってみれば，状況の観点から見て，出来事によって何も現前化されていない。結果として次のようになる。すなわち，シニフィアン e_x が，いまのところまだ謎である操作によって，一つの立地の沖合で，そのシニフィアンを現前させない状況に「付け加わる」のであるかぎり，そのシニフィアンに包摂されうるのは**空のみ**である，と。なぜなら，いかなる現前化可能な多も，この名の呼びかけに応答しないのだから。そして事実，「フランス革命」

240 IV 出来事——歴史と〈超−一〉

とは純然たる語でしかないと措定してみれば，現前化された（そして現前化されていない）無限の事実を眺めたうえで，そうしたことは**何も起こらなかった〔場をもたなかった〕**と難なく**証明する**ことができるだろう。

以上のように，出来事は状況のなかに存在し，自己自身と空とのあいだにみずからを介在させることによって立地の〈空の縁〉を断ち切るか，あるいは出来事は状況のなかに存在せず，その命名能力が空それ自体にのみ向けられるか（それが「何ものか」に向けられるのであればだが），そのどちらかである。

出来事が状況に属するかどうかについての決定不可能性は，二重の機能として解釈できる。出来事は一方では空を暗示し，他方では空と自己自身とのあいだにみずからを介在させるだろう。出来事は空の名であると同時に現前構造の〈超−一〉でもある，ということになるだろう。そして，この〈空を名指す超−一〉によって，〈非−存在〉の存在が——言い換えれば，**実存する**ということが——歴史状況の内−外において，その秩序のねじれにおいて，展開されることになるのである。

解釈的介入が保持すると同時に切断しなければならないのは，こうした観点そのものである。出来事は状況に属すると言い渡すことによって，解釈的介入は空の闖入を妨害する。しかし，それは状況それ自身にみずからの空を告白させるためでしかなく，またそうして〈非整合的存在〉と〈中断された計算〉から，一個の実存の〈非−存在的〉な炸裂を突発させるためでしかないのである。

訳注
[1] 『イソップ寓話』の「ほら吹き男」に由来する言葉。ほら吹きのアスリートがロードス島の競技大会から帰ってきて，「ロードスで大跳躍をした」とほらを吹くので，それを聞いた人が，「ここがロードスだと思って，跳んでみろ」と切り返したという逸話。「論より証拠」や「今この場で決断せよ」といった意味で使われる。ヘーゲルが『法哲学』の序文で引用したことでよく知られる。またマルクスも『資本論』のなかで引いている。

省察 18

存在による出来事の禁止

　自然な状況の存在論的（あるいは数学的）な図式は順序数である（省察12）。出来事の立地（あるいは空の縁の立地，あるいは基礎づけられた立地）の存在論的な図式はどのようなものでありうるか。そしてまさにそのことによって歴史状況の存在論的な図式はどのようなものであるのか。この問いの検討は以下のような驚くべき結果へ導くだろう。すなわち，一方では，**一切**の純粋な多，〈存在としての存在〉の考えうる一切の審級は，ある意味で「歴史的」ではあるが，しかしそれは空の名，標記 Ø が歴史的な多性として「通用」すると認めることを条件とする（これは存在論自身以外の状況ではまったく不可能である）。他方，出来事は禁じられおり，存在論は出来事を〈存在としての存在ではないもの〉のなかへと投げ捨てる。われわれは省察12において空を自然な多として取り扱ったが，今度はそれを立地として取り扱おうというのであるから，存在の固有名である空は相矛盾する規定を免算的に支えるのだということを，ここでわれわれはいま一度確認していこう。しかしそれだけではなく，自然と歴史との対称性が空のそうした無差異〔無差別性〕において止むということも，また見ていこう。というのも，存在論は自然なあるいは正常な多の完全な学説──順序数の理論──を受け入れるが，出来事の学説を，したがって本来の意味での歴史性の学説を受け入れはしないからである。出来事ということによって，われわれは数学者の存在論の領野の**外部**にある最初の概念をもつ。それこそは数学者の存在論がある特殊な公理──すなわち「基礎の公理」──によって決定を下す地点（いつものように点だ）である。

242 IV 出来事——歴史と〈超－一〉

1 歴史性と不安定性の存在論的図式

省察12によってわれわれは，推移集合（一切の要素が部分でもあり，所属が包含を含意する集合）のなかに〈正常な多〉の存在論上の相関物を見ることができるようになった。反対に，歴史性は特異性にもとづいて，「空の縁」にもとづいて，包含されることなく所属するものにもとづいて基礎づけられる。

こうした観念をどのように形式化すべきか。

一つの例を取ろう。自分自身の要素とならないという規則にのみ従う，空〔空集合〕ではないある多を α とする（$\sim(\alpha \in \alpha)$ である）。α を一に置いた集合 $\{\alpha\}$，すなわち，α を唯一の要素とする単集合 $\{\alpha\}$ を考える。α は $\{\alpha\}$ によって形式化された「状況」にとって空の縁にあるということが確認される。実際，$\{\alpha\}$ は要素として α しかもたない。ところで α は自分自身の要素ではない。したがって，ただ α のみを呈示する $\{\alpha\}$ が α のいかなる要素も呈示しないのは確かである。というのも，α の要素はどれも α とは異なるのだから。かくして状況 $\{\alpha\}$ において，多 α は出来事の立地であり，それは現前化〔呈示〕されているが，それに属するものは何も現前化〔呈示〕されていない（状況 $\{\alpha\}$ のうちには）。

α が $\{\alpha\}$ のなかの立地であるということ，したがって $\{\alpha\}$ が歴史状況を形式化したものであるということ（なぜなら歴史状況は立地を要素としてもつから）は，次のように表現可能である（これによって空が出現する）。すなわち，$\{\alpha\}$ は α のいかなる要素をも呈示しないのであるから，$\{\alpha\}$（状況）と α（立地）の共通部分〔交わり〕は空である，と。α が $\{\alpha\}$ にとっての立地であるということが言わんとするのは，空のみが α と $\{\alpha\}$ とに共通するものの名であるということ，すなわち $\{\alpha\} \cap \alpha = \emptyset$ ということである。

まったく一般的に言えば，歴史状況の存在論的図式は，〈初発の多との共通部分が空である多〉が少なくとも一個そこに属しているような多である。α のなかには $\alpha \cap \beta = \emptyset$ であるような一個の β がある。この β が α との関係において空の縁にあると言われるのがいかなる意味なのかは明らかである。

つまり空とは，β が α **のなかに**現前させるもの——すなわち無——の名なのである。この多 β は α における出来事の立地を形式化したものである。多 β の実存は α に歴史状況としての資格を与える。また β は α を**基礎づける**と言ってもいいだろう。というのも α への所属の停止点は，β が現前させるもののなかにあるのだから。

2　基礎の公理

ところで——そしてこれはきわめて重大な一歩であるが——この基礎づけ，この〈空の縁〉，この立地は，ある意味で存在論の一般法をなすことになる。ツェルメロによってかなり後から導入された，多のある《観念》（公理）——まったく正しく基礎の公理と呼ばれる公理——は，実は一切の純粋な多は歴史的であると，あるいは少なくとも一つの立地を含むと，そう措定する。この公理に従えば，実存する〈一としての多〉のなかには，それが現前させる多でありながら，初発の多に対して空の縁にあるような多がつねに実存する。

多のこの新しい《観念》の技術上の呈示から始めよう。

任意の集合 α があり，この α の要素を β としよう（$(\beta \in \alpha)$）。β が α に即して空の縁にあるとすれば，それは β のいかなる要素もそれ自体としては α の要素でないということである。すなわち，多 α は β を呈示するが，β が呈示するもろもろの多のいずれをも，分出された仕方で呈示しはしない。

これは β と α が**いかなる共通の要素をも**もたないという意味である。すなわち，β それ自体は一として α によって呈示されているが，その β という〈多なる一〉が呈示するどんな多も，α によって呈示されてはいないのである。二つの集合が**いかなる**共通要素ももたないということは次のように要約される。すなわち，この二つの集合の共通部分は空の固有名によってしか名指されえない，と。$\alpha \cap \beta = \varnothing$ である，と。

こうした完全な離接関係は他性の概念である。外延性公理が述べていたのは，ある集合の少なくとも一つの要素が他の集合の要素でないならば，その集合はその他の集合と異なるということであった。離接関係はそれよりも強

い。なぜならそれが語るのは，ある集合に属する**一切**の要素が別の集合に属さないということなのだから。それらの集合は集合として互いに**何**の関わりももたず，両者は絶対的に異質な二つの現前者である。それゆえ〈非-関係〉にほかならないこの関係は，存在（空）のシニフィアン——それが示すのは，考察対象である二つの多が，多**である**という共通点しかもたないということである——のもとでしか思考できない。要するに，外延性公理が〈他〉の《観念》であるのに対して，完全な離接は《他》の観念なのである。

αのなかの立地である要素βは，αとは《他》なる〈αの要素〉だとわかる。なるほどβはαに属するが，しかしβが〈一つにする〉もろもろの多は，一つとなってαをなすもろもろの多とは異質なのである。

このとき基礎の公理は次のことを言っている。すなわち，なんらかの実存する多（つまり多の諸《観念》と空の名の実存とに適った仕方で一と計算された多）が与えられているならば，そこには，その当の多の現前作用において空の縁にある多がつねに属しているということ，これである（もちろん，この空の縁にある多それ自身が空の名であるのではない。それではそこに何も属さないことになるからだ）。あるいはまた，空でないどんな多も《他》を含むということである。すなわち，

$$(\forall \alpha)\, [(\alpha \neq \varnothing) \rightarrow (\exists \beta)\, [(\beta \in \alpha)\, \& \,(\beta \cap \alpha = \varnothing)]]$$

ここで主張されている注目すべき概念上の連結は，《他》と基礎づけとの連結である。この新しい多の《観念》によって，空でない集合は次のことを定められる。すなわち，自分自身とは《他》の多がそこにつねに属するという点にこそ，空でない集合はその基礎をもつ，ということを。もとの集合内の《他》であることによって，この多はその集合の内在的な基礎を保証する。というのも，この基礎づけとなる多の「手前」には，もとの集合に属するものが何もないからである。つまり所属が無限後退することはありえない。この停止点は，多の本源的な記号∈に照らして，現前化される一切の多の「下方へ」の始原的な有限性とでも言うべきものを確立するのである。

実存する一切の多——空の名は除く——は，そこに属するもろもろの《他》

が配置する内在的な起源に即して出来するということ，基礎の公理はこのことを措定する存在論的な命題である。この内在的な起源はあらゆる多の歴史性に等しい。

かくして《他》の媒介により，集合論的存在論は次のように主張する。すなわち，もちろん現前化が無限でありうるとしても（省察13と14を参照のこと），しかしながら現前化は**みずからの起源に関しては**有限性をつねに刻印されている，と。ここではこの有限性は，空の縁にある立地の実存のことであり，歴史性のことである。

いまや私はこの《観念》の批判的検証に移ろう。

3　基礎の公理は存在論のメタ存在論的テーゼである

実際，ふつうの数学が**実践している**もろもろの多——すなわち整数，実数，複素数，関数空間，等々——はどれも明証的に基礎づけられており，基礎の公理に頼る必要はない。つまり基礎の公理は（いくつかの面で置換公理と同じく）working mathematician〔実働的数学者〕の必要から見れば，つまり歴史的存在論の必要から見れば，定数外の〔余計な〕ものである。したがって，基礎の公理の射程はむしろ反省的あるいは概念的である。この公理は，存在の理論の個別の成果のために要請されるというよりも，むしろ存在の理論の本質構造を示している。それはむしろ，存在者全体を分類する大きな状況のカテゴリーと存在の学との関係について発せられるものである。その用途は大いにメタ理論的なのだ。

4　自然と歴史

こう言うとすぐに，基礎の公理はそれとは正反対だという反論が出るだろう。実際，空〔空集合〕を除けば，あらゆる集合は《他》を受け入れるのであり，したがって現前化において立地の図式となる多を現前させるが，それは存在論的なマトリックスから見れば**一切の状況は歴史的**だからであり，**至るところに歴史的な多がある**からである。そのとき存在者全体の分類はどの

246　IV　出来事──歴史と〈超-一〉

ようなものになるのか。とりわけ自然の安定した状況，すなわち順序数はど
うなるのか。

　ここでわれわれが触れているのは**存在と存在者との存在論的差異**，現前の
現前化（純粋な多）と現前（現前化された多）とのあいだの存在論的差異に
ほかならない。この差異は次の点に帰着する。すなわち，存在論的な状況は
空を〈実存する多〉として根源的に名指すが，それに対して，その他のあら
ゆる状況は空の〈非-所属〉（そもそも状況の状態によって管理された〈非-
所属〉）を保証することによってしか存立しないということである。その結果，
自然の状況（言い換えれば順序数）の存在論的なマトリックスが確かに基礎
づけられるのではあるが，それはもっぱら**空による**基礎づけなのである。順
序数においては，《他》は空の名**であり**，そしてそれのみが空の名**である**。
したがって次のように認められるだろう。すなわち，安定した自然状況とは，
空の名をみずからの歴史的・基礎づけ的な項とする多として存在論的に反省
されたものであり，それに対して歴史状況のほうは，**その他の**基礎づけ的な
もろもろの項──すなわち空でない項──を所有する多によって反省された
ものである，と。

　再びいくつかの例を取り上げよう。

　《二》すなわち順序数である集合 {∅, {∅}} があるとしよう（省察12）。そ
こでの《他》は何か。{∅} でないことは確かである。というのも {∅} には ∅
が属しており，この ∅ はまた《二》にも属しているからだ。したがってこ
の場合の《他》とは，属するものを何ももたない，つまり《二》と共通の要
素をもたないことが確実な ∅，空〔空集合〕のことである。それゆえ，《二》
を基礎づけるのは空である。

　一般的に言えば，**空のみが順序数を基礎づける**。さらに一般的に言えば，
推移集合をも基礎づける（これは推移性の定義に結びついた簡単な練習問題
である）。

　ここで先ほどのわれわれの例，すなわち α が空ではない単集合 $\{\alpha\}$ を取り
あげてみよう。ここでは α は立地の図式であり，$\{\alpha\}$ は歴史状況（要素がひ
とつだけの！）の図式であるということをわれわれはすでに見た。たしかに
$\alpha \cap \{\alpha\} = \emptyset$ である。しかし今度は，α という基礎づけ要素（立地）は空では

ないと仮定されている。図式 $\{a\}$ は空によって基礎づけられたものではないので，空によって**のみ**基礎づけられた順序数すなわち自然の状況とは区別される。

非存在論的状況においては，空による基礎づけは不可能である。ただ**数学者の存在論**のみが，標記 Ø のもとで存在への縫合を思考することを許すのである。

ここで初めて，数学者の存在論とその他の現前化（存在者的あるいは非存在論的な現前化）とのあいだのずれ——空の措定に起因するずれ——が看取される。一般的には，安定したあるいは正常なものは自然的であり，〈空の縁〉を含むものは歴史的である。しかし存在論においては，空によってのみ基礎づけられたものが自然的であり，それ以外の一切のものは歴史的なものの図式化である。空に依拠することは，〈自然／歴史〉という対の思考において**存在者的‐存在論的差異**を設けることである。この差異は以下のように展開される。

a. 存在者の状況がいかなる特異な項も現前させないならば（そのすべての項が正常であるとき），また状況とみなされた項のいずれもが特異な項を現前させないならば（正常性が下方へ向かってくり返されるとき），この場合，存在者の状況は自然的である。これは**もろもろの安定物からなる安定性**である。

——存在論的状況においては，ある純粋な多が空のみによって基礎づけられているならば，またそこに属する一切のものも空のみによって基礎づけられているならば（思い起こしておくが，順序数に属する一切のものもまた順序数であるのだから），この純粋な多は自然的である（順序数である）。これは〈もろもろの空虚な基礎づけ〉からなる〈空虚な基礎づけ〉である。

b. 存在者の状況が少なくとも一つの出来事の立地を，すなわち空の縁にある，基礎づけ的な立地を含むならば，この存在者の状況は歴史的である。

——存在論的状況においては，基礎の公理に従って，純粋な多には少なくとも一つの〈《他》なる多〉が——つまり立地が——**つねに**属する。とはいえ，**空の名ではない**〈《他》なる多〉が少なくとも一つ，ある集合に属しているならば，その集合は歴史状況を形式化していると言えるだろう。つまり，こちらのほうは〈空とは他のもの〉による単純な基礎づけである[25]。

248　IV　出来事──歴史と〈超-一〉

存在論が受け入れるのは，出来事の立地に関するいくつかの図式（たとえ
それらが空虚なものであったとしても）を含む基礎づけられた多のみである
ということから，存在論は全体として出来事の存在の思考へと方向づけられ
ている，と性急な結論を導き出す向きもあるかもしれない。〔しかし〕事態は
まったく反対であることをこれから見よう。

5　出来事は〈存在としての存在ではないもの〉の領域にある

出来事の概念の構築において（省察 17），出来事が自分自身に属すること
──むしろ，出来事のシニフィアンがその意味に属することと言うべきかも
しれない──は，決定的に重要な役割を果たしていた。一つの多として考察
された出来事は，みずからの立地が含む諸要素に加えて自分自身をも含んで
おり，みずからがそれであるところの現前作用によって現前化された自分自
身をも含んでいる。

したがって，出来事の存在論的な形式化が実存するのであれば，集合論の
枠内の実存において，言い換えれば〈一と計算すること〉において，自己自
身に属するような多 α が認められている必要が，すなわち $\alpha \in \alpha$ が認められ
ている必要があるだろう。

またそうすればこそ，出来事とは〈一の超過〉の結果であり，私が述べた
ように，出来事が〈超-一〉であるという考えも形式化されることになるだ
ろう。実際，この集合 α の差異は，外延性公理に従うなら，その諸要素の検
討によって確立されなければならない。つまり α が自己に属するのであっ
てみれば，α それ自身の検討によって確立されなければならない。かくして
α の同一性はその同一性自体から出発してしか特定されない。集合 α はそれ
がすでに認識されているかぎりでしか認識されえないのだ。自己同定におい
て見られるこの種の〈自己への先行性〉は〈超-一〉の効果を示すものであ
るが，それは，$\alpha \in \alpha$ であるような集合 α は〈自己と同一**であったということ
になる**〉かぎりでしか自己同一的ではないからである。

自己自身に属するような集合は論理学者ミリマノフによって**異常**集合と命
名された。したがって，出来事は存在論的には異常集合によって形式化され

ると言う向きもあるかもしれない。

　そうかもしれない。しかし**基礎の公理は異常集合を一切の実存から締め出し，出来事が〈多－であること〉を名指す可能性を壊滅させる**。これこそは，存在論が，出来事は存在しない，と宣言する本質的な振る舞い方である。

　実際，自己自身に属するような集合 α，すなわち，みずからがそれであるところの現前を現前させる〔呈示する〕多が実存すると，$\alpha \in \alpha$ と仮定してみよう。この α が実存するのであれば，その単集合 $\{\alpha\}$ もまた実存する。というのも〈一に置くこと〉は一般的な操作であるのだから（省察 7 参照のこと）。ところでこの単集合は，基礎の公理が述べる多の《観念》に従わないだろう。すなわち $\{\alpha\}$ は自己自身のうちに《他》をもたず，$\{\alpha\}$ との共通部分が空であるような $\{\alpha\}$ の**要素**をまったくもたないだろう。

　実際，$\{\alpha\}$ には α しか属さない。ところで α は α に属する。したがって $\{\alpha\}$ とその唯一の要素 α との共通部分は**空ではなく**，それは α に等しい。すなわち $[\alpha \in \{\alpha\} \ \& \ (\alpha \in \alpha)] \rightarrow (\alpha \cap \{\alpha\} = \alpha)$。したがって $\{\alpha\}$ は，基礎の公理が要求するようには基礎づけられていない。

　自己自身に属する多が実存しうるということ，言い換えれば，そうした多が公理系によって集合として一と計算されうるということ，このことを存在論は受け入れない。出来事の受け入れ可能な存在論的マトリックスは一つもない。

　この点は〈存在としての存在〉に関する言説の法の帰結であるが，この点は何を意味するのか。それを文字どおりに受け取らなくてはならない。すなわち，出来事について存在論は語るべきことを何ももたないということである。あるいはもっと正確に言えば，存在論は出来事が存在しないと証明するのである。それはこういう意味だ。すなわち，一切の〈自己－所属〉は多の根本《観念》——すなわち，あらゆる現前作用の起源はその基礎づけにおいて有限であると規定する《観念》——と矛盾するということ，このことが存在論の定理であるということなのだ。

　基礎の公理は出来事の禁止によって存在の境界を画定しつつ除去する〔délimite〕。つまり，基礎の公理によって，〈存在ではないもの〉が〈存在としての存在〉に関する言説の不可能性の地点として出来し，そのシニフィアン的

記章（これは自己を現前させるがままの多である）が〈一の描線〉の閃光の
なかに露出し，そしてこの閃光のなかに存在は消え去るのである。

省察 19
マラルメ

「……あるいは出来事が一切の無効な結果を目指して成就したのである……」
『賽の一擲……』[26]

　マラルメの詩がいつも固着させるのは，痕跡から出発して解釈されるべき偶運的な出来事の場である。いかなる詩作品ももはや行動に従属してはいない。というのもテクストの意味（一義的な意味）は，そこで生じたと宣言されるものに従っているからだ。マラルメの謎のなかには推理小説のような何かがある。あの空虚な居間，あの花瓶，あの薄暗い海などは，どんな犯罪，どんな破局，どんな重大な違反の手がかり〔アンディス〕なのだろうか。ガードナー・デイヴィスが自分の書物の一冊に『マラルメと太陽の〈惨劇〔ドラマ〕〉』という題名をつけたのは正しい。なぜなら実際，日没というものが，その日に「あった」ことを真夜中になってから再構成しなくてはならない過ぎ去った出来事の例であるとしたら，それは広く一般的に見て，詩の構造が**惨劇的**だからである。比喩形象──いくつかの対象──の極端な濃縮は，強固に画定された舞台の上に，そして解釈者（読者）に何も隠されていない舞台の上に，ある指標〔アンディス〕システムをぽつんと切り出すことを狙ってのことだ。この指標システムの配列の統合を可能にするのは，何が起こった〔過ぎ去った〕かについての仮説のみである。また，出来事は廃絶されながらも，いかにして「純粋観念」の永遠性のなかにみずからの舞台装置を**定着させる**か，これについて告げることが許されるのも，この指標システムから生まれた帰結によってのみである。マラルメは〈惨劇としての出来事〉の思考者である。それが〈惨劇としての出来事〉であるのは，出来事の〈出現−消滅〉の舞台化（「……かすかな光しかない状態では，それについて考えをもつことができない。というのも，

それはすぐさま解消されてしまうからだ……」）とその解釈（これは出来事に「永遠の獲得物」という身分を授与する）という二重の意味においてである。非－存在として「そこにある」こと，挙動が純粋に，縛りを解かれて出来することこそ，まさに思考が永遠化しようと目論むものである。というのも，それ以外の物事は重々しい現実性をもつが，そうした現実なるものは想像的なもの，偽りの紐帯であって，言語活動に商業的な任務しか命じないからである。詩が言語活動の本質的な使用法であるのは，詩が言語活動を《現前性》に捧げるからではなく，反対に言語活動を保持の逆説的な機能に服せるからである。すなわち，根底的に特異で，純粋活動であるがゆえに，言語活動がないと場の無能性〔単に生じた＝場をもっただけということ〕へと舞い戻ってしまうようなもの，それを保持するという逆説的な機能である。活動とは，その真理に**賭ける**かぎりでしかそれが起こった〔場をもった〕ということを**知り**えないものであるが，詩は，この空を背景とした活動という純然たる決定不可能事が，星状に昇天したものなのである。

『賽の一擲』において，出来事のあらゆる立地が空の縁にあることを示す隠喩は，無人の砂漠の地平から出発して嵐の海の上に打ち立てられている。この砂漠の地平と嵐の海こそ，それらが無——非現前作用——の純然たる切迫へと引き戻されているがゆえに，マラルメが活動の「永遠なる機会」と名づけるものである。マラルメが非現前の境目に現前する多を指すときにつねに用いる語は《深淵》である。『賽の一擲』では，その《深淵》の流れは「静止」し「白」くなっており，自己の外に出ることを事前に一切拒んでいる。それ自身の泡の「翼」は「飛翔の羽を立てる困難から再転落して」いる。

出来事の立地の逆説は，〈立地自体が現前している状況のなかにそれが現前させないもの〉にもとづいてしか認識されないという点にある。実際，一個の多が状態による再保証を免れて特異であるのは，状況のなかに実存しないもろもろの多を〈一つにする〉ことによってでしかない。マラルメは立地——すなわち無人の《大洋》——から出発して，**幽霊**（これは立地がそれの現前形態となっているところの非実存運動のメタファーである）のような多を構成することによって，この逆説を天才的な仕方で呈示〔現前化〕する。舞台の枠組みのなかでは，《深淵》（これは区別できない海と空である）しか

もつことができない。だが，空の「平らな傾き」と波浪の「ぽっかりと口を
あけた深層」からこそ，派遣されてはすぐに呼び戻される船——帆と船体
——のイメージが構成され，その結果，立地の砂漠が，「深い内部において，
ある建造物〔船〕を［…］要約する」。この建造物は実存しない。それは
比喩的な内部性であって，空っぽの舞台はこの内部性がほぼ確実に不在であ
ることを，みずからの財源だけに頼りながら示唆するのである。かくして出
来事は立地の**なかで**産出されるばかりではなく，立地が含む現前化不可能な
もの——すなわち「深所に沈潜した」船——を呼び起こすことから産出され
る。この現前化不可能なものの消し去られた充実——というのも，《大洋》
しか現前していないのだから——のおかげで，活動が「難破の水底から」流
れ出るだろうと予告することができる。というのも，あらゆる出来事はその
立地によって局所化されているばかりではなく，それに加えて，**状況から見
た**立地の崩壊をも操作するからである（出来事とは，立地に内在する空を遡
及的に名づけたものであるのだから）。「難破」のみが，出来事の決定不可能
な多を立地の一のなかで構成するこうした暗示的な残骸を，われわれに与え
る。

　いずれにせよ，出来事の**名**——この名が出来事それ自体に属していること
を思考する点にこそ，問題の全体が存すると私は言った——は，そうした残
骸の一つにもとづいて配置される。その残骸とは，難破した船の船長であり
「主人」である。彼が波頭の上にあげた手の指には二つの賽が握りしめられ
ており，そして彼はその賽を海面に投げる。この「それを握りしめる拳」に
おいて，「他のものでありえない唯一の《数》が［…］準備をし，せわしな
く動き，かき混ぜる」。

　出来事が立地の一へと出来するのは，この立地の一が〈一としての結果〉
においてのみ現前させる「難破した」数々の多から出発してであるが，この
出来事がここで賽の一擲であるのはなぜか。それはこの行為が出来事一般を
象徴しているからであり，すなわち純粋に偶然的で，状況から導出不可能で
ありながらも，やはり固定した一個の多，一個の数となるものを象徴してい
るからである。この多，この数は，みずからのもろもろの可視的な面の合計
を広げた——「分裂を折り畳んだ」——ものである以上，何ものによっても

修正されえない。賽の一擲は偶然の記章を必然性の記章に結びつけ，出来事の彷徨する多を計算の可読的な遡及に結びつける。したがって『賽の一擲』において問題となる出来事とは，出来事の絶対的象徴の産出である。「難破の水底から」賽を投擲することの賭金は，〈出来事の思考〉を出来事にすることなのである。

　ただ次の点には注意が必要だ。すなわち，出来事が状況に実際に属しているかについては決定不可能であるということが出来事の本質である以上，出来事の出来事性をその内容とする出来事（これこそ「永遠なる機会」のなかで放たれる賽の一擲である）もまた，非決定以外の**形式**をもちえないという点である。主人は絶対的な出来事（マラルメ曰く，「そこにある」の活動的で実現された概念であるがゆえに偶然を廃棄するような出来事）を産出しなくてはならないのであるから，この産出をそれ自体絶対的なためらいに宙づりにしなくてはならない。このためらいがあればこそ，出来事とは，その立地の状況に属するかどうかを知ることも見ることもできないような多である，ということが示されるのである。われわれは主人が賽を投げるところを決して見ることがないだろう。というのも，活動の舞台上では，機会とまったく同じように永遠的なためらいにしか，われわれは接近できないからだ。「主人［…］はためらう［…］白髪になった偏執者として波浪の名で勝負することよりも［…］無用な頭の彼方で痙攣した手を開かないことのほうを……」。「勝負する」のか，あるいは「手を開かない」のか。「勝負する」場合は，出来事が起こるだろうと先取りした形で**決定する**のだから，ひとは出来事の本質を逸する。「手を開かない」場合も，「場以外には何も起こらなかった〔場をもたなかった〕ことになる」のだから，同様である。状況への可視的な所属の現実によって無となった出来事と，全面的な不可視性によって無となった出来事とのあいだで，出来事の概念の表象可能な比喩形象のみが，出来事の決定不可能性の上演となる。

　とにかく『賽の一擲』の中心部分の全体は，決定不可能なものという主題のまわりに仰天するような一連のメタファーの変形を組織する。幽霊船の比喩（イマージュ）を重ねることで大洋的な立地の現前化不可能なものをすでに呼び起こしていた技法に即しつつ，数の「秘密」を握っている——かもしれない——あ

の上にあげられた腕から，色とりどりのアナロジーが展開されていく。そして賽の投擲と保留との同等性が，つまり決定不可能性の**概念**の隠喩的な処置が，少しずつ獲得されていく。

　海面に賽を投じるのをためらう老人が表している「蓋然性との至高の結合」は，何よりもまず，浸水した船の帆〔voile〕を織りなす初めの泡のこだまのなかで，婚約（出来事と状況との婚約）の幕〔voile（ヴェール）〕へと変形されている。この幕は蕩尽の境目にある，か弱い織物である。それは，立地がはらむさまざまな現前不可能なものを四散させる現前作用の無によって文字どおり吸い込まれ，「揺らぎ／くずおれるだろう」。

　次にこの幕は，それが消滅するときに，「深淵〔深い穴〕のまわりを舞う」一本の「孤独な羽ペン」となる。海の上のこの白い羽ペン以上に美しい出来事──触れられないと同時に決定的な出来事──の比喩があるだろうか。この羽ペンが状況を「埋め尽くす」のか，それとも状況を「逃れる」のかを，理性的に決定することはできない。

　羽ペンは彷徨を終えるときがくると，ビロードのトック帽にぴたりと合うかのように，海の台座に嵌め込まれる。そして**固着した**ためらい（「あの厳格な色白さ」）と場の重々しさを笑う「暗い哄笑」とが隣接するそのかぶり物の下に──なんというテクストの奇跡だろう──「痛ましい暗礁の王子」であるハムレット（彼でなくて誰であろう）が姿を現す。言い換えれば，あの範例的な演劇主体，すなわち父親の殺害者を殺すべきか否か，そしていつ殺すべきかを決定する，その受け入れ可能な理由を自分自身では見出すことのできない演劇主体が姿を現す。

　このデンマーク人のかぶる夢想的な帽子の「領主の冠羽」は，出来事の決定不可能性の最後の炎を投げかける。それは「きらめき，それから影を作る」。新たに一切が失われる危険のあるこの影のなかに，セイレンと岩──身振りの詩的な誘惑と場の重々しさ──とが浮かび上がり，今度は一緒に消え去っていく。というのも，誘惑する女の「待ちきれない究極的なうろこ」は，「無限に対して限度」を課すと主張する「偽りの館」である岩を「靄のなかに霧散」させることにしか役立たないからだ。次の点を理解しよう。身振りと場との決定不可能な同値性は，アナロジーの舞台の上で相次ぐ変形によって洗

練されたものとなり，一つのイメージが追加されるだけで，相関するイメージが無化されてしまうほどである。すなわち，賽を投じさせようと待ちきれないセイレンの尾の挙動は，非決定の無限性に対する限界（言い換えれば，出来事の局所的な可視性）を消滅させることしかできず，そしてもとの立地を再びもたらす。この立地はジレンマの二つの項のあいだに維持可能な非対称性（そこから選択の理由が言明可能となる）を確立することができなかったがゆえに，それらの項を追い払う。状況内で識別可能などんな岩の上にも，呼び声の神話的なチャンスはもはや配置されていない。この後戻りは，先行するイメージ——羽ペンのイメージ——の再出現によって見事に様式化されている。この羽ペンのイメージは今度は「元の泡のなかへと埋没して」いく。羽ペンのイメージの「錯乱」（すなわち絶対的な出来事を決定しうるという賭け）はその「絶頂」へと至るが，出来事の決定不可能な本質に形が与えられるや，「深淵の同一的な中立性によってしおれ」，その絶頂から転げ落ちる。羽ペンのイメージはこの深淵に散布され埋め尽くす（賽を投げる）ことも，深淵を逃れる（行動を避ける）こともできなかったことになるだろう。それは理性的な選択——偶然の廃棄——の不可能性の範例となり，この中立的な同一性〔どっちつかず〕のなかで端的に廃棄されてしまっているだろう。

　以上のような比喩形象の展開を区切る挿入句のなかで，マラルメは彼の抽象的な教えを与えている。それは葉紙 8 において，ハムレットとセイレンとのあいだで，ある不可解な「仮に」によって告知される。葉紙 9 はその宙づり状態^{サスペンス}を解消する。「仮に［…］それが数であったとしても，それは偶然^{ハザール}〔賽の目〕であるだろう」。仮に出来事が，それ自身である〈多なる一〉の固定した有限性を与えたとしても，出来事と状況との結びつきについて理性的な決定がなされたということには全然ならないだろう。

　結果としての出来事の固定性——すなわち出来事を〈一と計算すること〉——をマラルメは丁寧に細かく描いている。マラルメによれば，出来事は**実存**に到来する（「幻覚とは別の仕方でそれは実存する」），出来事はその消滅において現れ（「否定されつつ湧出し」），その出現においてみずからを閉じた（「現れたときに閉じた」）ことによってみずからの**限界**のなかに締めつけられている（「それは始まり，そして止む」），出来事は**多**である（「それはみ

ずからを空として数える」）が，しかし**一と計算されても**いる（「一でありさ
えすれば合計は明証」）。要するに，出来事は状況のうちに存在し，出来事は
現前化されたというわけである。だが，この現前化は出来事をなんらかの現
前化の中立的な体制（「深淵の同一的な中立性」）のなかへ飲み込んで，その
出来事としての本質を取り逃がすか，それともこの体制といかなる把握可能
な結びつきももつことなく，「さらに悪いことには／偶然／以上でも以下で
も／なく／無関心だが同じく偶然」であり，したがって，「そこにある」の
絶対的な観念を出来事の出来事を通して表象することもなかった，とされる。
　ということは，「そこにある」は永久に基礎づけられないのだと，また思
考は構造と本質に身を捧げることによって，出来事の開閉的な活力をみずか
らの領野の外に放置するのだと，そうニヒリズム的に結論しなくてはならな
いのだろうか。場の潜勢力たるや，〈場−外〉の決定不可能な地点において
理性がぐらつき，非理性的なものに道を譲るほどなのだ，と。これは，「場
以外には何も起こらなかったことになる」と述べる葉紙 10 がほのめかして
いることかもしれない。そうすると，賽の投擲が象徴する絶対的な出来事が
表していた「記憶すべき危機」は，結果の論理を逃れるという特権をもった
ということになるだろうし，出来事は「人間度ゼロのあらゆる結果を目指し
て」成就したということになるだろう。すなわち，多（一は存在しないのだ
から）が構造の結果としてしか実存しえないことを望むという，〈一と計算
すること〉の人間的な，あまりに人間的な法を，数の〈超−一〉は超越した
のだ，と。挙動の絶対性によって，ある自己創設的な中断が運と計算とを融
合させたのだ，と。そして出来事の本質がそこに読み取られる出来事の「星
状の結末」である〈一の超過〉のなかで，偶然が肯定されつつ廃棄されるの
だ，と。そうではない。海面の「下部の波打ち」，すなわち，今度は一切の
内部性を欠いた，幽霊的でさえある純然たる立地が「空虚な行為〔顕在態〕
を四散させ」に来るのだ。そうでないとしたら──とマラルメはわれわれに
言う──，つまりたまたま絶対的な出来事の産出がありえたのだとしたら，
この行為〔顕在態〕の「嘘」（〈真理の虚構〉という嘘）が，場の無差異の崩
壊を，「虚空の〔…〕破滅」を引き起こしたことだろう。絶対的な出来事は
生み出されなかったのだから，次のように同意しなくてはならないと思われ

る。すなわち，「虚空」が勝つのだと，場が絶対権力をもつのだと，「無」こそが到着するものの真の名なのだと。そして，〈到着するもの〉を永遠に定着させるために調整された言語活動である詩は，商業的な使用——そこではもろもろの名は，さまざまな想像的な紐帯，繁栄してはいるが空虚な現実のやり取りという卑しい務めに従事する——と違わないのだ，と。

　ところで，これは最後の言葉ではない。一つの約束をそこに読み取ることのできる「おそらく……は除く」という言葉で始まる葉紙11は，一切の可能な計算の外に（つまりそれ自体が出来事のものである構造のなかに），と同時に，先行するあらゆるものの総合のなかに，宙づりにされた賽の投擲の星状の分身を突如として書き込む。おおぐま座（「北斗七星［…］へ向かう」星座）は自分の七つの星を数え上げ，「陣形を組んだ全体的な計算の，恒星のごとき連続的な衝突」を遂行する。先の葉紙の「無」に場外で呼応するのは（「果てしなく一つの個所が一つの彼方と融合するかぎり」），数の本質的な形象であり，したがって出来事の概念である。この出来事はまさしくそれ自身の**出来**（「見張った／疑った／転がった／光輝き瞑想した」）であると同時に**結果**であり，停止点である（「それを聖別するなんらかの最後の点で歩みを止める前に」）。

　これはどのようにして可能なのか。それを理解するためには，非決定を記載していたさまざまな変身（主人の腕，帆＝幕，羽ペン，ハムレット，セイレン）の果てに到達したのは非‐行動ではなく，行動（賽を投げること）と非‐行動（賽を投げないこと）との同等性であるということを思い出す必要がある。かくして，「元の泡」に舞い戻る羽ペンは，決定不可能なものの純化された象徴だったのであり，活動の断念を意味していたのではない。したがって「何も」起きなかった〔場をもたなかった〕ということが言わんとしていたのは，**状況のなかで決定可能な**ものは何ものであれ，出来事としての出来事を形象化することはできないということにすぎない。出来事が場において計算可能であるという考えよりも場そのものを優先させることによって，詩は，出来事それ自体の本質——この観点から言えば，まさに計算不可能であるという本質——を成就させるのだ。純粋な「そこにある」は偶然〔賽の運動〕であると同時に数であり，多であると同時に〈一の超過〉である。そ

の結果，純粋な「そこにある」の存在が舞台上に現前してくることは，あらゆる実存者が一の構造化された必然性を拠り所にする以上，ただ非-存在を解き放つだけなのだ。基礎づけられていない多としての，自己-所属としての，不分割な自己署名としての出来事は，みずからが状況のなかに顕現したと断言しなくてはならないにもかかわらず，状況の彼方に自己を示唆することしかできないのである。

　したがって，行動を非-行動との同等性のなかで維持する勇気，そのようにして立地のなかで廃棄の危険を冒す勇気は，出来事の〈一の超過〉を諸《観念》の天空に定着させる，星座の定数外の湧出によって報われているのである。

　なるほど，おおぐま座——これは4と3の合計という恣意的な数字化であって，したがって例えば二重の6が象徴するような至高の計算の《臨在》とは何の関係もない——は「忘却と廃用のために冷淡」である[27]。というのも，出来事の出来事性は熱烈な現前性では絶対にないからだ。しかしながら星座は，出来するものが受容しうる存在の全体と，「空無で上位のなんらかの面において」，免算的に等しい。そしてこの存在全体は，出来するものを解釈するという任務へとわれわれを固定するのである（われわれがこの解釈を欲することは不可能であるから）。

　それゆえ，概念劇の清澄な謹厳さについて最大限に集約されたこの驚異的なテクストの結論は，私がかつて『主体の理論』のなかでその別のヴァージョンを与えた格率である。その倫理は，「決定不可能なものの地点から決定せよ」という命令に帰着する，と私は言った。マラルメはそれを「どんな思考も賽の一擲を振り出す」と書く。「賽の一擲，偶然を廃棄せず」ということからニヒリズムや活動の無益さを結論してはならないし，ましてや経営的な現実崇拝や現実のなかにひしめく虚構の紐帯への崇拝を結論してはならない。というのも，出来事が彷徨して定着せず，状況の地点からはそれが実存するのかしないのかを決定できないのであれば，この実存について賭けること，言い換えれば，〈法なしに立法すること〉がわれわれには与えられているからだ。決定不可能性は出来事の理性的な属性であり，〈出来事の非-存在〉の救済的な保証であるのだから，ためらいの不安と〈場-外〉の勇気によって，出

260 IV 出来事──歴史と〈超－一〉

来事をめぐって，「深淵のまわりを舞う」羽ペンになると同時に「おそらく高所にある」星になること以外に覚醒の道はない。

V

出来事──介入と忠実さ

パスカル／選択
ヘルダーリン／演繹

省察 20

介　入 (28)
──出来事の名の不法な選択，《二》の論理，時間的基礎──

　私は出来事の問いを，出来事が状況に属するか否かを決定するいかなる支えも状況から与えられない地点に残しておいた（省察 17）。この決定不可能性は，出来事の〈多なる形式〉を記入した数学素から演繹可能な，出来事の内在的な属性である。私は可能な二つの決定の帰結を示した。出来事が状況に属さないのであれば，出来事の立地が含むもろもろの項は現前化されないのだから，何も場をもたなかった〔何も起こらなかった〕。出来事が状況に属しているのであれば，出来事は空と自分自身とのあいだに介在し，かくして〈超－一〉として規定されることになる。

　出来事とは状況への所属が決定不可能な多であり，これは本質的なことであるから，出来事が状況に属すると決定することは一種の賭けである。そしてあらゆる合法性が状況の構造へ送り返すものである以上，この賭けが合法的であると期待することはできない。もちろん決定の帰結を知ることはできるだろうが，その結果をなんらかの基礎づけられた起源に結びつけるために出来事の手前に遡ることなどできないだろう。マラルメが言うように，何かが起こったということに賭けることは，この〈起こったということ〉の偶然を廃棄することができない。

　さらに決定の手続きは，状況からある程度事前に分出されている必要があり，すなわち現前化不可能なものの係数を必要とする。というのも状況それ自体は，状況において〈一なる結果〉として現前化されるもろもろの多の充実のなかで，決定の手続きを完全な仕方で配備するものを提供できないからである。もしそれができるとすれば，出来事は状況において決定可能だとい

うことになるのだが。

　これを別の仕方で言えば，多の出来事性にかかわる決定には，それに適合する，必然的な，規制された手続きなど**実存**しえないということである。状況の状態はこの種のいかなる規則をも保証しないということを，私はことさらに示しておいた。というのも出来事は立地——言い換えれば，空の縁の多——において産出されるのであって，状態によって部分として再保証されるようなものではないからである。したがって出来事の**所属**を結論づけるために，出来事の想定された**包含**に頼ることはできない。

　私はなんらかの多を出来事として認識するあらゆる手続きを**介入**と呼ぶ。「認識」とはここでは表面上，二つの事態——介入の挙措の唯一性があわせもつ二つの事態——を含意している。第一に，その多の形式が出来事的なものとして，言い換えれば出来事の数学素に適うものとして示されているということ。すなわち，この多は，一方ではその立地の表象された諸要素から，他方では自分自身から，みずからを構成する——つまり，立地の諸要素と自分自身とを一つにする——そうした多であること。第二に，その形式についてこのように探知された多について，それが状況の項であると，状況に属していると決定できるということ。介入とは，決定不可能なものがあったことを点検し，そして決定不可能なものが状況に属していると決定することであるように見える。

　ところで，介入の第二の意味は第一の意味を削除する。というのも決定不可能であることが出来事の本質であるなら，決定は出来事を出来事として無にするからである。決定の地点から見れば，もはや状況の項しかない。したがって介入は——マラルメが消えゆく行為というメタファーのなかで看取したように——みずからの意味の自己解消のようにも見える。決定がなされるや，決定に場があるようにしていたものは〈多なる現前〉の一様性のなかへ消滅する。とすれば，活動（決定はその鍵である）が適用されるもの，偶発事の例外性は，それを指示する挙措そのものによって共通の運命へ連れ戻され，構造の効果に従わせられることになる。このことは活動の逆説の一つであるだろう。必然的に活動は，それが基礎をおく例外的な〈一の描線〉を**保持する**ことに失敗することになるだろう。これこそは《同じものの永遠回帰》

に関するニーチェの格率の可能な意味の一つである。決定の解釈能力である力への意志は，次のような確信をそれ自身のうちにはらんでいる。すなわち，状況のもろもろの法の延伸的な反復は力への意志の避けがたい帰結であるという確信である。力への意志は《同》の新しい支えとしてしか《他》を欲さない宿命をもつと言う。〈多なる存在〉は，ただ不法な意志のみが正当化する〈非現前化の偶発事〔賭け〕〉のなかで断ち切られてしまい，計算の法によって，さまざまな帰結の見せかけの新しさに〈一という結果〉を押し付けることになるというわけだ。「穏やかな」（つまり非ナチ的な）ニーチェ主義がこうした意志の評価から，政治におけるどのような悲観主義的な帰結を引き出すか，また芸術へのどのようなニヒリズム的な崇拝を引き出すかは周知のとおりである。というのも《超人》の隠喩系それ自体によって手に入るのは，弱者たちの病的な復讐心や彼らのルサンチマンの遍在という極端な議論の果てに，前ソクラテス的な力の君臨の決然とした回帰だけだからである。人間——人間に病んだ者——は自分自身の死の出来事のなかに《大いなる健康》を見出し，そして人間自身の死は「人間は超克されるべきものである」ということの告知であると決定する。しかし，この「超克」はまた起源の回帰でもあり，治癒することは，たとえそれが自己自身からの治癒であったとしても，生の内在的な力に即した自己の再同一化にすぎない。

　本当のところ，介入の逆説はもっと複雑であり，その複雑さは，介入の二つの様相を切り離すことの不可能性に由来する。すなわち，多の出来事的な形式の認識と，状況への多の所属に関する決定とが，分離不可能であるからなのだ。

　立地 X という出来事は自己自身に属する。すなわち $e_x \in e_x$ である。この出来事を多と認識することは次のことを仮定している。すなわち，出来事は**すでに指名された**のであり，e_x という定数外のシニフィアンは，このシニフィアン自身である〈多なる一〉の出来事の要素とみなされうる，と。出来事を命名する行為は，出来事を現実としてではなく（この多が出来したという措定はあいかわらずなされるだろうが），状況への所属の決定を受諾するものとして構成することである。介入の本質がどこにあるかと言えば，立地——つまり空の縁の多——をその**現前化された**対象とするような解釈的な仮説

266　V　出来事──介入と忠実さ

（出来事が「そこにある」ということにかかわる仮説）が開く領野のなかで，この「そこにある」を名指すこと，そしてこの命名から生まれる帰結を，立地が属する状況の空間のなかで展開することにある。

　ここで「命名」ということをわれわれはどう理解するのか。この問いの別の形はこうである。出来事という逆説的な多をシニフィアンに刺し留めるためには，またそのようにして状況への出来事の所属（これを前もって言うことはできない）の可能性をもつためには，状況に連結したどのような資源を当てにすることができるのか。状況内に現前するどの項もこの方策を供給できない。というのも，そうした項に頼ると，あらゆる潜在的な介入力を廃棄する曖昧さを状況のなかに持ち込んでしまうのに加えて，出来事に含まれる現前化不可能なものの一切が，すぐさま同形異義〔同名性〕の効果によって消去されてしまうからである。立地は出来事の場を絞り込み，出来事を形容するのに役立つとしても，立地それ自体が出来事を名づけることはできない。というのも立地は状況の一つの項**である**からであり，立地が〈空の縁に存在すること〉は出来事の可能性に適っているとはいえ，出来事の必然性を産出するものではいささかもないからである。1789 年の革命はたしかに「フランスの」という形容詞をもつが，フランスはこの革命の出来事性を生み出し，名づけるものではない。そうではなく，むしろ革命こそが，フランスと呼ばれるこの歴史状況に──決定によってそこにみずからを書き込んだことで──遡及的に意味を与えるのである。同様に，五次以上の方程式の根による解法の問題が 1840 年頃に陥った相対的な袋小路は──およそあらゆる理論上の袋小路と同じく──数学（存在論）にとっての出来事の立地を規定していたが，エヴァリスト・ガロワの概念革命を規定しはしなかった。そもそもガロワは，先人たちの仕事に含まれた厳命に従うことがみずからの全使命であると考えていたが，それは先人たちの仕事のうちには，「当人たちでさえ知らぬ間に書き残した観念」が見出されるからであると，特別の鋭敏さでもって見抜いていた。こうしてガロワは介入における空の機能を察知していたのである。ともあれ，ガロワの拡張理論のほうが「根による解法」という状況にその真の意味を遡及的に与えたのだ。

　したがって──ガロワの言うように──立地のなかの気づかれざるものが

出来事の命名を基礎づけるのであってみれば，状況のなかで出来事の命名の拠り所となるのは，状況が現前させているものではなく，状況が現前させていないものであると言ってよい。

　介入は，**立地がはらむ現前していない要素から名を作り，この立地がそれのための立地となっているところの出来事を形容すること**を初発の操作とする。いまや出来事 e_x の指数である x は，立地という〈状況に実存する項〉を名指す X ではもうなくなり，$x \in X$ である。空の縁に存在する X〔立地〕はこの $x \in X$ を状況のなかで一と計算するわけであるが，この x がその状況のなかでそれ自身として現前している——実存している，一である——ことはない。出来事の名は空から，すなわち状況内における立地の現前がその縁にたたずむ空から，引き出されている。

　これはどのようにして可能か。この問いに答える前に——これは今後の省察の流れのなかでしか練り上げられない答えである——，その帰結を探検してみよう。

　a. 現前化していない要素「それ自身」（言い換えれば，出来事の立地に要素として属すること）と，その要素が〈出来事としての多〉（そもそもこの要素が属している多）を命名する機能とを混同してはならない。出来事の数学素を再び書いておけば（省察 17），

$$e_x = \{x \in X, e_x\}$$

すぐにわかるように，もし e_x が立地の要素である x と**同一視**されてしまえば，この数学素〔e_x〕は冗長だということになるだろう。その場合，e_x は単に，自分自身をも含めた，立地の（表象された）諸要素の集合を示すだけになる。e_x の記載は無用になる。したがって，項 x は二重の機能をもつと理解しなくてはならない。一方でそれは $x \in X$ であり，立地がその縁にたたずむ空に「含まれた」要素，立地において現前化された一がはらむ非現前化されていない要素である。また他方でそれは，シニフィアンの恣意にあわせて——とはいえこの恣意は，空から出来事の名が現れなくてはならないという唯一の法によって制限されている——出来事の指標となる。潜在的な介入力はまさにこ

の二重の機能につながれており，出来事が状況に属するという決定はこれに
もとづいてなされる。介入は空に触れており，したがって介入は，状況を統
轄する〈一と計算すること〉の法からみずからを差し引く。それはまさしく，
介入の端緒をなす公理が一にではなく二に結びついているからである。出来
事の指標となる立地の要素は，一として現前化されておらず実存しない。そ
の実存を誘導するのは決定であり，決定によって立地の要素は，不在の自分
自身としてと**同時に**定数外の名として，二へと出来するのである。

　b．おそらく，出来事の名として役立つ項 *x* **について語るということが**，
すでにして欺きのもとである。実際，この項 *x* はどうすれば空のなかで区別
されるというのか。空の法は〈無−差異〉である（省察 5）。出来事の名とし
て役立つ「その」項はそれ自体としては匿名である。出来事の名は〈名なし〉
である。出来するあらゆるものについて，それが何であるかを語りうるのは，
それをその《無名戦士》に送り返すことによってのみである。というのも，
介入が出来事の指標となる項を，状況のなかで差異づけ可能な項に依拠する
既存の命名のなかから採取するとしたら，介入それ自体が〈一と計算するこ
と〉によって徹頭徹尾構造づけられており，したがって「場以外には何も起
こらなかった」と認めざるをえなくなるからだ。出来事の指標として役立つ
項について言いうるのは，それが二重の機能を一つにしたものであるにもか
かわらず，それが立地に属するということだけである。このように，この項
の固有名は普通名詞〔共通の名〕であり，「立地に属する」。それは，出来事
を生み出す指名の二のなかで，介入によって投企された，立地と区別のつか
ない**一つのもの**である。

　c．この命名は，それがいかなる表象の**法**にも順応することができないと
いう点で，本質的に不法なものである。状況の状態──そのメタ構造──は
現前の空間にある一切の部分を〈一にする〉のに役立つということを私は明
らかにした。そのようにして表象＝代表〔再現前〕も保証されている。現前
化した多からなる一個の多が与えられている場合，その多の名（名は〈多の
一〉の相関物である）は**状態の事柄**〔国家案件〕である。しかし介入は立地
が縁取る空のなかから定数外のシニフィアンを採取するから，状態の法〔国
家の法〕はそこでさえぎられる。介入がおこなう**選択**は，状態にとっては，

つまり状況にとっては〈非－選択〉である。なぜならいかなる既存の規則も，そのように出来事の純然たる「ある」の名として選ばれた，現前していない**その項**を特定・明記することはできないのだから。なるほど，出来事の名となる立地の項は，お望みならば，立地を**表象するもの**〔表象体〕であると言ってもよい。その匿名の名が存在し，「立地に属する」のであってみれば，なおさらである。とはいえ，この表象は状況の――あるいはその状態の――地点からは決して認識されえない。なぜなら，まさしくいかなる表象の法の権威によっても，個々の部分の匿名性，どれでもよい純然たる項を規定することはできないからである。また包含された個々の多に属するという以外に一切の性質をもたない表象体が，この多の外へ出る――規則なき選択のどのような奇跡によるのだろう？――のは不法な手法によるが，この不法な手法を，立地の絶対的な特異性によってその縁が標示される空それ自体へと拡張することは，なおのこと表象のいかなる法の権威によっても可能とならない。表象体の選択は状況の内部では表象行為として受け入れられない。表象体〔代表者〕たちの指名の一様な手続きを状態的に〔国家的に〕固定する「普通選挙」と異なり（これは一例である），介入における選択は，状況内の何ものによっても（いかなる規則によっても）その他の一切の項から区別できないような項を，シニフィアンの指標作用のなかで投企するのである。

d. もちろん，どんな状況にも内在する表象の法をこのように中断することは，それ自体において可能なわけではない。また介入における選択が実効性をもつのは一の危険を冒すことによってのみである。介入者の選択した項が空を表象するのは，もっぱら**出来事**のため，つまり〈逆説的な多〉の命名のためである。この名――この名は，名を状況のなかに書き込む介入的決定が生んだ，もろもろの規制された帰結に即して状況のなかを流通するようになる――は，決して**一介**の項の名などではなく，出来事の名である。介入は計算の法とは異なり，出来事の一を〈非－一〉としてしか樹立しないと言ってもよい。というのも，空から引き出された不法の，定数外の，選択された出来事の命名が「一がある」の原理に従うとしても，それは蝕においてのみだからである。名づけられたものであるかぎりで，e_x であるかぎりで，出来事はまさしく**この**出来事である。その名が〈表象なき表象体〉であるかぎり

で，出来事は匿名のままに，不確かなものにとどまる。〈一の超過〉は一の手前にも存在する。〈現前化されていること〉へと潜在的な介入力によって繋ぎ止められた出来事は，〈現前化不可能なもの〉に縫合されたままにとどまる。これは〈超－一〉の本質が《二》であるということだ。その〈多なる存在〉においてではなくその立場あるいは状況において考察された出来事は，項というよりも**間隔**なのであり，それは介入の遡及効果のなかで，立地が縁取る空虚な匿名性と名の余剰とのあいだに樹立されるのである。そもそも数学素はこの根源的な分裂の記録である。というのも，数学素が出来事 e_x の〈一としての構成〉を規定するのは，立地の表象ずみの諸要素を自分自身から区別することによってのみだからであり，そして，そこから名が生まれるのである。

　出来事は空と自分自身とのあいだに介在するばかりでなく，「《二》がある」という格率を基礎づけるものでもあるから，それは〈超－一〉である。このような仕方で主張される《二》は，〈計算の一〉の重複，法の効果の反復ではない。それは根源的な《二》であり，宙づりの間隔，決定の分裂した効果である。

　e. このように二重の縁効果——空の縁と名の縁——を定められた介入（名づけられた出来事が状況のなかを流通するという事態が生じるのはこの介入からである）は，たとえそれが状況への所属についての決定であるとしても，それ自体は決定不可能であること，このことに注意してもらいたい。介入が状況のなかで認識されるのはそのもろもろの帰結によってである。実際，最終的に現前しているのは出来事の名 e_x である。だがそれを支えるものは，それが不法なものである以上，それとしては現前しえない。したがって出来事があったかは，状況への出来事の所属を決定する介入者以外の者にとっては，つねに疑わしいものにとどまるだろう。あるのは個別の多のさまざまな帰結である。それらの帰結は状況のなかで一と計算されたものであるが，またそれらが計算可能なものではなかったということも判明する。要するに，状況のなかになんらかの偶然があったということになるわけだが，この偶然の源である法の中断点が，特定の立地の縁にかかわる所属の決定に属すると介入者が主張することは決して認められないのである。なるほど，決定不可

能なものも決定されたものだと主張することはつねに可能であるが，この主張はその代償として，こう白状しなくてはならない。すなわち，決定不可能なものに関するこの決定を誰かが下したということについては決定不可能である，と。かくして，介入者は出来事の片のついた結果に完全に責任があると同時に，出来事それ自体において決定的な役割を演じたと自負することもできないのである。介入は規律を発生させるのであって，いかなる独創性をも与えない。出来事に主人公はいないのだ。

f. ここで状況の状態のほうへ目を向けてみれば，偶然に流通する定数外の名の所属を状況の状態が再保証できるのは，みずからが締め出す空を点示するという代償を払うことによってのみである。実際，出来事の諸**部分**とはいかなるものか。そこには何が包含されているのか。出来事に所属するのは，その立地の諸要素と出来事自身である。立地の諸要素は現前化されていない。したがって立地の諸要素が状態のために構成する「部分」のみが立地それ自体である。他面で，介入の効果によって流通するようになった定数外の名 e_x は，自分自身に属するという特性をもつ。つまり，その認識可能な部分はそれ自身の唯一性であり，すなわち単集合 $\{e_x\}$ である（省察7）。諸部分を〈一と計算すること〉を保証する状態が生み出す項は，最終的には立地であり，そして出来事の名を〈一に置くこと〉であり，すなわち X と $\{e_x\}$ である。つまり状態は，出来事の正準形式としての項 $\{X, \{e_x\}\}$ を介入の下流で固定する。これはたしかに《二》（一と計算されたものとしての立地と一に置かれた多）という事態であるが，問題はこの二つの項のあいだには**いかなる関係もない**ということである。出来事の数学素，そして介入の論理学は，立地 X と〈解釈された出来事 e_x〉とのあいだには二重の連結がある，ということを明らかにする。すなわち一方で，立地の諸要素は，多として（言い換えればその存在において）考察された出来事に属しているが，他方で，名辞的な指数 x は，立地において現前化されていないもののうちにある不法な表象体として選択されている。しかし状態は現前化不可能なものと不法なものとを追い払うから，状態はそれらについて一切知ることができない。なるほど状態においても，立地（探知ずみの立地）と出来事の単集合（介入によって流通のなかに投入された単集合）とを並置する《二》の表象という形で，なにか新しいも

のが状況のなかにあったということはわかるだろう。しかしながら，このように並置されたものは本質的に結びつきを解かれている。名は，状態のなかで識別可能ないかなる関係も立地と取り結ばない。名と立地とのあいだには**空しかない**。あるいは，一に置かれた出来事と立地とが形成する《二》は，状態から見れば，現前化されてはいるが整合的ではない多なのである。出来事は謎の存在として状態に出来する。**何によってもその妥当性を記すことのできないこの対を，なぜ状況の部分として記録する必要があるのか（そうする必要がある）。あとどなく流離うこの多 e_x は，なぜ立地という尊重すべき X に本質的に連結されることになるのか。この場合，計算が機能不全に陥る危険は次の点にある。すなわち，出来事の表象は，連結の解かれた連結，非理性的な対，その一が法をもたない〈多なる一〉といった形で出来事を状態化しながら，そうすることによって間隔という，出来事の本質をやみくもに記入するのである。

　そもそもこれは経験上の古典的な謎である。立地が現実の出来事の舞台となるそのたびに，状態——例えば，政治的な意味での状態〔国家〕——は立地（工場，ストリート，《大学》）と出来事の単集合（ストライキ，暴動，騒乱）との対を指弾する必要があると承知してはいるが，しかしその結合の合理性を確定することはできない。そもそも，そうした《二》の無秩序〔失名症〕——これは計算の機能不全の自白である——のなかに**局外者**〔異物〕**の手**（外部の扇動者，テロリスト，背徳的な教授）を見るのが状態の法というものである。状態の**行為主体**〔役人・警官〕が自分の言っていることを信じているいないはどうでもよい。重要なのは言表の必然性である。というのも，実はこのメタファーは空それ自体のメタファーだからである。現前化されないなにものかが**操っている**——煎じ詰めれば，これこそは状態が状況の外部に原因を指弾するときに言っていることである。状態は有罪者〔犯人・元凶〕の超越性によって空の内在性が出現する穴をふさいでいるのである。

　実のところ，出来事の間隔構造は，必然的に一貫しない〈状態の過剰物〔たこ〕〉のなかに投影されてきた。状態の過剰物〔たこ〕は一貫しないと私は言った。空は，それを構成する異質なもろもろの項の思考不可能な継ぎ目において発汗するのだ。それが過剰物であるということは演繹可能である。過剰物

は（状況の状態によって）表象されてはいるが（状況の構造によって）現前化されていない項だということを思い出そう（省察 8）。いまの場合、現前化されているものは、出来事それ自体、すなわち e_x であり、またそれのみである。表象的な対 $\{X, \{e_x\}\}$（立地と〈出来事を一に置くこと〉との混交的なカップリング）は、状況の諸部分の目録を作成して整理する〈状態の機械的な効果〉でしかない。それはどこにも現前していない。したがって一切の出来事は、概念なき《二》という構造をもつ過剰物〔たこ〕によって、状況の状態的な表面において与えられるのである。

g. 介入はいかなる条件において可能か。ここで重要なのは、行動の現実についての長い批判的な訴訟に着手することあり、存在のうちにはなにか新しいものがあるというテーゼ——Nihil novi sub sole〔陽の下に新しきもの何もなし〕という「伝道の書」の格率に敵対するテーゼ——を基礎づけることである。

介入には直接的な法からの事前の分離のようなものが必要であると私は言った。介入の指示対象は空（その縁——すなわち立地——の断層が証示する空）であるのだから、また介入の選択は不法——表象なき表象〔代表なき代表〕——であるのだから、介入は〈一の効果〉もしくは構造としては把握できない。しかし〈非－一〉であるものはまさしく出来事それ自体であるから、そこには一種の循環があるように思われる。介入によってみずからの名を流通のなかに投入することである出来事は、介入それ自体というこのまた他の出来事（これもまた構造にとっては空であるが）しかよりどころとすることができないように見える。

実際のところ、この循環に対抗するには、その癒着点を引き裂く以外に手はない。〈非－存在〉の偶発的な形象である出来事のみが介入の可能性を基礎づけるということは確かである。また同様に確かなのは、なんらかの介入が立地の諸要素を採取することから出発して出来事を状況のなかに流通させなければ、出来事——一切の存在を欠き、〈一と計算すること〉から抜本的にみずからを差し引く出来事——は実存しないということである。出来事と介入——事実と解釈——とのあいだの鏡像のような奇妙な送り返しを避けるには、**介入の可能性をもう一つ他の出来事のさまざまな帰結に帰する必要がある**。出来事の反復は介入の土台である。あるいはこう言うべきか。潜在的な

介入力——これは出来事の多が状況に属するという事態を構成する——は，先行的に決定された所属のさまざまな帰結の網目のなかにのみあるのだ，と。介入とは，一つの出来事をまた他の出来事の出来のために現前させることである。介入は出来事の〈二つのあいだ〉である。

　これは介入の理論があらゆる時間の理論の核心であると言うに等しい。時間とは，それが構造と同じ外延をもたないとすれば，またそれが《法》の感性形式ではないとすれば，二つの出来事の隔たりとして考えられた介入それ自体のことである。介入の本質的な歴史性は，測定可能な媒質としての時間に送り返すのではない。介入の本質的な歴史性が成立するのは，潜在的な介入力が出来事の多の循環（決定ずみの循環）に支えをもつことによってしかみずからを状況から分出しないという，このことによるのである。立地の反復的な出現に結びついたこの支えのみが，介入と状況とのあいだに〈非−存在〉を導入し，すなわち，存在としての存在そのものが，現前化不可能なものや不法なもの——究極的には，非整合的な多——という姿において賭けに投入されるのに十分なほどの〈非−存在〉を導入する。ここで時間は改めて《二》を要請する。すなわち，出来事があるためには，もう一つ他の出来事のさまざまな帰結の地点に存在しうることが必要なのだ。介入とは，すでに流通している逆説的な多からもう一つ他の多の流通へと引かれた線である。それは状況の**対角線**なのだ。

　出来事の反復がもたらす重要な結果の一つは，どのような介入であっても，最初の出来事あるいは根本的な始まりという発想のもとで操作をおこなう正当性をもたないということである。絶対的な始まりというテーマによって自分を支えるあらゆる存在の思考は，**思弁的極左主義**と呼ばれてよい。この思弁的極左主義はこう想像する。介入はそれ自身のみをよりどころとし，自分自身の否定的な意志以外のいかなる支えもなしに状況と絶縁しうるのだ，と。これは絶対的な新しさ——「世界の歴史を真っ二つにする」——に想像的な仕方で賭けているわけだが，この賭けが見誤っているのは，介入の可能性の条件の現実とは，つねになんらかの決定ずみの出来事が循環しているという点に存し，したがって介入がすでにあったという前提（たとえ暗黙の前提であれ）に存する，というこの点である。思弁的極左主義は出来事の〈超−一〉

に魅惑されている。〈一と計算すること〉の構造化された体制へのあらゆる内在を,この〈超－一〉の名において拒否できると信じているのだ。そして〈超－一〉の構造は《二》であるから,根本的な始まりという想像的な産物が思考のあらゆる秩序において不可避的に導いていく先は,マニ教的な沈滞した実体化である。この偽りの思考の暴力の根は,想像的な《二》の表象に存する。出来事の〈超－一〉──《革命》や《黙示録》──は,一の超過によって,この《二》の現世への再臨の署名となるというのだ。これは,出来事それ自体が実存するのは,それが介入──この介入の可能性は反復を,したがって〈非－始まり〉を必要とする──において,規制された状況の構造に**従った**かぎりにおいてでしかないという点を無視することであり,かくして,一切の新しさは一つの秩序の偶然としてしか事後的に読解されない以上相対的なものである,という点を無視することである。出来事の学説がわれわれに教えるのは,むしろ,出来事のさまざまな帰結を追うことに努力を傾注すべきであり,出来事の生起を賛美することではない,ということだ。出来事に英雄がいないのと同じく,出来事に告知の天使はいないのだ。存在は始まらない。

　本当に難しい点は,出来事の結果は,それが構造に服しているがゆえに,それとして識別しえないということである。私はこの決定不可能性を点描してきたが,出来事がこの決定不可能性によって可能となるのは,〈出来事のもろもろの帰結が出来事的であるということ〉が特殊な手続きによって保存される場合のみである。だからこそ,この決定不可能性は時間の規律によってのみ基礎づけられる。すなわち,逆説的な多を流通のなかに投入することがもたらす帰結を始めから終わりまで管理し,いついかなるときでもそうした帰結と偶然との連結を識別することのできる,そうした時間の**規律**によってのみ基礎づけられるのである。時間のこうした組織立った管理を私は**忠実さ**と呼ぶことにする。

　介入すること──それは空の縁において,先行の縁に〈忠実であること〉の実践である。

省察 21

パスカル

「本来,《教会》の歴史は真理の歴史と呼ばれなくてはならない」
『パンセ』[29]

　ラカンは,どんな宗教も真理ではないが,それでもキリスト教は真理の問いに親しい宗教であるとよく言っていた。この言葉は多くの仕方で理解することができる。私自身の理解の仕方は次のようなものである。真理の本質は出来事の〈超-一〉を前提するということ,また真理への関係は観照——不動の認識——に属するのではなく,介入に属するということ,このことが言われているのはキリスト教において,そしてキリスト教においてのみである,と。というのも,キリスト教の核心には,神の息子の十字架上の死というあの出来事——状況づけられた,範例的な出来事——があるからである。それと同時に,この信仰は,神の〈超-一〉に,その無限の力に関係することを中心とするのではなく,この〔キリストの〕死の意味を確立することを,そしてこの意味への忠実さを組織することを,その介入の核心としている。パスカルが言うように,「イエス・キリストの外では,われわれの生や死のことも,神のことも,われわれ自身のことも知ることができない」。

　このように出来事の学説のあらゆるパラメーターがキリスト教のなかには配備されているが,しかしそれは現前性の存在論の残滓の内部にとどまっている。私はこの現前性の存在論が無限の概念を縮小するということを特に明らかにした(省察 13)。

　a. 出来事の多が産出されるのは,神にとっての人間の生——その縁へと,その空の圧力へと召喚された生——という特殊な立地においてであり,言い換えれば,死の象徴,しかも苦しい,死刑に処された,残忍な死の象徴にお

いてである。《十字架》はこの常軌を逸した多の形象である。

b. 使徒たち——介入の集団——によってしだいに「神の死」と名づけられようになったこの出来事はそれ自身に属する。というのも、その真の出来事性は、死あるいは刑苦があったという点にあるのではなく、それが神だという点にあるからである。出来事のあらゆる具体的なエピソード（鞭打ち、いばらの冠、十字架の道、等々）が出来事の〈超−一〉であるのは、受肉化し苦しむ神がそれらを耐え忍ぶかぎりにおいてである。まさにこれだという介入的な仮説が、これらの細部に共通の無力さ（この無力さ自体が空（死）の縁にある）と出来事の栄光ある唯一無二性とのあいだに介在する。

c. 出来事の〈超−一〉の最終的な本質は、神の《一》の分裂——《父》と《息子》——というきわめて驚くべきかたちでの《二》である。実を言えば、この分裂は《現前性》の単一性において神の超越を黙想する〔集めなおす〕あらゆる作業を永続的に破産させる。

d. 状況のメタ構造（具体的にはローマの公権力）は、この《二》を一つの立地（パレスチナ地方とその宗教現象）と取るに足りない単集合（一扇動者の処刑）との混交的な並置というかたちで記録する。しかし、そこに一つの空が、国家を持続的に困惑させるだろう空が召還されていることを勘づいてもいる。この困惑（あるいはそこには狂気があるという潜伏的な確信）の証言となっているのは、物語の水準では、ピラトが保持した距離（あのユダヤ人たちが曖昧な物語と折り合いをつけるということ）と、後の資料の水準では、小プリニウスがトラヤヌス帝に求めた、もっぱらキリスト教徒たち（彼らははっきりと厄介な例外的な主体として指差されている）の処遇にかかわる指令である。

e. 介入はユダヤ世界において流通していたもう一つ別の出来事にも立脚している。すなわち、アダムの根源的な過ちである。キリストの死はその止揚である。原罪と贖罪との連結はキリスト教の時間を流刑と救済の時間として基礎づける。キリスト教の本質的な歴史性というものがあるとすれば、それは神の死の出来事を流通させるという使徒たちの介入に結びついており、この流通自体はメシアの約束に支えられている。このメシアの約束が原初の流刑への忠実さを組織へと変える。キリスト教は最初から終わりまで出来事

278 V 出来事——介入と忠実さ

の反復によって構造化されており，さらに第三の出来事の神的な偶然——すなわち地上の状況の破産と実存の新体制の樹立とが成就する《最後の審判》——への準備を整えるのである。

f. このように時期を区分された時間は，状況の対角線を組織する。この状況の対角線において，出来事のもろもろの規制された帰結を出来事の偶然に再び結びつけなおす線が，**制度的な忠実さ**の効果によって識別可能なままになる。ユダヤ人たちにおいては，預言者たちが識別可能なものの特殊な代理人である。預言者たちは，現前化したもろもろの多が織りなす密集した横糸のなかで，過ちの帰結に属するものについて，約束を読解可能にするものについて，現世の運行でしかないものについて，休むことなく解釈する。キリスト教徒においては，人類史上初めて普遍性を主張する制度である《教会》が，〈キリストという出来事〉への忠実さ〔フィデリテ〕を組織し，この任務において《教会》を支持する人々をわざわざ「信者〔忠実な者〕」〔フィデル〕と指名する。

パスカルの格別な天才は，科学主体の到来が作り出した，前代未聞の，まさに近代的な諸条件のなかで，キリスト教徒の信条の出来事的な核心を維持・刷新しようと企てた点にある。パスカルは，中世の教父たちの築き上げた信仰の論証的・理性的な大伽藍が，こうした諸条件によっていずれは崩壊するだろうとしっかりと見抜いていた。彼は，科学が論証によって自然に関する立法権をついに握るそのときにキリスト教の神が主体経験の中心にあり続けるには，神がまったく別の論理に属し，「神の存在証明」をあきらめ，出来事としての信の純然たる力を取り戻すしかないという逆説を明らかにした。実際のところ，次のように考えた人々もいただろう。無限についての数学と合理的な力学の登場によって，キリスト教徒に課される問いは，自分たちの証明を科学の拡張に合わせて刷新するか（例えばプリュッシュ神父のような人々が自然の驚異の護教論によって企てたことがこれであり，これはテイヤール・ド・シャルダンにまで続く伝統となる），あるいは分野を完全に分離して，宗教の圏域は科学思想の発展によっても打撃を与えられない，あるいはまったく関係がないと立証するか（その強力な形は，諸能力の根本的な分離を提示するカントの学説であり，またその弱い形は「魂の追加」という議論である），そのどちらかであると。パスカルはこの二つの道のいずれに

も満足できない弁証法者である。彼にしてみれば，第一の道は抽象的な神，一種の超機械技師，デカルトの神（「無益かつ不確実な」神）——これはキリスト教への憎悪と完全に両立するヴォルテールの〈時計職人としての神〉になるだろう——にしか通じないように思われた（これは正しい）。第二の道は，数学者の飛躍と同時代において統一性をもつ全体的な学説をという彼自身の意志を満足させない。その学説にあっては，領域間の堅固な区別（実際，理性と愛徳は同じ次元にあるのではない。この点でパスカルはやはりカントの先駆者である）がキリスト者の実存の統一性を妨げてはならないし，キリスト者の全能力をもっぱら宗教的な意志に動員することを妨げてはならない。というのも，「キリスト教徒の神は［…］神が所有する人々の魂と心を満たす神であって［…］，神以外の目的を受け入れることを不可能にする」からである。かくしてパスカルの問いは，合理性の新しい段階の時代における神の認識の問いではない。彼が問うのは，今日キリスト教徒の主体とは何か，である。だからこそパスカルは彼の護教論の全体をきわめて明確に次の点に絞る。すなわち，何をもってすれば，無神論者，リベルタンを無信仰からキリスト教へと**移行**させることができるか，と。パスカルの（今日でもひとを面食らわせる）近代性は，イエズス会信徒，生ぬるい信者，デカルト主義的な理神論者といった者たちよりも，断固とした無信仰者のほうをはるかに好む点にあると言っても過言ではない（「無神論——それは魂の力の証拠である」）。パスカルにとって自由思想のニヒリストは，宗教の社会的な権威や理性的な装置の断絶に**順応して満足する**妥協の愛好者たちとは違った仕方で近代的であり，また意味深長と映るのである。でなければ，どうして彼らのほうを好むだろうか。パスカルにとって，キリスト教が新たな思考条件のなかでみずからの実存を賭けるのであれば，それは激変する都市の只中で制度を維持するその柔軟な能力によるのではなく，享楽的で絶望した唯物主義者という新世界の典型的な代表者〔表象体〕たちを主体的に取り込む能力によるのである。彼らこそ，パスカルが慈しみをもって，そして巧みに語りかける相手である。その反面，穏当なキリスト教徒たちに対しては，不寛容な恐るべき軽蔑の念しかもっておらず，その軽蔑を示すためにパスカルは——例えば『田舎の友への手紙』のなかで——激しく陰険な文体を用いて容赦の

ない嘲弄と数多くの悪意とを散りばめるのである。さらにパスカルの散文を
その時代から引き抜き、その清澄な速度によって『地獄の一季節』のランボー
に近づくほど特異なものにしているのは、一種の切迫感である。明確にして
頑固な対話者を説き伏せるために必要な手立てを尽くせていないのではない
かという不安のなかで、テクストの労働（パスカルは同じくだりを 10 回も
書き直している）は秩序立てられている。かくしてパスカルの文体は介入の
文体の極致となる。闘士としての使命などというものは、ひとを同時代のな
かに埋め込み、一夜にして時代遅れにするものだという主張もあるが、逆に
この計り知れぬ書き手は、闘士としての使命によってこそ時代を超越したの
である。

　パスカルの**挑発**の核心そのものと私がみなすものを理解するために、出発
点となる逆説は次の点にある。なぜこの開かれた科学者、まったく近代的な
精神は、ポスト・ガリレオの理性的な装置から見て明らかにもっとも脆弱な
部分、すなわち奇跡の学説によってキリスト教をなんとしても正当化しよう
とするのか。ガッサンディの原子論の教育を受け、超自然に反対するルクレ
ティウスの攻撃文書の読者であるニヒリストのリベルタンを特権的な対話相
手として選ぶこと、そしてまさしく奇跡の歴史性への偏執的な依拠によって
彼らを説得しようと試みることは、本来**狂気**の沙汰なのではないか。

　しかしながらパスカルは、「信仰の全体は奇跡にもとづく」という点を断
固として譲らず、奇跡なくしてはキリスト教徒にあらずと宣言する聖アウグ
スティヌスに依拠し、「奇跡がなければ、イエス・キリストを信じなくても
罪ではなかっただろう」という格率を立てるのである。そればかりではない。
パスカルはキリスト教の神を慰めの神として称賛するにもかかわらず、神に
よって魂を満たすことに満足してしまい、奇跡にまったく形だけの注意しか
向けない人々を破門するのである。パスカル曰く、こうした連中は「彼［キ
リスト］の奇跡を汚す」。かくして、「いわゆる絵空事の矛盾だとして今日奇
跡を信じることを拒否する人々は容赦されない」。そしてこう叫ぶ。「奇跡を
疑う者たちを私はなんと憎むことだろう！」

　いまやただちにこう言おう。奇跡は──マラルメの偶然と同じく──真理
の資源としての純粋な出来事の記章なのだ、と。証拠を超過するという奇跡

の機能は，ひとが**真**に信じることができるということの源泉，そして神は理神論者が満足する単なる知の対象へ切り下げられはしないということの源泉を刻み込み，事実化するのである。奇跡は法の中断——そこにおいて潜在的介入力が告知される法の中断——の象徴である。

　この点について，パスカルの学説はきわめて複雑である。というのも，それは〈キリストという出来事〉にもとづいてその反復と偶然とを結節するからである。中心的な弁証法は，預言と奇跡の弁証法である。

　キリストの死が神の受肉として解釈されるのは原罪との関係においてのみである以上（キリストの死は原罪の止揚である），その死の意味は，第一の出来事（われわれの悲惨の起源である転落）を第二の出来事（辱められた形で，残酷な形でわれわれの偉大さを思い出させる贖罪）に結合する〈忠実さの対角線〉の探求によって正当化されなくてはならない。私が述べたように，預言はこの結合を組織するものである。パスカルはこの預言に関する一大解釈理論を練り上げる。出来事の〈二のあいだ〉（預言はこれを指し示す）は**必然的に**両義性の場であり，パスカルはこれを形象〔兆候〕の義務と呼ぶ。一方では，罪の結果の忠実な識別にもとづく介入のみがキリストを出来事と名指しうるのだとしても，この出来事は預言される必要がある（この場合の「預言」とは，ユダヤの預言者たちによって何世紀にも渡って伝えられてきた潜在的な解釈力を指す）。他方では，キリストが出来事であるためには，意味を与える介入を可能にする〈忠実さの規則〉さえもが多の逆説によって**不意をつかれる**のでなくてはならない。唯一の解決策はこうだ。すなわち，預言の意味が預言の発せられた時代において不明瞭であること，と同時に，信仰の介入によって解釈された〈キリストという出来事〉がその真理を樹立するや，預言の意味が遡及的に明らかになること，これである。使徒たちの創始的な介入を準備する忠実さは大いに謎めいている，あるいは二重である。「それら〔預言〕が二つの意味をもっているかどうかを知ることが問いのすべてである」。物的な意味あるいは粗野な意味は，直接的には明瞭だが，本質的には不明瞭である。キリストと使徒たちの介入的な解釈が照らし出した，預言に固有の意味は，本質的には明瞭であるが，直接的には**形象**〔比喩・兆候〕である。「二重の意味をもつ暗号——すなわち明瞭でありながらも，意味が

282　V　出来事——介入と忠実さ

隠されていると言われる暗号」。パスカルは徴候的な読解を発明する。数々
の預言はそれらの霊的な意味（その意味が判明するのはもっぱらキリストか
らである）から見ればたえまなく不明瞭であるが，その不明瞭さは同じでは
ない。すなわち，いくつかのくだりはキリスト教の仮説にもとづいてしか解
釈できず，この仮説の外では粗野な意味の体制下にあり，一貫しない奇怪な
仕方でしか機能しない。「この意味［真の意味，キリスト教の霊的な意味］は，
ほとんどの箇所では別の意味によって覆い隠され，いくつかの箇所では，稀
に発見される。とはいえ意味が隠されている場は両義的であり，二〔つの意味〕
にしか適合しえない。それに対して，意味が覆いをとられて発見される場は
一義的であり，霊的な意味にしか適合しえない」。かくして〈キリストとい
う出来事〉は，旧約聖書の預言のテクストの横糸のなかから，稀なる一義的
な徴候を切り出してきては浮かび上がらせる。そしてそうした徴候をもとに
して，預言の不明瞭さに覆われた二つの意味のうちの一方の全般的な一貫性
が，連続的な結合によって照らし出されるのである。「形象的なもの」が運
んでいるように見えた粗野な明証性を犠牲にして。

　この一貫性はユダヤ的な忠実さを原罪と贖罪との〈二つのあいだ〉に前未
来形で基礎づける。とはいえ，こうした一貫性があるからといって，その真
理機能の手前において〈キリストという出来事〉の存在そのものを構成する
もの，言い換えれば，出来事の出来事性，生と死の立地において自己自身に
属する多，これを認識することが可能になるわけではない。たしかにキリス
トは予言されているが，「彼が予言された」ということが証明されるのは，
この死刑に処された男が間違いなく〈神-メシア〉であると決定する介入に
よってのみである。この介入による決定がなされるや，すべては明瞭となり，
真理はそれを名づける十字架という記章のもと，状況の広がり全体のなかを
流通するようになる。とはいえ，この決定がなされるためには，預言の二重
の形象的な意味だけでは十分でない。ひとが出来事——すなわち，そこから
その挑発的な名を，その空の核心（つまりメシアの栄光のあらゆる形象に矛
盾するキリストの破廉恥な死）において採取するところの出来事——を信頼
する必要がある。そしてこの信頼を支えるものは，ユダヤのテクストの二重
の意味について流布した明瞭さではありえない（反対に，この明瞭さはこの

二重の意味に依存している）。このとき奇跡は，それに与えられる信用によって，ひとが予言の必然性にではなく出来事の成就した偶然に従っているのだということの唯一の証となる。さらに奇跡そのものは，それに服従することがまたもや一つの必然的な自明性でしかなくなるほどに衝撃的であってはならず，また万人向けのものであってもならない。パスカルは出来事の脆弱な性格，その準−不明瞭さを救おうと努める。というのも，この脆弱さや準−不明瞭さにこそ，キリスト教徒の主体が，決定不可能なもの（「神が存在することは不可能であるが，神が存在しないということも不可能である」）の地点から決定を下す主体であるということがかかっているからである。キリスト教徒の主体は証明の力によって圧倒された主体ではないし（「キリスト教徒たちの神は，幾何学の真理の単なる作者としての神を本質とするのではない」），また第三の出来事——「死者たちが蘇り，盲いた者たちの目が見えるようになるというような，そんな雷の炸裂や自然の転覆とともに」神が登場する最後の審判の日——に託された驚異の出現によって圧倒された主体でもない。〈キリストという出来事〉が起こったということの手がかりとなる数々の奇跡は，それらが弱められることによって，ユダヤ的な忠実さを越えてそれを遂行する人々にのみ向けられている。というのも，神は「神を心底求める者たちに包み隠さず現れることを望み，神を心底避ける者たちには隠れたままでいることを望んでおられるので［…］彼自身があまり知られないようにする」のである。

　したがって介入とは，正確にその狙いが定められた主体的な操作である。

　1．その**可能性**に関して言えば，介入は，出来事の反復に，すなわちユダヤの預言者たちが組織する〈忠実さの対角線〉に依存している。キリストの立地は必然的にパレスチナである。そこにのみ，証人たち，探索者たち，介入者たちがいる。逆説的な多が「神の受肉と死」と名づけられるという事態は，こうした者たちに依存する。

　2．しかしながら，介入は決して**必然的**ではない。というのも出来事は予言を実証することのできる状況にはないからであり，出来事の反復を映す忠実な対角線とはつながっていないからだ。実際，この反映が与えられるのは形象の両義性においてのみであり，この両義性のうちで徴候それ自体は遡及

的にしか切り出されない。**したがって自己分裂は忠実な者たちの本質に属する。**「メシアの時代においてこの民族は分裂する［…］。ユダヤ人たちはメシアを拒絶するが，全員がではない」。その結果，介入とはつねに前衛の所為である。「霊的な者たちはメシアを抱擁した。だが粗野な者たちは彼の証人として役立つにとどまった」。

3．介入する前衛が抱く信頼は，出来事の出来事性，すなわちそれが状況に属するかどうかが前衛によって**決定**される出来事の出来事性に関わる。「奇跡」とはこの信頼の名，つまりこの決定の名である。とりわけキリストの生と死——本来的な意味での出来事——は，予言の成就によって正当化されうるものではない。さもなくば出来事が法を中断することはなくなってしまうだろう。「イエス・キリストがみずからをメシアだと立証したのは，聖書や予言についての彼の教説によってではなく，つねに彼の奇跡によってであった」。使徒たちの前衛による介入的な決定は，それが遡及的には合理的であるとしても，決して演繹可能なものではない。

4．しかしながら，介入の**事後**には，先行した忠実さの比喩的な形態は，徴候というキーポイントから出発して，言い換えれば，ユダヤのテクストがはらんでいたもっとも彷徨的な部分から出発して，完全に解明される。「預言は曖昧であったが，いまやそうではない」。先行する忠実さとの非連続性に介入が賭けるのは，一義的な連続性を樹立するためである。この意味で，出来事の立地においては介入は少数派によるという危険があるが，**忠実さへの忠実さ**は最終的にはこの危険を通過するのである。

パスカルの目標は，リベルタンが再び介入すること，しかもこの賭けの結果において，賭けを基礎づける一貫性をリベルタンが手に入れることである。これは使徒たちが法に反しておこなったことであるが，ニヒリストの無神論者は，世間といかなる保守的な合意も取り結ばなかったという有利さをもつので，これを再びおこなうことができる。したがって『パンセ』の三つの大きな側面が以下のように明確に区別される。

a．近代世界の大いなる**分析論**。これはもっとも完成された，もっともよく知られた部分であるが，それはまたパスカルを「フランスのモラリスト」たち（中学校の哲学の糧となる悲観主義的で鋭敏な者たち）の一人と混同す

るのにもっとも適した部分でもある。それはパスカルがニヒリズム的な主体とかぎりなく近いところに身を置いているからであり，経験についての暗い分裂したヴィジョンをニヒリズム的な主体と共有しているからである。われわれはこうしたテクストのなかにパスカルの「大衆路線」を見ることができる。それによってパスカルは，絶望者たちの世界観と，また彼らが日常の想像界の貧相な虚栄に対して投げつける嘲りとに，等しく属している。誰でも覚えているあれらの格率のもっとも新しい原動力は，自然の無限性について近代が下した大きな存在論的な決定に訴えることである（省察 13 を参照のこと）。どんな状況も無限であるという確信にパスカル以上に取り憑かれた者はいない。古代の傾向を派手にひっくり返すことによって，パスカルは，有限は**結果として生じた**もの（人間を安心させる想像的な切り抜き細工）であり，現前化を構造づけるのは無限であると明確に述べる。「有限を形成しながら有限を逃れる二つの無限のあいだに有限を固定することは，何によってもなされえない」。このように存在の無限を召喚することによって，人間の**自然的**な存在を侮辱することが正当化される。なぜなら人間の実存の有限性は，存在を現前させる数々の多について，「それらの原理も目的も知ることができないという永遠の絶望」しか与えないからである。存在の無限の召喚は〈キリストという出来事〉を媒介にして，人間の自然的な存在の侮辱を**精神的**〔霊的〕な存在の救済によって正当化する事態を用意する。だがこの精神的な存在はもはや自然の無限の状況に相関してはいない。それは，まったく別次元にある神の無限性へと，愛徳によって，内心においてつながれた主体である。したがってパスカルは，自然の無限性，有限の「固定不可能な」相対性，そして無限性の秩序の〈多なるヒエラルキー〉，これらを同時に思考しているのである。

　b．第二段階は〈キリストという出来事〉の**釈義論**である。これは潜在的介入力の四つの次元において把握されている。第一に，出来事の反復，言い換えれば旧約聖書のもろもろの預言の検討であり，二重の意味についての学説である。第二に，パスカルが有名な「イエスの神秘」のなかでついに同一化するに至る〈キリストという出来事〉。第三に，奇跡についての学説。そして第四に，一義的な意味を贈与する遡及効果。

この釈義は『パンセ』という装置の中心点である。というのも，それのみがキリスト教の真理を基礎づけるからである。またパスカルが「神を証明する」という戦略をとらないからでもある。彼の関心はもっぱら再介入によってリベルタンをキリスト教徒の主体形象に統合することにのみ向かう。そもそもこうした方策のみが，パスカルの見るところでは，近代の状況と両立可能であり，殊に自然の無限性に関わる歴史的決定の効果と両立可能なのだ。

　c.　第三段階は**価値論**であり，介入の形式的な学説である。状況の無限性における人間の実存の悲惨が描かれた後で，そしてキリスト教徒の主体を生ける神という**他**の無限性につなぎなおす一貫した解釈が〈キリストという出来事〉の地点から与えられた後で，残る仕事は，近代のリベルタンにじかに訴えかけることによって，リベルタンがキリストおよび使徒たちの歩みにならって再介入するように促すことである。実際のところ，何ものも──徴候の解釈的な啓示でさえ──この再介入を必然的なものにすることはできない。賭けについての有名なテクスト──その真の表題は「無としての無限」である──はただひたすら次のように示唆している。すなわち，真理の核心は，真理の源となる出来事が決定不可能であるという点にある以上，そうした出来事のあり方からすると，選択を回避することはできない，と。介入者たちの前衛──真のキリスト教徒たち──は，キリストこそ世界の道理であると，そう決定を下したのである。してみれば，選択の余地などないかのようなふりをすることはできない。賭けの真の本質は賭けをしなくてはならないという点にあるのであって，賭けをしなくてはならないと説得されたから無よりも無限を選択する，ということではない（当たり前だが）。

　地ならしをするために，パスカルは証拠の不在にじかに立脚する。この証拠の不在は天才的な手管によって，決定的な点──選択しなくてはならないということ──において強みと化す。「彼ら［キリスト教徒たち］が意味を欠いていないのは，証拠を欠いているからである」。というのも介入に与えられる意味は，実際に「自然の光」の法を免れるものだからである。神とわれわれとのあいだには，「われわれを分け隔てる無限のカオスがある」。そして意味は規則のすき間においてのみ読み取られるものである以上，彼にとっての選択とは「意志的なものではない」し，真のキリスト教徒たちが証明し

ているように，賭けは**つねに起こってしまっている**のである。したがって，
「[…] 私が連中を非難するのは，連中がこの選択をしたのではなく，どれで
もよい一つの選択をしたという点だ […]。正しいのは賭けをしないことだ」
とリベルタンが言うのは，彼自身の原理に即して根拠がない。検証可能な証
拠があるのであれば（つねに疑わしい証拠だ），また証拠の一致につねに賭
けなければならないのであれば，リベルタンは上のように言えるかもしれな
い。だが〈キリストという出来事〉に関する決定がなされないかぎり，そう
した証拠はない。少なくとも，リベルタンはこの点について態度を明らかに
しなければならないと認めるところへ追い込まれる。

　しかしながら，介入の論理の弱点はここでその究極の限界に出くわす。選
択が必須であるとしたら，出来事それ自体が無であると宣言することもでき
るし，出来事が状況に属さないという選択をすることもできると認めなくて
はならない。リベルタンはつねにこう言うことができる。「[…] 私は賭けを
するように強制されている […] 私は信じることができないように作られて
いる」と。真理についての介入的な考え方は，その全効果を拒否することを
も許す。前衛は，それが実存するだけで選択一般を課すのであり，**その人の
選択**を課すのではない。

　したがって帰結に立ち戻らなければならない。自分は信じることができな
いように作られていると絶望したリベルタン，また賭けの論理――『主体の
理論』のなかで私が「信頼への信頼」と呼んだ賭けの論理そのもの――の彼
方でキリストに対して「彼の意志のしるし」を要求するリベルタンには，「彼
はそのようにしたのだ。だがあなたはそのしるしを無視している」と答える
しかない。ニヒリズムの岩には一切が座礁しかねない。そして期待しうる最
良のものは，選択しなくてはならないという確信と徴候宇宙の一貫性とのあ
いだに存する，束の間の〈二つのあいだ〉である。この徴候宇宙の一貫性は，
ひとたび選択がなされるや無視されなくなり，選択がたしかに真理の選択で
あったことを十分に立証するものとして発見されるのである。

　ヴォルテールからヴァレリーに至るまで，フランスの世俗的な伝統は，パ
スカルのような偉大な才能がキリスト教の訳の分からない話を救おうとして
時間と労力とを無駄に費やしたことを残念がってきた。なぜパスカルは数学

に専念しなかったのか，または彼が抜きん出ている，想像力の悲惨さについてのあの衝撃的な考察に専念しなかったのか，と。私はキリスト教徒としての熱意を少しも疑われたことのない人間だが，しかしながら学者やモラリストとしてのパスカルのこうした欲得ずくの郷愁を好んだことは一度もない。私には，キリスト教を越えてここでターゲットになっているのは真理の闘争装置であるということがあまりにもはっきりと見えるのだ。すなわち，真理を支えるのは解釈の介入であり，真理の源は出来事にあるという確信，また真理の弁証法を**差し出し**，人間たちに自分たちのもつ最良のものを本質的なものに捧げるように提案する意志，これがターゲットになっているのだ。私がパスカルのなかで何よりも称賛するのは，それとは反対に，どんな困難な情勢にあっても，世間の運行に追随するのではなく，**流れに逆らって行こう**とする努力である。これは反動的な意味ではなく，古くからある確信の近代的な形態を発明するための努力である。パスカルは，あらゆる過渡的な時代が弱い心の持ち主たち向けに復活させる携帯用の懐疑主義を採用しない。こうした心の弱い持ち主たちは，どのような歴史の**速度**も，世界を変え，世界の形を普遍化しようという揺るぎない意志と両立不可能ではないと考えることができないのである。

省察 22

介入の〈多なる形式〉
──選択の存在はあるか──

　集合論が出来事のあらゆる存在を拒絶することは基礎の公理に集約されている。この拒絶は，介入も集合論の概念ではありえないということをただちに意味するように思われる。しかしながら，かつてないもっとも深刻な戦いの一つが数学者たちのあいだで繰り広げられ，1905 年から 1908 年にかけてその激しさの極みに達したのは，そこに介入の**形式**を認めるのにさほど苦労しない一つの数学《観念》，その普通の呼び名が意味深長なことに「選択公理」という，この数学《観念》をめぐってであった[30]。この衝突は数学の思考それ自身の本質に関わるものであり，数学の思考において構成的な操作として何を許容すべきかということに関わっていたので，分裂以外のいかなる解決策もないように思われた。ある意味でまさにそうした事態となったのだが，「直観主義」と言われる一部の少数派は，選択公理で直接争点とされていた考察よりもはるかに大きな考察をめぐって，彼ら自身の道を組織していた。だが本当に歴史的な射程をそなえた分裂とはいつもこのようなものではなかろうか。圧倒的な多数派は最終的には自分たちが非難した公理を受け入れるはめになったが，多数派がそうしたのはもっぱら計算の果ての実利的な理由からであった。実際，人々が徐々に気づいたのは，この公理は，たとえそれが「直観」の嫌う言表──例えば，実数に関する整った序列の実存といった言表──を含意していたとはいえ，多くの数学者たちがなくなっては困ると考えていたその他の言表──代数に関する言表（「ベクトル空間は一つの基底を認める」）であれ，位相に関する言表（「コンパクト空間群からなる任意の集団もまた一つのコンパクト空間である」）であれ──を確立するのに必

要不可欠なものであるということであった。この案件についての解明はまったく完全ではなかった。ある人々は数学内部の制限されたセクト的な見方という代償を払うことでしかみずからの批判を鋭敏にすることができなかったし，また別の人々は必要最低限のものを救い出し，有益な帰結による「証明」という規則に従って続行することで同意したのだった。

　選択公理で一体何が問題となっているのか。選択公理は究極的な形では次のことを措定する。もろもろの多からなる一つの多が与えられているとして，その場合，空ではない多（この多の現前は最初の多によって保証されている）のそれぞれを再現前させる一つの「代表者〔représentant（表象体）〕」から構成された多が**実存する**ということ，これである。別の言い方をすれば，一つの多をなしている個々の多のなかの一要素を「選択し」，そのようにして選択された諸要素を「集合にする」ことができるということである。こうして得られた多は整合的であり，言い換えれば，実存的である。

　実際にはここでその実存が肯定されているものは，一つの集合に属する多のそれぞれにみずからの要素の一つを対応させる**関数**である。こうした関数がひとたび実存すると仮定されれば，その関数から帰結する多も実存する。というのも置換公理を援用すれば十分だからである。この関数こそ，「選択関数」と呼ばれるものである。選択公理は次のように措定する。実存する一切の多 α には実存する一つの関数 f が対応し，そしてこの関数 f は α を構成する多のそれぞれから一個の代表者を「選択」したものである，と。

$$(\forall \alpha)(\exists f)\,[(\beta \in \alpha) \rightarrow f(\beta) \in \beta]$$

　選択関数は置換公理によって，α の空でない要素のそれぞれを再現前させる一つの代表者から構成された集合 γ の実存を保証する。（空集合の場合は，f が何も「選択」しえないことは明らかである。すなわち f はふたたび空集合を与えるのであり，$f(\varnothing)=\varnothing$ である。）γ に属すること——これを私は α の**代表団**と呼ぶことにしよう——が意味しているのは，関数 f が α から選出した α の一要素の，そのまた要素であるということである。

$$\delta \in \gamma \rightarrow (\exists \beta)\ [(\beta \in \alpha)\ \&\ f(\beta)=\delta]$$

α の代表団は，α が一つにしている個々の多の〈一なる代表者〉たちから〈一つの‐多〉を作る。「選択関数」f は α に属する個々の多の代表者を選出し，こうして選ばれた代表者たちが，実存する一つの代表団を構成するわけである――各選挙区が多数決による投票で一人の代議士を選出し，代表者たちの議会に送り出すように。

問題はどこにあるだろうか。

集合 α が**有限**ならば，まったく問題はない。ゆえに実際のところ，選挙ではなんの問題もない。選挙区の数が間違いなく有限だからだ。だがすぐに分かるように，集合が無限の場合，問題が起こるだろう。特に，多数とは正確に言って何かという問題が……。

有限な α の場合にはまったく問題がないということは，以前の反復の議論から明らかである。すでに提示した多の諸《観念》の枠組みにおいて選択関数が**実存している**ことは立証できる。したがって，選択関数の存在を担保するのに（公理の）補足的な《観念》はいささかも必要ではない。

ところが無限集合を考察する場合は，多の諸《観念》から一般的に選択関数の実存を立証することはできないし，したがって代表団の存在を担保することもできない。直観的に言って，無限の多性には**代表不可能な**何かがある。これは無限な多〔無限集合〕に操作をおこなう選択関数は，それと同時に，無数の「被代表者」たちに代わる一つの代表を「選択」せざるをえないということである。だが無限を概念的に統御するには踏破の規則が前提として必要だとわれわれは知っている（省察 13）。踏破の規則によって関数の**構成**が可能になるというのであれば，この関数の実存をなんとか保証することもできるかもしれない（例えば部分関数の連なりの限界として）。だが一般的なケースにおいてこうしたことはまったく当てにできない。空ではない多からなる無限集合の**各々の多**を再現前させる一つの代表者を選出するような関数――そうした関数を明示的に定義するにはどのように事を進めればよいのか，皆目見当がつかない。無限が有限を超過するということは，無限の 表 象――その代表――が一般的に現実化不可能であるように思われる地点におい

292　V　出来事──介入と忠実さ

て判明する（それに対して，われわれが見たように，有限の表象は演繹可能である）。早くも 1890 年から 1892 年にかけて，無限な多〔無限集合〕について選択関数が実存するという考えをひとが明示することなく**すでに使用していた**と気づき始めたとき，ペアノやベッタッツィのような数学者たちは，何か恣意的なものが，〈表象＝代表不可能なもの〉が，そこにはあると反駁した。ベッタッツィはすでにこう書いていた。「［…］無限集合のそれぞれのなかから恣意的に一つの対象を選択しなくてはならないなどということは，厳密なこととは思われない。このような選択が可能であるということを公準として承認しようというのであればともかく，しかしそんなことはわれわれには賢明な考えとは思われない」[31]。その後に衝突が組織されていくことになる観点のすべてがこの指摘のなかに見られる。すなわち，選択が「恣意的」である以上，言い換えれば定義づけられた踏破の規則の形で明示されえない以上，選択は一つの公理を，すなわちいかなる直観的な価値ももたず，それ自体恣意的であるような一つの公理を要求することになる，と。16 年後，フランスの偉大な数学者ボレルは，「数え切れない無数の選択（それが連続的なものであれ同時的なものであれ）の合法性」を受け入れることは，彼には「完全に意味を欠いた観念」であるように思われると書いていた。

　実際，障害は次の点にあった。一方では，無限集合を対象とする選択関数の**実存**を認めることは，代数学や解析学の多くの有益な，さらには根本的な定理のために，また集合論それ自体に何も言及しないようにするために，要請される（後でわれわれが見るように（省察 26），集合論において選択公理は，純粋な多の階層構造（ヒエラルキー）についての問い，そして〈存在としての存在〉とその現前化の自然形態（順序数）との連結についての問いを，決定的な仕方で解明するものである）。ところが他方で，一般的なケースではこうした関数を**定義づける**ことも，その現実化を示唆することもまったく不可能であり，しかもそうした関数が実存することを引き受けた場合でさえそうなのだ。ここでわれわれは，公準を要請することがそのたった一つのケースの提示をも許さず，またそのたった一つの例の構成をも許さないような，そうした特殊なタイプの多（関数）の実存を公準として要請しなくてはならないという困難の糸車のなかにいる。フレンケル，バー＝ヒッレル，A・レヴィ[32]は集合論の

基礎に関する彼らの著作のなかで明確に次のように言っている。選択公理
——どんな多にも一つの選択関数が実存するということを公準とする《観念》
——は実存一般にのみ関係するのであって，実存のこの断定のいかなる単独
的な現実化をも約束しはしない，と。「公理は〈選出－集合〉［私が代表団と
呼んでいるもの］を**構成する**可能性を（今日あるいは将来において利用可能
な科学的な資源を用いて）主張しているのではない。言い換えれば，α を構
成する各成員 β において，β のある成員を名指しうる規則を提供する可能性
を主張しているのではない［…］。公理は〈選出－集合〉が**実存する**と主張
することしかしていない」。そして著者たちは公理のこの特殊性を，その「純
粋に実存的な性格」と呼ぶのである。

　だがフレンケル，バー＝ヒッレル，レヴィらは，ひとたび選択公理の「純
粋に実存的な性格」が認知されれば，この公理をターゲットにしていた攻撃
はその説得力を失うと考えた点で誤っていた。そのように措定することは，
存在論から見て実存は鍵となる重要な問いであるということ，そしてこの点
で選択公理は，われわれがここまで〈純然たる多としての多〉の現前作用の
諸法則をそこに認知してきたあらゆる《観念》とは根本的に**異なる**《観念》
であるということ，これを見誤ることである。

　選択公理は次のように形式化できると私は言った。

$$(\forall\alpha)(\exists f)\,[(\forall\beta)\,[(\beta\in\alpha\;\&\;\beta\neq\varnothing)\to f(\beta)\in\beta]]$$

　この式を展開させて書けば，f は関数と呼ばれるあの特殊なタイプの多で
あると付け加えることが必要なくらいで，特に問題はない。

　一見したところわれわれは省察 5 で研究した諸公理の「合法的」な形態を
再確認しているように見える。すなわち，なんらかの多 α の実存がすでに
与えられたという仮定のもとで，また別の多——ここでは選択関数 f ——の
実存が肯定されているのだ，と。だが似ているのはそこまでである。という
のも，その他の公理においては，**最初の多と第二の多との連結タイプは明示
的である**からだ。例えば，冪集合〔部分集合の集合〕の公理によれば，$p\,(\alpha)$ の
どの要素も α の部分である。そのようにして得られた集合が**唯一的**であると

いうこともその結果である。所与の α にとって $p(\alpha)$ は一つの集合なのである。同じように，特定の固有性 $\Psi(\beta)$ について言えば，この固有性をもつ α の諸要素からなる集合（その実存は分出公理によって保証されている）は，α の一つの固定された部分である。選択公理の場合，実存の断定ははるかに及び腰である。というのも，ここでその実存が主張される関数は，多 α の内部構造への連結が明示可能であると考えることも，またこの関数が唯一的であると考えることも許さない内具的な条件（$f(\beta)\in\beta$）にのみ服しているからである。したがって多 f はきわめて緩い結びつきによってしか α の単独性と結合しておらず，所与の α の実存が与えられたとしても，一般的にそこから特定の一つの関数 f の構成を「引き出す」ことができないのも当然である。選択公理は多の実存にその代表団の可能性を並置するが，もとの多の個別形態に適用できるような，この可能性に関するいかなる規則も記入しない。選択公理によってその普遍性が肯定される実存は，それが従う条件（代表者たちを選択すること）が「どのように」現実化されるのかについて何も言わないという点で，**見分けられない**〔indistinguable〕ものである。かくして，それは〈一なし〉の実存である。なぜなら関数 f は，それが一切の現実化を欠いている以上，どのように呈示〔現前化〕すればよいのか分からない実存に宙づりにされたままなのだから。

選択関数は計算から差し引かれている〔soustraite（免算されている）〕のであって，それは（実存する以上）現前化可能だと宣告されるとしても，その現前化にはいかなる一般的な道もない。それは〈現前化なき現前化可能性〉なのだ。

したがって選択公理にはまさしく概念上の謎がある。この謎は多についての他の諸《観念》と選択公理との違いの謎であり，フレンケル，バー゠ヒッレル，レヴィらがなんらかの純朴さを，すなわちその「純粋に実存的な性格」を見ていたまさにその地点に潜む謎である。というのも，この「純粋さ」はむしろ「不純さ」，すなわち，現前化可能なもの（実存）の断定と現前化の非現実的な性格——つまり〈一と計算すること〉からの免算〔soustraction〕——とのあいだの混合物がもつ不純さだからである。

私が提起する仮説は，**選択公理とは，存在論において介入の述語を形式化し**

たものである，というものだ。つまり選択公理は介入を**その存在において**，言い換えれば，出来事を抜きにして（承知のように，存在論は出来事を認識するにはおよばない）思考するのである。出来事の所属の決定不可能性という消失点は，〈存在者レベルでの介入〉が記載された存在論的な《観念》のなかに，一つの痕跡を——まさしく選択関数の指定不可能な（あるいは〈ほとんど一つではない〉）性格という痕跡を——残す。さらに言えば，選択公理は介入の存在形態をあらゆる出来事がはらむ空において思考する。そしてこの介入の存在形態のなかに見出されるものは，関数の構成不可能性というかたちでこの空の刻印を帯びている。存在論は，介入は**存在する**と宣言し，この存在を「選択」と名づける（そして「選択」という語をシニフィアンとして選択することはまったく理性的である）。しかし存在論がそうすることができるのは，〈一〉という危険を冒すことによってのみであり，すなわちこの存在をその純然たる一般性へと宙づりにし，そうして介入の〈非－一〉を欠落において名づけることによってのみである。

　次に選択公理は存在論の——数学の——戦略的な諸効果を司ることになるが，これは，みずからの存在の一般性に刺し留められた介入形式への，演繹上の忠実さの実践である。公理の特異性について数学者のもつ鋭い意識は，選択公理に依存する諸定理（これらの定理は選択公理に依存しない諸定理とは区別される）の標示作業（これは今日に至るまで実践されている）に表されている。われわれが後で見るように，忠実さの熱意全体がそこで現実化される**識別**活動を，この標示作業ほどよく示すものはない。そこで識別されるのは，状況への所属を介入が決定する〈定数外の多〉の，その諸**効果**である。もっとも存在論のケースにおいては，それは，定数外の公理（これは〈存在という点において見られた介入〉**である**）が多の諸《観念》に属することの諸効果なのだが。20世紀初頭の数学者たちの衝突はたしかに——広い意味で——政治的な衝突だった。というのもそこで争点となっていたのは，介入の存在——これはいかなる直観によっても，いかなる既知の手続きによっても正当化されないものである——を認めるかどうかに関する決定だったのだから。介入ということが存在の諸《観念》に付け加えられるように，数学者たちは——この場合はツェルメロという名において——介入しなくてはなら

なかった。そしてこれは介入の法でもあるが，彼らはすぐさま分裂した。この公理を**事実上は**——暗黙のうちに——使用していた者たちの目にさえ（ボレル，ルベーグ，等々），介入が存在論的状況に属することを**権利上**妥当だとする，いかなる受け入れ可能な理由も見当たらないように思われた。介入の賭けを回避することはどうしても不可能だったが，かといって，介入の諸効果を遡及的に識別することによって，その妥当性を支持するわけにもいかなかった。公理の偉大な使用者の一人シュタイニッツは，「どんな物体も代数の囲いを受け入れる」という定理（真に決定的な定理）を立証した後，選択公理に依存しており，早くも 1910 年に，忠実者たちの学説を次のように要約していた。「多くの数学者たちはいまだに選択公理に反対している。この公理なくしては決定しえない数学上の問題が数々あるという認識がますます強まるにつれて，この公理に対する抵抗は徐々に消滅せざるをえない。〔とはいえ〕他方で，方法の純粋さのためには，問いの本性がその使用を要求しないかぎり，そのように〔選択と〕名づけられた公理を避けたほうが有益だと思われる。私はこうした限界をはっきりと標示しようと決意した」。

　介入の賭けを保持すること，その諸効果を識別するためにみずからを組織すること，定数外の《観念》の力を濫用しないこと，後続の決定に最初の決定への合流を期待すること——こうしたことがシュタイニッツによれば選択公理の支持者たちの理性的な倫理である。

　しかしながらこの倫理によっても，〈選択関数の実存が形式化している介入〉について介入することがもつ突飛さを隠蔽することはできない。

　第一に，選択関数が実存するという断定は，そのたった一つの実存さえ一般的に現に提示できるいかなる手続きも伴っていないのだから，それは〈代表の法なき代表者たち〉（一つの代表団）が実存すると表明していることになる。この意味で，選択関数は，多の実存が宣告されるように命じるものから見れば，本質的に不法〔非合法的〕である。というのも選択関数の実存は，そこに包摂されるものの実効的かつ単独的な性格がどんな存在によっても（存在が**一つの存在**であるかぎり）明らかにされえないにもかかわらず，肯定されているからである。選択関数は〈本当には一つの存在ではないような**存在**〉として言明されているのであって，かくして〈一と計算すること〉の

ライプニッツ的な法体系を逃れるのである。それは**状況外**に実存するのだ。

　第二に，選択関数が選択する**それ**は名づけえぬものにとどまる。周知のように，多 α が現前させるあらゆる空でない多 β の代わりに，関数は一つの代表者——β に属する一つの多——を選択する，つまり $f(\beta) \in \beta$ である。しかし選択の非現実的な性格——選択関数というこの多を一般的な仕方で構成し名づけることはできないという事実——は，代表者 $f(\beta)$ になんらかの単独性をもたせることを禁じる。代表者は**ある**のだが，それがどれなのかを知ることは不可能なのだ。その結果，この代表者はみずからが属する多を代表しなくてはならないということ以外にどんな同一性ももたないことになる。選択による代表は不法なものであるが，それはまた同時に無名（アノニム）なものでもある。というのも，いかなる固有名も，その他の現前したもろもろの多のなかから関数が選出した代表者を，独立したものにしないからである。代表者の名は実際には普通名詞〔共通の名〕なのだ。すなわちそれは，「多 β に属し，そして f によって区別なくそこに選出されていること」なのである。所与の β の代わりに，β に属する $f(\beta)$ を選出するような関数 f が実存すると，そう私はつねに言うことができるのだから，なるほど代表者は状況のなかで流通に投じられている。あるいは，私は実存する多 α の代わりに，それを構成するもろもろの多を代表する代表者たちの集合が，すなわち α の代表団が実存すると表明するし，またその後でこの実存について推論もする。しかし私はそうした代表者たちのたった一つを**指し示す**ことさえ一般にできない。その結果，代表団それ自体は判然としない輪郭をもつ多となる。とりわけ，他の多との**差異**を（外延性公理によって）決定しようとしても，それは本質上できない相談である。というのも，そうするためには，私はその他の多のなかに見られない要素を少なくとも一つは独立したものにしなくてはならないだろうが，そんなことができるという保証はまったく与えられていないからである。代表団のもつこの種のひねくれた非外延性（オブリック）は，代表者たちの原理的な無名性を示している。

　ところで，この二つの特徴——不法性と無名性——のうちに，われわれはすぐさま介入の属性を認める。実際，介入は出来事の無名な名を，空から，計算の法の外で引き出さなくてはならない。選択公理の特殊な意味——そし

298 V 出来事——介入と忠実さ

て選択公理が引き起こした論争——の鍵が最終的にどこにあるかと言えば，それはこの公理が実存を保証するのは状況内における多の実存では**なく**，介入——とはいえ一切の出来事を捨象してその純粋存在（介入がそれであるところの〈多の型〉）において把握された介入——の実存だという点にある。選択公理は，介入活動という現前化の特殊形態について存在論的に言表したものである。この公理は介入の出来事の歴史性を除去するから，（ある所与の状況から見て，すなわち存在論的に言い換えれば，実存すると想定されたある集合から見て）介入がそれであるところの〈多なる一〉を一般的に明示しえず，ただ〈多なる形式〉（関数の〈多なる形式〉）しか明示できないということは，まったくもって理解可能である。この関数の**実存**は宣言されるとはいえ，いかなる**実存者**のなかにも一般的に現実化されない。選択公理はわれわれに「なんらかの介入がそこにある」と言う。この「そこにある〔il y a〕」という実存の点描は，存在〔être〕へと踏み越えられることはない。というのも介入がみずからの単独性を引き出す源こそ，存在論がそれは〈非－存在〉だと宣告する，この〈一の超過〉——すなわち出来事——なのであるから。

　介入の存在のこうした「空っぽ」な様式化から導かれる帰結が何かと言えば，数学者たちが直観したように，無名性と不法性とがこのうえない無秩序の外見をもたらすこの公理は，存在論がその力を発揮する見事な逆転によって，最終的な結果として**秩序の絶頂**をもたらすということである。革命のはかり知れぬ無秩序はもっとも厳格な国家秩序を生み出すという，月並みとなったテーマの驚くべき存在論的なメタファーがそこにはある。実際のところ，選択公理は，一切の多性が良き秩序〔整列した順序〕を容認するということ，別の言い方をすれば，一切の多が「列挙」され，この列挙の各段階において「後に」来る要素が識別できること，これが成り立つために必要なのである。自然な多をなす〈数としての名〉（順序数）はあらゆる列挙——あらゆる良き秩序〔整列した順序〕——の尺度であるのだから，あらゆる多が自然の秩序への明確な連結に即して思考されるということが最終的に引き出されるのは，まさしく選択公理からなのである。

　この連結は省察26において証明されるだろう。今の段階でわれわれにとって重要なことは，介入の〈多なる形式〉に指定された無歴史的な性格がどの

ような効果を存在論のテクストにもたらすかを理解することである。介入
──言い換えれば，〈介入の存在〉についての介入──の《観念》がなおも
不法と無名の「野生」を保持しているにせよ，そしてこの二つの特徴が，存
在と出来事を気にかけない数学者たちのやみくもな喧嘩の種になるほど目立
つものだったにせよ，存在の秩序は不法と無名とを撤回する。現実的な介入
──もろもろの出来事──の支えとなるものが所属に関して決定不可能であ
り，存在論の領野の外部にとどまるだけにいっそうたやすく，またそのように
して介入の純然たる形態──選択関数──はその実存の宙づりのなかで，
〈多なる一〉をその存在において言明する規則に委ねられているだけにいっ
そうたやすく，存在の秩序は舞い戻ってきて不法と無名を撤回するのである。
だからこそ，この公理の指し示す，法の外見上の中断は，すぐさまその同等
の原理において，あるいはその帰結において，一つの秩序の自然な堅固さへ
と変化するのである。

　したがって選択公理がわれわれに教えるそのもっとも深い点は，時間と歴
史的な新しさとが結果として生じてくるのは，まさしく〈決定不可能な出来
事〉と〈介入による決定〉との**組み合わせ**からであるという点だ。その純粋
存在の孤立化した形態において把握された介入は，それが無効果であるがた
めに，それがまとう不法の外見とは裏腹に，究極的には秩序に奉仕するもの
として，さらには後でわれわれが見るように，階層構造に奉仕するものとし
て機能するのである。

　これを別の仕方で言えば，介入が無秩序の力を，あるいは構造を壊乱する
力を引き出してくるのは，その存在からではないということだ。この力が引
き出されるのは介入の実効性〔effectivité〕からなのであって，この実効性は出
来事の逆説的な多というあの第一の壊乱，計算の第一の機能不全をむしろ要
求するのである。そして存在について言われうる一切合切は，出来事という
この逆説的な多が存在するということと相容れないのである。

省察23

忠実さ，連結

　出来事的な多を——介入によって授けられた定数外の名のもとで——流通させることにみずからの実存が依拠するような，そうしたもろもろの多がある。そうした多を状況のなかで識別する手続きの集合，これを私は**忠実さ**と呼ぶ。要するに，忠実さとは，もろもろの現前化した多からなる集合のなかから，出来事に依拠する多を分出する装置である。忠実であるとは，ある偶然が合法的なものになる動きを集め，区別することである。

　「忠実さ」という言葉ははっきりと愛の関係へと送り返すが，私ならば，むしろ愛の関係こそが，個人的な経験のもっとも敏感な地点において，存在と出来事の弁証法へと送り返すのだと言うだろう。忠実さは，この存在と出来事の弁証法の時間的な順序を示している。実際，愛（愛と呼ばれるもの）が，一つの**出会い**によって召喚された空のほとりに生じる一つの介入——つまりは一つの命名——に基礎をもつことは疑いない。出会いのほんの偶然から一つの〈超過的な多〉の不調があきらかに生まれるがゆえに，いったい**誰**が介入するのかという問いが生じるのであり，かのマリヴォーの演劇全体が描くのもまさしくこのデリケートな問いである。愛の忠実さは，〈出会いの一〉を解放する介入と生の規制された多とのあいだで日々存続する連結の，たしかに重要な尺度であり，しかも長い間結婚がその象徴となってきた状況を振り返ったとき，重要な尺度である。〈愛という出来事〉の地点から見て，愛の**世界**を単なる偶発事を越えて組織するものを，時間の掟のなかでいかに分出すべきか。以上が，忠実さという言葉の使用法である。そこでは，現前化されるあらゆる事柄のなかで，なにが通常の事態から愛の効果を区別するの

かという判定基準について，ほとんど不可能ともいえる男女の合意が必要である。

この〔忠実さという〕古い言葉の使用がこのように正当化されたとして，三つの予備的な注記が重要となる。

第一に，忠実さは，それが出来事に依拠するという点でつねに個別的である。一般的な忠実さの態勢＝性向というものはない。忠実さをなんらかの能力，主観の特徴，美徳などというふうに理解しては絶対にならない。忠実さとは，状況の検討の管轄に属する，状況づけられた操作である。忠実さは，出来事との関数的な関係である。

第二に，忠実さは状況のなかの一つの〈多なる項〉ではなく，〈一と計算すること〉として，一つの操作，一つの構造である。忠実さの評価を可能にするのはその結果であり，すなわち出来事の規制された諸効果を〈一と計算すること〉である。厳密に言えば，忠実さは**存在しない**。実存するのは，なんらかの仕方で出来事の生起を**刻印された**もろもろの〈多なる一〉から，忠実さが構成し，まとめたものである。

第三に，忠実さは現前化したもろもろの多を識別しまとめるのであるから，それは状況の諸部分を計算する。忠実さの手続きの結果は，状況のなかに**包含**されている。したがって忠実さが操作するのは，ある意味で状況の**状態**という地盤においてである。忠実さはその操作の性質に応じて〈反－状態〉あるいは〈従位－状態〉として現れうる。ここで制度という言葉をきわめて一般的な仕方で，表象〔再現前化〕の，状態の，〈計算の計算〉の空間のなかにあるもの——すなわち所属によりもむしろ包含に関わるもの——という意味に理解するならば，忠実さのなかには何か制度的なものがつねにある。

しかしながらすぐさまこの三つの注記に含みをもたせなくてはならない。

第一に，どんな忠実さも個別的であるということが正しいとしても，忠実さを構成する手続きの普遍的な**形式**を哲学的に思考することが必要である。ある出来事のシニフィアン e_x が（介入の解釈的な遡及効果の上流で）流通に投入されたと仮定して，忠実さの手続きは，結局のところ，なんらかの現前化した多がこの定数外の要素 e_x と連結するかそれとも非連結であるかについての判定基準を手にすることに帰着する。忠実さの個別性は，それが出

302 V 出来事——介入と忠実さ

来事という〈超−一〉に結びついているのはもちろんだが（しかし出来事は忠実さにとってもはや数ある実存的な多の一つにすぎない），また考慮される連結基準次第でもある。同じ状況のなかにも，また同じ出来事についても，様々な忠実さを定義する様々な判定基準が実存しうるのであって，それはそれらの結果——すなわち出来事に連結したものとしてまとまったもろもろの多——が同一の諸部分を必ずしも構成するわけではないからである（「同一的」とは，この場合，状況の状態によって同一的とみなされた諸部分という意味である）。一つの出来事に忠実な仕方がいくつもあるということは経験的に知られている。スターリン主義者もトロツキストも 10 月 17 日への忠実さを声高に表明したが，スターリン主義者はトロツキストを虐殺した。20世紀初めに発見された論理学上のパラドクスの〈危機的な出来事〉に対して，集合論における直観主義者も公理主義者もともに自己の忠実さを表明したが，彼らが展開した数学はきわめて異なったものであった。音調体系を半音階によって細かくほぐす作業から音列主義者や新古典主義者が引き出した結果は正反対であった。こんな具合である。

　概念的に考慮し定着させるべきは，忠実さは次の三つのものによって接合的に定義づけられているということだ。すなわち，**状況**によって（そこでは計算の法に即して介入の諸効果が連鎖する），次に個別の**多**によって（この多は，名づけられ流通に投げ込まれたものとしての出来事である），そして**連結規則**によって（この規則によって，なんらかの実存的な多が出来事——この出来事が状況に属するかを決定するのは介入である——に依拠しているかを評価できるようになる）。

　ある現前化した多が出来事に依拠していることを明言する基準を，私は今後□で記すことにする（これは「忠実さにとって連結した」と読む）。形式的な記号□は，ある所与の状況において，また個別の出来事について，さまざまな手続きへと送り返す。ここでわれわれにとって重要なのは，忠実さという操作の原子あるいは最小のシークエンスを分離抽出することである。$\alpha \square e_x$ という書式はこうした原子を指している。それは多 α が忠実さにとって出来事 e_x に連結しているという記載である。書式 $\sim(\alpha \square e_x)$ は否定的な原子である。すなわちそれは，忠実さにとって多 α は出来事に連結していな

いとみなされているということ，つまり出来事の偶然的な生起（この生起は介入によって遡及的に固定される）に無関心であるということの記載である。忠実さは，それが現実的に非－存在者であるかぎりにおいて，肯定的あるいは否定的な原子の連鎖であり，言い換えれば，あれこれの実存する多が出来事に連結しているか否かを確認するものである。これから徐々に明らかになっていき，そして真理についての省察のときに十全に行使されることになるもろもろの理由から，忠実さにとっての連結原子の**有限な**連鎖を，私は**探索**〔*enquête*〕と呼ぶことにする。探索とは，つまるところ，忠実なプロセスの，ある所与の——有限な——状態のことである。

　こうした約束事はすぐさまわれわれを，予備的な第二の注記が要求する微妙なニュアンスへと誘導する。なるほど忠実さは，それが手続きであるかぎり存在するものではない。しかしながら出来事としての忠実さは，各々の瞬間に，暫定的な結果（この結果は，多が出来事に連結しているか否かが書き込まれた実際の探索から構成される）において把握可能である。忠実さの**存在**は，次のようなもろもろの多からなる多によって構成されると措定することはつねに容認できる。すなわち忠実さは，忠実さに固有の連結操作子を使い，みずからの発生元の出来事に依存するものとして識別したもろもろの多からなる多によって構成されているということである。このもろもろの多は，状態の観点から見れば，状況の一部分——それが一であることが包含に属する一つの多——，すなわち出来事に「連結された」部分をつねに構成している。こうした状況の部分を忠実さの**瞬間的存在**と呼ぶことができる。この瞬間的存在は状態概念であるが，このことは後で改めて指摘しよう。

　しかしながら，手続きのこうした状態的射影を忠実さそれ自体の存在論的な基礎とみなすことは，大雑把な計算にとどまる。実際のところ，どの瞬間においても，忠実さの暫定的な結果が記載されることになる探索は，一つの有限集合をなしている。ところでこの点は，われわれが省察13および14で研究した，最終的にあらゆる状況は無限であると言明する根本的な存在論的決定と，弁証法的な関係に入っていかなくてはならない。この弁証法が完全に精緻であろうとすれば，あらゆる状況はその存在に関して，いかなる意味で**自然な多**との連結に依拠しているのか，これをわれわれが立証することが

前提となるだろう。というのも，本来的に言って，われわれが存在の無限を請け負ったのは，その存在論的図式が順序数であるような多性，すなわち自然な多性〔自然数の集合〕に関してのみだったのだから。省察 26 では，どんな純粋な多も，つまりどんな現前作用も，正確な意味で順序数によって「数え」られるがままになるということが立証されるだろう。さしあたり今は，この相関関係から生じる帰結——ほとんどすべての状況は無限である——を先取りしておけば十分である。この結果，忠実さの状態的射影（出来事に連結した有限個の多を取り集めたもの）は状況と通約不可能であり〔同じ尺度ではかることができず〕，したがって忠実さそれ自体と通約不可能となる。実際，非存在者的な手続きとして考えられた忠実さは，状況のなかで現前化された〈多なる一〉を，出来事に連結しているか否かに応じて**一般的に**識別することを可能にする。したがって，忠実さは手続きとして状況との釣り合いのうちにあるのであって，状況が無限ならば忠実さも無限である。忠実さの行使は，権利上，個別のどんな多によっても制限されない。したがって，出来事に連結したものとして**すでに**識別されたもろもろの多を状況の一部分のなかにまとめる瞬間的な状態的射影は，忠実さが潜在的になしうることについての粗雑な——本当を言えば，ほとんど無能な——概算にすぎない。

　他方で，たしかにこの無限な潜在能力は，その結果がどんな瞬間においても有限な部分〔有限集合〕として状態のなかに射影されてしまう以上，実効的でないということは認めざるをえない。したがって次のように言わなくてはならない。その存在において——あるいは存在に即して——考えられた忠実さは，状態の有限な要素であり，表象〔再現前化されたもの〕である，〔しかし〕その〈非−存在〉において——つまり操作として——考えられた忠実さは，現前化に隣接する無限な手続きである，と。つまり忠実さはみずからの存在を非存在者的につねに超過しているものなのだ。忠実さは自己自身の手前に実存するのであり，自己自身の彼方に実存するのではない。忠実さは，状態における〈ほとんど無〉である，あるいは状況の〈擬似−全体〉である——このように言うことがつねに可能だ。有名な「われわれは何ものでもない。すべてになろう」[1]という文句は，その概念を規定してみれば，この点に触れている。それが最終的に意味するところは，われわれ自身である出来事に

忠実であろうということである。

　出来事の〈超−一〉に相当するのは，介入がそこで解消される《二》である。状況（この状況内において出来事の諸帰結が演じられる）に相当するものは，忠実さについては二つあり，一方では実効的な表象〔再現前化〕の〈有限な一〉であり，他方では潜在的な現前化の無限である。

　ここから，私の第三の予備的な注記の適用領野を制限する必要が生じる。忠実さの結果のほうは，それが出来事に連結したもろもろの多を取り集めるという点で状態的であるが，忠実さのほうは，その有限的なあり方がそこに配置されるあらゆる結果を**踏み越える**（ヘーゲルが言う通りである。省察 15 を参照のこと）。忠実さを〈反−状態〉（あるいは〈従位−状態〉）と考えること自体はまったく概算的である。なるほど忠実さを結果の範疇で思考するかぎり，それは状態に関わるものである。しかし忠実さを現前化すれすれのところで捉えるならば，それは現前化した**すべて**の多を利用できる非実存的な手続きのままである。忠実さの手続きの実際上の探索においては，α は，それが出来事の標記された依存のなかに存在するか否かについて基準□が規定するのに応じて，$\alpha \square e_x$ と書かれるか，$\sim(\alpha \square e_x)$ と書かれることになるだろうが，現前化した多はそのすべてが，この α の位置に入りうるのである。

　実は，忠実概念の脱状態化，その脱制度化には，さらに深い理由がある。状態とは，所属と包含という基礎的な存在論的連関へと立ち返らせる演算子である。それはもろもろの部分（つまり状況のなかに現前化した多から構成される多）を〈一と計算すること〉を保証する。ある多 α が状態によって計算されているということは，この α に属する一切の多 β も状況のなかに現前しているということ，またそうして α がこの状況の一部分であり，この状況に包含されているということ，これを本質的に意味する。それにひきかえ，忠実さは，現前化したもろもろの多が，ある特殊な多——その非合法的な名によって状況のなかを流通する出来事——に連結していることを識別する。□という連結操作子は，所属あるいは包含といかなる原理上の結びつきももたない。それ自体は，忠実さに固有の，したがって出来事の単独性に結びついた sui generis〔自己発生者〕である。もちろん，単独的な忠実さを特徴づけると私が述べた連結操作子は，所属と包含という大いなる存在論的連

結と多かれ少なかれ近しい関係をもちうる。忠実さの**類型論**があるとすれば，まさしくこの近さと結びつくだろう。その規則は次のようになるだろう。すなわち，忠実さがその操作子 □ によって存在論的連結──所属と包含，現前化と再現前化〔表象〕，∈ と ⊂──に接近すればするほど，忠実さは状態的になるということである。多が出来事に連結されているのは，**その多が出来事に属するかぎり**においてのみだと措定することは，状態の冗長さの極みである。というのも状況においては，厳密に言って出来事は，出来事に属する**現前化された**唯一の多である（すなわち $e_x \in e_x$）のだから。忠実さ □ の連結が所属 ∈ と同一であるならば，忠実さの唯一の**結果**は，出来事の単集合 $\{e_x\}$ というあの状況の部分であるということになる。ところで，こうした単集合は，状態と出来事との〈概念なき関係〉の構成要素であるということ，まさしくこれを私は示した（省察 20）。ついでに言っておけば，**自発主義**のテーゼ（雑駁に言えば，出来事を誇ることができるのは，その出来事をなした者たちのみだというテーゼ）は，本当は**状態**のテーゼである。忠実さの操作子が出来事の多そのものへの所属から区別されるようになるにつれ，ひとは状況の状態とのこのような合致から遠ざかる。制度的でない忠実さは，出来事の標記を出来事それ自体からもっとも遠いところで識別するのに適した忠実さである。究極的で自明の境界は，今度は普遍的な連結によって構成されることとなり，現前化した**一切の多**は，事実上出来事に依存していると主張されるようになる。自発主義とは逆のこのタイプの忠実さも，それ自体やはり絶対的に状態的である。実際その結果は全体としての状況であり，言い換えれば，状態によって数えられた最大の部分である。こうした連結は何ものも分出せず，いかなる否定的な原子──出来事の闖入への多の無関心の記載である $\sim(\alpha \square e_x)$──をも許容しない。これは**独断的な**忠実さである。出来事の忠実さについて，自発主義（ただ出来事のみがそれ自身と連結している）と独断主義（あらゆる多が出来事に依存している）との存在の統一は，それらの結果が状態の特殊関数と合致するという点に存する。忠実さを状態の特定の関数にいわば**割り当てることができない**のであってみれば，また忠実さの結果が状態の観点からすると特に意味を欠いた部分であるとすれば，忠実さは状態とは大いに異なる。私は省察 31 でこうした結果の存在論的図式を確

立し，その後問われるのは**ジェネリックな**忠実さであることを明らかにする
だろう。

　したがって，一方ではその連結操作子と所属（あるいは包含）との隔たり
において，また他方ではその現実的に分出する能力において，この双方にお
いて賭けられているのは，忠実さは可能なかぎり状態的ではないということ
である。現実的な忠実さは，状態にとって概念のない依存を樹立するが，そ
れはまた，出来事に無関心な多の塊をも識別するのであるから，状況を――
継起する有限な諸状態によって――二つに分割するのである。

　そもそも忠実さを〈反−状態〉としてあらためて思考できるのも，この点
においてである。実際，忠実さは状況**のなか**で包含の別の合法性を組織する。
一時的で有限な諸結果が無限に生成するのに即して，忠実さは，もとの状況
が二つに分裂することから得られる他の状況とでも言うべきものを打ち立て
る。この他の状況は出来事が刻印したもろもろの多からなる状況であるが，
忠実さにとって，それらの多の集合を，その一時的な形象において，みずか
らの身体そのものとして，出来事の強力な実効性として，**真**の状況として，《信
者》たちの群れとしてみなす誘惑はいつも強かった。忠実さのこの教会的な
ヴァージョン（連結したもろもろの多は出来事の《教会》〔集会〕[2]である）は，
私がその誤りを示した存在論化である。それはやはり必然的な傾向ではある
が，それもまた〈非−実存的なもの〉――彷徨う手続き――を，その諸結果
をそこに読み取ることのできる状態という表面に射影することで満足しよう
とする傾向である。

　哲学のもっとも熟慮されるべき問いの一つ（哲学史全体のなかできわめて
多様な名のもとに認識される問い）は次のような問いである。すなわち，出
来事の構成それ自体――言い換えれば，〈立地が縁取る空虚な無名性〉と〈介
入が流通させる名〉という《二》――は，どのような尺度において，忠実さ
が自己をそれに合わせる連結のタイプを**規定する**のかということ，これであ
る。例えば，それに結びつく忠実さが**必然的に**自発主義的だったり独断的だっ
たりジェネリック的だったりするような出来事（つまりは介入）はあるのか。
そうした規定が実存するとして，そこでは出来事の立地はどのような役割を
演じるのか。出来事とはその中心的な空に縛りつけられたものであるが，そ

うした出来事への忠実さに立地の性質が影響を与えることはあるのか。キリスト教は、〈キリストという出来事〉が《教会》の組織を司るのかどうか，またどれくらいの細部まで司るのかという問いについて，際限のない議論にさらされてきた。また出来事のユダヤ的な立地の問いがどれほどこの議論の隅々にまではたらきかけているかも，かなり知られている。また同様に，民主制あるいは共和制の姿をまとった国家は，1789 年の革命の立場を表明する行動指針にもとづいて自己を正当化しようとつねに努めてきた。純粋数学においてさえ——つまり存在論的状況においてさえ——この学問のどんな分野，どんな部分が，あれこれの契機において活発であるのか（あるいは流行しているのか）を知るという不明瞭だが決定的な点は，一般的に言って，理論上の変異（この変異それ自身は〈定理という出来事〉のなかに，あるいは新しい概念装置の闖入のなかに集約されている）の諸帰結（この諸帰結は忠実に探査されなくてはならない）に準拠している。哲学的に見れば，こうした問いの「トポス」は，入門的な地ならし——その動力が何であれ（プラトン的昇天，デカルト的懐疑，フッサール的エポケー……）——の果てに，概念なしに獲得される中心的な天啓との関係のうちにある《賢知》あるいは《倫理》のトポスである。つねに問題になっているのは，出来事的な転換から無限な忠実さの規則を導出することができるかどうかということなのである。

　私はといえば，出来事（つまり介入）と忠実さの手続き（つまりその連結操作子）との結合のプロセスそのものを**主体**と呼ぼう。『主体の理論』のアプローチは存在論的というよりも論理学的かつ歴史的なものであったが，そこで私は現在の展開をいくぶん先取りしていた。実際，私が**主体化**と名づけたもののなかに，介入に結びつく諸概念の一団が認められるだろうし，また**主体的過程**と名づけたもののなかに，忠実さに結びつく諸観念も認められるだろう。しかしながら今回は，道理の順番が基礎づけの順番になっているので，それゆえ，以前の本では弁証法的論理の解明の直後にあった主体の範疇は，今回は，厳密な意味で**最後に**〔最後のものとして〕来ているのである。

　このように主体は一切の心理学からもっとも遠いところで，忠実さの連結規則と介入との**継ぎ目**を示すものとして着想されているわけであるが，こうした主体を導きの糸として採用してみれば，哲学史に大きな光がもたらされ

るだろう。私が提出する仮説は，なんらかの哲学体系は（おそらくアリスト
テレスとヘーゲルの体系を除けば），主体の概念を一切明示していない場合
でさえ，この継ぎ目についての理論的な命題をつねに要石としているという
ことである。実はそれこそは，〈存在としての存在〉というかの問いを哲学
から差し引いて数学による解決に委ねるときに，哲学に残される難問である。

　出来事に忠実である仕方を出来事が規定する——あるいはしない——その
様態についての調査をこれ以上進めることは，さしあたり不可能である。と
はいえ，介入と忠実さとのあいだに**いかなる紐帯**もないと仮定すれば，連結
操作子□が事実上，**第二の出来事として浮上してくることを認めなくてはな**
らないだろう。実際，介入が状況のなかに流通させる e_x と，それに連結さ
れたものを $(\alpha\square e_x)$ あるいは $\sim(\alpha\square e_x)$ といったタイプの原子によって忠実に
識別することとのあいだには，たとえその空隙が全体的なものだとはいえ，
本来的な意味での出来事に加えて，忠実さの操作子という，状況に対するま
た**他の追加物**があるのだということに同意しなくてはならない。そしてこの
ことは，忠実さが現実的になればなるほど，すなわち状態との近さが少なく
なればなるほど，制度的であることが少なくなればなるほど，それだけます
ます真となるだろう。実際，連結操作子□が存在論的な大きなつながりか
ら遠いものになればなるほど，この操作子は革新の姿をまとうのであり，状
況とその状態が有する資源は，その革新の意味をまき散らすのにますます適
さないものと見えるようになるのである。

訳注

［1］「インターナショナル」の歌詞の一節。「インターナショナル」は，フランスの革
　命家ウジェーヌ・ポティエ（Eugène Pottier　1816-1887）が 1871 年パリ・コミュー
　ンのなかで作詩し，「血の一週間」の後に発表した。当初は「ラ・マルセイエーズ」
　の曲に合わせて歌われた。のちにベルギー出身の労働者・音楽家であるピエール・
　ドゥジェテ（Pierre Degeyter　1848-1932）が曲をつけて広め，社会主義・共産主義を
　代表する曲として世界中で広く歌われた。
［2］「教会（église）」はギリシア語の ekklesia（「集会」）を語源とする。

省察 24

存在論的忠実さの操作子としての演繹[33]

　私は省察 18 において，純粋な多の学説である存在論は多の自己所属の禁止を実行し，その結果，出来事は存在しないと措定することを明らかにした。それがまさしく基礎の公理の役目である。したがって，出来事の図式を与える「逆説的」な多のタイプは存在論の状況において一切の流通から締め出されているので，そこに忠実さの存在論内的な，つまり数学内的な問題が生じることはない。そのような「逆説的」な多がこの存在論の状況に属さないという決定は，**もはや変更の余地なく**下されたものである。この点において存在論は，パルメニデスが初めに表明した命令に忠実であり続ける。すなわち〈非−存在〉の存在の言明を許すような一切の道から離れなくてはならないという命令に。

　しかし出来事の数学概念が実存しないということから，数学的な出来事も実存しないという結論にはまったくならない。むしろ反対であることは明らかである。数学の歴史性は，出来事と介入のもつ時間上の基礎づけ機能が数学において十全に作用していることを示している。数学の状況はその空が束の間召喚され，一が危険にさらされることで荒廃するが，偉大な数学者とは，そうした荒廃した数学状況の立地の周辺で介入する者以外の何ものでもない。この点でエヴァリスト・ガロワのような数学の天才は自分自身の機能を明瞭に意識していたと，私は省察 20 のなかで述べた。

　存在論の一切の言表，一切の定理は出来事に関わらないし，出来事の諸効果の近さを評価することもない。したがってまた本来の意味での〈存在−論〉は，忠実さについて立法することもない。しかしたとえそうだとしても，存

在論の歴史的な展開のうちには〈定理という出来事〉があるということ，したがって〈定理という出来事〉に忠実である事後的な必然性があるということも，同じく真理である。このことが強くわれわれに思い出させるのは，現前化を現前化する作業である存在論それ自身が時間のなかに現前化されるのは状況としてのみであるということ，そしてこの現前化に時期の区切りを入れるのは新しい言表であるということ，これである。数学のテクストはその内在的な本質上たしかに平等主義的であって，個別の言表が〈出来事としての言表〉——これは一つの**発見**のことであり，この発見において理論装置のあれこれの立地は，現前化不可能なものを出来させざるをえないように追い込まれたのである——にどれくらい近いかあるいは連結しているかに応じて言表を分類しはしない。数学のテクストにおいて言表は，真か偽，証明されるか反駁されるかのどちらかであって，最終的には万人が純粋な多——つまり〈存在としての存在〉が「そこにある」ということが実効あるものとなる形態——について語るのである。しかし数学の著作を書く者は，言表をその重要さのヒエラルキー（基本定理，単純定理，命題，補助定理，等々）に応じてまさに分類するようにつねに配慮するし，またしばしば言表の出現をその日付とかその作者の数学者とかいった形で示そうと配慮することもあって，こうしたことはやはり一つの徴候（テクストの本質に外在的ではあるが明白な徴候）である。またなんらかの理論上の変異について中心的な介入者の名誉を数学者たちが争いあうこともあり（数学テクストの平等主義的な普遍主義からすれば，こんなことはどうでもよいことだろうが），こうした熾烈な優先権争いもまた一つの徴候である。このように数学の書き物の経験上の配置は次のような事態の痕跡である。すなわち，存在論の出来事性はその明示的な結果において廃棄されてしまうが，それでもやはりそれは，理論的な建造物がなにがしかの瞬間においてそれであるようにしているのだ。

　劇作家は，台詞のやり取りのみが演出家にとって上演の安定した指示対象であると知りながらも，それでも舞台装置や衣装や年齢や動作などを記述したト書きによって上演の細部を先取りしようと絶望的な努力をする。それと同じように〈数学者という書き手〉も，存在が存在として言明される純粋なテクストを，いわば**外部から**存在論的状況に言及する優先権や起源の指示に

312　V　出来事——介入と忠実さ

よって，前もって上演するのである。あれらの固有名，日付，呼称などは，出来事を締め出すテクストに書き込まれた，出来事を示唆するト書きである。

　こうした徴候を中心的に解釈する作業は，忠実さの操作子を——今回は数学テクストの内部において——標定することに関わる。そうした忠実さの操作子によってひとは，言表が新しい定理や新しい公理系，探究の新しい装置の出現と両立しているのか，それらに依存しているのか，あるいは影響されているのかといったことを評価する。私が表明しようとするテーゼは，次のような簡単なものである。**演繹**——言い換えれば，証明の要求，一貫性の原理，論理的な連鎖の規則——とは，それによって外因的な出来事性への存在論的忠実さがどの瞬間においても実効あるものとなる，そうしたものだということである。ここには二重の命令があって，一つには，新しい言表は状況との——つまり既存の諸言表との——一貫性を証明しなくてはならない（証明の命令である）と同時に，二つ目には，そこから引き出される帰結それ自体が明示的な法によって規制されていなくてはならない（本来的な意味での演繹的忠実さの命令である）のである。

1　演繹の形式的概念

　数学のみがその慣用を構成したこの忠実さの操作子をいかに記述すべきか。形式的な——そしてその完全に展開された形式においては相対的に遅ればせの——観点からすれば，演繹とは次のような明示的な言表の連鎖である。すなわち，諸公理（われわれにとっては多の諸《観念》であり，等号をもつ一次論理の諸公理である）から出発し，もろもろの仲介物を媒介にして（先行の仲介物から後続の仲介物への移行は，定義づけられた諸規則に適った形で進められる）演繹される言表へと至るような連鎖である。

　こうした諸規則の**現前化**は利用される論理的な語彙に依存するが，それらの規則は実質上つねに同一である。例えば，否定 ～，包含 →，全称記号 ∀を基本的な論理記号として受け入れるならば（これらだけでわれわれには十分なのだが），規則の数は二つである。

　——**分出**あるいは肯定式〔modus ponens〕。すなわち，私が $A \to B$ を演繹し，

またＡを演繹した場合，そのとき私はＢを演繹したと考える。すなわち，私がある言表を証明したという事実を⊢と記述するなら，

$$
\begin{array}{c}
\vdash\ A\ \to\ B \\
\vdash\ A \\
\hline
\vdash\qquad B
\end{array}
$$

——一般化。α が変項であり，また α が Ｂ において量化されていない B[α] のようなタイプの言表を私が演繹した場合，そのとき私は (∀α) Ｂ を演繹したと考える。

肯定式は包含の「直観的」な観念に対応する。すなわちＡがＢをもたらし，Ａが「真」ならば，Ｂもまた真でなくてはならないということである。

一般化は言表の全称性の「直観的」な観念に対応する。すなわち，**任意の**α（α は変項である）についてＡが真であるならば，それは一切の α について真であるということである。

これらの規則の極端な貧しさは，数学の証明宇宙の豊かさや複雑さと鮮やかなコントラストをなしている。だが**忠実さの難しい点はその実践にあるのであって，その判定基準にあるのではない**ということは，この証明宇宙の存在論的な本質に結局のところ適っている。存在論が呈示する〔現前させる〕多はどれも空から織り成されており，それらは**質的**にはまったく区別がない。したがって，そうした多に関わるある言表と別の言表との演繹的な連結の識別は，多数の雑多な**法**を作動させることができない。反対に，質的に近いこれらのもののなかで実際に区別をおこなうには，極端な繊細さと経験が必要である。

まだきわめて形式的なこの見方をラディカルにすることもできる。数学の「対象」は〈存在としての存在〉であるから，それを現前させる諸言表は例外的な一様さをもつと予想できる。概念装置と定理の見かけ上の氾濫は，空の基礎づけ的な機能を背景とした，ある種の無差異に送り返さざるをえない。現前する多の多様性が多の多性しかとどめないまでに純化されているのであ

れば，新しい言表を一般的な機構へ取り込むことを企てる演繹的忠実さは，間違いなく**単調さ**を刻印されている。それに経験上から言っても，数学の実践においてはっきりと感じられるのは，概念と証明の複雑さや精緻さが簡潔な辞列へと細分化されるということであり，この辞列を平らにしてみれば，その反復的な性格が明らかであり，きわめて限定された蓄えから引き出されたいくつかの「仕掛け」だけを作動させる。その手法の骨子は一般的な配置構成，証明的**戦略**の手法にある。反対に戦術は厳格でありほとんど骸骨のようだ。それでも偉大な数学者たちはこの細部をしばしば「またぎ越す」。そして計算の検証は信者たちに任せ，出来事の幻視者として全体的な概念配置へと直行する。このことがとりわけ顕著なのは，そのひとたちが流通に投じたものが，その後も長く活用され，さらには問題視されるような介入者──例えばフェルマー，デザルグ，ガロワ，リーマン──の場合である。

形式的真理の幻滅させる点は，数学のあらゆる言表は，それが公理の枠組みにおいて証明されるや，演繹の統辞法から見て**同値**になるということである。数学の建造物を支える純粋に論理学上の公理のなかには，実際に恒真式［トートロジー］がある。すなわち$A→(B→A)$であり，これは真である言表はどんな言表にも含意されているという古いスコラ学的な金言，ex quodlibet sequitur verum〔どんなものからでも真理は引き出される〕である。その結果，言表Aがあるとして，Bがなんらかの言表であれば，言表$(B→A)$があるということになる。

とにかく今，言表Aと言表Bが演繹されたと仮定しよう。Bと恒真式$B→(A→B)$から，また$(A→B)$も引き出される。だが$(B→A)$と$(A→B)$のどちらもが真であるのは，AがBと同値，すなわち$A↔B$だからである。

この同値は存在論的忠実さの単調さを形式上で標記している。存在論的忠実さは革新的な出来事への多の連結を，諸言表**を通して**評価するが，その存在論的忠実さの土台は最終的には評価される多の潜伏的な一様性にある。

しかしながら，存在論のあらゆる言表のこうした冷たい形式的な同一性は，巧妙なヒエラルキーの歯止めにはまったくならないし，また最終的には，もっと狡猾な手段によってヒエラルキーの根本的な不同値性〔非平等性〕を阻止することにもならない。

しかと看取しなくてはならないのは，証明の忠実さの戦略的な反響が戦術

的な厳格さをもつとしても，それは形式的な保証としてのみであり，また現実のテクストは稀にしかこの厳格さと合流しないということである。存在論の厳格な書記（これは所属記号のみにもとづく）は，そこから忘却の豊穣さが飛び立つ法でしかないが，それと同じく，論理の形式主義とその忠実な連結の二つの操作子——肯定式と一般化——は，はるかに巨大な射程をもつ標定と推論の手続きにすぐさま席を譲る。同値の一様性と推論の大胆さとのあいだの隔たり——存在論に固有の隔たり——をテストするために，この二つの手続きを調べてみよう。すなわち，仮説の使用と不条理による推論である。

2 仮説による推論

「A は B を含意する」というタイプの命題を証明するのに，A が真であると仮定してそこから B を演繹するというやり方をとるということは，数学科の学生なら誰でも知っている。ついでに記しておけば，「$A \rightarrow B$」という言表は A や B の真理について言表しているのではない。それはただ単に，一方が他方を含意するという，A と B の連結を整理しているだけである。かくして集合論において次の言表が証明可能である。「ラムゼイ基数（これは「きわめて大きな」多の一種である）が実存するならば，その場合，構成可能な（「構成可能」については省察 29 を見よ）実数の集合は可算である（言い換えれば，ω_0 という最小タイプの無限性に属するということである。省察 14 を見よ）」。しかし「ラムゼイ基数が実存する」という言表それ自体は証明可能ではない。少なくとも，私が呈示してきた多の諸《観念》からは推論されない。1970 年にローボトムによって証明されたこの定理は（私は出来事の指標を与えている……），要するに，ある含意関係を書き込んでいるのであるが，それと同時に，この定理がその連結を保証する二つの存在論的な問い——すなわち「ラムゼイ基数は実存するのか」と「構成可能な実数の集合は可算か」——を宙づりにしてもいる。

最初に述べた忠実さの操作子——肯定式と一般化——は，言表 A から帰結 B を引き出すために，そして含意 $A \rightarrow B$（先ほど述べたように，これは A

が真理であるという仮説を確認するものではいささかもない）の真理を結論するために，言表 A を「仮説として立てる」ことを，どこまで許すのだろうか。そうすることでひとは不当にも，それ自体まったく偽であるかもしれないにもかかわらず真理だとみなされた断定 A という形で，〈非‐**存在**〉を**経由**してしまっているのではないか。真である連結を忠実に確立する際のこうした偽の媒介の問題は，不条理による推論〔背理法〕を調べてみると，いっそう深刻な形で舞い戻ってくるだろう。私の見るところ，この問題は次の二つのもののあいだの隔たりを知らせているのである。すなわち一方では，真である言表の単調な同値という，存在論の言表の呈示における厳格な**法**，そして他方では，それらの存在論の言表同士のあいだに実効ある（時間的＝現世的に指定可能な）連結を，出来事および介入の地点から（言い換えれば，偉大な数学者たちが先行の装置の弱点において流通させるものの地点から）打ち立てる忠実さの戦略——この両者のあいだの隔たりである。

　だがもちろん，**長大な射程をもつ諸連結**がどれほどはっきりと，また戦略のうえで，推論の諸原子の戦術上の単調さ（肯定式と一般化）と区別されようと，そうした連結はある意味で戦術上の単調さへと形を変えざるをえない。というのも法は法だからだ。ここではっきりと見えるのは，存在論的忠実さは——たとえそれが発明的であろうとも——もろもろの連結を評価することにおいて，〈一と計算すること〉といかに**絶縁**することができないか，自分を構造の例外にすることができないかである。存在論的忠実さとはむしろつねに〈一と計算すること〉の対角線であり，その極端な緩和であり，その見分けがたい短縮なのである。

　例えば，言表 A が真であるという「仮説を立てる」ことができるということは，いかなる意味だろうか。それは結局のところ，状況（理論の諸公理）——この装置を T と呼ぼう——とその演繹規則が与えられているとき，ひとは暫定的にだが，T の諸公理とプラス言表 A からなる虚構の状況のうちに身を置くということである。この虚構の状況を T+A と呼ぼう。演繹規則に変化はないままだから，状況 T+A において言表 B が演繹される。規則が固定されているので，そこには機械的な，慣例的な作業しかない。証明のシークエンスにおいて「公理」A の使用という**追加**が許可されているというだけ

のことである。

「演繹定理」と言われる論理学の定理（私は 18 年前に『モデル概念』のなかでその戦略的な価値を点描しておいた）が介入してくるのはここにおいてである。この定理の語る実質は次の点にある。すなわち通例の純粋に論理学的な諸公理と，そして私が指摘した演繹の諸規則を受け入れるならば，ある言表 B が理論 T+A において演繹可能であるとき，言表（A→B）が理論 T において演繹可能であるという状況が得られるということである。しかも T+A という虚構的な理論がいかなる**値をもつ**かにかかわらずそうなのだ（この理論が一貫していないということも大いに考えられる）。だからこそ，私は A が真であるという「仮説を立てる」ことができるのであって，言い換えれば A を公理とする一理論の虚構によって状況を**補足する**ことができるのである。またひるがえって，T の諸公理——多の諸《観念》——が司る「真の」状況においても，私は虚構の状況において演繹可能なあらゆる言表 B を言表 A が含意するということを保証される。

　このように存在論的忠実さのもっとも強力なばね仕掛けの一つは，公理の追加によって得られる，隣接する虚構状況のなかを動く能力であるということがわかる。しかし，ひとたび言表（A→B）が状況の諸公理の忠実な帰結として書き込まれてしまえば，媒質だった虚構からもはや何ものも残らないということは明らかである。このように数学者は連結を評価するために，まことしやかだったり不整合だったりする宇宙に絶えず出入りするのである。〈存在としての存在〉に関する真理は諸言表を互いに同値のものにするが，数学者はそうした諸言表の一様な平原のなかによりも，むしろこのまことしやかな宇宙のなかに頻繁に在留する（その目的が一様な平原の表面をさらに広げることでしかないとしても）。

　さらに演繹の定理は何が数学の出来事の立地であるかについて，ありうる標定の一つを可能にする。次のことに合意しておこう。歴史的に構造づけられた数学状況において，ある言表がその他多くの意味ある言表を含意しつつも，状況を組織する諸公理から演繹されえない場合，そうした言表は特異である，あるいは空の縁にあるのだ，と。この言表も結局はその諸帰結において呈示されるのではあるが，いかなる忠実な識別もこの言表を連結させるに

318 V 出来事——介入と忠実さ

は至らない。言ってみれば，A がこうした言表であるとしたら，$A{\to}B$ というタイプのあらゆる種類の言表を演繹することはできるが，A それ自身は演繹できない。$T{+}A$ という虚構状況においては，そうしたあらゆる言表 B が演繹されることに注意しよう。実際，A は $T{+}A$ の公理であり，$A{\to}B$ が得られるのだから，肯定式は $T{+}A$ において B の演繹を許可する。同様に，$T{+}A$ において B が含意するあらゆるものもそこで演繹されるだろう。というのも $B{\to}C$ である場合，B は演繹されているのだから，あいかわらず肯定式によって C もある。だが演繹の定理によってわれわれは，そのような C が $T{+}A$ においても演繹されていれば，言表 $A{\to}C$ が T においても演繹可能であると保証されている。その結果，$T{+}A$ という虚構的な理論は，$A{\to}C$ というタイプの諸言表（T においては $A{\to}B$ が証明済みなわけであるが，C はそのような言表 B がもたらす，$T{+}A$ における帰結である）の莫大な追加の資源を司ることになる。言表 A は，T において演繹可能な $A{\to}x$ タイプの言表という形で，可能な諸帰結に満たされた一種の源泉として現れることになるが，それがどのようにしてなのかがこれでわかる。

　となると，ある介入によって名づけられた一つの出来事は，言表 A が指標となる理論的な立地において，証明あるいは公理の新しい装置となるのであり，そのとき A は**状況**の言表としてはっきりと受け入れられるようになる。つまりその出来事は，それまでその非－演繹可能性とその効果の広がりとのあいだで宙づりにされていた言表 A が，存在論的な状況に属するということを**決定**するプロトコルなのだ。その結果，肯定式によって，そして一気に，この言表 A が含意するあらゆる B，あらゆる C もまた状況の部分をなすことになる。現実の数学上の個々の発明に見られるように，介入は新たな諸結果の乱暴な**放出**によってわかるようになるのであって，それまでそうした新たな諸結果は，ひとがその構成要素を**分出**できていなかった含意的な形式のなかで宙づりにあるいは凍結されていたのである。忠実さのこうした契機は発作的〔極致的〕である。すなわち倦むことなく演繹がおこなわれ，分出がなされ，それ以前のものごとの状態ではまったく計算不可能だった連結が発見されるのである。それは，A が一つの仮説でしかなかった虚構の状況（さらにときにはまったく目につかなかった状況）に，出来事による現実状況の

手直し（そこにおいてAが決定された手直し）が置き据えられたということなのである。

3 不条理による推論[34]

初学者はここでもまたよく考えもせずに，Aの真理を証明するには，非Aを真であると仮定し，この仮定からなんらかの不条理を，つまりすでに確立された真理との矛盾を引き出すことによって，われわれに必要なのは確かにAであると結論すればよいと思っている。

その見かけ上の形式においては，不条理による推論——つまり背理法——は仮説による推論の図式と同一である。すなわち私は「公理」非Aの付加によって得られる虚構状況のなかに身を置き，この状況のなかでさまざまな言表を演繹する。しかしながら，この技法における〈忠実な連結〉の機能の究極的な原動力は異なるものであり，背理法は直観主義学派[35]によってきっぱりと拒絶されるまで長い間論議の対象となってきたということもよく知られている。不条理による推論は，〈言表Aを証明すること〉と〈Aの否定の否定を証明すること〉とはまったく一つのことであると仮定しているわけだが，こうした抵抗の核心をここで明るみに出さなくてはならない。ところで私は，Aと$\sim\sim A$との厳密な同値を，数学において〈存在としての存在〉——感性的時間ではない——として問題にされるものに直接結びつくものとみなすが，この同値はわれわれの弁証法的な経験から，すなわち歴史と生が知らせる一切の事柄からきわめて隔たっているので，存在論はこの点において経験論による批判と思弁による批判の双方に対して脆い。この同値はヒュームにもヘーゲルにも適さない。詳しく見てみよう。

状況においてすでに確立されている言表と演繹的に連結していることを——そして最終的には同値であることを——私が立証したい言表をAとしよう。私は虚構状況 $T+\sim A$ のなかに身を置く。戦略の骨子は，Tにおいてすでに演繹されている言表と形式上矛盾する言表Bを演繹することにある。要するに，その否定 $\sim B$ が T において既に証明済みであるようなBを$T+\sim A$ において得ることである。そこから私はAが T において演繹可能で

あると結論するだろう（よくある言い方をすれば，私は A のために仮説 $\sim A$ を**拒絶する**だろう）。だがどうしてそうなるのか。

$T+\sim A$ において私が言表 B を演繹する場合，私は演繹の定理によって，言表 $\sim A \to B$ が T において演繹可能であると保証されている。この点では，仮説による推論の場合とまったく違いはない。

ところで，言表 C が言表 D をもたらす場合，D をもたらす C を否定せずに D を否定することはできないということ，これは**対偶**という論理学的な公理——またしても古いスコラ的な金言——である。次のような恒真式があるとしよう。

$$(C \to D) \quad \to \quad (\sim D \to \sim C)$$

私が T において虚構状況 $T+\sim A$ および演繹定理から出発して得た言表 $(\sim A \to B)$ にこのスコラ的な恒真式が適応されると，次の式が与えられる。

$$(\sim A \to B) \quad \to \quad (\sim B \to \sim\sim A)$$

$(\sim A \to B)$ が演繹されているならば，$(\sim B \to \sim\sim A)$ が演繹されているという結論が肯定式によって出てくる。ところで $(T+\sim A)$ において演繹された B は，T において演繹された言表 $\sim B$ と明白に矛盾することを念押ししておこう。しかし $\sim B$ が T において演繹されており，また $(\sim B \to \sim\sim A)$ も演繹されているならば，その場合肯定式によって $\sim\sim A$ は T の公理である。表にまとめてみよう〔次頁〕。

この手続きは厳格に次の結論に到達する。すなわち，私が $\sim A$ という追加の仮説から，すでに立証済みのなんらかの言表と一貫しない言表を演繹するならば，そのとき A の否定の否定が演繹可能である，と。A の演繹可能性を結論するためには，追加のもうひと押しが——例えば，含意 $\sim\sim A \to A$ が——必要であるが，これは直観主義者たちが容赦なく拒絶することである。直観主義者からすれば，不条理による推理は $\sim\sim A$ の真理を越えて結論を下すことはできない。$\sim\sim A$ は言表 A とは完全に区別される〈状況の言表〉な

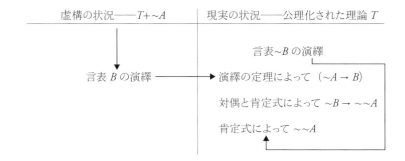

のだ。ここでは忠実さの二つの体制が分岐しており，そのこと自体は忠実さの抽象的な理論と両立しうることである。すなわち出来事が前もって連結基準を規定することは保証されていないのである。古典主義者にとっては，言表 A は言表 $\sim\sim A$ と絶対的に代置可能であるが，直観主義者にとってはそうではない。

この点について私が確信しているのは，直観主義は**よそから来た**——特に実効的な心的操作の学説から来た——連結基準を存在論に誘導しようとして道を間違っているということである。直観主義はとりわけ数学的な**対象**についての経験主義的で幻惑的な表象の虜になっている。ところで数学の言表はそれがどれほど複雑であろうと，それが肯定的言表であれば，最終的には多の純粋形式の実存を表明している。数学的思考のすべての「対象」——構造，関係，関数，等々——は最終段階においては多の種でしかない。くだんの数学的「直観」は言表を通してもろもろの多のあいだの〈多なる連結〉を統御することより先に進むことができない。したがって肯定的と仮定されたなんらかの言表 A は，たとえそれがきわめて特異な関係や対象の概観をまとっていようと，その存在論的な本質において考察されれば，次のことを措定すること以外に意味をもたない。すなわち，なにがしかの多が，多の諸《観念》——空の名や極限順序数（無限な多）についての実存的な断定も含め——の構成する枠組みにおいて実存者として実効的に措定されるがままになるということを措定するのである。さまざまな含意をはらむ言表でさえ，最終審級

においてはこの種に属する。かくして私が先ほど言及したローボトムの定理も次の主張に帰着する。すなわち,「ラムゼイ基数が実存する」という言表によって補足される多の「古典的」な諸《観念》が構成する状況——場合によっては虚構的な状況——のなかには,構成可能な実数と順序数 ω_0 (これらの概念については省察 26 と 29 を参照のこと) との一対一の対応関係をなす多が実存する,と。こうした対応関係——それは関数であり,つまり関係の特殊な種である——は一つの多である。

　純粋な多の実存を肯定する言表を否定することは,いまや非実存を表明することである。つまり $\sim\sim A$ という二重否定の要点は,一つの多——存在論が言う意味での多——が実存しないことの否定がいったい何を意味しうるかにある。**存在論は実存以外のいかなる固有性も多に付与しない**ということを認めるのであれば (なぜなら一切の「固有性」はそれ自体が一つの多だからだ),多の非実存の否定が多の実存を意味すると考えるのは理性的である,というのはもっともなことだろう。したがって実存と非実存との「あいだ」に,仲介的な特殊な固有性〔特性〕——非実存の否定と実存とのあいだの隔たりを基礎づける固有性——を規定することはできない。というのも,この仮定上の固有性もまた一つの実存する多として呈示されざるをえないからだ (それは非実存であるかもしれないが)。かくして私の考えでは,数学の存在論的な使命から,肯定と二重否定との,A と $\sim A$ との同値の正当性が推論されるのであり,その結果,不条理による推論の結論的な性格が出てくるのである。

　さらに言えば,私は数学史家サボーに賛同してこう考える。すなわち背理法の使用は,数学の演繹的忠実さが根源的に存在論的な配慮に属していることのしるしである,と。サボーは,パルメニデスには存在と非存在について不条理による推論の典型的な形態が見られると指摘し,そこから演繹的な数学をエレア学派の系譜のうちに位置づける論拠を引き出す[36]。これは歴史上の連結の事情はどうであれ,概念上の連結としては説得力をもっている。というのも背理法という,この忠実さの大胆な形式が数学に許されるのは,そこで〈存在としての存在〉が扱われているからである。指示対象が少しでも**規定され**ればすぐさま,肯定と〈否定の否定〉とを同一視するのは適切でないということを受け入れざるをえなくなるだろう。指示対象の純然たる〈多

としての無規定性〉によってのみ，言表間のこの連結基準の保持が可能なのだ。

不条理による推論が私を驚かすのはむしろ，忠実さの手続きの**冒険的な**性格，その自由さ，連結基準の極端な不確実さである。単純な仮説による推論においては，戦略目標ははっきりと固定されている。$A \rightarrow B$ というタイプの言表を証明しようと思えば，ひとは $T+A$ という隣接した状況に身を置き，**B を証明しようと努める**。ひとは自分がどこへ行くかを知っている（どのようにして行くかは必ずしも自明ではないが）。さらに $T+A$ は一時的には虚構であっても首尾一貫した装置だということも十分にある。一貫性のない宇宙——そこでは言表であれば**どんなものでも**が演繹可能である——において似非‐演繹的な脈絡がなす不忠実さへのあの義務などそこにはない。反対にこの義務をわざわざ引き受けるのは，不条理による推論の場合である。というのも言表 A が真であると仮定した場合——言表 A が演繹的忠実さによって T の先行的な諸定理の帰結として識別可能であると仮定した場合——そのとき，装置 $T+\sim A$ は確かに一貫性を欠く。なぜなら T から A が推論され，またこの装置は A と $\sim A$ とを同時に含むのだから。ところでひとが身を置くのはこの装置のなかにである。何を演繹するためにか。立証済みの諸言表のうちの一つと矛盾する言表を演繹するためである。しかしどのような言表か。何でもよい言表である。つまり目標に区別がないのだ。ひとは言表 A の真理がそこから推論される矛盾点を長期間やみくもに探し求めることもある。

構成的な推論と構成的でない（あるいは背理的な）推論とのあいだには重要な違いが疑いなくある。構成的な推論はみずからが立証しようと目標を立てた言表へ向かって，演繹済みの言表から演繹済みの言表へと赴く。そのようにして構成的な推論は現前化の法を逃れることなく忠実な連結をテストする。非演繹的な推論のほうはと言えば，一貫しないとみずから仮定するある状況の虚構をいきなり設置し，立証済みの結果に矛盾する言表のなりゆきにまかせてこの非一貫性が現れるようにする。この違いは二重否定の用法に結びついているというよりも戦略の質に結びついている。一方は秩序の内的保証と慎重さを目指し，他方は無秩序のなかを冒険的に遍歴することを目指すのである。実際，厳格に**演繹する**という作業のうちに存する逆説をしっか

りと推し量ろう。つまり，非一貫性——言い換えれば，言表間の連結の忠実な戦術が無駄であること——が支配すると仮説 ~A が仮定するまさにその場において，この忠実な戦術を取ることの逆説，これをしっかりと推し量ろう。ここでは規則の細かい行使は，特異な矛盾との**遭遇**によって規則のまったき虚しさを立証すること以外の用途をもたない。忠実さの熱意と遭遇の偶然とのこの組み合わせ，規則の明確さと規則が行使される場の無効性についての意識とのこの組み合わせは，この手続きのもっとも驚くべき特徴である。不条理による推論は，〈存在としての存在〉の学の概念的な戦略における，もっとも**戦闘的**な部分なのである。

4　演繹的忠実さの三重の規定

　演繹は言表間の**拘束的な**連結——最終的には言表同士の統辞上の同値——を標定する作業であるが，その演繹が存在論的忠実さの判定基準であるということは，ある意味でアプリオリに証明されることができた。実際，言表がどれも現前化作用一般に関わり，多をその純粋な多性においてのみ——つまりその空虚な骨組みにおいてのみ——考察するのであってみれば，すでに立証済みの言表と新しい言表との「隣接関係」について別の規則を使用することができるかは，それらの同値を統御することによってしか知ることができない。一つの純粋な多が実存するとある言表が主張するとき，確かなことに，この純粋な多の実存（これは**存在の資源**の実存である）は，すでに実存が肯定——演繹——されている資源とは別の資源の非実存という代償を払ってしか獲得されえない。存在は，それが存在であるかぎりで，自分自身を犠牲にして存在−論的な語りのなかで自己を浪費することはない。というのも存在は生死に無関心だからである。また存在はもろもろの純粋な多の現前化の全資源のうちに存在するのでなくてはならず，それらの純粋な多のいかなるものも，みずからの実存が他のあらゆる多の実存と同値でなければ，その実存を言明されることができない。

　存在論的忠実さは存在論それ自体の外部にとどまり（というのも存在論的忠実さは存在に関する**言説**の出来事に関わるのであって，**存在の出来事その**

ものに関わるのではないからだ），したがってある意味で擬似‐忠実さでし
かないが，上述の事情から，存在論的忠実さがあらゆる忠実さ（忠実さの学
説については省察 23 で素描しておいた）について可能な三つの規定を受け
取るという結果が出てくる。

　　——第一の意味では，存在論的あるいは演繹的忠実さは**独断的**である。実
際，存在論的忠実さの連結基準が証明の一貫性に存するのであれば，新しい
言表は立証済みの**どんな**言表に**も**連結される。新しい言表が証明済みの言表
のほんの一つとでも矛盾すれば，新しい言表の仮定は棄てなければならない。
かくして出来事の名（「ローボトムの定理」）は状況のあらゆる項——言説の
あらゆる言表内容——を従属させると宣言されるのである。

　　——しかし第二の意味では，存在論的忠実さは**自発主義的**でもある。実際，
新しい定理の性格をなすのは，証明済みであれば何でもよい言表と統辞上同
値であるということではありえないからだ。そんなことになれば，果てしな
く無意味に演繹可能な言表を生み出す者なら誰でもが——どんな**機械**でもが
——介入者としての地位を認められてしまうだろうし，それではもはや数学
者とは何かということも分からなくなってしまうだろう。ある言表を〈存在
論における一つの出来事〉の流通する名として構成するのは，むしろ言表の
絶対的な特異性であり，その還元不可能な潜勢力であり，その言表が——そ
してそれのみが——かつてはばらばらだった言説の諸部分をみずからのもと
に置くその仕方である。このように考えられた忠実さはみずからを鍛え上げ，
むしろ次のことを明らかにする。すなわち大多数の言表は新しい定理の二次
的な帰結にすぎず，たとえそれらが新しい定理に**形式上**は同値であったとし
ても，**概念上**は同値とは本当は言えないということである。したがって一理
論装置全体の要石である「大定理」は，本当は自分自身にしか連結していな
い。大定理が，それを証明の必要な要素のなかで流通に投じた〈数学者とい
う介入者〉の固有名にくくりつけられているという事実は，このことを外側
から示しているだろう。

　　——そして第三の意味では，存在論的忠実さは**ジェネリックなもの**である。
というのも存在論的忠実さがもろもろの発明，手直し，計算から出発して，
不条理の冒険的な使用のなかで織り上げようと試みるものは，複数の枝分か

れの交差点に位置する多形的で一般的な言表であり，それらの言表のステータスは，自分自身のうちに，既存の専門特殊分野（代数学，位相幾何学，等々）の対角線のうちに，**数学性**それ自体を集中させることにある。数学者は，鮮やかで巧妙だがきわめて単独的な結果よりも，開かれた革新的な考え方〔概念化・受胎〕を，概念の両性具有のほうを好む。そうした両性具有のうちに，外見上ばらばらに見えるあらゆる種類の言表が包摂可能であるかを検証することは可能であり，しかもその包摂可能性は形式的な同値の戯れによるのではなく，両性具有が存在の分散を，純粋な多の諸形態へのその浪費を，しっかりと自分自身のうちに保持していることによるのでなくてはならない。したがってそれはまた，なるほど広い外延をもってはいるが，その外延の広大さの理由が単に，集合論の諸公理のような最初の諸原理——すなわち多の諸《観念》——の貧しさによるだけの，そうした言表の一つであってもならないだろう。**また**必要なことは，そうした言表が多形的でありながらも，その他の多くの言表と連結していないことであり，一般性の潜勢力を分離の力に積み重ねることである。まさにこのことによって「大定理」（これは言説の何らかの立地において，可能な沈黙の召喚があったということの〈証拠としての名〉である）は，演繹的忠実さが探求し，数学状況における大定理の諸効果とは区別されるものに関して，一般的あるいはジェネリックな立場に置かれるのである。

　以上のような三重の規定は演繹的忠実さをあらゆる忠実さの曖昧な**範例**にする。すなわち，愛の証，倫理の厳格さ，芸術作品の一貫性，〈政治とその後ろ盾となる原理との合致〉といったあらゆる忠実さの曖昧な範例となるのだ。至るところに，存在の言説を司る忠実さ（本来的に仮借のない忠実さ）と通約可能であるような忠実さの要請が伝播していく。しかしひとはこの要請に卒倒することしかできない。なぜならこのタイプの連結が数学のテクストにおいて主張されるという事態が生じるのは，じかに存在からであるからだ（存在はそんなことにはおかまいなしだが）。自己自身のうちで時期に適った形で要求できなくてはならないのは，むしろ，存在論が不条理の手続き（これは同値にその堅固さの外延を取り戻させる迂回である）に頼ることによって，みずからの透徹した合理性の心臓部で示す冒険能力なのである。「彼〔そ

れ〕は自己自身の幸福を，自分の幸福の過剰を打ち壊す。そして彼はみずからが所有していたものを，それを偉大なものにしていた《要素》へと返すのだが，なおいっそう純粋なものにして返すのである」[37]。

省察 25

ヘルダーリン

「そして忠実さは無益なプレゼントとしてわれわれの魂に与えられたのではない」
『ドナウ川の源泉にて』

　ヘルダーリン固有の苦悩（だがそれは同時に彼の詩の究極的な清澄さ，その**純粋無垢**を基礎づけるものでもある）は，《現前性》の固有化は一つの出来事のなかで，すなわち立地がそれ自身から逆説的に逃げ去ることのなかで媒介されているという点にある。出来事が出来する立地のジェネリックな名はヘルダーリンにとって故郷である。「本当に，そうだ！　まさしく生地であり，故郷の大地だ。／君が求めているもの，それは近い，そしてすでに君との邂逅に到来している」。故郷とは詩人が取り憑く立地であり，「人間は詩的につねに大地に住んでいる」という箴言のハイデガー的な富をわれわれは知っている。

　いまやヘルダーリンについてのあらゆる注釈はハイデガーの注釈に依存していると，はっきり言っておこう。ここで私がある特殊な点について提起する注釈は，この巨匠が定めた方向性と一種の三つ編みをなしている。そこにはいくつかの力点の違いが見られるだろう[38]。

　ヘルダーリンが言う意味での故郷には，ある逆説が，故郷を出来事の立地となす逆説がある。実際，立地の現前作用への順応（ヘルダーリンが「生国的なものを自由に用いるすべ」と呼ぶもの）は，ひとが出立と彷徨によって立地の荒廃を分割すること，これを前提とすることがわかる。大河はみずからが平原へと逃げ去っていくことを妨げる一切のものを激しく打ち砕くことをその存在とするのであって，かくしてその源泉の立地はまた空でもあるが（われわれがこの空から分離されているのは，もっぱらそのほとばしりの〈一

〈の超過〉による（「謎，すなわち純粋な湧出から生まれるもの！」）），それと同じように，故郷は何よりもまずひとが立ち去るところのものである。しかしその立ち去りの理由は，ひとがそこからみずからを切り離すからではない。そうではなく反対に，故郷の**存在**そのものがそれ自身から逃れることを本質とするということ，これを理解する高等な忠実さによるのだ。「彷徨」という詩のなかでヘルダーリンは，彼の故郷，「豊かなシュワーベン地方」が立地として提示されるのは，そこでは「源泉のざわめき」が聞こえるからであり，また「雪に覆われた峰々がこの上なく純粋な水を大地に流れ込ませる」からであると告げる。河の逃れのこの徴候はまさしく故郷へと連行する当のものである。「始原的な湧出の傍らに」ひとがあるということから，「生来の忠実さ」がはっきりと発生してくる。したがって立地への忠実さはその本質において次のような出来事への忠実さである。すなわち立地は自己自身の源泉にして流出であるが，そうした立地が移住や彷徨，遠方の直接的な近さとなるような，そうした出来事への忠実さなのである。やはり同じ「彷徨」のなかで，故郷シュワーベンへの「生来の忠実さ」に言及したまさにその直後で，ヘルダーリンはこう叫ぶ。「だが私は，私が求めているカフカス山脈だ！」このプロメテウスの突然の乱入は忠実さに決して矛盾するのではなく，それは忠実さの実効的な手続きである。それは出立せんとうずうずとしたライン川も同様であり，「その国王のごとき魂によってアジアの方へ」連れ去られたライン川は，事実上は，ドイツへの自己適合を，その諸都市の平和的〔太洋的〕で温情的〔父親的〕な創建への自己適合を実現するのである。

　こうした条件においては，詩人が彼の出立と盲目的な旅によって（なぜ盲目的かと言えば，〈出立という出来事〉の自由は，大河と詩人という〈半−神〉たちにとって，「彼らのまったく素朴な魂において自分がどこ**へ向かうの**かを知らない」というあの**欠陥**に本質があるからだ）故郷に忠実であり，故郷の重要性を考慮するのだと語ることと，詩人が自己から脱出した場である立地そのものを維持することによって，故郷は彷徨者に対して忠実のままだったのだと語ることは，まったく一つのことである。この表題——「彷徨者」——をもつ詩において，こう言われるだろう。「君はまたつねに忠実であったし，また逃亡者にも忠実なままだ。／友，故郷の空として，かつて君が私

330　Ｖ　出来事——介入と忠実さ

を迎え入れるように」。だが「ドナウ川の源泉にて」では逆に,「忠実さが無
益なプレゼントとして与えられたのではない」のは詩人に対してであり,詩
人こそが「宝そのもの」を保存する者である。立地と介入者,故郷と詩人は,
出来事の「始原的な湧出」において互いに忠実さの規則を交換しあい,その
ようにしてそれぞれが回帰運動のなかで相手〔他方〕を迎え入れるべく配置
されている。その回帰運動のなかで,事物ごとにある距離が——本質的な出
立がもたらした影からそれぞれの事物がみずからを保持する距離が——測ら
れるのである。そのとき,「黄金の光が窓々の周囲で戯れ」,そして「そこで
は家と庭の秘密の薄暗がりが私を受け入れる。／その庭の薄暗がりのなかで,
情愛深き父がかつて植物たちと一緒に私を育て上げたのだ」。

　この距離こそが本当は本源的な連結であるということに,たしかに恍惚を
覚えるかもしれない。「そうだ！　年長者はまだそこにいるのだ！　それは
成長させ円熟させる。／だがそこで生き愛するものの何ものも,忠実さを手
放したりはしない」。しかしさらに深いところで,次のように考えて歓喜す
ることもありうる。すなわち,忠実さがもたらされるのだ,と。つまり,近
しいものと分かち合い,近しいものが向かう源泉であった遠きものについて,
近しいものから訓練によって学びつつ,ひとは〈そこにあるもの〉の本当の
本質を永遠に評価するのだ,と。「ああ若さの光よ,ああ喜びよ！　おまえ
はまさに往時の光だ／だがさらに純粋などんな精神をおまえは注ぐことか／
この祭典〔聖別式〕から湧き出た黄金の泉！」出立それ自体とともに旅をし
ながら,神に打たれた介入者として,詩人は立地にその近さの意味を取り戻
させる。「永遠の神々よ！　［…］／あなたたちの外に出ながら,またあなた
たちとともに私は旅をした。／ああ,あなたがた,陽気なものたちよ,あな
たがたを,もっと初心な修練士ではない私が連れ戻そう。／だから,いまや
私に差し出してくれ,縁までいっぱいになったワインを。／ライン河の熱き
丘から,満ちた杯を私に差し出してくれ！」。

　このようにヘルダーリンの詩の中心範疇である忠実さは,立地に住むとい
う詩の能力を回帰の点において指し示している。忠実さとは,立地を構成す
るもの,立地を安らかな光にするあらゆるものが大河のように生まれながら
に激しくみずからを引き離すこと(解釈者はこの危険地帯に足を踏み入れな

くてはならなかった）への近しさについて獲得された知である。忠実さとは，その逆説的な出来事をなす，奇妙な，彷徨する，「カフカス的」な使命を，ドイツのもっとも平静なもの（ドイツはこの平静さそのものの空から引き出されたものである）において指し示す名なのである。

　このようにドイツをその決められた配置においてではなくその出来事において解釈すること──言い換えれば，ライン川を，つまりこの「ドイツの農村地帯を通る／ゆっくりとした旅」を，哀願したり怒ったりする源泉に従って思考すること──を詩人に許可するものは，また他の出来事，すなわちギリシアという出来事の痕跡となった忠実さの対角線である。

　ドイツを無形のものと源泉とを基点にして思考することは，ギリシア的な形成に忠実であること，さらにはおそらくそのギリシア的な形成の消滅というあの決定的な出来事──神々の逃走──に忠実であることだという，こうした考えを抱くドイツの思想家は，なるほどヘルダーリンひとりではない。理解しなくてはならないのは，ヘルダーリンにとって，出来事──〈純粋な多〉の野生状態（これを彼はアジアと呼ぶ）──と立地の規制的な閉鎖とのあいだのギリシア的な関係は，ドイツ的な関係とはまったく正反対だという点である[39]。

　よく注釈されるいくつかのテクストのなかで，ヘルダーリンはドイツとギリシアとの反対称性を厳格な明確さでもって語っている。「さらしだされたものの明るさは，われわれにとって，ギリシア人たちにとっての天空の火と同じほどに，もともと自然なのだ」と彼が書くとき，すべてが言われている。ギリシア世界の明らかに根源的な配置はカフカス〔山脈〕的であり，無形で暴力的であって，《神殿》の閉じた美は形態の超過によって獲得されている。反対にドイツの可視的な配置は，文明開化した，平坦な，平静な形態であり，そして獲得〔征服〕されるべきものはアジア的な出来事である。このアジア的な出来事の方へライン川は赴くことを欲するのであり，このアジア的な出来事の芸術的様式化は「聖なる悲壮さ」である。詩によって介入する者は，ギリシアとドイツとでは同じ縁にいるのではない。ギリシア人たちにおいては，ひとは非合法的で創始的な出来事を光輝く囲いとして名指すことに身を捧げるのであり，ドイツ人たちにおいては，故郷の静かな迎え入れに向けて

アジア的な激しい闖入を節度をもって推し量ることに身を捧げるのである。さらにまたギリシア人にとって解釈は複雑なものであるが、ドイツ人にとって忠実さは躓きの石である。ギリシア人の解釈は、たとえそれがどれほど輝かしいものであったにせよ、神々を保持することができず、神々をあまりに厳格な囲いへと、形態の超過の脆弱さへと定めてしまったがゆえに、それだけにますます、詩人が識別し実践するドイツ的な忠実さの行使にとって、よりよい武器が手に入るだろう。

　ギリシア人たちへのこの忠実さは、ドイツの立地の周辺における介入に**向けて**配置されたものであるが、それはギリシア人たちの形態上の卓越の効果のなかに創始的な超過の否認を、アジア的な出来事の忘却を識別することを禁じないどころか、むしろそれを要求する。そうしてギリシアの芸術家たち自身以上にギリシア的真理の〈出来事としての本質〉に忠実であるように要求するのである。それゆえにヘルダーリンはソフォクレスを翻訳するときに、字義上の正確さの法に従うことなく、もっと高等な忠実さを遂行するのである。「ギリシア芸術は、その国民的な順応主義とそれがつねに甘んじたいくつかの欠陥によって、われわれとは無縁である。私はギリシア芸術がつねに否認した東洋的な性格を強調し、必要な場合にはその美的欠陥を修正することによって、ギリシア芸術に関する通常よりも生き生きとした観念を読者に与えたいと思う」。ギリシアは神々を**据える**力を持っていたが、ゲルマニアは、神々の地上への再臨を詩的《回帰》の仲介によって確信したうえで、神々を**維持する**力を持たなければならないのである。

　したがって、詩人がみずからの介入をドイツの立地の上に基礎づける際のこの忠実さの対角線は、始原的な出来事に、神々のアジア的な《潜勢力》に連結しているものを、そして伝説の優雅ではあるが無益な金粉にすぎないものを、ギリシア世界のなかに見分ける能力である。「そのときあたかも火葬の薪の山から発するかのごとく立ち昇るのはただ／伝説、黄金の煙である。そしてこの伝説は／疑うわれわれの頭をその薄明で照らす。／そして誰も自分に出来するものを把握しない」。そのとき忠実さの規範に訴えなくてはならず、そしてドイツの立地の周辺でギリシアの出来事を守護する番人である詩人は、この忠実さの規範の保持者である。なぜなら、「もろもろの伝説は

たしかに良きものであり／それらはもっとも高きものの一つの記憶であるが／だがその聖なる伝言を読み解く者がまた必要である」のだから。

　ここでわれわれは，私が〈預言の二重の意味〉の読解についてパスカルから取り出した，潜在的介入力と**他**の出来事への忠実さとの，あの連結に再び出くわす。詩人がギリシア世界の二重の意味の鍵を握ったかぎりにおいて，また詩人が神聖な伝説のすでに忠実な読解者であるかぎりにおいて，詩人はドイツ的な源泉を名指すことができ，そしてこの源泉から出発して忠実さの規則──故郷の近しさの平和がそこで獲得される──を確立することができるだろう。ときにヘルダーリンはこの紐帯の預言的な考え方にきわめて近く，ドイツがギリシアの約束を**実証する**のだと想像する危険に身をさらす。えてして彼は「遠くで鳴り響き，打刻し，受精させる記号である／もっとも古代的なもの」に言及する。さらに危険なことに，彼は次のように考えて興奮する。「神の子どもたちについて古代の人々の歌が予言したもの／見よ！　それはわれわれ，**われわれ**なのだ！　［…］／人間たちのうちにある壮麗にして厳格な〈語り〔le dire〕〉が成就したと思われる」。しかしそれはある危険の，行き過ぎた詩的な手続きの探検でしかない。というのもすぐさま詩人は反対のことを語るからである。「［…］何が起ころうとも，何ものも行動する力をもたない。／というのもわれわれは心をもたないからだ」。ヘルダーリンはつねに節度を守って自分自身の役割〔フォンクシオン〕を推し量る。ギリシア語の二重の意味における忠実さを学んだ，ゲルマン的な出来事の同伴者である彼は，ひるがえってゲルマン的な出来事の基礎づけ的な規則，持続的な忠実さ，「平和の祭典」を配備しようと試みる。

　私はこれらの意味が，孤立した一群の詩句のうちでいかに結ばれているかを示したい。この詩句について専門家たちは，それが本当に独立していたのか，あるいはそれを頌歌『ムネモシュネー』に結びつけるべきか，いまだに議論しているが，それはあまり重要ではない。その詩句とは以下のものである。

　　「果実は熟し，炎に濡れ，焼きなおされ，
　　そして大地の上で試されている。そしてある法は望むのだ，

334　V　出来事——介入と忠実さ

一切の事物が蛇のごとく，預言として夢として，
天空の丘陵に巧みに忍び込むことを。
そして両肩に載せた積荷のように，多くのものが，
木の荷物が維持されるべきだ。だが見かけによらず
その細道は危険だ。駿馬のように，まっすぐな道から
大地の捕虜的な要素と古代の法は遠ざかる。
そしてあいかわらず一つの欲望が，紐帯を断ち切られたものの方へ赴く。
しかし多くのものが維持されなくてはならない。そして忠実さが絶対に
必要だ。
だがわれわれは前後を見ようと望まず
海で震える小船のように揺られるがままである。」

　立地はその熟成の極致において描かれており，現前性の火にかけられている。多がその数の静かな栄光のなかで開花することを示す指標（それはヘルダーリンでは普通の指標であるが）は，ここでは大地と果実である。このような臨在が《法》に訴えるということは，一切の現前化が一の処方でもあるということから推論される。しかしある奇妙な違和感がその《法》を侵害する。現前化の単なる処方を超過することにおいて，この《法》は二重に侵害される。すなわち，この《法》があらゆるものごとに対して命じるのは，あたかも熟成（大地の果実の味わい）がものごとの本質を隠蔽するかのように，また潜伏する空のなんらかの誘惑がものごとを通してなされるかのように，巧みに忍び込むことであるというのが一つ（これは不安をかきたてる蛇のイメージによって示されている）。またこの法は，あたかも「天空の丘陵」が法の予期あるいは法の行使を満たすことがないかのように，〈述べられていること〉を超えて「預言的」であり，夢想的であるというのがもう一つである。以上の一切のことが隠喩として表現しているのは，ドイツの立地の特異性，それが〈空の縁にあること〉，ドイツの立地の地上の平静さが第二の闖入（母なるシュワーベン地方がその親密な，ブルジョワ的な呈示において保持するカフカス山脈の闖入）に対して脆いという事実である（このことを疑ってはならない）。したがって，〈おのずと結びつき，安らかに集結しなくては

ならないもの〉の維持が結果として生じるのは，忠実な努力によってのみである。詩人が一を危険にさらしてそれを解読するや，果実の熟成は，その整合性を維持する義務における一つの重荷，「木の荷物」となる。というのも問題なのは次のことだからだ。すなわち，ギリシアはその生来の立地が荒々しくアジア的であるがゆえに形態の卓越のなかでみずからの存在を完成させるのに対して，ドイツはその立地が黄金の光に染められた田舎，制約された西洋〔日の没するところ〕であるがゆえに，嵐に基礎づけられた第二の忠実さのなかでその存在を完成させるのである。ドイツの法の運命は，和解的な多性についてそれが統御するものから**みずからを引き離す**点にある。ドイツの道はひとを欺くものだ（「見かけによらずその細道は危険だ」）。夕べの平和が答える大いなる呼びかけは，「紐帯を断ち切られたものの方へ赴く欲望」である。出来事としてのこの〈紐帯の切断〉——「捕虜的な要素」と「古代の法」からのこの隔たり——によって，「まっすぐな道」の安心のなかで立地に通うことが禁じられる。何よりもまず自己の内部に巣くう誘惑の蛇である立地は，いまや，みずからの流刑の「駿馬＝メッセンジャー」となる。非整合的な多は，整合性を統べる《法》のなかにさえ**自分が存在することを要求する**。ヘルダーリンはある手紙のなかで「私の故郷の自然は力強く私を感動させる」と言明した後で，この感動の第一の支柱として「まさしく潜勢力としての嵐［…］，天空の様々な形態のなかにある形象としての嵐」を引用している。

　しかしながら詩人——介入者——の義務はこの嵐の配置にただ単に屈することではありえない。最終的に救わなくてならないのはもちろん立地の平和である。「多くのものが維持されなくてはならない」。立地は蛇であり自分自身のメッセンジャーであるからこそ大いなる味わいをもつのだということ，なんらかの引き離し，なんらかの出立のなかで不可避的に判明する立地の欲望は，その結ばれた形態に存するのではなく，〈紐帯を切断されたもの〉に存するということ，このことがしかと推し量られたならば，今度は，知の，規範の，維持・識別の能力といった慎重さのなかで，引き離しの極限点において立地のなかで開かれる回帰が与えるだろうあの第二の喜び，勝ち取られた関係を先取りすることが義務となる。その命令はこう言う——忠実さが絶

対に必要だ，と。あるいはまた，一切の事柄を嵐の後の透明な光のなかで調べよう，と。

　しかし明らかに忠実さは保守の弱々しい意志などではありえない。このことはすでに示唆しておいた。預言的な配置は出来事のなかに，また出来事の効果のなかに一つの実証しか見ない。それはちょうど立地に対してみずからの平和な根源性に忠実であれと命令する——そうして法が自分自身から隔たらないように，天空の丘陵をもはや夢見ないように強制する——規範的な配置と同様であり，そうした預言的な配置は不毛である。介入者がみずからの第二の忠実さを基礎づけるのは，みずからを嵐の現在に委ねることによってのみであり，出来したものの名——ヘルダーリンにとってこの名は一般に神々の回帰である——を介入者が召喚する空のなかで，自分自身を廃棄することによってのみだろう。だからこそ，立地の熟成がアジアの夢によって無駄に荒廃しないように，前も後ろも見ないということが，そして現前化不可能のもののもっとも近くで，「海で震える小船のよう」であることが，絶対に必要なのだ。介入者とはこうしたものであり，忠実であることが絶対に必要だと知る者とはこうしたものである。それは大地の果実を分割することによって立地に出入りする適性をもつ者であるが，そればかりではなく，また他の出来事への忠実さに拘束されることによってもろもろの断層や特異性を識別する適性をもつ者，法の動揺，その機能不全，その偏差を可能にする〈空の縁にあること〉を識別する適性をもつ者でもある。それはまた預言の誘惑や規範の尊大さから守られた者であり，また出来事を，そして彼が出来事に授ける名を信用する者でもある。この者は最終的には，このようにして大地から海へと移行し，小船に乗り込む。そしてさまざまな果実を試し，それらが前未来において保持していた潜伏的な味わい——結びつけられていないことへの欲望から保持された味わい——を，それらの外見〔現れ〕から分出することができるのである。

VI

量と知
識別可能体（あるいは構成可能体）
ライプニッツ／ゲーデル

省察 26
量の概念と存在論の袋小路

　存在を**純粋**な——あるいは〈一なき〉——多として思考することは，この思考を量の思考に結びつけると見えるかもしれない。存在はそれに内在する本質から見て量化可能であるかという問いがここから生じる。もっと正確に言えば，現前の形式が多である以上，現前しているものと量的な外延とのあいだには根源的な紐帯があるのではないか。周知のように，カントにとって「直観の諸公理」と呼ばれるものの主要な鍵は，「あらゆる直観は外延をもつ大きさである」と表される[(40)]。現前化の存在をなすものを純粋な多のうちに認識することによって，われわれはカントの公理とは対称的な仕方で，あらゆる現前化はその本質において量的であると措定しているのではないか。一切の多は**数えられる**のではないか。

　またカントが言うように，「**大きさ**（quantitatis）の純粋**図式**は**数**である［…］。つまり数は，同質的直観一般における多様の総合の統一と別のものではない」。ところで現前化の存在論的図式もまた，われわれにとって，それが多からなる純然たる多であるかぎりで同質的である。しかもその図式は〈一の効果〉に服しているかぎり，多様の総合でもある。ということは，存在の本質的な数性とでもいったものがあるのだろうか。

　もちろんわれわれにとって「存在量」の基礎は，カントが直観の諸対象の量について提示しているようなものではありえない。というのもカントはこの基礎を時間と空間の超越論的な予型のうちに見出すのに対して，われわれは時間（介入によって基礎づけられるもの）と空間（いくつかのタイプの現前化に関わる単独的な構築物）との**手前において**，〈多なる現前化〉を数学

的に思考しようと努めるからである。その結果，そもそも大きさ（あるいは数）の概念そのものがわれわれにとってカントのそれではありえない。実際カントにとって外延的な大きさとは，「そこにおいて諸部分の表象〔再現前化〕によってあらゆるものの表象が可能となるところのもの」である。ところで私は，所属の記号 $\in$ に結晶するカントールの多の《観念》は〈全体／部分〉関係のもとには絶対に包摂されるがままにならないという事実を，とりわけ省察 3，5，7 において十分に強調した。存在の数は，もしそれが実存するのであれば，〈全体／部分〉関係の地点からは思考することができない。

　しかし最大の障害はおそらくまだそこにはない。その障害——これはカントール革命のまったき深みにおいてわれわれをカントから切り離すものであるが——は，現前化の〈多なる形式〉が一般的に無限である（省察 13 および 14）という点にある。ところで存在が無限の多性として与えられるということは，存在が数えられるということと〔一見〕対立するように思われる。そうすると，存在はむしろ数えられえないものだということになるだろう。カントが言うように，「そのような大きさの概念［空間的なものであれ時間的なものであれ，とにかく無限性］は，特定の無限性の概念とおなじく，経験上不可能である」。無限性とは，最善の場合，経験の限界《観念》であるが，それは認識の争点にはなりえない。

　実は困難は次の点にある。すなわち現前化の外延的あるいは量的な性格は，通約可能な多性同士の関係づけを想定しているという点である。量の認識が開始されるには，ある多が別の多「よりも大きい」ということが言えなくてはならない。だが無限な多が他の多よりも大きいというのは，正確にはどういう意味なのか。なるほど一つの無限な多がまた別の多を**現前させる**ということはよくわかる。そのようにして最初の無限順序数 ω_0（省察 14 を参照のこと）はその後続体，すなわち $\omega_0 \cup \{\omega_0\}$ という多（これは，ω_0 を構成する（有限な）もろもろの多に「ω_0」という名それ自体を付け加えることによって得られる）に——例えば——属する。とはいえ，それで「より大きい」多が得られたことになるのか。無限に有限を付け加えても無限の量は変わらない（もしこの量を**それとして**規定しようとすればだが）ということはずいぶん前から知られている（パスカルはこの点を頻繁に利用する）。すでにガリ

省察 26　量の概念と存在論の袋小路　341

レオは，整数 n の**それぞれ**にその自乗 n^2 をまさしく「対応」させることができる以上，端的な数「よりも多い」平方数——n^2 という形式の——は厳密に言えばないと指摘していた。そこからさらに彼は賢明にも，「以上」や「以下」といった観念は無限には適切でないと，あるいは無限の全体は量では**ない**と結論していた。

　結局のところ，量に関するあらゆる存在論的学説の見た目の袋小路は次のように表現できる。すなわち，現前化の存在論的図式は自然な無限に関する決定（「極限順序数が実存する」）によって支えられているがゆえに，**実存する無限な多性を受け入れる**，と。ところで実存する無限な多は比較するのが困難なものであり，それに一様に適用しうるような計算の統一性に服さないように思われる。つまり存在は一般的に言って量化可能ではない。

　この袋小路の撤去が思考の運命を司ると言っても過言ではない。

1　無限集合の量的比較

　無限な多についての比較要領を提出することは，カントールの中心的な考えであった。というのも，有限についてはずいぶん前から ω_0 の構成要素である特殊な順序数，すなわち有限順序数あるいは自然整数（省察 14 を参照のこと）に頼ることができるとわかっており，要するに**計算する**ことができた。だが無限な多を計算するとは，いったいどういうことなのだろうか。

　実はカントールはガリレオ，パスカル——そして彼ら以前ではポルトガルのイエズス会派——といった作者たちが無限数の不可能性を結論づけたその同じ場において，彼らの考察を積極的に扱うという天才的な発想をもった。よくあることだが，ここでも発明はなんらかの逆説を概念へ変形することにある。整数と平方数とのあいだに，すなわち n と n^2 とのあいだに一つ一つ対応関係があるのだから，数と**同じだけ**の平方数が実際にあると，どうしてひるむことなく措定しないのか。このテーゼを（直観的に）妨げているのは，平方数は〈端的な数〉の**部分**であるという考え，そして両者が「同じだけ」あるとすると，「全体は部分よりも大きい」というユークリッドの古い公理が台無しになるという考えである。しかしまさにこの点が重要なのだが，多

342 VI 量と知

に関する集合論の学説は多を定義するのではないから（省察3），全体と部分の直観の下をくぐる必要などないし，だからこそその量の学説は反カント的でありうる。無限な多については，**包含**されているもの（整数のなかの平方数のように）がそれを包含しているものと「同じ数だけ」あるということもありうると平然と認められるだろう。これは無限量のあらゆる比較にとって乗り越えがたい障害であるどころか，無限量の特性となるだろう。そこには量に関する古い直観（これは〈全体／部分〉という対に包摂されている）の転覆があるが，それは思考の刷新を成し遂げ，その古い直観の崩壊を完成させるだろう。

　ガリレオの考察はまた別の仕方でもカントールを導いている。数と「同じだけ」の平方数があるのは，どんな整数 n にもその平方数 n^2 を対応させることができるからである。一つの多（たとえそれが無限であれ）とまた別の多とのあいだには一対一の「対応」関係があるという概念は，比較の**手続き**の鍵を提供する。すなわちそのような対応が**実存する**ならば，二つの多は互いに「同じ数だけ」（あるいはカントールのしきたりに従って言えば，**同じ濃度で**）あると言えるわけだ。このようにして量概念は実存概念へ送り返されることがわかるだろうし，これは集合論の存在論的な使命に適ってもいる。

　「対応」の一般的な観念を数学的に形式化すれば，それは関数の観念である。関数 f はある多の諸要素に別の多の諸要素を「対応」させる。$f(\alpha)=\beta$ と書けば，要素 α に要素 β が「対応する」という意味である。

　疑い深い読者はわれわれにこう言うだろう。あなたは関数という**追加**の概念を導入したが，それは純然たる多を超過する概念であって，集合論の存在論的同質性を破る，と。そんなことはない。関数は，補遺2が立証するように，純然たる多として完全に表象〔再現前化〕することができる。私が「ある関数が実存する」と言う場合，それは「しかじかの特性をもつある多が実存する」と言っているだけであり，こうした言及は多の諸《観念》のみにもとづいて定義されている。

　関数はその本質特性上一つの要素に別の要素を**一つだけ**しか対応させない。$f(\alpha)=\beta$ でかつ $f(\alpha)=\gamma$ である場合，β は γ と**同じ多**である。

　とはいえ，例えばガリレオの考察に見られるような「一対一」対応という

観念を究め尽すためには，私は対応の関数概念を改良しなくてはならない。というのも平方数が数と「同じ数だけ」あると結論するためには，どんな数にも一つの平方数が対応しなくてはならないばかりではなく，また逆にどんな自乗数にも一つの数が（しかも一つだけ）対応しなくてはならないからだ。さもなくば，問題となっている**二つの多**を比較した**網羅的な論証**がなされたとは言えない。ここからわれわれは，一対一の関数（あるいは一対一対応）の定義（この定義が多の量的比較を基礎づける）へと導かれる。

α と β という二つの集合があるとしよう。以下のような場合，α から β への関数は α と β のあいだの**一対一の対応**となるだろう。

——α のどの要素にも β の一要素が f によって対応する。

——α の異なった二つの要素に β の異なった二つの要素が対応する。

——β のどの要素も f によって α の一要素に対応するものである。

このように f を使用することで，α の**すべての要素**を β の**すべての要素**に「置換する」ことが可能になる。α の一要素 δ の代わりに，それに対応する β の $f(\delta)$（他のどんなものとも異なる唯一の要素）を置くわけである。三番目の条件が言っているのは，こうすることによって β の**すべての要素**が使用されるということである。これは次のことを考える上でまったく優れた概念である。すなわち，〈多なる一〉である β が α「よりも多い」多を一つにしたものではないということ，かくして α と β は，それらが現前させるものから見て，数としてあるいは外延として同等であるということである。

二つの多がそれらのあいだに一対一対応が実存するようなものであるならば，この二つの多は**同じ濃度**をもつと，あるいはそれらは外延上相似であると言えるだろう。

この概念は本来的に言って二つの多の量的同一性の概念であり，また無限である多に関わるものでもある。

2 多の自然な量的相関物——濃度と基数

われわれはいまや二つの多を比較する実存的手続きを手にしている。少なくとも，二つの多が量において相似であるとはどういうことかを知っている。

344　VI　量と知

かくして順序数という「安定した」あるいは自然な多が任意の多と比較可能
となる。比較が多一般を順序数の連続へと引き下げることによって，われわ
れは量のあらゆる思考にとって本質的なもの，すなわち計測の目盛りを構築
できるようになる。

　自然な多の存在論的図式である順序数は，その〈多なる一〉（これは現前
化の根本《観念》——所属——によって全面的に整序されている）が先行の
あらゆる順序数の列挙可能な長い連鎖をも指しているという点で，〈数とし
ての名〉をなしているということ，このことをわれわれは見た（省察 12）。
したがって一切の多がきちんと整序されることが選択公理——あるいは抽象
的介入の公理（省察 22 を参照のこと）——によってひとたび保証された以上，
順序数は〈道具的な多〉，任意の集合の「長さ」を計測する潜在的な道具で
ある。われわれは順序数のこうした道具的な価値を詳述しよう。そこに秘め
られた存在論的な意味とは，どんな多も一つの自然な多に連結されるがまま
になるということ，あるいはさらに**存在は普遍的に自然として展開されてい
る**ということ，これである。これはあらゆる現前化が自然だということでは
ない。全然そんなことはないとわれわれは知っている。すなわち歴史的な多
が実存する（この区別の基礎については省察 16 と 17 を見られたい）。そう
ではなく，一切の多はまさしくその数や量に関して，自然な現前化へ送り返
すことが可能だということである。

　実際，存在論の決定的な言表は，どんな多も少なくとも一つの順序数と同
じ濃度をもつというものである。別の言い方をすれば，同じ量をもつ多たち
の「クラス」はつねに少なくとも一つの自然な多を含んでいる。自然な多の
なかにその**一例**を見つけることのできないような「大きさ」はない。あるい
は自然は大きさについて思考可能なすべての順序を含んでいる。

　ところで，多のなにがしかの大きさのクラスに配属された一つの順序数が
実存するならば，そのとき順序数の最小性の特性によって，それよりもさら
に小さい順序数が実存する（順序数の連なりという意味で）。私が言いたい
のは，互いのあいだに一対一対応をもつあらゆる順序数のなかには，その他
のすべての順序数に属するような，あるいは「なにがしかの内具的な大きさ
をもつ」という特性に関する最小の ∈ であるような，そうした一つの，唯

一の順序数があるということである。もちろんこの順序数は，もっと小さな
順序数とのあいだに一対一対応が実存しえない類のものだろう。それは内具
的な大きさのまた別の順序がそこで始まる**境目**を，もろもろの順序数のあい
だに標記するだろう。このようにしてそれらの順序数の完全な定義がなされ
うる。それらの順序数は，それに先立つ順序数のうちの任意の一つとのいか
なる一対一対応をも許容しないという特性をもつ。濃度について境界にある
こうした順序数は**基数**と呼ばれるだろう。基数であるという特性は次のよう
に書かれる。

　　$Card\ (\alpha) \longleftrightarrow$ 「α は順序数であり，かつその α と，$\beta \in \alpha$ であるような順序数
β とのあいだには一対一対応は実存しない」。

　　一つの関数（つまり一対一対応）は一つの関係，**つまりは一つの多**（補遺 2）
であるということを思い出そう。この定義は存在論の一般的な枠組みからは
み出るものではいささかもない。

　　そこにある考え方は，同じ大きさのもろもろの多，一対一対応の関係を有
するもろもろの多のクラスを表象〔再現前化〕するというものであり，つま
りこのクラスのなかに現前する基数によって大きさの**順序**を名づけるという
ものである。つねになんらかの大きさの順序があるというこのことは，宙づ
りのまま残された次のような決定的な点に拠っている。すなわち，どんな多
も少なくとも一つの順序数と同じ濃度をもち，したがってみずからと同じ濃
度の順序数のなかで最小のものと同じ濃度をもつという点にである（その多
は必然的に基数である）。順序数——したがって基数——は全面的に整序さ
れているから，かくして内具的な大きさを測る尺度が得られることになる。
あるタイプの大きさ（あるいは濃度）の〈名としての基数〉の置かれる場所
が順序数の連なりのなかで遠くであればあるほど，このタイプは大きくなる。
純粋な多の量の計測尺度の——つまり存在の量的審級の——原理はこのよう
なものである。

　　まだわれわれには任意の多と自然な多との最大の連結を確立するという仕
事が残っている。この連結は，同じ濃度をもつ自然な多からなる表象体〔代
表体〕が任意の多のそれぞれにとって実存するということであり，要するに
自然が存在の尺度であるという事実である。

346 VI 量と知

本書の残りの部分において，私は徐々に，本来の意味での証明の代わりに，**証明の物語**と私が呼ぶことにするものに取りかかっていこう。私の動機はわかってもらえるだろう。存在論のテクストの奥に入っていくにつれ，忠実さの戦略は複雑となり，その複雑さはしばしば忠実さの戦略をたどることのうちにあるメタ存在論的あるいは哲学的な関心を越えるからである。私が関心を寄せる証明の物語は次のとおりだ。任意の多 λ があるとして，選択公理（省察 22）がわれわれにその実存を保証する，$p(\lambda)$ に関する選択関数を考える。次に λ と一対一対応にある順序数を**構成する**ことにする。そのためにはまず，選択関数によって λ それ自身に対応する要素 λ_0 をあらゆる順序数の最小要素である空集合に対応させる。次に，それに続く順序数——これは実は数 I である——に，選択関数が部分集合 $[\lambda-\lambda_0]$ のなかに単独化する要素を対応させる。この要素を λ_1 とする。さらにまたその次の順序数に部分集合 $[\lambda-\{\lambda_0, \lambda_1\}]$ から選択した要素を対応させる。以下同様である。順序数 α に先行する順序数の対応物として**すでに**得られた一切のものを λ から引き出し，そうすることによって得られる部分集合のなかに選択関数が単独化する要素を α に対応させるのである。これを λ のなかにもはや何もなくなるまで，言い換えれば取り去らなければならないものが λ と等しくなり，その結果「残り」が空となり，選択関数の選択するものがそこにもはや何もなくなるまで続けていく。そのときそこで行き止まりになる順序数（選択が不可能になり，対応するものがもはやなにもない初めての順序数）を γ としよう。この順序数 γ と最初の多 λ とが一対一で対応することは明白である。というのも λ の**すべて**の要素は尽きてしまい，そのすべての要素のそれぞれは γ に先行する一つの順序数に対応しているのだから。ところで γ に先行するあらゆる順序数は，〈一なる多〉として γ それ自身以外の何ものでもない。証明終了。

多 λ は順序数と同じ大きさであるが，それがまた基数と同じ大きさであることも確実である。実際われわれが構成した順序数 γ が基数でないのは，それが先行の順序数と同じ濃度をもつからである。γ と同じ濃度をもつ順序数のなかから最小の $\in$ という順序数を取ろう。それは間違いなく基数であり，λ と同じ濃度をもつ。というのも同じ濃度をもつものと同じ濃度をもつものもまた同じ濃度をもつからで，また以下同様に同じ濃度をもつものは……（後

はお任せする)。

したがって基数が集合の大きさの計測尺度として役立ちうるということは確実である。この地点において注意すべきことは,自然のこうした第二の勝利(すなわち整序された尺度——基数の尺度——にもとづいて集合の内具的な大きさのタイプを**確定する**能力を自然がもつということ)が,介入の公理——〈不法選択の関数〉の実存,〈代表の手続きなき代表者〉の実存——に依存するという点である。不法なものと秩序の極みとのこうした弁証法は,存在論のスタイルの特徴である。

3　無限基数という難問

基数の理論——特に無限基数,言い換えれば ω_0 に等しいか,それを上回る基数——は集合論の核心そのものである。この地点において数学者は,自然な多という〈数としての名〉を通して純粋な多の量を見かけの上で統御するに至り,技術上の洗練を繰り広げることができるようになる(だがその洗練のなかで,数学者が守護すべきもの——すなわち〈存在としての存在〉——は忘却される)。集合論のある偉大な専門家は,「集合論の最大の部分は,実際には無限基数の研究である」と書いている。

逆説的なのは,この計り知れない基数の世界は「実効的な」数学のなかに「実際には」現れないということである(「実効的な」数学とは,実数や複素数,関数,代数構造,多様体,微分幾何学,位相代数学,等々と格闘している数学のことである)。しかもそれはわれわれが予告しておいた存在論それ自身の袋小路がそこに存するきわめて重大な理由によるのであり,それをいまから見ていこう。

基数理論のいくつかの結論は直接的である。

——あらゆる有限な順序数(ω_0 の一切の要素)は基数である。実際に明らかなことだが,異なる二つの整数のあいだにはいかなる一対一対応も立てられない。つまり有限の世界は,内具的な大きさに関して,有限な順序数の尺度そのものに即して配置されているのである。自然整数と同じだけの,ω_0 個の有限な大きさの「タイプ」がある。

——その結果，これまでは自然な多にだけ適用されていた無限／有限という区別をようやく任意の多にまで問題なく広げることができる。ω_0 と等しいかあるいはそれを上回る（個々には下回る）基数によってその量が名指される多は無限（個々には有限）である。

——ω_0 それ自身が基数——最初の無限基数——であるということは確実である。もしそうでないとしたら，ω_0 とそれよりも小さい順序数とのあいだに——つまりは ω_0 と有限な数とのあいだに——一対一対応があることになってしまう。これは間違いなく不可能なことだ（証明してみてほしい）。

だが ω_0 を「超える」ことはできるのか。他の無限量よりも大きな無限量はあるのか。ここでわれわれはカントールの最大の発明の一つに触れている。すなわち，**異なる無限量の無限の増殖**ということに。ここで基数によって数えられた量は〈無限−存在〉に妥当するばかりでなく，それは無限のなかに「より大きな」無限量や「より小さな」無限量を区別するのだ。〈量において多様で数えられる有限〉と〈量化不可能で唯一的な無限〉とのあいだの古くからの思弁的な対立の後で，カントールの革命は，空の多（これは何も数えない）から無限基数（これは量において区別される無限な多を数える）の果てしない連なりへと至る一様な量の尺度を据えるのである。かくして無限が増殖していくなかで〈一〉のあらゆる存在の崩壊が完成する。

この革命の核心は，多の諸《観念》（集合論の諸公理）によって認可された，区別される無限量がたしかに実存するということを確認する点にある。この結論へと導くものは，計り知れない思考射程をもつ定理，すなわちカントールの定理である。

4　状況の状態は状況それ自身よりも量として大きい

状況とその状態とのあいだの「量の」あるいは濃度の関係を調べることは，思考のあらゆる領域において自然な発想である。一つの状況はさまざまな〈多なる一〉を現前させ，状態はそれらの多の諸部分あるいは諸構成を再−現前させる〔表象する〕。状態は，状況が〈多なる一〉を現前させるよりも「多く」のあるいは「少ない」あるいは「同じくらい」の〈部分なる多〉を現前させ

るのだろうか。超過点の定理（省察7）がすでにわれわれに示したところによれば，状態は状況（状態はこの状況の状態である）と**同じ多ではありえない**。だがこのように他のものであるからといって，状態の内具的な量——基数——が状況の状態と同一である可能性が排除されるわけではない。状態は異なりつつも「同数」でありうる。とはいえ，より多いことはない。

　しかし注意すべきことに，状態はいずれにしても**少なくとも**状況と同数である。ある集合の諸部分からなる集合〔冪集合〕の基数は，このもとの集合の基数を下回るということはありえない。というのもある集合のある要素が与えられていれば，その要素の単集合は部分集合だからである。そして現前化された要素のそれぞれに一つの単集合が「対応する」のだから，少なくとも要素と同じ数だけ部分がある。

　結局のところ，残る唯一の問いは，冪集合の基数はもとの集合の基数に等しいのか，それともそれを上回るのかということである。いわゆるカントールの定理は，この基数がつねに上回るということを立証する。証明が使用するのは，カントールの定理をラッセルの逆説と超過点の定理とに似たものにする仕掛けである。それが「対角線」論法である。これは網羅的だと想定された手続きにとってまた一つの〈さらに〉（あるいは残余）があるということを明らかにし，そうして網羅的な手続きの傲慢を打ち砕く。この手続きは，存在論においてまさに超過（すなわち「一の審級に即して存在するのではないこと」）の問題に結びつくあらゆる事柄に典型的だと言える。

　ある集合 α とその部分集合 $p(\alpha)$ とのあいだに一対一対応 f が実存する，すなわち状態がその集合と同じ基数をもつ（あるいはもっと正確に言えば，状態は量の同じクラス——その代表者が基数である——に属する）と仮定しよう。

　つまり α の一切の**要素** β に，$p(\alpha)$ の要素である α の**一部分**が対応するわけである。この部分は f によって要素 β に対応するのだから，それを $f(\beta)$ と記すことにしよう。そのとき二つのケースを区別することができる。

　——要素 β がそれに対応する部分 $f(\beta)$ の**なか**に存在する，すなわち $\beta \in f(\beta)$ である場合。

　——あるいはそうでない場合。すなわち $\sim(\beta \in f(\beta))$ の場合。

またαと p (α) とのあいだの——仮定上の——一対一対応はαの諸要素を二つの集まりへ**クラス分けする**とも言える。すなわち，それらに対応する部分（つまり p (α) の要素）の内部の集まりと，その外部の集まりとに。前者を内的 f，後者を外的 f と呼ぶことにしよう。分出公理によってわれわれは，外的 f であるあらゆる要素から構成された，集合αの部分が実存すると保証されている。この部分は「βは f(β) に属さない」という特性に対応する。この部分は，f がαとその諸部分の**集合**とのあいだの一対一対応である以上，われわれが（「対角線」として）δと呼ぶことにする要素に f によって対応している。f(δ)＝「αのすべての外的 f 要素の集合」が得られる。f の仮定上の実存が廃棄される停止点（ここに不条理による推論の射程が認められる。省察 24 を参照のこと）は，この要素δが内的 f でも外的 f でもありえないということにある。

もしこの要素δが内的 f であるとしたら，それはδ∈f(δ) ということである。だが f(δ) は外的 f という諸要素の集合であって，したがってδは，それが f(δ) に属するとしたら内的 f ではありえない。矛盾である。

もし要素δが外的 f であるとしたら，〜(δ∈f(δ)) が得られ，したがってδは外的 f である諸要素の部分をなさず，したがってδは外的 f でありえない。矛盾である。

したがってαと p (α) とのあいだの一対一対応という最初の仮定は維持できないと結論せざるをえない。部分集合はもとの集合と同じ基数をもちえない。それは量において上位の次元にあるがゆえに，もとの集合を絶対的に超過するのである。

超過点の定理は状況とその状態との関係の問いに局所的な答えを与えていた。すなわち状態は状況に属さない少なくとも一つの多を計算する，と。その結果，状態は，（みずからがそれの状態であるところの）状況とは**異なる**，と。カントールの定理のほうは包括的な答えを与える。すなわち状態の濃度は——純粋な量の観点から見て——状況の濃度を上回る，と。これは——ついでに言っておけば——状態は状況の「反映」でしかありえないという考えを追い払う。状態が状況から分出されているということ，これはすでに超過点の定理がわれわれに示していたことである。状態は状況を支配するのだと，

いまやわれわれは知る。

5 カントールの定理の第一の検討
——無限な多の計測尺度あるいはアレフの連なり——

　一つの集合の部分集合の量は〔もとの〕集合そのものの量を上回るのであってみれば、われわれが以前に提起した問題は解決されている。すなわち ω_0（最初の無限基数）よりも大きな基数が少なくとも一つは必然的に実存するのである。つまり多 $p\,(\omega_0)$ の量を数える基数が実存するわけである。無限は量において多なるものである。この考察はすぐさま〈区別ある無限量〉の無限な尺度へと開く。

　ここで順序数の特徴をなす最小性原理（省察 12）を適用するのが適当である。われわれは「基数であり、かつ ω_0 を上回る」ような特性をもつ順序数が実存することを見たところである（ここで「上回る」とは、ω_0 を現前させるということ、あるいは順序数の秩序が所属それ自体であってみれば、ω_0 がそこに属するということ、これを意味する）。つまりこの特性をもつ**最小の順序数**が実存するのである。それはつまり ω_0 を上回る最小基数、ω_0 の直後に来る無限量である。これを ω_1 と記すことにし、ω_0 の**後続**基数と呼ぶことにしよう。またもやカントールの定理によって多 $p\,(\omega_1)$ は量において ω_1 を上回るのであるから、ω_1 の後続基数——すなわち ω_2——が実存する。以下、同様に続く。こうした $\omega_0,\ \omega_1,\ \omega_2$……といったあらゆる無限基数は、区別ある——そして増大する——無限量のタイプを指している。

　後続操作——基数 ω_n から基数 ω_{n+1} への移行——は大きさの尺度を操作するだけではない。ここでわれわれは、自然宇宙の特徴である、継起〔後続〕の一般観念と限界の観念とのあいだの断層に再び遭遇する。例えば $\omega_0,\ \omega_1,\ ...\omega_n,\ \omega_{n+1},\ ...$ の連なりは、継起する異なった基数の最初の階梯である。だが $\{\omega_0,\ \omega_1,\ ...\omega_n\}$ という**集合**を考えてみよう。この集合は実存する。というのもこの集合は、それが指数化する無限基数でもって個々の有限順序数を、実存する ω_0 のなかで**置き換える**ことによって得られているからである（置換の関数はただ単に $n \to \omega_n$ である）。したがってこの集合の合併集合、すなわち $\omega_{(\omega_0)} = \cup\ \{\omega_0,\ \omega_1,\ ...\omega_n\}$ もまた実存する。私はこの集合 $\omega_{(\omega_0)}$ が基数であると、

ω_0 よりも大きい最初の**極限基数**であると言おう。これは，$\omega_{(\omega_0)}$ の諸要素——**すべての** $\omega_0, \omega_1, ... \omega_n$ の散種——が**いかなる**特定の ω_n にも一対一対応に置かれえないということから直観的に出てくる結論である。一対一であるにはそれは「あまりに」多すぎるのだ。したがって多 $\omega_{(\omega_0)}$ は $\omega_0, \omega_1, ... \omega_n ...$ という数列のあらゆる成員を量において上回る。なぜならそれはこのすべての基数群のすべての諸要素から構成されているのであるから。それはこの数列の直「後」に来る基数であり，この数列の極限である（この直観の厳密な形式化は読者にとってよい練習問題である）。

その後も続けられるのは明らかである。われわれは $\omega_{(\omega_0)}$ の後続基数，すなわち $\omega_{s(\omega_0)}$ をもつだろう。以下，同様に続く。それから極限において再開すれば，$\omega_{(\omega_0)(\omega_0)}$ が得られるだろう。こうして巨大な多性へと至る。例えば，次のように。

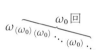

この巨大な多性自身はプロセスの繰り返しにどんな限界も定めない。

本当のところ，順序数 α の**それぞれ**にこのように一つの無限基数 ω_α が対応する（ω_0 から出発して，もっとも再現前化〔表象〕不可能な量的無限性へ至るまで）。

無限な多のこうした階梯——これは指数を後に従えたヘブライ文字のアレフ（$\aleph$）でしばしば記されるのでアレフ数列と呼ばれる——は，もろもろの無限の算定とそのようにして数えられる無限のタイプの無限性との二重の約束を成就する。この階梯は無限概念の完全な散種（脱統一）というカントールのプロジェクトを完成させるのである。

順序数の数列が有限を超えて〈**自然な**無限〉の無限性（これは自然な多がそこに属するものを整序することを特徴とする）を指していたとすれば，アレフ数列は〈任意の無限〉の無限性を名指している。この任意の無限は，順序は別として，そのなまの次元において，その諸要素の数において，つまりはそれが現前させるものの量の外延において把握された，どれでもよい任意

の無限である。そしてアレフ数列は順序数と連動している〔順序数に指数づけられている〕のであるから、無限の自然な多があるのと「同じくらい」の量的無限性のタイプがあると言うことができる。

とはいえ、この「同じくらい」は幻想である。というのもそれは非整合的であるばかりではなく非実存的でもある二つの全体性を結びつけるのだから。実際のところ、すべての順序数の集合が実存しえない——これは〔大文字の〕《自然》は実存しないということである——のと同様に、すべての基数の集合も、すなわち絶対的に無限である《無限》、思考可能なあらゆる内具的な無限性からなる無限も実存しえない。こちらのほうは、神は実存しないということである。

6 カントールの定理の第二の検討——どのような超過の尺度があるか

一つの集合の諸部分からなる集合〔冪集合〕は、もとの集合が含む数「よりも数が多い」。だがどれくらい多いのか。この超過はどのような**値をもつ**のか、またこの超過はどのようにして計測されるのか。われわれは有限基数（自然整数）と無限基数（アレフ数）の完全な階梯を手にしている。してみれば、ある多 α の量的なクラスに対応する基数がわかっているなら、多 $p(\alpha)$ の量的なクラスに対応する基数はどのようなものかと問うのはおかしなことではない。それが上位のものであるということ、それが階梯のなかで「後」に来るということはわかっている。しかし正確にはどこにか。

有限集合なら話は簡単だ。ある集合が n 個の要素をもっていれば、その部分集合は 2^n 個の要素をもち、この要素は定義づけられた計算可能な整数である。この有限な組み合わせの練習問題は少し手慣れた読者にお任せするとしよう。

だが考察対象の集合が無限だとしたら、どうだろう。その場合、対応する基数はアレフ数である。これを ω_β としよう。無限集合の冪集合に対応するアレフ数とはどのようなものか。問題の深刻さは、一つのアレフ数が確実にあるということ、しかも確実に一つしかないということに由来する。というのも実存する**一切**の多は基数と同じ濃度であり、またひとたびこの基数が規

定されれば，異なった二つの基数のあいだにはいかなる一対一対応も——定義からして——実存しえない以上，それが**同時に**他の基数と同じ濃度であるという可能性はないからだ。

ところでここでの袋小路の原因は，現在想定されている多の諸《観念》の枠内では——またそれにひとが付け加えようとしてきた少なからぬ数のその他の諸観念の枠内では——無限集合の冪集合がアレフ数の階梯のなかのどこに位置するかを特定することが**不可能**だという点にある。もっと明確に言えば，その位置はひとが合意によって決定する位置と「ほとんど」同じであると仮定しても，多のそうした諸《観念》とつじつまがあうのである。

状況の状態のこうした彷徨，こうした〈脱−尺度〉〔度外れ〕のさらに明確な表現を与える前に，その重大さを意識しよう。この彷徨の意味するところは，状況についての量的な認識がどれほど正確であろうと，その状態が「どのくらい」状況を超過するかを評価できるのは恣意的な決定以外にはないということである。あたかも多の学説は無限の状況あるいはポスト・ガリレオ的な状況では，量の秩序において縫合不可能な二つの現前化の体制を認めざるをえないかのようである。二つの現前化の体制とは，直接的な体制としては諸要素と所属（状況とその構造）の体制のことであり，二つ目の体制としては諸部分と包含（状態）の体制のことである。状態の問い——つまり政治においては国家〔大文字の《状態》〕の問い——はここではその恐るべき複雑さをあらわにする。状態の問いは，存在論が不可能事の様相において明らかにする裂け目と連接する。この裂け目とは，**〈多なる現前化〉の自然な尺度の階梯が再現前化に適合しない**ということである。再現前化がその〈多なる現前化〉の自然な尺度の階梯のなかに確かに位置づけられているにもかかわらず，そうなのだ。問題は，再現前化がその階梯のなかに**位置づけ可能**ではないというところにある。確実さと不可能性とのこの逆説的な錯綜は，状態の力〔潜勢力〕の評価を逃走の観点のもとにおく。最終的に〔計算の果てに〕この力〔潜勢力〕について**決定を下す**ことが必要であるということは，存在について言述可能なものの核心に偶運的なものを導入する。行動は存在論から次のような警告を受け取る。すなわち，行動がみずからの活動手段を配置する状況の状態をきわめて正確に計算するべく努力したところで無駄である，と。行動

省察 26　量の概念と存在論の袋小路　355

がそこでなさねばならない賭けは，過大評価と過小評価とのあいだを揺れる
ことしかできないということ，これはわかっている（これが知と呼ばれるも
のである）。状態が状況と通約可能であるとしても，それは偶然でしかない
のである。

7　状況の状態の完全なる彷徨──イーストンの定理[41]

　いくつかの書式の便宜を決めておこう。アレフの指数をだらだらと積み重
ねないために，今後は基数を λ と π という文字によって記すことにする。
多 α の量──すなわち α と同じ濃度をもつ基数 π ──を示すためには $|\alpha|$
という表記を用いる。基数 λ が基数 π よりも小さいということを示すため
には，$\lambda < \pi$（実はこれは λ と π が別の基数であるということを意味してい
る）とか $\lambda \in \pi$ と書くことにする。
　そのとき存在論の袋小路は次のように言表される。ある基数 λ が与えら
れているとして，その状態の，その冪集合の濃度はどのようなものか。λ と
$|p(\lambda)|$ との関係はどのようなものか。
　それはむしろある〈脱‐関係〉であることが証明されるような関係である。
というのも前もって選択される「ほとんど」一切の関係は多の諸《観念》と
整合的であるからだ。まずこの「ほとんど」の意味を検討し，それから選択
の整合性が何を意味するのかを検討しよう。
　多とその状態，所属による現前化と包含による再現前化とのあいだの大き
さの関係については**何も**わからない。考察される多 α がどのようなものであ
れ，$|p(\alpha)|$ が $|\alpha|$ よりも大きいということはわかっている。状態が状況を
このように量において絶対的に超過するということがカントールの定理の内
容である。
　また補遺 3 でその意味が明らかになる別の関係も知られている（その関係
は，諸部分の集合〔冪集合〕の共同目的性は，集合それ自身を量において上
回るというものである）。
　多について現在定式化しうる諸《観念》の枠組みのなかでは，実はわれわ
れはこれ以上のことを何も知ることができないのであるが，それはいかなる

356 VI 量と知

点においてだろうか。これこそ，イーストンの定理がわれわれに教えるところである（そこでは極端な知が無知の知として姿を現す）。

この定理はほぼ次のことを言っている。ω_0 であるか後続基数であるような基数 λ が与えられているとき，$|p(\lambda)|$ の値として，つまり状態の量として（状況は状態の多である），どのような基数 π を「選択」しても，その π が λ を上回りかつ後続基数でありさえすれば，多の諸《観念》と整合的である，と。

この衝撃的な定理の一般的な証明は本書の能力を超えており，その一特殊ケースだけを省察 36 で扱うことにするが，この定理の正確な意味は何か。「多の諸《観念》と整合的である」とは次のことを意味している。すなわち，もしそれらの《観念》が相互に整合的であるならば（つまり，もし数学が，そこにおいて演繹的忠実さが現実に分出的である——つまり整合的である——ような言語であるならば），**そのとき**，多 $p(\lambda)$ が任意のなにがしかの後続基数を（それが λ を上回りさえすれば）内具的な大きさとしてもつと思うままに取り決めても，それらの《観念》はやはり整合的であるということである。

例えば，カントールはみずからの思考を危険にさらすのをものともせず，ω_0 の冪集合が ω_0 の後続体——ω_1——に等しいことを立証しようとしてへとへとになったが，イーストンの定理がわれわれに語るところによれば，ω_0 の冪集合は ω_{347} でも $\omega_{(\omega_0)+18}$ でも，はたまた望みうるかぎりのどんな巨大な基数であっても，それが後続体でありさえすれば，それは演繹上受け入れられるのである。またイーストンの定理は，状態による状況の超過のほぼ全面的な彷徨を立証してもいる。所属の直接態が供与されるところである状況と，諸部分を一と計算し，包含を統轄するメタ構造とのあいだに，一種の裂け目——その穴埋めはもっぱら概念なき選択の管轄である——が開かれるかのようである。

みずからの諸部分を一と計算しようという，どんな現前化のなかにもある配慮が無限の外延においてもつ値，これをもはや演繹することができないという地点において，言述可能なものとしての存在は自己に忠実ではなくなる。状態の〈脱−尺度〉〔度−外れ〕のせいで，状況の再保証と固定性を期待され

ていた当のものが，量のなかを彷徨し始める。空の解雇の操作子こそが，いまやそれ自身（諸部分の掌握）と状況との継ぎ目に空を再出現させるのである。選択のほとんど完全な恣意性を許容しなくてはならないということ，量というこの客観性の範例は純粋な主観性に通じるのだということ，これこそは私が進んで〈カントール−ゲーデル−コーエン−イーストン徴候〉と呼びたいものである。存在論はみずからの袋小路において，ある地点を，すなわち思考が存在によってそこへ召喚されていたということに無意識なまま，久しい以前からみずからを配分しなければならなかった地点を，明るみに出すのである。

省察 27

思考における方向づけの存在論的運命

　哲学はその起源から，カントールの地盤を先取りしながら，幾何学的な連続性から数の離散性を分出する深淵を探索してきた。この深淵は，ω_0（有限数の無限な可算領域）をその冪集合 $p\,(\omega_0)$（これのみが空間における点の量を定める適性をもつ[42]）から分出する深淵以外の何ものでもない。そこには存在の謎があり，その謎において思弁的な言説が数字と計測の数学的な学説へと編み上げられるということは，数え切れないほど多くの概念と隠喩とが証示している。なるほど無限集合とその冪集合との関係が最終的な問題であると，はっきりしていたわけではない。だがプラトンからヘーゲルの『論理学』の壮大な展開を経由してフッサールに至るまで，〈連続／不連続〉という弁証法のテーマのまさに無尽蔵な性格を確認することができる。いまやわれわれはこう言うことができる。すなわち，状況とその状態，所属と包含とのあいだの量的な紐帯についていかなる計測尺度も採用しえない以上，存在論の思考の網羅不可能性を組織するのは，存在論の袋小路のなかで燃え上がる存在そのものなのだ，と。現前化と再現前化との〈脱-関係〉という，概念の挑戦は，存在において**いつまでも**〔永遠に〕開かれていると信じる十分な理由がある。連続（あるいは $p\,(\omega_0)$）は可算のもの〔可算集合〕（ω_0）から見て純然たる流離う原理であるのだから，この彷徨を埋め合わせることあるいは停止させることは，知の創意工夫を際限なく要求するだろう。この活動が空疎でないということは，次のことから生じる結論である。すなわち，存在の言述不可能性が〈一つの多〉と〈その諸部分からなる多〉との量的な紐帯にほかならないのだとしたら，またこの言明不可能な結束解除が無限な

選択の展望を開くのだとしたら，存在の学知が欠けている以上，今度はまさに《存在》こそが肝要だと考えることができる。現実とは不可能事のことであるならば，存在の現実──すなわち《存在》──とは，まさしく量の無名性という謎が保持する当のもののことであるだろう。

　かくして思考のあらゆる個別の方向づけは，みずからが大抵の場合気にかけないものから，そして存在論のみが概念の演繹的な威厳において宣言するものから，その大義を受け取る。すなわち，現前化と再現前化との「あいだ」で存在の蝕を支える，消失せんとする《存在》から受け取るのである。存在論はこの《存在》の彷徨を立証する。メタ存在論は，思考におけるあらゆる方向づけにとって無意識的な枠組みとして役立つものであり，この《存在》の蜃気楼を定着させようとし，あるいはその消滅の享受に自分をまるごと委ねようとする。思考とは，常軌を逸した〈状態の超過〉と縁を切ろうとする欲望以外の何ものでもない。部分の数え切れなさを致し方ないこととして受け入れなければならないという道理は何もないだろう。量における存在の漂泊が止むために──たとえこの停止が，本当は停止が獲得されていないということを示唆する瞬間だけのことだとしても──，思考はそこにあるのだ。状態が直接的なものを超過する際の方途を推し量る手はずを整えることがつねに重要である。本来的に言えば，思考とは，存在論的に証明された〈脱−尺度〉だけでは満足しえないものなのである。

　この不満足──存在がもはや**正確**には言述しえないという点に原因がある思考のこの歴史的な法則──は，ギリシア悲劇が，人間という被造物に起こることをもっとも強く規定するものと正当にも考えたあのヒュブリス，過剰さ，これを予防しようとする三つの大きな試みにおいて一般に現れる。もっとも偉大なギリシア悲劇作家であるアイスキュロスは，正義の新たな象徴体系にじかに政治的に依拠することによって，主体という築堤を舞台上に提示している。思考という欲望において問われるのはまさに状態の数え切れない不正であり，存在からの挑戦に対して政治によって応じなくてはならないという考えは，いまだにわれわれを支配しているギリシア的な発想である。国家の「討議形態」と数学が接合した形で発明されたことは，この驚くべき民族において次のことの確認である。すなわち，存在を語ることは，同時にす

ぐさま,「存在ではないもの」の必要を満たすものをも都市国家のさまざまな案件と歴史の事件のなかから汲み上げるのでなければ,ほとんど意味をもたないということである。

第一の試み——私はそれを文法学者的であるともプログラム的であるとも言おう——は,〈脱-尺度〉の源となる欠陥は言語のなかにあると主張する。この試みが要求するのは,状況の部分と正当にみなしうるものと,状況において「まとまり」を形作っているにもかかわらず無形あるいは名づけえぬものとみなさざるをえないものとが,状態によってはっきりと区別されることである。要するにこれは包含の承認された尊厳を,〈きちんと作られた〔出来のよい〕言語によって名指すことを許されたもの〉にのみ厳しく制限することである。こうした物の見方においては,状態は「すべての」部分を一と計算しない。そもそも部分とは何なのか。状態は自分が計算するものについて立法をおこない,メタ構造は自分の領野において「合理的」な表象しか維持しない。状態は,状況の方策によって**区別**できるものしか,部分(状態はこの部分の計算を保証する)として認めないようにプログラムされている。きちんと作られた〔出来のよい〕言語によって区別されえないものは存在しないのだ。つまり,この手の思考の中心原理はライプニッツの〈不可識別者〔識別不可能なもの〕の原理〉である。すなわち,違いが標記できないような二つの事物は実存しないという原理である。言語は,みずからが識別できないものを同一のものとみなすという点で存在の法として通用する。共通に名指すことのできる諸部分のみの計算へとこのように連れ戻された状態は,再び状況に適合したものとなるだろう(そのようにひとは期待する)。

第二の試みは逆の原理に従う。状態の超過が思考不可能であるのは,もっぱら諸部分の識別を求めるからだと,この原理は主張する。識別不可能なものの学説を発展させることによって,今回は次の点を明らかにすることが目的とされる。すなわち識別不可能なものこそが,状態が操作をおこなう領野の本質をなすのだということ,真正なあらゆる思考は何よりもまず,任意のもの,〈多として同じもの〉,〈差異なきもの〉を把握する手段を鍛えあげるべきだということである。表象〔再現前化〕が探究されるとしたら,それは,表象がそれを識別することなく数えるものの側においてであり,縁なき諸部

分，偶然の寄せ集めたちの側においてである。状況を表象するものは，区別されて状況に属するものではなく，逃走的に状況に包含されているものであると主張される。理性的な努力は識別不可能なものの数学素を手に入れることに集約される。言語の近視眼にとってはまったく同一のものと見える諸部分の群れから分出することでは絶対に名づけられない無数の〔数えられない〕部分，これを識別不可能なものの数学素は思考に出来させるというのである。この道においては，超過の謎は解消されるのではなく，再び合流されるべきものである。ひとはその起源を知ることになり，その起源は，諸部分の無名性が所属の区別を否応なく超えているということにある。

　第三の試みは，次のような多を考えることによって彷徨の停止点を確定しようと求める。その多とは，その外延がそれに先行するものを整序し，したがって表象的〔再現前的〕な多——状況に結びついた状態——をそのあるべき場所に配置するような，そうした多である。今度は超越性の論理である。ひとは存在が無限の現前化へと自己を振りまくことへと直進する。この潜勢力を言語によって，あるいは差異なきものへの依拠のみによって拘束し，そうすることによってこの潜勢力を過小評価したこと，これが思考の欠陥だったのではないかと疑いをかけるのである。むしろ望ましいのは，もはや何ものにも彷徨することを許さないヒエラルキー装置を命じる巨大な無限者を差異化させることであるとされる。今度は，規則の強化と識別不可能なものに対する禁止によってではなく，最大限の現前化の概念使用によって，直接的に高所から〈脱−尺度〉を食い止めることに努力が傾注される。こうした超越的な多性によって〈多なる超過〉の法そのものが明らかにされ，眩暈のするような閉鎖が思考に提示されること，これが期待されているのである。

　この三つの試みは存在論自体のうちにその対応物をもつ。なぜか。それらはどれも，特定の**存在の型**が理解可能であると暗黙のうちに前提しているからである。数学者の存在論はそれ自体としては思想のいかなる方向づけともならないが，思想の方向づけが必要とする〈多なる存在〉を識別し提出することによって，そうしたあらゆる方向づけと両立可能でなければならない。

　第一の方向づけに対応するのは，ゲーデルが創出しイェンセンが洗練させた**構成可能な**集合の学説である。第二の方向づけにはコーエンが創出した

ジェネリックな集合の学説が対応する。第三の方向づけには集合論のすべての専門家が貢献した**巨大基数**の学説が対応する。こうすることによって存在論は，それぞれの方向づけの**存在の下部構造**として適切な多の図式を提示する。構成可能体は折り畳まれていた知の布置の存在を繰り広げる。ジェネリックなものは識別不可能な多という概念によって，真理の存在が思考されるという事態を可能にする。巨大基数は神学が要求する仮想的な存在を概算する。

　もちろん，この三つの方向づけはまた哲学的な対応物ももっている。第一の方向づけについてはライプニッツの名を挙げた。ルソーにおける一般意志の理論は，政治権威が基礎づけられるべきジェネリックな地点あるいは任意の地点を探し求める。古典的な全形而上学は，たとえそれが共産主義的な終末論の様態においてであっても，第三の方向づけに賛同する。

　しかしマルクス以来識別可能となり，フロイトにおいてまた別の面から辿られた第四の道があり，それは他の三つの方向づけを横断している。実際この第四の道は次のように主張する。すなわち存在論的袋小路の**真理**は，存在論それ自身や思弁的なメタ存在論への内在性のなかでは，把握されるがままにも思考されるがままにもならない，と。この道は状態の〈度−外れ〉〔脱−尺度〕を存在の歴運的な制限——哲学がそうと知らずに，それを反復するためにしか反省していないような制限——に帰す。その仮説が言おうとするのは，出来事と介入を通してしか不正を**正す**ことはできないということである。したがって，存在の〈脱−結束〉〔緩み・隙間〕におびえる必要はない。なぜならおよそ一切の真理の手続き——〈脱−結束〉をその争点とするような真理をも含め——は，定数外の〈非−存在者〉の決定不可能な生起のなかにその源をもつのだから。

　この第四の道はこう述べる。真なるものの手続き（現前化されていない手続き）がたたずむのは存在論の裏側においてであり，存在の逆方向においてである，と。それが存在から識別可能であるのは一点一点においてでしかない。というのも包括的に言えば，真なるものと存在はメビウスの帯の表面のようにお互いのなかに流れ込んでいるのだから。そして真なるものとは，思考する欲望によって活きる，《主体》という名にふさわしい者に，数学者の存在論が残した唯一の残余なのである。

省察 28

構成主義的思考と存在の知

　状態の拡がりを縮小し，状況それ自体によって名指すことが可能なもののみを状況の諸部分として許容しようというのは，存在の割れ目の求刑のもとでは魅力的な試みである。しかし「状況それ自体」とは何を意味するのか。

　第一の可能性は，所属の立場に置かれた〈多なる一〉ですでにあるものしか，包含された〈多なる一〉として認めないというものである。そのとき，再現前化〔表象〕可能なものはまたつねにすでに現前化されてもいるという同意がある。この方向づけはとりわけ，安定したあるいは自然な状況には適している（省察 11 および 12 を参照のこと）。なぜならこうした状況では，現前化した一切の多性は状態によってそのあるべき席において再保証を受けているのだから。しかし残念ながらこの方向づけをここで用いることはできない。というのも，そうしてしまうと状態を基礎づける差異を無効にすることに帰着するからである。実際，再現前化が現前化の写しでしかないならば，状態は不要である。ところで超過点の定理（省察 7）がわれわれに示すところによれば，状況とその状態との隔たりは，それがどんなものであれ廃棄することは不可能である。

　とはいえ構成主義型の思考のあらゆる方向づけのなかには，こうした解決策への郷愁が抜きがたく存在する。均衡を高く評価すること，自然はその規範をもたらす構成において（順序数は推移的な錯綜体であるとわれわれは知っている）進んで模倣されるべき巧妙な装置であるという考え，彷徨と超過に対する不信，そしてこうした装置の核心に存する，二重の機能（席あるいは地位を変える必要なしに二度思考されうる項）を体系的に探求すること

——こうしたことは構成主義的思考において繰り返し現れるテーマである。

状態が課す最小の超過を逃れることなしに，彷徨の厳格な統制と「部分」概念の最大の読解可能性とを獲得する根本的な裏技は，言語の拘束に依拠することである。構成主義的思考はその本質において論理学的な文法である。もっとはっきりと言えば，構成主義的思考は，再現前化〔表象〕において〈多なる一〉とみなすことが許されるものについて，言語を規範として優位に置くのである。およそ一切の構成主義的思考から自然に発生してくる哲学は，ラディカルな唯名論である。

ここで「言語」ということをわれわれはどう理解しているのか。実はそれは状況に完全に内的な媒介のことである。現前化された多は名をもつことによってのみそれとして存在しうるのだと，あるいは「現前化されていること」と「名づけられていること」とは同じことであると仮定しよう。またひとは，ある名づけられた事物が別のある事物となんらかの関係をもったり，なんらかの性質をもつことを曖昧さなく示す諸特性あるいは結合項の装備一式を手にしている。**構成主義的思考が「部分」と認めるのは，一つの特性を共通にもつ現前化された多が結集したもの，あるいは状況の一義的に名指された項と定義づけられた関係をそのどれもがもつ多が結集したもののみだろう。**例えば大きさの尺度を手にしていれば，第一には，固定した**なにがしかの大きさを**もつあらゆる状況の項を，第二には，ある固定した（言い換えれば実際に名づけられた）多「よりも大きい」あらゆる多を，状況の一部とみなすのは当然だろう。同様に，「……が実存する」と言ったら，それは「状況のなかに，ある名づけられた項が実存する」と理解すべきである。また「一切の……について」と言ったら，それは「状況の名づけられたすべての項について」と理解すべきである。

ここでなぜ言語が内部性の媒体なのか。その理由は，およそ一切の**部分**は状況の**項**を実際に割り出す作業において明確に指定可能だからである。部分「一般」に言及することは問題にならない。明確にしなくてはならないのは次のことである。

——どのような特性あるいは言語関係を用いているのかであり，そうした特性あるいは関係が状況の項に適用しうることを正当化できなくてはならな

い。

　——状況のなかの名づけられたどのような固定的な項——あるいはパラメーター——が含意されているのか。

　別の言い方をすれば，部分概念は**条件のもと**にあるのだ。状態は諸部分を〈一と計算する〉と同時に，この計算の下に落ちるものをコード化するのであり，かくして状態は再現前化一般の主人であるのに加えて言語の主人でもある。言語——あるいはそれと比較しうる一切の標定装置——は，現前化された多の集まりを濾過する合法的な選別器（フィルター）である。言語は現前化と再現前化とのあいだに介在する。

　構成された部分しかここでは**計算**されていないということが，いかなる意味であるかがわかる。多 α が状況に**包含**されているとしても，それは——例えば——次のことが立証されうるかぎりでのことでしかない。すなわち，状況に属することが立証されている多と状況のなかで合法的な関係をもつような，そうした直接的に現前化されたすべての多をこの α が取り集めていること，これが立証されるかぎりのことでしかない。ここでは部分とは，固定した多や許可された関係を，そして順番に結びつけることのできるすべての項の集まりを，段階ごとに計算した結果である。したがって一つの部分と，状況のなかに割り出しうる項とのあいだには，知覚可能な紐帯がつねにあるというわけだ。状態は状況を超過**しすぎる**ことはないと，あるいは状態は状況と通約可能にとどまると，そのように確信することを可能にするのは，言語が現前化と再現前化とのあいだに供給するこうした紐帯，構成手続き，**近さ**なのである。この通約可能性の媒体を私は「状況の言語（ラング）」と呼ぶ。状況の言語はいかなる項をも引き合いにだすことができない——「……が実存する」の一般性においてでさえ（この「……が実存する」が項に属することを管理することはできない）——という点で，現前化に隷属しているということ，このことに留意されたい。かくして言語の媒体によって，そしてそこに解消されることなく，包含は所属の**もっとも近く**にとどまり続ける。「出来のよい〔しっかりと作られた〕言語」というライプニッツの考えは，諸部分と状況（諸部分はこの状況の部分である）との言述可能な紐帯を段階的にコード化することによって，諸部分の彷徨を**締めつけ**，できるかぎり制御するという野心

以外のなにものでもない。

　存在と現前化についての構成主義のヴィジョンが執拗に追い回すのは,「任意」のもの,名づけえぬ部分,概念なき結合である。その結果,このヴィジョンが状態と取りもつ関係の両義性が際立つ。構成主義は,一方では,状態のメタ構造による〈一と計算すること〉を命名可能な諸部分に限定することによって自己の権力を減少させ,再現前化が現前化に対して有する超過能力に縛りをかけるように見えるが,また他方でそれは,包含された〈多なる一〉の統御と言語の統御とのあいだに立てる連結によって,その警察力を明確にし,その権威を増大させるのである。実際,理解しなくてはならないことだが,思考のこの方向づけにとっては,内在的な関係によって識別不可能であるような現前化された多の集団は**実存しない**。この観点からすれば,状態は実存について立法している。状態は超過の側で失うものを,「存在についての法権利」の側で手に入れるのだ。唯名論──ここでは状態の計測のなかに投資されているが──が論駁できないものであるだけに,ますますこの儲けの額は高い。これは,ギリシアのソフィストたちからアングロ゠サクソンの論理学的な経験論者たちに至るまで,さらにはフーコーに至るまで,唯名論を不変的な仕方で,すぐれて批判的な哲学──あるいは反哲学的な哲学──に仕立て上げた当のものである。状況の部分が実存するのは,それが言語のなかで識別可能な特性と項とにもとづいて構成されればこそだという主張を論駁しようとすれば,絶対的に差異化不可能な,無名の,任意の部分を**示す**必要があるということになるのではないか。しかしまさにそうした指示を**構成する**ことなしに,どのようにそれを示すことができよう。**その**反例も抽出され記述されたものである以上,それも実は例にすぎないと語る根拠を唯名論者はつねに手にしている。名なきものの包含を所属と言語から採取する手続きのなかにそうした指示が姿を現すや,どんな水も唯名論の水車に流れ込んでしまうのである。識別不可能なものは存在しない。これこそ,唯名論がその要塞を築き上げる礎石となるテーゼであり,これによって,差異なきものたちの世界のなかに超過を展開せんとするあらゆる主張を心ゆくまで制限することができるのである。

　そのうえ,存在についての構成主義的な見方においては,**出来事が場をも**

つ〔生じる〕ためのいかなる場もない。これは決定的な点である。構成主義的な見方はこの点で存在論と――出来事を締め出し，そうして出来事は〈存在ではないもの〉に属すると宣告する存在論と（省察18）――一致すると言いたくなるかもしれない。だがそれは少々視野の狭い結論である。構成主義には出来事の〈非‐存在〉について**決定を下す**いかなる必要もない。というのも構成主義は出来事の決定不可能性について知る必要がないからである。そこでは逆説的な多に関する決定を要請するものは何もない。実際，自己所属も定数外も考えないこと，したがって出来事と介入の弁証法をまるごと思考の外に放逐しておくこと，これこそが構成主義の本質である。それは構成主義が状況に**全面的に**内在的であるということなのだ。

　自分がそれであるところの現前化のなかで自己自身を現前させる（これは出来事の〈超‐一〉の主要特徴である）そのような多に，構成主義的思考の方向づけは出会うことがない。その理由は，そうした多を「構成」しようとすれば，**すでに**それを検討していたのでなければならないということになるからである。この循環をポワンカレは「非述定的」な定義に属するものとして指摘したが，この循環は構成の手続きや言語への依拠の手続きを断ち切る。合法的な名づけは不可能なのだ。多を名づけることができるとしたら，それは多をその諸要素に従って識別しているということである。だがその多がそれ自身の要素であるとしたら，その多はそれ以前に識別されていたのでなければならないだろう。

　さらに，純粋な〈超‐一〉（すなわち要素として自分自身しかもたない多）のケースは，このタイプの思考において機能しているような〈一に置くこと〉を袋小路に追い込む。その場合，状況の部分であるこのような多の単集合は，言語のなかで明示的に定式化されうる特性をもつ**その当の多**を抽出しなければならないだろう。だがこれは不可能である。というのもそのようにして得られた部分は，**それ自身が**，必然的に当該の特性をもつからである。実際，単集合は当該の多とまったく同様に，要素としてその同じ多しかもたない。単集合は外延上も，またそれがどんなものであれなんらかの特性によっても，〔自己の要素となっている〕その多から自己を差異化することができない。要素（現前化）と再現前的な〈一に置くこと〉とのあいだのこうした識別不可能

性のケースは，構成主義にとって許容できるものではない。それは状態を計算と言語によって二重に差異化することに抵触する。状況が自然である場合には，多は要素であると同時に部分でありうる。その多を〈一に置くこと〉の操作が再現前化〔表象〕する部分は，多自身から——構造とメタ構造によってそのままでありながら二回名づけられる「それ自身」から——区別されている。出来事の〈超-一〉の場合には，この操作はうまく働かない。このことは，言語の権威を袋小路に追いやるものに対して構成主義的思考が一切の存在を拒むのに十分である。

介入の秘密がそこに眠る，空から引き出された定数外の命名について言えば，それは言語の構成的な規則に絶対的な仕方で抵触する。言語が諸部分の認識を支えるのは名においてであるが，言語はそうした名を状況それ自体のなかからしか採取しない。

出来事は構成不可能なものであり，存在しないものである。介入は状況への言語の内在性を超過するものであり，思考不可能なものである。構成的方向づけは状況の内在的な思考を**建立する**が，その生起を**決定しはしない**。

しかし出来事も介入もないのに，どうして状況が変化できるのか。構成主義的思考の方向づけが包みもつラディカルな唯名論は，状況が変化しないと表明しなくてはならないとしても，いささかも動じない。もっと正確に言えば，状況の「変化」と呼ばれるものは，状況の諸部分の構成的な展開にすぎないのだ。状況の**思考**が進展するのは，状態の諸効果の探索が新たな連結——言語上は制御可能だが，それ以前には見えなかった連結——を明るみにもたらすことによる。**変化という観念を支えるのは，実は言語の無限性である。**新しい命名は新しい多の役割を果たすが，そうして妥当性を与えられた多は承認済みのもろもろの多からつねに構成可能である以上，その新しさは相対的なものである。

となると，異なるさまざまな状況があるということは何を意味することになるのか。**ただ単に，異なるさまざまな言語があるということだけである。**「異質な」さまざまな言語があるという経験的な意味でだけではなく，ウィトゲンシュタインが推奨した「言語ゲーム」という意味においてである。標定と結合のあらゆるシステムは，もろもろの構成可能な多からなる一宇宙をなし，

現前化と再現前化のあいだの区別ある選別器（フィルター）をなす。そして言語が諸部分の**実存**に関して立法するのだから，ある多はある言語では通用する——つまり実存する——が，別の言語ではそうではないというように差異があるのは，現前化の存在そのものにおいてである。言語ゲームの異質性は状況の多様性の土台にある。存在は多なる仕方で展開されるが，それはその展開が言語の多のなかでしか現前化されないからである。

　結局のところ，多の学説は各々の言語の無限性（外見上の変化の理由）と諸言語の異質性（諸状況の多様性の理由）という二重のテーゼへと連れ戻される。そして状態が言語の主人なのだから，構成主義者にとっては，変化と多様性は現前化の根源性にではなく，再現前化の機能に属すると言わなくてはならない。変異と差異の鍵は状態のうちに存する。したがって存在は存在としてのかぎりで《一》であり《不動者》であるということになりうるだろう。しかしながら構成主義者はこのような言表をみずからに禁じる。この言表は状況のなかで制御可能なパラメーターや関係にもとづいて構成されないからである。このようなテーゼは，ウィトゲンシュタイン曰く「語りえないのだから，沈黙する」[1]のでなくてはならないものの領域に属する。もちろん「語ることができる」ということを構成主義が言う意味で了解した上での話ではあるが。

　構成主義的思考の方向づけ——これは存在論の袋小路，超過の彷徨が表現する挑戦に，たとえ無意識的にであろうと答えるものであるということを指摘しておく——は，多数の個別的な考え方からなる下部構造である。構成主義的な方向づけは唯名論哲学の明示的な形でのみ支配を振るっているのでは決してない。実際にはそれは支配的な考え方を普遍的に統率している。偶然の寄せ集め，無区別で任意の多，非構成的な形式などにこの方向づけが叩きつける禁止は，保守管理におあつらえむきである。出来事が〈場をもたない〉ことは思考を休息させるし，介入が思考不可能であることは行動を弛緩させる。かくして構成主義的な方向づけは，芸術の**新古典主義**的な規範，**実証主義**的な認識論，そして**プログラム**的な政治の土台となるのである。

　芸術に関する新古典主義的な規範において，ひとはこう考える。芸術状況の「言語」——それに固有の標定と分節のシステム——は完璧な状態に到達

したのであり，それを変容させようとすれば，あるいはそれを断ち切ろうとすれば，認識可能な構築の糸が完全に失われてしまうだろう，と。新古典主義者は芸術の「近代的」形象を無区別とカオスの昇格と見る。芸術の出来事的・介入的な**通り道**には（例えば，非具象絵画，非調性音楽などのことを考えよう），明らかな野蛮さ，やたらと複雑な無秩序を評価する性向，反復とあまりにわかりやすい布置に対する拒絶といった時期がどうしてもある。そうした時期がもつ深い意味は，**忠実な連結の操作子が正確に何であるのかがいまだ決定されていなかった**，ということなのだ（省察 23 を参照のこと）。このとき構成主義的な方向づけは，以前からある言語によって統率された諸部分の生成の連続性に——その操作子が安定するまで——とどまれと命じる。新古典主義者は反動なのではなく，意味の信奉者である。介入の不法性は，それが状況の多と出来事の定数外の名（これは介入の不法性が流通に投じたものである）とのあいだの近さを測定する尺度を手にするときにはじめて，状況の**なか**に意味を発生させるということ，これを私は示した。時間上のこの新しい創始は，以前からある時間のなかに樹立される。「不明瞭な」時期は時間と時間が重なり合う時期であり，異質な時間同士のなかで分配される新しい時代の最初の芸術の生産物が，推移的な前衛にしか看取しえない炸裂する混濁した意味しか生み出さないことは確かである。新古典主義者は包括的な規模での〈意味の管理人〉というこの大切な職務を遂行する。彼は意味があるので**なくてはならない**ということを証示する。新古典主義者が「超過」に対する反対を表明するとき，なんぴとも存在論的な袋小路からの突き上げを免れえないことを知らせているのだと理解しなくてはならない。

　実証主義的な認識論において，ひとはこう考える。実証科学の言語は決定的に「出来のよい〔しっかりと作られた〕」唯一の言語であり，経験のあらゆる領域における構成の進め方を可能なかぎり名指すのでなければならない，と。実証主義の考えでは，現前化は**事実的な多**（それを標定する作業は実験である）からなる多であり，科学の言語——言い換えれば，正確な言語——において把握された構成可能な結びつきによって，そこに法則が識別される。「法」という単語が使用されていることは，実証主義の見方がどの点まで科学を状態化〔国家化〕しているかを示している。してみると無区別の追求は

二つの顔をもつ。一方では，確認可能な事実で満足しなくてはならない。実証主義者は，指標と証言，経験と統計を切りなおして所属を確かめる。他方では，言語の透明性に気を配らなくてはならない。実際のところ大概の「擬似問題」がどこから生まれてくるかというと，言語の制御下における，そして事実の法の下における多の構成手続きが不完全あるいは不整合であるにもかかわらず，その多が実存すると思い描くからである。構成主義的思考に属せという命令の下で，実証主義は現前化した多の体系的な標定作業という，また言語の計測可能な明確化作業という，報いるところは少ないが有用な任務に身を捧げる。実証主義とは，識別装置の手入れのプロである。

　プログラム的な政治において，ひとはこう措定する。政治命題は必然的にプログラムの形をとり，その実現の動作主[エージェント]は国家——もちろんこれは**政治的-歴史的状況の状態**以外の何ものでもない（省察9を参照のこと）——である，と。プログラムとはまさしく部分の構成手続きであり，政党[パルティ]はこの手続きが彼らに共通の言語（例えば，議会の言語）の認められた諸規則と両立可能であることを示そうと努力する。誰某によって推奨された措置の（財政的，社会的，国家的……）「可能性」に関する矛盾した果てしない議論は，その識別が予告されている多の構成的な性格を要とする。そもそも各人が自分の反対は「体系的」ではなく，「構成的」だと叫ぶだろう。国家が可能事に関するこうした争いの争点であることは，構成主義的思考の方向づけに適っている。構成主義的思考はみずからの発言を状態化〔国家化〕し，状態と状況との通約可能性をさらに上手く把握しようとする。政治命題が集約されたプログラムは，状況のパラメーター（予算や統計，等々）との厳格な結びつきによって定義づけられた新しい布置を提出する言語定式であり，またそのプログラムが国家のメタ構造的な領野において**構成的**に実現可能——言い換えれば，認識可能——であると宣言する言語定式である。

　プログラム的な見方は政治領野において改革的穏健という必然的な役割を演じる。それは国家がなしうることを，承認された言語において定式化しようと努める点で国家の媒介物[メディア]である。そのようにしてプログラム的な見方は平時において次の点を認識する労から人々の精神を保護する。すなわち，国家がなしうることはまさしくこの言語の資源を超過しているということ，ま

た国家の過剰生産力に対して彼ら——精神——が政治について何ができるか
を自問したほうがよいということ（だがこれは複雑で，また無味乾燥な働き
かけではある），これを人々が認識しなくてもすむようにするのだ。プログ
ラム的なものは，実は市民を政治から保護された状態に置くのである。

　結局のところ，構成主義的思考の方向づけは，存在との関係を**知の次元の**
なかに包摂する。その中心公理である識別不可能なものの原理は，知のなか
に分類されえないものは存在しないということに帰着する。その場合の「知」
とは，合法的な諸関係のなかに制御可能な名づけ〔指名〕を記入する能力の
ことである。純然たる多のために関係を削除する存在論のラディカリズム（補
遺2を参照のこと）とは反対に，構成主義は，〈多なる一〉（その実存は状態
によって認可される）の担保を，言語のなかで明示可能な諸関係から引き出
す。だからこそ，存在論が学知的な紐帯を撤回し，空の逆説的な点検から出
発してみずからの言表を忠実につむいでいくのに対して，構成主義的思考は
定式化可能な諸連結の制御下で段階を踏んで前進し，そうして**存在の知**を提
出するのである。構成主義的思考が，あらゆる超過に対する，言い換えれば，
言語の織物のなかに開いたあらゆる理性化不可能な穴に対する支配の希望を
抱くことができるのは，こうした理由からである。

　ところでこれはとても強力な立場であり，誰もこれをかいくぐることはで
きないということをしかと認識する必要がある。知，穏健な規則，状況への
一貫したその内在性，その伝達可能という性格——これは，世俗における新
しい創始が喫緊の課題ではないとき，また忠実さの対角線が摩滅し，それが
預言する出来事がもはやそれほど信じられなくなっているとき，そうした情
勢下における〈存在との関係〉の通常の体制である。

　構成主義的思考は判明で攻撃的な方向づけというよりは，むしろ人間的な
堆積物の潜在的哲学であり，存在の忘却が言語の利益へと，そして言語がも
たらす認識のコンセンサスの利益へと流し込まれた累積的な地層なのである。

　知は存在の受難を鎮める。知は超過の計測として状態を手なづけ，〈既−知〉
に立脚した構成的手続きの地平に状況の無限を配置する。

　ありそうもない名が空から突然生じてくる冒険など，誰も常時求めはしな
い。だがそうしたありえなさの主体的誘導と驚きとが引き出されるのも，や

省察 28 構成主義的思考と存在の知 373

はり知の行使からである。

　おのが生命を発明の生起と機敏さに賭けることによって出来事の立地の縁を彷徨う者には，結局のところ，知者であることがふさわしい。

訳注
[1] ウィトゲンシュタインの『論理哲学論考』の最後の言葉。「語りえぬものについては，沈黙しなければならない」(7.)。

省察 29

存在の折り曲げと言語の主権

　存在論の袋小路——ある集合の諸部分の集合〔冪集合〕の量的な〈度-外れ〉——は，カントールを彼の基礎づけの欲望の地点そのものにおいて苦しめた。いくらかの疑念を抱きながら，また思考と計算のつらい徹夜を夜明けに語る手紙が描くように執念深く，カントールは，冪集合の量は集合それ自身の基数の直後に来る基数——すなわちその後続体——であるということを証明できなくてはならないと信じていた。特に彼が信じていたのは，可算無限の諸部分（つまり整数からなるすべての下位集合）である $p\,(\omega_0)$ は，可算的なものを上回る無限量を計測する最初の基数 ω_1 に量として等しくなければならないということだった。$|p\,(\omega_0)|=\omega_1$ と書かれるこの方程式は**連続体仮説**の名でもって知られる。というのも多 $p\,(\omega_0)$ は幾何学的・空間的な連続体の存在論的図式だからである。連続体仮説を証明すること——あるいは（疑いが鋭くなっていたときには）この仮説を反駁すること——は，最後までカントールの頭にこびりついて離れなかった。これは個人が，局所的だと，さらには技術的だと考えた点について，その人が思考の挑戦（今日理解可能となったその意味はとてつもないものである）の餌食となる好例である。というのも発明者カントールの見放された状態を織り成していたのは，存在の彷徨以外の何ものでもなかったからだ。

　方程式 $|p\,(\omega_0)|=\omega_1$ に包括的な意味を与えることは可能である。一般化された連続体仮説は，一切の基数 ω_α について $|p\,(\omega_\alpha)|=\omega_{s(\alpha)}$ が成り立つと主張する。これらの仮説は状態の超過に最小限の尺度を割り当てることによって，状態の超過を徹底的に正規化する。$|p\,(\omega_\alpha)|$ はいずれにしても ω_α を上

回る基数であるとわかっている（カントールの定理）のだから，それが$\omega_{s(\alpha)}$──つまりアレフ数の継起においてω_αに後続する基数──に等しいと宣言することは，本来的に，**最低限言えること**である。

　イーストンの定理（省察26）は，こうした「仮説」が本当は純然たる決定であることを示している。実際のところ，$|p(\omega_\alpha)|$がω_αを上回る値ならほとんど何でもとることができるということは多の諸《観念》と一貫しているのだから，これらの仮説はどうやっても立証もされなければ無効ともされない。

　したがってカントールは「連続体仮説」を確立する（あるいは反駁する）という彼の絶望的な試みにおいていかなるチャンスもなかった。秘められた存在論的な挑戦は彼の内面の確信を越えていた。

　だがイーストンの定理は1970年に発表されたものだ。カントールの挫折とイーストンとのあいだには，30年代の終わりのK・ゲーデルの成果がある。構成主義的思考を存在論化したかたちであるその成果はすでに，連続体仮説を認める決定はいずれにせよ多の諸《観念》への忠実さを破りはしないことを立証していた。この決定は純粋な多の学知の基本公理と整合的である，と。

　注目すべきは，連続体仮説──状態の超過の最小限度〔極小〕──の表す正規化がその一貫性の保証を受けるのは，多の実存を言語（この場合は，論理学の形式化された言語）の権限に服属させる多の学説の枠組みのなかでのみであるという点だ。さらに言えば，この枠組みにおいて選択公理はもはや決定ではない。というのもツェルメロの理論で公理だった選択公理は，いまや忠実に演繹可能な一定理になっているからだ。かくして存在論自身の袋小路から出発して遡及的に存在論に適用された構成主義的な方向づけは結果として介入の公理を強固にするが，その代償として，介入の公理は他の諸公理から論理的に引き出される必然性になるのだから，こう言ってよければ，その介入的な価値を奪われる。すなわち介入について介入する場がもうないのである。

　〔したがって〕ゲーデルが自分が構成する故意に制限的なヴァージョンの多の学説を名づけるのに「構成可能宇宙」という表現を選択したということ，またそのようにして言語に従属させられた多が「構成可能集合」と呼ばれる

376　VI　量と知

ということ，このことはよく理解できるのである。

1　構成可能集合という概念の構成[43]

　集合 α があるとしよう。α の冪集合の一般観念 $p(\alpha)$ は α に包含される一切のものを指している。そこに超過の源がある。構成主義的存在論はこの超過を制限しようと企てるが，それは，明示的な式においてそれとして言表される特性によって分出（分出公理の意味で）できるもののみを α の**部分**として認めようと企てることによる。そしてこの明示的な式の適用領野，そのパラメーター，その量記号はもっぱら α それ自身にのみ関係する。

　まず量記号を見よう。例えば「β が γ と関係 R をもつようなそうした γ が実存する」（すなわち $(\exists \gamma) [R(\beta, \gamma)]$）という特性をもつ α のすべての要素 β を分出しようと（そして α の部分へと構成しようと）する場合，実存の量記号によって主張される問題の γ は α の要素でなければならず，多の宇宙「全体」から引き出された実存する任意の多であってはならないということ，これを理解しなくてはならない。別の言い方をすれば，$(\exists \gamma) [R(\beta, \gamma)]$ はわれわれが関心を寄せるケースにおいては $(\exists \gamma) [\gamma \in \alpha \ \& \ R(\beta, \gamma)]$ として読まれなくてはならないということである。

　全称の量記号についても同様である。ある関係によって一切の多に「普遍的に」結びついた α のすべての要素 β（すなわち $(\forall \gamma) [R(\beta, \gamma)]$）を部分として分出しようとする場合，$(\forall \gamma)$ は α に**属する**一切の γ について $(\forall \gamma) [\gamma \in \alpha \rightarrow R(\beta, \gamma)]$ であるという意味だと理解しなくてはならない。

　パラメーターはどうだろうか。パラメーターとは式のなかに現れる多の固有名である。例えば，β が自由変項であり，また β_1 が特定された多の名であるような $\lambda(\beta, \beta_1)$ をとってみよう。この式は，β が多 β_1 と，ある定義づけられた関係（その意味は λ によって固定されている）を結んでいるという「意味」である。したがって私は，β_1 が名指す多と当該の関係を実際に維持している，α 内のすべての要素 β を部分として分出することができる。しかしながら出発点となる多に根本的に内在することを要請する構成主義的な見方においては，こうした作業が合法となるのは，β_1 の示す多それ自体が α に

属している場合のみである。この名 β_1 に α のなかで割り振られる各々の固定した価値について，ある部分（構成的な意味における部分）が，すなわち式 λ によって表現される関係を，α にともに属するこの「仲間」と取り結ぶような α の諸要素から構成された部分が，得られるだろう。

「実存する」ということが「α のなかに実存する」こととして理解され，また「一切の……について」が「α の一切の要素について」として理解されるような式は α **に限定された**式であると言ってよいが，結局のところ，そうした式を用いて分出できる α の諸要素の集まりが α の**定義可能な部分**とみなされることになる。こうした α に限定された式においては，集合のすべての名は α の要素の名として解釈されなければならない。ここでは部分の概念が，定義可能な部分という概念の下で，言語（分出力をもつ明示的な式の実存）と出発点の集合のみへの依拠という二重の権威によって，いかに厳しく制限されているかがわかるだろう。

このようにして構成された冪集合は $D(\alpha)$――「α の定義可能な冪集合」――と呼ばれるだろう。$D(\alpha)$ が $p(\alpha)$（一般的な意味での冪集合）の下位集合であることは明らかである。それは「構成可能な」部分しか考慮しないのである。

言語と解釈の内在性とがここでは部分の概念を選別している。実際 α の定義可能な部分は，この部分の諸要素が満たすべき式 λ によって**名指されて**おり，また量記号とパラメーターが α の外の何ものをももちこんでいないという点で α **に節合されている**。$D(\alpha)$ は $p(\alpha)$ の下位集合であるが，それはその構成要素が識別可能であるような下位集合であり，また集合 α それ自身にもとづいて派生やとり集めの手続きが明示的に指示可能な下位集合である。包含は論理的–内在的な選別器（フィルター）によって所属へと**締めつけられている**。

こうした道具立てによって，われわれは存在の階層組織（ヒエラルキー）を，構成可能な階層組織を提示することができる。

その考え方はこうである。空を存在の「第一」階層として制定し，この先行する階層から，構成可能なすべての部分を――言い換えれば，先行する階層において言語の明示的な特性によって定義可能なすべての部分を――「引き出す」ことによって，続く階層へと移行するのである。こうして言語は，

378 VI 量と知

実存することを認められた純粋な多の数を徐々に増やしていくが，その際にみずからの統御下からいかなるものも取り逃すことがない。

階層を数えるには，〈自然という道具〉に，すなわち順序数の列に頼るだろう。〈構成可能な階層〉という概念を L と記す。そして順序数の指数は，われわれが手続きのどの段階にあるかを指示する。L_α は α 番目の構成可能な階層を意味する。例えば，第一階層は空であり，それは $L_0=\emptyset$ と措定される。記号 L_0 は階層組織が始まるということを指示する。第二階層は L_0（つまりは $\emptyset$）のなかで，$\emptyset$ の**定義可能な**すべての部分から制定される。実はその部分は一つしかなく，それは $\{\emptyset\}$ である。したがって $L_1=\{\emptyset\}$ と措定される。一般的に言えば，L_α の階層に達するとき，L_α の明示的に定義可能なすべての部分を（いわゆる存在論の意味におけるすべての部分をではない）とることによって $L_{s(\alpha)}$ の水準へ「移行する」。したがって $L_{s(\alpha)}=D(L_\alpha)$ である。極限順序数（これを ω_0 とする）に至る場合は，それまでの階層で受け入れられた一切のものを取り集めることで満足する。そうしたもろもろの階層の**合併**（すなわち $L_{\omega_0}=\cup\,L_n$）を一切の $n\in\omega_0$ ととる。あるいは

$$L_{\omega_0}=\cup\,\{L_0, L_1, ..., L_n, L_{n+1}, ...\}$$

かくして構成可能な階層組織は次のように反復によって定義される。

$L_0=\emptyset$

$L_{s(\alpha)}=D(L_\alpha)$. 後続順序数に関わる場合。

$L_\alpha=\underset{\beta\in\alpha}{\cup}L_\beta$. 極限順序数に関わる場合。

構成可能な階層組織のそれぞれの階層は，実は空への「距離」を，つまり増大する複雑さを正規化したものである。しかし実存に受け入れられるのは，形式的な言語において明示化可能な構成によって下位の階層から引き出される多のみであって，「すべての」部分——差異化されない部分，名づけえぬ部分，任意の部分を含む——ではない。

多 γ が**構成可能**なのは，それが構成可能な階層組織の階層の一つに属する場合であると言われるだろう。構成可能集合であるという特性を $L(\gamma)$ と記す。$L(\gamma)\leftrightarrow(\exists\alpha)\,[\gamma\in L_\alpha]$（$\alpha$ は順序数である）。

γ がある階層に属するならば，γ は強制的に後続の階層 $L_{s(\beta)}$ にも属する（極限階層は結局のところ下位のもろもろの階層の合併にすぎないということを点検しつつ，これを示してみられたい）。ところで $L_{s(\beta)}=D\,(L_{\beta})$ であり，これは γ は階層 L_{β} の定義可能な一部分であるということだ。したがって一切の構成可能集合には，集合をそれが摘出される階層（ここでは L_{β}）において分出する——場合によってはその階層のすべての要素であるパラメーターから分出する——式 λ が結びついている。構成可能集合が $L_{s(\beta)}$ に**所属**すること——これは L_{β} のなかに（定義可能な仕方で）**包含**されているという意味である——は，階層 L_{β} において，そして式の論理的‐内在的な統御の下で，包含が所属へと締めつけられているということから構成されているのである。ひとは計算された〔慎重な〕足取りで，言い換えれば名づけられた足取りで前進する。

2　構成可能性という仮説

　われわれの現在の地点では，「構成可能であること」は多にとって**可能な一特性**でしかない。この特性は——私がここで再現できない形式的な言語を操作する技術上の手段によって——集合論の言語，すなわち ∈ のみを固有の記号とする存在論の言語において表現可能である。本来的な意味での存在論の枠組みにおいて考えた場合，構成可能集合とそうでない集合があるだろう。そのようにして，名づけえぬ多あるいは任意の多の否定的な基準が手に入る。この名づけえぬ多は構成可能ではない多であり，したがって階層組織 L のいかなる階層にも属することなく，存在論が多として認めるものに属するものであるということになるだろう。

　しかしながら，構成主義的な制限を単なる一特性の検討へと連れ戻そうこうした考え方には驚くべき歯止めがある。実際，集合が構成可能であると証明するのはまったく可能だが，**集合が構成可能ではないと証明するのは不可能である**。これは概念的な射程で言えば唯名論の論拠である。その勝利は保証されている。**何某かの集合は構成可能でないということが証明されるとしても，そのことがすでにして，その集合を構成しているということなのだ**，と。

実際，そのような多を明示的に定義するときに，どうして同時にそれをまさに構成可能なものとして表明しないでいられようか。任意のものあるいは識別不可能なもののアポリア。これを回避することが可能であるということを，後でわれわれはたしかに見るだろう（これはジェネリックに関する思考のまさに要点である）。だがそれに先立ってまずはこのアポリアの真価を推し量らなくてはならない。

　要するに問題の全体は，「一切の多は構成可能なものである」という言表が，われわれがここまで主張してきた多の諸《観念》の枠組みにおいては**反駁不可能**であるという点に存する（もちろんこの諸《観念》それ自体が整合的だと想定しての話であるが）。したがって反例を証明の形で提示できると期待してもまったく無駄である。存在論の演繹的忠実さに抵触することなく，構成可能集合のみを実存的な集合として認めるという決定は可能である。

　この決定は先行研究において「構成可能性の公理」という名で知られている。それは次のように書かれる。「一切の多 γ について，それが属する構成可能な階層組織の階層が実存する」と。すなわち $(\forall\gamma)(\exists\alpha)\,[\gamma\in\mathsf{L}_\alpha]$（$\alpha$ は順序数），と。

　「構成可能性の公理」というこの決定——これは数学者の主流派から公理として，多の「真の」《観念》としてまったく認められてはいないが——の反駁不可能な性格を証明することは大変精緻な作業であり教わるところが多いが，その技術上の詳細は本書の争点を越えている。この証明は，「一切の多は構成可能なものである」という言表が構成可能宇宙それ自体へと自己を規制することによってなされる。その歩みを大雑把に言えば，以下のようになる。

　a. まず最初に立証されるのは，集合論の主要な七つの公理（外延性，部分，合併，分出，置換，空，無限）は，集合の観念を構成可能集合という観念に制限するなら「真」のままでいられるということである。別の言い方をすれば，構成可能集合の構成可能な冪集合は構成可能であり，構成可能集合の合併は構成可能であり……，といった具合である。これは要するに，構成可能宇宙がこれらの公理のモデルとなっているということだ。多の諸《観念》が支持する構成と実存の保証とを適用し，そして，その適用領域を構成可能宇

宙に制限すれば，また構成可能なものが与えられるというわけである。あるいは構成可能な多しか考慮しないことによって，多の諸《観念》の枠組みのなかにとどまるのだと言ってもよい。というのもこの制限された宇宙のなかで多の諸《観念》を現実化することは，〈構成不可能なもの〉をわれわれに少しも与えないからだ。

　したがって多の諸《観念》から引き出された一切の証明が「相対化された」ものとして見えるということも明らかである。というのもこのような証明を，構成可能集合にのみ関わる証明にすぎないと考えることも可能だからだ。すなわち公理を証明において使用するときに，その公理は構成的な意味で把握されているのだと，そのつどつけ加えるだけなのだ。「α が実存する」と書くとき，それは「構成可能な α が実存する」という意味であり，後も同様である。そのとき，構成不可能な集合の実存を証明することは不可能だとわかる（この予感は依然として少々不正確であるが）。というのもこの証明を相対化したところで，結局は，大雑把に言えば，構成不可能なものという構成可能集合が実存すると主張することになるだろうからだ。それでは存在論の想定された一貫性，言い換えれば，存在論の忠実さの操作子——演繹——は生き延びることができない。

　b. 実はゲーデルは，構成可能なものの宇宙が多の学説の根本公理のモデルであることをいったん証明した後で，「一切の多は構成可能なものである」というこの仮説の反駁不可能性を直接補完しているが，それは，この「一切の多は構成可能なものである」という言表が真であるのは構成可能宇宙においてであること，それが構成可能宇宙のなかで「相対化された」諸公理の帰結であること，これを証明することによってである。良識的な人々は，これは当たり前のことだと言うだろう。構成可能宇宙にいれば，一切の多は構成可能であると保証されているのだ！と。しかし良識は，言語の主権が織り上げる迷宮，そして存在がそこに折り曲げられている迷宮のなかで道に迷う。立証しなくてはならないのは，$(\forall\alpha)\,[(\exists\beta)(\alpha\in\mathsf{L}_\beta)]$ という言表が構成可能宇宙の定理であるということ，これである。別の言い方をすれば，もし $(\forall\alpha)$ と $(\exists\beta)$ という量記号がこの宇宙に限定されているのだとしたら（「構成可能な一切の α について」と「構成可能な β が実存する」），またもし「$\alpha\in\mathsf{L}_\beta$」

という書式——つまり階層の**概念**——が構成可能な意味で制限された**式**として明示的に提示されうるのだとしたら，**その場合には**，この言表は存在論において演繹可能であるだろう。ヴェールの一角をめくり上げるために次のことに注意しよう。二つの量記号が構成可能宇宙と相関していることは，次の式を与える。

$$(\forall \alpha)\,[(\exists \gamma)(\alpha \in \mathsf{L}_\gamma) \rightarrow (\exists \beta)\,[(\exists \delta)(\beta \in \mathsf{L}_\delta) \,\&\, (\alpha \in \mathsf{L}_\beta)]$$

一切の（構成可能な）αについて，次のような（構成可能な）順序数β，すなわち$\alpha \in \mathsf{L}_\beta$であるような順序数$\beta$が実存する

　この式を調べると，その二つの躓きのポイントが明らかになる。

　——階層L_βは構成可能な順序数の指数をもつことが確実でなければならない。しかし実は**一切**の順序数は構成可能なものである。読者は補遺4でその興味深い証明を見るだろう。この証明が興味深いのは，思考にとってはこの証明が，自然は普遍的に名づけられうる（あるいは構成可能な）ものであるという点に帰着するからである。この証明（それはまったくつまらないものなどではない）はすでにゲーデルの成果の一部である。

　——$\alpha \in \mathsf{L}_\gamma$のような書式は構成可能な意味をもつことが確実でなければならない。別の言い方をすれば，構成可能な階層という概念自体が構成可能であることが確実でなければならない。このことが確証されるのは，一切の順序数αに階層L_αを対応させる関数——つまりはL_αの反復による定義——は，それが構成可能宇宙に相関していれば，その結果において変化はないということ，これを示すことによってである。というのもわれわれは，構成可能なものに関するこの定義を**存在論のなか**で与えたのであり，構成可能宇宙のなかで与えたのではないからだ。数ある階層L_αをそれら自身の帝国の内部で定義するならば，それらが「同じもの」であるということは保証されていない。

3 絶対性

本来の意味での存在論とその相対化において「同じもの」にとどまる特性
あるいは関数を指すのに，数学者たちが「絶対」という形容詞を用いること
は特徴的である。この徴候は重要だ。

β が自由変項であるような（自由変項があればだが）なんらかの式 $\lambda(\beta)$
があるとしよう。この式を**構成可能宇宙に制限する限定**を定義する際には，
構成可能性の概念を構成するためにわれわれの役に立ってきた手続きが利用
できるだろう。言い換えれば，λ において $(\exists\beta)$ という量記号は「構成可能
な β が実存する」——あるいは $(\exists\beta)\ [\llcorner(\beta)\ \&\ ...]$——を意味し，$(\forall\beta)$ という
量記号は「構成可能な一切の β について」——あるいは $(\forall\beta)\ [\llcorner(\beta)\to ...]$
——を意味するとみなし，また変項 β は構成可能な値しか取ることが許され
ていないとみなすのである。こうすることによって得られた式は $\lambda^{\llcorner}(\beta)$ と記
され，「式 λ が構成可能宇宙に制限されていること」と読む。例えば，われ
われは先ほど，集合論の諸公理が構成可能宇宙に制限されているということ
は演繹可能であることを示した。

式 $\lambda(\beta)$ の制限が，変項の構成可能な固定した値にとって，その式自体と
同値であると証明されるならば，式 $\lambda(\beta)$ は**構成可能宇宙にとって絶対的**であ
ると言えるだろう。別の言い方をすれば，$\llcorner(\beta)\to[\lambda(\beta)\leftrightarrow\lambda^{\llcorner}(\beta)]$ であるならば，
そう言える。

絶対性ということが意味しているのは，式が構成可能宇宙**のなか**で試され
るや，その式はこの宇宙への制限と同じ真理値をもつということである。し
たがって，ひとが構成可能宇宙に内在する立場に置かれるやいなや，式が絶
対であれば，制限がその真理を制限することはなくなる。例えば，「合併」
の操作は構成可能宇宙にとって絶対であると示すことができるが，それはも
し $\llcorner(\alpha)$ であれば，その場合 $\cup\,\alpha=(\cup\,\alpha)^{\llcorner}$ となるからである。つまり構成可
能な α の（一般的な意味での）合併は，構成可能な意味での合併と**同じもの**，
同じ存在であるのだ。

絶対とは，ここでは一般的な真理と制限的な真理との同値のことである。

それを制限しても真理値に影響が出ないような，そうした言表の述語——それが絶対ということなのである。

いまわれわれの問題に立ち返るならば，その要点が何かと言えば，構成可能な階層組織という概念が構成可能宇宙にとって絶対的であるということ，つまりいわばそれ自身にとって絶対的であるということ，これを立証することである。すなわち，$\llcorner(\alpha)\rightarrow[\llcorner(\alpha)\leftrightarrow\llcorner^{\llcorner}(\alpha)]$ ということであり，ここで $\llcorner^{\llcorner}(\alpha)$ は**構成可能性について構成可能な概念**を意味する。

この点を扱うには，われわれがこれまで導入してきた以上の厳密さが形式言語の操作において必要である。要請されるのは，制限された式が正確にいかなるものであるのかを探ること，その式を**有限数の要素**の集合論的操作（「ゲーデルの操作」）へと「分解する」こと，それからこの操作のそれぞれが構成可能宇宙にとって絶対的であると証明すること，これである。そのとき立証されるのは，順序数 α のそれぞれに階層 $\llcorner_\alpha$ を対応させる関数は，構成可能宇宙にとって実際に絶対的であるということだ。結論として言えるのは，「一切の多は構成可能である」という言表は，構成可能宇宙と相関して真であるということ，あるいは一切の構成可能集合は，構成可能的に構成可能なのだということである。

かくして一切の集合は構成可能であるという**仮説**は，構成可能宇宙の**定理**である。

この推論の結果は直接的である。すなわち「一切の多は構成可能である」という言表が構成可能宇宙において真であるならば，本来の意味での存在論のなかではこの言表に対するいかなる反駁も産出することができない。実際そうした反駁をしようとしても，（すべての公理は相対化可能である以上）それは相対化されてしまうだろうし，構成可能宇宙の**なかでは**，この言表を相対化すること自体が反駁されてしまうだろう。それどころかこうした相対化自体が構成可能宇宙において演繹可能なものであるのだから，反駁はありえない。

かくのごとく，構成可能な多の実存しか認めないという決定には危険がない。どんな反例も，それが多の古典的な諸《観念》にとどまり続けるかぎり，この決定の合理性を崩壊させることはできない。言語に服属した存在論——

つまり存在論的唯名論——の仮説は反駁不可能なのだ。

問いの経験論的な側面としては，もちろんいかなる数学者も，構成可能でない多など絶対に提示できないだろう。現に通用している数学の大集合（整数，実数，複素数，関数空間，等々）はどれも構成可能なものである。

このことは，存在論を前進させようとする（つまり数学者であらんとする）ばかりでなく，存在論的思考を思考しようという欲望をももつ者を説得するのに十分だろうか。形式言語の要件に存在を従わせる〔折り曲げる〕思慮分別をもたねばならないのだろうか。数学者は結局のところ構成可能集合にしか**出会う**ことがないが，おそらくまた潜在的にこの**他**の欲望をももっているのであり，私はその徴候を次の点に見る。すなわち数学者は一般的に，構成可能性の仮説——これは彼の操る一切の現実に同質的ではあるが——を，他の公理と同じ意味の公理とみなすことを嫌うのだ。

それはつまり，存在のこの折り曲げ，言語のこの主権から生じる正規化の諸帰結は，規則に適った平板化した宇宙を提出する類のものだということである。そこでは，超過は尺度のなかでももっとも厳格な尺度へと連れ戻され，状況はその規制された存在のなかで果てしなく続く。〈一切の多は構成可能である〉ということを引き受けると，出来事は存在せず，介入は非介入的（あるいは合法的なもの）となり，状態の〈度−外れ〉〔脱−尺度〕は正確に計測可能なものとなるのである。このことをいまから順に見ていこう。

4　出来事の絶対的な《非−存在》

出来事の〈非−存在〉は，本来の意味での存在論においては，一つの決定である。自分自身に属する多たち——〈超−一〉たち——を実存から締め出すためには，特殊な公理，すなわち基礎の公理を必要とする（省察14）。〈非−存在〉の境界画定は，明示的かつ創始的な言表の結果である。

構成可能性の仮説とともにすべてが変わる。実際，今度は，いかなる（構成可能な）多も出来事的ではないと**証明**することができる。あるいはまた構成可能性の仮説は基礎の公理を定理——すなわち多の他の諸《観念》からの忠実な帰結——の身分に引き下げるのである。

実際，構成可能集合 α があるとしよう。それが自分自身の要素である，すなわち $\alpha \in \alpha$ であると仮定しよう。構成可能集合 α は階層組織のなかである階層——これを $L_{s(\beta)}$ とする——に**現れる**。それは先行の層の定義可能な**部分**として現れる。つまり $\alpha \subset L_\beta$ である。だが $\alpha \in \alpha$ であるのだから，もし α が L_β の部分であるならば，また $\alpha \in L_\beta$ でもある。したがってわれわれは α の最初の出現階層が $L_{s(\beta)}$ であると仮定したが，実は α は階層 L_β にすでに現れていたわけである。自己へのこの先行性は構成上は不可能なものである。ここで階層的な生成が自己所属の可能性をいかに妨害しているかがわかる。階層による累積的構成と出来事とのあいだで選択しなくてはならない。したがって一切の多が構成可能であるとすると，いかなる多も出来事的ではなくなる。ここでは基礎の公理はまったく必要ない。構成可能性の仮説は，一切の「異常な」多性，一切の〈超－一〉の演繹可能な排除の要求を満たすのである。

　構成可能宇宙では，出来事が実存しないということは必然である（決定ではない）。原理が違うのだ。出来事を介入によって承認〔認識〕することは，一般的存在論の特殊かつ根源的なテーゼに違反する。それどころかそれは構成可能宇宙の一貫性を**反駁する**。第一には，それは公理を宙づりにする。第二には，それは忠実さを崩壊させる。構成可能性の仮説と出来事とのあいだで選択しなくてはならない。そしてこの不調和は「選択」という言葉の意味のなかにまで持ち込まれる。構成可能性の仮説は出来事を顧みないと同じく介入をも顧みないのである。

5　介入の合法化[44]

　構成可能宇宙にあっては，基礎の公理ばかりでなく，選択公理も公理ではない。多くの騒ぎを引き起こしたこの前代未聞の決定〔選択公理のことを指す〕もまた，構成可能宇宙のなかでは，多の他の諸《観念》の単なる一効果へと縮小されている。あらゆる構成可能な集合について（構成可能な）選択関数が実存すると証明できるだけではなく，どのような任意の（構成可能な）多に対しても操作を及ぼすことのできる選択関数，つねに同一的な，定義可能

な選択関数，すなわち**包括的**選択関数と呼ばれるもの，これが実存すること
をも証明できるのである。選択の不法性，代表者の無名性，代表委任〔代表団〕
の把握不可能性（こうしたことすべてについては省察 22 を見よ）といった
事柄は，秩序の手続き上の一様性へと切り詰められている。

　私は選択公理の二重性〔裏表〕をすでに明らかにしておいた。選択公理は〈代
表の法なき代表〉という野蛮な手続きであるが，それにもかかわらず一切の
多がきちんと秩序づけられうると考えることへと導いていた。無秩序の極み
は秩序の極みへと反転していた。この二つ目の側面が構成可能宇宙において
は中心的となる。一切の多はきちんと秩序づけられているということがそこ
では直接的に，すなわちいかなる追加の仮説もなしに，介入へのいかなる賭
けもなしに証明されるのである。こうした組織者としての言語の勝利の道程
を素描してみよう。構成主義的な見方が翳りなき陽光のもとに配置している
秩序の技術を――出来上がった厳密さに配慮せずとも―― 一瞥しておく甲
斐はある。

　実はすべては――あるいは，ほとんどすべては――言語の明示的な書字
（式）の**有限な**性格から引き出されている。あらゆる構成可能集合は L_β と
いう階層の定義可能な部分である。それを定義する式 λ は有限数の記号し
か含まない。したがってすべての式をそれらの「長さ」（それらの記号の数）
にもとづいて整理し，あるいは秩序立てる〔順序立てる〕ことができる。そ
してそれから構成可能な**すべての多**を，それらを定義する式の秩序にもとづ
いて秩序立てるという取り決めがなされるだろう（この取り決めを実現する
にはいくつかの技術上のブリコラージュをすれば十分である）。要するに，
一切の構成可能な多は一つの**名**をもっている（一つの文言，一つの式がそれ
を指す）のだから，名の秩序はこうした多の全体的な秩序を帰納するわけで
ある。命名可能な多性のリストを提示することはあらゆる辞書の権力である。
なるほどそれよりも少しは複雑であるかもしれない。というのも構成可能な
多が定義可能であるのは L_β という**ある階層において**だということも考慮し
なくてはならないからだ。事実，語ないし式の秩序と，階層 L_β の諸要素に
ついて前もって得られた想定上の秩序とが組み合わせられるだろう。しかし
手続きの核心は，有限な文言のあらゆる集合がきちんと秩序立てられうると

いうこと，まさにこの点にある。

その結果として，どの階層 L_β もきちんと秩序立てられており，また構成可能な階層組織全体もきちんと秩序立てられているということになる。

選択公理はもはや閑職にすぎない。なんらかの構成可能な多が与えられていれば，「選択関数」は，例えばこの多の最小要素を，その要素が階層 L_α（その要素はこの階層の定義可能な部分である）に包含されていることから推論される良き秩序のなかで選ぶだけでよい。これは規定＝限定された，そしてこう言ってよければ選択なき，一様な手続きである。

かくしてわれわれは，あらゆる構成可能集合に関する選択関数の実存が**証明**されることを示したのであって，実際のところわれわれはこの関数を構成し，提示できる状態にある。したがって構成可能宇宙においては「選択公理」という表現を棄てて，「普遍的な良き秩序の定理」という表現に置き換えたほうがよい。

この証明がメタ理論上で有利な点は，選択公理が多の他の諸《理念》と（一般的存在論において）整合的であることがいまや保証される点にある。というのも，もし多の諸《観念》から選択公理を反駁できるとすると，言い換えれば，もし選択関数をもたない集合が実存することを証明できるとすると，この証明の**相対化された**ヴァージョンがあるということになってしまうからだ。そうなると，「構成可能な選択関数を認めない構成可能集合がある」というようなことも証明できてしまうだろう。しかしわれわれがたったいま証明したのは，それとは反対のことである。

選択公理なき存在論が整合的であるとしても，存在論はまた選択公理と整合的であるのでもなければならない。というのも構成可能宇宙という存在論の制限的なヴァージョンのなかでは，選択公理は他の諸公理から生じる忠実な帰結であるからだ。

困った点は，構成可能性の仮説は「選択」について，その必然的かつ明示的なヴァージョンしか与えないという点である。演繹上の帰結となったこの「公理」は，みずからを介入の〈多なる形態〉にしていた一切のもの——すなわち不法性，無名性，実存者なき実存——を失う。それはもはや一つの式，すなわち言語が存在をそこへと折り曲げる全体的な秩序を解読するための式

でしかない（言語とは，〈多なる一〉として受け入れることが可能なものについて立法するものであるということを認めるのであれば）。

6　超過の正規化

存在論の袋小路は構成可能性の仮説によって通り道に変わった。冪集合の内具的な大きさが完璧に固定されたばかりでなく，さらにその大きさは，私がすでに予告しておいたように，可能な最小の大きさである。ここでもまた状態の過剰な彷徨にけりをつけるのにいかなる決定も必要ではない。ω_α が構成可能な基数であれば，その構成可能な冪集合は $\omega_{s(\alpha)}$ を濃度とするということ，このことが**証明**される。一般化された連続体仮説は構成可能宇宙においては真である。注意しなくてはならないが，これは $\llcorner(\omega_\alpha)\rightarrow[|p\,(\omega\alpha)|=\omega_{s(\alpha)}]\lrcorner$ と読まれなくてはならない。この書式において，すべては構成可能宇宙に限定されている。

今回私は，この証明の難点を点描するために証明の枠組みを示すだけにしよう。

第一に指摘すべきは，基数 ω_α と言われる場合，いまやそれは**構成可能な** α 番目のアレフ数のことだと理解しなくてはならないという点である。これは微妙な点ではあるが，それは構成主義的思考のあらゆる方向づけが結論する「相対主義」についてまったき解明の光を与えてくれる。というのも基数概念は順序数概念とは違って**絶対的ではない**からだ。実際，基数とは何か。それは自身に先行する順序数（自身より小さな順序数）とのあいだに一対一対応がないような順序数のことである。だが一切の関係と同じように，一対一対応も結局は一つの多でしかない。構成可能宇宙では，順序数は自身よりも小さい順序数とのあいだに，**構成可能な**一対一対応をもたないならば基数である。ということは，順序数 α が与えられているとして，それは構成可能宇宙では基数であるが，存在論宇宙では基数では**ない**ということがありうる。それには，α とそれより小さい順序数とのあいだに，構成可能ではない一対一対応は実存するが，構成可能な一対一対応は実存しないということだけで十分である。

390 VI 量と知

私は「ありうる」と言った。この「ありうる」が「確実である」では決し
てないというところにこの案件の醍醐味がある。というのも「ありうる」が
「確実である」ということだったとしたら，構成可能でない集合（一対一対応）
の実存を証明しなくてはならないところだが，これは不可能だからである。
しかしながら**可能な**実存というだけで基数概念を脱絶対化するには十分であ
る。構成可能な基数が存在論の意味における基数「よりも数が多い」という
危険は，そのことが証明不可能であるにもかかわらず，構成可能な基数の列
を徘徊する。言語の拘束によって創造された基数があるという事態，作動し
ている一対一対応に言語が課す制限によって創造された基数があるという事
態がありうる。この危険はその深いところで次の点に結びついている。すな
わち基数性〔濃度〕は（一対一対応ではなく）非実存の観点から定義されて
いるという点である。ところで非実存ほど絶対的でないものはない。

　ではその証明の物語に入るとしよう。

　まず最初に，構成可能な階層組織の無限な階層の内具的な量——基数——
がその序数指数の量に等しいことを明らかにする。すなわち $|L_\alpha|=|\alpha|$ と
いうわけである。この証明には多少手の込んだ練習が必要であり，巧みな読
者は補遺4で示す方法にもとづいてこれに取り組むことができるだろう。

　この結論が得られたとして，演繹的な戦略は以下のようになる。

　ω_α という（構成可能な意味での）基数があるとしよう。$|L_{\omega\alpha}|=\omega_\alpha$ であ
り，$|L_{\omega s(\alpha)}|=\omega_{s(\alpha)}$ であるということをわれわれは知っている。二つの後続
基数を指数にもつこの二つの階層は，それぞれこの二つの基数を濃度として
もつ。もちろん $L_{\omega\alpha}$ と $L_{\omega s(\alpha)}$ とのあいだにはもろもろの階層の巨大な群れ
がある。それらの階層はすべて，基数，アレフ数というきわめて特殊なこの
二つの順序数の「あいだ」に位置する数え切れない**順序数**を指数としてもつ。
かくして $L_{\omega 0}$ と $L_{\omega 1}$ とのあいだには，$L_{s(\omega 0)}$, $L_{s(s(\omega 0))}$, ..., $L_{\omega 0+\omega 0}$, ... $L_{\omega 0^2}$,
$L_{\omega 0^n}$... がある。

　基数 ω_α の**部分**について何が言えるか。もちろん「部分」は構成的な意味
で受け取らなくてはならない。$L_{s(\omega\alpha)}$ において定義可能であり，また次の階
層 $L_{s(s(\omega\alpha))}$ に現れることになる ω_α の諸部分があり，それからまたその次の
階層に別の諸部分があるだろう。ω_α の構成可能な**すべて**の部分は階層

$\mathsf{L}_{\omega s(\alpha)}$ に到着する**前に**「尽きてしまう」ということ，これを立証することが証明の根本的な考え方である。その結果，これらの部分のすべてが階層 $\mathsf{L}_{\omega s(\alpha)}$——これはわれわれが見たように，それまでに構成されたものを保存している水準である——のなかに再び見出されることになる。ω_α のすべての構成可能な部分が $\mathsf{L}_{\omega s(\alpha)}$ の要素であれば，その場合には，**構成的な意味における** $p\,(\omega_\alpha)$（お望みならば $p^\vdash(\omega_\alpha)$ と書いてもよい）はそれ自身がこの階層の部分である。だが $p^\vdash(\omega_\alpha) \subset \mathsf{L}_{\omega s(\alpha)}$ であれば，その濃度はそれが包含されている集合の濃度にせいぜい等しいだけなので，$|p\,(\omega_\alpha)| < \omega_{s(\alpha)}$ である（$|\mathsf{L}_{\omega s(\alpha)}| = \omega_{s(\alpha)}$ であるから）。そしてカントールの定理はわれわれに $\omega_\alpha < |p\,(\omega_\alpha)|$ であると言うのであるから，$|p\,(\omega_\alpha)|$ は必然的に $\omega_{s(\alpha)}$ に等しいとわかる。というのも ω_α と $\omega_{s(\alpha)}$ との「あいだ」にはいかなる基数もないのだから。

したがって，ω_α の構成可能な部分が階層 $\mathsf{L}_{\omega s(\alpha)}$ 以前に階層組織のなかに現れることを証明する点にすべてはかかっている。根本的な補助定理は次のように書かれる。すなわち，ω_α の構成可能な一切の部分 $\beta \subset \omega_\alpha$ について，$\beta \in \mathsf{L}_\gamma$ で $\gamma \in \omega_{s(\alpha)}$ であるような順序数 γ が実存する，と。

この補助定理は証明の強固な地盤であるが，それは私が本書に持ち込みたいと思っている手段を超えている。この補助定理もまた形式言語のきわめて厳密な分析を要求する。

この補助定理の条件のもとで，われわれは $|p\,(\omega_\alpha)| = \omega_{s(\alpha)}$ という式によって表現される，状態の超過のあの全面的な支配を得る。すなわち構成可能宇宙の内部で，アレフ数の冪集合をそのアレフ数の**直後に**，後続のアレフ数が定義づける濃度に即して，据えることが可能となるのだ。

つまるところ，言語の主権は，もし構成主義的な見方を採用するならば，量の明示をショートさせるあの言表，その魔力が見過ごされることなどありえないあの言表，すなわち**状態は状況に後続する**という言表を生み出すのである。

7 学知の禁欲とその規制

　構成可能なものの細々としたものを通したこの長く回りくどい省察，つねに未完成のこの技術上の配慮，言語の明示的なものへの絶えざるこの回帰，実存と文法とのあいだのこの重々しい連結——こうしたもののなかに形式的な技巧への抑えのきかない没入を，うんざりしながら読み取らなくてはならないなどと思わないでほしい。構成可能宇宙は，その結果においてよりもその細かな手続きにおいて知の存在論的な象徴であるということ，このことは誰にでも分かることである。この種の思考を突き動かしている野心は，書かれ検証されうるものの掌握のもとに多を保持しようというものである。存在に存在が認められるのは，ひとがすでに記入することのできたものにもとづいて，存在の派生の連鎖をつなげる記号の透明さにおいてのみである。私は知に秩序づけられた存在論の一般的な精神を伝えることよりもはるかに，その禁欲的な手段を伝えたいと望んできた。すなわち現前化と再現前化，所属と包含，多の直接態と合法的な結集の構成（多はそこを通過することで状態の法廷へと赴く），こうしたもののあいだに配置された選別器の時計仕掛けのごとき細密さを。私が述べたように，唯名論は現代世界を支配しており，現代世界の自生的哲学である。あまねく「専門能力」に価値が与えられていること（政治領域までも含む）はそのもっとも低俗な現れであり，その一切の目的は，現実をそれがあるままに名指す術を知っている者が有能であると保証することにある。だがそれはまさに怠慢な唯名論である。現代は真正な知の時間をもっていない。専門能力の称揚はむしろ真理を節約しようとして〔真理の経済（学）を作り上げようとして〕，〈知なき知〉の栄光を褒め称えんとする欲望である。

　それとは反対に，学知の存在論あるいは構成可能な存在論は，存在の壁の足元に身を置き，禁欲的であり，かつ執拗である。それが言語を磨き上げ，その巧緻な選別器に〈現前化の呈示〉をかける巨大な作業——ゲーデルの後ではイェンセンが自分の名をくくりつけた作業——はまったく称賛すべきものである。そこにわれわれは，〈存在としての存在〉について，言語と識別

可能なものの条件のもとで言明可能なもっとも明晰な——もっとも複雑かつもっとも明確であるがゆえに明晰な——視界を見るからである。構成可能性の仮説の帰結を検証することによって，われわれは構成主義的思考の存在論的なパラダイムを得ることができ，また知に何が可能かを学ぶ。その成果がここにある。すなわち，状況の状態の病的な経過は，言語に即して存在について教える学知のまなざしのもとで，測定可能な最小限の量的優位性へと連れ戻されることになるのである。

またわれわれは，出来事のあらゆる思考を絶対的かつ必然的に罷免するという代償，そして介入の〈多なる形式〉を普遍的秩序の定義可能な形象へと切り下げるという代償を払わなくてはならない——しかし知それ自身にとってそれは代償だろうか——ということも知っている。

それは構成可能宇宙は間違いなく窮屈だということである。こう言ってよければ，その宇宙はありうべきもっとも少ない多しか含んでいない。現実の不連続的な言語は無限の力をもってはいるが，可算なものを超えることはないので，構成可能宇宙は極端な倹約をしながら一と計算するのだ。

この窮屈さを直接評価することは一切不可能だと私は言った。構成可能でない集合のただの一つでさえ提示できないのであってみれば，構成可能なものの思考がどれだけの多を，どれほどの存在の豊かさをわれわれから奪っているかを知ることはできない。計測と秩序の代価としてここで要求される犠牲は，直観的には巨大であるが，理性的には数値化しえない。

とはいえ，「きわめて大きな」多——古典的な諸公理に依拠するだけではその実存が推論できないような基数——を公理上容認することによって多の諸《観念》の枠組みを拡張してみれば，最初から存在をその無限な超過の濃度において仰ぎ見ている観測台から，次の点を確認することができる。すなわち構成可能性の仮説が存在の思考のなかに導入した規制は本当に過酷であり，犠牲は文字どおり桁外れである，と。したがって，私が省察 27 で思考の第三の方向づけと呼んだもの，すなわち先行する多を秩序立てることが期待できるほど超越的な多を命名するときの方向づけ（大抵の場合，これはそれ自身の野心において挫折するのだが），これを用いて構成主義的な方向づけの実際の効果を判断することができる。私の視点——これは言語の権能の

視点でもなければ（その禁欲が必要不可欠だということは認めるが），超越の視点（その英雄的な精神は認めるが）でもない——からすれば，この二つの道が互いに互いの症状診断を可能にする様子を見るのは喜ばしいことである。

補遺3において私は「巨大基数」について語っている[45]。集合論の古典的な公理系ではその実存を演繹することはできないが，ひとは現前化の豊かさに信頼をよせることによって，それが存在すると表明してよい（それによって言語の整合性が崩壊する可能性を研究するはめになろうとも）。例えば，極限であると同時に「正則的」でもある基数は ω_0 以外にも実存するのだろうか。それは決定に関わる事柄であることが示される。そのような基数は「弱く到達不可能」と言われる。「強く到達不可能」な基数は「正則的」であるという特性をもち，さらにその基数よりも小さい一切の集合の冪集合を内具的な大きさにおいて上回るという特性をもつ。π が到達不可能であり，かつ $\alpha < \pi$ であるならば，また $|p(\alpha)| < \pi$ でもある。かくしてそうした基数は，その基数を下回るものを状態が繰り返し超過することによっては到達されえない。

だが強く到達不可能な最初の基数よりもはるかに巨大な基数を定義する可能性がある。例えばマーロ基数は，π 番目の到達不可能基数という特性をもつ（つまりそれよりも小さい到達不可能基数の集合の濃度が π である）最初の到達不可能基数 π よりもはるかに大きい。

「巨大基数」の理論はつねに新しい怪物の登場によって豊かにされてきた。「巨大基数」の実存を保証しようとする者なら誰でも特殊な公理を対象にしなければならない。最初の無限 ω_0 を有限な多から区別する深淵にも比されるような深淵を，無限のなかに制定するように努めなければならない。正確に言って誰もそれに成功していない。

きわめて巨大な基数を定義するための技術上の手段はさまざまである。それらの手段は到達不可能性の諸特性をもちうる（もっと小さな基数に適用される操作ではそうした諸特性は構成されえない）が，また実定的な諸特性をももちうる（これらの特性は内具的な大きさと目に見える関係をもたないが，そうした関係を要求する）。古典的な例は可測基数の例である。その特殊な

性質（その外見上の謎はそのままにしておこう）は次の点にある。すなわち基数 π が可測なのは、その π について主要でない π 完結の超濾過器が実存する場合であるという点だ。この言表が実存についての断定であり、到達不可能性についての手続きではないということは明らかである。しかし例えば、ある可測基数がマーロ基数であることは証明できる。また構成可能性の仮説の制限効果についてすでにある程度の光をあてながら、この仮説を認めると可測基数がなくなるということも証明される（スコット、1961 年）。構成可能宇宙はいくつかの超越的な多性が存在不可能であることを**決定**する。それは現前化の無限の浪費を制限する。

　集合の「分割」に関するさまざまな特性は、きわめて大きな基数が実存するという想定への入口になる。基数の「特異性」とは要するに分割の特性であるとわかる（補遺 3）。基数はそれよりも小さい数の、それよりも小さい断片へと切り分けられるのである。

　以下のような分割の特性を考察しよう。ある基数 π が与えられているとして、各々の整数 n について n 組の π の要素があるとしよう。これらの n 組の集合は $[\pi]^n$ と記される。これは、$\{\beta_1, \beta_2, \dots \beta_n\}$（$\beta_1, \beta_2, \dots \beta_n$ は π の n 個の要素）というタイプのすべての集合を要素としてもつ集合と読む。いま $n \to \omega_0$ **について**すべての $[\pi]^n$ の合併を考えている。別の言い方をすれば、π の要素の**すべて**の有限列によって構成される集合である。この集合が二つに分割されるとしよう。一方にはあるいくつかの n 組が、他方にはそれ以外の n 組ができる。この分割は各々の $[\pi]^n$ を分断していることに注意しよう。例えば、一方には π の諸要素からなる $\{\beta_1, \beta_2, \beta_3\}$ という三つ組があり、他方には他の三つ組 $\{\beta'_1, \beta'_2, \beta'_3\}$ がある。これは一切の n についても同様である。$\gamma \subset \pi$ という π の下位集合は、γ のすべての n 組の要素が同じ半分側に存在するならば、分割にとって n **同質的**であると言える。例えば、$\beta_1 \in \gamma$ であり $\beta_2 \in \gamma$ であるような**すべて**の二つ組 $\{\beta_1, \beta_2\}$ が同じ半分側に存在するならば、γ は分割にとって**二同質的**である。

　$\gamma \subset \pi$ は、それが一切の n にとって n 同質的であるならば、分割にとって**包括的に同質**であると言えるだろう。これはすべての n 組が任意の n にとって同じ半分側に存在するという意味では**ない**。そうではなく、n が固定され

ていれば，この n にとっては，n 組はどれも半分側のどちらかに存在しているという意味である。例えば γ の要素からなるすべての二つ組 $\{\beta_1, \beta_2\}$ は，同じ半分側に存在しなければならない。すべての三つ組 $\{\beta_1, \beta_2, \beta_3\}$ もまた同じ半分側に存在しなければならない（だがこの側は二つ組が存在する側とは反対側でありうる）。こんな具合である。

このように定義された**一切の分割**——つまり集合 $\bigcup_{n \in \omega_0} [\pi]^n$ の二分割——にとって，π を濃度とし，さらに分割にとって包括的に同質であるような下位集合 $\gamma \subset \pi$ が実存するならば，その基数 π は**ラムゼイ基数**である。

内具的な大きさとのつながりについてはあまりよくわからない。しかしながら一切のラムゼイ基数は到達不可能であること，それは弱コンパクト（これもまた別種の怪物）であるということ，といったことは証明される。要するに，ラムゼイ基数はきわめて巨大なのである。

ところでローボトムは 1971 年に以下のような注目すべき結論を公にした。ラムゼイ基数が実存するならば，それよりも小さい一切の基数について，その基数の**構成可能な**諸部分からなる集合〔冪集合〕冪集合はその基数と等しい濃度をもつ，と。別の言い方をすれば，π がラムゼイ基数であり，かつ $\omega_\alpha < \pi$ であれば，$|p^{\llcorner}(\omega_\alpha)| = \omega_\alpha$ が成り立つのである。とりわけ $|p^{\llcorner}(\omega_0)| = \omega_0$ が成り立つわけだが，その意味は，可算集合の構成可能な諸部分からなる集合〔冪集合〕——言い換えれば構成可能な実数，構成可能な連続体——は可算集合それ自身を超過**しない**ということである。

読者は飛び上がるかもしれない。カントールの定理（その構成可能な相対化は確かに実存する）は，$|p(\omega_\alpha)| > \omega_\alpha$ であると，いつも至るところで言っていたのではなかったか。そのとおり。だがローボトムの定理は**一般存在論**の定理であり，構成可能宇宙に内在的な定理ではない。もちろん構成可能宇宙**のなかでは**次のとおりである。すなわち「（構成可能な）ある集合の（構成可能な）諸部分からなる集合〔冪集合〕は，もとの集合の（構成可能な意味での）濃度を（構成可能な意味で）上回る（構成可能な意味での）濃度をもつ」。この制限によって，ひとは構成可能宇宙**のなかで** $\omega_\alpha < |p(\omega_\alpha)|$ を得るのであり，つまり，ω_α の構成可能な諸部分からなる集合と ω_α それ自身とのあいだには，**構成可能な**一対一対応は実存しないという結果を得るの

である。

　ローボトムの定理自体は一般的存在論のなかで濃度〔もろもろの基数性〕を取り扱っている。その定理が表明するのは、ラムゼイ基数が実存するならば、そのとき（一般的な意味の）ω_α とその構成可能な諸部分からなる集合とのあいだには一対一対応がまぎれもなくあるということである。そこから特に、**構成可能な** ω_1（これは構成上 $|p(\omega_0)|$ に等しい）は、ラムゼイ基数をもつ一般的存在論においては、（一般的な意味での）基数ではまったくないという結論が出てくる。

　言語の厳格な法を超過する真理の視点が一般的存在論の視点であるとすれば、また存在の潤沢さへの信頼がラムゼイ基数の実存を認めさせるのだとすれば、その場合ローボトムの定理は、構成可能性の仮説がわれわれに促す犠牲を推し量る尺度を与える。この定理は状況のなかにある要素より多くの部分が実存することを許さず、「偽の基数」を作り上げる。今度は超過は計測されずに、無効にされるのである。

　結局のところ、知の措定に特徴的な状況は以下のとおりである。構成主義的な見方において多の実存の容認をコード化する諸規則の**内部から**見れば、全面的に整序された完全な宇宙が得られる。その宇宙では超過は最小になり、出来事と介入は状況の必然的な結果へと還元される。**外部から**見れば――すなわち諸部分に関するいかなる制限も許さず、包含が根底的に所属を超過し、任意のものと名づけえぬものの実存をひとが引き受ける（この場合の引き受けるとは、単にそれを禁じないという意味である。というのも任意のものと名づけえぬものの実存はそれを**示す**ことができないのだから）、そうした地点から見れば――構成可能宇宙は、それが超過の関数を無へと還元した以上、そして虚構的な基数によって超過の関数を演出することしかしない以上、唖然とするような貧しさでもって現れる。

　知のこうした貧しさ――あるいは手続きの威厳（こんなふうに言うのも、この貧しさは外からしか、大胆な仮説のもとでしか見えるようにはならないからである）――は結局のところ、〈識別可能なもの〉に加えて、それ固有の法が〈決定可能なもの〉であるということから生じる結果である。知は無知と相容れない。このトートロジーは深い。すなわちこのトートロジーは学

知の禁欲およびそれに対応する宇宙を，決定の欲望に囚われたものとして指し示しているのである。われわれは，構成可能性の仮説が選択公理や連続体仮説について，いかに実証的な仕方で裁断を下しているかを見た。A・レヴィが言うように，「構成可能性の公理は，あらゆる集合が何であるかに関する正確な記述を与える。その記述がきわめて正確であるがゆえに，集合論のもっとも深い奥底に開かれた問題の一つは，巨大基数に直接的にも間接的にも依拠しないような［…］，また構成可能性の公理によって証明も反証もされないような，そうした集合論の自然な言表を見出すことである」[46]。そして，どのような正則的な順序数が「木の特性」をもつのか，あるいはもたないのか，という厄介な問いについて，その同じレヴィは次のように確認する。「構成可能性の公理を引き受けるならば，われわれはどのような順序数が木の特性をもつかを正確に知ることができるということに注意されたい。問いをなんらかの仕方で決定することは，この公理に典型的な振る舞いなのである」。

識別不可能なものの彼方において，忍耐強い知が正確な言語への愛を通して——存在の希薄化という代価を払ってさえ——欲望し懇願するのは，〈何ものも決定不可能ではない〉という事態である。

知の倫理は次のことを格率とする。すなわち，すべてが明確に決定可能であるように振る舞い，そうした仕方で語れ，と。

省察 30

ライプニッツ

「一切の出来事にはあらかじめその条件，要件，適切な配置があり，そうした
　ものの実存が出来事を充足理由にするのである」
『クラークへの第五書簡』[47]

　ライプニッツには《力学》に関する頑迷な誤り，ニュートンに対する敵意，
既存権力に対する外交的な慎重さ，スコラ哲学へ向かう協調的な能弁，「究
極因」への嗜好，単独的な形態あるいはエンテレケイア〔モナドのこと〕の復
古，偽善的な神学，こういったものがあるにもかかわらず，彼の思考は驚く
ほど近代的だとしばしば指摘されてきた。ライプニッツの哲学はおめでたい
楽天主義で，この世のあらゆる関わりによってすぐさま否定されてしまうも
のだとヴォルテールは嫌味を言い，しばらくのあいだはそれが信じられたも
のであるが，今日いったい誰が哲学において，カンディードのささやかな菜
園をライプニッツの世界よりも望むだろうか。ライプニッツの世界では，「物
質のそれぞれの部分は植物の茂った庭園として，魚たちで満ちた池として考
えることができ」，また「植物の枝の一本，動物の四肢のひとつ，体液の一
滴のしたたりもまた，こうした庭園あるいは池である」。
　ライプニッツの思考は，その意識のうえでの保守的な意志によってもっと
もラディカルな先取りへと押しやられ，また神が体系のなかでモナドを作り
出すように，絶えず大胆不敵な直観で「閃く」が，こうした思考の逆説は何
に起因するのか。
　私が提出するテーゼは次のとおりである。ライプニッツは，もっとも確実
な，もっとも統御された存在論的な基礎づけ——すなわち構成主義的な方向
を細部に至るまで完成させる基礎づけ——を**保証**したからこそ，発明のもっ

とも仮借なき自由を示すことができたのである，と。

　実際ライプニッツは，存在一般が言語に従属することを二つの原理（ない
し公理）が保証すると措定する。

　第一の原理は〈可能的−存在〉——これはそもそも，神の無限悟性のなか
に《理念》として存する以上，存在である——に関わる。本質を統括するこ
の原理は〈無−矛盾〉の原理である。すなわち，その反対が矛盾となるあら
ゆるものは，可能事の様相に即して存在する権利をもつという原理である。
つまり純然たる論理——ライプニッツが早くも20歳のときから打ち込んだ
理想的かつ透明な言語——が〈可能的−存在〉を従わせるのである。同一性
の形式的な原理に適うことによって実効的な可能性をもつこの存在は，不活
性や抽象的なものではない。それは，その内具的な完成——言い換えれば，
その名辞的な一貫性——が許すかぎり，実存を目指す。「可能な事柄のなか
には，言い換えれば可能性そのものあるいは本質のなかには，実存への要求
が，あるいは言ってみれば，実存する権利への要求がある」。ライプニッツ
の論理主義は存在論上の要請である。すなわち無矛盾的な一切の多は実存す
ることを欲するのだ。

　第二の原理は〈実存的−存在〉——すなわち可能な様々の〈多なる組み合
わせ〉のあいだで実際に現前化された世界——に関わる。「現にある」の外
見上の偶然性を統括するこの原理は，充足理由の原理である。それが述べて
いるのは，現前化しているものはその現前化の適切な理由に即して思考され
るのでなくてはならないということである。「なぜかくのごとくであり，別
様でないのかという十分な理由がなければ，いかなる事実も真あるいは実存
的ではありえず，いかなる言表も本当ではありえない」。ライプニッツが絶
対的な仕方で忌避しているのは，運次第の偶然ということ——彼が「盲目的
な運」と呼ぶもの，彼がその典型的な例を正しくもエピクロスのクリナメン
のなかに見るもの——である。運次第の偶然とは，その意味が賭けによって
断言されなくてはならない出来事のことだと理解されたい。その意味が賭け
によって断言されなくてはならないのは，出来事に関わる一切の理由は権利
上不十分なものだからである。〔ライプニッツにとって〕首尾一貫した名指し
作業をこのように中断することは許しがたいことである。「なぜかくのごと

くであり，別様ではないのかを規定する十分な理由を，その事柄に通じた者が説明することができるのでなければ，何ごとも生じない」ばかりではない。その理由そのものについて**もまた**合理的な説明に至るまで分析を継続できるのであり，また継続しなければならないのである。「個別の行動のための十分な理由〔充足理由〕があるならば，そのつどその要件がある」。一つの多とそれを構成するもろもろの多の多なる無限性は，それらの存在の構成された絶対的な合法性において画定され思考されるのである。

　かくして〈存在としての存在〉は名づけと説明とに二重に従属している。

　——本質あるいは可能事としては，〈存在としての存在〉の論理的な一貫性を，規制された仕方でつねに検討することができる。その「必然的な真理」はその理由が見つけ出されなくてはならないような真理である。その発見は，「その理由をもっとも単純な観念や真理へと解消し，本源的な観念や真理にまで至るような分析による」。この本源的な観念や真理はトートロジーであり，「その反対が明白に矛盾を含むような**同一的な言表**」である。

　——実存としては，〈存在としての存在〉は「それを特定の理由へと解消すること」がつねに可能である。その解消が無限に続くという点だけが障害だ。だがこれは系列の計算にのみ関わる話である。無限に多である〈現前化された存在〉は，その究極理由を神という極限項のうちにもつ。神というこの極限項は，事象の起源そのものにおいて「ある種の神的な数学」を遂行し，かくして「もろもろの偶然事の細部の連なりあるいは**系列**」の「理由＝比」（計算の意味での）であることがわかる。現前化された多は，**局所的**に構成可能である（その「条件，要件，適切な配置」が必然的に見出される）と同時に**包括的**に構成可能である（神は，最小の手段あるいは法でもって最大の存在を生み出すという単一の合理的な原理に従って，それらの多の系列の理由＝比である）。

　かくして〈全体としての存在者〉あるいは世界は，存在のなんらかの法——それは論理学的な言語あるいは普遍記号に依拠したり，または局所的な経験論的分析に依拠したり，はたまた極大の包括的計算に依拠したりする——に即して，その全体においても細部においても，内具的に名づけ可能となる。**神は名づけ可能なもののこれらの法の場**を指し示すものでしかなく，「永

遠の真理の地帯」である。というのも神は実存の原理ばかりでなく，可能事の原理をも，あるいはむしろライプニッツの言うように，「可能性のなかにある現実的なもの」の原理，つまりは存在の体制としての，「実存要求」としての可能事の原理をも保持しているのだから。神とは，構成可能なものの構成可能性のことであり，《世界》のプログラムである。ライプニッツは，神とは完全だと想定された言語であると見る主要な哲学者である。神とは，存在がそこへと折り曲げられるところである言語の存在でしかなく，神は二つの**言表**——すなわち矛盾律と充足理由律——へと解消される，あるいは溶解されるのである。

　しかしそれ以上に注目すべきことがある。それは存在の体制全体が，「なぜ無ではなくて何ものかがあるのか」という唯一の問いの二つの公理〔矛盾律と充足理由律〕との対決から推論されるという点である。というのも——ライプニッツが指摘するように——「無は何ものかよりも単純であり容易だからである」。別の言い方をすれば，ライプニッツは，法ないし理由を状況から，すなわち，**現前化された多があるということのみから引き出そうとしている**のである。そこにはねじれた図式がある。というのも，無ではなくて何ものかがあるということから，純然たる可能事のうちにいくらかの存在があるということが，あるいは論理はそれに適合するものの存在を欲するということが，**すでに**推論されているからである。「本質はおのずから実存を目指す」ということを認めざるをえないのは，まさしく「無ではなくて何ものかがあるということそのものによる」のである。さもなくば，われわれは可能性（存在の論理的な体制）と実存（現前化の体制）とのあいだに**理由なき深淵**を考えなくてはいけなくなるだろうが，構成主義の方向づけはこれを許容することができない。しかしそればかりではない。無ではなくて何ものかがあるということからさらに，「なぜそれら［諸事象］はそのように実存しなくてはならず，別様ではないのか」を合理的に説明する必然性が，したがって存在の第二の体制，すなわち現前化の偶然性を解明する必然性があるということも推論されるのである。さもなくば，実存（現前化の世界）と非実存的な諸可能事あるいは諸《観念》とのあいだに理由なき深淵があると考えなくてはいけなくなるが，これもまた維持しえない。

「なぜ無ではなくて何ものかがあるのか」という問いは，ライプニッツの宇宙の構成可能なあらゆる意味の交差点として機能している。もろもろの公理がこの問いを課し，また逆にこの問いに対する完全な答え——諸公理を前提とする答え——は，問いが提起されたことを認めつつ，問いの用いる諸公理を確認する。世界が同一性であり，連続する局所的な連結であり，収斂する包括的な系列であるということ，このことは，純然たる「現にある」が無の単純さに照らして問われることによって，言語の完結した力があらわになることのまさに結果である。

　思考可能な何ものもが免れることのできないこの権力について，われわれにとってその驚くべき例は，識別不可能なものの原理である。ライプニッツが「自然のなかには，**識別不可能な**二つの絶対的な現実存在はない」と言うとき，あるいはさらに強く，（神は）「識別不可能なものたちのあいだで選択をおこなうことは決してないだろう」と言うとき，彼はそこで賭けられているものの大きさを鋭敏に意識している。識別不可能なものとは言語の躓きを存在論的に述べた述語である。「通俗哲学者」たち——ライプニッツは，彼らが「不完全な観念」を用いて，つまり下手に作られた開いた言語に従って思考すると繰り返し言う——は，「二つであるという単にそれだけの理由から」異なった事物があると思い込むときに道に迷う。二つの存在が識別不可能であるとしたら，言語はそれらを分離できない。理由（論理的なものであれ充足的なものであれ）から切り離された純粋な「二」は，存在のなかに無を導入することになるだろう。〈二のうちの一方〉は思考可能な一切の言語にとって他方と〈差異なき〉ものにとどまるので，その存在理由を規定されえないだろうから。それは諸公理の観点からは定数外であり，実効的な偶然性，サルトルの『嘔吐』における意味での「余計なもの」である。そして神が現実的には完全な言語のことである以上，神はこの名づけえぬ〈余計〉を許すことができない。これは神が純粋な「二」を思考することも創造することもできなかったと言うに等しい。もし識別不可能な二つの存在があるとしたら，「神と自然は一方を他方とは異なる仕方で扱うことになり，合理的な理由なく振る舞うことになるだろう」。神は，名をまったくもたない活動である無を許容することができないのである。神は「識別不可能性のせいで

agendo nihil agere〔何事をなすこともなく何かをすること〕」へとみずからを貶めることができない。

これは，識別不可能なもの，取るに足りない任意のもの，述定不可能なものとは，本来的に言って，構成主義的思考の方向づけがそこから自己を築き上げる排除の周辺部であるからだ。一切の差異が存在からではなく言語から属性づけられるのであれば，**現前化された**〈無-差異〉というものは不可能である。

ある意味でライプニッツのテーゼは真であると言おう。〈二〉の論理は出来事と介入にその源をもつのであり，〈多なる存在〉に源をもつのではないということ，このことを私は示した（省察 20）。したがって，純粋な〈二〉を措定するためには非存在者的な操作が必要であり，また識別不可能な，あるいはジェネリックな項の思考を開始するのは定数外の名の産出のみであるということは確かである。だがライプニッツにとって，ここでの袋小路は二重である。

——一方では，出来するものの一切は局所的に計算可能であり，神がその理由となっている系列のなかに包括的に席を定められている以上，そこに出来事はない。局所的な観点では，現前化は連続的なものであり，中断あるいは〈超-一〉を許容しない。「**現在**〔現前体〕**はつねに将来をはらんでおり**，どんな所与の状態もその直前の状態を通してしか自然な形では説明できない。このことを否定すれば，世界には充足理由の大原理をひっくり返す**断絶**が，現象を説明するのに奇跡とか純然たる運とかに頼らざるをえなくするような**断絶**があるということになるだろう」。包括的な観点では，存在の「曲線」——すなわち存在の底知れぬ多性の完全な体系——は，なるほど超越的ではあるが（あるいは神という完全な言語に属するが），表象可能な名づけに属する。「高等な記号の式によって《宇宙》のなんらかの本質特性を表現できるのであれば，指定されたすべての時間において《宇宙》のすべての部分が継起する状態を読み取ることができるところなのだが」。

したがって，すでに局所的な概算が〈多なる現前化〉の**微分的な計算**〔ディフェランスィエル〕を許可しているとはいえ，完全な言語は〈多なる現前化〉の**積分的な計算**〔アンテグラル〕〔全体的計算〕である以上，出来事は排除されているのである。

省察30　ライプニッツ　405

　——しかしさらに，完全な言語（これはあらゆる構成主義の方向づけが要
請する仮説であって，ゲーデルやイェンセンの言語も完全なものであり，そ
れは集合論の**形式**言語である）が仮定されている以上，定数外の名を語るこ
とが意味をもつ可能性も排除されている。したがって介入は可能ではない。
というのも存在が完全なる言語と外延をともにするということは，存在が**内
因的な**名づけに従うということであって，賭けの効果によって一つの名と結
びつく彷徨に従うことではないからである。ライプニッツはこの点について
天才的な明晰さをもっている。彼が——例えば——原子（識別不可能と仮定
された原子）に関する学説に似た一切のものを追い回すのは，原子論のおこ
なう名づけが恣意的だからというのが最終的な理由である。この点について
の彼のテクストは称賛に値する。「識別不可能な諸要素のこうした永続的な
置き換えから明確に出てくる帰結は，物体界における様々な瞬間の状態を区
別することはどうやってもできないということである。そうなると実際に，
物質の一部分をまた別の部分から区別する**外因的な名づけ**しかもはやなくな
るだろう」。

　ライプニッツの論理学的唯名論の本質は高度である。すなわちライプニッ
ツは，神と名づけられた〈完全な言語〉の代わりに，名が事象の実際上の**構
成**となるかぎりでのみ，存在と名を一致させるのである。重要なのは外因的
な重なりではなく，存在論的な標記，合法的な署名である。結局のところ，
識別不可能なものがないのは，すなわち取るに足りない任意のものを分別〔理
性〕によってお払い箱にしなければならないのは，存在が**内部において**名づ
け可能だからなのだ。「完璧に似たものであるような二つの存在，内的な差
異あるいは内因的な名づけにもとづく差異を見つけることのできないような
二つの存在など，自然のなかにありはしない」。

　完全な言語が仮定されるならば，そのとき，〈存在の一〉が存在そのもの
であるということも，そして象徴が「事物の殺害」であるどころか，事物の
現前化を支え，それを永続させるものであるということも，また同時に仮定
される。

　ライプニッツの大きな強みの一つは，みずからの構成主義的な方向づけを，
現実に思考のあらゆる方向づけの起源であるもの——すなわち連続体問題

406　VI　量と知

——のなかに根づかせた点にある。彼は自然存在の無限の可分性〔整除性〕を譲歩なく引き受けつつも、そのようにしてみずからが世界の状態のなかに——自然の状況のなかに——解き放った超過を、単独性〔特異性〕の統御という仮説によって、「内因的な名づけ」によって補正し、制限した。諸部分の桁外れの増殖と言語の正確さとのこの正確な釣り合いは、作業中の構成主義的な思考の範例をわれわれに提供する。一方では、想像力が自然の領域と種別のなかに様々な飛躍と不連続——つまり可算的なもの——しか見ないにもかかわらず、大胆にもそこに厳密な連続性を仮定しなくてはならない。この厳密な連続の前提には、中間的な種（あるいは「曖昧な」種）の正確には数え切れない群れ——記数法を根底的に超過する無限——が「変曲地帯あるいは嵩上げ地帯」とライプニッツの呼ぶものにおびただしく住み着いているという事態がある。しかし他方では、この無限性の氾濫は、それを完全な言語に関係づけることができれば通約されうるのであり、その名の単位を積分〔統合〕する唯一の踏破原理によって支配されるのである。というのも、「それらが組み立てられて宇宙が形成されているさまざまな存在の異なるクラスはすべて、神のもつ諸観念においては（神はそれらの本質的な段階を区別して知っている）、どれもこれも同じ一つの曲線の縦座標〔順序づけられたもの〕のようなものでしかない」からである。言語の媒介によって、また「神的な数学」のもろもろの操作子（系列、曲線、縦座標……）の媒介によって、連続体は一へと絞られ、その量的な拡大は彷徨や不定なものであるどころか、神がそれに即して最大宇宙を構成する、きちんと作り上げられた出来のよい言語の栄光を保証するのである。

　「内因的な名づけ」が識別不可能なものを追い払うこうした均衡の裏面にあるのは、いかなる空も多とその存在自体との縫合をおこなわないという点で、均衡には根拠がないということである。ライプニッツは原子を論駁するときと同じ執拗さでもって、そして同じ理由によって、空を追い詰める。すなわち空は、もしそれを現実的だと仮定するならば、識別不可能なものであり、その差異は——私が省察5で示したように——〈無−差異〉のうえに立てられている、と。この案件の核心——これは構成主義というこの高等な唯名論に特徴的なものだが——は、差異が存在論上無差異よりも高等であると

いう点に存する。このことをライプニッツは隠喩的に、「物質は空よりも完璧なものである」と述べている。アリストテレスに呼応して（省察6を参照のこと）、しかしながらはるかに強力な仮説（構成主義による無限統御という仮説）のもとで、実はライプニッツは、**もし空が実存するなら、言語は不完全である**と言明しているのである。というのも言語が無差異を存在するがままにしてしまうと、言語に差異が欠けてしまうからである。「完全に空虚な空間というものを思い描いてみよう。神はその空間になんらかの物質を他のすべての事物にまったく抵触することなく据えることができた。つまり神はその物質をそこに置いたわけだ。つまりそこには完全に空であるような空間などない。つまりすべては充溢している」。

しかし空が自然存在の退行的〔遡行的〕なストッパーにならなければ、宇宙に基礎はない。無限の可分性は最終項のない所属の連鎖を容認するのであり、これは基礎の公理（省察18）がはっきりと禁じることである。ライプニッツは、彼が「物質の各部分は無限に分割可能なばかりではなく［…］、さらに現に終わりなく細かく分割可能である」と言うとき、このことを引き受けているように見える。完全な言語の内因的な名づけにおいて「上から」統御された〈現前化された存在〉が、「下方へと」**理由なく**散種していくという事態に、ここでわれわれはさらされているのではないか。空の名がいわば言語の普遍集合の絶対的な起源であるということを拒否すると、また現前化されたもろもろの多がそれらの「空への距離」から出発して階層化可能であるということ（この点については省察29を参照のこと）を拒否すると、最終的に言語は、もろもろの〈下位‐多性〉へと止まることなく脱存していくものの退行的な識別不可能性のなかで溶解してしまうのではないか。

だからライプニッツは停止点を固定するのである。ライプニッツは「多数性は**本当に統一あるもの**からしかその現実性を受け取ることができない」と認め、したがって「諸部分を絶対的にもたない［…］実体原子」が実存すると認める。それがかのモナドであり、ライプニッツはこれをさらに適切に「形而上学的な点」と名づけている。この点は物質的連続体の無限後退を停止させるのではない。その点はこの連続体の現実全体をなすのであって、連続体が無限に分割可能であることがこの点の無限性によって許可されるのである。

408　VI　量と知

自然な散種は，神が連続的に「閃かせる」**精神的な**点性のネットワークによって建築物へと組み立てられるのだ。もちろんこの「形而上学的な点」がいかにして識別可能なのかということは大問題である。実際，それは現実の諸部分ではなく，絶対的に分割不可能な実体的な諸単位であるという点を理解しよう。そうした諸単位のあいだに（ある単位には現前するが他の単位には現前しない要素によって）外延的な差異がないというのであれば，それは端的に言って**空の名を無限に集めたもの**なのではないか。事態を存在論に従って考えてみた場合，ライプニッツ的な構成のなかにみられるのは，まさしく原子をともなった集合論の予感かもしれない。この集合論は空それ自体を名の増殖のもとに散種させる。この集合論の技巧のなかでモストフスキーとフレンケルは選択公理の独立性を証明した[48]（というのも——そしてそれは直観的には妥当であるが——無差異的な差異でしかないがゆえに相互にあまりに「同一的」である諸原子の集合はきちんと整序されえなかったからである）。「形而上学的な点」は〈現前化された存在〉の無限分裂のなかで識別を基礎づけるために要求されたものであったが，その「形而上学的な点」のほうは識別不可能なのではないか。言語の限界と格闘する構成主義のラディカルな企てをここでわれわれは再び目にする。ライプニッツは，「形象による」差異（この差異は部分をもたないのだから，モナドはそれに対して無能である）と「内的な質と活動による」差異（この差異によってのみ「各モナドはその他のモナドと異なる」と措定することができる）とを区別しなければならなくなる。かくして「形而上学的な点」は量的に空であると同時に質的に充実していることになる。もしモナドに質がないならば，諸モナドは「量の点でもまったく違いはないのだから，互いに区別不可能となるだろう」。そして識別不可能なものの原理はあらゆる構成主義的な方向づけの絶対的な法であるのだから，モナドは質において識別可能でなくてはならない。これはモナドは質的な単位〔統一体〕であると，言い換えれば——私の意見では——純然たる**名**であると言うことに帰着する。

　輪はここで閉じる——と同時に，この「輪」は言葉を緊張させ，限界づける。すなわち完全と想定された言語によって無限を支配することができるのは，存在が現前化に出来する場である本源的な単位自体が名であり，それが

分解不可能な別々の現実的な意味単位を構成するからである。世界という文（神はその統辞法の名である）はそうした単位によって書かれているのだ。

　しかしまたこうも言える。すなわち，「形而上学的な点」はその内的な質によってしか識別しえない以上，それは純粋な内部性として考えられなければならず——これが「モナドは窓をもたない」というアフォリズムである——，したがって**主体**として考えられなければならない，と。存在とは，主体において書かれた文なのである。とはいえこの主体は，いかなる《法》の脱中心化によっても亀裂を入れられることはないし，またいかなる対象によっても欲望を引き起こされることがなく，実は純然たる論理上の主体である。この主体に出来するように見える事柄は，この主体の質的な述語の展開にすぎない。それは実際上トートロジーであり，みずからの差異の反復である。

　ところでわれわれはまさにそこに，構成主義的思考がその限界として超過することができないような主体の審級を見なくてはならない。この文法上の主語。それ自身であるところの〈自己自身の名〉へのトートロジー的な内部性。出来事の不在によって，介入の不可能性によって，究極的には質的な原子論によって要請された主体。そこに**単集合**を——例えば，真の主体の欠落において議会選挙で召集されるような単集合——を認めないことは難しい。〈現前化された多〉ではなく，状態によって表象＝代表されたものだとわれわれが知っているような単集合。ライプニッツの道徳的・政治的な結論に和解的なところや軟弱なところがあるとしても，だからといって彼の数学的・思弁的な知性がもつ大胆さや先駆性を純粋無垢なものとみなすことはできない。その人が秩序の構成可能な形象を繰り広げるのにどれほどの天才を示そうとも（さらにこの秩序が存在そのものの秩序であるとしても），最終的に彼がその概念を提示している主体は，逃走的かつ分裂しているからこそ真なるものを賭けに投じうるような主体ではない。そのような主体は自分の《自我》の形式を知ることしかできないのである。

VII

ジェネリック──識別不可能なものと真理

P・J・コーエンという出来事

省察 31

ジェネリックの思考と真理内存在[49]

いまやわれわれは「ジェネリック」の概念（これを私は最重要のものとみなすと本書の導入部で述べた）を定義し，この概念によって一切の真理の存在そのものを基礎づけるために概念を明確に述べるという，決定的な一歩の戸口にいる。

「ジェネリック」と「識別不可能」とはほとんど置き換え可能な概念である。なぜ同義性を利用するのか。それは「識別不可能」ということが否定的な含意を保持しているからであり，この単語は〈非–識別可能性〉ということによって，問題になっているものが知あるいは正確な名づけを免れているということを示すだけだからである。〔それに対して〕「ジェネリック」とは〔むしろ〕，識別されるがままにならないものが実は状況の一般的な真理であるということ，来たるべきあらゆる知の基礎とみなされた，状況に固有な存在の真理であるということ，このことを積極的に指し示すだろう。「ジェネリック」は識別不可能なものの真理機能を明らかにする。しかしながら「識別不可能」ということのなかに含意されている否定は，真理とはつねに知のなかに穴をうがつものだという本質的な点を押さえている。

これは，真理／知という組み合わせを思考することにすべてはかかっていると言うに等しい。実はこれは，ポスト出来事的な忠実さと知の固定的な状態との関係，あるいは以下で私が状況の百科全書[1]と名づけるものとの関係——これはむしろ非-関係であるのだが——を思考することに帰着する。問題の鍵は，忠実さの手続きが出来事の名という定数外の点を起点にして，実存する知を**横断する**その様態にある。思考——ここでは必然的に緊張させら

れた思考——の大きなステップは次のようになる。

——忠実さの手続きの局所的なあるいは有限な諸形態（探索）の研究。

——〈真なるもの〉と〈適合的なもの〉の区別，そしてあらゆる真理は必然的に無限であるということの証明。

——ジェネリックなものの実存，つまりもろもろの真理の実存についての問い。

——忠実さの手続きが知のあれこれの法廷を免れるその仕方（回避）の検討。

——ジェネリックな忠実さの手続きの定義。

1 解釈されなおした知

構成主義的思考の方向づけは，私が省察 28 で強調したように，いまあるままの言語によって存在を計測するので，おのずと既成の状況のなかで優位に立つ方向づけである。今からわれわれは，どんな状況のなかにもその状況の言語があると仮定しよう。知とは，言語の明示的な文言（あるいは文言の集合）が指示しうる特性をもつさまざまな多を，状況のなかで識別する能力のことである。いつも知の規則は正確な名づけという基準である。結局のところ，知のあらゆる分野を構成する操作は，**識別**（現前化されたあるいは思考可能な多はあれこれの特性をもつ）と**分類**（名指しうる特徴を共通に具えていると識別されたもろもろの多を，私はそれらの共通特性によって集めなおし，指し示すことができる）である。識別が関わるのは，言語と現前化された（あるいは現前化可能な）現実との接続である。識別は現前化のほうを向いている。分類が関わるのは，言語と状況の諸部分（すなわち，もろもろの多からなるもろもろの多）との接続である。分類は表象〔再現前化〕のほうを向いている。

判断（特性を言うこと）の能力は識別の基礎であり，諸判断を相互に結合させる（諸部分を言う）能力は分類の基礎であるとしよう。知は百科全書として実現される。ここで百科全書とは，共通の規定項のもとでなされる諸判断の総和として理解すべきである。したがって知は，その存在に関しては

——細分化されながらも絡み合ったその数え切れない諸分野において——あれこれの多に一つの百科全書的な規定項（この規定項によってその多はなんらかの多の集合に，つまりは一部分に属することとなる）を割り当てるものとして考えられる。概して一つの多（とその下位集合）は多数の規定のもとで語ることができる。それらの規定項は分析上矛盾することもよくあるが，それはさほど重要なことではない。

　百科全書は，状況の諸部分——これはあれこれの明示的な特性をもつ項をまとめあげたものである——の分類を最終的に含む。この諸部分の各々は当該の特性によって「指示する」ことができ，かくして言語のなかで規定することができる。百科全書の規定項と呼ばれているのはこの指示のことである。

　最後に，知は出来事を無視するということを思い出しておこう。というのも出来事の名は定数外のものであり，つまり状況の言語に属さないのだから。出来事の名は状況の言語に属さないと私が言うとき，それは必ずしも物質的な意味ではないし，その名が野性的で，理解不可能で，目録化されないもの，という意味ではない。出来事の名の性質を言うとすれば，出来事の名は空から引き出されたものである。それは出来事的な（あるいは歴史的な）質であって，意味的な質ではない。たとえ出来事の名が単一で，状況の言語のなかに完全に登録されたものであったとしても，それは**出来事の名であるかぎり**定数外のものであり，〈超－一〉の署名であり，したがって知から締め出されたものである。出来事は百科全書のいかなる規定項にも収まらないとも言えよう。

2　探　索

　百科全書は，出来事のようなものに指示対象的な部分を割り振ることのできるいかなる規定項も含まないのであるから，介入が流通させる定数外の名に接続——あるいは断線——された多を探知することは，百科全書に立脚する作業ではありえない。忠実さ（省察23）は知の管轄には属さない。それは知の作業ではない。それは活動家の作業である。「活動家の」ということが指すのは，新定理の効果の熱狂的な探索，1912-13 年頃のブラックとピカ

ソのタンデムの性急なキュビスム運動（セザンヌという出来事への遡及的介入の効果），聖パウロの活動，あるいは《政治組織》の活動家たちの活動などである。忠実な接続の操作子は**識別の他なる様式**を指す。すなわち知の外にありながら，しかし介入による名づけの効果のなかで，出来事の定数外の名との接続を探検するような識別様式である。

状況に属する一つの多（状況において一と計算された多）が出来事の名に接続しているか——またはいないか——を確認するとき，私は忠実さの**最小限の振る舞い**をしている。すなわち一つの接続（あるいは切断）の観察をしている。もちろんこの振る舞い——これは忠実さをなすプロセス全体の存在基盤である——の実際上の意味は，出来事（これ自体一つの多である）の名，忠実な接続の操作子，そのようにして遭遇した多，そして最終的には，状況，出来事の立地の措定，等々によって異なる。忠実さの手続きの現象学のなかには無限の陰影がある。だが私の目的は現象学ではなく，《大論理学》である（ヘーゲルの規準体系のなかにとどまって言えばだが）。つまり私は，忠実さの操作子によって接続と切断という二つの価値のみを識別するという抽象的な状況のなかにみずからを置くことにする。この抽象化は正当なものである。なぜなら現象学が示すように（そして出来事のタイプに応じて「回心」「結集」「恩寵」「確信」「熱狂」「説得」「称賛」等々と呼ばれる言葉の意味がそうであるように），**究極的に言えば**，多は，定数外の名の流通への投入が引き起こす諸効果のなかに存在する（あるいは存在しない）からである。

忠実さのこうした最小限の振る舞いは，状況の多が忠実さの操作子の媒介物と**遭遇**することに結びついているが——そしてひとはこの遭遇が何よりもまず出来事の立地の縁で起こると想像するが——，それは二つの意味をもつ。すなわち接続（多は定数外の名の効果のうちにある）と切断（多は定数外の名の効果のうちにはない）である。

われわれはわかりやすい代数を用いて，多 x が出来事の名に接続していると認められる事態を $x(+)$ と記し，切断していると認められる事態を $x(-)$ と記すことにする。$x(+)$ あるいは $x(-)$ というタイプの確認は，まさにわれわれが語っていた忠実さの最小限の振る舞いである。

こうした最小限の確認からなる一切の有限集合を**探索**と呼ぶことにしよう。

要するに，探索とは忠実さのプロセスの「有限な状態」である。このプロセスは，遭遇した一連の多（$x_1, x_2, ...x_n$）に対して「活動し」，出来事の定数外の名へのそれらの接続ないし切断を展開した。探索の代数学ではそうした一連の多を，例えば，（$x_1(+), x_2(+), x_3(-), ... x_n(+)$）と記す。こうした探索は（私の恣意的な例では），$x_1, x_2$ は定数外の名の効果において肯定的に把握されているが，x_3 はそうではない等々と識別する。現実の情勢のなかでは，こうした探索は状況のもろもろの多（操作子によって定数外の名に結びつけられた多）からなる一大ネットワークをすでになしている。ここで私が提出しているのは，その意味の究極的な核，その存在論的な骨格である。探索は二つの有限な多を識別すると言ってもよい。一つ目の多——（$x_1, x_2, ...$）としよう——は，出来事の名に接続している，状況内の現前化されたもろもろの多あるいは項をまとめあげる。二番目の多——（$x_3...$）としよう——はそうではない多をまとめあげる。つまり探索もまた，識別（「状況内のある多が出来事（出来事の名）に接続しているという特性をもつ」）と分類（「これは接続した多の部類であり，あれは接続していない多の部類である」）の複合体である。したがって最小限の確認の有限な連なりである探索を，究極的に忠実さの手続きのまさに基礎単位として扱ったとしても正当である。というのも探索は，識別の〈一〉と分類の〈複数〉とを組み合わせるからである。探索は忠実さの手続きを**一つの知に似た**ものにするのである。

3　真理と適合性

いまやわれわれは知とポスト出来事的な忠実さとの微妙な弁証法に直面している。この弁証法は〈知／真理〉の弁証法の存在の核である。

何よりもまず次の点に留意しよう。忠実さの活動的な識別の結果であるもろもろのクラスは，**一つの**探索によって保持されたものとして，状況の**有限な諸部分**である。これは現象学的に見れば，忠実な手続きの所与の一状態——つまり接続や非接続といった識別の有限なシークエンス——は，$x(+)$ というタイプと $x(-)$ というタイプの最小限の振る舞いをまとめあげる二つの有限なクラス（肯定的なクラスと否定的なクラス）のうちで完成するとい

うことである。ところで**状況のどんな有限な部分も少なくとも一つの知によって分類されている**。すなわち探索の結果は一つの百科全書的な規定項と**一致する**のである。これは，状況の言語のなかではあらゆる現前化した多を名づけることが可能であるということの帰結である。言語はみずからの対象指示の空間のなかに「穴」があることを受け入れないということ，したがってひとは識別不可能なものの原理の経験的な価値を認めなくてはならないということ，このことをわれわれは知っている。厳密に名づけえぬものはないのだ。たとえ名づけが弱腰のものであっても，あるいは例えば「それは山だ」とか「それは海戦だ」とかいうふうにきわめて一般的な規定項に属するとしても，状況のうちにある何ものも根底的に名を逃れることはできない。そもそもだからこそ世界は充実しているのであって，いくつかの情勢下ではどれほど奇妙に思われようと，世界とは言語的に**親しい**ものであると，つねに権利上みなすことができるのである。ところで現前化された多からなる有限集合は権利上つねに数え上げられうる。有限集合は「これはこの名をもつ集合，またこれはこの名をもつ集合，また……」というふうにクラスのもとで考えることができる。こうした識別の総体は百科全書的な規定項をなす。つまり現前化された多からなる一切の**有限**集合は，たとえそれが列挙にすぎないにせよ，知のもとに収まる部分である。

　忠実さの手続きが――例えば――出来事の名に接続した多の有限列をまとめあげるのは，分類のそうした原理（列挙）に即してではないと反論する向きもあるだろう。確かに。だが**知はこの件について何も知らない**。それゆえなんらかの有限な取りまとめ〔集合〕は，たとえそれが事実上は探索の結果だとしても，よく知られた（あるいは権利上知ることが可能な）百科全書的な規定項の指示対象にすぎないと語る根拠を，知はつねにもつのである。だからこそ探索の結果は必然的に百科全書的な規定項と一致すると私は言ったのである。〈多なる結果〉がいずれにせよ一つの知によって**すでに**分類されているのだとしたら，手続きの差異は，どこで，どのようにして主張されるのだろうか。

　状況を明確にするために，次のように呼ぼう。知によって制御可能な言表，「状況のある部分が百科全書のある規定項に属する」ような言表，これを**適**

合的な言表と呼ぼう。忠実さの手続きが制御しており，したがって出来事と介入に結びついている言表，「状況のある部分が，出来事の定数外の名に接続した（あるいは接続していない）もろもろの多をまとめあげる」ような言表，これを**真なる**言表と呼ぼう。「真なる」という形容詞の選択は現在のこの論述の争点全体をなしている。

　さしあたりわれわれにわかっているのは，所与の探索にとって肯定や否定といった対応するクラスは有限なものであるので，それは百科全書的な規定項に属するということである。したがってそれは適合的言表を有効にする。

　知は，出来事，介入，定数外の名，忠実さを規制する操作子（これらはすべて探索が存在するうえで想定される成分である）などについて何も知ろうと望まないけれども，だからといって，探索が〈真なるもの〉を〈適合的なもの〉から**識別することができる**わけではない。探索の〈真なる結果〉もまた適合的言表に属するものとしてすでに構成されているのである。

　しかしながら，探索のなかで＋や－といった指標を付して記載される多が百科全書の規定項のもとに収まっていた**から**，そうした多がこの探索の〈真なる結果〉を構成するものとしてまとめられているというわけでは決してない。そうではなく，忠実さの手続きがその時間上の反復の枠組みのなかでそれらの多に**遭遇した**から，そしてそれらの多がどれくらい出来事の定数外の名に近いかを忠実な接続の操作子を用いて確かめながら，それらの多に対して「活動した」からこそなのである。一切の知を免れる偶然的なもの，状況の対角線を織り成すものでありながら，しかしつねにすでに百科全書の目録のなかに登録されている多——探索のある有限な結果——，そうした多の逆説にここでわれわれは出くわしている。まるで知は出来事をその仮定された効果（忠実さはこの効果を一と計算する）において抹消する力——有無を言わせぬ「すでに計算済み！」によって抹消する力——をもっているかのようである。

　しかしながらこれは出来事の効果が**有限**である〔*fini*（終わっている）〕場合の話である。そこから巨大な射程をもつある法が生じてくる。すなわち**真なるものが適合的なものから区別されるチャンスがあるのは，それが無限の場合のみである**ということだ。一つの真理（それが実存するとして）は状況の無

限な部分である。というのも有限な部分については，知がそれを**すでに**識別し分類済みであるとつねに言うことができるからである。

ここでわれわれがどのような意味で真理の**存在**を考慮しているのかがわかる。「質」としては，あるいは〈状況内現実〉としては，探索の有限な結果は百科全書の規定項の名指す部分とはもちろん区別される。探索の有限な結果へと導く手続きを，百科全書の規定項が名指す部分は知らないからだ。しかし両者は純然たる多としては——つまりそれらの存在に従った場合は——区別不可能である。なぜならその場合，一切の有限な部分は規定項のもとに収まるのであるから。われわれが探求しているのは，真なるものと適合的なもの——つまり真理と知——とのあいだの存在論的差異化である。手続きの結果として生じる〈現前化された多〉が**同じ**であってみれば，それらの手続きの質の外的な特徴づけ（一方では〈出来事−介入−忠実さ〉，他方では〈既成の言語における正確な名づけ〉）だけでは十分ではない。したがって真理——これは真なる判断の結果である——の〈多なる一〉が百科全書にとって識別不可能であり分類不可能であるということが求められるだろう。この条件は真なるものと適合的なものとの差異を**存在において**基礎づけるものだ。この条件の条件となるのが，真理が無限であることだと，われわれは見たところである。

しかしこの条件だけで十分だろうか。間違いなく十分ではない。状況の無限部分を指し示す，百科全書のおびただしい規定項が明らかに実存する。無限についての存在論上の大きな決定（省察 13 を参照のこと）以来，知それ自身は，百科全書の規定項のもとに収まる数限りないクラスの多のなかで楽々と活動している。「整数は無限集合を形作る」とか「愛という感情の無限の機微」とかいった言表は，知のあれこれの分野のなかで難なく適合的とみなされうる。真理が無限であるとしても，そのことからただちに，知によってすでに計算済みの一切のものにおいて真理が識別不可能であるということにはならない。

この問題をその抽象的なかたちで検討してみよう。真理が無限であるということは，その手続きが無限な探索を含んでいるということである。そうした探索のそれぞれは，肯定的な表示 $x\,(+)$（すなわち多 x が出来事の名に接

続されているということ）と否定的な表示 $x(-)$ とを有限な数だけ含んでいる。
したがって「全体」の手続き——言い換えれば，忠実さのある種の無限状態
——はその結果において二つの無限なクラスから構成されている。すなわち
肯定的な接続をもつ多のクラス（これを $(x_1, x_2, ...x_n...)$ としよう）と否定的
な接続をもつ多のクラス（これを $(y_1, y_2, ...y_n...)$ としよう）から構成されてい
る。だがこの二つのクラスが百科全書の規定項のもとに収まる諸部分とつね
に一致するということも大いにありうる。$x_1, x_2, ...x_n...$ がその知にとっては，
状況の言語において明示的に定式化可能な共通特性をもつものとして識別さ
れた多でしかないような，そうした知の分野もありうる。

　通俗的マルクス主義と通俗的フロイト主義は，こうした曖昧さからみずか
らを引き抜くことができなかった。通俗的マルクス主義は，真理は革命の出
来事にもとづいて労働者階級〔クラス〕によって歴史的に展開されると主張していた。
しかしそのとき労働者階級は労働者たちの階級として考えられていた。もち
ろん「労働者たち」は純粋な多の観点から一つの無限なクラスをなしていた
のであり，経験上の労働者たちの総和ではなかった。だがこのことは知（し
かも逆説的なことに，マルクス主義の知それ自身，あるいはマルクスの知そ
れ自身）が次のようにつねに考えることを防ぐことができなかった。すなわ
ち，「労働者たち」は百科全書的な規定項（社会学的，経済学的，等々の規
定項）のもとに収まる，と。出来事はこの〈つねにすでに計算済み〉とは何
のかかわりもない，と。真理と称されるものは状況の言語に従う適合性にす
ぎず，しかもその適合性は，百科全書がつねに不整合的である以上，解除可
能なのだ（有名な「それは超克された」である），と。この手の合致をマル
クス主義は自分自身の内部で引き受けると称していた。というのもマルクス
主義は自身が政治的な真理——戦闘的な真理，忠実さの真理——であると同
時に《歴史》あるいは《社会》の知でもあると宣言していたのだから。だが
マルクス主義が死ぬことになったのもこの手の合致によってだった。なぜな
らマルクス主義は，言語と国家〔大文字の《状態》〕との関係の試練にさらさ
れた百科全書の動揺に従っていたからである。アメリカのフロイト主義はど
うだろうか。それは安定した一つのクラス——すなわち「成熟した性器の核」
——と接続するあらゆるものに真理を割り振ることによって，心理学的な知

の学科であると主張していた。このフロイト主義は今日では状態化〔国家化〕
した死体の様相を呈しており，ラカンがフロイトへの忠実さを救うために
——フロイトはヒステリーの出来事的な逆説を「無意識」と名づけた人であっ
た——知と真理との区別をみずからの思考の中心に据えなければならなかっ
たのは，また精神分析家の言説を《大学》の言説と彼が呼んだものから厳然
と引き離さなければならなかったのは，理由のないことではない。

　したがって無限は，必然的なものではあるけれども，忠実さの真理の識別
不可能性に関する比類なき判定基準としては通用しない。われわれは十分な
基準を提起できる状態にあるだろうか。

4　ジェネリックな手続き

　百科全書の任意の規定項を考察してみると，矛盾した規定項も百科全書の
なかには実存する。これは状況の言語は否定を含むということの結果である
（われわれは「否定のない言語はない」という要件を導入していることに注
意されたい）。実際ある特性を共有するすべての多を一つのクラスに取り集
めた場合，そうした特性をもたない多のクラスという別のクラスがすぐさま
出現する。他方で私は，状況のすべての有限な部分は百科全書の分類のなか
に記録されていると言った。とりわけ，あるクラスに属する多とそれと矛盾
する部類に属する多とを同時に含むような有限な部分が記録されている。x
がある特性をもち，y がその特性をもたない場合，x と y から構成される有
限な部分 (x, y) もあらゆる有限な部分と同じく知の対象である。しかしな
がらこの有限な部分の項のあるものは当該の特性をもつが，別のものはもた
ないというのだから，この有限な部分自体はこの特性に無関与である。**この
有限な部分を一つの全体〔総計〕として見た場合，それはもとの特性による
識別にとって適切でないと，そのように知はみなす。**

　一つの有限な部分が百科全書的な規定項に属する多を含む**と同時に**それと
矛盾する規定項に属する別の多をも含む場合，その有限な部分はその百科全
書的な規定項を**回避する**と言えるだろう。他方ですべての有限な部分はなん
らかの百科全書的な規定項のもとに収まる。つまり，規定項を回避するすべ

ての有限な部分はそれ自身，知の一分野によって規定されているのである。回避とは有限な知の一構造である。

そこでわれわれの目標は，知のこうした構造（探索の有限な性格に準拠した構造）のうえに，〈状況の無限な部分としての真理〉の特徴を基礎づけることである。

全般的なアイデアは，**真理とは，出来事の名に肯定的に接続された，状況のすべての項を取り集めたものである**と考えることである。なぜ肯定的接続——x（+）——が特権的なのか。それは否定的に接続されたものは出来事以前の状況を反復することしかしないからである。忠実さの手続きの観点からすれば，否定的に出くわし探索された項——x（-）——は出来事の名といかなる結びつきももたず，したがって出来事によってまったく「関係されて」いない。忠実さから見れば，それは定数外の名といかなる接続もないと判明するのであるから，ポスト出来事的な真理という〈多なる新しさ〉のなかに入っていかないだろう。したがって次のように考えることは筋が通っている。すなわち真理は，それが忠実さの手続きの全体的な結果であるかぎりで，肯定的に探索されて出くわしたすべての項から構成されているのであり，言い換えれば，出来事の名に何らかの仕方で結びついていると，忠実な接続の操作子によって認められたすべての項から構成されているのだ，と。x（-）であるもろもろの項は**無差異**のままであり，出来事前の状況の秩序の反復しか標記しない。しかしこのように考えられた（無限な）真理（忠実さの手続きの少なくとも一つの探索のなかでx（+）だと認められたもろもろの項の全体）が，現に一つの産出，一つの新しさであるためには，もろもろのx（+）の取り集めによって得られた状況の部分が百科全書的な規定項と一致してはならない。さもなくば，そうした状況の部分もまた，その存在において，知によって**すでに分類済みの布置**の反復になってしまうだろう。それでは本当にポスト出来事のものではなくなってしまうだろう。

結局のところ，われわれの問題は次の点にある。すなわち，出来事の名に肯定的に接続された〈状況の項〉からなる集合が，状況の百科全書のどこにも分類されてはいないということを，どのような条件でならば確信できるのか，これである。そうした項の無限集合を「検査」することによって，この

可能な条件を直接的に定式化することはできない。というのもこの集合は（無限であるのだから）つねに〈来たるべき〉ものにとどまり，さらには探索の道行きによって不確実な仕方で構成されているからである。すなわち項は手続きによって**遭遇**されるのであって，その項が肯定的に接続されたものであること，それが $x(+)$ であることを証明するのは，項を記載する有限な探索なのである。われわれの条件は必然的に，忠実さの手続きを織りなす**探索**にかかわるのでなければならない。

　そのとき決定的な指摘は以下のようなものである。ある探索があって，その探索によって出来事に肯定的に接続していると確認されるもろもろの項（その探索に記載された有限な数の $x(+)$）が，知の規定項を前述の定義の意味で回避するような有限な部分をなしているとしよう。そして，この探索が記載されている忠実な手続きがあるとしよう。この手続きによって出来事に肯定的に接続されたもろもろの項の無限な全体は，いずれにせよ，当該の探索のもろもろの $x(+)$ が回避した規定項と一致することはできない。

　これは当たり前である。探索が $x_{n_1}(+), x_{n_2}(+), \ldots x_{n_q}(+)$ という内容であるならば，すなわちその探索が遭遇する，出来事の名に接続したすべての項が集まって，規定項を回避する有限な部分を形作るのだとしたら，それはもろもろの x_n のなかに，この規定項に属する（すなわち一つの特性をもつ）項とその規定項に属さない（すなわちその特性をもたない）別の項とがあるということである。その結果，肯定に即して探索を総計する無限なクラス（x_1, $x_2, \ldots x_n, \ldots$）は，当該の百科全書の規定項が包摂するクラスとは一致しえないということになる。というのもこのクラスのなかには上述の探索のもろもろの $x_{n_1}, x_{n_2}, \ldots x_{n_q}$ が（それらすべてが探索によって肯定的なものとされた以上）記載されているのだから。つまりそこには特性をもつ諸要素ともたない別の諸要素とがあるのだ。つまりこのクラスは，「その特性をもつと識別されるすべての多」という分類によって言語において定義されるクラスではないのである。

　かくして，百科全書の規定項を「対角化する」出来事の名に接続したもの $(+)$ の全体が，忠実さの無限な手続きによって肯定的な〈多なる結果〉として——ポスト出来事の真理として——与えられるためには，この規定項を回

避する少なくとも**一つ**の探索がこの手続きのなかにあれば十分である。この有限な探索が現前するだけで，忠実さの無限な手続きが当該の規定項と一致しないということが十分に保証されるのである。

これは理に適った要件だろうか。そうだ。なぜなら，忠実な手続きは偶発事の危険をはらむものであり，知によって前もって規定されるものではいささかもないのだから。この手続きの起源は知があずかり知らぬ出来事であり，その布地（ぬのじ）は，それもまた時間の生産物である忠実な接続の操作子なのだ。手続が遭遇するもろもろの多はいかなる知にも依存しない。これらの多は出来事の立地から発した「活動＝闘争（ミリタント）の」弾道のめぐり合わせの結果である。いずれにせよ，忠実な接続の操作子によって肯定的に評価されたもろもろの多が〈規定項を回避する有限な部分〉をなすような，そうした探索が実存しないといういかなる理由もない。というのも探索はそれ自身，どのような規定項とも何の関係ももたないのだから。したがって忠実な手続きがみずからの有限な状態の一つのなかでそのような多の集団に遭遇したということは，まったく理に適う話なのである。知のなかでそうした探索を利用するという〈真なる手続き〉に話を拡張したとしても，この手の探索は当該の百科全書的な規定項を**回避する**と言えるだろう。つまりこういうことである。忠実さの無限な手続きが百科全書的な規定項を回避する少なくとも**一つ**の有限な探索を含んでいるならば，この手続きの無限な肯定的結果（$x(+)$ のクラス）は，この規定項がその知を定めるような状況の部分とは一致しないのである。ということは，いずれにせよ，この規定項を基礎づける状況の言語が表現する特性は，忠実な手続きの無限な肯定的結果を識別するのに役に立たないのである。

したがって，忠実な手続きの無限かつ肯定的な結果（もろもろの $x(+)$ を総計する部分）が百科全書の**一つ**の規定項を回避する——つまりそれと一致しない——ための条件を，われわれはしっかりと定式化したことになる。そしてこの条件はもろもろの探索にかかわるのであり，つまり手続きの有限な諸状態にかかわる。すなわち手続きの一つの探索において提示されるもろもろの $x(+)$ が，当該の規定項を回避する有限集合をなせば，それで十分なのである。

ここで，上述の条件が**一切**の百科全書的な規定項について満足させられているような，そんな手続きを想像してみよう。別の言い方をすれば，規定項の**それぞれ**について，提示されたもろもろの $x(+)$ がその規定項を回避するような探索が少なくとも一つ，手続きのなかに姿を現すと想像してみよう。そうした手続きの**可能性**についてはさしあたり問わない。私はただ次のことを確認するだけだ。すなわち，忠実な手続きが百科全書の一切の規定項についてその規定項を回避する一つの探索を含んでいる**ならば，そのとき**その手続きの肯定的な結果は，一つの規定項のもとに包摂しうる**いかなる**部分とも一致しないだろうということである。したがって出来事の名に接続したもろもろの多からなるクラスは，状況の言語において明示可能などんな特性によっても規定されることはないだろう。つまりそうしたクラスは知にとって**識別不可能**であり**分類不可能**であるだろう。この場合，真理は適合性には還元できない。

したがってわれわれは次のように言おう。**真理とは，百科全書の一切の規定項についてその規定項を回避する探索を少なくとも一つ含むような忠実さの手続きの，その無限な肯定的全体——もろもろの $x(+)$ をまとめあげたもの——である**，と。

こうした手続きは（状況にとって）**ジェネリック**と言えるだろう。

われわれの仕事は，このジェネリックという単語を正当化することであり，このジェネリックという言葉から真理という単語の正当化も引き出されるのである。

5　ジェネリックは真理の〈多なる存在〉である

〈出来事-介入-忠実さの操作子〉という複合体（忠実さの無限な肯定的状態が（定義した意味で）ジェネリックとなるような複合体）が実存するならば，つまり真理が実存するならば，この忠実さの〈多なる指示対象〉（すなわち〈一-真理〉）は状況の**一部分**である。すなわち出来事の名に肯定的に接続されたすべての項——つまり手続きの少なくとも一つの探索のなかに（その有限な状態の一つのなかに）姿を現すもろもろの $x(+)$——をまとめあ

げる部分である。手続きがジェネリックであるという事実は，百科全書的な規定項が分類する何ものともこの部分が一致しないということを必然的にともなう。したがって，この部分は状況の言語の資源のみによっては名づけえない。それは一切の知を免れたものである。言語が状態のなかにとどまる——あるいは国家〔大文字の《状態》〕**に属した**ままにとどまる——のだとしたら，この部分は知のどんな分野によっても〈すでに計算済み〉だったためしはないし，また今後も計算済みになることはないだろう。真理がみずからの手続きを無限な結果として書き込んでいるこの部分は，**状況がはらむ識別不可能なもの**である。

とはいえ，それは確かに一部分なのである。それは状況の状態によって一と計算されている。この「一」——言語から差し引かれ，出来事の〈超－一〉の地点から構成されたものであるがゆえに，識別不可能であるこの「一」——は，いったいどのようなものか。この部分は言述可能ないかなる特性ももたない以上，その全存在は，それが部分であるということ，言い換えればそれが状況のなかに実際に現前したもろもろの多から構成されているということ，このことのうちに尽きる。識別不可能な**包含**——手っ取り早く言ってしまえば，これが真理である——は**所属**に送り返す以外の「特性」をもたない。現前化に属しているということ，**この**状況に属するという以外に記しうるいかなる共通点も互いにもたない諸項から構成されているということ（これは本来的には，〈存在としての存在〉のことを指している）——この部分は無名のものとして，このこと以外の標記をもたない。しかしこの「特性」——端的に言えば，存在——が状況の**すべて**の項によって分有されているということ，そしてこの「特性」がそれらの項を取り集める一切の部分と共存するということは明らかである。したがって結局のところ，識別不可能な部分はどのような部分でももっている「特性」しかもっていない。この識別不可能な部分の特質について何か言いたければ，その諸要素が**ある**とだけ言うことになるだろうから，これを**ジェネリック**〔類形成的〕と宣言することは正当である。すなわちこの部分は最高の類に，状況の存在そのものの類に属するのだ。〈状況の存在そのものの類〉という言い方をしたのは，状況**においては**，「存在すること」と「状況のなかで一と計算された存在であること」

とは同じ一つのことだからである。

そうなると，こうした部分が真理に連結可能なものとみなされるのは当然である。というのも識別不可能なものの意味が〈所属するものであるかぎりで所属するもの〉の存在そのものを〈多なる一〉としてむき出しにする点にある以上，忠実な手続きがたどり着くのは，**状況全体**の真理以外の何ものでもないからである。知が識別し，分類し，名指すことのできる部分はどれもこれも，〈状況内存在〉そのものに送り返すのではなく，言語が〈状況内存在〉のなかから標定可能な個別性として切り取ったものへと送り返す。忠実な手続きは，言語が状態と取りもつ既成の関係に源をもつのではなく，空が呼び出される出来事に源をもつのであり，まさにそれゆえに，みずからの無限な状態のなかで状況の存在を自由に用いる。知の規定項が適合性しか明示しないのに対して，忠実な手続きは状況の〈一−真理〉なのである。

識別可能なものは適合的である。しかし識別不可能なもののみが真である。あるいは真理にはジェネリックなものしかない。なぜならジェネリックな忠実さの手続きのみが状況的存在の〈一〉を狙うことができるからである。忠実な手続きは〈真理内存在〔真理のうちにあること〕〉をみずからの無限な地平とするのである。

6　真理は実存するか

もちろん，すべてはジェネリックで忠実な手続きが実存する可能性にかかっている。この問いは事実上のものであると同時に権利上のものでもある。

事実上で言えば，**個人**の状況の領域——例えば精神分析が提示したり考えたりするような領域——において，愛（それが実存すればの話であるが，経験上のさまざまな手がかりは愛の実存を証示している）はジェネリックで忠実な手続きであると私は考える。その手続きの出来事は出会いであり，その操作子はさまざま〔変数として可変〕である。その無限の生産物は識別不可能であり，その探索は恋人同士がはっきりと愛に結びつける実存上のもろもろのエピソードである。つまり愛はこうした状況の〈一−真理〉である。私がこの真理を「個人的」なものと呼ぶのは，それが当事者たち以外には**誰にも**

関わりをもたないからである。つまり彼らの愛が生み出した〈一–真理〉が恋人たちの実存の識別不可能な部分であるのは，**彼らにとってのみである**ということに留意しよう（これはもっとも重要な点である）。というのも他の人たちは，そうした状況を共有してはいないからだ。愛という〈一–真理〉は愛し合う者たちの〈知らない〉ものである。彼らはそれを生み出すだけなのだ。

　芸術と学問はその原動力は個人的なものだが，その伝達と効果は集団的なもの——集団は伝達と効果に**関わっている**——であり，そうした「混成的」状況において，芸術と学問は忠実さの手続きのネットワークをなしている。そこにおける出来事は美や概念の巨大な変異であり，その操作子はさまざまであり（私は省察 24 において，〈存在としての存在〉の学としての数学の操作子は演繹であることを示した。それは生物学や絵画と同じ操作子ではない），その無限の生産物は識別不可能である。「芸術の知」はないし，また「学問の知」もない（これが逆説に見えるとしても，それはまったく外見上だけのことである）。というのもここで学問とは**その無限な存在**のことであり，言い換えれば発明の手続きであって，**有限**なものであるその断片的な結果の伝達可能な開陳などではないからだ。その探索は芸術作品や科学的発明の数々である。

　政治もまた，集団が自分自身に関心をもつ状況において，忠実さの手続きの一つである（もし政治が**ジェネリックな政治として**実存すればではあるが。こうした政治は長い間，革命的政治と呼ばれてきたものであり，今日それのために別の言葉を見つけなくてはならない）。その出来事は国家〔大文字の《状態》〕の欠陥部において社会的なものの空が召喚されるような歴史の区切りであり，その操作子はさまざまである。その無限の生産物は状況における政治的主体性のまさに「変化」であるのだから識別不可能である（とりわけこの無限の生産物は**国家に従って**指名可能ないかなる部分にも一致しない）。その探索は組織された闘争的な活動である。

　このように，愛，芸術，学問，政治は，状況についてのさまざまな真理——知を免れた真理，もっぱらそれらの存在の無名性において状態によって計算された真理——を，無限に生成させる。場合によっては尊重すべきその

430 VII ジェネリック——識別不可能なものと真理

他のあらゆる種類の実践——例えば商業や「資産業務」（これらはさまざまな段階において知と絡み合っている）のあらゆる形態など——はいかなる真理も生成させない。哲学もまた真理を生成させない，と私は言わなければならない（そう告白することは大変つらいことだが）。さらに哲学はその時代の忠実さの手続きによって**条件づけられている**。哲学は，自分が手続きに依存しており，したがって時代を創出するもろもろの出来事と媒介的に結びついているというまさにこの理由から，みずからを条件づけている手続きを助けることができる。しかし哲学がジェネリックな手続きをなすことはない。哲学に固有の役割は，この手続きとの偶然の遭遇のために，もろもろの多を配置することである。しかしながら，この遭遇が起こること，そうして配置された多が出来事の定数外の名に接続していると判明すること，これは哲学に依存していない。とはいえ，その名に値する哲学——パルメニデスとともに始まる哲学——は，それが真理に奉仕しようと努めるかぎり，財の奉仕〔資産業務〕に背反する。「哲学が真理に奉仕しようと努めるかぎり」と言ったのは，ひとはみずからが構成するのではないものに奉仕するよう努めることがいつでもできるからだ。したがって哲学は芸術と学問と政治に奉仕する。哲学が愛に奉仕することができるかは少し疑わしい（それに引き換え，混成的な手続きである芸術は愛の真理を支える）。いずれにせよ商業的な哲学というものはない。

　権利上の問いとしては，ジェネリックで忠実な手続きの実存は単なる知識が扱うことのできる問いではないのであるから，また識別不可能なものが状況の存在の場に**存在としてのかぎりで**存在するのであるから，ジェネリックで忠実な手続きの問いは学問の問いであり，存在論の問いである。任意の多の識別不可能な部分について語ることに意味があるかどうかを論じる義務をもつのは数学である。もちろん数学は出来事を消去するから，真理のいかなる手続きをも思考することはできない。しかし数学は，真理が存在するということが存在論と両立可能であるかについて決定を下さなくてはならない。真理の存在についての問いは，事実上は人間の全歴史においてそのつど決着をつけられてきた問いである（いくつもの真理が**現にある**のだから）が，しかしそれが権利上解決されたのはつい最近のことである（1963 年にコーエ

ンの独創によって）。しかし数学者たちは技術上の発展の必要性から，みず
からの学問の運命を忘却しており，そこで起きていたことを名づける術を知
らない（私の述べた哲学の助けが登場するのはこの点においてである）。こ
の数学上の出来事に省察33をあてることにする。ここまで私は存在論それ
自身に雄弁に「語ら」せるために，現段階の〔私の〕概念の展開とジェネリッ
クな多性に関する数学の学説とのあいだにある明瞭な紐帯をわざと弱く語っ
てきた。シニフィアンとはつねに何かを暴露するものである。コーエンの発
見は専門技術的な外見をもっているし，また一見狭い問題領域（「集合論の
モデル」）に傾注しているように見えるが，しかしこの学説の創始者たちが，
構成可能でない多を指すために「ジェネリック」という言葉を，また手続き
の有限な状態を指すために「条件」（「条件」＝「探索」）という言葉を選択
したことを考えると，すぐさまその真の意味が明らかになる。

　数学者の存在論の結論は明晰であると同時に節度をわきまえている。きわ
めて大雑把に言えば，以下のようになる。

　a．土台となる状況が**可算**（無限ではあるが，それは整数も同じ）である
なら，ジェネリックな手続きが実存する。

　b．しかしこの手続きは状況のなかに**包含**されてはいる（手続きが状況の
部分となっている）が，状況に**所属**してはいない（手続きが状況のなかに現
前化されておらず，表象〔再現前化〕されているだけである。この手続きは
過剰体である——省察8を参照のこと）。

　c．しかしながら，古い状況全体を含み，また今度はジェネリックな手続
きがそこに属するような，そうした新しい状況——「ジェネリック拡張[2]」
——が実存するように「強制する」〔forcer（こじ開ける，促成する）〕ことがで
きる（このジェネリックな手続きは現前化されていると同時に表象されても
いる。それは正常である）。この点（強制）が《主体》の一歩である（省察
35を参照のこと）。

　d．この新しい状況においては，言語が同じままであったとしても——つ
まり知のもともとの所与が安定しているとしても——ジェネリックな手続き
はつねに識別不可能なものを産出する。今回は，ジェネリックなものは状況
に属しながらも，状況に本質的に内在する識別不可能なものであるのだ。

432　VII　ジェネリック——識別不可能なものと真理

　経験上の結論と学問上の結論とを結合させようとすれば，次のような仮説が生まれるだろう。ジェネリックの忠実な手続きが無限に進行するという事実は，古い状況のあらゆる多を保存しながら別の多を現前させるような，そうした状況の手直しを引き起こす，と。してみれば，出来事という区切りの究極的な効果，そして定数外の名を流通に投入する介入の究極的な効果が何かと言えば，出来事の区切りを原理とする状況の真理によって，**状況が真理を迎え入れるように強制される**ということだろう。すなわち，元来は一部分——つまり一表象——にすぎなかったその真理が所属へと到達し，かくして現前となる，そうした点にまでみずからを拡張することだろう。ジェネリックの忠実な手続きの行程とその無限の移行〔パサージュ〕は，状況を「強制的に」変化させることによって，真理の存在論上の身分を変化させるだろう。最初無名のこぶ〔過剰体〕であった真理も，ついに正常化されるだろう。しかしながら，そうした真理も，状況の言語が根底的に変容しなければ，知から差し引かれたままにとどまるだろう。真理とは識別不可能なものであるばかりではなく，その手続きはこの識別不可能なものが**存在する**ことをも要求する。真理は最初は無名のものとして状態のみによって一と計算されたもの，現前化した多に対する判明でない純然たる超過として計算されたものであったが，真理はそうした自分が最終的に一つの項として（しかも内的な項として）認められるように状況の配置を強制的に変形させるのである。ジェネリックの忠実な手続きは識別不可能なものを内在化する。

　かくして芸術，学問，政治は，それらが世界のなかに識別するものによって世界を変えるのではなく，世界のなかに識別しないものによって世界を変えるのである。そして真理の〈絶対-権力〔全-能〕〉とは，〈存在するもの〉の存在そのものであるこの〈名づけえぬ存在〉が存在できるようにするために，存在するものを変えること以外のなにものでもない。

訳注
［1］「百科全書」（encyclopédie）は，en-（「〜の中へ」）＋cyclo-（「円」）＋-pédie（「教育」）からなり，「すべてを包括する知を教えること」を意味する。いわば「全体知」である。ディドロ，ヴォルテール，ダランベール，ルソーらのいわゆる啓蒙主義の「百科全書派」からヘーゲルの『エンチクロペディー』（自然哲学から精神哲学に至る，

文字通りの円環的な「全体知」の書）にまでおよぶ，近代知の理念である。「百科全書」とは，単なる辞書・辞典のことではなく，全宇宙を包括する全体的な知のあり方を指すものとして理解されたい。今日では，このかつては活字だったEncyclopedia がディジタル・コンピューティング・ネットワークによる Wikipedia に取って代わられようとしているのは周知のとおりである。啓蒙主義の，ヘーゲル主義のディジタル的「実装化」である。このビッグ・データにもとづく新たな「集合知」は，ヘーゲル的全体知の「実現」（＝実装化）だろうか。〈ディジタル・ヘーゲル主義〉の夢。

[2]「ジェネリック拡張（extension générique）」というタームに含まれる extension（拡張・拡大）という語には，論理学的な「外延」という意味も含まれていると思われる。数学的な集合も当然「外延」をもつのであり，ジェネリック拡張（extension）は，既存の集合の「外延（extension）」を「拡張（extension）」する。「拡張」という訳語を見たら，そこに「外延」というニュアンスも含まれていることを覚えておいてもらいたい。extension を「外延拡張」と訳すことも考えたが，表現として重くなりすぎるので「拡張」にした。数学用語としては「ジェネリック拡大」と訳されることが多いようであるが，バディウは，もとの（土台状況としての）現にある状況にもとづいた追加運動という側面を重視していると思われたので，単に広がっていく一方の運動性を強調する「拡大」ではなく，あくまでも今あるものを広げるという意味で「拡張」という日本語を選択した。

省察 32

ルソー

「この［…］［特殊］意志から，相殺しあうプラス・マイナスを除いてみたまえ。
そうすれば，さまざまな差異の総計として残るのは，一般意志である」
『社会契約論』[50]

　ルソーがみずからに提出したかの難問，すなわち「人間は自由に生まれつ
いたが，至る所で鎖につながれている」という難問を，彼が解決できると主
張しているなどと思わないようにしよう。解決ということを，ある状態（自
然的自由）から別の状態（市民的服従）へ移行する現実的な手続きの検討と
解するのであれば，ルソーは自分がそうした解決をもっていないとはっきり
と述べている。「この変化はどのようにして起こったのか。私はそれを知ら
ない」と。他の箇所と同様にここでも，ルソーの方法はあらゆる事実を遠ざ
けておいてから，思考の操作を基礎づけるというものである。すなわち当該
の「変化」が**正当**であるのはいかなる条件のもとにおいてであるかを立証す
ることが肝要なのだ。しかしこの「正当性」とはここでは実存のことを，そ
して実際には政治の実存のことを指している。ルソーの目的は政治の概念的
な要件を検討することにあり，**政治の存在**を思考することにある。政治の存
在の真理は「ある人民が一つの人民であるその行為」のうちに眠っている。
　正当性が実存それ自体であるということ，このことは，〈国家や市民的服
従の経験的な現実は政治があるということの証拠にはいささかもならない〉
ということから証明されている。政治ということが言えるためには，主権の
事実的な外見があるだけでは不十分だというのは，ルソーのきわめて強力な
考えである。大きな国家の大多数は没−政治的である。というのもそれらの
国家はその溶解の終わりに達しているからである。それらの国家においては，

「社会契約は破られている」。「少数の国民しか法をもっていない」ということも観察される。政治を創出するものへの忠実さが一時的なものであるがゆえに，そして「政治体が生まれたときから早くも，それを破壊せんとする倦むことなき傾向をもつ本来的かつ不可避な悪徳」が存在するがゆえに，政治は稀少である。

　その〈多なる存在〉（「政治体」あるいは「人民」）における政治がつねに溶解のふちにあるのは，政治がいかなる構造上の台座ももたないからだというのは，十分に想像できることである。ルソーが政治の近代的な概念を永遠に確立しているとしたら，それは彼が，政治とは出来事に源をもつ手続きであって，存在において支えられた構造ではないということを，もっともラディカルに措定しているからである。人間は政治的動物ではない。というのも政治の偶然は超自然的な出来事なのだから。これが「最初の取り決めにつねに遡らなくてはならない」という指針の意味である。社会契約は歴史的に立証しうる事実ではなく，ルソーがギリシアやローマを参照するのも，この時間上の不在を古典を使って装飾するためでしかない。社会契約とは，政治体というこの偶然的な存在の真理を思考しようと望む場合に仮定せざるをえない**出来事的形態**なのである。社会契約においてわれわれは，あらゆる政治的手続きの真理がそこに見出される〈出来事の出来事性〉にたどり着く。さらに言えば，何ものも契約を必然なものにできないということは，ホッブズに対する論争を導く。政治的取り決めが万人に対する万人の戦争状態から脱出する必然性の結果であると仮定すること，すなわち出来事を力の結果へと整序することは，その出来事性を外因的な規定に服属させることである。そうではなく反対に，根源的な社会契約の「余計な」性格を引き受け，その絶対的な〈非－必然性〉，その出来の合理的な偶然（遡及的に思考可能となる偶然）を引き受けなくてはならない。政治というものは，集団的な人間性の局所的で脆い**創造**であって，生命の必然性の手当てなどでは決してない。必然性は，それが上流（自然状態）においてであれ，下流（溶解した国家）においてであれ，つねに没－政治的である。政治とは，その存在においては，政治を制定する出来事によってしか測ることができない。

　社会契約の**公式**——すなわち先に散在していた自然の諸個人がそれによっ

て人民へと構成されるに至る言表——を検討してみれば、それが絶対的に新しい項、すなわち一般意志と呼ばれる項を識別していることがわかる。「われわれの各人は共同で、みずからの人格とみずからの力とを一般意志の最高指導のもとに置く」。この〔一般意志という〕項は正当にもルソーに対するすべての批判の根拠となってきた。というのも『社会契約論』において、一般意志というこの項は前提されたものであると同時に構成されるものでもあるからだ。契約以前には個々の特殊意志しかない。契約以後、政治の純粋な指示対象は一般意志である。しかし契約それ自体は特殊意志が一般意志に従属するとはっきりと述べている。あるねじれ構造が認められる。すなわち一般意志は、それが**ひとたび構成される**や、この構成自体が前提していた当のものになるのである。

　このねじれを解明できるのは、政治体とは定数外の多であり、契約という出来事の〈超-一〉であるということを考察する地点からのみである。実は契約とは、創始的な出来事として**政治体が自分自身である多に〈自己-所属〉していること**以外の何ものでもない。「一般意志」とはこの〈自己-所属〉の持続可能な真理の名である。「みずからの存在を契約の神聖さからのみ引き出す[…]政治体は、[…]この本源的な行為に抵触するいかなるものにも[…]自己を縛ることができない。政治体がそれによって実存する行為を侵犯すれば自己を無に帰すことになるだろう。何ものでもないものは何も生み出さない」。政治の存在は自己への内在的な関係に源をもつことがわかる。この関係に「抵触しないこと」——政治的忠実さ——のみが、「本源的な行為」の真理の展開を支えるのである。要するに、こういうことである。

　——契約とは、自然状態を偶然的に代補する出来事である。

　——政治体あるいは人民とは、空（というのも政治にとって自然は空であるから）と自己自身とのあいだに介在する出来事の〈超-一〉である。

　——一般意志とは、ジェネリックな手続きを司る忠実さの操作子である。

　難点はこの最後の点に集中している。ここで私は次のように主張したい。すなわち、あらゆる真なる政治が集合体の（識別不可能な）ジェネリックな下位集合にみずからを接合する必然性、これをルソーはたしかに指示している。しかしルソーは政治的な手続きを依然として数の法（多数派）に従属さ

せているので，政治的な手続きそれ自体の問いを解決しているわけではない。

出来事は，それが介入によって名づけられるやすぐさま，時間を根源的な《二》のうえに創設するということ，このことをわれわれは知っている（省察20）。ルソーは，意志が〈契約という出来事〉によって分割されると措定することによって，まさしくこの点を形式化している。**市民**〔citoyen〕とはその個々において一般意志の主権への参加〔分有〕を指しており，**臣民**〔sujet〕とは国家の法への従属を指している。政治の持続はこの《二》の存立性を尺度とする。政治があるのは，内部化された集団的操作子が特殊意志を分割するときである。もちろん《二》は，〈政治の現実体である人民〉という〈超――一〉の本質である。一般意志への服従は，市民的自由が実現される様式である。ルソーがきわめて緊張をはらんだ定式で言うように，「**臣民**と**主権者**という言葉は同一の相関物である」。この「同一の相関物」が指しているのは，政治のジェネリックな生成〔類的生成〕の支えとしての市民，政治的な〈大義＝原因〉の厳密な意味での闘士〔活動家〕としての市民のことである。この政治的な〈大義＝原因〉とは端的に政治の実存のことを指す。個人の意志を二つに分裂させる市民（闘士）においてこそ，時間の出来事的（契約的）創設のうちにしっかりと維持されたものとしての政治が実現するのである。

ルソーが鋭敏にも看取しているもの，それは一般意志の規範は**平等**であるということだ。この点は根本的である。一般意志は人民の人民自身への共所属の関係である。つまり一般意志は全人民の全人民への関係としてのみ実効あるものである。その顕現形態（これが法である）は，「ある観点における対象全体が別の観点における対象全体と取りもつ［…］，全体のどんな分裂もない関係」である。特殊を対象とする一切の決定は行政命令であって，法ではない。それは一般意志の操作ではない。一般意志は個人をも特殊な行動をも一切考慮しない。**つまり一般意志は識別不可能なものに結びついている**。一般意志が表明する事柄は，知の言表によって分出可能なものではない。政令は知に基礎をもつが，法はそうではない。法は真理にしか関わりをもたない。当然ここから，一般意志は個人や利益・財を特別扱いすることができない以上，本性的に平等であるという結論が出てくる。意志の分裂についての本性的な性格規定が見られる。「特殊意志はその本性からして選好へと向かい，

一般意志は平等へと向かう」。ルソーは政治の実存と平等の規範とのあいだにある、近代に本質的な結びつきを思考している。ただし規範という言葉は正確ではない。一般意志の本質規定としての平等は政治**である**。その反対推論によって、不平等主義的な一切の言表は、それがいかなるものであれ、反政治的である。『社会契約論』においてもっとも注目すべき点は、出来事による創始と識別不可能なものの手続きとが連結され、それらに依拠して政治と平等との内的な接続が確立されたことである。一般意志が平等へと秩序づけられるのは、それがその対象を識別不可能なものにするから、その対象を知の百科全書の例外とするからである。そしてこの識別不可能なもののほうはと言えば、政治的な創造がもつ出来事としての性格へと送り返すのである。

最後に、ルソーは一般意志がたとえ国家によってであれ代表〔表象・再現前化〕されないことを厳格に証明する。「集団的な存在でしかない主権者はそれ自身によってしか代表〔表象〕されえない。権力は譲渡されうるかもしれないが、意志はそうではない」。権力（譲渡可能なもの）と意志（代表不可能＝表象不可能なもの）とのこの区別はとても深い。それは政治を脱状態化する。〈契約という出来事〉に忠実な手続きとしての政治は、委任や代表を許すことができない。この政治の全体は、〈活動家としての市民〉の「集団的存在」に存する。実際、権力は政治の実存から帰納されたものであるが、それは政治的実存の適切な現れではない。

また、しばしば「全体主義」の嫌疑をかけられる一般意志の二つの属性——その不可分性と無謬性——が導出されるのもここからである。「権力」を政治現象（ルソーはむしろ意志と名づけるが）の本質と解するなら、ルソーは権力の「分裂」や「均衡」といった論理を認めない。ジェネリックな手続きとしての政治は分解不可能なものであって、政治の分節ということを考えることができると思うのは、政治を政府決定という二次的な多性のなかに溶解させることによってでしかない。政治における出来事の〈超－一〉の痕跡は、権力のいかなる審級によっても代表〔表象〕されも断片化もしない一つの政治しか存在しないという点に見られる。というのも政治とは究極的に人民の実存だからである。同様に、「一般意志はつねに廉直であり、公益を目指す」。そうでないと判断するいかなる**外的な**規範があるというのか。政治

が社会的な紐帯の「反映」であるというなら，この紐帯を考えることを基準にして，反映が適切になされているか否かを問うこともできよう。しかし政治とは介入的創造である以上，政治はそれ自身に固有の規範，平等の規範であり，したがって血迷った政治的意志，すなわち人民を不幸にする政治的意志などは，実は政治的意志——すなわち一般意志——では**なく**，横領の特殊意志なのだと仮定するしかない。本質において把握された一般意志は，一切の特殊な知を免れているがゆえに，また人民のジェネリックな〔類形成的な〕実存にのみ関わるがゆえに，無謬なのである。

　党派や分派に対する（つまり議会代表制の一切の形態に対する）ルソーの敵意は，政治のジェネリックな性格から演繹される。最重要の公理は，「一般意志の言表をしっかりともつためには，国家のなかに部分的な社会がない〔のでなければならない〕」というものである。「部分的な社会」の特徴は，それが識別可能であること，分出可能であること，したがって〈契約の出来事〉に忠実でないことである。ルソーが注意するように，始原的な契約は「全員一致の行動」の結果である。反対者たちがいるとしたら，彼らは端的に政治体の部外者であり，「市民たちのなかの外国人」である。というのも出来事の〈超－一〉は明らかに「多数派」の形でしか存在しえないからだ。出来事への忠実さは，本当に政治的な一切の決定がこの〈一の効果〉に適合していること，したがって決定が人民の下位集合の分出可能かつ識別可能な意志に決して従属しないことを要請する。一切の下位集合は，たとえそれがもっとも現実的な利害によって固められているとしても，それが百科全書のなかで名指しされるがままになるという理由から，〈没－政治的〉なのである。下位集合は知に属するのであり，真理に属するのではない。

　同様に，政治が代表者たちの選挙において成就する可能性もまた排除される。というのも「意志はまったく代表されない」のだから。代議士たちは特殊な執行機能をもつことはできるが，いかなる立法機能ももつことができない。というのも「人民の代議士たちは人民の代表ではないし，また代表であることはできない」からであり，また「人民自身が批准しなかった法はどんなものであれ無であり，そんなものは法ではない」からである。イギリスの議会主義にルソーは感銘を覚えない。ルソーから見れば，そこにはまったく

政治はない。代議士が選出されるや，イギリスの人民は「奴隷となり，何ものでもない」。議会主義に対する批判がルソーにおいてラディカルであるのは，彼が議会主義を政治の良い形あるいは悪い形とみなしているからではいささかもなく，議会主義に一切の政治的存在を認めないからである。

実際，忠実な接続の操作子としての一般意志は，あれこれの言表が〈契約の出来事〉に近いかどうか，適合しているかどうかを評価するために用いられており，このことはしっかりと理解しなくてはならない。重要なのは，その言表が良い政治あるいは悪い政治であるか，右翼であるか左翼であるかを知ることではなく，それがそもそも政治であるか否かを知ることである。「人民集会で法案が提出されるとき，人々に求められるのは，彼らがその案を認可するか拒絶するかということなどではなく，その案が彼らのものである一般意志に適っているか否かなのである」。ルソーにとって政治決定とは，ある言表が政治的であるか否かを決定することに帰着するのであって，ひとが賛成するか反対するかを知ることではいささかもないということ，これはきわめて注目すべき点である。ここには政治と世論との根底的な分離があり，これによってルソーは，世論とコンセンサスの権力交代ではない，活動家のプロセスとしての政治という近代的な学説を先取りしている。この先取りの究極の基礎は，政治とは人民の真理がそこに存立するジェネリックな手続きである以上，国民の社会的・イデオロギー的な構成要素の学術的な区別などに依拠しえないという意識にある。社会契約の名の下，一般意志を統括する出来事的な〈自己−所属〉は，一般意志をこの手のあらゆる識別を免れる項にする。

とはいえ，二つの難点が残っている。

——介入によって名づけられたものとしてしか出来事はない。ルソーの学説においてこの介入者は誰なのか。これは立法者をめぐる厄介な問いである。

——契約が必然的に全員一致のものであるとしても，それに続く法への投票，あるいは行政官の任命については同じようにはいかない。全員一致が崩れるとき，政治のジェネリックな性格はいかにして存続しうるのか。これはルソーの袋小路である。

その〈多なる存在〉において捉えられた出来事のジェネリックな全員一致

は，立法者の人格において絶対的な単独性へと逆転する。立法者とは，結集した人民の立地に介入し，立憲的あるいは創設的な法によって〈契約の出来事〉に名を与える者のことである。この命名が定数外のものであることは次のように書かれている。「共和国を設立するこの役どころ［立法者の役どころ］は，この政体のなかにはまったく含まれない」。立法者は政治の創始的な出来事に介入するのであるから，自然状態には属さない。また立法者は法を宣言する立場にあり，法に従うのではないから，政治状態にも属さない。立法者の活動は「特殊かつ高次」なものである。ルソーがほとんど神的とも言える立法者の性格のメタファーで思考しようとしているのは，実は空の召喚である。すなわち立法者は，人民の結集が遡及的に創造する自然の空から，選挙によって認可される合法的な命名〔指名・任命〕という知恵を引き出すのである。立法者は出来事のほうに向かっており，出来事の生む結果を免れている。「したがって法を作成する者は，いかなる立法権ももたないし，もってはならない」。いかなる権力ももたない立法者にできるのは，《自然》の神々への先行的な忠実さ，前政治的な忠実さを後ろ盾にすることだけである。出来事の前代未聞の新しさを名づけるためには，またそのために適切な名を創造するためには（今の場合は，人民の設立，政治の出来を名づけるために法を創造することである），先行的な忠実さを後ろ盾にしなくてはならないが，それがあらゆる介入の法であるがゆえに，立法者は「もろもろの決定を不死の神々が言ったことにする」のである。ルソーが立法者の逆説の特徴を述べた，「人間の力を超えた企て，そしてそれを成し遂げるための，何ものでもない権威」という言表のなかに，介入する前衛の姿を認めるのは容易だろう。立法者とは，その〈超－一〉において認知された契約の集団的な出来事を名指し，その後，政治が忠実さとして，あるいは一般意志として実存するようにする者のことである。それは集団的な生起を政治の持続へと変える者のことなのだ。立法者は人民の結集の縁で介入する。

　残る仕事が，持続における政治的な手続きの正確な本性を知ることである。一般意志はどのようにして判明し，行使されるのか。人民の全員一致の契約に支えられた立法者が流通させた出来事の名と，あれこれの言表とが肯定的に接続（この肯定的な接続が政治上の法である）しているかどうかを標定す

る作業は，実際にはどのようなものか。これは**多数決**の政治的な意味という難問である。

ルソーはある注のなかで次のように指摘している。「意志が一般的であるためには，それが満場一致である必要は必ずしもない。必要なのは，すべての票〔声〕が計算されていることである。どんな形式的な排除も一般性を破る」。この手の考察は，周知の歴史的な資産をもっている。すなわち普通選挙のフェティシズムである。しかしながら，政治のジェネリックな本質から見れば，これは，政治体の識別不可能な下位集合——これが一般意志の**実存**形態である——は現実にその政治体全体の下位集合でなければならず，一分派の下位集合であってはならないということを言っているのでなければ，大した意味をもたない。それは，出来事が満場一致のものであるということ，あるいは出来事は全体における人民の自己自身への関係であるということ，このことが政治的な忠実さの特定の段階に残した痕跡である。

その先のところでルソーは，「もっとも数の多い票がつねに他のすべての票を拘束する」と，または「票の計算から一般意志の表明は引き出される」と書いている。「票の計算」と意志の一般的な性格とのあいだにどのような関係がありうるのか。もちろん根底にある仮説は，投票における多数派は集合体の任意の——あるいは識別不可能な——下位集合を実質的に表現しているというものだ。それについてルソーが与える唯一の正当化は，反対しあう特殊意志の対称的な破壊である。「[万人の意志]は特殊意志の総計でしかない。だがこの同じ特殊意志から，相殺しあう〔互いに破壊しあう〕プラス・マイナスを除いてみたまえ。そうすれば，さまざまな差異の総計として残るのは，一般意志である」。しかし政治的意志の識別不可能な（あるいは特殊でない）性格を示すと仮定されているこの「さまざまな差異の総計」なるものが，なぜ多数派として経験的に現れるのか，その理由は不明である。というのも選択を強制的に作り出すのは，議会制において見られるように，結局は差異ある少数の票だからである。特殊意志の相互無化を超過するこうした煮え切らない投票が，なぜ政治のジェネリックな性格を，あるいは満場一致の創始的な出来事への忠実さを表現していると言えるのだろうか。

原理（識別可能などんな部分も特殊利害の表現である以上，政治は人民の

ジェネリックな部分のなかにしかその真理をもたないということ）から現実化（絶対多数がジェネリックなものの適当な表徴とみなされること）へ移る際に苦境に陥ったルソーは、**重要な決定と急を要する**決定との区別を導入する。「一般的な二つの方針が、こうした関係の調整に役立ちうる。一つの方針は、審議が重要かつ深刻なものになればなるほど、優位に立つ意見は満場一致に近づかなければならないというものである。もう一つの方針は、論じられる案件が迅速さを要求すればするほど、意見を区別する要素が小さくても決定しなくてはならないというものである。即座に決定がなされなくてはならない審議においては、たった一票多ければ、それでよしとしなくてはならない」。

　ルソーが厳密な絶対多数を絶対化していないことがわかる。彼はさまざまな段階を考慮しており、後に「資格を得た多数」の概念と言われるものを導入している。今日でも、いくつか決定に際して（例えば憲法の修正の場合）、三分の二の多数が求められるのは知っての通りだ。しかしこのような融通は、意志のジェネリックな性格の原理に抵触する。というのも、この案件は重要なものであると、あるいは緊急のものであると、**誰が**決定するのかという問題があるからだ。そしてどのような多数で決定するのかも問題である。一般意志の（量的）表現が、取り組む内容の経験的な性格に突如依存するのは逆説的である。ここでは識別不可能性は、生起する事態の識別可能性によって、政治情勢を分類する百科全書を前提する決疑論によって、制限され、損なわれている。もし政治的忠実さの実践様式が、状況の特殊性を帯びた百科全書的な規定項に結びついているのだとしたら、それはジェネリックな性格を失い、情勢評価の一技術になってしまう。そうした技術の結果を法——ルソーが言う意味での法——がどのように**政治的**に秩序立てることができるのかは不明である。

　この袋小路は、隣接するように見えるが最終的にはルソーが飼いならす複雑な問題を検討してみることで、いっそうはっきりとするだろう。それは政府（執行府）の指名の問題である。この指名は特殊な個人に関わるのだから、一般意志の行為ではありえない。逆説的なのは、政府がまだないにもかかわらず、人民がそのようにして政府のあるいは執行部の行為（個人の指名）を

遂行しなくてはならないということである。人民は主権者（立法府）だった
わけだが，ルソーはこの人民が主権者から**民主的な**行政機関に変化すると措
定することによってこの困難を切り抜ける。というのも彼にとって，民主制
とは万人による政府であるからだ（ついでに言っておけば，このことは，民
主制とは執行府の形態である以上，創始的な契約は民主制的ではないという
ことを意味する。契約は満場一致の集団的な出来事であり，民主制の政府令
ではない）。かくして，政府の形態がどうであれ，やむをえない民主制の契
機があることになる。それは人民が，「主権から民主制への突然の転換によっ
て」，政府の人員を指名する場合のような，特殊な決定をなす資格を得る契
機である。こうした決定がどのようにしてなされるのかとひとは問うだろう。
しかしこの事例において問題になっているのは政令であって法ではないのだ
から，またここでの意志は一般的ではなく特殊であるのだから，決定が多数
決によってなされるとしてもまったく矛盾はない。識別可能な対象（個人や
候補者，等々）に関する決定が数によってなされるとしても，それは非難さ
れる筋合いではない。なぜならこの決定は行政府に関わるものであって，政
治的なものではないからである。ジェネリックなものが問われているのでな
い以上，多数による表現の袋小路は取り除かれている。

　この袋小路がまるまる残存するのは，政治が問題となるとき，つまり人民
を人民自身に関係づける決定が問題となるとき，また手続きのジェネリック
性に関わり，手続きが一切の百科全書的な規定項を免れるという免算に関わ
る決定が問題となるときである。識別不可能なもののみが一般意志を創始的
な出来事に結びつけなおし，また政治を真理として設立するが，そうした識
別不可能なものによって特徴づけられる一般意志は，数によって規定される
がままにならない。ルソーは最終的にこのことを強く意識しており，**法の中
断**には，一般意志が唯一者の独裁へと集中することが必要であると認めるに
まで至る。「祖国の救済」が課題となるとき，また「法の装置［がそこで］
障害となる」とき，「すべての法を黙らせる最高元首」を指名するのは法に適っ
ている（だがどのように指名するのか？）。そのとき集合体の至高の権威は
宙づりにされるが，それは一般意志がなくなったということではなく，反対
に一般意志に「疑念がない」からである。というのも「国家が滅びないとい

うことが人民の第一の意図であるのは自明」なのだから。われわれはここで、政治的意志の目標は政治それ自体であるという体制構成上のねじれに再び出くわす。独裁は、それが政治の実存条件を維持する唯一の手段だとなれば、一般意志の適切な形態となるのである。

さらに驚くべきは、独裁による法の中断の要請は、一般意志と出来事との対決から生じてくる点である。「法の厳格さはもろもろの出来事に従うことができず、それはある場合には、法を有害なものにする」。われわれはここでもまた、出来事の〈超‐一〉と忠実さの操作子の固定性とが衝突するさまを目にする。一般意志の物質的な形態を規定することを唯一可能にする決疑論、これが必要とされる。すなわち、満場一致（当初の契約が必要としたもの）から唯一者の独裁（**実存**する政治がその存在において脅かされるときに必要となるもの）への移行という決疑論〔詭弁〕である。表現のこの可塑性は政治的意志の識別不可能性へと送り返す。政治が状況の明示的な言表によって規定されうるのであれば、政治は規範的な形態をもちうるだろうが、そうはいかない。ジェネリックな真理が出来事にぶらさがっている以上、政治とは既成言語を免れる状況の部分であり、その形態は偶運的である。というのも政治は実存の**指標**でしかなく、学知における指名ではないからだ。政治の手続きを支えるものはもっぱら〈活動家としての市民〉たちの情熱であって、その忠実さこそが、どんな形態——政体的なものであれ組織的なものであれ——によっても適切に表現することのできない無限な真理を生み出すのである。

ルソーの天才は、政治がジェネリックな手続きであるということを抽象的な仕方で画定した点にあった。しかし彼は主権の正当な形態についての古典的なアプローチに囚われていたがゆえに、投票の多数が究極的にこの正当性の経験上の形式であると——逆説的ないくつもの用心をしながらも——考えたのだった。ルソーはこの点を政治それ自体の本質のうえに基礎づけることができなかったのであり、次のような問いをわれわれに残した。すなわち、状況の現前化可能な表面において、政治的手続きを**区別する**ものは何か、という問いを。

とはいえ本質的なことは、政治を正当性に結びつけることではなく、真理

に結びつけることである。——こうした原理にとどまる人々は「悲しげに真理を語り，人民のご機嫌伺いをすることになるだろう」という障害に直面しながら。ところでルソーは現実主義的な愁いを込めながら，こう指摘している。「真理は決して財産には導かない。そして人民は大使も説教壇も恩給も与えない」。

権力とのつながりを絶ち，無名で，状況の識別不可能な部分を我慢強く追い詰める作業である政治は，誰であれ人民の大使にすることはない。政治においてひとは真理の従者であり，変容した世界においてその真理を迎え入れることは，自己を利することではない。数そのものもそこでは十分でありえない。

政治は，集団的意志が真なる言表（とはいえつねに知られざるものにとどまる言表）として生み出すことのできるものの様態において，自己自身を目的とするのである。

省察 33

識別不可能なものの数学素
——P・J・コーエンの戦略——

　数学者の存在論が真理概念を意のままに扱うことは不可能である。という
のもどのような真理もポスト出来事的なものであり，また出来事という逆説
的な多は，その存在をこの存在論によって禁じられているのだから。つまり
真理のプロセスは存在論を完全に逃れているのだ。この観点からすれば，存
在（ピュシス）と真理（アレーテイアすなわち不‐覆蔵）との根源的な共属
というハイデガーのテーゼは放棄されなくてはならない。存在について述べ
うることは，真理について述べうることから切り離されている。だからこそ
哲学のみが真理を思考するのであり，真理がはらむ，〈存在の免算〉から免
算されたものにおいて，すなわち出来事，〈超‐一〉，賭けの危険を伴う手続
きとそのジェネリックな結果において，真理を思考するのである。

　とはいえ，存在の思考は真理のいかなる思考へも開けることがない——真
理は存在するのではなく，決定不可能な追加作業の地点から〈出‐来〉する
から——のだとしても，**真理の存在**は確かにある。真理では**なく**，まさしく
その存在がある。ジェネリックで識別不可能な多は状況のうちに存在し，そ
れは知から差し引かれていながらも現前化されている。存在論が真理と**両立
可能**であるということが含意するのは，たとえ真理が思考可能でないとして
も，ジェネリックな多性としての真理の存在は，存在論的に思考可能だとい
うことである。したがって，すべては次の点に帰着する。すなわち，存在論
はジェネリックな多の概念を，言い換えれば，名づけ不可能な，構成不可能
な，識別不可能な多の概念を生み出すことができるか，ということである。
コーエンが 1963 年に導き入れた革命はこの問いに肯定的に答える。識別不

可能な多の存在論的概念は実存する，と。したがって存在論は真理の哲学と両立可能である。出来事に吊るされたジェネリックな手続きの〈多なる結果〉は，それが書き込まれる状況のなかで識別不可能であるにもかかわらず，実存するということ，このことを存在論は**許可する**。存在論はライプニッツの思考（構成可能なヒエラルキー言語の主権）をゲーデルとともに思考することができたが，その後で，今度はコーエンとともにそれに対する反駁をも思考する。存在論が示すのは，〔ライプニッツの〕識別不可能なものの原理は主意主義的な制限であるということ，識別不可能なものは**存在する**のだということ，これである。

　なるほど識別不可能な多「それ自体」を語ることはできない。多の諸《観念》があらゆる構成可能な多を仮定することを許す（省察 30）のに加えて，識別不可能性はどうしても識別可能なものの基準に——言い換えれば状況と言語に——相関的であらざるをえない。

　したがってわれわれの戦略（コーエンの発明の本質が存するのは，本来的にはこの運動のなかにである）は以下のようになる。われわれは，決定的に固定されたある多に立脚しよう。その多はきわめて特性に富む（この多は一般存在論の大きな部分を「反映」している）と同時に，きわめて量に乏しい（この多は可算である）。言語は集合論の言語になるだろうが，それは選択された多に限定されたものである。われわれはこの多を**準完全な土台状況**と呼ぼう（アメリカ人たちはグラウンド・モデルと言う）。われわれはこの土台状況の内部で，ある識別不可能な仮定上の多を概算する手続きを定義する。この多はいかなる文言によっても名づけられないから，われわれはその命名を追加の文字によって先取りせざるをえないだろう。土台状況のなかに現前する何ものにも最初は対応しないこの余計なシニフィアンは，出来事の定数外の命名を存在論上で転記したものである。とはいえ存在論は自己所属を締め出すから，どんな出来事をも認識しない。〈出来事なき出来事〉の代わりとなるのは定数外の文字それ自身であり，したがってこの定数外の文字が何も指さないということは筋の通った話である。読者にその起源を探る仕事をお任せするある親愛から，私はこの記載として♀という象徴を選ぼう。この象徴は「ジェネリックな多」と読まれたい。「ジェネリック」とは，数学者

たちが識別不可能なもの，〈絶対的に任意のもの〉を指すために，すなわち
ある所与の状況において，〈その状況のすべての多に多かれ少なかれ「共通」
する特性しかもたないような多〉を指すために採用している形容詞である。
私がここで♀と記したものを文字で言えば，G（générique の G）である。

　多♀は名づけうるものではないから，その不在の可能な穴埋め（言い換え
れば，その概念の構築）は，土台状況において命名可能なものの内部で操作
せざるをえない手続きでしかない。この手続きは仮定された識別不可能なも
のとある種の関係をもつ識別可能な多を指し示す。そこに認められるのは，
探索の手続きの存在論内のヴァージョンであって，この手続きは出来事の名
に忠実な接続を有限なシークェンスを通して探検しながら，真理の識別不可
能なもののなかで際限なく続く。しかし存在論にはいかなる手続きもなく，
あるのはただ構造のみである。そこには〈一－真理〉はなく，あるのはあら
ゆる真理の〈多なる存在〉という概念の構成である。

　したがって最初の状況（準完全状況）**のなかに**実存すると仮定されたある
多から，言い換えれば最初の状況に属するある多から出発することにしよう。
この多は識別不可能なものの構成において二つの異なった仕方で機能するだ
ろう。一方では，この多の諸要素は識別不可能なものの〈多なる実質〔substance
（下にあるもの）〕〉を提供するだろう。というのも識別不可能なものは選択さ
れた多の**部分**であるからだ。他方で，これらの要素は，それが識別不可能な
ものに関する「情報」を伝えるという点で，識別不可能なものの条件となる
だろう。この多は識別不可能なものの基礎**資材**^(マテリオ)（この識別不可能なものの諸
要素はそこから採取される）であると同時に，その**知解可能性**の場でもある
だろう（というのも識別不可能なものが識別不可能であるために従わなけれ
ばならない条件は，選択された多のいくつかの構造によって具現化^(マテリアリゼ)されてい
るからだ）。多が現前化の単なる項（この項は識別不可能なものに属する）
として機能しうると同時に，みずからが属するものに関する情報の媒介物と
しても機能しうるということ，これが問題の鍵である。この多は純然たる多
と意味との接続についての知性的なトポスでもある。

　準完全な土台状況のなかで選択された，基礎となる多の諸要素は，その第
二の機能にもとづいて，**条件**（識別不可能なもの♀のための条件）と呼ばれ

るだろう。

　われわれの望みは，**状況の言語のなかで**それ自体が条件づけられた条件のいくつかの集まりから，次の点について，すなわちそうした条件を一と計算する多は識別可能ではありえないというこの点について思考できるようになることである。別の言い方をすれば，記述と構成の対象となる多が出発点の準完全状況のなかで名づけられることも識別されることもないと結論するに十分な概算的記述と〈一としての構成〉とが，そうした条件によって両方ともわれわれに与えられることである。われわれはまさしくこの条件づけられた多に象徴♀を適用する。

　一般的に，問われている♀は状況に属することさえないだろう。♀のもともとの不在を満たす**あらゆる**条件のほうは状況に属しているとしても，♀を刺し留める象徴とまったく同様に，♀のほうは状況のなかで定数外のものであるだろう。そのとき，この識別不可能なものを強制的に状況に「付け加える」とどうなるか，これがここでのアイディアである。そこに立ち現れるのは，存在論の特徴である遡行によって，出来事という存在の追加（これは非存在論的な状況の事柄である）がシニフィアンの追加（これは非存在論的な諸状況において出来事の立地への介入に属する事柄である）の**後**にやってくるという事態である。どのようにして所与の状況からまた別の状況が，最初の状況において識別不可能な多の「付け足し」によって構成されるか，これを存在論は探求するだろう。これを形式化したものが明らかに政治の形式化であり，政治の形式化は立地において現前化していないものを出来事にもとづいて名づけ，そしてこの命名への頑固な忠実さによって状況を手直しするのである。だがこれは先取り的な未来〔前未来形〕なき政治であって，政治の**存在**である。

　その結果，この問いは存在論においてきわめて厄介なものとなる。識別不可能なものを条件づけた（構成し名づけたのではなく）のであれば，識別不可能なものを「付け足す」とはいったいどういうことなのか。土台状況において♀は識別しえない以上，どのような明示的な手続きがこの状況のもろもろの多に♀をさらに付け加えることができるというのか。この難問の解決は，識別不可能なもの♀の付け足しによって得られる状況のあらゆる可能な要素

のための**名**として機能する多を，状況のなかに構成することである。もちろん，$S(♀)$（この付け足しをこう呼ぼう）の**どの**多がなんらかの名によって名指されるのかを一般的に知ることはできない。そもそもこの指示対象は識別不可能なものがどうあるかによって変化するのであり，そしてこの「どうあるか」を思考したり名づけることはできない。しかしすべてのものに名があるということは知ることができる。そのとき，$S(♀)$とは，**固定されたものとして仮定された識別不可能なものを指す**もろもろの名の価値の集合であると措定しよう。こうした名を操作することによって，われわれは状況$S(♀)$の多なる特性を思考することができるようになる。これらの特性は，♀が識別不可能——すなわちジェネリック——であるということに依存するだろう。そんなわけで$S(♀)$はSのジェネリック拡張と呼ばれるだろう。固定的な諸条件の集合について，「Sのジェネリック拡張[1]」ということがまったく一般的な仕方で言えるだろう。その場合，識別不可能なものは一種の痕跡を残すのであって，それは，ある「判明な」識別不可能なものから出発して得られた「一つ」の拡張を識別する尺度がないということの痕跡である（ここでの「判明性」の思考は，われわれが後で見るように，識別不可能なものの識別不可能性によって厳しく制限されている）。

　このプログラムが多の諸《観念》とどの程度まで両立可能かを見る作業が残っている。つまり，どの程度まで〔どのような尺度において〕，識別しえぬ純粋な多に関する存在論的な概念が実存するのかである（この難問は最重要のものである）。

1　準完全な土台状況

　状況というものを存在論的な概念で言えば，それは一つの任意の多である。しかしながら識別不可能なものについての状況内での概算にはかなり複雑な操作が必要だと想像される。一つの操作はその存在において一つの特殊な多でしかないとわれわれは知っているのだから，単一の多（例えば，有限な多）は必要な操作手段を提示することもなければ，操作手段が前提する集合の「量」を提示することもないということ，これは確実である。

452　VII　ジェネリック——識別不可能なものと真理

　本当のところ，好適な状況は存在論それ自身の手段に可能なかぎり近いものでなければならない。そうした状況は多の諸《観念》を，諸公理が（あるいは少なくとも諸公理の大多数が）その状況において適合的であるという意味で，**反映**しなければならない。一つの特殊な多において公理が適合的である（あるいは反映されている）とはどういうことか。それが言わんとするところは，公理を表現する式とこの多との相関関係が適合的であるということ，あるいは省察 29 の語彙で言えば，この式が考察対象の多にとって**絶対的**であるということ，これである。典型的な例を挙げよう。ある多を S とし，S の任意の要素を $\alpha \in S$ としよう。α のなかに《他》が実存するのであれば，換言すれば，$\beta \in \alpha$ かつ $\beta \cap \alpha = \emptyset$ であるならば，基礎の公理は適合的だということになるだろう。その場合，この β が S の住民にとって実存しなければならないと，言い換えればこの β 自身が S の一要素でなければならないという了解がある（というのも宇宙 S においては，「実存する」とは S に属するという意味なのだから）。いま S が推移集合（省察 12）だと仮定しよう。それが意味するのは $(\alpha \in S) \rightarrow (\alpha \subset S)$ ということである。つまり α のどの要素もまた S の一要素であるわけだ。基礎の公理は**一般存在論において**真であるのだから，（存在論者にとっては）$\beta \in \alpha$ かつ $\beta \cap \alpha = \emptyset$ であるような β が少なくとも一つある。だが S の推移性によって，この β はまた S の要素でもある。つまり S の住民にとっては，$\beta \cap \alpha = \emptyset$ である β が実存するということは同じく適合的でもあるわけである。結局のところ，推移的な多 S はつねに基礎の公理を反映していることがわかる。そのような多の内部から見れば，実存する（言い換えれば，考察対象の推移的な状況に属する）多のなかにはつねに《他》がある。

　こうした反映能力によって多の諸《観念》は一つの特殊な多へと「引き降ろされ」，内在的なまなざしにとって適合的となるが，こうした反映能力は存在論の理論の特徴である。

　この反映能力についてわれわれが立てることのできる最大の仮説は，固定された多 S に関して言えば，以下の通りである。

　——S は，たった一つの式で表現可能な集合論のすべての公理——すなわち外延性，合併，冪，空，無限，選択，基礎といった公理——を実証する。

省察 33　識別不可能なものの数学素　453

　──*S* は，無限に続く式によってのみ表現可能な諸公理──すなわち分出
と置換の公理（というのも実は，どんな式 λ (α) にとっても判明な分出公理
があるし，また α を β で「置き換える」ことを示す置換公理がどんな式
λ (α, β) についてもあるからだ。この点については省察 5 を参照のこと）
──の，少なくとも有限な数の審級を実証する。

　──*S* は推移的である（さもなくば α∈*S* でありながら β∈α かつ ~(β∈*S*)
ということになり，きわめて簡単に *S* の「外に出て」しまう）。推移性は，*S*
が現前させるものによって現前化されているものが，また *S* によっても現前
化されているということを保証する。〈一と計算すること〉は下方へ向かっ
て同質的である。

　もっと先のところで決定的なものとして明らかになるいくつかの理由から，
われわれは次の点を付け加えよう。

　──*S* は無限であるが，可算である（その濃度は ω_0 である）。

　以上の四つの特性をもつ多 *S* は**準完全状況**と言われるだろう。先行文献は
この多を集合論の**モデル**として，多少濫用的に指し示している。

　準完全状況は実存するのか。これは深い問題である。この状況は存在論の
大きな部分を，その存在論のたった一つの観点において「反映している」。
すなわち，多の諸《観念》が大体において適合的となるような多があるのだ。
全面的な反映が不可能であることはわかっている。というのもそうした反映
があるとすれば，それは，集合論の**なか**でこの理論のすべての公理の「モデ
ル」を確定しうると，したがってゲーデルの完全性定理によれば，集合論の
なかでこの理論の一貫性を証明することができると主張することになるから
だ。同じゲーデルの不完全性定理は，実はそのとき理論は一貫しないという
ことをわれわれに確言する。すなわち，みずからの諸公理から「理論が一貫
的である」という言表を推論するようなあらゆる理論は一貫的でないのであ
る。存在論の一貫性──その演繹的忠実さの美徳──は，存在論が証明でき
ることを超過している。私は省察 35 において，そこで問題となっているの
は主体を構成するねじれであるということを明らかにしようと思う。忠実さ
の法を忠実に識別することはできないのである。

　とはいえ，数学者たちが正しくも「反映の定理」と名づけた諸定理の枠内

では，可算である準完全状況が実存することが証明される。数学者たちは，集合論の可算的な推移モデルと言う。これらの定理が示すのは，存在論は一つの可算な多のなかに望むかぎり反映されうる（言い換えれば，望むだけの有限個の公理を反映させることができる）ということである。**現在ある**一切の定理が有限個の公理によって証明されているのと同じように，存在論の現在ある状態も一つの可算な宇宙のなかに反映されるのであり，それは，今日まで数学が証明してきたすべての言表がこの宇宙の住民——この住民の目には，みずからの宇宙に属する多しか実存しない——にとって適合的であるという意味である[51]。

したがって，存在としての存在——つまりある任意の状況の存在——についてわれわれが**知る**事柄は，可算である準完全状況という形でつねに現前化可能であると主張できる。いかなる言表も，現在確立されているみずからの適合性に関して，準完全状況を免れることはできない。

以下に続く論述全体は，一つの準完全な土台状況をわれわれが選択したということを仮定している。われわれが識別不可能なものの付け足しを強制することになるのは，こうした状況の内部からである。

ここで必要となる主な用心は，S にとって絶対的であるものとそうでないものとを丁寧に区別することである。特徴的な二つの例がある。

——$\alpha \in S$ であるなら，$\cup \alpha$ すなわち**一般存在論における意味での** α の散種もまた S に属する。これは，S が推移的な状況である以上，（状況 S における意味での）α の諸要素の諸要素は，一般存在論における意味での α の諸要素の諸要素と同じものであるということの帰結である。合併公理が準完全状況 S において適合的であると仮定されているのだから，その S の諸要素の諸要素を〈一と計算すること〉も状況 S に実存している。それは一般存在論における意味での $\cup \alpha$ と**同じ多**である。つまり，$\alpha \in S$ であれば $\cup \alpha \in S$ であるという意味で，合併は S にとって絶対的である。

——それに引き換え，$p(\alpha)$ は S にとって絶対的ではない。というのも一つの $\alpha \in S$ について，（一般存在論における意味で）$\beta \subset \alpha$ である場合は，$\beta \in S$ であること，つまり部分 β が S の住民にとって実存することは，いささかも自明ではないからである。S において冪集合の公理が適合的であるというこ

とが意味するのは単に，$\alpha \in S$ であるとき，S に属する α の冪集合が S におい
て一と計算されているということだけである。しかし外部からみれば，存在
論者は，（S に属さないがゆえに）S のなかに実存することなく一般存在論に
おける意味での $p(\alpha)$ の部分をなし，しかしながら S の住民によって与えら
れるような意味での $p(\alpha)$ の部分にはならないような，そうした α の部分を
はっきりと区別することができる。したがって $p(\alpha)$ は S にとって絶対的で
はない。

　準完全状況にとっての絶対性を証明しうるもろもろの項と操作のリストを，
補遺5に挙げておこう。この証明（ここではそれをおこなわないが）は，絶
対性の概念が——哲学においても数学においても——もっている怪しい性格
に関して，興味深いものである。

　ここではただ啓発的な三つの結果を考慮するだけにしよう。準完全状況に
おいて絶対的なのは以下のものである。

　——次の意味において「順序数であること」。すなわち S の住民にとって
の順序数が，まさしく S に属する，一般存在論における意味での順序数であ
るということ。

　——最初の極限順序数である ω_0 と，したがってまたそのすべての要素。
すなわち有限順序数あるいは整数。

　——$\alpha \in S$ であれば，α の有限な諸部分からなる集合〔冪集合〕は S におい
て一と計算されるという意味で，α の**有限な**諸部分からなる集合〔冪集合〕。

　それに引き換え，一般的な意味での $p(\alpha)$，$\alpha > 0$ にとっての ω_α，そして
$|\alpha|$（α の濃度）などは絶対的では**ない**。

　見てわかるとおり，純粋な量（それが有限である場合は除く）にとっても
状態にとっても，絶対性はふさわしくない。多の量というものは，所与のも
ののなかでもっとも客観的だと直観的にみなされるものではあるが，そこに
は何か逃避的な，相対的なものがある。これは順序数の絶対的な堅固さ，自
然な多の存在論的図式の厳格さとは著しく対照的なことである。

　自然はたとえそれが無限であっても絶対的であり，〔それに対して〕無限な
量は相対的である。

456　VII　ジェネリック——識別不可能なものと真理

2　条　件——資材と意味[(52)]

　条件の集合に似たものなどあるだろうか。条件は土台状況 S における一つの多 π であって，この多 π は，場合によっては識別不可能なもの ♀ に属することになっており（資材の機能），いずれにせよこの識別不可能なものについての「情報」（これは状況 S の部分となるだろう）を伝えることになっている。一個の純然たる多はいかにして情報の支えとして役立ちうるのか。というのも純粋な多は「それ自体においては」現前化一般の図式であり，自分に属するもの以外の何ものも指示しないからである。

　実際われわれは——情報あるいは意味へ向かって——「それ自体における」多について作業しようというのではない。情報という観念は，情報コードの観念と同じように，差異的である。むしろわれわれがいまから得るのは次のことである。例えば，ある条件 $π_1$ がある条件 $π_2$ に包含されているのであれば，条件 $π_2$ は条件 $π_1$ よりも拘束力がある，あるいはもっと明確で，あるいはもっと強いとみなされるだろうということである。これはまったく自然なことである。$π_1$ の**すべて**の要素が $π_2$ のなかに存在する以上，また多とは所属しかもたないものである以上，$π_2$ は $π_1$ が与えるすべての情報を，またそれ以上の他の情報を与えると言うことができる。ここでは**順序**の概念が中心的であって，というのもこの概念が，他の多と比べて意味の「より豊富な」多の区別を——たとえ所属から見れば，それらがみな仮定された識別不可能なもの ♀ の要素であるとしても——可能にするからである。

　後できわめて有用であることが判明するだろう例を挙げよう。われわれの諸条件が 0 と 1 の有限な連なりであると仮定しよう（実は 0 は多 ∅ であり，1 は多 {∅} なのであるが，両者は絶対性によって——補遺5——確実に S に属している）。ある条件は例えば $<0, 1, 0>$ であるかもしれない。そこで仮定される識別不可能なものは，その諸要素のどれもがこのタイプのものとなるような多だろう。例えば $<0, 1, 0> ∈$ ♀ が得られる。その一方で，$<0, 1, 0>$ は，それが ♀ に属するという事実を超えて，♀ が——多として——何であるかに関する情報を与えると仮定しよう。この情報もすべて条件 $<0, 1, 0, 0>$ に含ま

れていることは確実である。というのも，最初の条件の全体をなす*<0, 1, 0>*という「切片」は*<0, 1, 0, 0>*という条件のなかに完全に，同じ位置に（最初の三つに）再現されているのだから。そして条件*<0, 1, 0, 0>*は，その四番目の場所に零があることによって伝えられる情報（それがいかなるものであれ）を，さらにわれわれに与える。

　<0, 1, 0> ⊂ *<0, 1, 0, 0>* と書くことができるし，また二番目の条件が最初の条件を支配していると，二番目の条件は識別不可能なものが何であるかについてもう少し詳しく述べていると考えられるだろう。以上が，情報の観念の基底にある〈順序の原理〉である。

　情報に必要なもう一つ別の特徴は，情報は相互に両立可能であるという点である。両立可能／両立不可能の判定基準なしでは，情報はむやみやたらに累積するしかなく，そうした情報が，対象である多の存在論的な整合性を保持しているかについて何の保証もない。ところで識別不可能なものが実存するためには，それが多の諸《観念》と整合的であることが必要である。識別不可能な**一つ**の多の記述を目指す以上，同じ点について矛盾する情報は許されない。例えば，条件*<0, 1>*と条件*<0, 1, 0>*とは両立可能である。というのも，最初の二つの位置について，それらは同じことを言っているのだから。それに引き換え，条件*<0, 1>*と条件*<0, 0>*は両立可能ではない。なぜなら一方は「*1* が二番目の位置にある」とコード化された情報を与え，他方は「*0* が二番目の位置にある」と矛盾した形でコード化された情報を与えているからである。この二つの条件は，同じ一つの識別不可能なもの♀に**一緒に**妥当することができない。

　ここで指摘すべき点は，二つの条件が両立可能であるとはどういうことかと言えば，その二つの条件をともに含み，情報を累積させる，さらに強い条件のなかに矛盾なく「一緒に」収められるということである。例えば，条件*<0, 1, 0, 1>*は条件*<0, 1>*と条件*<0, 1, 0>*とを同時に「含んで」おり，このことから，この二つの条件は必然的に両立可能である。逆に条件*<0, 1>*と条件*<0, 0>*は，二番目の位置を占める標記が分岐するから，いかなる条件によっても同時に含まれることがない。以上が，情報の観念の基底にある〈両立可能性の原理〉である。

458 VII ジェネリック——識別不可能なものと真理

最後に，ある条件がすでにそれ自体としてさらに強い条件を規定している場合，換言すれば，ある条件が条件づけにおいていかなる**偶発的な**進展をも許さない場合，条件は無用である。このアイディアはとても重要である。というのもこのアイディアは条件づけの自由——これのみが識別不可能なものへと導く——を形式化しているからである。例えば，条件$<0, 1>$を取ってみよう。条件$<0, 1, 0>$はその強化である（それは同じこととそれ以上のことを同時に語っている）。条件$<0, 1, 1>$も同様である。しかしながらこの二つの$<0, 1>$の「拡張」は，三番目の位置を占める標記について矛盾する情報を与えているから，互いに両立不可能である。したがって状況はこうだ。すなわち，条件$<0, 1>$は両立不可能な二つの拡張を許すのである。条件$<0, 1>$を基点とする♀の条件づけの歩みは，その条件〔$<0, 1, >$〕によって前もって規定されていない。その歩みが$<0, 1, 0>$となることもあるし，$<0, 1, 1>$となることもあるわけだが，しかしこれらの選択は**異なる**識別不可能なものを指している。条件づけの増大する明確化は現実的な選択によって，言い換えれば，両立不可能な条件のあいだでの選択によってなされるのである。以上が，情報の観念の基底にある〈選択の原理〉である。

多が情報を与える仕方に立ち入る必要なしに，われわれは三つの原理——それらなくしては多はいかなる有効な情報をも与えることができない——を規定した。いずれにせよ，順序，両立可能性，選択は，条件のあらゆる集合を**構造づけ**なければならない。

これによってわれわれは，諸条件の集合〔以下，「条件集合」と訳す〕が何であるかを困難なく形式化することができる。条件集合，これをⒸと記そう。

a. 条件集合Ⓒは Ⓒ $\in S$ をともなっており，$\pi_1, \pi_2, ..., \pi_n...$ と記される諸集合からなる集合である。識別不可能なもの♀は要素としてもろもろの条件をとるだろう。したがってそれはⒸの部分であり（♀ $\subset$ Ⓒ），したがって S の部分である（♀ $\subset S$）。状況 S は推移的であり，つまりⒸ $\in S \to$ Ⓒ $\subset S$ であるから，そして $\pi \in$ Ⓒ であるから，$\pi \in S$ が得られる。

b. この諸条件に関しては順序があり，それを $\subset$ と記そう（なぜなら一般的にこの順序は包含と合致するか，あるいは包含の一変形だからである）。$\pi_1 \subset \pi_2$ であるならば，条件 π_2 は条件 π_1 を**支配する**と言えるだろう（条件

π_2 は条件 π_1 の拡張であり，より多くのことを語っている）。

c．二つの条件は，それらが同じ一つの第三の条件によって支配されているならば，**両立可能**である。つまり「π_1 は π_2 と両立可能である」とは，$(\exists\pi_3)\,[\pi_1\subset\pi_3\,\&\,\pi_2\subset\pi_3]$ ということを意味する。そうでない場合は，二つの条件は両立不可能である。

d．どんな条件も両立不可能な二つの条件によって支配されている。すなわち $(\forall\pi_1)(\exists\pi_2)(\exists\pi_3)\,[\pi_1\subset\pi_2\,\&\,\pi_1\subset\pi_3\,\&\,\lceil\pi_2$ と π_3 は両立不可能である」]。

〔上の〕言表 a が形式化するのは，どんな条件も識別不可能なものにとっては一つの資材であるということである。言表 b は，さらに詳しい条件が区別できるということを，言表 c は，識別不可能なものの記述は一貫性の基準を認めるということを，言表 d は，記述の続行において現実的な選択があるということを，それぞれ形式化している。

3　条件集合の精確な下位集合（あるいは部分）

条件というものは二重の機能をもつと私は言った。すなわち，それは識別不可能な下位集合のための資材であると同時に，またその下位集合についての情報でもある，と。この二つの機能の交わりは，$\pi_1\in$ ♀ のような言表のなかに読みとられる。この言表が「言って」いるのは，条件 π_1 が♀によって現前化されていると同時に——同じことの別の読み方であるが——♀とは π_1 が属する（あるいは属する可能性がある）ところのものであるということである（後のほうは♀に関する情報となっているが，それは「最小の」あるいは原子的な情報である）。われわれの関心の的は，ある種の条件が条件集合ⓒの整合的な下位集合をたしかになすように，いかに規制されうるかということである。この「集団的」条件づけは，集合ⓒを構造づける順序，両立可能性，選択といった諸原理と密接に結びついている。この条件づけは資材機能を情報機能に縫合する。というのもそれは諸条件の情報構造**にもとづいて**，所属しうるものあるいは所属すべきものを指示するからである。

さしあたり，条件づけたい部分の識別不可能な性格のことは置いておくとしよう。定数外の記号♀はまだ必要ではない。一般的な仕方で次のように自

問しよう。条件が多の一を——つまり©の部分δを——狙うためには，どのような条件がその条件に課されなくてはならないのか（このδが状況のなかに実存するかについて究極的に決定することが可能であろうとなかろうと）。

　確かなことは，条件π_1が状況の部分δの条件づけのなかに現れ，かつ$\pi_2 \subset \pi_1$（π_1はπ_2を支配する）ならば，条件π_2もその条件づけのなかに現れるということである。なぜなら，条件π_2がこの仮定上の多に関する情報としてわれわれに与える一切合切はすでにπ_1のうちに存在するからである。

　©の部分δという〈多なる一〉をねらう条件集合を**精確な集合**と呼ぼう。ある条件が精確な条件集合に属するならば，この最初の条件が支配するすべての条件もまたその条件集合に属するということ，これをわれわれはいま見たところであるが，これは精確な条件集合についての第一規則であるだろう。この精確さの諸規則をRdと記そう。以下が得られる。

$$Rd_1 : [\pi_1 \in \delta \,\&\, \pi_2 \subset \pi_1] \rightarrow \pi_2 \in \delta$$

　要するに，われわれは諸条件の精確な部分を公理的に特徴づけようとしているのである。さしあたり，δが識別不可能であるという事実は考察対象にまったく入らない。Sの住民にとっては，変数δだけで精確な下位集合という概念を構成するには十分である。

　この規則から出てくる帰結は，空集合∅はどんな精確な部分にも属するということである。実際，普遍的な包含の立場にある∅は（省察7），どんな条件πのなかにも包含されており，あるいはどんな条件によっても支配されている。∅について何を言うべきか。∅は下位集合δが何であるかについてわれわれに何も教えない**最小の条件**であるということだ。条件づけのこの零度はあらゆる精確な部分の破片である。なぜなら，δのいかなる特徴も∅の要素（そんなものはない）によって肯定も反駁もされない以上，δのどんな特徴も∅がそこに姿を現すことを防ぐことができないからである。

　他方で，精確な部分は多の一をねらうのだから，精確な部分は一貫性のあるものでなくてはならないということも確かである。精確な部分は両立不可能な諸条件を含むことはできない。われわれの第二の規則が措定するのは，

二つの条件がある一つの精確な部分に属するのであれば，それらは両立可能であり，言い換えれば，第三の同じ一つの条件によって支配されているということである。しかしこの第三の条件は，最初の二つの条件に含まれる情報を「累積させる」から，この第三の条件も精確な部分に属すると措定することは理に適っている。われわれの規則は次のようになる。すなわち，δ の二つの条件が与えられたとして，それらのどちらをも支配する δ の条件が実存するということである。これが精確さの第二規則 Rd_2 である。すなわち，

$$Rd_2 : [(\pi_1 \in \delta) \;\&\; (\pi_2 \in \delta)] \rightarrow (\exists \pi_3) \, [(\pi_3 \in \delta) \;\&\; (\pi_1 \subset \pi_3) \;\&\; (\pi_2 \subset \pi_3)]$$

Rd_1 と Rd_2 の二つの規則が基礎づける精確な部分の概念は，S の住民にとって完全に明確であるということに注意しよう。精確な部分とは，状況の言語において表現された二つの規則に従わなければならない©のある種の下位集合であるということ，このことは S の住民にとって明らかである。もちろんわれわれは，精確な諸部分が S のなかに実存するかどうかをまだ正確に知っているわけではない。精確な諸部分が S のなかに実存するためには，それらが S のなかで知られている©の諸部分である必要がある。ところで，©が条件 S の要素であるという事実から，推移性によって，©の**要素**はまた S の要素でもあるということは保証されるが，©の**部分**が自動的に S の部分でもあるということはいささかも保証されない。しかしながら，精確な条件集合という概念——場合によっては空虚な概念——は，S のなかで思考可能である。これは S の住民にとっては精確な定義である。

残るは，©の——つまり S の——**識別不可能な**部分であるような精確な部分をいかに記述すべきかという問題である。

4　識別不可能なあるいはジェネリックな下位集合

©の下位集合 δ が精確である——言い換えば規則 Rd_1 と Rd_2 に従う——と仮定しよう。この下位集合が識別不可能であるためには，つまりこの δ が♀であるためには，さらに何が必要か。

462　VII　ジェネリック——識別不可能なものと真理

集合 δ は，それを完全に名指す状況の言語の明示的な特性が実存する場合，S（準完全な土台状況）**の住民にとって識別可能**である。別の言い方をすれば，S の住民にとって理解可能な明示的な式 $\lambda(\alpha)$——「δ に属すること」と「$\lambda(\alpha)$ によって表現される特性をもつこと」とが合致する（つまり $\alpha \in \delta \leftrightarrow \lambda(\alpha)$）ような式 $\lambda(\alpha)$——が実存するのでなければならない。δ の**すべて**の要素は λ によって明示される特性をもち，また**それらの要素のみ**がその特性をもつわけであるが，それが意味するところは，α が δ に属さ**ない**のであれば，そのとき α は特性 λ をもたないということ，すなわち，$\sim(\alpha \in \delta) \leftrightarrow \sim\lambda(\alpha)$ だということである。この場合，λ は集合 δ を「名づける」と，あるいは λ は集合 δ を**分出する**（省察 3）と言うことができる。

いま精確な条件集合を δ としよう。それは ⓒ の部分であり，規則 Rd_1 と Rd_2 に従う。さらにそれは識別可能であり，式 λ が ⓒ のなかから分出するものと合致する。$\pi \in \delta \leftrightarrow \lambda(\pi)$ が成り立つ。このとき，諸条件の原理 d（選択原理）に従って，どんな条件も二つの両立不可能な条件によって支配されているということに注意しよう。詳しく言えば，条件 $\pi_1 \in \delta$ について，π_2 と π_3 という両立不可能な二つの支配的な条件が成り立つ。精確な部分に関する規則 Rd_2 によって，両立不可能な二つの条件がともに同じ一つの精確な部分に属することは禁じられている。したがって π_2 か π_3 のどちらかが δ に属さ**ない**のでなければならない。属さないのが π_2 だとしてみよう。特性 λ は δ を識別するが，π_2 は δ に属さないのであるから，π_2 は λ によって表現される特性を**もたない**ということになる。したがって $\sim\lambda(\pi_2)$ が得られる。

われわれは識別不可能なものの性格づけにとって決定的な，以下の結果に到達する。すなわち，精確な部分 δ が特性 λ によって識別されているのであれば，δ のどの要素（一切の $\pi \in \delta$）も，$\sim\lambda(\pi_2)$ であるような条件 π_2 によって支配されている，と。

この点をわかりやすく説明するために，0 と 1 の有限列の例に戻ってみよう。「標記 1 しか含まない」という特性は，ⓒ のなかから $<1>$，$<1,1>$，$<1,1,1>$ といった条件集合を分出する。この特性は明確にこの下位集合を識別する。ところでこの下位集合は精確である。それは規則 Rd_1 に従っている（というのも 1 の列に支配されたどの条件もそれ自体が一つの 1 の列だからだ）。そ

省察 33　識別不可能なものの数学素　463

れは規則 Rd_2 にも従っている（というのも 1 の二つの列は，その二つの列よりも「長い」ある 1 の列に支配されているからだ）。つまりこれはまさしく識別可能な精確な部分の例なわけである。

ここで「1 の標記しか含まない」という識別特性の否定を考えてみる。この否定は「標記 0 を少なくとも一回含む」と言える。この否定を満足させる条件集合を考えよう。それは少なくとも一つの 0 をもつ条件である。ところで 0 を一つももたない条件が与えられている場合，その条件が一つの 0 をもつ条件につねに支配されていることは明らかである。すなわち，$<1,1,1>$ は $<1,1,1,0>$ に支配されている。終わりに 0 を付け加えるだけで十分である。かくして「1 しか含まないすべての列」という定義をもつ識別可能な精確な部分は，その反対の特性「少なくとも一つの 0 を含む」によって定義された，ⓒのうちなる**外部**のなかに，内部で与えられた条件を支配するような条件をつねにもつような部分なのである。

したがってわれわれは精確な部分の識別可能性を次のように言うことによって明示することができる。すなわち，λ が精確な部分 δ を識別するならば（ここで λ は「1 しかもたない」ということである），そのとき δ の一切の要素にとって（ここでは例えば $<1,1,1>$），δ の外部――すなわち $\sim\lambda$（ここで $\sim\lambda$ は「少なくとも一つの 0 をもつ」ということである）を実証する諸要素――のなかに，δ の選択された要素を支配する要素（ここでは例えば $<1,1,1,0>$）が少なくとも一つ実存する，と。

かくしてわれわれは，精確な部分の識別可能性を**構造的に**――言語を参照することなく――特徴づけることができる。

次のような条件集合を**支配集合**[2]〔domination〕と呼ぼう。すなわち，その支配集合の外部にある一切の条件が，支配集合の内部にある少なくとも一つの条件によって支配されて

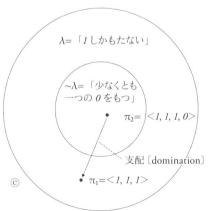

464　VII　ジェネリック——識別不可能なものと真理

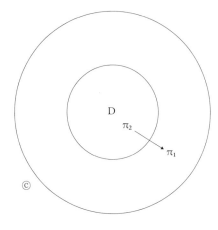

いるような、そうした条件集合である。すなわち、支配集合を D と記すならば（図を参照のこと）、
$\sim(\pi_1 \in D) \rightarrow (\exists \pi_2)[(\pi_2 \in D) \& (\pi_1 \subset \pi_2)]$
である。

　支配のこの公理的な定義は、もはや言語とか特性 λ とかに言及しない。

　特性 λ が精確な下位集合 δ を識別するのであれば、そのとき、$\sim\lambda$ を満足させる条件（δ のなかに存在しない条件）が支配集合となるということ、これをわれわれは見たところである。与えられた例で言えば、「*1 しかもたない*」という特性を否定する数列——つまり少なくとも一つの 0 をもつすべての列——は支配集合を形成するのである。

　精確**かつ**（λ によって）**識別可能な**集合 δ がもつ一つの特性は、ⓒのなかのその外部（これは $\sim\lambda$ によって識別されている）が支配集合であるということである。**したがってどんな精確かつ識別可能な集合も少なくとも一つの支配集合から全面的に切り離されている**。すなわち、識別特性を**もたない**条件から構成された支配集合から切り離されている。δ が λ によって識別されるのであれば、δ の外部にあり $\sim\lambda$ によって識別される（ⓒ $-\delta$）は支配集合である。もちろん、δ を除去するときにⓒのなかに残るものと δ との交わりは必然的に空である。

　反対推論から確実に言えるが、精確な集合 δ が**一切の支配集合と交わる**——すなわち一切の支配集合と共通要素を少なくとも一つもつ——のは、この精確な集合が識別不可能であるからである。というのも、さもなくば、この集合は識別特性の否定に対応する支配集合と交わら**ない**ということになってしまうからである。ところで支配集合についての公理的な定義は内属的なものであって、言語への言及なしですむし、S の住民によって理解可能である。ここでわれわれは、存在論の言語において厳密に与えられた識別不可能なものの**概念**の縁にいる。♀は**すべての支配集合と交わらなくてはならない**（す

なわち，少なくとも一つの共通要素をもたなくてはならない）と，われわれ
は措定する。すべての支配集合とは，S の住民にとって実存するすべての支
配集合，言い換えれば準完全状況 S に属するすべての支配集合という意味に
理解しよう。実際，支配集合は条件集合ⓒの**部分** D であるということに注
意しよう。ところで，p（ⓒ）は絶対的では**ない**。つまり，（一般存在論にお
ける意味では）実存するけれども，S の住民にとっては実存しない支配集合
もあるかもしれないのだ。識別不可能性が S と相関的なものである以上，識
別不可能性の概念を支える支配集合もまた相関的である。**S においては**，す
べての支配集合と交わる精確な部分♀は，それを識別するものとして想定さ
れた特性を一切もたないような（少なくとも）一つの条件を含むということ，
これがアイディアである。このように，すべての支配集合と交わる精確な部
分♀は，それが S において思考可能な姿そのままに，漠然としたもの——あ
るいは任意のなにものか——の申し分のない場である。というのもそれは自
己の地点の少なくとも一つにおいて，何らかの特性（それがいかなるもので
あれ）による識別を免れるのだから。

　そこから次のもっとも重要な定義が出てくる。すなわち，**精確な集合♀は，
S に属する一切の支配集合 D について $D \cap$ ♀ $\neq \emptyset$（♀と D の交わりが空では
ない）が成り立つならば，S にとってジェネリック的となるだろう**，と。

　この定義は一般存在論の言語で与えられてはいるが（というのも S は S に
属さ**ない**からだ），S の住民にとって完璧に理解可能である。S の住民は支配
とは何かを知っている。というのも支配集合の定義，すなわち
$\sim(\pi_1 \in D) \rightarrow (\exists \pi_2)[(\pi_2 \in D) \,\&\, (\pi_1 \subset \pi_2)]$ は，S に属する条件に関わるからである。
S の住民は精確な条件集合が何であるかを知っている。その住民は，「精確
な集合は，それが一切の支配集合と交わる場合，ジェネリックである」とい
う文言を理解する。その住民は S という**みずからの宇宙のなかで**量化をおこ
なう以上，彼にとって「一切の支配集合」とは「S に属する一切の支配集合」
を意味するからである。ところで，この文言が定義しているのは精確な部分
についてのジェネリック性の概念である。したがってこのジェネリック性と
いう概念は S の住民にとって接近可能である。それは本来的に，土台状況に
おいて識別不可能な多についての，土台状況内部における概念なのである。

466　VII　ジェネリック——識別不可能なものと真理

　ジェネリックなものの直観を支持するために，再び *0* と *1* の有限列を考察
しよう。「少なくとも一つの *1* をもつ」という特性は支配を識別している。
というのも，*0* しかもたない一切の数列が一つの *1* をもつ数列によって支配
されているからである（考察対象の数列に *1* を付け加えるわけである）。し
たがって，*0* と *1* の有限列からなる集合がジェネリックであれば，その集合
と支配集合との交わりは空ではない。その集合は *1* をもつ数列を少なくとも
一つ含んでいる。「少なくとも二つの *1* をもつ」や「少なくとも四千の *1* を
もつ」とかも支配集合を識別する（十分に *1* をもっていない数列に必要なだ
け *1* を付け加えるわけだ）ということも，まったく同様に証明されるだろう。
その場合ジェネリックな集合は，*1* という記号を二倍あるいは四千倍もつ数
列を必ずや含むだろう。「少なくとも一つの *0* をもつ」とか「少なくとも四
百万の *0* をもつ」という特性についても同様に考えることができる。つまり
ジェネリックな集合は，望む回数だけ標記 *1* あるいは標記 *0* を伴う数列を含
むだろう。「*1* で終わる」（注意しなくてはならないが，「*1* で始まる」では**な
い**。「*1* で始まる」では支配が識別されない。なぜそうなのかは自分で確か
めてもらいたい）とか，「百億個の *1* で終わる」，はたまた「少なくとも 17
個の *0* と 47 個の *1* をもつ」といったようなもっと複雑な特性でも，同じこ
とが繰り返される。こうした特性によって定義されるすべての支配集合と交
わらなくてはならないジェネリック集合は，それぞれの特性について，その
特性をもつ少なくとも一つの数列を含まなくてはならないだろう。♀ の不確
定さの根，任意のなにものかという，識別不可能な性格の根がまさにここに
ある。♀ に属する少なくとも一つの項（一つの条件）によって莫大な数の特
性が支えられているという意味で，♀ は「少しばかりの全体」を含んでいる。
ここでの唯一の限界は整合的存立性である。識別不可能な集合 ♀ は，「*1* か
ら始まる」と「*0* から始まる」のような，二つの特性によって両立不可能になっ
てしまうような二つの条件を含むことはできない。最終的には，識別不可能
な集合は，その資材において多として純粋に実存するために必要な特性**しか
**もたない（ここでは *0* と *1* の数列である）。それはいかなる特殊な，識別的な，
分出的な特性ももたない。それは条件集合の諸部分の無名の代表者である。
つまるところ，それは純然たる多として存立するという特性しか，言い換え

れば存在するという特性しかもたない。言語を免れたものとして，それはみ
ずからの存在で満足するのである。

訳注
［1］省察31 訳注［2］を参照のこと。
［2］ここで domination は，「支配」という関係性を指すと同時に，「支配的な集合」（支
　配集合）という二重の意味で用いられている。文脈に合わせて訳しわけた。〈1, 1, 1〉
　を〈1, 1, 1, 0〉が「支配する」という場合，後者が前者を包み込んでいるという事
　態を指しているだけなので，あまりに社会的・政治的な力関係を匂わせる「支配」
　という訳語はいかがなものかとは思ったが，数学的な内容を考えた場合，「優位集合」
　とも「上位集合」とも言えず，他によい言葉が思いつかなかったので「支配集合」
　とした。「支配」といっても，あくまでもニュートラルに「配分を司る」くらいの
　意味で捉えてほしい。とはいえ，バディウはこの domination（数学では dom と記載
　される）という概念のうちに，数学の文脈を超えた政治的・権力論的なコノテーショ
　ンを持たせていると思われる（このあたりは，存在と存在者の問題を切り離したは
　ずのバディウの数学的存在論が，存在者的なコンテクストとどのような関係性をも
　つのかについて，議論を惹起するところだろう）。

省察 34

識別不可能なものの実存
──名の権力──

1 非実存の危険を冒して

われわれは省察 33 の結果，識別不可能な多の**概念**を手にした。しかしどのような「存在論的な論拠」によって，われわれは概念から実存へと移行するのか。実存するとは，状況に**属する**ことを意味するというのに。

ジェネリック性の概念を手にしている宇宙 S の住民は，「この条件集合は私が**思考**できるものではあるが，はたしてそれは実存するのか」と問うだろう。それはその実存はすでに述べた理由から自明ではない。すなわち，ジェネリックな精確な部分が**存在論にとっては**実存するとしても，p（©）が絶対的でない以上，S **のなかには**，そのような部分の基準に応じるいかなる下位集合も実存しないということもありうる。

大いに幻滅をさそうこの問いに対する答えはノーである。

♀が S に**属する**（ところで「S に属する」というのは〈宇宙 S の住民にとって実存する〉ということの存在論的な概念である）精確な部分であるとしたら，絶対性の理由から（補遺 5），©におけるその外部──© − ♀──もまた S に属する。具合が悪いのは，われわれが実際すでに見たように，この外部が**支配集合である**という点だ。すなわち，♀に属するどの条件も両立不可能な二つの条件によって支配されており，したがって♀に外在的な条件が少なくとも一つはある。つまり© − ♀が♀を支配しているのである。しかしそうなると，ジェネリックである♀は S に属するあらゆる支配集合と──つ

まりは自分の外部と——交わらなくてはならないことになり，これはおかしい。

したがって，♀がジェネリックであるならば，♀が S に属するのは不可能である。S の住民にとっては，ジェネリックな部分はまったく実存しない。われわれは港の近くまで来て座礁したように思われる。なるほどわれわれは，どんな式によっても判別されない，またその意味で S の住民にとっては識別不可能な，精確なジェネリックな下位集合という概念を土台状況の**なか**に構成した。しかしその土台状況のなかにはいかなるジェネリックな下位集合も実存しないのだから，識別不可能性は空虚な概念にとどまる。すなわち識別不可能なものは**存在なし**に存在している。識別不可能なものが実存するとしても，それは世界の外にであるのだから，S の住民にできることは実は識別不可能なものの実存を**信じる**ことだけである。識別不可能なものの明確な概念を操ることができるということから，この概念の存在の空を満たすような信を結論することも可能ではある。しかし実存を状況にわりふることもできないのだから，実存はここでその意味を変える。となると識別不可能なものの思考は，それを超越によって満たすのでもないかぎり，空ろなままにすぎないと，純然たる概念に宙づりにされたままであると，そう結論しなくてはならないのか。いずれにせよ，S の住民にとっては，神のみが識別不可能なものでありうるように思われるのである。

2　存在論的どんでん返し——識別不可能なものは実存する

この袋小路は，状況の**外部から**操作する存在論者によってこじ開けられるだろう。存在論が純然たる多に対してふるう——つまりは状況という**概念**に対してふるう——思考上の支配によって，存在論がみずからの権力を行使するこの契機，これを読者は集中して追ってほしい。

存在論者にとって，状況 S はもろもろの特性をもつ一つの多である。それらの多くの特性は状況の内部からは観察不可能であるが，外部からは明白である。この種の典型的な特性は状況の濃度である。例えば，S は可算的である——これは冒頭でわれわれが公準として仮定したことである——と語るこ

とは，Sとω_0とのあいだに一対一対応があることを意味する。しかしこの対応がSの一つの多ではないことは確実である。その理由が，この対応に含意されたSがSの要素では**ない**というそれだけの理由だとしても。したがってSの濃度が判明するのはもっぱらSの外部からである。

ところで純粋な多の主（〈存在としての存在〉についての思考，すなわち数学）が統治するこの外部から見るとき，Sに属する©のもろもろの支配集合は一つの可算集合を形成していることがわかる（神の目である）。当たり前である！　Sは可算なのだから。ところでSに属するもろもろの支配集合は，Sの一部分を形成し，この部分はそれを包含するものの濃度を超過しえない。したがってSに属する©の支配集合の可算なリスト $D_1, D_2, \ldots D_n, \ldots$ について語ることができる。

このときわれわれはジェネリックな精確な部分を次のような仕方で（反復によって）構成するだろう。

——π_0 は任意の条件である。

——π_n が定義されていれば，次の二つのうちどちらかである。

- $\pi_n \in D_{n+1}$ すなわち $n+1$ 階数の支配集合。この場合，私は $\pi_{n+1} = \pi_n$ と指定する。
- あるいは $\sim(\pi_n \in D_{n+1})$。この場合，支配の定義によって，π_n を支配する $\pi_{n+1} \in D_{n+1}$ が実存する。私は π_{n+1} を得る。

この構成によって私は，「はめ込まれた」諸条件の数列，すなわち $\pi_0 \subset \pi_1 \subset \pi_2 \subset \ldots \subset \pi_n \subset \ldots$ を与えられる。

私は♀を，上の数列の少なくとも一つの π_n によって支配された条件集合として定義する。すなわち，$\pi \in ♀ \leftrightarrow [(\exists \pi_n)\, \pi \subset \pi_n]$ である。

このとき私は以下の点を確認する。

a. ♀は精確な条件集合である。

——この集合は規則 Rd_1 に従う。というのも $\pi_1 \in ♀$ であるならば，$\pi_1 \subset \pi_n$ であるような π_n があるからだ。しかしこのとき $\pi_2 \subset \pi_1 \rightarrow \pi_2 \subset \pi_n$ であり，つまり $\pi_2 \in ♀$ である。♀の条件によって支配されたどの条件も確かに♀に属する。

省察34 識別不可能なものの実存　471

——この集合は規則 Rd_2 に従う。というのも $\pi_1 \in ♀$ かつ $\pi_2 \in ♀$ であるならば，$\pi_1 \subset \pi_n$ かつ $\pi_2 \subset \pi_{n'}$ をが成り立つからである。例えば，$n < n'$ だとしよう。数列の構成上，$\pi_n \subset \pi_{n'}$ が，つまり $(\pi_1 \cup \pi_2) \subset \pi_{n'}$ が，したがって $(\pi_1 \cup \pi_2) \in ♀$ が得られる。ところで，$\pi_1 \subset (\pi_1 \cup \pi_2)$ かつ $\pi_2 \subset (\pi_1 \cup \pi_2)$ である。つまり♀のなかには，π_1 と π_2 を共通に支配するものが確かにある。

b. ♀はジェネリックである。

S に属する一切の支配集合 D_n について，数列の構成上，$\pi_n \in ♀$ かつ $\pi_n \in D_n$ であるような π_n が実存する。つまり一切の D_n について，$♀ \cap D_n \neq \emptyset$ が成り立つ。

かくして一般存在論にとって，S のジェネリックな部分が**実存する**ことはまったく疑いない。もちろん存在論者は，S の住民が，この S の**部分**は S の**要素**ではないと言うことに同意するだろう。これは S の住民にとっては，この部分が実存しないということを意味する。〔しかし〕存在論者にとっては，それは $♀ \subset S$ ではあるが $\sim (♀ \in S)$ ということを意味するだけである。

存在論者にとっては，準完全状況 S が与えられていれば，**その状況のなかでは識別不可能な，その状況の下位集合が実存する**。可算的などの状況においても，状態は状況のなかで識別不可能な部分を一と計算するということ，これは存在の法ではあるが，その部分の概念は得られる。すなわち精確なジェネリックな部分という概念である。

しかしわれわれの苦労が終わったわけではない。なるほど S にとって識別不可能なものが S の外に実存する。だが逆説はどこにあるか。われわれが望むのは，**状況に内的な**識別不可能なものである。あるいは正確に言えば，$a.$ 状況において識別不可能でありながら，$b.$ この状況に属する，そうした集合である。この集合が，それが識別不可能であるまさにその場に**実存する**ことを，われわれは望むのである。

♀はどのような状況に属するのかということに問いは集約される。♀が S に対して外在的に浮遊するというのではわれわれは満足できない。というのも状況の未知の拡張——まだ知られてはいないが，そこでは，例えば♀が状況の言表によって構成され，したがって完全に識別可能であるような，そう

した拡張——があって，♀はこの拡張に属しているということもありうるからだ。

この問いを探究するためのもっとも簡単なアイディアは，土台状況 S に♀を付け加えることである。そうすれば♀がそこに属するような新しい状況が得られるだろう。識別不可能なものを付け足すことによって得られた状況を S の**ジェネリック拡張**と呼び，$S(♀)$ と記すことにしよう。この問いがきわめて難しいのは，S の住民には理解不可能であるかもしれないが，この「付け足し」が **S の資源を用いて**なされなくてはならないからである。ところで $\sim(♀\in S)$ である。S が包含する識別不可能なものを所属の明るみの下に生み出すことによって S をこのように拡張することに，いかに意味を与えるべきか。そしてわれわれがこの問題を解くことができると仮定して，♀がジェネリックな拡張 $S(♀)$ において識別不可能となることを，何がわれわれに保証するのか。

解決策は，状況それ自体をまず修正し豊かにすることではなく，状況の言語を修正し豊かにすることである。すなわち識別不可能なものによる S の拡張の仮説的な要素を **S のなかで**名づけることができるようにし，かくして拡張の諸特性を——実存を前提することなく——先取りすることである。そのような言語においてならば，S の住民はこう言うことができるだろう。「ジェネリック拡張が実存するならば，S のなかに実存するなんらかの名は S のなかでなにごとかを指すだろう」と。S の住民はジェネリック性という（彼にとっては空虚な）概念を使っているのだから，このような仮説的な言表をしてみても彼に問題は起きない。外から存在論者がこの仮説を具体化するだろう（存在論者のほうはジェネリックな集合が実存すると知っているのだから）。名の指示対象は S の住民にとっては信仰箇条でしかないが，存在論者にとっては，それは現実の項となるだろう。叙述の**論理**は S の住民にとってもわれわれにとっても同じだが，その推論の**存在論的な地位**はまったく異なるだろう。S の住民にとっては超越における信であり（♀は「世界の外」に存在するのだから），存在論者にとっては存在の措定である。

3 識別不可能なものの命名

　われわれの企ての驚くべき逆説は，まさに**識別不可能なものを名づけ**ようとしている点にある。われわれは名づけえぬもののための言語を探し求めている。この言語は名づけえぬものを〈名づけることなく名づけ〉なければならず，名づけえぬもののうちにいかなるものをも特定することなくそのおぼろげな実存を知らせるだろう。多のみを拠り所としてこのプログラムを存在論内において実現することは，華々しい成果である。

　名は S の資源のみを用いて $S(♀)$ の諸要素を**仮説的**に指すことができなくてはならない（$S(♀)$ は外部の存在論者にとっては実存するが，S の住民にとっては実存しないあるいは信の超越的対象でしかないから）。S のなかで $S(♀)$ に触れる唯一の**実存する**事象，それはもろもろの条件である。したがって，名によって S の多を条件と組み合わせるようにするのだ。もっとも「窮屈な」考え方は，一つの名それ自体が，他のもろもろの名と条件との組から構成されるようにすることである。

　このような名の定義は次の通りである。すなわち，名とは，もろもろの名と条件との対を要素とする多である。つまり μ_1 が一つの名であるとして，$(\alpha \in \mu_1) \rightarrow (\alpha = \,\langle \mu_2, \pi \rangle\,)$（$\mu_2$ は名であり，π は条件である）。

　もちろん読者はこの定義の循環的な性格に憤るかもしれない。私は自分が名とは何であるかを知っていると想定しながら名を定義している，と。このアポリアは言語学者たちにはおなじみのものである。例えば「名」という名を，それが名であると言うことから始めずに，いかに定義できようか。この案件の現実点は，ラカンによって，メタ言語はないというテーゼの形で抽出されたものである。われわれは「ララング[1]」のなかに浸り切っており，この没入から分離した思考にまで身をよじることができないでいる。

　とはいえ存在論の枠組みにおいては，循環性は解きほぐされ，階層構造あるいは成層構造としてくり広げられる。そもそも，継起する自分の構成物をつねに空の点から出発して成層化することは，この思考領域〔存在論〕のもっとも深い特色の一つである。

474 VII ジェネリック——識別不可能なものと真理

見た目の循環をこのように成層化して広げてみせる作業に本質的な道具，
これをわれわれはまたもや順序数の数列のなかに見出す。自然は順序化——
今の場合で言えば，名の順序化——の普遍的な道具である。

基礎的なもろもろの名——あるいは名辞のゼロ階数にあるもろもろの名
——を定義することから始める。これらの名はもっぱら$<\varnothing, \pi>$というタイ
プの順序対から構成されている。この$<\varnothing, \pi>$において，$\varnothing$ は最小条件（$\varnothing$
が何ものをも条件づけない条件であることをわれわれは見た）であり，π は
任意の条件である。すなわち μ を名だとすれば（そう単純化すれば），次の
ようになる。

$$\text{「}\mu\text{ はゼロ名辞階数にある」} \longleftrightarrow [(\gamma \in \mu) \to \gamma = <\varnothing, \pi>]$$

次に，β が順序数 α よりも小さい順序数（つまり $\beta \in \alpha$）であるような名辞
階数 β のすべての名を定義することができたと仮定する。ここでのわれわれ
の目標は名辞階数 α のある名を定義することである。この名は，$<\mu_1, \pi>$（μ_1
は α より**下位**の名辞階数の名であり，また π は一つの条件である）というタ
イプの順序対から構成されていると措定される。

$$\text{「}\mu\text{ は }\alpha\text{ 名辞階数にある」} \longleftrightarrow [(\gamma \in \mu) \to [\gamma = <\mu_1, \pi>\text{かつ}$$
$$\text{「}\mu_1\text{ は}\alpha\text{よりも小さい}\beta\text{名辞階数にある」}]]$$

このとき定義は循環的であることをやめるが，その理由は，名が順序数（α
としよう）によって名づけられた名辞階数につねに結びつけられているから
である。このとき名は$<\mu, \pi>$の順序対から構成されているが，μ は α より
下位の名辞階数にあり，つまりは前もって定義されている。かくしてひとは
ゼロ名辞階数のもろもろの名——これらの名は明示的に定義されている
（$<\varnothing, \pi>$というタイプ順序対の集合である）——にまで「再下降する」こ
とができる。もろもろの名は，先行段階で定義された資材のみを用いた相次
ぐ構成によって，ゼロ階数から出発して展開される。例えば，第 1 階数のあ
る名は，ゼロ階数のもろもろの名と条件との順序対から構成されるだろう。

しかしゼロ階数の順序対は定義ずみである。したがって第1階数の名の要素もまた定義ずみであって，その名は$<<\varnothing, \pi_1>, \pi_2>$というタイプの順序対しか含まない。以下同様に続く。

　われわれがまずなすべきは，名のこうした概念がSの住民にとって理解可能かどうか，この土台状況のなかにどのような名が存在するのか，これを調べることである。実際，すべての名が土台状況のなかに存在するわけではないということは確実である（そもそも©が空でなければ，名の階層組織は**集合ではなく**，構成可能集合の階層組織 L とまったく同様に，存立しない。省察29を見よ）。

　最初にまず指摘すべきことだが，Sに属さない順序数に関して，名辞階数がSのなかに「実存する」と，そう期待することはできない。ところで，Sは推移的かつ可算的であるから，それは可算な順序数しか含んでいない。というのも$\alpha \in S \to \alpha \subset S$であり，また$\alpha$の濃度は$S$の濃度（これは$\omega_0$に等しい）を超えられないからである。「順序数であること」は絶対的であるから，Sに属さない**最初の**順序数δについて語ることができる。Sの住民にとってはδより下位の順序数しか実存せず，したがって名辞階数における反復が意味をもつのは，除外されたδに至るまでのことにすぎない。

　したがって土台状況Sに内在的であるということは，一般存在論がその実存を肯定する名の群れと比べて，「実存する」名の数を大いに制限することになる。これは確かである。

　しかしわれわれにとって重要なことは，Sの住民が名の概念を手にしているかどうか，その住民がその結果，彼の状況に属する（一般存在論における意味での）すべての名を名として認識するかどうか，これを知ることである。またそれと相関して，一般存在論にとっては——言い換えれば名辞階数の階層構造にとっては——名ではない（状況の）もろもろの多に，Sの住民が「名」という名を与えないかどうかを知ることである。要するにわれわれが検証したいのは，名の**概念**は絶対的であるということ，Sの**なかで**「名であること」は，一般存在論における意味で「Sに属する名であること」と合致するということ，これである。

　この調査の結論はイエスである。名の概念のなかに投入されたすべての項

とすべての操作（順序数，順序対，順序対の集合，等々）は準完全状況 S にとって絶対的であるということが現に証明される。つまりそうしたすべての項と操作は，S の住民にとっても存在論者にとっても，「同じ多」——それが S に属するとして——を特定しているのである。

したがって S のもろもろの名——S のなかに実存し，S に属するもろもろの名——を単刀直入に考察することができる。もちろん，S は必ずしも所与の α 階数のすべての名を含むわけではない。S が含むすべての名は——そしてそうした名のみが——S の住民から名として認知されるのである。今からわれわれが名について語るとき，それは S のなかの名のことだと理解する必要がある。われわれが識別不可能なもの♀の属する状況 $S(♀)$ を築き上げようとするのは，まさしくこうした名を用いてである。これはまさに名が事態を創造するという事例である。

4 名の指示対象としての♀と識別不可能なものによる拡張

あるジェネリックな部分♀が実存すると仮定しよう。思い出しておけば，この「仮定」は存在論者にとっては確実性であるが（S が可算的であれば，ジェネリックな部分が実存することが証明される），S の住民にとっては神学的な信である（というのも♀は宇宙 S に属さないのだから）。

われわれは識別不可能なもの♀に結びついた**指示対象的な価値**をもろもろの名に与えることにする。識別不可能なもの♀を土台状況に付け足すことを強制されたある状況があり，その状況に属するある多を名によって「指し示す」こと，これが目標である。われわれは S のなかで既知の名しか使うことができない。ジェネリックな部分♀の仮定から導出される，名の指示対象的な価値，これを $\mathrm{R}_♀(\mu)$ と記すことにする。定数外の形式的な象徴♀が十分に用いられ始めるのは，まさにここからである。

一つの名は，もろもろの順序対 $<\mu_1, \pi>$（μ_1 は名であり，π は条件である）を要素とする。名の指示対象的な価値はこの二つのタイプの多（名と条件）から出発してしか定義されえない。というのも純粋な多はそれが所有するものしか——言い換えれば，それに属するものしか——与えることができない

からだ。われわれは次のような単純な定義を得るだろう。すなわち，実存すると仮定された♀を指す名の指示対象的な価値は，その名の構成に含まれた，また♀に**属する**条件と対になったもろもろの名の，その指示対象的な価値の集合である，と。例えば，順序対$<\mu_1, \pi>$は名μの要素であると確認できる。πが♀に**属するならば**，その場合μ_1の指示対象的な価値——すなわち$R_♀(\mu_1)$——はμの指示対象的な価値の要素である。要約すれば，

$$R_♀(\mu) = \{R_♀(\mu_1) \diagup <\mu_1, \pi> \in \mu \ \& \ \pi \in ♀\}$$

この定義は名の定義の場合とまったく同様に循環的である。μ_1の指示対象的な価値を規定できることを想定しながら，μの指示対象的な価値を定義している。〔しかしわれわれは〕名の名辞階数を利用することによって，この循環を階層組織として繰り広げることができる。名が階層化されているのだから，その指示対象的な価値の定義もまた階層化されうる。

——ゼロ名辞階数のもろもろの名（これは順序対$<\emptyset, \pi>$から構成されている）について，以下のように措定できるだろう。

● 順序対$<\emptyset, \pi>$（$\pi \in ♀$）がμの要素として実存するならば，$R_♀(\mu) = \{\emptyset\}$である。「順序対$<\emptyset, \pi>$（$\pi \in ♀$）がμの要素として実存するならば」というのは，別の言い方をすれば，名μを構成するもろもろの順序対$<\emptyset, \pi>$の一つがジェネリックな部分のなかに存在する条件を含むという点で，名μがジェネリックな部分に「接続」しているならばということである。形式的に書けば，$(\exists \mu) [<\emptyset, \pi> \in \mu \ \& \ \pi \in ♀] \rightarrow R_♀(\mu) = \{\emptyset\}$である。

● 上記ではない場合（μを構成するもろもろの順序対のなかに現れるいかなる条件もジェネリックな部分に属さないならば），$R_♀(\mu) = \emptyset$である。

価値の指定は明示的であり，仮定されたジェネリックな部分に条件が属するか否かにもっぱら依存しているということ，この点に気をつけよう。例えば，名$\{<\emptyset, \pi>\}$は，πが♀に属していれば指示対象的な価値$\{\emptyset\}$をもち，πが♀に属さないならば価値$\emptyset$をもつ。こうしたことはすべてSの住民に

とっては明白であり，彼はジェネリックな部分の（空虚な）概念を手にしており，したがって類の知解可能な〔論理的な〕含意を記載することができる。

$$\pi \in ♀ \rightarrow \text{R}_♀(\mu)=\{\varnothing\}$$

この含意は「……ならば，その場合……」というタイプの言表であり，ジェネリックな部分が（Sの住民にとって）**実存する**ことをいささかも必要としない。

——順序数 α より下位の名辞階数にあるすべての名について，その指示対象的な価値が定義されたと仮定してみよう。α 階数の名を μ_1 としよう。その指示対象的な価値は次のように定義されるだろう。

$$\text{R}_♀(\mu_1)=\{\text{R}_♀(\mu_2) ／ (\exists \pi)(<\mu_2, \pi> \in \mu_1 \,\&\, \pi \in ♀)\}$$

α 階数のある名の〈指示対象♀〉は，その名の構成に加わっているもろもろの名の〈指示対象♀〉の集合である（それらの名がジェネリックな部分に属する条件と対になっていればだが）。これは精確な定義である。というのも名 μ_1 のどの要素も確かに $<\mu_2, \pi>$ というタイプのものであるからであり，$\pi \in ♀$ であるか否かと問うことが意味をもつ。$\pi \in ♀$ であれば，μ_2 は下位の名辞階数にあるから，μ_2 の価値が得られる（この価値は（♀にとって）定義づけられている）。

そのとき，Sに属するすべての名のすべての価値を得ることによって，土台状況とは別の状況が一挙に設立されるだろう。この新しい状況はもろもろの名から出発して設立されており，それは状況Sのジェネリック拡張である。予告しておいたように，われわれはこの状況を $S(♀)$ と記すことにしよう。

この状況は，$S(♀)=\{\text{R}_♀(\mu) ／ \mu \in S\}$ と定義される。

言葉を変えれば，識別不可能なもの♀によるジェネリック拡張が得られるのは，Sのなかに実存するすべての名の〈指示対象♀〉を取ることによってである。逆に，「拡張の要素である」とは，Sの名の価値であるという意味である。

この定義はSの住民にとって理解可能なものであるが，それは次のかぎりにおいてである。すなわち，♀が未知の超越を指す形式的な象徴でしかないかぎりにおいて，ジェネリックな記述という概念が住民にとって明白であるかぎりにおいて，考察される名がSに属するかぎりにおいて，したがって指示対象的な関数 $R_♀(\mu)$ を反復によって定義することが知解可能であるかぎりにおいてである。

三つの根本問題を考察する仕事が残っている。第一に，これは本当にSの**拡張**なのか，ということ。換言すれば，Sの諸要素は拡張 $S(♀)$ にも属しているのか。さもなくば，それは拡張ではなく，切り離された遊星だということになる。識別不可能なものを土台状況に付け足したのではなかったことになる。次なる問題は，識別不可能なもの♀は拡張に確かに属しているのか，ということである。最後に，そのようにして$S(♀)$における内具的な識別不可能なものとなることで，それは識別不可能なままでいられるか，ということである。

5　土台状況はあらゆるジェネリック拡張の部分であり，識別不可能なもの♀はつねに拡張の要素である

a．Sの諸要素の正準名

ジェネリック拡張の「唯名論的」な特異性は，その諸要素がそれらの名によって**しか**接近可能でないという点にある。これはコーエンの発明が非常に面白い哲学的な「トポス」であることの理由の一つである。そこでは存在は名と驚くべき関係を取り持つ。その関係は，どの名がそれらの存在において――言い換えれば，純然たる多として――思考されているだけにますます驚くべきものである。というのも名は土台状況の要素でしかないからだ。かくして，拡張 $S(♀)$ は存在論にとって実存する（土台状況が可算的であれば，♀が実存するから）にもかかわらず，その名しか確実なものがないような不確かな幽霊として出現する。

例えば，土台状況がジェネリック拡張のなかに包含されていること，すなわち$S \subset S(♀)$――これのみが拡張という語の意味を保証する――であることを示したければ，Sの一切の要素がまた $S(♀)$ の要素でもあることを示さな

くてはならない。だがジェネリック拡張はもろもろの名の価値——もろもろの〈指示対象♀〉——の集合として産出される。したがってわれわれは，S のどの要素についても，拡張における名の価値がこの要素それ自身となるような名が実存するということを示さなくてはならない。ねじれは明らかである。すなわち $\alpha \in S$ だとして，われわれは $R_♀(\mu) = \alpha$ であるような名 μ を求めているのだ。そうした μ が実存するならば，この名の価値 α はジェネリック拡張の要素である。

われわれはこのねじれを一般的な仕方で手に入れたい。すなわち，「**一切のジェネリック拡張について，土台状況はこの拡張のなかに包含されている**」と言えるようでありたい。悩ましいのは，名の価値，関数 R が，仮定上のジェネリックな部分に依存するという点である。というのもその価値は，どのような条件が前提とされているのかという問いときわめて密接に結びついているからである。

われわれは次の点を明らかにすることによって，この障害を取り除くことができる。すなわち S の一切の要素 α について，**ジェネリックな部分がどのようなものであれ**，その指示対象的な価値が α であるような名〔正準名〕が実存する，と。

これは，部分のジェネリック性のなかに，さらには精確な下位集合一般のなかに，何か不変なものが探知されることを前提とする。ところで，この不変要素は実存する。それはここでもまた最小の条件，すなわち条件 $\emptyset$ である。$\pi \in ♀$ であるならば，π に支配されたどの条件もまた♀に属するという規則 Rd_1 によって，条件 $\emptyset$ は空でないどの精確な部分にも属する。ところで $\emptyset$ はあらゆる条件によって支配されている。ゆえに，$<\mu, \emptyset>$ タイプの名の順序対がもつ指示対象的な価値は，どんな場合でも $\emptyset \in ♀$ なのだから，♀がどのようなものであっても**つねに** μ の指示対象的な価値である。

したがって土台状況 S の要素 α の**正準名**〔nom canonique〕について，次のように定義されるだろう。すなわち，この正準名はすべての対 $<\mu(\beta), \emptyset>$（$\mu(\beta)$ は α の要素の正準名である）から構成される，と。

われわれはいまや古典的となった循環にまたもや出くわす。すなわち α という正準名が α の諸要素の正準名から出発して定義されているのである。

この循環が断ち切られるのは，一切の多は空から織り成されているということを思い出し，**所属にもとづいてじかに反復すること**によってである。もっと正確に言えば，α の正準名を $\mu(\alpha)$ と体系的に記すことによってである。すなわち，

——α が空集合であれば，$\mu(\emptyset)=\emptyset$ と措定される。

—— 一般的な場合では，$\mu(\alpha)=\{<\mu(\beta),\emptyset>／\beta\in\alpha\}$ と措定される。

つまり α という正準名は，α の諸要素の正準名と最小条件 $\emptyset$ によって構成された順序対の集合である。この定義は精確である。その理由は，一方で，$\mu(\alpha)$ はもろもろの名と一つの条件を絡み合わせる順序対から構成されている以上，それは確かに名であるからであり，また他方で，$\beta\in\alpha$ であれば，名 $\mu(\beta)$ は反復の仮説に従って前もって定義づけられているからである。それに加え，稼動している操作の絶対性によっても，$\mu(\alpha)$ は確かに S における既知の名である。

ところで——これこそが味噌なのだが——正準名 $\mu(\alpha)$ の指示対象的な価値は，**仮定されたジェネリックな部分がどのようなものであれ，α それ自身である**。つねに $\mathrm{R}_{\female}(\mu(\alpha))=\alpha$ なのだ。こうした正準名は，われわれが正準名を構成的にそこに結びつけた S という多を不変的に名指す。

実際，α の正準名がもつ指示対象的な価値 $\mathrm{R}_{\female}(\mu(\alpha))$ とは何か。指示対象的な価値の定義からして，また $\mu(\alpha)$ の諸要素は順序対 $<\mu(\beta),\emptyset>$ であるのだから，それは，条件 $\emptyset$ が $\female$ に属するとき，$\mu(\beta)$ の指示対象的な価値の集合である。だがジェネリックな部分がどのようなものであれ，$\emptyset\in\female$ である。したがって $\mathrm{R}_{\female}(\mu(\alpha))$ は，$\beta\in\alpha$ について言えば，$\mu(\beta)$ の指示対象的な価値の集合に等しい。反復の仮説は，一切の $\beta\in\alpha$ について $\mathrm{R}_{\female}(\mu(\beta))=\beta$ が成り立つと仮定する。結局のところ，$\mu(\alpha)$ の指示対象的な価値は α に属するすべての β に等しく，言い換えれば，自分のすべての要素を〈一と計算すること〉でしかない α それ自身に等しいのである。

反復は完璧である。すなわち，$\alpha\in S$ について次のような正準名 $\mu(\alpha)$ が，すなわち**任意のジェネリック拡張における** $\mu(\alpha)$ **の価値**（その指示対象）**が多 α それ自身であるような**，そうした正準名 $\mu(\alpha)$ が実存する。S の一切の要素は，それが S の一切の〈拡張$\female$〉を指す名の〈指示対象$\female$〉である以上，

この拡張に属する。つまり識別不可能なもの♀がどのようなものであれ、$S \subset S(♀)$ である。かくしてわれわれは、なんらかの識別不可能なもの（それがどんなものであれ）によるどのような拡張のなかにも包含されている、土台状況の**拡張**について、正当な権利をもって語ることができるのである。

b. 識別不可能な部分の正準名

残る作業は、識別不可能なものが拡張に属すると示すことである（識別不可能なものが S に属さ**ない**ことは分かっている）。拡張 $S(♀)$ はほかでもない♀を基点にして——名の投射によって——打ち立てられたのに、その拡張 $S(♀)$ のなかに♀が実存するかという問いをわれわれが立てるのを見て、読者は驚くかもしれない。しかし、**存在論者にとっては**♀は S から $S(♀)$ への移行の本質的な操作子であるが、そのことが、♀が $S(♀)$ に必然的に属するということ、つまり♀が $S(♀)$ の住民にとって実存するということを意味するわけではない。識別不可能なものは S と $S(♀)$ の「あいだ」に姿を隠すことによってのみ、つまり♀ $\in S(♀)$（これのみが識別不可能なものの**局所的な**実存を証明する）が成り立つことなしに、操作するかもしれないのである。

♀が $S(♀)$ に属するかどうかを知るためには、♀が S のなかで**名をもつ**ことを証明する必要がある。ここでもまた、もろもろの名をブリコラージュすること以外に手はない（キューネンは「名を料理する」とおしゃれに言っている）。

諸条件 π は土台状況の諸要素である。つまりそれらは一つの正準名 $\mu(π)$ をもっている。$\mu_♀ = \{<\mu(π), π> / π \in ©\}$ という集合を考えてみよう。言い換えれば、条件の一つの正準名（この名の後に条件がくる）によって構成されたすべての順序対の集合である。この集合は、名の定義から言って、一つの名である。絶対性のさまざまな論拠から示されるように、それは S の名である。その指示対象はいったい何か。間違いなくその指示対象は、名の価値を定めるジェネリックな部分♀によって変わるだろう。では一つの固定した♀があるとしよう。指示対象的な価値 $R_♀$ の定義から、$\mu_♀$ は、$π \in ♀$ であるとき、もろもろの名 $\mu(π)$ の価値の集合である。しかし $\mu(π)$ は正準名である以上、その価値はつねに π である。つまり $\mu_♀$ は♀に属する π の集合

——すなわち♀それ自身——を価値としてもつ。$R_♀(\mu_♀)=♀$ が得られる。したがって $\mu_♀$ は，その価値が特に♀に左右されるにもかかわらず（その価値は♀に等しいのだから），ジェネリックな部分の正準名であると確かに言うことができる。$\mu_♀$ という**固定した名**はジェネリック拡張において，この拡張の源となる部分♀を不変的に指すだろう。ここにおいてわれわれは，識別不可能なものの名を，しかし識別不可能なものを識別しない名を，手にしているのだ！　というのもこの命名は，その識別不可能なものが何であれ，一つの同一的な名によって実行されているからである。それは**識別不可能性**の名なのであって，識別不可能なものの識別ではない。

　根本的な点は，ジェネリックな部分は固定した名をもちながらも，**つねに**拡張に属しているということである。これはわれわれが探し求めていたもっとも重要な結果である。すなわち識別不可能なものはそれ自身から発して得られた拡張に属するのだ。新しい状況 $S(♀)$ は，一方では S をその部分とし，他方では♀を要素とするような状況である。われわれは名の媒介によって現実的に，**識別不可能なものが識別されえない状況に識別不可能なものを付け足したのである**。

6　ジェネリック拡張の探検

　いまやわれわれは，ジェネリックな多がそこに**実存する**拡大された状況について，S のなかで——名を経由して——「話す」ことができるようになった。前段の二つの根本的な成果を思い出しておこう。

　——$S \subset S(♀)$。これはたしかに拡張のことである。

　——$♀ \in S(♀)$。$\sim(♀ \in S)$ であるから，これは**厳密な拡張**のことである。

　状況のなかになにか新しいものが，ことさらに名を挙げれば，最初の状況においては識別不可能だったものがある。しかしこの新しさは，$S(♀)$ が土台状況 S と数多くの特徴を共有することを妨げはしない。$S(♀)$ は，S においては非実存だった識別不可能なものがそこに実存するのであるから，S とまったく区別されながらも，他面において，S にきわめて近い。印象的な例を一つ挙げれば，拡張 $S(♀)$ は S との関係で追加の順序数をまったく含んで

484　VII　ジェネリック——識別不可能なものと真理

いない。

　この点は$S(♀)$とSとの「近さ」を示唆している。それが意味するのは，ジェネリック拡張の**自然な**部分は土台状況のそれのままであるということだ。すなわち識別不可能なものによる拡張が起こったとしても，自然な多は不変のまま残るということである。あるいは識別不可能なものは典型的に**技巧的操作**の存在論的図式だということである。そして技巧はここでは，存在論から締め出された出来事が存在論の内部に残す痕跡である。順序数が存在論の語る存在におけるもっとも自然なものだとしたら，ジェネリックな多はもっとも自然的ではないもの，存在の**安定性**からもっとも隔たったものである。

　識別不可能なもの♀をSに付け足すことによって，またこの♀が新しい状況のなかで操作するのを許可することによって（したがって$S(♀)$のなかには，$ω_0 ∩ ♀$のような「追加」の多ができたり，あるいは式$λ$が♀のなかから分出するものがあったりする），結局のところいかなる順序数も付け加えてはいないということ，すなわちSの自然な部分は$S(♀)$への♀の所属によって侵害されてはいないということ，このことをどのようにして証明するか。もちろん，名を経由しなくてはならない。

　Sに属することなく$S(♀)$に属するような順序数があるのであれば，この特性をもつさらに小さい順序数があることになる（これは最小性公理であり，省察12や補遺2を見よ）。この極小値を$α$としよう。それは$S(♀)$に属し，Sには属さないが，それよりもさらに小さい一切の順序数$β$——$β∈α$としよう——のほうはSに属する。

　$α$は$S(♀)$に属しているのだから，$α$はSのなかに名をもつ。だが実はわれわれはそうした名を知っている。というのも$α$の諸要素はSに**属する**もろもろの順序数$β$だからである。したがって$α$の諸要素はどれも正準名$μ(β)$をもち，この$μ(β)$の指示対象的な価値は$β$それ自身である。$μ=\{<μ(β), Ø> ∕ β∈α\}$という名を考えてみよう。それは順序数$α$を指示対象的な価値としてもつ。というのも♀には最小条件$Ø$がつねに属しているから，$μ$の価値はもろもろの$μ(β)$の価値の集合であり，言い換えればもろもろの$β$の集合であり，言い換えれば$α$それ自身である。

　この名$μ$の名辞階数はいったいどのようなものだろうか（名辞階数は順

序数であることを指摘しておく）。それは正準名 $\mu\,(\beta)$ の名辞階数によって変わる。ところで，$\mu\,(\beta)$ **の名辞階数は β を上回るか等しい。それを反復によって示してみよう。**

　——$\mu\,(\varnothing)$ の名辞階数は定義上 $\varnothing$ である。

　——$\gamma\in\delta$ である一切の順序数について，考察対象となる特性（$\mu\,(\gamma)$ の名辞階数は γ を上回るか等しい）が得られると仮定しよう。δ も特性をもつことを示そう。正準名 $\mu\,(\delta)$ は $\{<\mu\,(\gamma),\varnothing>\diagup\gamma\in\delta\}$ に等しい。それはその構成のうちに $\mu\,(\gamma)$ のすべての名を含意しており，したがってその名辞階数は $\mu\,(\gamma)$ のすべての名の名辞階数を上回る（名の定義の成層的な性格）。つまり $\mu\,(\gamma)$ の名辞階数は γ を上回ると仮定したのであるから，正準名 $\mu\,(\delta)$ はすべての順序数 γ を上回るわけである。$\gamma\in\delta$ であるすべての順序数 γ を上回る順序数は少なくとも δ に等しい。つまり $\mu\,(\delta)$ の名辞階数は少なくとも δ に等しい。反復は完全である。

　$\mu=\{<\mu\,(\beta),\varnothing>\diagup\beta\in\alpha\}$ という名に話を戻せば，その名辞階数はすべての正準名 $\mu\,(\beta)$ の階数を上回ることがわかる。だが $\mu\,(\beta)$ の名辞階数はそれ自身 β を上回るか等しいといまわれわれは立証した。つまり μ の階数はすべての β を上回るか等しい。したがって μ の階数は，すべての β の後にくる順序数である α に少なくとも等しい。

　しかし順序数 α は状況 S に属さ**ない**とわれわれは仮定した。したがって S のなかには α 名辞階数の名はまったくない。名 μ は S に属さず，かくして順序数 α は S **のなかで命名されていない**。S のなかで命名されていない以上，そして「$S\,(♀)$ に属する」とは「S のなかに存在する名の指示対象的な価値である」ということをまさに意味するのであってみれば，順序数 α が $S\,(♀)$ に属することはありえない。

　ジェネリック拡張は，土台状況のなかに存在しないようないかなる順序数も含まない。

　他方，$S\subset S\,(♀)$ であるのだから，S の**すべての**順序数はジェネリック拡張のなかに存在する。つまりジェネリック拡張のもろもろの順序数は土台状況の順序数と正確に**同じもの**である。最終的に見れば，拡張は状況以上に複雑でも自然でもない。識別不可能なものを付け足しても，状況は「わずかに」

486 VII ジェネリック——識別不可能なものと真理

変更されるだけである。なぜならまさしく識別不可能なものは，それが識別されえない状況に明示的な情報を付け足すことがないからである。

7　内具的なあるいは状況内の識別不可能性

存在論者から見れば，♀はSの住民にとって識別不可能な部分であり，Sのなかには実存しない（〜(♀∈S) という意味で）が，S(♀) のなかには実存する（♀∈S(♀) の意味で）ということ，このことを私は示した（証明した）。このS(♀) の住民にとって実存する多は，この同じ住民にとってやはり識別不可能なままでありつづけるのだろうか。この問いは決定的に重要である。なぜならわれわれは**内具的な**識別不可能性の概念を探し求めているからであり，すなわち状況のなかに実際に現前化してはいるが，しかし根底的に状況の言語を免れるような多を探し求めているからである。

答えはイエスである。多♀はS(♀) の住民にとって識別不可能である。言語によるいかなる明示的な式もこの多を分出することはない。

この点について単なる目安となる証明を与えてみよう。

ジェネリック拡張S(♀) のなかに実存する♀がこのS(♀) のなかで識別不可能にとどまると語ることは，この拡張が創設する宇宙のなかで，多♀はいかなる式によっても明示されないと語ることである。

反対のことを，言い換えれば♀が識別可能であると仮定してみよう。その場合，S(♀) の住民にとって多♀を**定義する**ような，S(♀) に属する媒介変数$\overset{\text{パラメーター}}{}$ $\alpha_1, ...\alpha_n$ をもつ式$\lambda(\pi, \alpha_1, ...\alpha_n)$ が実存する。すなわち，

$$\pi \in ♀ \longleftrightarrow \lambda(\pi, \alpha_1, ...\alpha_n)$$

しかしこのとき，媒介変数$\alpha_1, ...\alpha_n$ が土台状況Sに属することは不可能である。実際♀は，Sに属する条件集合ⓒの部分である。式$\lambda(\pi, \alpha_1, ...\alpha_n)$ がSのなかで媒介変数を付されているのであれば，Sは準完全状況であり，そこでは分出公理が適合的であるから，この式はSの住民にとって，実存する集合ⓒから部分♀を分出することになるだろう。その結果，♀はSのなかに実

存し（S に属し），さらにそこで識別可能であるということになるだろう。ところでジェネリックな部分である♀は S に属することができないとわれわれは知っている。

　したがって$<\alpha_1, ...\alpha_n>$という n 組は S に属することなく，S（♀）に属している。それは命名（命名自体は部分♀に基礎をもつ）によって導入された**追加の多の部分**をなす。♀の識別可能性とされるものには循環があることがわかる。すなわち，式 λ $(\pi, \alpha_1, ...\alpha_n)$ は，多 $\alpha_1, ...\alpha_n$ の理解において，どのような条件が♀に属するのかをひとが知っているということを，**すでに含意している**のだ。

　あるいはもっと正確に言えば，媒介変数 $\alpha_1, ...\alpha_n$ のなかには，S に属することなく S（♀）に属するものがあると語ることは，これらの要素が対応する名 $\mu_1, ...\mu_n$ のすべてが S の諸要素の正準名であるわけではないと語ることである。ところで正準名は（その指示対象的な価値を），考察されている記述に左右されないかもしれないが（というのも♀がどのようなものであれ，$\mathrm{R}_♀$ $(\mu$ $(\alpha))=\alpha$ であるから），任意の名のほうはそれに完全に左右される。S（♀）における♀を定義すると仮定された式は，次のように書くことができる。

$$\pi\in♀ \longleftrightarrow \lambda$$ $(\pi, \mathrm{R}_♀$ $(\mu_1), ... \mathrm{R}_♀$ $(\mu_n))$

こう書くことができるのは，S（♀）のすべての要素が名の価値だからである。しかしまさしく正準的ではない名 μ_n について言えば，価値 $\mathrm{R}_♀$$(\mu_n)$ は，名 μ_n のなかに現れるどの条件がジェネリックな部分のなかにも現れるのかがわかっているということに明らかに左右される。その結果，われわれは $\pi\in♀$ に関する知にもとづいて $\pi\in♀$ を「定義する」はめになる。このような「定義」はすでに♀の識別を前提にしている以上，♀の識別を基礎づけるどんなチャンスももたない。

　したがって S（♀）の住民にとって，♀を識別するのに役立つどんな理解可能な式も，彼の宇宙のなかには実存しない。この多♀は S（♀）のなかに実存するにもかかわらず，S（♀）のなかで識別されえない。われわれは**状況内の**——言い換えれば，実存する——識別不可能なものを得た。S（♀）のなかには，

488 VII ジェネリック——識別不可能なものと真理

存在をもつが名をもたない少なくとも一つの多がある。決定的な成果である。すなわち存在論は**状況内の**もろもろの識別不可能なものの実存を認めるのである。「ジェネリック〔類構成的〕」とは，若きマルクスがプロレタリアートの担う全面的に免算的な人間性〔人類〕を性格づけようとした際に用いた古い形容詞であるが，存在論が識別不可能なものを「ジェネリック」と呼んだことは，数学者たちがそれによってみずからの技術上の意図を飾り立てた無意識的な気のきいたしゃれの一つである。

　識別不可能なものは——土台状況（そこにおいて識別不可能なものの欠如が思考される）の超過において名を誘導したことによって——状況の操作子でありながら，状況のなかの明示的な一切の命名からみずからを差し引く。そうした識別不可能なもののなかに認識すべきは，識別不可能なものが最初の状況のなかで定数外の記号♀のもとで実存しないものとなっているときには，まさしく出来事の純粋に形式的な標記であり（出来事の存在は存在なしに存在する），そして第二の状況のなかで〈識別不可能なもの〉の実存が識別されないときには，まさしく〈真理の可能存在〔真理が可能であるということ〕〉に関する，存在論による盲目的な認識なのである。

訳注

[1]「ララング」とカタカナで示した原語は lalangue. ラカンのタームである。ラカンがこの語で精神分析的に言わんとしたことは複雑であり，専門外の訳者が熟知するところではないが，la langue（いわゆる「母語」）の環境のなかで子どもは言葉を学ぶのであるが，それはまず「喃語（lallation）」——母の La La La... という歌声（あやす声）を子供が模倣して発する，いわゆる「レロレロ語」——として実践され，習得され，刻印される。それは象徴界以前的な「言語」作用であり，情動的な享楽の原初的なトラウマ（刻印）である。それは非意味的なものであるにもかかわらず，子どもの情動的な享楽からいまだ分離＝分出されていない状態であると考えられる。ラカンの訳語として「ララング」とカタカナで記すことが慣用となっているようなので，本訳書もそれを踏襲した。

VIII

強制法——真理と主体
ラカンの彼方へ

省察 35
主体の理論

　真理を支えるジェネリックの手続きにおける局所的な布置を，私は**主体**と呼ぶ。

　近代形而上学が主体概念といまだにもっている関係に照らして，私は六つの予備的な備考をしておこう。

　a.　主体は実体ではない。実体という語に意味があるとすれば，それは状況のなかで一と計算された多のことを指す。ジェネリックの手続きによる〈真なる取り集め〉が形成する状況の部分は，状況の計算の法のもとに収まらず，一般的に言えば，言語のあらゆる百科全書的な規定項を免れているということ，このことを私は証明した。ジェネリックな手続きが帰着する内具的な識別不可能性によって，主体が実体的であることは排除される。

　b.　主体はまた空虚な点でもない。空という存在の固有名は非人間的なものであり，脱−主体的なものだ。それは存在論の概念である。さらに，ジェネリックの手続きは多性として実現されるのであり，点性としてではないということも明らかである。

　c.　主体は経験の意味を組織するものではまったくない。それは超越論的な機能ではない。「経験」という語が意味をなすとすれば，それは現前化それ自体を指す。ところでジェネリックの手続きは定数外の名によって形容される出来事の〈超−一〉に由来するのであり，それは現前化といささかも合致しない。同様に，意味と真理を区別しなくてはならない。ジェネリックの手続きは状況のポスト出来事的な真理を実現するが，真理というこの識別不可能な多はいかなる意味も与えない。

492 VIII 強制法——真理と主体

d. 主体は現前化の不変項ではない。ジェネリックの手続きが状況の対角線であるという点で，主体とは**稀**なものである。こう言ってもよい。一状況のジェネリックな手続きそれ自体が特異であるのだから，各主体は厳密に特異である，と。「主体がある」という言表は不確実なものであり，存在への推移は保証されていない。

e. どんな主体も質的限定をもつものである。省察 31 の類型論を認めるなら，愛があるかぎりにおいて個人的主体があり，芸術や学問があるかぎりにおいて混合的主体があり，政治があるかぎりにおいて集団的主体があると言えるだろう。これらのいずれも状況の構造的な必然などではない。**法は主体があれとは命じない**。

f. 主体は結果ではない——もちろん起源でもないが。主体は手続きの**局所的**な地位，状況の超過的な布置である。

これから主体の複雑な細部を検討しよう。

1 主体化——介入と忠実な接続の操作子

私は省察 23 で，忠実さの手続きについて「二重の起源」という難問があることを示唆した。介入の結果として出来事の名があり，手続きを規制し真理を制定する忠実な接続の操作子がある。この操作子はどの程度まで名に左右されるのか。そしてこの操作子の出現は第二の出来事ではないのか。一例をとろう。キリスト教において《教会》とは，〈キリストという出来事〉——根源的には「神の死」と命名された出来事——との接続／非接続の評価がそれを介しておこなわれるところのものである（省察 21）。したがって，《教会》は忠実な接続の操作子であり，「宗教的な」ジェネリックの手続きを支えるから，パスカルが言うように，それは本来的に「真理の歴史」である。だが《教会》とキリスト——あるいは神の死——との結びつきはどのようなものか。この点は永遠の論争のうちにあり，（《党》と《革命》との結びつきに関する論争とまったく同様に）あらゆる分裂，あらゆる異端を生み出した。忠実な接続の操作子それ自身が，みずからの誇る出来事にもともと忠実でないのではないか——こういう疑いはつねにある。

介入的な命名に続く操作子の出現を，私は**主体化**と呼ぶ。主体化は《二》の形式のうちにある。主体化は出来事の立地のほとりにおける介入のほうへ向いている。しかしそれはまた，ジェネリックの手続きを基礎づける〈評価と近さの規則〉と合致することによって，状況のほうへも向いている。主体化とは，**状況の地点から**介入的に命名することであり，すなわち定数外の名が流通に投じられる，その状況内における諸効果の規則である。主体化は，例えば状態の重複のように現前化を整序する〈一の計算〉とは区別される**特殊な計算**であると言えるだろう。というのも主体化は，出来事の名に忠実に接続されたものを計算するからである。

規則の特異な布置である主体化は，主体化自体である《二》を固有名の意味の不在へと包摂する。《教会》にとっての聖パウロ，《党》にとってのレーニン，存在論にとってのカントール，音楽にとってのシェーンベルク，また愛を告白するときのシモン，ベルナール，クレール……。これらはすべてある出来事の名（神の死，革命，無限集合，調性システムの破壊，出会い）とジェネリックな手続きの発動（キリスト教会，ボルシェヴィズム，集合論，音列主義，単独的な恋愛）とのあいだの分裂──主体化する分裂──を，なんらかの固有名の〈一〉によって指し示すものである。そのとき固有名が指しているのは，主体は状況づけられた局所的な布置としてのかぎりで，介入でもなければ忠実さの操作子でもなく，それらの《二》の到来であるということ，すなわちジェネリックの手続きの様態における出来事と状況との合体であるということ，これである。この《二》の絶対的な特異性──意味を逃れる特異性──は固有名の〈非−意味性〉によって**示されて**いる。だが明らかにまた，この固有名の〈非−意味性〉は，介入的な命名によって召喚されたものが空──それ自体が存在の固有名である空──であるということをも思い出させる。主体化とは，この〔空という〕一般的な固有名の，状況内における固有名である。それは空の生起である。

ジェネリックの手続きの幕開けは，一つの真理の取り集めを地平のなかで基礎づける。このように主体化とは，真理がそれによって可能となるものである。主体化は出来事を状況の真理のほうへ回転させる（出来事が出来事であるのは状況にとってである）。主体化は，真理というこの識別不可能な多

性——あるいは知の百科全書を逃れる多性——に即して出来事の〈超－一〉が配置されるという事態を開く。したがって固有名は〈超－一〉と多の両者の痕跡を運ぶものであるが，それというのも固有名とは，一つの真理のジェネリックな軌道として，〈超－一〉がそこを通って多に出来するところのものだからである。レーニンとは，十月革命（出来事的な側面）であると同時に，半世紀にわたって革命政治の〈真なる多性〉だったレーニン主義でもある。同様にカントールとは，純粋な多の思考を要求し，〈存在としての存在〉の無限な潤沢さを空に結節させる狂気であると同時に，ブルバキからその後にまで至る，数学言説を全面的に改築するプロセスでもある。これは固有名は介入的な命名を含むと同時に，忠実な接続の規則をも含むということである。

　余計な名と非－知の操作とがアポリア的に結節した結び目である主体化は，真なるものが多へと生成する運動を状況内において**痕跡化する**ものであり，そしてこの痕跡化は，出来事が空を召喚した非存在的な地点，また出来事が空とそれ自身とのあいだに割って入った地点を基点にしてなされるのである。

2　あらゆる真理がみずからを織り成す偶然は主体の素材である

　ジェネリックの手続きの局所的な地位を考察すると，それが単なる出会い〔遭遇〕に依存していることが確認される。出来事の名 e_x が固定されると，忠実な手続きの最小の振る舞い（それが肯定的 ($e_x \square y$) であれ否定的 ($\sim(e_x \square y)$) であれ）およびそうした振る舞いの有限集合である探索は，忠実さの手続きが出来事の立地を基点にして出会う状況内のもろもろの項に左右される。出来事の立地は近さを最初に評価する場である（この立地は初期キリスト教信者たちにとってはパレスチナであるし，シェーンベルクにとってはマーラーの交響曲宇宙である）。たしかに忠実な接続の操作子は，状況内のあれこれの項が出来事の定数外の名に結びついているか否かを規定する。しかしある項を他の項よりも先に検討すべきか，あるいは他の項のほうを検討すべきかについては，反対に忠実な接続の操作子はまったく規定をおこなわない。このように忠実さの手続きはその結果においては規制されているが，

その軌道においては完全に偶然的である。この件について経験上明白なのは，この行程が出来事の立地の縁において始まるということだけである。残りのすべてに関して法はない。つまり手続きの走行には本質的な偶然があるのだ。この偶然は真理という**その結果のなかでは読み取ることができない**。というのも真理とは「すべての」評価を理念上取り集めたものであり，真理は状況の**完全な**部分であるからだ。しかし主体はこの結果には合致しない。局所的には，非合法的な出会いしかない。というのも，ある項がある時，ある場所で探索されなくてはならないと指令するものなど，出来事の名のなかにも接続の操作子のなかにもないからである。ジェネリックな手続きの特定の契機に探索に服するもろもろの項を**主体の素材**と呼ぶとして，この素材は，それが多であるかぎりで，肯定の指標（確立された接続）と否定の指標（非接続）とを割り振る規則と確定可能な関係をもたない。主体がその操作において考えられた場合，それは特異ではあるが質的に規定可能である。すなわち主体は名（e_x）と操作子（□）へと分解される。主体がその〈多なる存在〉において（すなわち実際の探索のなかで指標をともなって現れるもろもろの項において）考えられた場合，それは質的に規定不可能である。なぜならそれらの項は，主体のものである二重の資格に照らして恣意的だからである。

　以下のような反論があるかもしれない。私はどんな有限な現前化も百科全書的な規定項のもとに収まると言った（省察31）。この意味で，手続きのどのような**局所的な**状態も——つまりどのような主体も——有限な探索の有限な連なりとして実現されるのであるから，それは知の対象である。そこには資格化があるのではないか。すなわちカントールの定理やシェーンベルクの『月に憑かれたピエロ』について語るとき，固有名のもとでわれわれが操るような資格化が。というのも作品や言表というものは，事実上，いくつかのジェネリックな手続きの探索なのだから。主体が純粋に局所的であるのなら，主体は有限であるし，その素材が偶然的だとしても，素材は知によって支配されている。このアポリアは古典的なもので，人間の企ての有限性というアポリアである。真理のみが無限であるが，主体は真理と同じ外延をもたない。キリスト教の真理——あるいは現代音楽の真理，あるいは「現代数学」の真理——は，聖パウロ，シェーンベルク，カントールと命名された主体化によ

る有限な支えを至る所で踏み越えている。もちろんそれらの真理は，これら
の名が自己実現する探索，説教，作品，言表などの取り集めからのみ発生す
るのではあるが。

こうした反論は，主体の名のもとで何が問題になっているのかをわれわれ
に仔細に把握させてくれる。なるほど探索は知の可能な対象である。しかし
探索の**実行**，探索の探索者はそうではない。なぜなら忠実な接続の操作子に
よって評価されるもろもろの項が探索という有限な多のなかに現前するのは，
偶然によるからである。探索の構成要素の数は有限であるから，知がそれら
の構成要素を——事後的にだが——数え上げることはできる。〔だが〕知は，
その瞬間においては，そうした構成要素の特異な取り集めのいかなる意味を
も先取りしえないのであるから，知は主体と合致することができない。主体
の全存在は，活動家としての不確かな行程のなかでさまざまな項と出会うこ
とに存する。百科全書のなかに配置されたものとしての知は，何ものにも決
して出会うことがない。知は現前化を前提とし，現前化を言語のなかで識別
と判断とによって表象〔再現前化〕する。反対に主体をなすものが何かと言
えば，それは，みずからの素材（探索のもろもろの項）と出会うことであり，
しかも素材を形式（出来事の名と忠実さの操作子）における何ものによって
も整序することなしに遭遇することである。主体はみずからが遭遇し評価す
る〈多なる項〉以外に〈状況内存在〉をもたないのであれば，主体の本質と
は，そうした出会いの偶然を包含しなければならないという点からみて，む
しろさまざまな項を結びつける行程である。ところで計算不可能なこの行程
は百科全書のいかなる規定項のもとにも収まらない。

有限な取り集めの知やその原理的な識別可能性と，忠実さの手続きの主体
とのあいだには，結果（状況の有限な多）と部分的な軌道（結果はこの軌道
の局所的な布置である）とを区別する〈無差異の差異〉がある。主体は手続
きが取り集めるもろもろの項の「あいだに」存在するのであり，他方，知は
それらの項の遡及的な全体化である。

主体は本来的に偶然によって知から分離されている。主体は一つの項ごと
に征服された偶然であるが，この勝利は言語を逃れるものであり，ただ真理
としてのみ成就する。

3　主体と真理——識別不可能性と命名

　忠実さの手続きによって肯定的に探索された項を無限に集める〈一-真理〉
は，状況の言語のなかでは識別不可能である（省察31）。この〈一-真理〉
は現前化した項を取り集めることをみずからの全存在とする不変のこぶ〔過
剰体〕であるという点で，状況のジェネリックな部分である。それが真理で
あるのは，まさしく所属という述語のもとでのみ一を作り，かくして状況の
存在としか関係をもたないことによってである。

　主体は手続きの**局所的な**布置である以上，明らかに真理は「彼にとって」
もまた識別不可能である。というのも真理は包括的なものだから。ここで「彼
にとって」とは正確には次のことを意味する。すなわち，主体は一つの真理
を実効あるものにしながらも，その真理と通約不可能であり，というのも主
体は有限であり，真理は無限だからである。さらに主体は状況に内在的であ
るので，状況のなかに現前化した（一と計算された）項ないし多しか知る（言
い換えれば，出会う）ことができない。ところで真理とは状況の現前化され
ていない部分である。要するに，主体は出来事の定数外の名と状況の言語と
の組み合わせからしか**言語を作ること**ができない。この言語が真理を識別す
るのに十分であるかはまったく保証のかぎりではない。というのも，いずれ
にせよ真理は状況の言語が有する資源からだけでは識別不可能なものである
のだから。主体が真理を知っているとか，主体が真理と合致しているとかい
うことを前提とする主体の定義は，すべて絶対的に放棄されなければならな
い。真理の局所的な契機である主体には，真理の包括的な追加を支えること
はかなわない。主体の全存在は真理の実効化の支えとなることに存するとい
うまさにこの理由から，一切の真理は主体を超越しているのである。主体は
真なるものについての意識でも無意識でもない。

　主体は真理の手続きを支えるが，主体がこの真理ととりもつ特異な関係は
次のようなものである。すなわち，主体は真理があると信じるが，この信は
知の形式のうちにある。こうした知的な信を私は**信頼**と呼ぶ[(53)]。

　この信頼は何を意味するのか。忠実さの操作子は状況のもろもろの多が出

来事の名と接続しているか非接続であるかを局所的に，有限な探索によって
識別する。この識別は**概算的な真理**である。というのも肯定的に探索された
項は真理のなかで来たるべきものであるからだ。この「来たるべき」は，判
断する主体に固有の事柄である。ここでは〈信じること〉は，真理という**名**
のもとに〈来たるべき〉ものである。その正当性はどこから出てくるか。そ
れは，逆説的な多の状況を補足した出来事の名が，状況の潜伏的かつ彷徨的
存在である空を召喚した基点として，探索のなかを流通することからである。
したがって一つの有限な探索は，状況それ自体の〈状況内存在〉〔状況それ自
体が〈状況のなかにあること〉〕を，実効的かつ断片的な仕方で保持している。
この断片は〈来たるべき〉を物質的に告げている。というのもこの断片は知
によって探知可能でありながらも，ある識別不可能な行程の断片でもあるか
らだ。もろもろの出会いの偶然は忠実な接続の操作子によって無駄に集めら
れているのではないということ，信じるということが意味するのはただこの
ことだけである。〈信じること〉は出来事の〈超−一〉によって担保された
約束として，行程の諸段階の局所的な有限性のなかに留置された真理のジェ
ネリック性を表している。この意味で，主体とは自分自身への信頼であり，
言い換えれば，主体が自分の断片的な諸結果の事後的な識別可能性と合致し
ないということへの信頼である。真理は，状況の識別不可能なもの——これ
は出来事の状況間における包括的な結果である——の無限な規定として提出
されるのである。

　この信が知の形式において存在するというこのことは，**どんな主体ももろ
もろの命名を生み出す**ということの結果である。経験的には，この点は明白
である。主体化を指す固有名にもっとも明示的に結びつけることができるの
は，忠実な標定作業の展開されたマトリックスを構成するさまざまな言葉の
武器弾薬庫である。「信」「慈愛」「犠牲」「救済」（聖パウロ）とか，あるい
は「党」「革命」「政治」（レーニン）とか，「集合」「順序数」「基数」（カントー
ル）とか，またこうした言葉を分節し，分岐させ，層にするあらゆるものの
ことを考えてみよう。こうした言葉に固有の機能とは何か。それらは状況の
なかに現前化された項を指しているだけなのか。それだけならば，状況の既
成の言語に照らして冗長なだけだろう。そもそも，イデオロギー的なセクト

と真理のジェネリックな手続きとを区別することができるのは，セクトの使う言葉は，適切だと状況が宣言した言葉に，意味のない横ずれによって置き代わることしかしないからである。それに対して，ジェネリックな真理の局所的布置を支える主体が用いる名は，**一般的に状況のなかに指示対象をもたない**。したがってそうした名は既成の言語を繰り返しはしない。となると，それは何の役に立つのか。それは確かに項を指す語ではあるのだが，その場合それが指す項は，**新しい状況**のなかで現前化「されたことになる」項であり，その新しい状況は，ある状況にその状況がはらむ（識別不可能な）真理が付け足された結果なのである。

主体は状況の諸資源——すなわち状況内のさまざまな多や状況の言語——を用いて，前未来形に置かれた指示対象をもつもろもろの名を生み出すわけだが，これが〈信じること〉の支えである。最初はただ表象された（あるいは包含された）だけだった識別不可能なものがその最初の状況の真理として最終的に現前化される，そうした状況が出来したとき，それらの名は指示対象あるいは意味を代入「されたことになる」。

状況の表面においてジェネリックな手続きの目印となるのは，特にその有限な布置——言い換えれば，主体——を取り囲む名の**オーラ**である。手続きの有限な行程——出来事との接続について肯定的に探索されなかった行程——の拡張のなかに巻き込まれていない者は，これらの名は空虚だと，そうみなすのがふつうである。もちろん，これらの名は状況の項から作られているのだから，この者もこうした名を**認識**はする。主体を取り囲むもろもろの名は識別不可能ではない。しかしこの外部の証人は，これらの名が大部分いまあるままの状況のなかに指示対象を欠いていることを確認して，それらの名が抽象的で中身のない言語を構成していると考える。あらゆる革命政治がユートピア的（非現実主義的）な言説をはくものとみなされるのも，科学上の革命が懐疑をもって受け止められたり，実験をともなわない抽象とみなされたりするのも，また恋人たちのさえずりが良識人たちから子どもじみた狂気として退けられるのも，このためである。ところでこうした証人たちはある意味で正しい〔理性をもっている〕。主体が生み出す——あるいはむしろ構成する——もろもろの名は，その意味に関して言えば，真理の〈来たるべき

将来〉に宙づりにされている。それらの名を局所的に使用することは〈信じること〉を支えることであるが、それは肯定的に探索された項が、現在の状況の真理が現前化されたことになる新しい状況の概算を指し示すあるいは記述するからである。このようにどんな主体も状況内の言語の出現によって探知可能であるが、この言語の〈多なる指示対象〉はいまだ未完のジェネリックな部分の**条件のもとに**存在する。

ところで、主体は偶然の出会いの無限の連続によってこのジェネリックな部分（この真理）から分出されている。真理を先取りする（あるいは表象する）のはまったく不可能である。なぜなら、探索はその継起において状況のもろもろの項との出会いのみによって支配されている以上、計算不可能なものであり、真理はそうした探索に沿ってしか出来しないからである。その結果、主体の地点からすれば、名の指示対象は真理の完成しえない条件に永久に宙づりにされたままにとどまる。何らかの項に遭遇したときに、その項が出来事の名と肯定的に接続していると判明**すれば、その場合には**、名が指示対象をもつことが本当のように思われるだろう。というのもこの場合には、状況のなかで識別不可能にとどまるジェネリックな部分が、なんらかの布置を、あるいは部分的な特性をもつだろうから。主体とは、真理に関する仮説を作り上げるために名を利用する者のことである。しかし主体は**それ自身**、真理がそこから結果として生じてくるジェネリックな手続きの有限の布置であるから、主体が自分自身に関する仮説を作り上げるために名を利用しているのだと主張することもできる（この場合の「自分自身」とは、主体がそれの有限な部分となっている無限のことを意味する）。ここでは言語とは、〈有限性が現実化する無限〉という条件のもとで、有限性が来たるべき指示対象を仮定するための訓練をおこなう場、そうした固定した秩序のことである。言語は、現在の有限な探索とジェネリックな無限性の前未来との組み合わせのなかで、真理の存在そのものである。

「信」「救済」「共産主義」「超限数」「音列主義」といった類の名、あるいは愛の告白が用いるさまざまの名、そうした名の地位が以上のようなものであることは容易に立証されるだろう。これらの名は局所的なさまざまの探索（述語づけ，言表，作品，呼びかけ）と、状況のなかで手に入る流用された（あ

るいは改鋳された）もろもろの名とを組み合わせるが，まさにこの点におい
て，これらの名は（宗教的，政治的，数学的，音楽的，実存的）真理の前未
来を支えることができるということが確認されるだろう。これらの名は既成
の意味の**くさびを外して**，指示対象を空のままに放置する。そしてこの指示
対象は，真理が新しい状況として出来するとき，すでに満たされたものとなっ
ていることだろう（神の国，解放された社会，絶対数学，調性秩序に比肩す
る広がりをもつ新しい音楽秩序，全体が愛に満ちた生活，等々）。

　主体とは，真理のジェネリックな識別不可能性を識別可能な有限性のなか
に現実化しつつ，命名——すなわちその指示対象が，ある条件の前未来にお
いて存在するような命名——によってこのジェネリックな識別不可能性に備
えるもののことである。かくして主体とは，名の恩恵によって，手続きの**現
実**（探索の探索者）であると同時に，完結不可能な結果が現前化のなかに導
入する新たなものの**仮説**でもある。主体は，識別不可能な真理が状況を代補
することから得られる〈来たるべき〉宇宙を，空のまま名づける。それと同
時に，主体はこの代補作用の有限な現実，局所的な段階でもある。命名は，
自分自身の可能性が素描するものでまさに満ちていることによって空なので
ある。主体とは空虚な言語の自己指示である。

4　忠実な手続きの点から見た適合性と真理——強制法

　主体を取り巻く言語が無制限の偶然によって現実宇宙から分出されている
のであってみれば，この言語のなかで言明されるあれこれの言表が適合的で
あると表明することにはいったいどんな意味があるのか。外部の証人（知の
人間）は，そうした言表は意味を欠くと必然的に宣告する（「詩的言語の晦
渋さ」，政治的手続きのための「紋切り型」等々）。一切のシニフィエを欠い
たシニフィアン。緩衝点のない横すべり。実際，〈主体−言語〉の意味は**条
件のもとに**ある。〈主体−言語〉のもろもろの名が構成する言表は，状況が
現前させるものしか参照することができないにもかかわらず，識別不可能な
ものの実存の前未来に結びつけられているため，シニフィアンの仮設的な価
値しかもたない。忠実さの手続きの内部で，言表は次のように反響する。「識

別不可能な真理が，探索に偶然に従うあれこれの項を含むあるいは現前させ
ると私が仮定すれば，そのとき，〈主体−言語〉のなんらかの言表はなんらか
の意味をもったことになるし，適合的だった（あるいは適合的でなかった）
ことになる」，と。私は「だったことになる」と〔前未来形で〕言った。とい
うのも当該の適合性は，最初の状況の真理（識別不可能な部分）がそこで現
前化されたことになる〈来たるべき〉他の状況に相関的だからである。

　主体はつねに前未来形で意味を言明する。現前的であるものは，一方では
状況のもろもろの項であり，他方では〈主体−言語〉のもろもろの名である。
とはいえこの区別は作為的なものであり，というのもそれ自体現前化された
ものである（空虚ではあるが）名は状況の項であるからだ。状況を超過する
のは名の指示対象的な意味であり，この指示対象的な意味は，状況の識別不
可能な部分の実存（つまり現前化）の遡及効果においてしか実存しない。し
たがってこう言うことができる。すなわち真理が個別具体的なものになって
いれば，〈主体−言語〉の個別の言表は適合的であることになっているだろう，
と。

　しかし真理のこうした「個別具体的なもの」について，主体は，自分も個
別具体的なものである以上，探索の現在の状態が作る有限な断片しか管理で
きない。残りはすべて信頼（あるいは知的な信）に属する。真理が現前させ
るものと，〈主体−言語〉のもろもろの名にかかわる言表の適合性とのあい
だの接続という仮説を正当に表明するのに，これで十分だろうか。言表の指
示対象宇宙はさまざまな遭遇（つまり探索）の偶然――これ自体が〈来たる
べきもの〉である――によって宙づりにされているが，こうした言表の〈来
たるべき〉適合性を状況の内部から評価することを，真理の無限な未完成は
阻害するのではないか。

　ガリレオが慣性の原理を言い表したとき，彼はまだ，デカルトやニュート
ンという主体において名づけられたああしたすべての偶然によって，新しい
物理学の真理から切り離されていた。ガリレオは彼が作り出したりずらした
りする名を用いて（というのも彼は「運動」や「均等な割合」といった名を
手にしていた），近代科学の確立という〈来たるべき〉状況へ向けた自己の
原理の適合性をいかにして仮定しえたのか。すなわち，「合理的物理学」と

命名すべきあの識別不可能かつ未完成の部分によって状況を代補する作業を，いかに仮定しえたのか。また同じく，シェーンベルクが調性機能を根底的に宙づりにしたとき，「現代音楽」と命名される，まだ今日でもほとんど識別不可能な状況のあの部分に照らして，彼が楽譜に書き込み規定した音符や音色にどのような**音楽的な**適合性を与えることができたのか。名が空であり，指示物が宙づりにされているとすれば，ジェネリックな手続きの有限な布置の点から見て，適合性の基準はどのようなものなのか。

主体の基本法と呼ばれなくてはならないもの，また前未来の法でもあるもの，これが作動するのはまさにここにおいてである。この法は以下のようなものである。すなわち，〈主体－言語〉の言表が，真理がそこから出来してきたもとの状況にとって適合的だったことになるとすれば，それは状況のなかに**一つの**項が，すなわちこの真理に属する（この真理**である**ジェネリックな部分に属する）項であると同時に，言表のなかに投入された名と個別の関係をもつ項が実存するからである。この個別の関係は（知の）状況の百科全書的な規定項の管轄に属する。したがって結局のところ主体の基本法が告げているのは，ひとはポスト出来事のジェネリックな手続きが展開される状況のなかで次のこと——すなわち，最初の状況にその状況の真理を付け加えるような状況のなかで，〈主体－言語〉のある言表が適合的であるチャンスをもつか否か——これを**知る**ことができるということである。状況のなかでそれ自体識別可能な関係によって当該の言表と結びつけられた**一つの**項，これが実存すると確かめられれば十分である。そのような項が実存すれば，そのとき，その項が真理に（すなわち真理の〈多なる存在〉である識別不可能な部分に）属することによって，もとの言表の適合性が**新しい**状況のなかで認められることになる。

この法については，コーエンが発見した存在論的ヴァージョンがある。その概要は省察36で提示する。だがそれはきわめて重要なので，その概念を詳述し，できるかぎり具体的な例によって説明しなくてはならない。

まずは一つの戯画から始めよう。いくつかの惑星の軌道の混乱が観察されたとして，私はニュートン天文学という科学的な手続きの枠組みのなかで次のように言うことができる。「まだ観察されていないある惑星が引力によっ

て軌道を曲げている」と。ここでの接続操作子は，現にある観察と組み合わされた純然たる**計算**である。この惑星が実存**すれば**（ここで実存するとは，観察が最終的に——観察は改善されるものなので——惑星に分類された対象と出会うという意味である），**そのとき**，「追加の惑星が実存する」という言表は，科学的な天文学によって代補された太陽系が構成する宇宙において適合的だったことになる。他に二つの可能なケースがある。

　——追加された惑星が太陽系に属するという仮定によっては軌道の異常を正当化できず（計算**前**の状況），この異常の原因について他にどのような仮説をなすべきかわからないというケース。

　——仮定された惑星が実存しないケース。

　この二つのケースにおいて何が起こっているのか。最初のケースでは，「何かが軌道を曲げている」という言表（これは科学のもろもろの名から構成された言表であるが，「何か」とはそれらの名の一つが空であることを意味している）と，状況内の特定可能な**一つの項**（計算可能な質量をもった惑星）とのあいだの，（計算可能な）定まった関係に関する**知**を私は手にしていない（この特定可能な項が太陽系のなかに科学的に観察可能な仕方で実存すれば——つまり太陽系＋その真理があれば——，私の言表に意味と適合性とが与えられるのであるが）。第二のケースでは，この関係は実存する（知による計算から，この「何か」が一つの惑星に違いないと結論することができる）が，私はそれを有効にする項に状況のなかで**出会って**いない。その結果，私の言表は天文学から見て「まだ」適合的では「ない」。

　この喩えは主体の基本法の二つの特徴を例証する。

　——**一つの項**と〈主体‐言語〉の言表とのあいだの知的関係は状況の百科全書のなかに実存しなくてはならないが，所与の言表にとっては，**いかなる**項によってもこの関係が有効とならないこともありうる。この場合，ジェネリックな手続きの地点から見て，私は適合性を先取りするいかなる手段ももっていない。

　——また，〈主体‐言語〉の言表と知的関係を取りもつ項ではあっても，私がいまだそれを探索しておらず，したがってそれが真理という識別不可能な部分（真理はジェネリックの手続きから無限に結果してくる）に属するか

否かがわからないような，そうした項が実存するということもありうる。この場合，言表の適合性は**宙づり**にされている。私は探索の行程の偶然によってその適合性から切り離されたままである。しかしながら，次のことを先取りすることはできる。すなわち，私がその項に出会う**ならば**，またその項が出来事の名に接続している——つまり真理の識別不可能な〈多なる存在〉に属する——と判明する**ならば，そのとき**，この真理が実存する〈来たるべき〉状況において，言表は適合的だったことになる，と。

　語彙を定めよう。私は主体の基本法のなかに含意された関係を**強制**と呼ぼう。状況の項が〈主体−言語〉の言表を**強制する**ことは次のことを意味する。すなわち，来たるべき状況におけるこの言表の適合性は，この項がジェネリックな手続きから結果する識別不可能な部分に属することに等しい，と。つまり強制関係によって言表に結びつけられたこの項は真理に属するということである。あるいは主体の偶運的な行程において遭遇したこの項は，出来事の名との接続について**肯定的に**探索されたということである。項は言表を強制するが，それは，その項と出来事との肯定的な接続によって言表が新しい状況（識別不可能な真理によって代補された状況）のなかで適合的であるように強制される場合である。強制は知によって**実証可能な**関係である。というのも，この関係は状況の項（したがって現前化されており，また状況の言語のなかで命名された項）と〈主体−言語〉の言表（そこで使用される名は状況のもろもろの多でもって「ブリコラージュ」されている）とにかかわるからである。知によって実証されえ**ない**こと，それは言表を強制する項が識別不可能なものに属するか否かということである。それはもっぱら探索の偶然に属する事柄である。

　〈主体−言語〉において表明可能ではあるが，その指示対象（つまり意味の宇宙）が無限に宙づりにされた（適合性の強制があるのはこの宙づりにされた意味**へ向けて**である）諸言表について，以下の三つの可能性のレパートリーがあるだろう。この三つの可能性は，そのどれもが状況の内部で知によって識別可能であり，したがって識別不可能な部分（真理）に関する想定を一切もたない。

　a. 言表は強制可能ではない。言表は状況の**いかなる**項とも強制関係をも

たない。したがって真理がいかなるものであれ，言表は適合的ではありえない。

b．言表は普遍的に強制可能である。言表は状況の**すべて**の項と強制関係をもつ。これらの項（無限性）のうちのいくつかは真理のうちに（その真理がいかなるものであれ）姿を現すから，言表は一切の〈来たるべき〉状況においてつねに適合的であるだろう。

c．言表はいくつかの項によって強制可能ではあるが，その他の項によっては強制可能でない。適合性の前未来について，すべては探索の偶然にかかっている。言表を強制する一つの項が肯定的に探索されたことになれば，そしてそのときには，言表は，識別不可能なもの（その項はこの識別不可能なものに属する）がその識別不可能なものを識別できない状況を補足するような〈来たるべき〉状況において適合的となるだろう。しかしこのケースが**事実上**保証されることはないし（というのも数え切れない偶然によって私はそうした〔肯定的な〕探索からなおも切り離されていることがありうるのだから），また**原理上**も保証されていない（というのも強制的な項が否定的に探索される——つまり真理のなかに姿を現さない——こともありうるのだから）。この場合，言表は適合的であるように強制されない。

主体とは自己指示的な言表の局所的な評価者である。主体は，来たるべき状況に照らして——つまり識別不可能なものの地点からみて——自己指示的な言表が確実に間違っているか，あるいは可能性として適合的であるかのどちらかであるということ，しかしいずれにせよそれらの言表が，一つの肯定的な探索の〈起こったことになる〉〔前未来形〕に宙づりにされているということ，これを**知っている**。

強制および評価の配分がはっきりとわかるようにしてみよう。

マラルメの言葉に，「詩の行為の本分は，一つの観念が価値において等しい数多くのモチーフへと分割されるのを突如として目撃し，その分かれたモチーフを集めることに存する」というものがあるが，この言表は，詩によるジェネリックの手続きという有限な布置の状態を自己指示する〈主体−言語〉の言表である。この言表の指示対象宇宙——とりわけ「観念」や「モチーフ」という語のシニフィアン的な価値——は，「詩の危機」の彼方に存在したこ

とになるだろう詩の状態という，文学状況の識別不可能なものに宙づりにされている。マラルメ——およびその他の人々——の散文と詩は，それらが集団となって，この識別不可能なものをユゴー以後のフランス詩の真理と定義するような探索である。この手続きの局所的な布置は，主体（例えば「マラルメ」というシニフィアンがその純然たる現前化において指し示すもの）である。〔この場合の〕強制とは，先ほどの〔マラルメの〕言表と個別具体的な詩（あるいは詩集）〔項〕との関係について知が識別しうるものである。ここから次のように言うことができる。すなわち，この詩〔項〕がユゴー以後の詩の真理をたしかに「象徴＝代表する」のであれば，詩の行為に関するこの言表は，詩の真理が実存する〈来たるべき〉状況のなかで（つまり詩の危機の後の「新しい詩」がもはや予告されているだけではなく，実際に現前化されている宇宙のなかで），知として実証可能であり，したがって適合的であるだろう，と。そのような詩は，詩それ自身と，例えば「観念」や「モチーフ」のようなもともと空虚な語とが取り結ぶ，状況内で識別可能な関係の媒介者でなければならないということ，これは明らかである。この**唯一の詩**が遭遇について保持する肯定的な評価は，この詩を含むあらゆる〈来たるべき〉詩的状況において「詩の行為は……」という言表が適合的であることを保証する。このような唯一の詩の実存——これをマラルメは「《書物》」と呼ぶ。しかし結局のところ，省察19における『賽の一擲』の知的研究は次の点を証明したに等しい。すなわち，現代詩の焦点が観念（究極的には，出来事の観念そのもの）のモチーフにあるということ，このことが適合的であるように少なくとも強制する項に，この探索（『賽の一擲』というテクスト）はしかと出くわしているのだ，と。ここでの強制関係はテクストの分析によって保持されている。

　次は，「工場は政治の場である」という言表を考察してみよう[54]。この言表はポスト・マルクス＝レーニン主義の政治的手続きの〈主体−言語〉のなかにある。この言表の指示対象宇宙は，非議会的・非スターリン的な様態の政治という，そうした状況の識別不可能なものの出来を要求する。探索は工場の活動家たちによる探索であり介入である。労働者たち，〈工場という立地〉，さまざまな下位状況は，現在は識別不可能である政治様態の実存が樹立され

たことになるようなどの宇宙においても，先の言表〔「工場は政治の場である」〕が適合的となるように強制するが，このことをひとは（認識において）アプリオリに規定することができる。労働者たちが肯定的に探索され，言表の来たるべき適合性が保証される地点に手続きが至ることはありうる。もちろんそうでないこともありうるが，しかしそこから引き出されるべき結論は，出会いの偶然を継続し，手続きを維持しなくてはならないということだけである。適合性は単に宙づりにされているだけなのだ。

反対推論によって，両大戦間の音楽の新古典主義的な反動を検討してみれば，この潮流がそれ自身の言語において定義した音楽状況のどんな項も，「音楽は本質的に調性的である」という言表の適合性を強制しえないことが確認される。たしかに，さまざまな探索（新古典主義の諸作品）は無限に継起しうる。しかしシェーンベルクが実存してしまった以上，それらの探索のいずれも，この言表と強制関係にあると知りうる何ものにも出会うことがない。ここでは知のみが決着をつける。言い換えれば，新古典主義的な手続きは**ジェネリックではない**ということである（実際，省察29を見てもらいたいが，それは構成主義的である）。

結局のところ，主体とは，知と真理が言語によって交差する十字路である。ジェネリックな手続きの局所的な布置である主体は，識別不可能なものの宙づり状態のうちにある。来たるべき状況（真理が実存する状況）へ向けて自分の言語の言表が適合的であるように条件のなかで強制することができる主体は，己自身を知る者である。主体とは，みずからがそれの有限な契機となっている真理によって宙づりにされた知なのである。

5 主体的生産──決定不可能なものの決定，資格剝奪〔格下げ〕，非実存者たちの原理

その存在において理解された主体は，ジェネリックな手続きの有限性，すなわち出来事としての忠実さの局所的な効果でしかない。主体が「生産する」ものは真理それ自体（状況の識別不可能な部分）であるが，この真理の無限性は主体を超越する。真理は主体の産物であると語るのは言いすぎである。むしろ主体は出来事への忠実さのなかで**獲得された**〔忠実さのなかに捕えられ

た〕ものであり，偶然によって主体が永遠にそこから切り離されている真理に**宙づりにされた**ものである。

とはいえ，条件つきではあるが，どのような言表が状況において適合的でありうるかを知ることができる以上，強制は，真理が状況を代補しているような来たるべき宇宙について部分的な記述を許可する。主体は来たるべき状況の存在を考量することはできなくとも，その**新しさ**を考量することはできる。この能力に関する——そしてまたその限界に関する——三つの例を挙げよう。

a. 〈主体‐言語〉のある言表があって，それがいくつかの項によって強制されているが，また他のいくつかの項によってその否定も強制されていると仮定しよう。この言表が状況のなかでは決定不可能だということはすぐにわかる。というのも，たとえこの言表がその顕在的な状態においては百科全書にとって適合的である（あるいは誤っている）のだとしても，そのことが意味するのは，いずれにせよ**状況**のどんな項によっても，この言表が誤っている（あるいは適合的である）と，理知的な仕方で判断することはできないということだからである。ところで，言表が肯定的にも否定的にも強制されうる場合〔例えば，ダブルバインド状態〕が，まさにこのケースであるだろう。また，ある状況にその状況の真理を付け加えることによって言表の既成の適合性を変えるいかなるチャンスもないということも言える。というのもその場合には，この言表は**実は**〔真理においては〕状況のなかで適合的では**なかった**ということになるだろうから。ところで真理は知を免れるものではあるが，それを反駁するものではない。したがって，この言表は状況の百科全書のなかでは決定不可能であることになる。すなわち知の現にある資源だけからでは，この言表が適合的であるか誤っているかを裁定することが不可能なのだ。そのとき，探索の偶然性，出来事の本性，忠実さの操作子の本性などから，以下の三つのケースがありえる。すなわち，言表が来たるべき状況において適合的だったことになる場合（その言表の肯定を強制する項が実定的に探索された場合），言表が誤っていたことになる場合（その言表の否定を強制する項が実定的に探索された場合），そして言表が決定不可能なものにとどまることになる場合（否定的にであれ肯定的にであれ，言表を強制する項がど

れも出来事の名と接続していないと探索され，したがってそのような手続き
から帰結する真理において言表を強制するものが**何もない**場合）。もちろん
生産的なケースは最初の二つであり，そこでは現状において決定不可能な言
表は，識別不可能な真理が現前化される〈来たるべき〉状況にとっては決定
されたことになるだろう。

　この決定について，主体はそれを考量することができる。言表をなんらか
の意味で強制する項が出来事の名に接続していることを確認する探索が，手
続きの有限な布置（これが主体の存在である）のなかにあればそれでよい。
つまりこの項は識別不可能な真理に属しているのであって，しかもそれが言
表を強制するのであるから，ひとはこの識別不可能なものの付け足しから結
果する状況のなかでその言表が適合的だった（あるいは誤っていた）ことに
なると**知る**ことができる。こうした状況においては——言い換えれば，**実は
真理においては**——決定不可能な言表は決定されていたことになる。この決
定が一貫性を欠くことなく肯定的（適合）でも否定的（誤謬）でもありうる
ということは，それが真理の偶然的な歴史性を凝縮させているだけに注目に
値する。実際それは探索の軌道に左右され，また忠実な接続の操作子が凝縮
させる評価原理に左右される。決定不可能なある言表がなんらかの意味にお
いて決定されているということも**よくある**ことである。

　こうした能力はきわめて重要であり，主体について次のような定義を与え
ることも可能である。すなわち，主体とは，決定不可能なものを識別不可能
なものの地点から決定するもののことである，と。あるいは真理の宙づりに
即して適合性を強制するもののことである，と。

　b．来たるべき状況は追加運動によって得られる（表象されてはいるが現
前していない識別不可能な突出物〔excroissance〕だった真理が現前の場に出来
する）のだから，土台状況のすべての多もまた新しい状況のなかに現前化さ
れている。それらの多が消滅しえないのは，**新しい状況が新しいから**である。
それらが消滅するというのは古い状況**に従えば**の話である。私は『主体の理
論』において，破壊のテーマのなかで少しばかり血迷っていたと言わねばな
らない。私は破壊と新しさとの本質的な結びつきという考えをまだ支持して
いた。経験上は，新しさ（例えば，政治的な新しさ）は破壊を伴う。しかし

この同伴は内具的な新しさには結びついていないということをしっかりと見なくてはならない。反対に，内具的な新しさはつねに真理による追加運動〔supplémentation（代補作用）〕である。**破壊とは，古いものの内部における新しい追加運動の古い効果である**。破壊ははっきりと知ることができ，最初の状況に関する百科全書があれば十分である。破壊は真理にかかわるものではなく，知にかかわるものである。誰かを殺すことはつねに事態の（古い）状態に属することであり，新しさの要件ではありえない。ジェネリックの手続きは識別不可能な（あるいは知を免れる）部分を画定するが，この操作を〈非－存在〉の操作として反省してもかまわないと思うのは百科全書と融合することによってでしかない。識別不可能性と死の権力とを同一視すれば，真理のプロセスを支持することに失敗する。ジェネリックな手続きの自律性は「力関係」の一切の思考と相容れない。「力関係」は百科全書の判断である。主体を可能にするのは，その追加の出来が出来事の包括的な効果のしるしとなる識別不可能なもの，ジェネリックなものである。〈決定不可能なものを決定すること〉と〈一つの現前を抹殺すること〉とのあいだにはいかなる結びつきもない。

　その新しさに従って考えられた〈来たるべき状況〉は，現在の状況が現前させているあらゆるものを現前させるが，それに加えて，現在の状況の真理をも現前させる。その結果，来たるべき状況は数知れぬ新しい多を現前させる。

　とはいえここで生じうるのは，項の**格下げ**〔*déqualification*（資格剥奪）〕である。「一番だったものが最後になるだろう」とか「その定理は最初は重要だったが，単なる特殊事例となるだろう」とか「この主題はもはや音楽言説を組織する要素ではなくなるだろう」とか，そうした言表が新しい状況において適合的である可能性は，各々の項の**存在**が手つかずのままである以上，排除されない。というのも**百科全書**は不変ではないからだ。とりわけ（存在論が立証するように──省察36を参照のこと），量的評価や階層構造は，新しい状況においてひっくり返される可能性がある。そこで作動しているのは，ジェネリックの手続きと百科全書的な規定項（ジェネリックの手続きはこれから逃れる）とのあいだの干渉作用である。あれこれの項の資格を規定する言表は，項を

一つの階層組織のなかに配置し，その席次を定めるが，変動する可能性もある。そもそも，ジェネリックの手続きによっても転位しえない「絶対的」言表と，人為的・階層的な識別につながれ量の不安定さに結びついているがゆえに格下げを強制されうる言表とは，区別されなくてはならない。つまるところ百科全書の明白な**矛盾**は変えられないものではない。あらわになるのは，百科全書によるさまざまな席順や差異化は，**実は**〔真理においては〕状況の存在のなかに正当に根づいていなかったということなのである。

　したがって主体は，現前化した多のあらゆる格下げ〔資格剝奪〕を考量するものでもある。しかもこれは当然のことである。なぜならジェネリックなもの（あるいは〈一−真理〉）は，それが識別不可能な部分である以上，知の規定項を逃れるものであり，とりわけもっとも人為的な資格付与に反抗するものだからである。ジェネリックなものは**平等主義的**であり，また一切の主体は，究極的には，平等へと整序されているのだ。

　c. 最後に注目すべきは，**新しい状況において**与えられるその資格〔質〕が非実存に結びつけられたものは，こうして**すでに**，古い状況のなかでも資格を与えられていたということである。これが**非実存者たちの原理**と私が呼ぼうと思うものである。実際私は，真理は，それが新しいもの（あるいは追加のもの）であるかぎりで，何ものをも除去しないと述べた。資格が否定的であるのは，それはある多が新しい状況のなかに実存しないと確認されるからである。例えば，「そのたぐいのものとしては乗り越え不可能である」とか「絶対に特異である」とかいう言表——その本質は，最初のものを「乗り越え」たり，二番目のものと同一であるようないかなる項も現前していないということである——が新しい状況において適合的であるとすれば，その場合，こうした項の非実存は，真理による追加運動が破壊から生じえない以上，最初の状況において**すでに**判明していたのでなければならない。別の言い方をすれば，非実存は遡及的なのである。私が非実存を来たるべき状況のなかに確認するとしたら，それは最初の状況のなかに**それがすでに非実存していた**ということなのだ。

　非実存者たちの原理の肯定的な側面を次のように述べることができる。すなわち，主体は資格の剝奪をもたらすかもしれないが，特異性の剝奪は決し

てもたらさない，と。真理において特異であるものは，状況においても特異だったのである。

　主体とは，真理の有限な審級として，識別不可能なものの識別された現実化として，自己指示的な言語として，決定を強制し〔捻り出し〕，不平等なものの資格を取り払い，特異者を救うものである。この三つの操作（その希少性のみがわれわれを悩ませる）によって，出来事は存在へと——出来事がすでにその整合性を補足していた存在へと——到来するのである。

省察 36

強制法[55]
——識別不可能なものから決定不可能なものへ——

　存在論は真理概念を支えられない（出来事が欠けているから）だけでなく，主体概念を形式化することもできない。反対に存在論が思考させてくれるのは，主体の基本法が対応している存在タイプ——言い換えれば，強制——についてである。これはコーエンが知らずに導入した知的革命の（識別不可能なものに続く）第二の側面である。今回重要なことは，真理の存在（ジェネリックな多）を言表（証明可能あるいは不可能な言表）の地位に接続することである。どんな時間性も——つまりどんな前未来も——なしで，コーエンは識別不可能なものと決定不可能なものとの関係に関する存在論的図式を確立する。そうして彼はわれわれに，主体の実存が存在論と両立可能であることを示す。存在の一般的体制に「矛盾するもの」として自己を表明しようとする主体のあらゆる主張は，彼によって崩壊させられる。主体は存在についての言述（数学）を免れながらも，存在可能性のうちにある。

　この点に関するコーエンの主な成果は次のとおりである。すなわち，状況の識別不可能な部分の付け足しによって得られたジェネリック拡張において，個々の言表はどのような条件のもとで適合的であるのか——これを準完全な土台状況のなかで規定することができるということ，これである。この規定作業の道具立ては名のいくつかの特性研究である。名とは状況の住民たちがジェネリック拡張（これは彼らの宇宙には実存しない）について知っているすべてである以上，このことは避けがたい。問題をしっかりと考量してみよう。言表 $\lambda (\alpha)$ があるとして，α がジェネリック拡張に属するという仮定は土台状況においては表象不可能である。反対に意味があるのは言表 $\lambda (\mu_1)$ で

ある。ここで μ_1 はこの拡張の仮説的な要素 α——つまり名 μ_1 の指示対象的な価値として $\mathbb{R}_♀(\mu_1)$ と書かれる要素——を指す名である。もちろん，この拡張における $\lambda(\alpha)$ の適合性——$\lambda(\mathbb{R}_♀(\mu_1))$——が状況における $\lambda(\mu_1)$ の適合性を必然的にもたらす道理などまったくない。せいぜい期待できるのは類を含意することくらいである。「拡張がなんらかの要件に従っているならば，状況のなかで意味をもつ式 $\lambda(\mu_1)$ には，この拡張において適合的な $\lambda(\alpha)$——α はこの拡張における名 μ_1 の指示対象的な価値である——が対応しなければならない」。しかし要件は状況の**なかで**表明可能でなくてはならない。ところで，状況の住民はジェネリック拡張について何を仮定することができるか。対応するジェネリックな部分♀のなかにしかじかの条件が現れるという程度のことである。というのも状況のなかではひとは条件を知っているのであり，ジェネリックな部分というこの特殊な条件集合について（空虚な）概念をもっているからだ。したがってわれわれが求めているのは類の言表なのである。「状況のなかで条件と言表 $\lambda(\mu_1)$ とのあいだになんらかの関係があるならば，そのとき，部分♀に条件が属することは必然的に，対応するジェネリック拡張において $\lambda(\mathbb{R}_♀(\mu_1))$ の適合性をもたらす」。

　これは結局のところ，状況のなかの制御可能な関係（条件 π と状況の言語の言表 $\lambda(\mu_1)$ とのあいだの関係）と，ジェネリック拡張における言表 $\lambda(\mathbb{R}_♀(\mu_1))$ の適合性とが等しいということを，存在論者が状況の外部から立証することであると言える。かくして拡張におけるどんな適合性も状況のなかで**条件づけ**られるがままになるだろう。きわめて重要な結論は次のことである。すなわち状況の住民は識別不可能なものについて——つまりは拡張について——何も知らないにもかかわらず，ある条件がジェネリックな記述に属することがこの拡張における言表の適合性に等しいと思考できる状態にあるのだ。この住民は真理の主体の立場にあると認められるだろう。この住民は識別不可能なものの地点において適合性を**強制する**のである。この強制は状況内の名の資源のみを用いてなされ，この真理を表象するには及ばない（ジェネリック拡張の実存を知るには及ばない）。

　「S の住民」というのはメタファーであり，いかなる数学概念にも対応しないことを付言しておこう。存在論の思考対象は主体の法であり，主体では

ない。コーエンの偉大な発見——すなわち強制法——においてその存在を保証されるのは，この主体の法である。コーエンの強制法とはまさしく，$\pi \in ♀$であるときに，名に適用される式 $\lambda \, (\mu_1)$，条件 π，そしてジェネリック拡張における式 $\lambda \, (\text{R}_♀ (\mu_1))$ の適合性とのあいだの，求められている関係の規定なのである。

1 強制法の技術[56]

コーエンの強制法を提示することはあまりに「計算的」すぎて，ここではできない。私はその戦略だけを示すことにする。

われわれの問題が解決されたと仮定しよう。われわれは ⊨（これは「強制する」と読む）で記される関係をもっており，それは次のような関係である。

——条件 π が名に関する言表を強制するのであれば，そのとき $\pi \in ♀$ であるような一切のジェネリックな部分♀について，その同じ言表は，今度は名の指示対象的な価値に関わるものとして，ジェネリック拡張 $S \, (♀)$ において適合的である。

——それと相互的に，ある言表がジェネリック拡張 $S \, (♀)$ において適合的であれば，$\pi \in ♀$ であるような条件 π が実存し，そして π は，〈当該の適合的な言表のなかにその価値が現れる名〉に適用される言表を強制する。

別の言い方をすれば，π と〈名に適用される言表 λ〉とのあいだの強制関係は，$\pi \in ♀$ であるようなあらゆるジェネリック拡張 $S \, (♀)$ における言表 λ の適合性に**等しい**。「π が λ を**強制する**」関係は**状況 S のなかで**実証可能であるから，われわれは，⊨（強制する）関係が定義される土台状況から「出る」ことなく，拡張 $S \, (♀)$ における式の可能な適合性を統御する者となる。S の住民は，識別不可能なものが潜むジェネリック拡張のなかに何も識別しなくても，この適合性を強制することができる。

したがって重要なのは，上述の等しさ〔同値〕を実証する ⊨ 関係の実存を確立することである。すなわち，

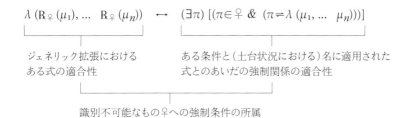

関係 ≒ は条件と式とのあいだで操作する。したがって，この関係の定義は集合論の言語の形式主義に従っている。この形式主義——省察3の技術上の注記で与えられたような形式主義——を注意深く検討すれば，一つの式のさまざまな記号が究極的には四つの論理記号（∼, →, ∃, =）と一つの特殊記号（∈）に連れ戻されるということがわかる。というのも，その他の論理記号（&, ou, ↔, ∀）はこれらの記号から定義されうるからである（補遺6を参照のこと）。名に適用されるもろもろの式の書法を簡単に考察してみれば，それらの式が次の五つのタイプのうちのどれかに属することがわかる。

a. $\mu_1 = \mu_2$（同値の原子式）
b. $\mu_1 \in \mu_2$（所属の原子式）
c. $\sim \lambda$（ここでは，λ は「すでに」構成ずみの式である）
d. $\lambda_1 \to \lambda_2$（ここでは，λ_1 と λ_2 は「すでに」構成ずみである）
e. $(\exists \mu) \lambda(\mu)$（ここでは，$\lambda$ は自由変数としての μ を含む式である）

われわれがこの五つのタイプについて $\pi \rightleftharpoons \lambda$（条件 π は式 λ を強制する）という関係の価値を明確に定義すれば，書式が長く続くいわゆる反復の手法によって一般的な定義が得られるだろう（この反復の手法については補遺6で説明する）。

もっとも問題が大きいのは等しさ〔同値〕である。実際，ある条件がジェネリックな部分に属するからといって，その条件は，μ_1 と μ_2 という二つの名がジェネリック拡張のなかで同じ指示対象的な価値を取るように，どのようにして強制できるのか。というのもわれわれが望んでいるのは，まさに次のことだからである。すなわち，

$$[\pi \rightleftharpoons (\mu_1 = \mu_2)] \rightarrow [\pi \in \female \rightarrow [R_\female(\mu_1) = R_\female(\mu_2)]]$$

この式は，左側の同値の書式がその適合性について厳格に土台状況のなかで定義されることを絶対不可欠な義務としている。

ひとはこの困難を名辞階数についての作業によって包囲する（省察34を参照のこと）。ひとは μ_1 と μ_2 が名辞階数 0 にあるような式 $\mu_1 = \mu_2$ から始めて，それらの名について $\pi \rightleftharpoons (\mu_1 = \mu_2)$ と定義する。

名辞階数 0 の名にもとづいて強制がひとたび説明されるや，ひとは，一個の名がもろもろの条件と**その下位の名辞階数**のもろもろの名（名の成層）から構成されているということを思い出しながら，一般的なケースへと移るだろう。そうした下位の階数について強制が定義されたと仮定することによって，次の階数についての強制も定義されるだろう。

名辞階数 0 の名に対する同値の強制については補遺7のなかで示そう。興味のある向きにとって，反復の完成はこの補遺に投入された方法を一般化する練習になるだろう。

ここでは単に，この面倒な計算の果てに三つの可能性を定義できることを指摘するだけにしよう。

——$\mu_1 = \mu_2$ が最小条件 $\varnothing$ によって強制されている場合。この条件は**一切**のジェネリックな部分に属するから，$R_\female(\mu_1) = R_\female(\mu_2)$ は，$\female$ が何であれ，つねに適合的である。

——$\mu_1 = \mu_2$ が個別の条件 π_1 によって強制されている場合。この場合，$R_\female(\mu_1) = R_\female(\mu_2)$ はいくつかのジェネリック拡張（$\pi_1 \in \female$ であるような拡張）においては適合的だが，他のジェネリック拡張（$\sim(\pi_1 \in \female)$）においては誤っている。

——$\mu_1 = \mu_2$ が強制可能でない場合。この場合，$R_\female(\mu_1) = R_\female(\mu_2)$ はいかなるジェネリック拡張においても適合的でない。

この三つのケースは，その両極（言表がつねに適合的であるか，それとも決して適合的でないか）のあいだに偶然的な領野を描く。そこではいくつかの適合性が**絶対的であることなしに**強制可能である（絶対的というのは，あれこれの条件が記述に属しているそのことだけから，対応するジェネリック

拡張における適合性が必然的に生じるという意味である）。まさにこの点において，集合論（一般存在論）の言表 λ は**決定不可能**なものであるとわかる。というのも条件がジェネリックな部分に属しているか否かに応じて，言表 λ はある状況では適合的であったり，また別の状況では誤っていたりするのだから。これは，そこに《主体》の法が存する，識別不可能なものと決定不可能なものとのあいだの本質的な結びつきである。

　$\mu_1 = \mu_2$ タイプの式の強制の問題が解決されたので，別の基礎的な式——$\mu_1 \in \mu_2$ タイプの式——へ移ろう。今度は事態ははるかに迅速に進むが，それは次の理由による。すなわち，まず $R_♀(\mu_3) \in R_♀(\mu_2)$ となるように手はずを整えることによって，等式 $\mu_3 = \mu_1$ が強制されることになるのである（そうする術はわかっている）。この技術は，所属と同値との相互依存——外延性公理という〈同〉と〈他〉の大《概念》によって基礎づけられる相互依存（省察5）——に立脚している。

　$\sim\!\lambda$，$\lambda_1 \rightarrow \lambda_2$，$(\exists\alpha)\,\lambda\,(\alpha)$ といったタイプの複雑な式についてはどう進めるべきか。こうした式もまた強制可能だろうか。

　肯定的な答えは，書式の長さにもとづく反復によって打ち立てられる（この点については補遺6を参照のこと）。ここでは哲学的にたいへん面白い否定のケースだけを検討しよう。

　式 λ について強制が定義されており，また $\pi_1 \Vdash \lambda$ が（S における）強制と（$S(♀)$ における）適合性との根本的な同値を立証していると仮定する。式 $\sim\!(\lambda)$ の強制へはどのようにして「移行」すべきか。

　π_1 が λ を強制し，また π_2 が π_1 を支配している場合，π_2 が $\sim\!(\lambda)$ を強制することはありえないということに注目しよう。実際 π_2 が $\sim\!(\lambda)$ を強制するとしたら，それは，$\pi_2 \in ♀$ であるとき，$\sim\!(\lambda)$ は $S(♀)$ において適合的だということである（強制的な条件が ♀ に属するや，強制と適合性は根本的に同値である）。しかし $\pi_2 \in ♀$ であり，また π_2 が π_1 を支配するならば，$\pi_1 \in ♀$ でもある（精確な部分の規則 Rd_1。省察33を参照のこと）。ところで π_1 が λ を強制し，また $\pi_1 \in ♀$ であるならば，式 λ は $S(♀)$ において適合的である。そうなると，$S(♀)$ において λ（π_1 に強制されている）と $\sim\!(\lambda)$（π_2 に強制されている）とが同時に適合的であるということになるだろう。理論が整合

的であるならば，これは不可能である。

　ここから次のようなアイディアが出てくる。すなわち，**いかなる**支配的な条件 π によっても λ が強制されない場合に，π によって $\sim(\lambda)$ が強制されると言える，と。すなわち次のようになる。

$$[\pi \rightleftharpoons \sim(\lambda)] \leftrightarrow [(\pi \subset \pi_1) \rightarrow \sim(\pi_1 \rightleftharpoons \lambda)]$$

　ここで否定は，識別不可能なもののさらに強い（さらに明確な）いかなる条件によっても肯定が適合的であるように強制されないということへと投げ返されている。つまりこの否定は実質的には肯定の強制不可能性のことである。この否定は，否定の必然性にではなく肯定の**非-必然性**に宙づりにされており，少々弱腰である。強制法において否定の概念は何か様相的なものをもっている。すなわち，肯定するように拘束されていないから否定することが可能だ，といった具合なのである。否定がこのように様相的であることは，主体的な否定あるいはポスト出来事的な否定の特徴である。

　否定の次に，純然たる論理上の考察によって，λ_1 と λ_2 の強制という仮定のもと，$\lambda_1 \rightarrow \lambda_2$ の強制を定義することができる。同様に $(\exists \alpha) \, \lambda$ についても，λ の強制が定義ずみであるという仮定のもとで定義することができる。かくして組み合わせ論によって，もっとも単純な式からもっとも複雑な式へと，あるいはもっとも短い式からもっとも長い式へと到る。

　以上の構成が完成した暁に確かめられるのは，**一切**の式 λ について，それを強制する条件 π が実存するかあるいは実存しないかを，**Sのなか**で証明する手段が手に入るということである。この条件 π が実存するのであれば，そのとき，この条件 π がジェネリックな部分♀に属するということは，式 λ が拡張 S(♀) において適合的であるということを含意する。逆に式 λ がジェネリック拡張 S(♀) において適合的であるならば，そのとき，♀に属しつつ式 λ を強制する条件 π が実存する。この場合，可能な異なった仮定の数は，等式 $\mu_1 = \mu_2$ についてわれわれが見た場合と同様，三つである。

　──Ø によって強制される式 λ は，どのような拡張 S(♀) においても適合的である。

——強制可能ではない式 λ（$\pi \rightleftharpoons \lambda$ であるようないかなる π も実存しない）は**一切**の拡張 $S(\female)$ において適合的ではない。

　——条件 π によって強制される式 λ は，$\pi \in \female$ であるようないくつかの拡張 $S(\female)$ では適合的だが，それ以外の拡張においては適合的でない。ここから，この式の存在論的な**決定不可能性**へと導かれるだろう。

　以上の考察から次のように結論される。すなわち集合論の言語において式 λ が与えられていれば，その式がジェネリック拡張において適合的であるということが，はたして必然的であるのか，不可能であるのか可能であるのかについて，われわれは問うことができる，と。この問題は S の住民にとって意味をもつ。実際，この問題は，名に適用された式 λ が $\varnothing$ によって強制されているのか，そもそも強制可能ではないのか，はたまた空でない個別の条件 π によって強制可能なのかについて検討することに帰着するのだから。

　最初に検討すべきケースは，集合論の諸公理のケース，すなわち多のもろもろの大《観念》のケースである。準完全状況である S は存在論を「反映する」以上，それらの公理はどれも S において適合的である。それらは $S(\female)$ においても適合的でありつづけるだろうか。答えはきっぱりとしている。そうした諸公理はどれも $\varnothing$ によって強制されており，したがって**一切**のジェネリック拡張において適合的である。そこから次のようになる。

2　準完全状況のジェネリック拡張もまた準完全である

　これは強制法の技術のもっとも重要な成果であり，それは主体の効果の決定的な特性を存在論において形式化する。すなわち真理は，それが支える適合的な新しさがどんなものであれ，状況（真理はこの状況の真理である）の主要特性に同質的でありつづけるのである。数学者たちはこれを次のように言表する。S が集合論の可算な推移モデルであれば，ジェネリック拡張 $S(\female)$ もまたそうしたモデルである，と。コーエン自身は次のように表明している。「どうしてそのようであるのかについての直観を説明するのは難しい。大雑把に言えば，M［土台状況］にすでに現前していたのではない［識別不可能な］集合 α からはどんな情報も引き出すことができない［からである］」。

われわれはこの困難を思考することができる。すなわちジェネリック拡張は，識別不可能な，ジェネリックな，無名の部分の付け足しによって得られる以上，それは土台状況の不可視な諸特徴を識別可能にするものではない。忠実さのジェネリックな手続きが生み出す識別不可能なものによって強制される真理は，なるほど**追加**の適合的な言表を主張することができる（これは手続きの源である出来事が状況の言語に対する超過において命名されたことの反映である）。しかしこの追加は，忠実さが状況の内部にある以上，状況の整合性の大原理を無効にすることはできない。そもそもだからこそ真理は状況の真理なのであって，別の状況の絶対的な始まりなどではない。主体とは状況に包含された識別不可能なものを強制的に産出するものであるが，とはいえ状況を壊滅させることはできない。主体がなしうることは，それ以前には決定不可能であった適合的な言表を生み出すことである。ここで再びわれわれの主体の定義に出くわす。すなわち忠実な強制の支柱である主体は，識別不可能なものを，決定不可能なものの決定へと接合するのである。だが主体の操作する追加作業が状況の法に適っていることをまずは立証しなくてはならない。あるいはジェネリック拡張もまた準完全状況であることを立証しなくてはならない。

　これは事実上，状況 S において適合的だと仮定された集合論のすべての公理について強制が存在するということを，各事例ごとに実証する作業である。私は補遺 8 においてその簡単で典型的ないくつかの例を挙げる。

　この実証作業がもつ一般的な意味は明確である。すなわち状況 S が多の諸《観念》に合致していることは，ジェネリック拡張 $S(♀)$ も合致しているということを，強制の媒介によって含意している。ジェネリック性は整合性の法を保守する。真理は，状況（真理はこの状況の真理である）が整合的であるからこそ存立すると言ってもよい。

3　ジェネリック拡張 $S(♀)$ における適合的な言表の地位
——決定不可能なもの——

　これまでの議論全体から，次の点について手ほどきをする接続の検討が出てくる。すなわち，《主体》が存在しうるのは，〈状況の識別不可能な部分〉

と〈状況においてその適合性が決定不可能な言表の強制〉とのあいだにおいてである，と。ここでわれわれは，主体の存在論的な下部構造について可能な思考の入り口にいる。

まず第一に次のことに注目しよう。存在論が整合的であると仮定すれば——すなわち純粋な多の理論の諸公理からいかなる形式上の矛盾も演繹できなければ——，準完全状況のジェネリック拡張 $S(\female)$ において適合的ないかなる言表も，この〔存在論の〕整合性を崩壊させることはできない。あるいは言表 λ が $S(\female)$ において適合的であるなら，式 λ によって追加された集合論（これを TE と記そう[57]）も，TE が整合的である以上，やはり整合的である。識別不可能なもの $\female$ の地点から適合的であるように強制された言表によって，存在論はいつでも追加されうるのである。

実際，TE だけで整合的であるにもかかわらず，$TE+\lambda$ が整合的でないと仮定してみよう。これは $\sim\lambda$ が TE の一定理であるという意味である。実際，矛盾——これを（$\sim\lambda_1 \,\&\, \lambda_1$）としよう——が $TE+\lambda$ から演繹可能だとしたら，それは演繹の定理により（省察22を参照のこと），含意 $\lambda \to (\sim\lambda_1 \,\&\, \lambda_1)$ が TE のみから演繹されているということである。だが $\lambda \to (\sim\lambda_1 \,\&\, \lambda_1)$ からは単純な論理的な操作によって言表 $\sim\lambda$ が演繹される。したがって $\sim\lambda$ は TE の一定理であり，存在論の忠実な言表である。

$\sim\lambda$ の証明は，一切の証明と同様に，有限な数の公理のみを用いている。したがって，それらすべての公理が適合的である可算的な準完全状況 S が実存する。それらの公理はこの状況のジェネリック拡張 $S(\female)$ においても適合的でありつづける。ゆえに，それらの適合的な公理の帰結である $\sim\lambda$ もまた $S(\female)$ において適合的である。だがそのとき λ が適合的であることはできない。

さらに明確なやり方で，状況 S の整合性に遡ることができる。λ と $\sim\lambda$ のどちらもが $S(\female)$ において適合的であるならば，λ を強制する条件 π_1 と $\sim\lambda$ を強制する条件 π_2 とが実存する（今回は λ は名に適用されている）。したがって S のなかに適合的な二つの言表——すなわち $\pi_1 \rightleftharpoons \lambda$ と $\pi_2 \rightleftharpoons \sim\lambda$——があるわけである。$\pi_1 \in \female$ かつ $\pi_2 \in \female$ であるのだから，また λ と $\sim\lambda$ は $S(\female)$ において適合的であるのだから，π_1 と π_2 の両者を支配する条件 $\pi_3 \in \female$ が実存する（精確な集合の規則 Rd_2）。この条件 π_3 は λ と $\sim\lambda$ とを同時に強制する。

ところで，否定の強制の定義に則せば（上述を見よ），$\pi_3 \subset \pi_3$ である以上，$\pi_3 \rightleftharpoons \sim\lambda \rightarrow \sim(\pi_3 \rightleftharpoons \lambda)$ が得られる。

また $\pi_3 \rightleftharpoons \lambda$ も得られるならば，実際には形式的な矛盾——すなわち，状況 S の言語において表現された矛盾である $(\pi_3 \rightleftharpoons \lambda)$ & $\sim(\pi_3 \rightleftharpoons \lambda)$——が得られる。これは，$S(♀)$ において相矛盾する言表が有効であれば，それらは S においても有効であるということである。逆に S が整合的であれば，$S(♀)$ も整合的でなくてはならない。したがって，$S(♀)$ において適合的な言表が S の——最終的には TE の——想定上の整合性を崩壊させる可能性はない。いまや次のように仮定されるだろう。すなわち，存在論は整合的であると，また λ が $S(♀)$ において適合的であれば，この言表〔λ〕は TE の諸公理と**両立可能**であると。ジェネリック拡張 $S(♀)$ において適合的であることが強制によって判明する言表 λ については，結局，二つの可能な地位しかない。

——λ は存在論の定理であり，多の諸《観念》（TE の諸公理）の忠実な演繹上の帰結であるか，

——あるいは，λ は TE の定理ではない。しかしこの場合，λ は TE と両立可能ではあるが，存在論の**決定不可能な言表**である。λ と $\sim\lambda$ のどちらでも追加することが可能であり，整合性は持続する。この意味で，多の諸《観念》はこの言表の存在論的な適合性を**決定する**能力をもたない。

実際，λ が TE と両立可能であるのは，理論 $TE+\lambda$ が整合的だからである。しかし λ が TE の定理でないとすれば，理論 $TE+\sim\lambda$ も同様に整合的である。理論 $TE+\sim\lambda$ が整合的でないとしたら，矛盾——それを $(\lambda_1$ & $\sim\lambda_1)$ としよう——が演繹されることだろう。だがその場合，演繹の定理に即して，$\sim\lambda \rightarrow (\lambda_1$ & $\sim\lambda_1)$ という演繹可能な定理が TE のなかでのみ得られることになる。そのとき単純な論理操作によって λ が演繹可能となるが，これは λ が TE の定理ではないとした仮説に矛盾する。

結局のところ，状況は次のとおりである。ジェネリック拡張 $S(♀)$ において適合的な言表 λ は，存在論の定理であるか，存在論によって決定不可能な言表であるか，このどちらかである。とりわけ λ が存在論の定理ではなく，また λ が $S(♀)$ において適合的であると分かっている場合，λ は決定不可能であるということがわかる。

省察 36 強制法 525

　われわれにとって決定的な点は，ある集合の諸部分からなる集合〔冪集合〕の濃度——つまり状態の超過——に関する言表にかかわる。この問題は思考一般の方向性を司る（省察 26 と 27 を参照のこと）。われわれは「状態の超過は度外れである」という言表が存在論の定理ではないことをすでに知っている。実際，構成可能宇宙においては（省察 29），この超過は測定可能な節度あるものであり，最小限のものである。すなわち $|p(\omega_\alpha)|=\omega_{S(\alpha)}$ である。状態の超過の量的な測定はそこでは明確である。すなわち冪集合は，状況の量を測定する基数の後続基数をその濃度とする。したがって，この超過の真理がこのようなものであることは TE の諸公理と両立可能である。反対に，$p(\omega_\alpha)$ が他の値——さらには，ほぼ任意の値——を濃度とすることが適合的であるようなジェネリック拡張 $S(♀)$ が見出されるとすれば，状態の超過の問題は存在論のなかでは決定不可能であるとわかるだろう。

　超過の測定について言えば，識別不可能なものによる強制はこの測定の値の決定不可能を立証することになる。量の彷徨があるのであり，識別不可能なものの代わりに決定不可能なものを強制する《主体》は，この彷徨の忠実なプロセスである。以下の証明は，こうしたプロセスが〈存在としての存在〉の思考と両立可能であることを立証する。この証明には省察 33 と 34 の原理的な諸概念を念頭に置いておくことが必要である。

4　超過の彷徨（1）

　ジェネリック拡張 $S(♀)$ においては，$|p(\omega_0)|$ が，前もって与えられた絶対的に任意の基数 δ を凌駕しうるということ，これをわれわれはこれから明らかにする（構成可能宇宙 L においては $|p(\omega_0)|=\omega_1$ であることを思い出そう）。

　ある可算な準完全状況 S があるとする。この状況の**なかには**必然的に ω_0 がある。というのも最初の極限順序数 ω_0 は絶対的な項だからである。いま状況 S の基数 δ があるとしよう。「基数であること」は一般的に言って絶対的な特性では**ない**。それが意味するのはただ δ が順序数であるということだけであり，δ とそれより小さな順序数とのあいだには，**それ自体が状況 S の**

なかに存在するような一対一対応はないということだけである。S のなかのこのような任意の基数をとり，しかもそれが（S において）ω_0 を上回るととってみる。

目標は，われわれが素人仕事でこれから作るジェネリック拡張 S（♀）のなかに，少なくとも基数 δ の諸要素と同じ数だけ ω_0 の諸部分があると示すことである。つまり，S（♀）の住民にとって $|p(\omega_0)| \geq \delta$ であると示すことである。δ は ω_0 を上回る任意の基数であるから，このことによって，望み次第の量の大きさをもつ，状態の超過の彷徨が証明されたことになるだろう。

すべては識別不可能なもの♀を適切な仕方で打ち立てることにかかっている。ジェネリックなものの直観を支持するために，われわれが 0 と 1 の有限列をとったことを読者は思い出してもらいたい。われわれは今度は $<\alpha, n, 0>$ あるいは $<\alpha, n, 1>$ というタイプの**三つ組**の有限列を利用する。この三つ組では，α は基数 δ の要素であり，n は整数——つまり ω_0 の要素——であり，その次に 0 か 1 のどちらかの標記が置かれる。このような三つ組が運ぶ情報は暗黙のうちに類にかかわるものである。すなわち $<\alpha, n, 1> \in$♀であれば，それは α が n と「対になっている」という意味である。♀に属するのが $<\alpha, n, 0>$ であれば，それは α が n と対になっていないという意味である。したがって同じ有限列において，相矛盾する情報を与える三つ組 $<\alpha, n, 0>$ と $<\alpha, n, 1>$ とを**一緒に**もつことはできない。われわれは条件集合 ⓒ が次のように構成されていると指定するだろう。

——ⓒ の要素は，$\alpha \in \delta$ かつ $n \in \omega_0$ である三つ組 $<\alpha, n, 0>$ あるいは $<\alpha, n, 1>$ の有限集合である。というのも，この集合のいずれも，三つ組 $<\alpha, n, 1>$ と $<\alpha, n, 0>$ とを，みずからの固定された α と n として同時に含むことはできないのだから。

例えば，$\{ <\alpha, 5, 1>, <\beta, 4, 0> \}$ は条件である。だが $\{ <\alpha, 5, 1>, <\alpha, 5, 0> \}$ は条件ではない。

——一つの条件は，それが最初の条件のすべての三つ組を含む場合，つまり最初の条件が第二の条件に包含されている場合，別の条件を支配する。例えば，$\{ <\alpha, 5, 1>, <\beta, 4, 0> \} \subset \{ <\alpha, 5, 1>, <\beta, 4, 0>, <\beta, 3, 1> \}$ である。これは順序の原理である。

——二つの条件は，それらが第三の同じ条件に支配されている場合，両立可能である。このことから，二つの条件が矛盾しあう三つ組——例えば$<\alpha, 5, 1>$と$<\alpha, 5, 0>$——を含むという事態は排除される。というのも，そのようなことになれば，第三の条件は相矛盾する二つの条件を含まねばならず，したがって条件ではなくなってしまうからである。これは一貫性の原理である。

　——一つの条件が互いに両立不可能な二つの条件によって支配されることは明らかである。例えば，$\{<\alpha, 5, 1>, <\beta, 4, 0>\}$は$\{<\alpha, 5, 1>, <\beta, 4, 0>, <\beta, 3, 1>\}$によって支配されているが，また$\{<\alpha, 5, 1>, <\beta, 4, 0>, <\beta, 3, 0>\}$によっても支配されている。この支配的な二つの条件は両立不可能である。これは選択の原理である。

　もろもろの条件（適切な三つ組からなる諸集合）をπ_1, π_2等々と記すことにする。

　ⓒの精確な下位集合は，まさに省察33に見られるように，規則Rd_1とRd_2によって定義される。すなわちある条件が精確な集合に属するならば，その条件が支配する一切の条件もその精確な集合に属する（したがって空虚な条件∅もあいからわずそこに属する）。二つの条件が精確な集合に属するのであれば，その精確な集合にはまた，それら二つの条件を支配する条件も属する（したがってこの二つの条件は両立可能である）。

　精確なジェネリックな部分♀は，Sに属するあらゆる支配集合Dについて♀$\cap$ $D \neq \emptyset$が成り立つという事実によって定義される。

　提示された例において支配がいかなるものであるかを「視覚化する」ことは示唆に富む。例えば「$<\alpha, 5, 0>$あるいは$<\alpha, 5, 1>$というタイプの条件を含むこと」（ここでは5という数を固定した）は，支配という，諸条件からなる下位集合の定義となっている。というのも，ある条件πがこのタイプの条件を含まないとしても，πにそれを矛盾なく追加することができるからである。「$<\alpha_1, n, 1>$あるいは$<\alpha_1, n, 0>$というタイプの条件を含むこと」（α_1は基数δの固定された要素である）等々も同様である。♀はそれを構成する条件のなかに，「すべてのn」および「すべてのα」を含まざるをえないことがわかる。というのも一つの定まったnあるいはα——例えば5やω_0（δ

は ω_0 を上回る無限基数であるか $\omega_0 \in \delta$ であるから）——に対応するもろもろの支配集合と交わることによって，♀の要素にはつねに少なくとも一つの$<\beta, 5, 0>$あるいは$<\beta, 5, 1>$というタイプの三つ組があるからであり，また$<\omega_0, n, 0>$あるいは$<\omega_0, n, 1>$というタイプの三つ組もあるからである。このことは同時に♀のジェネリック性——すなわちその任意な性格——を示しており，$S(♀)$ のなかに「ω_0 のすべての要素 n」と「δ のすべての要素 α」との一種の対応があることを予測させる。超過の量的な恣意性はここに根をもつだろう。

　命名によって識別不可能なもの♀を S に付け足すことが強制され（省察34），そのことによって状況 $S(♀)$（♀は今度は要素である）が得られる。$S(♀)$ が準完全状況でもあるということは強制法によってわかっている（本省察の冒頭）。すなわち「現在使用されている」集合論のすべての公理は $S(♀)$ の住民にとって真なのである。

　いまジェネリック拡張 $S(♀)$ のなかで，基数 δ の要素である各 γ について，次のように定義された集合 $\gamma(n)$ を考えてみよう。

　$\gamma(n) = \{n \,/\, \{<\gamma, n, 1>\} \in ♀\}$——すなわちジェネリックな部分♀の要素となるような三つ組$<\gamma, n, 1>$のなかに現れる整数 n の集合である。♀の条件 π がこのような三つ組を要素とする場合，この三つ組の単集合——まさしく$\{<\gamma, n, 1>\}$——は π に包含されており，したがって π に支配されており，したがって π が♀に属するならば，♀に属しているということ（精確な諸部分の規則 Rd_1），このことに注意してほしい。

　ω_0 の諸部分（整数の集合）であるこれらの集合は $S(♀)$ に属する。というのもそれらの定義は，準完全状況 $S(♀)$ の住民にとって明らかだからである（それらの集合は♀から，そして♀$\in S(♀)$ から出発する継起的な分出によって得られている）。その一方で，$\delta \in S$ であるのだから，$\delta \in S(♀)$ である（$S(♀)$ は S の拡張であるから）。ところで $S(♀)$ のなかには，**少なくとも基数 δ における要素と同じ数だけ，$\gamma(n)$ タイプの ω_0 の部分がある**と証明することができる。したがって，$S(♀)$ において，$|p(\omega_0)|$ が少なくとも δ——δ は S において ω_0 を上回る恣意的な基数である——に等しいということは確かである。ここから，$|p(\omega_0)|$ の値——可算集合 ω_0 の状態の量——は，ω_0

それ自身の値を望むだけ超過すると言うことができる。

詳しい証明は補遺9にある。その戦略は以下の通りである。

——δ の要素である一切の γ について、$\gamma(n)$ タイプの ω_0 の部分は決して空ではないと示すこと。

——次に、γ_1 と γ_2 が δ の**異なった**要素であるならば、集合 $\gamma_1(n)$ と $\gamma_2(n)$ もまた異なっていると示すこと。

かくして基数 δ のなかにある諸要素 γ と同じ数だけ、ω_0 の空でない諸部分 $\gamma(n)$ が確かに得られる。

証明の動力は、結果としてジェネリックな部分♀によって「切断」される**べき**、S における諸支配を明らかにすることにある。〈非-空〉が、そして諸差異が得られるのは、まさにこのようにしてである。ここにおいてジェネリック性は実存と区別に富んだものであることが判明する。これは、部分♀が特殊な何ものによっても、限定的ないかなる述語によっても識別されないということに由来する。

こうした部分のどれもが空ではなく、またどれもが異なった二連のものであるから、結局のところわれわれは、**個々の** $\gamma \in \delta$ について、ω_0 の部分 $\gamma(n)$ を定義したわけで、してみれば、私がすでに述べたように、$S(♀)$ のなかには、ω_0 の異なるさまざまな部分集合が**少なくとも** δ 個ある。かくしてジェネリック拡張 $S(♀)$ の住民にとって、$|p(\omega_0)| \geq |\delta|$ は間違いなく適合的である。

「やった！」と言いたくなるかもしれない。δ が任意の基数である以上、状態の超過はどんな値をもとりうるということ、これが適合的であるような準完全状況をわれわれは見つけたのだ、と。われわれは**彷徨を証明した**のだ、と。

確かに。しかし、δ は**状況 S のなかの**基数であって、われわれの言表 $|p(\omega_0)| \geq |\delta|$ は、$S(♀)$ **のなかで**適合的な言表である。δ がジェネリック拡張のなかでなおも基数であるということは確かだろうか。$S(♀)$ においては、δ とそれよりも小さい順序数とのあいだの一対一対応（S に不在だった対応）が出現しうる。その場合、われわれの言表はつまらないものであるかもしれない。例えば、$S(♀)$ において現に $|\delta| = \omega_0$ があると判明した場合、われわれはかろうじて $|p(\omega_0)| \geq \omega_0$ を得たにすぎないのであり、これはカントールの定理——この定理はどんな準完全状況においても確実に証明可能である

——よりもはるかに弱い！

　ところで，ジェネリック拡張への移行によってこのように基数が**不在となる**（「崩壊する」とアメリカ人たちは言う）可能性は，まったくまじめなものである。

5　内具的な量の不在化と維持

　量（客観性のこの呪物〔フェティッシュ〕）が実際には弱腰であり，主体効果の存在がそこに潜むもろもろの手続きに特に左右されるということ——このことは，状況 S の任意の基数 δ を $S(\female)$ における ω_0 へと還元することによって目を見張る仕方で示される。このジェネリック操作は基数 δ を不在化する。ω_0 は絶対的な基数であるので，この操作が妥当するのはより上位の無限についてのみである。この場合，それらの無限が不安定であること，採用される条件体系に即して無限を維持したり，不在にしたりする強制に従うことが明らかになる。条件における「ささやかな」変化が，基数にとって——つまり S と $S(\female)$ の両状況の内部から思考可能である量にとって——破局的な結果をもたらすことを見ていこう。

　例えば，条件の資材として $<n, \alpha, 0>$ あるいは $<n, \alpha, 1>$（あいかわらず $n \in \omega$ かつ $\alpha \in \delta$ であり，また δ は S の基数である）というタイプの三つ組を取ってみよう。整数 n は今度は先頭に来る。条件はこのような三つ組の有限列であるが，今度は次のような二つの（唯一のではない）制限規則を伴う。

　——固定された n と α について，条件が三つ組 $<n, \alpha, 1>$ を含むならば，この条件は三つ組 $<n, \alpha, 0>$ を含むことができない。これは以前と同じ規則である。

　——固定された n と α について，条件が三つ組 $<n, \alpha, 1>$ を含むならば，この条件は，α と異なる β をもつ三つ組 $<n, \beta, 1>$ を含むことはできない。これは追加の規則である。

　$<n, \alpha, 1>$ は n に要素 α を対応させる**関数**の原子であるということが表立たない情報としてある。つまりこの関数は，異なる要素 β を n に同時に対応させることができないわけである。

いいだろう。条件を構成する三つ組の立法におけるこの「ささやかな」変化——4節の論述との関係で——は，拡張 $S(♀)$ の住民にとって $|δ|＝ω_0$ であるという事態を，これらの新しい規則に対応する拡張 $S(♀)$ に必然的にもたらす。$δ$ は S においては $ω_0$ を上回る基数だったが，$S(♀)$ においては単なる可算の順序数となる。さらに，基数のこの唐突な不在化の証明はまったく複雑ではない。私はこの証明を補遺 10 で完全に再現しておこう。この証明もまた，$δ$ の個々の要素に最終的に $ω_0$ の一つの要素を対応させるようなそうした条件を含むように♀を拘束する支配を明らかにする。なるほど S における $ω_0$ を上回る基数である**多**$δ$ は，$S(♀)$ においてもあいかわらず純粋な多として実存するが，しかしそれはもはやこの新しい状況における基数ではありえない。S のなかから選択された諸条件を用いたジェネリック拡張は，$δ$ を基数としては**不在化**したのである。$δ$ は多として $S(♀)$ のなかに実存する。しかしながらその量は下落し，可算的なものへ連れ戻されたのである。

このような不在化の実存は，次のような課題をわれわれに課す。すなわち，4節で示した拡張（三つ組 $<α, n, 0>$ あるいは $<α, n, 1>$ による拡張）において基数 $δ$ が不在となってい**なかった**ことを示すという課題である。つまり，$|p(ω_0)| > |δ|$ という結論が状態における超過の適合的な彷徨という完全な意味をもっていたということ，これを示すという課題である。われわれは基数の**維持**の要件を確立しなければならない。この要件は条件の空間へ，そしてそこに量として読み取ることが可能なものへと送り返す。

事実，確立されるのは，S の基数 $δ$ がジェネリック拡張 $S(♀)$ において不在となるために**必要な**条件である。この条件は，操作対象である条件集合のなかに見出される二連の両立不可能な条件の「量」にかかわる。

両立不可能な二連の条件からなる集合の一切を**反鎖**〔*antichaine*〕と呼ぼう。注意すべきは，このような集合は矛盾する情報しか含まないがゆえに，いかなる精確な部分にも妥当しないという点で，記述上不整合であるということだ。反鎖とはいわば精確な部分の反対である。次のような結果が証明される。すなわち，$ω_0$ を上回る S の基数 $δ$ がジェネリック拡張 $S(♀)$ において不在になるのは，S の**なかで**（つまり S の住民にとって）可算でない条件反鎖が実存するからである。この証明はジェネリックなものについて教えるところ

が多く，それを補遺 11 に再現してある。

　逆に可算でないいかなる反鎖も S が含んでいなければ，ω_0 を上回る S の基数は拡張 $S(\female)$ において不在化されない。そうした基数は**維持**されていると言える。したがって基数が不在化されるか維持されるかは，もっぱら条件集合の量的な特性（S **のなかに**観察可能な特性）に左右されるということがわかる。この最後の点はきわめて重要である。なぜなら存在論者にとって，S が準完全であり，つまり可算である以上，一切の条件集合が可算であることは確実だからである。しかし S の住民とって事態は必ずしも同じではない。というのも「可算」とは絶対的な特性ではないからである。つまりこの住民にとっては可算ではない条件の反鎖が実存しうるのであり，S の基数は，それが $S(\female)$ の住民にとってもはや基数ではなくなるという意味で，$S(\female)$ のなかに不在となる可能性がある。

　状況における矛盾が忠実さのジェネリックな手続きと干渉するときに主体効果が操作できる**格下げ**〔*déqualification*（資格剥奪）〕の存在論的図式——それがここに認められる。

6　超過の彷徨（2）

　われわれは先に（4節），$|p(\omega_0)| \geq |\delta|$（$\delta$ は S の任意の基数）が成り立つような拡張 $S(\female)$ が実存することを明らかにした。残る作業は，δ が確かに $S(\female)$ の基数であり，それが維持されていると検証することである。

　そのためには反鎖の基準を適用する必要がある。使用されていた条件は，$\pi=$「$<\alpha, n, 1>$ **あるいは** $<\alpha, n, 0>$ というタイプの三つ組の有限集合」というタイプのものだった。このような両立不可能な二連の条件はどれくらいありうるのか。

　実際には，諸条件がこうした三つ組から形成されているとき，両立不可能な条件の反鎖は，ω_0 を上回る濃度を S のなかにもつことができない。すなわちどのような反鎖もせいぜい可算なのである。こうした条件集合によって，基数はすべて維持される。

　その結果，δ は S の任意の基数であり，したがって δ は維持されて $S(\female)$

の基数であるから，4節で用いられた手続きは，$|p(\omega_0)| \geq |\delta|$ という言表が $S(♀)$ において適合的であるということに逢着する。状態の超過は定まった尺度を実際上もたないということが判明し，ω_0 の冪集合の基数は恣意的な仕方で ω_0 を凌駕しうるのである。状態（メタ構造）によって確かに〈一と計算〉される多の量は，多の諸《観念》の枠組みにおいて本質的に決定不可能である。

　ついでに注意しておけば，ジェネリック拡張は準完全状況 S の基数を維持することも不在にすることもあるわけだが，それにひきかえ $S(♀)$ の一切の基数はすでに S の基数であった。実際，δ が $S(♀)$ における基数であるのは，δ とそれよりも小さな順序数との一対一対応が $S(♀)$ のなかに実存しないからである。しかしそのとき，$S(♀)$ は $S \subset S(♀)$ という意味で拡張である以上，そうした対応は S のなかにも実存しない。S のなかにそうした一対一対応があるのであれば，その対応は $S(♀)$ のなかにも実存することになり，δ は基数ではなくなるだろう。ここに**非実存者たちの主体原理**が認められる。すなわち一般的に言って，真理（ジェネリック拡張）のなかには追加の実存者たちがあるのだが，（純然たる多として）非実存するものはすでに状況のなかに非実存していたのである。〈主体‐効果〉は項の**資格を引き下げる**ことができる（以前は基数であった項が，いまはそうではない）が，項を**その存在において**あるいは純然たる多として削除することはできない。

　ジェネリックの手続きは量の彷徨をあらわにすることはできるが，量的評価がなされるところの存在を解除することはできない。

7　識別不可能なものから決定不可能なものへ

　いまや，省察 33，34，36 が踏破してきた存在論的な戦略の要点を述べるときである。それらの省察においては，《主体》の可能存在の編成が——あいかわらず潜伏的にではあるが——浮上してきている。

　a.　多の諸《観念》が大いに適合的である可算な準完全状況——つまり歴史的である存在論がそこにまるまる反映されている状況の図式を実現する多——が与えられているとして，そこには，部分的な序列（ある条件は他の条

件「よりも詳細」である），整合性（両立可能性の基準），「自由」（両立不可能な支配集合たち）を最終的に原理とする**条件**集合を見出すことができる。

b. 状況の「住民」にとって理解可能な諸規則によって，ある種の条件集合を精確な部分として指し示すことが許される。

c. このある種の精確な部分は，状況のなかで定義可能な，構成可能な，識別可能な部分との一切の合致を避けるのであるから，**ジェネリックな部分**と言われるだろう。

d. 一般的に言えば，ジェネリックな部分は状況のなかには実存しない。というのもそれは状況に包含されてはいるが，状況に所属することはできないからである。状況の住民はジェネリックな部分の概念を手にしているが，それに対応する実存的な多を手にしているわけではまったくない。状況の住民はそのような実存を「信じる」ことしかできない。しかしながら存在論者にとっては（つまり外から見れば），状況が可算であるなら，ジェネリックな部分が実存する。

e. 状況のなかに実存するものはもろもろの**名**であり，すなわち諸条件とその他のもろもろの名とを錯綜させる多である。この錯綜によって，これらの名の指示対象的な価値という概念は，未知のジェネリックな部分に関する仮説（「ある条件がジェネリックな部分に属すると仮定されている」というタイプの仮説）にもとづいて計算可能となる。

f. 状況に属するすべての名の指示対象的な価値を固定することから得られる多は，**ジェネリック拡張**〔ジェネリックな外延〕と呼ばれる。つまりジェネリック拡張の諸要素は未知のものであるにもかかわらず命名されている。

g. 問題となるのはまさしく〈拡張＝外延〉〔extension〕である。というのも状況のすべての要素自体が一つの名をもつことが示されるからだ。そうした名は，仮定上のジェネリックな部分の個別性から独立した**正準名**である。状況のすべての要素は命名可能なものである以上，それらの要素はまた，ジェネリック拡張の要素——もろもろの名のすべての指示対象的な価値を含む要素——でもある。

h. ジェネリックな部分は状況のなかでは未知であるが，ジェネリック拡張の要素である。つまりジェネリックな部分は状況においては非実存で識別

不可能であるが，ジェネリック拡張においては実存する。とはいえ，ジェネリックな部分はジェネリック拡張においても識別不可能にとどまる。ジェネリック拡張は状況の識別不可能なものを状況に付け足すことから生じる結果であると言える。

　i.　一方には状況，他方には名に適用される式があるが，それらの関係を状況のなかで定義することができる。この関係は**強制**と呼ばれる。この強制関係は以下のようなものである。

　——名にかかわる式 $\lambda\,(\mu_1, \mu_2, ...\mu_n)$ が条件 π によって**強制された**として，この条件 π がジェネリックな部分に属するそのつど，名の指示対象的な価値にかかわる言表 $\lambda\,(\text{R}_{\female}(\mu_1), \text{R}_{\female}(\mu_2), ... \text{R}_{\female}(\mu_n))$ は，対応するジェネリック拡張において適合的である。

　——ある言表がジェネリック拡張において適合的であれば，式のなかで作動している諸要素の名に適用され対応する言表を強制するような，そして拡張が結果としてもたらすジェネリックな部分に属するような，そうした条件 π が実存する。

　したがってジェネリック拡張における適合性は，強制関係によって**状況のなかで**制御可能である。

　j.　強制を用いることによって確認されるのは，ジェネリック拡張が，すでに状況のものであるあらゆる種類の特性をもつということである。かくして，状況において適合的な諸公理（あるいは多の諸《観念》）はジェネリック拡張においても適合的である。状況が準完全であれば，ジェネリック拡張も準完全である。すなわちジェネリック拡張は，可算なものにおける歴史的な存在論の全体を反映しているのである。同様に，ジェネリック拡張の順序数は状況の順序数と正確に同じであるから，状況に含まれた自然な部分は，ジェネリック拡張が含むそれと同じである。

　k.　しかし存在論において証明されえず，また状況における適合性を立証することもできないある種の言表も，ジェネリック拡張において適合的である。かくして，ジェネリック拡張において ω_0 の冪集合がこの拡張の所与のあらゆる基数を凌駕するように強制する，そうした条件集合が実存する。

　l.　かくして**識別不可能なもの**を次のように強制することができる。すなわ

ち，識別不可能なものが記載された拡張が，存在論の**決定不可能な**言表が適合的である——つまり決定される——拡張となるように。

識別不可能なものと決定不可能なものとのこうした究極的な接続は，本来的に言って，存在論のなかに残された，《主体》の存在の痕跡である。

その適用ポイントはまさしく状態超過の彷徨であるが，このことが示唆しているのは，存在論的装置の断層——すなわち所属と内包との度外れな裂口を**閉ざす**能力が存在論にはないということ——は，〈存在としての存在〉について言述可能なものと，《主体》がそこから発する〈非−存在者〉とのあいだに，一種のテクスト的〔織り成し的〕干渉があるということの，その結果であるということだ。この干渉自体が次の事態の結果である。すなわち，《主体》は出来事（出来事は「〈存在するかぎりでの存在〉ではないもの」に属する）に左右されながらも，存在**可能**でなくてはならないということ，このことの結果である。

このとき，存在論から締め出された出来事が回帰する。——識別不可能なものの地点から適合性を強制することによってのみ，決定不可能なものが決定されるという様態で。

というのも真理が受け入れることのできる存在は識別不可能な包含に帰着するからであり，真理はこの識別不可能な包含の諸効果——以前は宙づりにされていたが，いまや言説によって迎え入れられるような諸効果——について語ることを遡及的に可能にするのである（そうした諸効果を百科全書の付録にすることなく）。

《主体》については，その存在のあらゆることは（しかし一つの《主体》はその存在ではない），識別不可能なものと決定不可能なものとの継ぎ目におけるその痕跡によって探知可能である。おそらく数学者たちは勘よくこの継ぎ目を，強制法という名のもとで盲目的に画定したのだ。

状態の量的超過を度外れに彷徨させる存在の袋小路は，実は《主体》の通り道である。まさにこの明確な場において，ありうる一切の思考——構成主義的思考，ジェネリックの思考，あるいは超越的思考——の枢軸的な方向づけが固定され，尺度による測定か〈度−外れ〉かのどちらかに賭けるよう拘束されているということ，これは次のことを考えるときにはっきりとする。

測定が決定不可能であるということの**証拠**（これは彷徨の合理性である）は，数学者の存在論のなかにジェネリックな手続きの不確実性を，そしてそれに相関した量の逆説をくり返し生み出す。すなわち基数の不在化か，あるいは基数が維持されたとしても，冪集合〔ある集合の諸部分からなる集合〕の量的な評価の完全な恣意性があるのだ。

《主体》のみが識別不可能化の能力をもつ。まただからこそ《主体》は，識別不可能な部分の存在の下部構造にもとづいて，決定不可能なものがそれとして露呈するように強制するのである。したがって確実なことは，存在の袋小路とは，決定を下すように《主体》が自分自身を召喚する地点だということである。なぜなら言語を免れる少なくとも一つの多が，忠実さに対して，そして定数外の命名がもたらす名に対して，概念なき決定の可能性を提示するからである。

出来事が名の装いにおいて存在するためには介入が必要であった。このことは，探索と思考の行程が画定する決定不可能なもののあらゆる事柄について，説明する必要なしに決定することが不可能ではないという事態を生み出す。
_{ジェネール}

かくして適合性は二つの源泉をもつ。すなわち純粋な多について無限の知をふりまく存在と，真理（真理それ自体は計算不可能な適合性に富んでいる）の源としての出来事である。主体の出来は存在のなかに位置づけられながら，この状況の真なるものを決定するように出来事を強制する。

意味や解釈だけがあるのではない。また真理もあるのだ。しかし真なるものの行程は実践的であり，真なるものが与えられる場である思考は，部分的に言語を免れ（識別不可能性），部分的に諸《観念》の法廷を免れる（決定不可能性）。

真理は，多の現前的な台座に加えて，出来事の〈超－一〉を要求する。そこから真理が**決定を強制する**ということが結果として生じるのである。

一切の《主体》は，言語が卒倒し，《観念》が中断される地点において，強引に通過する。空が本源的に召喚されたのであってみれば，《主体》が開ける先にあるのは，自己自身をそれによって測定すべき〈度－外れ〉である。
_{ムジュレ}_{デ－ムジュール}

《主体》の存在とは〈存在（の）－徴候〉であることなのである。

省察 37

デカルト／ラカン

「[コギト] は契機としては一切の知の拒絶の隘路であるが，とはいえ主体にとっては存在へのある種の係留を基礎づけると主張するのである」

「科学と真理」『エクリ』[(58)]

　「フロイトそのものへ帰れ」というラカンの合言葉はもともと，1946年に遡る彼の表現によれば，「デカルトへ帰れという合言葉だったとしても余計なものではないだろう」ということによって二重になっていた（が，しかしこのことが十分に強調されることは決してないだろう）。どのような抜け道においてこの二つの命令が接合するかと言えば，それは精神分析の主体が科学の主体以外のなにものでもないという言表においてである。しかしこの同一化が理解可能となるのは，主体を**その場において**思考しようと試みることによってのみである。主体の位置が突き止められるのは，フロイトがまさにデカルトの挙措の後裔として理解されると同時に，フロイトが脱－局所化によってデカルトにおける自己との純粋合致を，その反省的な透明性を転覆させる地点においてである。

　コギトを反駁不可能なものにしているのは，コギトに与えうる形式，〈**そこ**〉が内立するその形式——すなわち「我思う，ゆえに我あり」，ubi cogito, ibi sum〔私が考えているところ，そこに私は存在する〕——である。主体の地点〔要点〕とは，〈主体は思考しながら存在するはずだ〉と自分を思考するその**場**にこそ，主体は存在する，ということである。存在と場との接続は，主体としての言表行為の根底的な実存を基礎づけている。

　「私が私の思考の玩具である場には，私は存在しない。思考していると私が思考しない場に私は存在するということ，このことを私は思考しているの

である」という仮定を提示する，ひとを狼狽させる言表によって，ラカンは場の迷路へと人々を誘う。無意識〔という言葉〕が指し示しているのは，私が存在するのではなく出来しなくてはならない場で〔そこにおいて〕，「それが思考する」ということである。こうして主体は，自分が存在すると言表するその透明性の中心から外れたものとして自己を見出すが，そこにデカルトとの完全な断絶を読み取る必要はない。ラカンは，〈実存についての意識の確信はコギトの発生源において内在的ではなく超越的である〉ということ，このことをデカルトは「見誤らなかった」と示唆している。「超越的」だと言うのは，主体はこの確信が提示する同化の線とは合致しえないからである。むしろ主体はこの線の**空虚な**残りかすである。

　実は，そこにこそ問いのすべてがある。ラカン，デカルト，そして私がここで提示するもの——究極的には，知に穿たれたジェネリックな穴としての真理の地位にかかわるもの——に共通すると推論されるものを通って近道して言えば，議論の要は空の位置測定〔局所化〕にある。

　ラカンを科学のデカルト時代に**なおも**結びつけているものがあるとすれば（だがこの**なおも**は良識の現代的な永続である），それは，真理に無傷であってほしいと願うのであれば，主体をその免算の純然たる空のなかに維持しなくてはならないと考える点にある。このような主体のみが科学の完全に伝達可能な論理形式において縫合されるがままになるのである。

　空集合は〈存在としての存在〉の固有名であるのか，ないのか。あるいはこの名は主体にこそふさわしいと考えるべきなのか。——まるで，知りうるあらゆる厚みから主体を純化することによって真理（語る真理）が解放されるのは，〈「シニフィアン」という呼び名のもとで物質的な現前性を保証するもの〉のもろもろの多の間隙に消えるゼロ地点を，脱中心化することによってのみであるかのようだ。

　そこに見られるのは，〈主体-効果〉を空虚な集合〔空集合〕として——つまり経験の一様な網目なかに察知しうる集合として——思考する構造的な反復と，主体の希少性に関する仮説とのあいだの選択である。主体の希少性に関する仮説は，主体の生起を出来事に，介入に，忠実さのジェネリックな道のりに宙づりにし，数学のみによってその知が展開される存在への縫合機能

へと空を送り返し，保証しなおす。

　どちらのケースでも，主体は実体あるいは意識ではない。しかし最初の選択の道は，言語への脱中心化された依存に至るまで，デカルトの振る舞いを保存している。「思考が存在を基礎づけるのは，あらゆる操作が言語作用の本質に触れるような発話のなかで思考が結ばれる場合のみである」とラカンが書くとき，彼は，デカルトが空虚にして必当然的なコギトの透明性のなかで出会った存在論的基礎づけという意図を維持している。ラカンにとってこの空は局在せず，いかなる純化された反省でさえもそれに接近することができない以上，なるほどラカンはデカルトの隘路をまったく別の仕方で組織してはいる。しかし言語という第三項の闖入だけでは，原因としての真理の検討に**主体の地点から**入らなくてはならないと仮定するこの秩序をひっくり返すのに十分ではない。

　主体が苦悶する偽りの充溢という苦しみの原因は真理ではない，と私は主張する（「あなた方［精神分析家たち］がしていることの意味は，神経症の苦しみの真理は原因としての真理をもつことだと主張する点にあるのか，ないのか」）。真理とは，主体がその有限な概算を支えるあの識別不可能な多のことである。したがって，その来たるべき理念性——出来事が命名されたという事態の，名なき相関物である理念性——は，識別不可能なものがなかったら百科全書の規定項の不整合な列にすぎなくなってしまうあの偶発的な形象を，正当にも主体として指し示すことを可能にするものである。

　主体の原因を示さなくてはならないというのであれば，送り返すべきは真理へではなく（真理はむしろ主体の素材である），また無限へでもなく（主体は無限の有限態である），出来事へである。したがって空はもはや主体の蝕ではない。出来事は介入的な命名によって状況内における存在の彷徨を召喚したが，空はそうした存在の側にある。

　このようにカテゴリーをある意味で逆転させることによって，私は主体を——主体自体はもろもろの多（探索）の**行程**であるにもかかわらず——〈超－一〉の側に配置し，空を存在の側に，そして真理を識別不可能なものの側に配置しよう。

　そもそもここで争点となるのは主体ではなく（このように言うと，ラカン

が恒常的に構造主義者だったという仮定によって，彼をなおも，それ以前の時代が反響している創設者に仕立てあげてしまう解釈に拍車をかけることになるかもしれないが），ラカンが天才的にも正確さとか適切さとか呼んでいたもの——しかし彼の挙措はあまりに言語にのみ溶接されていたため，真なるものの裏面であるかのように存続させられていたもの——から，ついに**全面的に**切り離された真理の歴史への開けである。

　真理を状況のジェネリックな部分でしかないと考えれば，主体が前未来において決定不可能なものを強制する以上，真理は適合性の源泉である。しかし適合性が言語（もっとも一般的な意味における言語）にかかわるのに対して，真理の手続きはそれが判断の百科全書的な把握の全体を**回避するかぎり**においてジェネリックなものであるわけだから，真理は言語に無関心であることによって実存する。

　もろもろの名——〈主体‐言語〉のもろもろの名——の本質的な性格それ自体は，仮定された真理の地点から適合的であったことになるものを，強制によって先取りする主体的な能力に結びついている。しかし名が事態を創造するように見えるのは存在論においてでしかなく，存在論においては，ジェネリック拡張が名の指示対象全体の存在化の結果であるということは正しい。しかしながらまさにそれこそが単なる見せかけである。というのも名の指示作用はジェネリックな部分に左右されるからであり，つまりジェネリックな部分は拡張の個別性に含意されているのである。名がその指示対象を「創造する」のは，識別不可能なものが，他面においてそれ自身であるところの条件集合によって完全にすでに記述されたことになるという仮説のもとでのみである。主体はその名づけの能力においてさえ，識別不可能なものの条件のもとに，つまりはジェネリックな手続きの条件のもとに，つまりは忠実さ，介入，そして究極的には出来事といったものの条件のもとにある。

　ラカンに欠けていたのは——とはいえ，この欠如がわれわれに読解可能となるのは，彼のテクストにおいて真なるものの現代的体制の可能性が欠けているどころか，それを基礎づけるものをまずは読み取ったうえでのことであるけれども——空の分出的な出来事による〈状況内存在〉の追加運動に真理を根底的に宙づりにすることである。

主体の「ある」は，真理の理念的な生起によって，出来事がその有限なさまざまの様相において〈存在へと到来すること〉である。したがって，主体はない，主体はもはやないということをつねに理解しておかなくてはならない。ラカンが依然としてデカルトに負っていたもの——その口座を閉めなくてはならない負債——，それは，つねに主体があるという考え方である。

シカゴのアメリカ人たちが主体の発生源である真理を「自我の補強」の更生手段に置き換えるべく破廉恥にもフロイトを利用したとき，ラカンは彼らに対して容赦ない戦争をしかけた。それは正当なことであり，万人の救いのためだった。ラカンの本当の弟子や後継者たちはこの戦争を継続しようと試みているが，事態が同じままであり，その戦争に勝つことができると思ったら，彼らは間違うだろう。

というのも問題はイデオロギー上の誤りや倒錯などではなかったからである。もちろん，そんなふうに信じることができたのは，真理や主体が「つねに」あると仮定すればこそである。さらに深刻なことに，シカゴの人々は，真理が，そして真理とともにそれが可能にする主体もが後退していくということを，彼らなりの仕方で体現していたのだ。彼らは歴史学的・地理学的な空間のなかに身を置いていたのであり，その空間のなかでは，フロイトが，レーニンが，カントールが，マレヴィッチが，シェーンベルクが介入者となった出来事へのいかなる忠実さもが，独断論や公認教義といった非操作的な形式以外のやり方では，もはや実践されることがない。この空間においては，ジェネリックなものがまったく仮定可能ではない。

ラカンはフロイトの主体理論を**立て直そ**うと考えた。しかしそれはむしろ，ラカンがウィーンという立地の沖合いにおける新たな介入者として，忠実さの操作子を産出しなおし，識別不可能なものの地平を公準として要請し，そしてこの不確実な世界のなかに主体があるのだということを，新規まきなおしにわれわれに説得したということなのである。

いまや本書の導入部とループしつつ，現代の座標系のなかでいかなる哲学的なサーキットがわれわれに可能であるか，したがってわれわれの任務がいかなるものであるか，これを検討してみれば，以下のような見取り図が作成されるだろう。

省察37　デカルト／ラカン　543

　a.　存在論の問いの数学者による決済という仮説のもとで，ギリシアの起源以来の哲学の全歴史を問いなおすことが可能である。そのときハイデガーが展開するのとはまったく異なった連続性と時期区分とが同時に描かれるだろう。とりわけ真理の学説の系譜学は，出来事と識別不可能性というカテゴリーが，それらが命名されないまま，いかにして形而上学のテクストをまるまる作り上げているかということを，特異な解釈によって探知することへと導くだろう。そのいくつかの例を私は与えることができたと思う。

　b.　カントールとフレーゲ以降の論理学的−数学的なもののさまざまな手続きを緻密に分析することによって，存在論の自分自身の本質への盲目的な転回にほかならないこの知的革命が，現代の同時代的な理性のなかで何を条件づけているかを思考することが可能になるだろう。この作業によって，この分野におけるアングロ゠サクソン的実証主義の独占を打破することができるようになる。

　c.　主体の学説について言えば，個々のジェネリックな手続きの個別検討によって，美学，科学理論，政治哲学，そして最後には，愛の秘密，精神分析との溶解ではない交差，こうしたものへの道が開かれるだろう。現代芸術の全体，科学のあらゆる不確実さ，崩壊したマルクス主義によって活動家の任務として命じられる一切のこと，そして最後に，ラカンという名が指し示す一切のこと，こうしたものが，明らかになった諸カテゴリーによって自分の時代へと送り返された哲学と出会い，哲学によって手なおしされ，踏破されることになるだろう。

　そしてこの旅路においてわれわれは，存在（存在と呼ばれるもの）による〈決断する主体〉という有限な場の基礎づけを可能にするのは出来事のみであるという記憶を少なくとも失わないかぎり，次のように言うことができるだろう。「《無》は旅立ち，そして純粋性の城館が後に残る」[59] と。

補　遺

　以下の 12 の補遺は，それぞれかなり異なる性格をもつ。それを
四つの種類に分類しよう。

1．本論のなかでは飛ばしたが，私が興味深いと判断した証明の
　　提示を賭金とする補遺。補遺 1，4，9，10，11，12 がこのケー
　　スである。1 と 4 は順序数にかかわる。9 から 12 は，省察 36 が
　　その戦略しか提示しなかったコーエンの定理の証明を補完して
　　いる。
2．重要な結果を証明するために用いられた方法を素描あるいは
　　例示する補遺。補遺 5（一連の観念の全体の絶対性に関する補遺），
　　6（反復による論理と推論に関する補遺），8（ジェネリック拡張
　　における諸公理の適合性に関する補遺）がこのケースである。
3．コーエンの強制法を定義するためにどのように進めるのかを，
　　一例（平等）にもとづいて示す「計算的」な補遺（補遺 7）。
4．それ自体で完全かつ意味深い論述となっている補遺。補遺 2（関
　　係概念に関する，また諸数学における忘却のハイデガー的な形
　　象に関する補遺）と，量の存在論の探求を豊かなものにする補
　　遺 3（特異な，正則的な，到達不可能な基数に関する補遺）で
　　ある。

補遺 1（省察 12 および 18）

順序数のための最小性原理

　ここで証明しなくてはならないのは，ある順序数 α が一つの特性をもつならば，その同じ特性をもつ最小の順序数である β が実存するということ，つまり β よりも小さい同じ特性の順序数は何も実存しないということ，これである。

　順序数 α が特性 Ψ をもつと仮定しよう。α 自身がこの特性にとっての最小の $\in$ でないのは，その特性を同じようにもつ一個あるいは複数の要素がそれに属しているからである。ところで，そうした諸要素自体は順序数である。というのも順序数の要素はどれも順序数である（これは省察 12 で示されている）ということは順序数の主要特性であり，自然の同質性の記章であるからだ。したがって，特性 Ψ をもつと仮定されたそうした**すべて**の順序数を α のなかから分出してみよう。それらは分出公理に則して一つの集合を形成する。それを $\alpha\psi$ と記す。

$$\alpha\psi=\{\beta \diagup (\beta\in\alpha)\,\&\,\Psi(\beta)\}$$
（α に属し，かつ特性 Ψ をもつすべての β）

　基礎の公理によれば，集合 $\alpha\psi$ は，$\alpha\psi$ それ自身といかなる共通の要素ももたない要素（これを γ としよう）を少なくとも一つ含んでいる。実際，基礎の公理は，どんな多のなかにも《他》があると措定する。すなわち，《他》とは，どんな多もが現前させるものではあるが，最初の多（空の縁にある多）がすでに現前させているものをもはや**何も**現前させないような多であり，そうした多である《他》がどんな多にもある。

　要するに，こうした多 γ は次のようなものである。

　——それは $\alpha\psi$ に属する。つまり，それは α に属し，かつ特性 Ψ をもつ

（α_Ψ の定義）。

　——γ に属するいかなる項 δ も α_Ψ に属さない。しかしながら，δ 自身も α に属することに注意しよう。実際，順序数 γ に属する δ も順序数である。そして所属は，順序数のあいだでは，順序関係である。つまり $(\delta \in \gamma)$ と $(\gamma \in \alpha)$ は $\delta \in \alpha$ と含意する。したがって，α に属する δ が α_Ψ に属さないということについて唯一考えられる理由は，δ が特性 Ψ をもたないということである。

　その結果として，γ は Ψ にとっての最小 $\in$ であるということになる。というのも γ のいかなる要素も，γ それ自身がもつこの特性をもちえないのであるから。

　この証明は本質的に基礎の公理を用いる。これは**技術的に**理解可能である。というのも基礎の公理は最小性の $\in$ の観念に関わるからである。一つの所与の多において，基礎づけ的な多（あるいは空の縁にある多）は，この所与の多への所属についての最小の $\in$ である。すなわち，基礎づけ的な多は当該の所与の多に属するが，この基礎づけ的な多に属するものはもはや所与の多には属さないのである。

　これは**概念的に**必然である。というのも，自然の存在論的図式である順序数は，まったく特殊な仕方で出来事の存在の除外と結びついているからである。自然が所与の特性について究極の（あるいは最小の）項をつねに提出するのは，自然はそれ自体において出来事を除外するものだからである。自然の安定性は，この安定性があらゆる明示的な性格づけに結びつける「原子的な」停止点において具現する。しかし，所属と包含，構造と状態とのあいだの最大の均衡を核心とするこの安定性には，〈自己－所属〉，〈基礎づけられて－ないこと〉，つまり純粋な「ある」，〈超－一〉としての出来事を無効にするという代償を払ってでしか到達することができない。自然な多に最小のものがあるのは，多について決定不可能な，空の召喚としての〈超－一〉がそこから解釈されるような，そうした存在論的切断がまったくないからなのである。

補遺 2（省察 26）

関係あるいは関数は純粋な多でしかない

数千年にわたり，数学はその対象の抽象的な特異性によって（特に数と図形によって）**定義**可能であると信じられてきた。このような対象性の推定（これは後で見るように，数学における存在忘却の固有様式である）は，数学の言説がその本性上，現前化一般を言説において現前化〔呈示〕する作業を通して，〈存在としての存在〉によってしかみずからを支えることができないということ，このことの認識を妨げる主要な障害となってきた。19世紀の創始的な数学者たちの作業はすべて，まさしくそのように想定された対象を**破壊**すること，そうした対象がどれも純粋な多の特殊な布置であると示すこと，この点に集約された。しかしながらこの作業は構造主義的な幻想を存続させてしまい，数学の技術にとって，それ自身がもつ概念的な本質を日陰のなかに取り残さねばならなかった。

何かの際に多の要素「間」の関係について云々しなかった者がいるだろうか，つまり多の要素上の慣性とその構造化とがそれらの地位の違いから対立すると仮定しなかった者がいるだろうか。「順序関係をそなえた集合があるとしよう……」と述べることで，この関係それ自体が集合とはまったくの別物であると示唆しなかった者がいただろうか。だがそのたびに，この順序の想定によって覆い隠されてしまうのは，存在とは，多以外のいかなる現前化の形象も知らないものであり，したがって関係とは，それが存在するかぎり，みずからがそのなかで操作をおこなう多と同様に，それもまた多でなくてはならないということである。

われわれは，どのようにして関係に対する存在論的な批判（これは必要である）に適合した形で，構造的結合の〈多化〉が遂行されるかを明らかにする必要があると同時に，存在についてそこで言われることの忘却がどのようにして不可避であるのか（ひとは**結論を出す**ように急き立てられているから

だ——しかもつねに）をも明らかにしなくてはならない。

　私が「α は β と関係 R をもつ」と述べたり，または $R\,(\alpha, \beta)$ と書いたりするとき，そこでは二つのことが考慮されている。すなわち α と β という対と，α と β が介入する**順序**とである。実際，例えば R が順序関係だとすれば，$R\,(\alpha, \beta)$ が真であり，$R\,(\beta, \alpha)$ が真でないということがありうる。つまり $R\,(\alpha, \beta)$ というこの関係の原子を構成する成分は，対という観念（言い換えれば，二つの多から構成された一つの多という観念）と，この二つの多のあいだの非対称性（α が β に先行すると書かれた非対称性）という観念なのである。

　したがって，順序づけられたあるいは非対称的な対が現に多**である**ということを多の諸《観念》——集合論の諸公理——から推論することに私が成功すれば，その場合，私はあらゆる関係を純然たる多に還元するという決定的な問題を本質的に解決したことになるだろう。私はそのような対の集合を「関係」と呼ぼう。あるいはむしろ，ある多のすべての要素——その多に属する一切のもの——が順序対であると確認することによって，私は，その多が「関係」という類に属すると認めよう。R がそうした多であり，また $\langle\alpha, \beta\rangle$ が順序対であるならば，私がおこなう多への還元作業の要点は，「α は β と関係 R をもつ」という言表の代わりに，α と β の順序対が多 R に属することを純粋に肯定する $\langle\alpha, \beta\rangle \in R$ を据えることにある。この書式においては $\langle\alpha, \beta\rangle$ も R も多である。対象と関係は，区別された概念の型としては消滅した。残っているのはいくつかの多の目印だけである。すなわち順序対とそうした対の集合である。

　「対」という観念は，《二》の一般概念以外の何ものでもなく，われわれはその実存を教えた（自然な《二》については省察 12）。α と β が実存する二つの多であるとすれば，α と β のみを要素とする多 $\{\alpha, \beta\}$ すなわち α と β の対もまた実存するとわれわれは知っている。

　関係の〈多化〉を完成させるために，私はいまや α と β の記載の順序を純粋な多へと誘導しなければならない。α と β 自体が区別されている以上，$\langle\beta, \alpha\rangle$ から明瞭に区別されるような $\langle\alpha, \beta\rangle$ という多が私には必要である。

　この多を定義する技巧は数学者たち自身によってしばしば「トリック」と

形容されるが，実はこの技巧は，記載される関係から書式の線状的な順序に帰着するもの以上に技巧的であるわけではない。それは単に非対称性を純粋な多として思考するだけである。たしかにその思考のやり方はたくさんある。しかしある記号が別の記号との関係で置き換え不可能な位置を占めるということを書式のなかに標記するやり方も，それと同じくらいある（それ以上にとは言わないが）。この技巧の論拠は次の点にのみ関わる。すなわち，結合を思考することは，結合された項の位置を前提するということ，また実際に位置の順序を保持する地点に関する記載はどれも受理可能であること，言い換えれば，α と β が異なっているのであれば，α と β を互いに代替することはできないということ，これである。技巧的なのは関係の〈多なる形式〉ではない。そうではなくむしろ，関係が結びつけるものからこの関係を根底的に区別しうると主張するかぎりにおいて，この関係それ自体が技巧的なのである。

　順序対 $<\alpha, \beta>$（ここで α と β は実存すると仮定された多である）の正準的な形式は，α の単集合と対 $\{\alpha, \beta\}$ とから構成された対——二つの要素をもつ集合——として記載される。すなわち $<\alpha, \beta> = [\{\alpha\}, \{\alpha, \beta\}]$ である。この集合は実存するが，それは α の実存が，α を〈一に置くこと〉——$\{\alpha\}$——の実存を保証し，また α と β の実存が，対 $\{\alpha, \beta\}$ の実存を保証し，そして最後に $\{\alpha\}$ と $\{\alpha, \beta\}$ の実存が，それらの対の実存を保証するからである。

　α と β が異なる多であれば，$<\alpha, \beta>$ が $<\beta, \alpha>$ と異なることを示すのは容易である。さらに一般的に言えば，$<\alpha, \beta> = <\gamma, \delta>$ であれば，$\alpha = \gamma$，$\beta = \delta$ であることを示すのも容易である[60]。順序対は，みずからの項とそれらの項の位置の双方を前もって規定している。

　たしかに $[\{\alpha\}, \{\alpha, \beta\}]$ というタイプの集合にはいかなる明確な表象も結びついてはいない。しかしながら，この表象不可能なもののなかには，関係の観念の基底に存するような**存在形式**が秘められていると，われわれは主張しよう。

　というのも $R(\alpha, \beta)$ タイプの関係式を多へと転記する操作がひとたびなされれば，**一個の関係**は，そのすべての要素が順序対の形式をもつ集合（言い換えれば，記載される関係の効果全体が存するところの非対称化された対の

形象を多において実効あらしめるような集合）であるということから，問題なく定義されるからである。とすると，α が β と関係 R をもつと述べることは，$<\alpha, \beta> \in R$ であると言っているにすぎないのであって，要するに，言説を多に節合するというその唯一の役割を所属が再び見出しているのであり，また構造主義の幻想が言説における例外とみなすものを，言説のなかに折り込んでいるのである。R という関係は多の**一種**にすぎないのであり，それはそこに属するもの（これもまた一種の多，すなわち順序対である）の特殊な性質によって規定されている。

　関数の古典的な概念は「関係」という類から分岐したものである。私が $f(\alpha)=\beta$ と書くとき，多 α に β を——しかも β のみを——「対応」させると言おうとしている。f の**存在**である多を Rf としよう。もちろん，$<\alpha, \beta> \in Rf$ が成り立っている。だが Rf が関数であるのは，順序対の最初の位置に固定された α にとって，β が唯一的であるからである。つまり関数とは，順序対からもっぱら構成された多 Rf であり，以下のような多である。

$$[(\ <\alpha, \beta> \ \in Rf)\ \& \ (\ <\alpha, \gamma> \ \in Rf)] \rightarrow (\beta=\gamma)$$

　かくして私は，関係と関数の概念を特殊なタイプの多の概念へ還元する作業を完遂した。

　とはいえ，数学者——そして私自身——は，$R(\beta, \gamma)$ とではなく $<\beta, \gamma> \in R$ と，現前化の存在に則して書かなくてはならないということに，さらには α の要素である β と γ について，「α における」R が実は $p(p(p(\alpha)))$ の要素であるとする考えに煩わされないだろう。数学者はすぐさま，「α にもとづいて定義された関数 R があるとしよう」と言い，$R(\beta, \gamma)$ あるいは βR_γ と記すだろう。この書き方は，関係 R が一個の多でしかないということをすぐさま消去し，「再結合された」もろもろの事項と関係 R との概念上の差異をどうしても回復させてしまう。この点で，略記の技術（それは不可避なものだが）はやはり概念上の**忘却**であり，数学において存在忘却が，言い換えれば，〈数学では現前化以外の何ものも提示されてはいないという事実〉の忘却が完遂される固有の形式なのである。関係の操作上の自律性を再構成し，それ

を多の慣性から区別するという構造主義の幻想は，数学が〈存在としての存在〉についての言説を実践する際の，技術がもつ忘却的な支配力の虜になっている。存在の言述を続行するためには，存在を忘却することが数学には必要である。というのも存在の法を恒常的に守るとなると，書式は休むことなく過剰な負担をかけられ，最終的には禁止されてしまうからである。

　存在は書かれることを望まない。これこそが，現前化の呈示〔現前化の現前化〕を透明なままにしようと望んだところで，書式という厄介をすぐに乗り越えることはほとんどできないという症候が証示することである。つまり構造主義の幻想は，存在の重みが生成させる書式の禁止を，純粋な多の忘却によって，また結合と対象の概念上での想定によって乗り越えようとする，理性からの要請なのである。この忘却のなかで，数学は技術上の勝利者となり，自分が存在を言述しているということをもはや知ることなく，存在を言表するのだ。存在の学がみずからを基礎づけるものに関するあらゆる明晰さを失うことによってのみ自己実現をなすという，このつねに生じる「方向転換」は，本来的に言えば，存在（現前化の現前化，純然たる多）の場と位置に存在者（対象と結合）を置いて上演することであり，このことを認めるのに難はない。つまり実効的な数学は，数学自身であるところの存在論の，その形而上学なのである。数学は，その本質において，**自己自身の忘却**である。

　形而上学——およびその技術的絶頂——に関するハイデガーの解釈との本質的な違いは，数学者の技術が権利によって，また画一的な手続きによって忘却を要求するにせよ，それはいつどんな瞬間においても，忘却された主題の形式的な復元を許可するという点にある。たとえ私が関係的ないし関数的な略記号を積み重ねたとしても，たとえ私がつねに「対象」について語ったとしても，たとえ私が構造主義的な幻想をたえず広めたとしても，私は自分の技術屋的な性急さを統御された仕方で解釈することによって一挙に，もともとの定義へと，多の諸《観念》へと立ち帰り，関係と関数の分出された主張を新たに解消し，純然たる多の世界を再び確立することができると確信している。実効的な数学が自分自身の忘却のなかを必然的に動き回る（これは数学の勝利の前進に不可避な代償である）場合でさえ，脱階層化はつねに自由におこなえるのであって，この脱階層化によって構造主義の幻想は批判に

従うこととなる。そして現前化されるのは多のみであるということ，対象はないのだということ，すべては空虚の固有名から織り成されているのだということ，こうしたことが復元されるのである。このようにいつでも脱階層化しうることが明瞭に示しているように，存在忘却が数学の実効性の法であるとはいえ，この忘却を忘却することは，少なくともカントール以後，禁じられているのである。

　したがって私が「技術」と言ったのは，少なくとも「技術」という語をハイデガーの意味で取るならば，間違いである。ハイデガーにとって技術の帝国はニヒリズム（すなわち忘却それ自体を見失うこと）であり，したがって，形而上学がなおも最高存在者の君臨という第一の忘却形態によって生きているかぎり，形而上学の終わりである。この意味で，数学的存在論は技術的ではない。というのも数学的存在論における起源の開示は，計り知れない潜在性などではなく，むしろ内具的にいつでも処置可能であり，恒久的な可能性であるのだから。数学はそれ自身において，対象や連結の表面的な秩序を脱構築して根源的な「無秩序」を再び見出す可能性を規制する。この根源的な「無秩序」において，数学は純然たる多の諸《観念》について語り，そしてそうした諸《観念》が空の固有名によって〈存在としての存在〉に縫合されることについて語るのである。数学は自己自身の忘却であると同時に，この忘却に対する批判でもある。数学は対象への**方向転換**であるが，そればかりでなく，また現前化の呈示〔現前化の現前化〕への**復帰**でもあるのだ。

　だからこそ数学は，その手続きが結局のところどれほど技巧的であろうとも，それ自身としては《思考》に属するのをやめることができないのである。

補遺 3（省察 26）

基数の異質性——正則性と特異性

　自然な多——順序数——の存在論的図式の同質性によって，極限順序数から後続数を区別する断層が支持されるということ，このことをわれわれはすでに見た（省察 14）。内具的な大きさ——基数——の計測尺度となる自然な多は，「分解不可能な」基数（正則基数）を「分解可能な」基数（特異基数）に対立させるさらに深い断層を支持する。そして極限順序数の実存について決定を下さなくてはならない——これが無限公理の実質である——のと同様に，ω_0（可算的なもの）を上回る正則な極限順序数（これは多の諸《観念》からは推論不可能なものである）は，基数に源をもつ一種の無限公理である新しい決定，さらに到達不可能基数という概念をも保持する新しい決定を仮定する。かくして無限への突破は，最初の決定に満足しているならば，未完のままにとどまる。無限量の次元においては，最初の無限 ω_0 が有限を超えるのと同じく，先立って認められるもろもろの無限を超える無限の実存にまだ賭けることができる。状態の彷徨が数学者たちを導いていくこの袋小路のまさにそのときに彼らに課せられるこの道においては，次のような基数を順々に定義することができた。すなわち弱到達不可能基数，強到達不可能基数，マーロ基数，ラムゼイ基数，可測基数，言表不可能基数，コンパクト基数，超コンパクト基数，拡張可能基数（extendible），巨大基数（huge）といった基数である。こうした雄大なフィクションが垣間見させるのは，内具的な大きさの存在の潜在的資源が思考をぐらつかせ，思考を言語の決壊の付近へ導くさまである。というのも，トーマス・ジェハが言うように，「巨大基数の定義とともに，われわれは非整合性が表象する割れ目に近づく」からである。

　出発点となる条件はかなり単純である。所与の基数を断片に切り分ける，つまり考察対象となる〈基数としての多〉全体をカバーするような合併性を

もつ諸部分に切り分けるとしよう。そうした断片のそれぞれは，基数によって表わされる濃度をもつ。部分集合が問題であるのだから，この濃度は全体の濃度に等しいのが**せいぜい**であること，これは確かである。また断片の数のほうもある濃度をもつ。事態の有限なイメージはきわめて単純である。すなわち，17 の要素からなる集合を 2 と 5 と 10 の断片に切り分ければ，最終的には濃度が 3（三つの断片）の冪集合が得られ，それらの部分のそれぞれは最初の集合を下回る濃度をもつ（というのも 2，5，10 は 17 以下なのだから）。つまり 17 という有限基数は，この数**および**断片のそれぞれが，それ自身の濃度を下回る濃度をもつような**数の断片**へと分解されるのである。実際にこれは，17=2+5+10 と書かれる。
$$\underbrace{}_{\text{3 部分}}$$

　ところが最初の無限基数 ω_0（言い換えれば整数の集合）を考察する場合は，事態は同じではない。ω_0 の断片が ω_0 を下回る濃度であるのは，ω_0 が**最初の無限基数**である以上，この断片が有限だからである。ところで有限個の有限な断片は，それらを「貼り付けなおし」ても，有限な集合しか与えないのは明らかである。ω_0 を，それよりも小さい（内具的な大きさ，すなわち濃度という意味で）断片を使って，同じくそれよりも小さい数へと**合成する**ことは期待できない。少なくとも断片のうちの一つが無限であるか，**あるいは**断片の数が無限でなくてはならない。いずれの場合にせよ，ω_0 を編成するには ω_0 という〈数‐名〉が必要である。反対に，どれもが 17 を下回る 2，5，10 については，それらの数 3 も 17 を下回るにもかかわらず，17 に到達することが可能であった。

　ところでこの二つのケースはきわめて異なる——とりわけ無限基数に関しては——量の規定である。多を一連の下位の多（これらの下位の多はそのそれぞれが，またそれらの数もが，もとの多よりも小さい）へと分解できる場合には，この多は「下方から」合成されると言うことができるし，それを下回るものに由来する量の組み合わせにおいて**到達可能**である。〔反対に〕もし（ω_0 の場合のように）これが可能でない場合には，内具的な大きさは断絶の位置にあり，**自分自身とともに始まる**のであって，こうした大きさについては，それをまだ含意していなかった分解によっては，絶対に到達することができ

ない。

分解不可能な，つまり下方から到達不可能な基数は**正則**であると言われ，そのようにして到達可能な基数は**特異**であると言われる[61]。

正確に言えば，次のような場合，基数 ω_α は特異だと言えるだろう。すなわち，ω_α よりも小さな基数 ω_β が実存し，さらに ω_β 個の ω_α の部分からなる族（この諸部分のそれぞれは ω_α を下回る濃度をもち，この族の合併は ω_α を覆い尽くす）が実存する場合である。

任意の多の濃度（言い換えれば，その多と同じ濃度をもつ基数，要するにその多と同じ濃度をもつ最小順序数）を $|\alpha|$ と記すことにすれば，ω_α の特異性は次のように記されるだろう（この場合，諸断片を A_γ と名づけることにする）。

$$\underbrace{\omega_\alpha = \cup_{\gamma \in \omega_\beta} A_\gamma}_{\substack{\omega_\alpha \text{は覆い尽くされ} \\ \text{ている}}} \quad \underbrace{\text{avec}\, A_\gamma \subset \omega_\alpha}_{\substack{\text{諸断片に} \\ \text{よって}}} \,\&\, \underbrace{\omega_\beta < \omega_\alpha}_{\substack{\omega_\alpha \text{を下回る数の} \\ \text{〔断片によって〕}}} \,\&\, \underbrace{|A_\gamma| < \omega_\alpha}_{\substack{\text{その各々の断片自体も} \omega_\alpha \text{を} \\ \text{下回る濃度をもつ}}}$$

〔ω_α は，それ自体も ω_α を下回る濃度をもつ，ω_α を下回る数の諸断片によって覆い尽くされている〕

基数 ω_α が正則であるのは，それが特異でない場合である。つまり ω_α を合成するために，ある断片がすでに濃度 ω_α をもつか，あるいは諸断片の数が濃度 ω_α をもたなくてはならない場合である。

第一の問い。正則な無限基数は実存するか。

イエス。われわれがすでに見たように，ω_0 は正則である。それは有限な数の有限な断片によっては合成できない。

第二の問い。特異な無限基数は実存するか。

イエス。省察 26 のなかで私は，$\omega_0, \omega_1, ..., \omega_n, \omega_{s(n)}, ...$ という数列の直「後」に来る極限基数 $\omega_{(\omega_0)}$ について言及した。この基数は ω_0 よりはるかに巨大である。しかしながらそれは特異である。このことを見るには，この基数 $\omega_{(\omega_0)}$ が自身より小さいもろもろの基数 ω_n の合併であるということを考えればよい。ところで，そうしたもろもろの基数 ω_n は整数 0, 1, ...n, ... という指数をもつ以上，その数はまさしく ω_0 である。つまり基数 $\omega_{(\omega_0)}$ は，自身よ

り小さな諸断片 ω_0 から合成可能である。

第三の問い。 ω_0 以外の正則な無限基数はあるか。

イエス。一切の後続基数が正則であることは証明される。$\omega_\alpha < \omega_\beta$ であるような ω_α が実存する場合，そして「それらのあいだに」どんな基数もない場合——つまり $\omega_\alpha < \omega_\gamma < \omega_\beta$ であるような ω_γ が実存しない場合——，そのとき基数 ω_β は後続であるということ，このことをわれわれは見た。ω_α は ω_β の後続〔基数〕であると言われる。ω_0 あるいは $\omega_{(\omega_0)}$ が後続基数ではないということは明らかである（それらは極限基数である）。なぜなら（例えば）$\omega_n < \omega_{(\omega_0)}$ であるならば，ω_n と $\omega_{(\omega_0)}$ とのあいだには，さらに無限の基数——すなわち $\omega_{s(n)}, \omega_{s(s(n))}\cdots$——がつねにあるからだ。こうしたことはすべて省察 13 で展開された無限の概念に適っている。

あらゆる後続基数が正則であるということは少しも自明ではない。この〈非－自明性〉は，それが証明されるためには選択公理を使用する必要があるという，技術上の——実を言えば，予期せぬ——形式をとる。かくして，「さらなる一歩」（後続基数）によって得られる内具的な大きさの**それぞれ**は，それを下回るものによって合成されないという点で純然たる開始であると，そう言い切るためには，介入の形式が必要となるのである。

この点において，介入と〈さらなる一歩〉とのあいだの接続があらわとなる。

よくある表象の仕方では，「極限において」起こることは追加の単なる一歩において起こることよりも複雑であるとされる。《現前性》の存在論の弱点の一つは，そうした表象を認めてしまう点にある。詩の資源を動員するこの存在論の神秘的で魅了する効果は，彼方と地平としての存在，〈全体性における存在者〉の支えと開花としての存在，そうした存在の予感のなかにわれわれを落ち着かせてしまう。そうして《現前性》の存在論は，「極限における」操作こそが思考の真の危険であるとつねに主張する。すなわち，経験において列をなすものの開花へと自己を開くことこそが，存在の自己解放が展開される未完成な開けた地点を指示する瞬間であると，そうつねに主張するのだ。数学的存在論はわれわれに反対のことを告げる。基数の極限は，実際には，それに先行するものしか含んでいないのであり，極限はその先行す

るものの合併の操作なのである。つまり基数の極限は，それ以下のもろもろの量によって規定されている。反対に，後続者は自身に先行するものを局所的に越えて行かなくてはならないのだから，本当の超過の立場にある。かくして——そしてこれは大きな政治的価値あるいは美的価値をもつ教えであるが——革新的で複雑なのは，「極限における」包括的な沈思ではなく，むしろひとが現にいるその限定的な地点において，一歩〔否定〕の〈さらに〉〔追加・剰余〕を効果あらしめることのほうである。介入は，場ではないこの地点の審級である。極限は一つの合成であって，介入ではない。これを量の存在論で言えば，次のようになる。すなわち，一般的に言って，極限基数は特異（つまり下方から合成可能）であり，後続基数は正則であるが，しかしそれを知るためには選択公理が必要である，と。

第四の問い。特異基数は，自身より小さな数の，自身より小さな断片へと「分解可能」である。だが際限なく下降していくことはできない。

当然である。自然な多（つまり基数）が支持する最小性の法によって（省察12および補遺2を参照のこと），基数 ω_α はそれよりも小さい ω_β 個の断片へと分解されるのであり，そうしたさらに小さな基数 ω_β がどうしても実存するからである。これは ω_α の最大の分解であると，お望みならそう言ってもよい。これは ω_α の**共終数**〔*cofinalité*〕と呼ばれるが，われわれはそれを $c(\omega_\alpha)$ と記すことにする。基数は，その共終数が自身よりも現に小さい（その基数が分解可能**である**）場合に，つまり $c(\omega_\alpha) < \omega_\alpha$ である場合に，特異である。正則基数をそれよりも小さな諸断片によって覆い尽くす場合，それらの断片の数はその正則基数に等しくなくてはならない。この場合，$c(\omega_\alpha) = \omega_\alpha$ である。

第五の問い。いいだろう。例えば $c(\omega_0) = \omega_0$（正則）であり，$c(\omega_{(\omega_0)}) = \omega_0$（特異）である。あなたが後続基数について言っていること——後続基数はすべて正則である——が真であるならば，例えば $c(\omega_3) = \omega_3$ である。だがお尋ねしよう。ω_0 とは別の正則な極限基数はあるのか，と。というのも，私が思い描くすべての極限基数，すなわち $\omega_{(\omega_0)}, \omega_{(\omega_0)(\omega_0)}$ その他は，特異であるからだ。それらはどれも共終数としての ω_0 をもつ。

この問いは一挙に存在論の深奥へと，とりわけ無限の存在の深奥へと届く。

最初の無限（可算的なもの）は，正則性という純粋な開始形態と極限とを組み合わせることを特徴とする。そこでは〈さらなる一歩〉の複雑性（正則性）と極限の見た目の深さとが頂点に達するから，私が先に主張していたことに反している。これは，基数 ω_0 が実は，有限が無限へ転換する〈極限的なさらなる一歩〉だからである。それは現前化の二つの体制のあいだの境界的な基数である。それは無限についての存在論的決定，すなわち実際に長いあいだ思考の地平線上にとどまっていた決定を体現したものである。基数 ω_0 は地平のこの審級を点として示しているのであり，だからこそ，それは〈点としての極限〉——つまり正則的ないし分解不可能な極限——のキマイラなのである。

　もし別の正則な極限基数があったならば，そうした極限基数は無限基数を，ω_0 との関係で有限数が占めるのと同じ階数へと——みずからの卓越性との関係で——引き下げることだろう。そうした極限基数は，それが何の極限であるにせよ，先行するもろもろの無限からは合成されえないがゆえに，それらの無限を根底的に超過するという点で，そうした諸無限に対して一種の「有限化」の操作をおこなうことだろう。

　これまでわれわれが配置してきた多の諸《観念》によっては，ω_0 と別の正則な極限基数が実存すると立証することはできない。**証明**されるのは，多の諸《観念》がそれを許さないということである。したがって，そのような基数（すでに必然的に計測不可能なほどに大きな数の基数）の実存のためには，それが存在の無限へとみずからを開く思考の反復作業であるということを確かなものにする公理的な決定が必要である。

　ω_0 を上回る極限的にして正則な基数は，**弱到達不可能基数**と呼ばれる。私が語っている公理は，「弱到達不可能基数が実存する」と言表される。これは無限性に関する**新しい**諸公理の可能な長い連鎖における最初の公理である。

補遺 4（省察 29）

一切の順序数は構成的である

　存在論全体の方向づけが予測させるように，自然な多の図式は言語に従属する。自然は普遍的に**命名可能**である。

　最初にまず空という第一の順序数の事例を検討しよう。

　われわれは $L_0=\varnothing$ であると知っている。空の唯一の部分は空であるから（省察 8），空が L_1 の要素であると結論するためには，空が L_0 において（言い換えれば空において），構成的という意味で定義可能であることを立証すればよい。言語の法廷をこのように現前化不可能なものに調整することは価値のないことではない。例えば式 $(\exists\beta)\ [\beta\in\gamma]$ を考察してみよう。この式を L_0 に，つまり空に限定すれば，この式の意味は「γ の要素である**空の要素**が実存する」である。L_0 は何も含まないのだから，どんな γ も L_0 においてこの式を満たすことができないのは明らかである。したがって，この式によって分出された L_0 の部分は空である。かくして空集合は空の定義可能な部分である。$D\,(L_0)$ に等しいのは，上位の階層 $L_{S(\varnothing)}$ あるいは L_1 の唯一の要素である。つまり $L_{S(\varnothing)}=\{\varnothing\}$（空の単集合）が成立する。ここから出てくる結果は，$\varnothing\in L_{S(\varnothing)}$ ということであり，これがわれわれの証明したかったことであった。すなわち空は構成的な階層に**属する**ということである。つまり空は構成可能なものなのである。

　いま，すべての順序数が構成可能とはかぎらないとしてみると，最小性原理（省察 12 および補遺 1）から，構成可能でない最小順序数が実存する。この順序数を α としよう。この順序数は空ではない（空は構成可能であると見たばかりである）。$\beta\in\alpha$ について，α より小さい β は構成可能であるとわかっている。そこに α の**すべての**（構成可能な）要素 β があり，他にはどんな順序数もない，そうした階層 L_γ を見つけることが可能だと仮定しよう。自由変数をもつ式「δ は順序数である」は，そうしたすべての順序数によっ

補 遺　561

て形成された定義可能な部分を L_γ から分出することになる。というのも「順序数である」とは、「そのすべての要素が推移的であるような推移的な多である」という意味（省察12）であり、またこの式は媒介変数のない式だからである（この式は、いかなる特殊な——場合によっては L_γ に不在の——多にも依存しない）。しかし α を下回る順序数からなる集合は α それ自身であり、かくして α は L_γ の定義可能な部分であり、つまりは $L_{S(\gamma)}$ の要素である。われわれの仮説とは反対に、α は構成可能である。

　立証しなくてはならないのは、$\beta \in \alpha$ について、すべての構成可能順序数 β を含むような一個の階層 L_γ が確かにあるということである。そのためには、一切の構成可能な階層が推移的であるということ、すなわち $\beta \in L_\gamma \rightarrow \beta \subset L_\gamma$ であることを立証すればよい。というのもある階層に位置づけられた順序数より小さいどの順序数もまたこの階層に属するだろうからだ。もろもろの $\beta \in \alpha$ が属するすべての階層にとっての**最大の階層** L_γ を考察すれば十分であろう。そうしたもろもろの順序数はこの最大階層のなかに見られる。

　ここから、構成可能な階層組織の構造をさらに明らかにする補助定理が出てくる。すなわち構成可能な階層組織のどの階層 L_α も推移的である、という補助定理である。

　これは順序数についての反復によって証明される。

　——$L_0 = \varnothing$ は推移的である（省察12）。

　——L_α を下回るどの階層も推移的であると仮定しよう。そして L_α もまた推移的であることを示そう。

　第一のケース。

　α が極限順序数である場合。この場合、L_α は下位のすべての階層（これはどれも推移的なものと仮定されている）の合併である。その結果として、$\gamma \in L_\alpha$ であれば、$\gamma \in L_\beta$ である階層 L_β $(\beta \in \alpha)$ が実存することになる。だが L_β は推移的と仮定されているので、$\gamma \subset L_\beta$ である。ところで L_α は下位の諸階層の合併であるから、それらの階層すべてを部分として受け入れている。すなわち $L_\beta \subset L_\alpha$ である。$\gamma \subset L_\beta$ と $L_\beta \subset L_\alpha$ から、$\gamma \subset L_\alpha$ が引き出される。したがって、階層 L_α は推移的である。

　第二のケース。

α が後続順序数であり，$L_\alpha = L_{S(\beta)}$ である場合。

まず L_β が推移的だと仮定されるのであれば（これは反復の仮説から導出される），$L_\beta \subset L_{S(\beta)}$ であることを示そう。

L_β のある要素を γ_1 としよう。式 $\delta \in \gamma_1$ を考えよう。L_β は推移的であるから，$\gamma_1 \in L_\beta \to \gamma_1 \subset L_\beta$ である。したがって $\delta \in \gamma_1 \to \delta \in L_\beta$ である。つまり γ_1 のすべての要素は L_β の要素である。式 $\delta \in \gamma_1$ によって定義された L_β の部分は γ_1 と合致する。というのも γ_1 のすべての要素 δ が L_β のなかに存在するからであり，またこの式は L_β にはっきりと限定されているからである。したがって γ_1 **もまた** L_β の定義可能な部分であり，ここからこの部分は $L_{S(\beta)}$ の要素であるということになる。最終的に，$\gamma_1 \in L_\beta \to \gamma_1 \in L_{S(\beta)}$，すなわち $L_\beta \subset L_{S(\beta)}$ となる。

ここから次のように結論することができる。実際，$L_{S(\beta)}$ の要素は L_β の（定義可能な）部分であり，すなわち $\gamma \in L_{S(\beta)} \to \gamma \subset L_\beta$ である。だが $L_\beta \subset L_{S(\beta)}$ である。したがって $\gamma \subset L_{S(\beta)}$ であり，$L_{S(\beta)}$ は推移的である。

反復は完全である。最初の階層 L_0 は推移的である。そして除外された L_α に至るまでのすべての階層も推移的であり，また L_α も推移的である。つまりは一切の階層が推移的なのである。

補 遺　563

補遺5（省察33）

絶対性について[62]

　ここでおこなうのは，準完全状況に関するいくつかの用語や式の絶対性を立証することである。思い出しておきたいが，この作業の意味するところは，用語の定義は状況 S に相関づけられていながらも一般存在論の場合と「同じもの」であり，S に相関づけられた式は，媒介変数が S に所属させられるやいなや，一般的な式に等しいということである。

　a．$\emptyset$. これは明証的である。というのも $\emptyset$ の定義は否定的である（何ものも $\emptyset$ に属さない）からだ。$\emptyset$ の定義は S において「変様」しえない。その一方で S は推移的であり，基礎の公理を満たすということから，$\emptyset \in S$ である。ところで，推移的な多を基礎づけることができるのは空のみである（省察18）。

　b．$\alpha \subset \beta$ は絶対的であるが，ここでいう絶対とは，α と β が S に属する**ならば，そのとき**，式 $\alpha \subset \beta$ は，この式が存在論者にとって真である場合に，またその場合にのみ，S の住民にとっても真であるという意味である。これは S の推移性から直接に推論される。すなわち α と β の諸要素は S の要素でもあるということだ。したがって，（S〔準完全状況〕の意味における）α のすべての要素が β に属するのであれば——これが包含の定義である——，一般存在論の意味でも事態は同様であり，また逆も真である。

　c．——$\alpha \cup \beta$。α と β が S の要素であるならば，置換公理が S において有効であるということから，集合 $\{\alpha, \beta\}$ もまたそこに実存する。置換公理は，例えば，$p(\emptyset)$ という《二》——$\emptyset \in S$ であり，また部分の公理が S において適合的である以上（この構成については省察12を見よ），この $p(\emptyset)$ は S のなかに実存する——に適用される。ついでながら，$p(\emptyset)$ が絶対的であるということも実証される（一般的には，$p(\alpha)$ は絶対的では**ない**）。同様に，$\cup \{\alpha, \beta\}$ も S のなかに実存する。というのも合併公理が S において適合的だからであ

る。ところで，定義上，∪ {α, β}=α ∪ β である。

　——α ∩ β は，式「γ∈α & γ∈β」によって α ∪ β における分出から得られる。

　この分出公理が S において適合的であれば十分である。

　——β の要素ではない α の要素からなる集合（α-β）も同様に，式「γ∈α & ～(γ∈β)」によって得られる。

　d. いま（α ∪ β の絶対性における）対 {α, β} を目にしたところである。順序対は<α, β> =[{α}, {α, β}]（補遺2を見よ）と定義されることを思い出そう。この場合，絶対性は自明である。

　e. 「順序対である」ということは，「その最初の項が単集合であり，第二の項が単一対（その要素の一つが単集合のなかにあるもの）であるような単一対である」という式に帰着する。練習問題——この式を形式言語で書き，その絶対性を省察せよ。

　f. α と β が S に属するならば，α×β というデカルト積〔直積〕は，順序対<γ, δ>（γ∈α かつ δ∈β）の集合として定義される。このデカルト積の諸要素は，「その最初の項が α に属し，第二の項が β に属するような順序対である」という式によって得られる。つまりこの式は，α と β のすべての要素をもつ一切の集合のなかからデカルト積を分出しているのである。例えば α ∪ β のなかからである。ところで α ∪ β は絶対的な操作であって，「順序対である」とは絶対的な述語である。したがってデカルト積は絶対的である。

　g. 式「順序数であること」は媒介変数をもたず，推移性しか含んでいない（省察12を参照のこと）。その絶対性を確認するのは簡単な練習問題である（補遺4は，構成可能宇宙にとって「順序数であること」の絶対性を示している）。

　h. ω_0 は「最小極限順序数」——すなわち「非後続的な最小順序数」——と定義づけられるということから，絶対的である。したがって，「後続順序数である」という述語の絶対的な性格を研究しなくてはならない。もちろん，$\omega_0 \in S$ という事実は，S が無限公理を実証するということから推論される。

　i. 「順序対である」が絶対的なことから，「関数である」が絶対的であると推論される。その式は次のようになる。「<α, β> が要素であり，また<α, β>

補遺 565

でもあるならば，$\beta=\beta'$ が成り立つような順序対 $<\alpha, \beta>$ を要素としてもつこと」（補遺 2 における関数の存在論的な定義を参照のこと）。同様に，「一対一対応の関数である」も絶対的である。有限な部分とは，有限順序数と一対一対応にある集合である。$\omega_0 \in S$ であり，それが絶対的であるのだから，有限順序数についても事情は同様である。つまり，$\alpha \in S$ ならば，「α の有限な部分である」という述語は絶対的である。この述語によって $[p(\alpha)]^S$——これは絶対的ではない——から分出をおこなえば，$[p(\alpha)]^S$ が一般的には $p(\alpha)$ と同一で**ない**にもかかわらず，（一般存在論における意味での）α の有限な**すべて**の部分が確かに得られる。これは，S のなかに現前化されず，$p(\alpha) \neq [p(\alpha)]^S$ という結果をもたらすことができるのは，$p(\alpha)$ の要素のなかでも，ただ**無限な**多のみであるということ，このことから生じる結果である。しかし有限な部分がどうかと言えば，「α の部分に対する有限順序数の一対一関数である」が絶対的であることから，有限な部分はすべて S において現前化されているという結論になる。つまり，α の有限部分からなる集合は絶対的である。

　以上のすべての結果から，「$<\alpha, n, 0>$ あるいは $<\alpha, n, 1>$（$\alpha \in \delta$ かつ $n \in \omega_0$）という三つ組のすべての有限数列」というたぐいの条件は，S の住民にとって**既知**のものである（δ が既知であれば）と考えてよい。なぜなら，そうした条件の多を定義する式は S にとって絶対的であるのだから（実際，「有限数列」，「三つ組」，$0, 1, \omega_0$……は絶対的である）。

補遺 6（省察 36）

論理の本源的記号と式の長さにもとづく反復

本補遺は省察 3 の技術上の注を補完するものであり，式の長さにもとづく反復によっていかに推論すべきかを示唆する。この補遺を利用して，私は反復による推論一般について簡単に語っておきたい。

1　いくつかの論理記号の定義

論理記号の完全な一式（75 頁の「技術上の注」を参照のこと）は，それと同じ数の本源的な諸記号から構成されていると考えなくてもよい。包含 ⊂ は所属 ∈ から定義できる（省察 5 を参照のこと）が，それと同じように，いくつかの論理記号は他の論理記号から定義することができる。

本源的な記号の選択は取り決めの問題である。私はここで ∼（否定），→（含意），∃（実存記号）を選択する。

この場合，派生的な諸記号はそれらの定義によって，本源的な記号から合成されたいくつかの書式の**略記号**として導入される。

a. 選言（*ou*）。*A ou B* は，∼*A*→*B* を略した書式である。

b. 接続（&）。*A* & *B* は，∼(*A*→∼*B*) を略した書式である。

c. 同値（↔）。*A*↔*B* は，∼((*A*→*B*)→∼(*B*→*A*)) を略した書式である。

d. 普遍記号（∀）。(∀α)λ は，∼(∃α)∼λ を略した書式である。

したがって，あらゆる論理式は，∼，→，∃ という記号のみによって書かれると考えることができる。集合論のもろもろの式を得るには，これに ＝ と ∈ を付け加えればよいだろう。もちろんまた，多を指す α, β, γ といった変数と，さらに句読点を付け加えればよいだろう。

このとき，以下のものが区別される。

――原子式。これは論理記号をもたず，したがって必然的に，α=β ある

いは $\alpha \in \beta$ といったタイプの式である。

——合成式。これは $\sim\lambda, \lambda_1 \to \lambda_2$ とか $(\exists\alpha)\,\lambda$（この場合，λ は原子式であったり，「もっと短い」合成式であったりする）といったタイプの式である。

2　式の長さにもとづく反復[63]

　一個の式はさまざまな記号の有限集合であることに注意しよう。そうした記号としては以下のようなものがある。変数，論理記号，$=$ や $\in$ といった記号，丸括弧〔（ ）〕，角括弧〔[ ]〕，波括弧〔{ }〕などである。したがって，式に見られる記号類の（整）数である式の**長さ**について語ることがつねに可能である。

　あらゆる式に整数が結びついていることから，反復による推論を式に適用することが可能となる。本書全体においてわれわれはこの推論を，整数あるいは有限順序数についても，また順序数一般についても大いに用いてきた。

　反復によるどんな推論も，関係する項の所与の集合の「次のもの」について一義的に語りうるということを前提としている。実際のところ，無限を合理的に統御する操作子は，「まだ」の手続きに立脚する（省察 14 を参照のこと）。その底にある構造は整列構造である。すなわち，**まだ検討されていない**項は**一つの**さらに小さな要素を含んでおり，このさらに小さな要素が，すでに検討された諸要素のすぐ**次に続く**のである。かくして，順序数 α が与えられていれば，私はその唯一の後続者 $S(\alpha)$ を知るのである。そして順序数の集合が与えられていれば，私はその後に来る**もの**（おそらく極限順序数であるが，そのことはあまり重要ではない）を，たとえそれが無限であろうと，知っているのである。

　このとき推論の図式は以下のように（三段階に）なる。

1. 私は，立証すべき特性が当該の**最小項**（あるいは最小順序数）に当てはまることを示す。たいていの場合，それは $\emptyset$ である。
2. 次に私は，その特性が任意の項 α よりも小さいすべての項について当てはまる**ならば**，**そのとき**この特性は，先行する項の**その**次のものである α それ自身にも当てはまることを示す。

3. 私はこの特性が**すべて**に当てはまると結論する。

　この結論が妥当であるのは以下の理由による。特性がすべてに当てはまるのでないとすると，**その特性をもたない最小項があるということになる。**しかしその最小と想定された項より小さいすべての項もその特性をもつ以上，この最小項もまた，推論の第二段階によって，その同じ特性をもたなくてはならないということになる。これは矛盾である。したがって，すべてが同じ特性をもつ。

　式に戻ろう。最「小」の式は，三つの記号をもつ $\alpha \in \beta$ あるいは $\alpha = \beta$ という原子式である。これらのもっとも短い式について，私がある特性——例えば強制（私は省察 36 の第 1 節と補遺 7 をこれに割いている）——を証明したとしよう。これは反復による推論の第一段階である。

　いま，$n+1$ **以下の長さの**（$n+1$ 個以下の記号をもつ）すべての式について，私が強制の定理を示したとしよう。第二段階では，$n+1$ 個の記号をもつ式について強制があることを示さなければならない。だが，せいぜい n 個の記号しかもたない式から，どうやって $n+1$ 個の記号をもつ式を得ることができるのか。三つのやり方しかない。

　　——(λ) が n 個の記号をもつなら，$\sim(\lambda)$ は $n+1$ 個の記号をもつ。

　　——(λ_1) と (λ_2) が n 個の記号を**一緒に**もつなら，$(\lambda_1) \rightarrow (\lambda_2)$ は $n+1$ 個の記号をもつ。

　　——(λ) が $n-3$ 個の記号をもつなら，$(\exists\alpha)(\lambda)$ は $n+1$ 個の記号をもつ。

　要するに，式 (λ) が，あるいは式 (λ_1) と式 (λ_2) の全体が，$n+1$ 個以下の記号をもち，かつ特性（ここでは強制）を実証しているので**あれば，その場合**，$n+1$ 個の記号をもつ式——$\sim(\lambda), (\lambda_1) \rightarrow (\lambda_2), (\exists\alpha)(\lambda)$——もまた特性を実証するということ，このことを私は最終的に示さなければならない。

　そのとき（第三段階）私が結論しうるのは，**すべての式が特性を実証しており，強制は集合論の一切の式について定義されている**ということである。

補　遺　569

補遺 7 （省察 36）

ゼロ名辞階数の名に関する同値の強制[(64)]

　この補遺で立証するのは、「$\mu_1 = \mu_2$」タイプの式——この場合、μ_1 と μ_2 はゼロ階数の名、つまり対 $<\emptyset, \pi>$（π は条件である）から構成された名である——について、S のなかで定義され、$\rightleftharpoons$ と記される次のような強制関係が実存するということである。

$$[\pi \rightleftharpoons (\mu_1 = \mu_2)] \leftrightarrow [(\pi \in ♀) \rightarrow [\mathrm{R}_♀(\mu_1) = \mathrm{R}_♀(\mu_2)]]$$

　最初にまず**直接命題**（π による名の同値の強制は、$\pi \in ♀$ であるや、指示対象的な価値の同値を含意する）を扱い、次に**逆命題**（指示対象的な価値が等しければ、そのとき $\pi \in ♀$ が実存し、π は名の同値を強制する）を扱う。とはいえ逆命題について扱うのは、$\mathrm{R}_♀(\mu_1) = \emptyset$ の場合のみとする。

1　直接命題

　μ_1 がゼロ名辞階数の名だと仮定しよう。それは対 $<\emptyset, \pi>$ から構成されており、その指示対象的な価値は、その構成に記載された条件 π のどれか一つが ♀ に属するか、それともどれも属さないかに応じて、$\{\emptyset\}$ だったり $\emptyset$ だったりする（省察 34 の第 4 節を参照のこと）。

　式 $\mu_1 = \emptyset$（$\emptyset$ が名であることを思い出されたい）から始めよう。確実に $\mathrm{R}_♀(\mu_1) = \mathrm{R}_♀(\emptyset) = \emptyset$ であるためには、名 μ_1 に記された諸条件のいずれもがジェネリックな部分 ♀ に属さないのでなくてはならない。このような所属の禁止をいったい何が強制しうるのだろうか。それは、部分 ♀ が名 μ_1 に記されたすべての条件と**両立不可能な**条件を含むことである。というのも精確な部分の規則 Rd_2（省察 33 第 3 節）から必然的に、精確な部分のすべての条件は

両立可能であるということが導き出されるからである。

名 μ_1 に記されたすべての条件と両立不可能な条件からなる集合を $Inc\,(\mu_1)$ と記そう。

$$Inc\,(\mu_1) = \{\pi \;/\; (<\emptyset, \pi_1> \in \mu_1) \to \quad \pi \;\text{と}\; \pi_1 \;\text{は両立不可能}\,\}$$

$\pi \in Inc\,(\mu_1)$ である場合，π がジェネリックな部分♀に属するということから，μ_1 に記されたすべての条件はこの♀に属することを禁じられる。これは確かである。その結果，このジェネリックな部分に対応する拡張における μ_1 の指示対象的な価値は空であるということになる。

したがって，$\pi \in Inc\,(\mu_1)$ であるならば，π は式 $\mu_1 = \emptyset$（この場合，μ_1 はゼロ名辞階数に属する）を強制すると措定されるだろう。π が $\mu_1 = \emptyset$ を強制するならば，$\pi \in$♀のような一切のジェネリック拡張において π は $R_♀(\mu_1) = R_♀(\emptyset) = \emptyset$ を強制するということは明らかである。

かくしてゼロ名辞階数の μ_1 について，われわれは次のように措定することができる。

$$[\pi \rightleftharpoons (\mu_1 = \emptyset)] \longleftrightarrow \pi \in Inc\,(\mu_1)$$

言表 $\pi \in Inc\,(\mu_1)$ は土台状況の**なか**で完全に理解可能であり，実証可能である。とはいえ，この言表は，$\pi \in$♀のどのジェネリック拡張においても言表 $R_♀(\mu_1) = \emptyset$ が適合的であることを強制するわけではない。

この最初の成果を武器にして，われわれは——あいかわらずゼロ名辞階数の名についてであるが——式 $\mu_1 \subset \mu_2$ に挑むとしよう。戦略は次のとおりである。われわれは「$\mu_1 \subset \mu_2$ & $\mu_2 \subset \mu_1$」が $\mu_1 = \mu_2$ を含意すると知っている。もし $\mu_1 \subset \mu_2$ がどのように強制されるかが一般的な仕方でわかれば，$\mu_1 = \mu_2$ がいかに強制されるかもわかるだろう。

μ_1 と μ_2 がゼロ名辞階数に属するのであれば，この二つの名の指示対象的な価値は $\emptyset$ あるいは $\{\emptyset\}$ である。われわれとしては $R_♀(\mu_1) \subset R_♀(\mu_2)$ の適合性を強制したい。

補　遺　571

ありうるケースの一覧表を作ってみよう。

$R_♀(\mu_1)$	$R_♀(\mu_2)$	$R_♀(\mu_1)\subset R_♀(\mu_2)$	理　由
Ø	Ø	適合的	Øは普遍的な部分
Ø	{Ø}	適合的	である。
{Ø}	{Ø}	適合的	{Ø}⊂{Ø}
{Ø}	Ø	誤り	～({Ø}⊂Ø)

$R_♀(\mu_1)$=Ø の場合，包含の適合性は保証されている。$R_♀(\mu_1)$=$R_♀(\mu_2)$={Ø} の場合も同様である。第四のケースを除外することだけが必要である。

まず $Inc(\mu_1)$ が空でないと，すなわち $\pi\in Inc(\mu_1)$ が実存すると仮定しよう。このような条件 π が式 μ_1=Ø を強制すること，言い換えれば，$\pi\in♀$ であるようなジェネリック拡張における $R_♀(\mu_1)$=Ø の適合性を強制すること，このことをわれわれは見た。したがって，そうした条件はまた $\mu_1\subset\mu_2$ をも強制する。というのも，その場合，$R_♀(\mu_2)$ の価値がなんであれ，$R_♀(\mu_1)\subset R_♀(\mu_2)$ であるからだ。

いま $Inc(\mu_1)$ が空であるとして（土台状況における空——これはありうることだ），名 μ_1 に記された条件からなる集合を $Fig(\mu_1)$ と記そう。

$$Fig(\mu_1)=\{\pi \diagup \exists <Ø,\pi> [<Ø,\pi> \in\mu_1]\}$$

$Fig(\mu_2)$ についても同じである。それらが二つの条件集合であることに注意しよう。$Fig(\mu_1)$ の少なくとも一個の条件と $Fig(\mu_2)$ の少なくとも一個の条件とを支配する条件 π_3 が実存すると仮定しよう。$\pi_3\in♀$ であれば，精確な部分の規則 Rd_1 から必然的に，支配された条件も♀に属するということになる。したがって，♀のなかに存在する $Fig(\mu_1)$ の条件と $Fig(\mu_2)$ の条件が少なくとも一つずつある。その結果，この記述にとって，μ_1 と μ_2 の指示対象的な価値は {Ø} である。このとき $R_♀(\mu_1)\subset R_♀(\mu_2)$ が成り立つ。つまり，条件 $\pi_3\in♀$ が $R_♀(\mu_1)\subset R_♀(\mu_2)$ を含意するのだから，π_3 が式 $\mu_1\subset\mu_2$ を強制すると言うことができる。

この手続きを少しばかり一般化してみよう。π_1 によって支配された条件がそこにつねに見出されるような一切の条件集合を，われわれは条件 π_1 にとっての**支配の備蓄分**と呼ぼう。すなわち，R が π_1 にとっての支配の備蓄分であるとすれば，

$$(\exists \pi_2)\,[(\pi_2 \subset \pi_1)\, \&\, \pi_2 \in R]$$

これが意味するところは，$\pi_1 \in \male$ であれば，R のなかには，π_1 によって支配されているがゆえに $\male$ にも属する条件がつねに見出されるということである。条件 π_1 が与えられていれば，R が π_1 にとっての支配の備蓄分であるか否かは，（それがどのようなジェネリック拡張であるかを考慮に入れずとも）**土台状況のなかで**つねに確かめることができる。というのも $\pi_2 \subset \pi_1$ という関係は絶対的だからである。

$\mu_1 \subset \mu_2$（μ_1 と μ_2 はゼロ階数にある）に戻ろう。$Fig\,(\mu_1)$ と $Fig\,(\mu_2)$ が条件 π_3 にとっての支配の備蓄分であると仮定しよう。これは $\pi_1 \subset \pi_3$ であるような $\pi_1 \in Fig\,(\mu_1)$ が実存するということである。そしてまた $\pi_2 \subset \pi_3$ であるような $\pi_2 \in Fig\,(\mu_2)$ も実存するということである。いま π_3 が $\male$ に属するとすれば，π_1 と π_2 もまた $\male$ に属する（規則 Rd_1）。π_1 と π_2 は名 μ_1 と μ_2 に記された条件であるから，この記述にとってそれらの名がもつ指示対象的な価値は $\{\varnothing\}$ であるという結果になる。したがって $R_\male\,(\mu_1) = R_\male\,(\mu_2)$ が成り立つ。かくして π_3 は $\mu_1 \subset \mu_2$ を強制するということができる。

要約しよう。

$$\pi_3 \rightleftharpoons (\mu_1 \subset \mu_3) \leftrightarrow \begin{cases} Inc(\mu_1) \neq \varnothing \text{ ならば，} \pi_3 \in Inc(\mu_1) \\[4pt] Inc(\mu_1) = \varnothing \text{ ならば，} \pi_3 \in \{\pi \,/\, Fig(\mu_1) \text{ と } Fig(\mu_2) \text{ は } \pi \text{ にとっての} \\ \text{支配の備蓄分である}\} \end{cases}$$

ゼロ名辞階数の二つの名 μ_1 と μ_2 が与えられたとして，どのような条件 π_3 によって——条件 π_3 が $\male$ に属しているならば——μ_1 の指示対象的な価値が μ_2 の指示対象的な価値に包含されるように強制できるのかを，われわれ

は知っている。そしてこの強制関係は，*Inc* (μ_1), *Fig* (μ_1), *Fig* (μ_2) や支配の備蓄分の概念が明確になっている土台状況のなかで確認されうる。

ここで，π_3 が $\mu_1 \subset \mu_2$ を強制し，かつ $\mu_2 \subset \mu_1$ をも強制するのであれば，π_3 は $\mu_1 = \mu_2$ を強制すると言えるだろう。

$\mu_1 \subset \mu_2$ が**必然的に**強制可能というわけではないことに注意しておこう。*Inc* (μ_1) が空であったり，*Fig* (μ_1) と *Fig* (μ_2) が π_3 にとって支配の備蓄分となるような条件 π_3 がまったく実存しないということもありうる。すべては名と，その名に記された諸条件次第である。しかし $\mu_1 \subset \mu_2$ が少なくとも一個の条件 π_3 によって強制可能である**ならば**，**その場合**，♀が π_3 を含むような一切のジェネリック拡張において，言表 $R_♀ (\mu_1) \subset R_♀ (\mu_2)$ は適合的である。

一般的なケース（任意の名辞階数にある μ_1 と μ_2）は反復によって扱われるだろう。すなわち，α 以下の名辞階数のすべての名について，「π が $\mu_1 = \mu_2$ を強制する」という言表が S において定義づけられたと，そう仮定されるのである。このとき，α 名辞階数の名についても同じような定義をなしうるということが明らかになる。これは，名 μ が対 $<\mu_1, \pi>$——**この場合**，μ_1 **はそれ以下の名辞階数である**——から構成されている以上，驚くに値しない。助けとなる概念は，この手続きのはじめから終わりまで，支配の備蓄分の概念である。

2　μ_1 がゼロ名辞階数にある式 $R_♀ (\mu_1) = \emptyset$ の場合における同値の強制の逆命題

今度われわれが仮定するのは，ジェネリック拡張において，ゼロ階数の μ_1 をもつ $R_♀ (\mu_1) = \emptyset$ である。$\mu_1 = \emptyset$ を強制する条件 π が♀のなかに実存することを明らかにしなければならない。前述の節（直接命題）の技術と結果を念頭に置いておくことが重要である。

次のように定義される条件集合 D を考えよう。

$$\pi \in D \leftrightarrow [\pi \rightleftharpoons (\mu_1 = \emptyset) \text{ あるいは } \pi \rightleftharpoons [\mu_1 = [\{\emptyset\}, \emptyset]]]$$

注意すべきは，$\emptyset \in ♀$ であるから，「あるいは」の右辺に書かれた式は，実

は $\pi \in ♀ \to R_♀(\mu_1)=\{\emptyset\}$ に帰着するということである。考察対象の諸条件からなる集合 D は，μ_1 をその可能な指示対象的な価値の一つ——すなわち $\emptyset$ か $\{\emptyset\}$ か——へと強制するすべての条件を集めたものである。鍵となるのは，この条件集合が支配であるという点である（省察 33 第 4 節を参照のこと）。

実際，任意の条件 π_2 があるとしよう。このとき次のどちらかである。すなわち，$\pi_2 \vDash (\mu_1=\emptyset)$ であり，π_2 は集合 D に属する（第一要件）。あるいは π_2 は $\mu_1=\emptyset$ を強制しないが，これは式 $\mu_1=\emptyset$ に関する強制の定義（前節）から，$\sim(\pi_2 \in Inc(\mu_1))$ に帰着する。したがって，$<\emptyset, \pi_3> \in \pi_1$ であり，かつ π_3 が π_2 と両立可能であるような条件 π_3 が少なくとも一つ実存する。π_2 が π_3 と両立可能であるならば，π_2 と π_3 を支配する π_4 が実存する。ところでこの π_4 にとって $Fig(\mu_1)$ は支配の備蓄分である。というのも $\pi_3 \in Fig(\mu_1)$ であり，かつ $\pi_3 \in \pi_4$ であるからだ。しかしもう一方で，π_4 は $\emptyset$ をも支配する。したがって，$Fig(\mu_1)$ と $Fig[\{\emptyset\}, \emptyset]$ が π_4 にとって支配の備蓄分である以上，π_4 は $\mu_1=[\{\emptyset\}, \emptyset]$ を強制する。この結果，$\pi_4 \in D$ である。そして $\pi_2 \subset \pi_4$ であるのだから，π_2 は D の条件によって確かに支配されている。π_2 がどのようなものであれ，これは正しいのだから，D は支配である。♀がジェネリックな部分であるならば，$♀ \cap D \neq \emptyset$ である。

ところで，われわれは $R_♀(\mu_1)=\emptyset$ と仮定した。つまり，$\mu_1=[\{\emptyset\}, \emptyset]$ を強制する条件が♀のなかに実存するということは排除されていた。というのも，もしそうした条件が実存するとすれば，$R_♀(\mu_1)=\{\emptyset\}$ ということになるからだ。したがって，正しいのは反対のケース，すなわち $\{♀ \cap [\pi ／ \pi \vDash (\mu_1=\emptyset)]\}=\emptyset$ である。♀のなかには $\mu_1=\emptyset$ を強制する条件が確かにある。

今度は部分♀のジェネリック性がはっきりと召喚されていることに注目しよう。言表 $R_♀(\mu_1)=\emptyset$ が外延のなかで適合的であることと，言表 $\mu_1=\emptyset$（これは名にかかわる）を強制する条件が多♀のなかに実存すること，この二つが同値でありうることを識別不可能なものは命じるのである。

一般的なケースは名辞階数にもとづく反復によって得られるだろう。支配 D を得るためには，「$\mu_1 \subset \mu_2$ を強制したり $\sim(\mu_1 \subset \mu_2)$ を強制するすべての条件」であるような集合が用いられることになるだろう。

補 遺 575

補遺8（省察36）

準完全状況のジェネリック拡張はすべて準完全である[65]

すべての証明をここで再現するつもりはない。重要なのは以下の四つの点を実証することである。

——Sが可算であれば，$S(♀)$も可算である。

——Sが推移的であれば，$S(♀)$も推移的である。

——唯一の式によって表現可能な集合論の公理（外延性，部分，合併，基礎づけ，無限，選択，空集合）がSにおいて適合的であれば，その公理は$S(♀)$においても適合的である。

——式$\lambda(\alpha)$と$\lambda(\alpha, \beta)$について，それぞれに対応する分出公理と置換公理がSにおいて適合的であれば，それらの公理は$S(♀)$においても適合的である。

要するに，数学者たちの言い方で言えば，Sが理論の可算推移モデルであるなら，$S(♀)$もまたそうしたモデルである。

いくつかの目印と例を挙げよう。

a. Sが可算であれば，$S(♀)$も可算である。

これは自明である。というのも$S(♀)$のすべての要素は，状況Sに属する名μ_1の指示対象的な価値だからである。つまり$S(♀)$のなかには，Sのなかにある名よりも多くの要素はありえず，したがってSが含むよりも多くの要素はありえない。存在論者にとっては——すなわち外部からは——，Sが可算であれば，$S(♀)$も可算である。

b. $S(♀)$の推移性。

ジェネリック拡張について言えることとSにおける名の統御とのあいだには往還運動があるが，この往還運動が作動しているさまを見てみよう。

ジェネリック拡張の任意の要素を $\alpha \in S\,(♀)$ としよう。これは名の価値である。別の言い方をすれば，$\alpha = \mathrm{R}_♀\,(\mu_1)$ であるような μ_1 が実存するということである。$\beta \in \alpha$ は何を意味するか。$\alpha = \mathrm{R}_♀\,(\mu_1)$ という同値から，それが意味するのは $\beta = \mathrm{R}_♀\,(\mu_1)$ ということである。しかし，$\mathrm{R}_♀\,(\mu_1) = \{\mathrm{R}_♀\,(\mu_2)\,/\,<\mu_2,\,\pi> \in \mu_1\,\&\,\pi \in ♀\}$ である。したがって，$\beta \in \mathrm{R}_♀\,(\mu_1)$ は，$\beta = \mathrm{R}_♀\,(\mu_2)$ であるような μ_2 が実存するということである。つまり β は名 μ_2 の〈指示対象 – ♀〉であり，ジェネリックな部分♀によって基礎づけられるジェネリック拡張に属する。

$[\alpha \in S\,(♀)\,\&\,(\beta \in \alpha)] \to \beta \in S\,(♀)$ であることが明らかになったが，これは，α が $S\,(♀)$ の部分でもあること——すなわち $\alpha \in S\,(♀) \to \alpha \subset S\,(♀)$ ——を意味している。つまりジェネリック拡張は，S 自体と同じように，推移集合なのである。

c. 空，無限，外延性，基礎づけ，選択といった公理は $S\,(♀)$ において適合的である。

この点は空については自明である。というのも $\varnothing \in S \to \varnothing \in S\,(♀)$ であるのだから（正準名によって）。同じく無限についても自明であり，$\omega_0 \in S$ であれば $\omega_0 \in S\,(♀)$ であり，さらに ω_0 は絶対的な項である。というのもそれは「最小極限順序数」として媒介変数なしに定義可能なのだから。

外延性については，$S\,(♀)$ が推移的であるということから直接的に推論される。実際，$S\,(♀)$ が推移的であれば，$\beta \in \alpha \to \beta \in S\,(♀)$ であるから，$\alpha \in S\,(♀)$ の（一般存在論における意味での）諸要素は，$S\,(♀)$ における意味での諸要素とまったく同じである。つまり二つの多をそれらの要素において比較することによって，一般存在論の場合と同じ同一性（あるいは差異）が $S\,(♀)$ においても与えられるのである。

$S\,(♀)$ において基礎の公理がいかに実証されるか（これは簡単な練習問題である），また選択公理がいかに実証されるか（こちらの練習問題は難しい）は，読者の課題としておこう。

補遺 577

d. 合併公理は $S(♀)$ において適合的である。

α を〈指示対象−♀〉とするような名を μ_1 としよう。$S(♀)$ は推移的であるから，α の要素 β は名 μ_2 をもつ。また β の要素も名 μ_3 をもつ。問題は，まさしくこうしたすべての μ_3——つまり α の要素の要素からなる集合——の価値をもつような名を見つけることである。

そこで次のようなすべての対 $<\mu_3, \pi_3>$ を取ることにしよう。

——μ_2 が，そして $<\mu_3, \pi_2> \in \mu_2$ であるような π_2 が実存する。

——そしてこの μ_2 については，$<\mu_2, \pi_1> \in \mu_1$ であるような条件 π_1 が実存する。

$<\mu_3, \pi_3>$ が確かに価値をもつためには，$\pi_3 \in ♀$ でなくてはならない。この価値が μ_2 の諸価値を構成する価値のうちの一つであるためには，$<\mu_3, \pi_2> \in \mu_2$ である以上，$\pi_2 \in ♀$ でなくてはならない。そして最後に，μ_2 が μ_1 の価値を構成する価値の一つであるためには，$<\mu_2, \pi_1> \in \mu_2$ である以上，$\pi_1 \in ♀$ でなくてはならない。別の言い方をすれば，$\pi_3 \in ♀$ であり π_2 と π_1 がともに ♀ に属するのであれば，μ_3 は α の合併の要素——その名が μ_1 である——を価値としてもつことになるだろう。π_3 が π_2 と π_1 とを支配するのであれば，つまり $\pi_2 \subset \pi_3$ および $\pi_1 \subset \pi_3$ であれば，この状況は確保される（精確な部分の規則 Rd_1）。このように α の合併はすべての対 $<\mu_3, \pi_3>$ から構成される名によって命名されるが，この対 $<\mu_3, \pi_3>$ には，μ_1 に属する対 $<\mu_2, \pi_1>$ が少なくとも実存し，またこの $<\mu_2, \pi_1>$ には，$<\mu_3, \pi_2> \in \mu_2$ であるような条件 π_2 が実存し，さらにこの条件 π_2 では $\pi_2 \subset \pi_3$ と $\pi_1 \subset \pi_3$ が成り立つ。そこで次のように措定されることになる。

$$\mu_4 = \{<\mu_3, \pi_3> \diagup \exists <\mu_2, \pi_1> \in \mu_1 [(\exists \pi_2) <\mu_3, \pi_2> \in \mu_2 \,\&\, \pi_2 \subset \pi_3 \,\&\, \pi_1 \subset \pi_3]\}$$

以上の考察は，$R_♀(\mu_1) = \alpha$ であれば，$R_♀(\mu_4) = \cup \alpha$ であることを示している。$\cup \alpha$ は名 μ_4 の〈指示対象−♀〉であるから，ジェネリック拡張に属する。

名たちの喜びが目に浮かぶ。

e. 分出公理が S において適合的であれば，それは $S(♀)$ においても適合的

である。

　上で与えられたもろもろの証明（推移性，合併……）においては強制法がまったく使用されていないことに気づく。だが以下については事情が異なる。今度は強制法が本質的である。

　式 λ (α) と S (♀) の定まった集合 $R_♀$ (μ_1) があるとしよう。λ (α) を実証する諸要素から構成された下位集合 $R_♀$ (μ_1) 自体が，S (♀) において，S (♀) の集合であると明らかにすることが課題である。

　名 μ_1 の構成に現れるもろもろの名の集合を Sno (μ_1) と記すことと取り決めよう。

　次のように定義された名 μ_2 を考察しよう。

$$\mu_2 = \{ <\mu_3, \pi> \diagup \mu_3 \in Sno\,(\mu_1)\ \&\ \pi \rightleftharpoons [(\mu_3 \in \mu_1)\ \&\ \lambda\,(\mu_3)]\}$$

　μ_2 は，μ_1 に現れる名 μ_3 のすべての対と，$\mu_3 \in \mu_1$ と λ (μ_3) とを同時に強制する条件とから構成された名である。それは土台状況 S のなかで理解可能なものであるが，その理由は，λ についての分出公理がこの土台状況において適合的であり，μ_1 が S のなかの名である以上，式 $\mu_3 \in \mu_1$ & λ (μ_3) が S の多をはっきりと指しているからである。

　ところで，$R_♀$ (μ_2) が式 λ によって $R_♀$ (μ_1) から分出されたものであることは明らかである。実際のところ，$R_♀$ (μ_2) の要素は，$<\mu_3, \pi> \in \mu_2$，$\pi \in$ ♀，$\pi \rightleftharpoons [(\mu_3 \in \mu_1)$ & λ (μ_3)] をともなった $R_♀$ (μ_3) の形式をとる。強制法の諸定理から，$R_♀$ (μ_3)$\in R_♀$ (μ_1) と λ ($R_♀$ (μ_3)) が成り立つ。したがって $R_♀$ (μ_2) は，式 λ を実証する $R_♀$ (μ_1) の要素しか含んでいない。

　逆に，式 λ を実証する $R_♀$ (μ_1) の要素を $R_♀$ (μ_3) としよう。式 $R_♀$ (μ_3)$\in R_♀$ (μ_1) & λ ($R_♀$ (μ_3)) が S (♀) において適合的であるから，強制法の諸定理から言って，式 $\mu_3 \in \mu_1$ & λ (μ_3) を強制する条件 $\pi \in$ ♀ が実存する。その結果，$<\mu_3, \pi> \in \mu_2$ となる。というのも，$R_♀$ (μ_3)$\in R_♀$ (μ_1) からはさらに $\mu_3 \in Sno$ (μ_1) が引き出されるからである。そして $\pi \in$ ♀ であるから，$R_♀$ (μ_3)$\in R_♀$ (μ_2) が成り立つ。つまり，λ を実証する $R_♀$ (μ_1) の一切の要素は $R_♀$ (μ_2) の要素である。

f. 冪集合の公理は $S(♀)$ において適合的である。

予想されるように，この公理はいままでのものよりもはるかに手強い。というのもこの公理は，絶対的でない観念（「冪集合」）に関わるものだからである。計算は難解である。私はその戦略しか与えることができない。

ジェネリック拡張の要素を $R_♀(\mu_1)$ としよう。われわれは**名** μ_1 のなかにもろもろの部分を出現させ，強制法を用いて名 μ_4——特に $R_♀(\mu_1)$ のすべての部分が $R_♀(\mu_4)$ の**要素**となるような名 μ_4——を得ることになる。こうしてわれわれは，$R_♀(\mu_1)$ のすべての部分（「部分」とは，状況 $S(♀)$ のなかの部分ということである）の実存を $S(♀)$ において保証するのに十分なだけの名が S のなかにあると確信するだろう。

この種の計算の主要な原動力が何かといえば，名 μ_1 の諸部分が $R_♀(\mu_1)$ の部分の名に属するように強制する条件とこの名 μ_1 の諸部分とを結びつけることによって，もろもろの名を作成することである。細かく見れば，$S(♀)$ における言表の統御がいかにして，名の存在の考慮，指示対象的な価値，強制条件等のあいだの計算上の錯綜関係を経由するのかがよくわかる。シニフィアン，指示対象，強制という三角形に則して動くことは，まさしく《主体》の実践術そのものである。そしてこの三角形のほうも，識別不可能な部分によって状況を手続きに即して代補することからのみ，その意味を得る。この術が最終的に立証するのは，唯一の式によって表現可能な存在論のすべての公理が $S(♀)$ において適合的であるということである。

この踏破を完成するには，S において適合的な置換公理に着手するしかない。置換公理が $S(♀)$ において適合的であることを立証するには，強制法の技術を反省の諸定理と組み合わせる必要がある。これは脇において置くとしよう。

補遺 9（省察 36）

ジェネリック拡張における $|p(\omega_0)| \geq \delta$ の証明の完成[66]

われわれは，$\gamma(n)$ と記され，$[n \in \gamma(n)] \leftrightarrow \{<\gamma, n, 1>\} \in \female$ となるような整数の集合（ω_0 の諸部分）を定義した。

1. どの集合 $\gamma(n)$ も空ではない。

実際，ある固定された $\gamma \in \delta$ について，次のような定義をもつ条件集合 D_γ を S のなかで考察してみよう。

その定義とは $D_\gamma = \{\pi \,/\, (\exists n) [<\gamma, n, 1> \in \pi]\}$ であり，これは言い換えれば，条件の要素である $<\gamma, n, 1>$ のなかにあるような整数 n が少なくとも一個そこに実存する条件集合である。このような条件 $\pi \in D_\gamma$ は，それが $\female$ に属するのであれば，その場合 $\{<\gamma, n, 1>\} \in \female$ となるから，必然的に $n \in \gamma(n)$ という結果をもたらす。ところで D_γ は支配〔支配集合〕であることがわかる。条件 π_1 が $<\gamma, n, 1>$ タイプの三つ組をまったく含まないとしても，そこになんらかの三つ組を付加することができる。これは矛盾なくつねに可能である（例えば，π_1 を構成するどの三つ組のなかにもない n を取るだけでよい）。つまり，π_1 は D_γ の少なくとも一つの条件によって支配されているわけである。

他方で，S は準完全であるから，また D_γ は条件集合からの分出によって，そして絶対的な操作によって（特に S の絶対的な要素である ω_0 に限定された量化 $(\exists n)$ によって）得られるから，$D_\gamma \in S$ である。$\female$ のジェネリック性から $\female \cup D_\gamma \neq \emptyset$ が課され，したがって $\female$ は三つ組 $<\gamma, n, 1>$ を含む条件を少なくとも一つ含む。この三つ組に現れる整数 n は，$n \in \gamma(n)$ となるような整数であり，したがって $\gamma(n) \neq \emptyset$ である。

2. 少なくとも δ 個の γ (n) タイプの集合がある。

これは，$\gamma_1 \neq \gamma_2$ であれば，そのとき $\gamma_1(n) = \gamma_2(n)$ であるということから帰結する。実際に，次のように定義された条件集合を考えてみよう。

$$D_{\gamma_1 \gamma_2} = \{\{\pi \ / \ (\exists n)\{ <\gamma_1, n, 1> \in \pi \ \& \ <\gamma_2, n, 0> \in \pi\}$$
$$\text{あるいは} \{ <\gamma_2, n, 1> \in \pi \ \& \ <\gamma_1, n, 0> \in \pi\}\}$$

この $D_{\gamma_1 \gamma_2}$ は次のようなすべての条件を取り集めたものである。すなわち，それらの条件の要素である三つ組 $<\gamma_1, n, x>$ と $<\gamma_2, n, x>$ のなかに現れる整数 n を少なくとも一つもつような条件，だが γ_1 をもつ三つ組において $x=1$ であるとき，γ_2 をもつ三つ組において $x=0$ であり，またその逆でもあるという要件を伴うような条件である。これらの条件がひそかに運ぶ情報とは，γ_1 と「組になって」いる場合，γ_2 と組であることができない（またその逆でもある）ような n が実存するということである。こうした条件が♀に属している場合，その条件は，少なくとも一個の整数 n_1 について以下のどちらかを課す。

――{ $<\gamma_1, n_1, 1>$ }∈♀。しかしこの場合，~[{ $<\gamma_2, n_1, 1>$ }∈♀] となる（なぜなら，$<\gamma_2, n_1, 0>$ が♀に属するからであり，また $<\gamma_2, n_1, 1>$ と $<\gamma_2, n_1, 0>$ は両立不可能であるのだから）。

――あるいは，{ $<\gamma_2, n_1, 1>$ }∈♀。しかしこの場合，~[{ $<\gamma_1, n_1, 1>$ }∈♀] となる（理由は上と同じ）。

したがってこの場合，整数 n_1 は♀に照らして γ_1 と γ_2 を分出すると言うことができる。というのも n_1 がこの二つの γ の一方と形成する 1 で終わる三つ組は，必然的に♀に記載されているからであり，したがって n_1 が他方の γ と形成する 1 で終わる三つ組は，必然的に♀のなかにはないからである。

またその結果，$\gamma_1(n) \neq \gamma_2(n)$ ということにもなる。というのも整数 n_1 は，同時にこの二つの集合の要素であることができないからである。実際，思い出してもらいたいが，$\gamma(n)$ は { $<\gamma, n, 1>$ }∈♀であるようなすべての n からまさに構成されているのである。ところで { $<\gamma_1, n_1, 1>$ }∈♀→~[{ $<\gamma_2, n_1, 1>$ }∈♀] であり，またその逆でもある。

しかし条件集合 $D_{\gamma_1\gamma_2}$ は支配〔支配集合〕であり（一貫性を尊重するのであれば，必要な $<\gamma_1, n_1, 1>$ と $<\gamma_2, n_1, 0>$——あるいはその逆——を付け加えよう），S に属する（準完全状況 S において適合的であり，またきわめて単純な絶対性の論拠に結びついた，集合論の諸公理による）。したがって♀のジェネリック性によって♀ $\cap D_{\gamma_1\gamma_2} \neq \emptyset$ が課される。かくして，$\gamma_1(n)$ と $\gamma_2(n)$ を分出する少なくとも一個の n_1 があるのだから，$S(♀)$ において $\gamma_1(n) \neq \gamma_2(n)$ が成り立つ。

δ 個の要素 γ があるのだから（$\gamma \in \delta$ だから），$\gamma(n)$ タイプの少なくとも δ 個の集合がある。それらの集合がいずれも互いに違っていることをいま見た。ところで，それらは ω_0 の部分である。したがって $S(♀)$ のなかには，少なくとも ω_0 の δ 個の部分がある。すなわち，$|p(\omega_0)| \geq \delta$ である。

補遺 10 (省察 36)

ジェネリック拡張のなかに S の基数 δ が不在であること

$<n, \alpha, 1>$ あるいは $<n, \alpha, 0>$ ($n \in \omega_0$ かつ $\alpha \in \delta$) というタイプの三つ組の有限数列を条件集合として取る。両立可能な三つ組に関する規則については〔省察 36 の〕第 5 節を見られたい。

この種の条件のジェネリック集合を♀としよう。この集合はどんな支配とも交わる。ところで以下の通りである。

——固定した n_1 について $<n_1, \alpha, 1>$ タイプの三つ組を少なくとも一つ含むような条件の族は支配(すなわち $(\exists \alpha)$ [$<n_1, \alpha, 1>\in \pi$] という特性を実証する条件集合 π)である。これは簡単な練習問題である。つまり,$n_1 \in \omega_0$ である一切の整数について,{ $<n_1, \alpha, 1>$ }∈♀であるような $\alpha \in \delta$ が少なくとも一つは実存する。

——固定した α_1 について $<n, \alpha_1, 1>$ タイプの三つ組を少なくとも一つ含むような条件の族は支配(すなわち $(\exists n)$ [$<n, \alpha_1, 1>\in \pi$] という特性を実証する条件集合 π)である。これも簡単な練習問題である。つまり,$\alpha_1 \in \delta$ である一切の順序数について,{ $<n, \alpha_1, 1>$ }∈♀であるような $n \in \omega_0$ が少なくとも一つは実存する。

ω_0 と δ (δ は S (♀) において不在となる) との一対一対応が浮かび上がってくる。

詳しく見てみよう。S (♀) において次のように定義された δ へと向かう ω_0 の関数を f としよう。すなわち,$[f(n)=\alpha] \longleftrightarrow$ { $<n, \alpha, 1>$ }∈♀である。

条件 { $<n, \alpha, 1>$ } がジェネリックな部分♀の要素となるような α を整数 n に対応させる。この関数は一切の n について定義されている。というのも先にわれわれは,固定した n について,{ $<n, \alpha, 1>$ } タイプの条件が♀のなかに**つねに**実存するということを見たからである。そしてこの関数は一切の δ を「覆い尽くす」。というのも固定した $\alpha \in \delta$ について,条件 { $<n, \alpha, 1>$ } が

♀のなかに存在するときのような整数 n がつねに実存するからである。さらにこれはまさしく関数である。というのも一つの整数にはただ一つの要素 α しか対応できないからである。実際，$\{<n, \alpha, 1>\}$ と $\{<n, \beta, 1>\}$ という条件は，もし $\alpha \neq \beta$ であれば，両立しない。そして♀のなかに，両立不可能な二つの条件はありえない。要するに，関数 f は $S(♀)$ という多（$S(♀)$ の住民によって知られる多）として定義されているのである。その理由は，この関数が $S(♀)$（「$\{<n, \alpha, 1>\}$ というタイプのすべての条件」）から分出によって得られるからであり，♀が $S(♀)$ の要素だからであり，そして $S(♀)$ は準完全である以上，この分出公理がそこでは真であるからである。

最終的に，f は $S(♀)$ において δ に対する関数 ω_0 であるが，それは関数 f がどの整数 n に対しても δ の一要素を対応させ，そして δ のどの要素も到達されるという意味においてである。したがって，この関数が実存する $S(♀)$ のなかで，それが ω_0 以上の数の要素をもつことはありえない。

それゆえに，$S(♀)$ において，δ は基数では絶対にない。それは単なる可算順序数である。S の基数 δ は，拡張 $S(♀)$ においては**不在化された**のである。

補 遺 585

補遺 11 （省察 36）

ジェネリック拡張において
基数が不在となるために必要な条件
—— 可算でない一連の反鎖的な条件が S のなかに実存
すること （S におけるその濃度は ω_0 を上回る） ——

　準完全状況 S において ω_0 を上回る基数であるような多 δ があるとしよう。δ はジェネリック拡張 $S(♀)$ のなかに不在化されていると仮定しよう。これが意味するところは，$S(♀)$ のなかには，δ 全体に対する δ より小さい順序数 α の関数が実存するということである。ゆえに，δ が——$S(♀)$ の住民にとって——α より多くの要素をもつことはありえないし，したがって δ はもはや基数ではない。

　ジェネリック拡張の要素であるこの関数 f は，この関数を指示対象的な価値とする——すなわち $f = \mathrm{R}_♀(\mu_1)$ である——名 μ_1 をもつ。他方で，$S(♀)$ の順序数は S の順序数と同じであるとわれわれは知っている（省察 34 第 6 節）。つまり順序数 α は S のなかの順序数である。同様に，S の基数 δ も，それが基数として不在になっているのであれば，$S(♀)$ のなかの順序数にとどまる。

　「f は δ に対する α の関数である」という言表が $S(♀)$ において適合的である以上，この言表を名に適用することは，強制法の基本定理に則して，$\pi_1 \in ♀$ という条件によって強制されている。$\pi_1 \rightleftharpoons [\mu_1$ は $\mu(\delta)$ に対する $\mu(\alpha)$ の関数である$]$（この場合，$\mu(\alpha)$ と $\mu(\delta)$ は α と δ の正準名である。正準名については，省察 34 第 5 節を見よ）が成り立つ。

　δ がそれであるところの S の基数の要素 γ について，また順序数 α の要素 β について，Ⓡ(β_γ) と記され，次のように定義される条件集合を考察しよう。

$$Ⓡ(\beta_\gamma) = \{\pi ╱ \pi_1 \subset \pi \ \& \ \pi \rightleftharpoons [\mu_1(\mu(\beta)) = \mu(\gamma)]\}$$

これは π_1 を支配し，かつ S (♀) における $f(\beta)=\gamma$ の適合性を強制する条件である。このような条件が♀に属するのであれば，一方では $\pi_1 \in$ ♀，つまり R♀ (μ_1) は確かに δ に対する α の関数であり，他方では $f(\beta)=\gamma$ である。

特定の要素 $\gamma \in \delta$ について，Ⓡ (β_γ) が空でないような $\beta \in \alpha$ が実存することに注意しよう。実際，関数 f によって，δ のどの要素 γ も α の要素の価値である。$f(\beta)=\gamma$ が S (♀) において適合的であるような $\beta \in \alpha$ が少なくとも一つつねに実存する。そしてこの $\beta \in \alpha$ は，$\mu_1(\mu(\beta))=\mu(\gamma)$ を強制する条件 π のなかに実存する。そのとき，π と π_1 の双方を支配する♀の条件が実存する（規則 Rd_2）。

この条件はⓇ (β_γ) に属する。

その一方で，$\gamma_1 \neq \gamma_2$ であり，また $\pi_2 \in$ Ⓡ (β_{γ_2}) かつ $\pi_3 \in$ Ⓡ (β_{γ_2}) であるならば，π_2 と π_3 は両立不可能な条件である。

π_2 と π_3 が両立不可能でないと実際に仮定してみよう。そうすると，この両者を支配する条件 π_4 が実存することになる。そして $\pi_4 \in$ ♀ であるようなジェネリック拡張 S' (♀) が必然的に実存することになる。というのもわれわれがすでに見たように（省察34第2節），可算状況における条件集合が**存在論者にとって**（つまり外部から見たとき）与えられていれば，任意の条件を含むジェネリックな部分を構成することができるからである。しかし π_2 と π_3 は π_1 を支配するから，S' (♀) において R♀ (μ_1) ——言い換えれば f ——は δ に対する α の関数にとどまる（この質は π_1 によって強制される）。最終的に，条件 π_4 は，

——μ_1 が δ に対する β の関数であることを強制する。

——$\mu_1(\mu(\beta))=\mu(\gamma_1)$ を強制する，つまり $f(\beta)=\gamma_1$ と規定する。

——$\mu_1(\mu(\beta))=\mu(\gamma_2)$ を強制する，つまり $f(\beta)=\gamma_2$ と規定する。

しかしこれは $\gamma_1 \neq \gamma_2$ のとき不可能である。というのも関数 f は特定の要素 β に関するただ一つの価値でしかないからである。

したがって，$\pi_2 \in$ Ⓡ (β_{γ_1}) かつ π_3 Ⓡ (β_{γ_2}) である場合，この両者を支配する条件 π_4 は実存しないという結論となり，これは π_2 と π_3 が両立不可能であるということを意味する。

結局のところ，**S のなかに**われわれが構成したのは（これは作動させた操

作の絶対性によって実証されると思われるが），そのどの集合もが空でなく，
またそのどの集合もが他の集合に含まれる条件と両立不可能な条件しか含ま
ないような，そうした条件集合Ⓡ(β_γ)だったのである。これらのⓇ(β_γ)は$\gamma \in \delta$
に指数づけられているのであるから，それが意味するところは，**両立不可能
な二連の条件が少なくともδ個実存する**ということである。だがSにおいて，
δはω_0を上回る基数である。つまり，Sの住民にとって可算でない，互いに
両立不可能な条件からなる集合が実存するのである。

　したがって，両立不可能な二連の条件からなる一切の集合を「反鎖」と呼
ぶならば，まさに次のことが成り立つ。すなわち，Sの基数δが拡張$S(♀)$
のなかで不在となるために必要な条件とは，ω_0を上回る濃度をもつ反鎖が
Ⓒのなかに（Sの住民にとって）実存することである，と。

補遺 12（省察 36）

条件の反鎖の濃度

$\alpha \in \delta$（δ は S における基数）かつ $n \in \omega_0$ であるような $<\alpha, n, 0>$ あるいは $<\alpha, n, 1>$ タイプの三つ組の有限集合を条件集合Ⓒとして取る。α と n は固定されているので，同じ条件 π において $<\alpha, n, 0>$ という三つ組と $<\alpha, n, 1>$ という三つ組を同時にもつことはできないという制約がある。諸条件の反鎖は，両立不可能な二連の条件からなる集合 A である（同じ α と n について，二つの条件のうち一方が三つ組 $<\alpha, n, 0>$ を含み，もう一方が三つ組 $<\alpha, n, 1>$ を含む場合，それらは両立不可能である）。

ω_0 を上回る濃度の反鎖が実存すると仮定しよう。その場合，濃度 ω_1 の反鎖が実存する（というのも，選択公理によって，反鎖はみずからの濃度を下回るか，あるいはそれに等しいすべての濃度をもつ下位集合を含むからである）。したがって $|A| = \omega_1$ であるような反鎖 $A \in$ Ⓒ があるとしよう。

A は次のようなやり方で，ばらばらの断片へと分出されうる。

——$A_0 = \emptyset$

——$A_n =$「長さ」n をもつ A のすべての集合，言い換えれば，まさしく n 個の三つ組を要素としてもつ（すべての条件は三つ組の**有限**集合であるから）A のすべての集合。

こうして得られるのはせいぜいのところ ω_0 個の断片であり，ばらばらな ω_0 個の部分への A の**分割**である。実際のところ，部分は整数 n に対応している。

ω_1 は後続基数であるから，正則的である（補遺 3 を参照のこと）。その結果，これらの部分の少なくとも一つは濃度 ω_1 をもつということになる。というのも ω_1 は，濃度 ω_0 をもつ ω_0 個の断片を使って得られることはないからである。

したがってわれわれは，そのすべての条件が同じ長さをもつような反鎖を

もつ。この長さが $n=p+1$ であると仮定し，こうした反鎖を A_{p+1} としよう。このとき，**その条件が長さ p をもつような**，濃度 ω_1 の反鎖 B が実存することを明らかにしよう。

A_{p+1} の条件を π とする。$p+1$ 個の要素をもつこの条件は次のような形をとる。

$$\pi = \{ \ <\alpha_1, n_1, x_1>, \ <\alpha_2, n_2, x_2>, \ ... \ <\alpha_{p+1}, n_{p+1}, x_{p+1}> \ \}$$
（この場合 $x_1, ... x_{p+1}$ は，1 であるか 0 である）

このとき，A_{p+1} を $p+2$ 個の断片へと分割することは，次のようなやり方で得られる。

$A_{p+1}^{0} = \{\pi\}$

$A_{p+1}^{1} = $ 次のような A_{p+1} の条件集合。すなわち，$x_1' \neq x_1$（一方が 0 ならばもう一方は 1 であり，また逆でもある）をもつ $<\alpha_1, n_1, x_1'>$ というタイプの三つ組を含み，その結果 π と両立不可能であるような，そうした A_{p+1} の条件集合。

$\vdots$

$A_{p+1}^{q} = $ 次のような A_{p+1} の条件集合。すなわち，$<\alpha_1, n_1, x_1'>$，$... <\alpha_{q-1}, n_{q-1}, x_{q-1}'>$ というタイプの，π と両立不可能な三つ組を含んでおらず，$<\alpha_q, n_q, x_q'>$ という両立不可能な三つ組を含むような A_{p+1} の条件集合。

$\vdots$

$A_{p+1}^{p+1} = $ 次のような A_{p+1} の条件集合。すなわち，$<\alpha_1, n_1, x_1'>$，$... <\alpha_p, n_p, x_p'>$ というタイプの，両立不可能などんな三つ組をも含んでおらず，$<\alpha_{p+1}, n_{p+1}, x_{p+1}'>$ タイプの三つ組を一つ含むような A_{p+1} の条件集合。

A_{p+1} の**一切**の条件は π と両立不可能でなければならず——A_{p+1} は反鎖であるから——，したがって $x \neq x'$ である $<\alpha, n, x>$ という三つ組が π のなかに

実存するような，そうした三つ組$<\alpha, n, x>$を少なくとも一つ要素としなければならないということから，上のようにしてA_{p+1}の分割が得られるのである。

　$p+2$個の断片があるのだから，少なくともその一つは濃度ω_1をもつ。というのも$|A_{p+1}|=\omega_1$であるし，とすれば濃度ω_0の有限個（$p+2$個）の断片は濃度ω_0の総計を与えることになるだろうからである（ω_1の正則性）。

　A^q_{p+1}が濃度ω_1であると措定しよう。A^q_{p+1}のすべての条件は$x'_q \neq x_q$である三つ組$<\alpha_q, n_q, x'_q>$を含む。だが$x'_q \neq x_q$は完全にx'_qを規定している（$x_q=0$であればx'_qは1であり，$x_q=1$であればx'_qは0である）。したがってA^q_{p+1}のすべての条件は**同じ**三つ組$<\alpha_q, n_q, x'_q>$を含んでいる。ところでそれらの条件は二連の両立不可能なものである。それらが両立可能でありうるのは，それらが共通の要素をもつせいである。それらのすべての条件からこの要素を取りあげれば，**長さpをもつ**両立不可能な二連の条件が得られる（A^q_{p+1}のすべての条件は長さ$p+1$をもつから）。こうして，そのどれもが長さpをもつ両立不可能な二連の条件の集合Bが実存することとなり，そしてこの集合はつねに濃度ω_1をもつのである。

　われわれは次のことを明らかにした。すなわち，濃度ω_1の反鎖が実存するなら，そのすべての条件が同じ長さである濃度ω_1の反鎖が実存する，そしてこの長さが$p+1$であれば——つまり1を上回るのであれば——，そのすべての条件が長さpをもつような基数ω_1の反鎖も実存する，と。同じ理屈から，$p \neq 1$であれば，そのすべての条件が長さ$p-1$であるような濃度ω_1の反鎖が実存する，とも言える。結局のところ，そのすべての条件が長さ1であるような，つまり$\{<\alpha, n, x>\}$タイプの単集合と同一であるような，そうした濃度ω_1をもつ反鎖が実存しなくてはならない。しかしこれは不可能である。というのも，このタイプの条件（$\{\alpha, n, 1\}$としよう）は自分自身と両立不可能な長さの条件（条件$\{<\alpha, n, 0>\}$）だけしか認めないからである。

　最初の仮説は却下されなくてはならない。濃度ω_1をもつ反鎖はない。

　では濃度ω_0の反鎖だけが実存するのか，という問いが出るだろう。答えは肯定である。その反鎖は例えば次のようにして構成されるだろう。

　条件πを構成する三つ組を簡単に$\gamma_1, \gamma_2, ...\gamma_n$と記し，$\pi=\{\gamma_1, \gamma_2, ...\gamma_n\}$と

しよう。γ と両立不可能な三つ組を $\bar{\gamma}$ と記そう。以下のような措定がなされるだろう。

$\pi_0 = \{\gamma_0\}$。この場合，γ_0 は任意の三つ組である。

$\pi_1 = \{\bar{\gamma}_0, \gamma_1\}$。この場合，$\gamma_1$ は $\bar{\gamma}_0$ と両立可能な任意の三つ組である。

$\vdots$

$\pi_n = \{\bar{\gamma}_0, \bar{\gamma}_1, \dots \bar{\gamma}_{n-1}, \gamma_n\}$。この場合，$\gamma_n$ は $\bar{\gamma}_0, \bar{\gamma}_1, \dots \bar{\gamma}_{n-1}$ と両立可能な任意の三つ組である。

$\vdots$

$\pi_{n+1} = \{\bar{\gamma}_0, \bar{\gamma}_1, \dots \bar{\gamma}_n, \gamma_{n+1}\}$

それぞれの条件 π_n は他のすべての条件と両立不可能である。というのも所与の π_q について，$q < n$ である場合には，π_q が γ_q を含むのに対して π_n は $\bar{\gamma}_q$ を含むからであり，また $n < q$ である場合には，π_n が γ_n を含むのに対して π_q は $\bar{\gamma}_n$ を含むからである。

集合はたしかに濃度 ω_0 をもつ反鎖をなしている。濃度 ω_1 をもつ反鎖を禁じた理屈を行き詰まらせるのは次の点である。すなわち，上の反鎖は所与の長さ n をもつ**一つ**の条件（π_{n-1}）しか含まないという点である。つまり ω_1 の場合にできたように，濃度 ω_0 を保ったまま，条件の長さに沿って「下降」することはできないのである。

最終的に言えば，ⓒのどんな反鎖も，せいぜい ω_0 に等しい濃度しかもたない。その結果，こうした条件集合を使って得られるジェネリック拡張 $S(♀)$ のなかで，基数はすべて維持されているということになる。それは S の基数と同じものなのである。

原　注

　序論で，私は注を用いないと言ったが，ここでは，関連する頁にもとづいて注を指示しておこう〔凡例参照〕。その頁で情報が欠けていると読者が思った場合，私が情報を提供しているかどうか探すことができるだろう。

　注はまた文献表の価値ももっている。文献表は，実際に使用した書籍だけに，あるいはその使用が私のテクストの理解を効果的に支えてくれると思われる書籍だけに厳しく絞った。最新の書物のあるものはある点に関してそれ以前の書物を不要にすると躊躇なく言うM・I・フィンリー（M. I. Finley）の規則に則って，一般に私は——もちろん「古典」は別として——入手可能な最新の本を，とりわけ学問領域において先行書籍を（ヘーゲルの言う意味で）「止揚する」本を，参照した。その結果，参照の大多数は 1960 年以後の，さらにたいていの場合，1970 年以後の出版物となっている。

　注（5）は私を現代フランス哲学のなかに位置づけようとするものである。

(1)「ハイデガーは万人が認める最後の哲学者である」という言表は，次の事実を抹消することなく読まれなくてはならない。すなわち，ハイデガーの 33 年から 45 年にかけてのナチ加担と，またさらにヨーロッパのユダヤ人抹殺に関する彼の執拗な——つまり考え抜かれた——沈黙である。この点からのみ出てくる結論であるが，たとえハイデガーが時代の思想家であったと認めるにせよ，事実がどうであったかの解明において，この時代とこの思想から脱出することが最高度に重要である。

(2) ラカンの存在論の問いについては，拙著『主体の理論』スイユ社，1982年，150-157 頁〔*Théorie du sujet, Éd. du Seuil*, 1982, p. 150-157〕を参照のこと。

(3) 両大戦間において哲学的知性とポスト・カントール的数学との接続を体

現していた三人の人間の早すぎる死は，間違いなくフランスの哲学的知性にとっての悲劇であった。純粋論理学の分野における真の天才だと万人から見られていたエルブラン[訳注]は山の事故で死んだ。レジスタンスだったカヴァイエスとロトマンはナチによって殺された。もし彼らが生きていたら，彼らの仕事が継続されていたら，戦後の哲学の風景は大いに違っていたことだろう。

> ［訳注］Jacques Herbrand（1908-1931）　パリ生まれのフランスの数学者。数理論理学の分野で業績をもつ。数理の天才と呼ばれ，同時代の数学者たちから彼が数学の未来を変えるだろうと期待されていたが，アルプス登山中の滑落事故によって 23 歳の若さでこの世を去った。それでも彼の名は「エルブランの定理」として数学史に刻み込まれている。

(4) A・ロトマンおよび数学の哲学の条件に関する J・デュドネの立場については，A・ロトマン『数学の統一についての試論』パリ，UGE（10／18 叢書），1977 年〔A. Lautman, *Essai sur l'unité des mathématiques*, Paris, UGE (collection 10/18), 1977〕に付された前言を参照されたい。ロトマンの書き物は本当に素晴らしく，私がそれに負っているものは，本書の根本的な直観に至るまで，計り知ることができないと，ここではっきりと言っておかなくてはならない。

(5) 私が採用する叙述方法は同時代の人々の諸テーゼとの議論を経ないので，私が宣言する内容と他の人が書く内容とのあいだに数多くの隣接関係を指摘する向きもおそらくあるだろう（誰も一人ではないし，自分の時代の徹底的な例外でもないからだ）。私はこの隣接関係をたしかに部分的に意識しているが，ここではその意識について，フランスの現存の著者たちに話を限って一息に描いてみたい。それは単なる近さとか系譜関係ということだけではない。それどころか，それはこのうえなく極端な隔たりでもありえ，しかも思考を支える弁証法における隔たりである。いずれにせよ，ここで言及する著者たちは，私にとって**意味**のある人々である。

　　──存在論の要件とハイデガーの解釈については，確かに J・デリダの名を挙げなくてはならない。〔ただし〕私としては，ナチスによるヨーロッパのユダヤ人抹殺に関するハイデガーの許しがたい沈黙という観点からも，デリダ以後にハイデガーの**制限画定**を企てた人々，そして政治への関心を

詩的経験の開けに根底的に結びつけようと試みる人々に，自分がいっそう近いと感じている。つまり名前を挙げれば J‒L・ナンシーと Ph・ラクー＝ラバルトである。

　——純然たる多としての現前化については，これは時代のメインテーマであり，フランスにおけるその主要人物は間違いなく G・ドゥルーズと J‒F・リオタールである。私が思うに，リオタールが言うようなわれわれの争異（ディフェランデ）を思考するためには，ドゥルーズの潜在的なパラダイムが「自然的」（たとえスピノザの意味においてであれ）であるということ，またリオタールのパラダイムが法廷的（《批判》の意味における）であるということ，この点をしっかりと見なくてはならない。私のパラダイムは数学的である。

　——カントールとフレーゲがその名となっている革命の帰結をめぐるアングロ＝サクソンの覇権について，フランスにおけるその伝令官は，ご存知のとおり，J・ブーヴレスであり，彼はただ一人，概念による皮肉のなかでみずからを《理性》の法廷に仕立て上げている。数学と哲学とのあいだの別のタイプの結びつき——おそらくその結果においてあまりに制限ある結びつき——は，J・T・ドゥサンティによって提出されている。そしてバシュラールの偉大な伝統から幸運にも生き残っているのは，私の先生である G・カンギレムである。

　——主体の現代的な学説の周りをそのラカン的な流儀においてまわっているあらゆる事柄については，もちろん J‒A・ミレールの名を挙げなくてはならない。彼は臨床実践との組織だった接続を正当にも維持している。

　——J・ランシエールについては，私は彼の平等への情念を愛している。

　——その他の分野における主体の手続きの標定をそれぞれ特異であると同時に普遍的な仕方で証言しているのは，F・ルニョー（F. Regnault）と J‒C・ミルネール（J.‒C. Milner）である。ルニョーの重心はかの「上位芸術」たる演劇である。学者でもあるミルネールは知と文字の複雑な議論を繰り広げる。

　——C・ジャンベ（C. Jambet）と G・ラルドロー（G. Lardreau）は，さまざまな大きな一神教の挙措のなかに彼らが解読する創設的なものへ向かって，ラカン的遡及作業を試みる。

　——L・アルチュセールの名を挙げなくてはならない。

——政治の手続きについては（今回は思想と行動の親密さに従っている），
特にポール・サンドゥヴァンス（Paul Sandevince）と，また私の同僚であ
る S・ラザリュス（S. Lazarus）を挙げよう。彼らは，レーニンによる現代
政治の創設となったものの高みにおいて，政治の新しい様式の条件を定式
化しようと企てている。

(6) ライプニッツにおける一については，また不可識別者〔識別不可能なもの〕
の原理（つまり思考の構成主義的な方向づけ）と一との接続については，
省察 30 を参照のこと。

(7) ——このタイプのコンテクストにおいては，私は「現前化」という語を
J−F・リオタールから借用している。

　　——われわれにとって「状況」という語はサルトル的な含みをもってい
る。ここでは「状況」という語を中性化しなくてはならない。状況とはた
だ単に，構造化された〈多なる現前化〉の空間のことである。

　　最近，論理学のアングロ゠サクソン学派が，これまで「形式科学」のな
かに閉じ込められてきたいくつかの成果を「具体的な世界」に適用する目
的で「状況」という単語を用いたが，これはきわめて注目に値する。その
とき集合論との対決が不可避となった。J・バーワイズ（J. Barwise）と J・
ペリー（J. Perry）の仕事のなかに，私の企ての一種の実証主義ヴァージョ
ンが見られるだろう。『論理学コロキウム 84』(北ホラント出版社, 1986 年)
〔*Logic Colloqium '84*, North-Holland, 1986〕に収められた J・バーワイズの「状況，
集合，基礎の公理」〔« Situations Sets and the Axiom of Foundation »〕というテクス
トのなかに良い要約がある。次の定義を引用しておこう。「状況というこ
とでわれわれが言わんとしているのは，一つの全体として理解可能な，ま
たその他の事物と相互作用するような，そうした現実の部分のことである」。

(8) 私が考えるに（これは一つの disputatio〔論争〕の争点となるだろう）C・
ジャンベの現在進行中の企て（『東洋人たちの論理学』スイユ社, 1983 年）
〔*La Logique des Orientaux*, Éd. du Seuil, 1983〕と，さらにはっきりとした形では，G・
ラルドローの企て（『哲学言説と霊的言説』スイユ社，1985 年）〔*Discours
philosophique et Discours spirituel*, Éd. du Seuil, 1985〕は，存在の問いに関する二つの
方途——免算の方途と現前化の方途——を縫合することに帰着する。彼ら

原 注 597

は必然的に否定神学と交差する。

(9)『パルメニデス』の仮説の類型論については，F・ルニョーの論文「認識論の弁証法」（『分析のための手帖』9号，1968年夏号）〔F. Regnault, « Dialectique d'épistémologie », in Cahiers pour l'analyse, n° 9, été 1968〕を参照されたい。

(10) 対話篇『パルメニデス』の翻訳の参照はA・ディエース（A. Diès）によるレ・ベル・レットル版（1950年）のものである。私はそれに適時変更を加えるが，それは修正のためではなく（それは不遜というものだ），私なりのやり方でそれを概念的に徴用するためである。

(11) 他と《他》の使用は，周知のように，ラカンに由来する。体系的な用法については，省察13を見よ。

(12) カントールからの引用については，大きなドイツ語版 G. Cantor, *Gesammelte Abhandlungen mathematischen und philosophischen Inhalts*, Springer-Verlag, 1980 を参照できる。いくつかのテクストには，普及版も含め，数多くの英訳がある。フランス語の翻訳としては，J−C・ミルネールの手になる，*Fondements d'une théorie générale des ensembles* (1883), in Cahiers pour l'analyse, n° 10, printemps 69 という内容の濃い断片群を挙げておきたい。とはいえ，本書での仏訳は私自身のものである。

パルメニデスの箴言はJ・ボフレ（J. Beaufret）の翻訳（*Parménide, le poème*, PUF, 1955）からのものである。

(13) ツェルメロのテクストについて，もっともよいのはおそらくグレゴリー・H・ムーアの本『ツェルメロの選択公理』（スプリンガー社，1982年）〔Gregory H. Moore, *Zermelo's Axiom of Choice*, Springer-Verlag, 1982〕を参照することだろう。

ツェルメロの公理の本質は集合のサイズを制限することにあるというテーゼについては，マイケル・ハレットの見事な本『カントールの集合論とサイズの制限』（クラレンドン出版, オックスフォード, 1984年）〔Michael Hallett, *Cantorian Set Theory and Limitation of Size*, Clarendon Press, Oxford, 1984〕が擁護し，説明している。私はこのテーゼに異議があるが，その点を除けば，集合論への歴史的・概念的な入門としてこの本は推薦できる。

(14)「ある」と「区別可能なものがある」については，J−C・ミルネールの

本『区別なき名たち』（スイユ社，1983年）〔J.-C. Milner, *Les Noms indistincts*, Éd. du Seuil, 1983〕の第1章を参照のこと。

（15）ここで集合論の検討が本格的に始まるので，いくつかの文献上の目印を定めておこう。

　　――集合論の公理の紹介としては，本当にお薦めの二冊の小さな本がある。フランス語では，この種のものとして唯一のものであるが，J‐L・クリヴィヌ『集合の公理理論』フランス大学出版局，1969年〔J.-L. Krivine, *Théorie axiomatique des ensembles*, PUF, 1969〕である。英語ではK・J・デヴリン『現代集合論の基礎』スプリンガー社，1979年〔K.J. Devlin, *Fundamentals of Contemporary Set Theory*, Springer-Verlag, 1979〕である。

　　――中級レベルの本としてとてもよいのは（英語だが）アズリエル・レヴィの『基礎集合論』スプリンガー社，1979年〔Azriel Levy, *Basic Set Theory*, Springer-Verlag, 1979〕である。

　　――はるかに完全ではあるが，はるかに専門的な本としては，K・キューネン『集合論』北ホラント出版社，1980年〔K. Kunen, *Set Theory*, North-Holland Publishing Company, 1980〕がある。またT・ジェックの記念碑的な著作『集合論』（アカデミック出版，1978年）〔T. Jech, *Set Theory*, Academic Press, 1978〕がある。

　　以上の本はどれも厳密に数学的な意図で書かれている。もっと歴史的で概念的な視座――だが実証主義哲学が底にある視座――は，A・A・フレンケル，Y・バー゠ヒッレル，A・レヴィの古典的な本『集合論の創設』（北ホラント出版社，1973年，第二版）〔A.A. Fraenkel, Y. Bar-Hillel and A. Levy, *Foundations of Set Theory*, North-Holland Publishing Company, 1973, 2ᵉ ed.〕が与えている。

（16）空集合を除いた集合論の諸公理の仮説的あるいは「構成的」性格については，J・カヴァイエスの本『公理的方法と形式主義』（1937年に書かれ，1981年にヘルマン社から再版された）〔J. Cavaillès, *Méthode axiomatique et Formalisme,* Hermann, 1981〕に詳しい。

（17）用いられたアリストテレスのテクストは，H・カルトゥロンの校訂・翻訳になる『自然学』の二巻本である〔*Physique*, texte établi et traduit par H. Carteron, Les Belles Lettres, 1952 (2ᵉ édition)〕。いくつかのくだりの翻訳に関して，私はJ‐C・ミルネールと書簡を交わした。彼は模範的なギリシア研究者で

あるが，彼が示唆してくれたことは，そうした研究者の単なる助言の域を
はるかに越えていた。しかしながら，ここで採用された解決は私のもので
あり，それに行き過ぎた点があるとしても，J−C・ミルネールに責任はな
いと明言しておく。

(18) 国家に関するマルクス主義の学説をもっとも明瞭に述べた体系的な著
述は，今日でも依然として，レーニンの『国家と革命』である。しかしな
がら，この点（とりわけ主体的次元の考慮）については，S・ラザリュス
の未完の著作にまったく新しい寄与がある。

(19) 用いられたスピノザのテクストは，ラテン語については C・アッパン
の対訳版『エチカ』二巻本〔C. Appuhn, *Ethique*, Garnier, 1953〕であり，フラン
ス語については，R・カイヨワによる『エチカ』の翻訳〔R. Caillois, *in*
Spinoza, *Œuvres complètes*, Gallimard, Bibliothèque de la Pléiade, 1954〕である。翻訳には
ここかしこで手を加えてある。スピノザの書簡を参照する場合は，やはり
プレイヤード版から引いている。

(20) ハイデガーの言表はどれも G・カーン訳『形而上学入門』(PUF,
1958)〔G. Kahn, *Introduction à la métaphysique*, PUF, 1958〕から引いている。私はハ
イデガーの翻訳の迷宮に足を踏み入れることはしない。つまりフランス語
のテクストを，それが到来するままに受け入れる。

(21) プラトン的な「方向転換」を，またそこに読み取られる思弁上の攻撃
性をハイデガーがどう考えるかについては，例えば「真理についてのプラ
トンの学説」（『問い』第 2 巻，ガリマール社，1983 年）〔« La doctrine de
Platon sur la vérité », in *Questions II*, Gallimard, 1983〕を参照されたい。

(22) ここで用いられている順序数の定義は「古典的」な定義ではない。順
序数の「古典的」定義は，「順序数は，所属関係によって整列させられた
推移集合である」というものである。この定義の純粋に技術上の利点は，
順序数の主要特性の研究のために基礎の公理を用いないという点にある。
その概念上の不都合な点は，整列性と何の関係もないと私には思われると
ころに整列性を導入する点，またそうして順序数の構造的ないし自然な「安
定性」が，もっぱら推移性の概念から，つまり所属と包含との特殊な関係
からのみ引き出されるということを覆い隠す点にある。そもそも私は，基

礎の公理を厳密に数学的に使用することにたとえ意味がないとしても，基礎の公理を決定的な存在論的《観念》とみなす。私はJ・R・シェーンフィールドの『数学的論理』（アディソン＝ウェズレイ社，1967年）〔J. R. Shoenfield, *Mathematical Logic*, Addison-Wesley, 1967〕の叙述に忠実に従っている。

(23) しばしば無限公理は，「極限順序数が実存する」という形においてではなく，〈すでに〉，〈まだ〉，そして実存の第二の押印といった手続きを直接示すことによって提示される。その理由は，公理の言表以前に順序数の理論の一部を述べなくてはならないことがこれによって避けられるからである。例えば無限公理は次のように指定する。すなわち，空集合をみずからの要素とし（これが〈すでに〉ということである），またなんらかの集合を含むことによって，この集合とその単集合との合併をも含む（これが〈まだ〉の手続きである）ような，そうした集合が実存する（実存の第二の押印），と。こうした《観念》の自然な性格を思考できるほうが望ましいと私は考えた。そもそも，この二つの定式の中身は同等であると証明される。

(24) 使用されるヘーゲルの翻訳は，P－J・ラバリエールとG・ジャルジックの訳『論理学』（全三巻，オービエ社。ここで用いた第一巻は1972年のもの）〔P.-J. Labbarière et G, Jarczyk, *Science de la logique*, Aubier〕である。しかしながら私は，この翻訳が提案しているように *aufheben* を subsumer〔包摂する〕と訳してよいとは思われなかった。というのも，ある言語の日常的な単語を別の言語の専門的な新造語に置き換えることは，たとえそれが曖昧さを避けるためであっても，勝利であるよりも，むしろ降伏であるように私には思われるからだ。したがって私はJ・デリダの relever〔持ち上げて高めると同時に除去すること。デリダがヘーゲルの aufheben（止揚すること）の仏訳として提案した単語〕，relève〔relever の名詞形〕」という提案を採用した。

(25) 注(7)で言及したJ・バーワイズの論文が研究しているのはまさしく，(アングロ＝サクソン的な経験主義の意味における) 具体的な状況の「集合論」的ヴァージョンと基礎の公理との関係である。バーワイズの論文は，基礎づけられていない状況（実は私から見れば，中立的な状況）があることを，事例にもとづきながら立証している。だがもちろん，彼の調査の枠組みは存在的－存在論的差異を規制するものではない。

（26）『賽の一擲……』の最良の版は，ミッツ・ロナの版（Change errant/d'atelier, 1980）である。

ガードナー゠デイヴィーズの仕事，特に『賽の投擲の合理的な説明へ向けて』（ジョゼ・コルティ社，1953 年）〔Gardner-Davies, *Vers une explication rationnelle du coup de dés*, José Corti, 1953〕の重要性を過小評価することはできない。

（27）12 という数の枢軸的な重要さというテーゼは，アレクサンドランという主題を経由して，文学形式の学説のほうへと分析を転回させるが，このテーゼはミッツ・ロナの校訂と序論とを支持する。このテーゼは《大熊座》の七つの星と衝突する。J‐C・ミルネール（「自由，文字，物質」『ペロケ講演集』第 3 号，1985 年）〔in *Libertés, Lettre, Matière*, Conférences du Perroquet, n° 3, 1985〕は，一つの賽において向かい合う二つの面を占める数字の不変的な全体として 7 を解釈している。これはおそらく，7 が二つの賽の全体として得られるということをなおざりにすることである。私のテーゼはといえば，7 は理由なき，絶対的に偶然である数字の象徴であるというものだ。だがもろもろの数字に──少なくとも 12 にまで──秘教的な意味を見出すことはいつでもできるだろう。人間の歴史は数字をそうした意味で満たしてきた。〔ユダヤ教の祭礼用の〕七つの枝をもった燭台……。

（28）私は『政治を思考することはできるか』（スイユ社，1985 年）〔*Peut-on penser la politique ?*, Éd. du Seuil, 1985〕において，出来事と介入に関する理論の最初の概略を提示した。この最初の叙述──それもことさらに政治的な手続きに整序された叙述──の限界は，それがみずからの存在論的な条件から切り離されているという点にある。とりわけ，介入的な命名における空の機能が脇に置かれている。しかしこの試論の第 2 部全体を読むことは，省察 16, 17, 20 の有益な──ときにはもっと具体的な──お供となるだろう。

（29）使用したパスカルの『パンセ』の版は，プレイヤード版『パスカル全集』所収の J・シュヴァリエ（J. Chevalier）の校訂版である〔Pascal, *Œuvres complètes*, Gallimard, Bibliothèque de la Pléiade, 1954〕。私の結論が示唆するのは，順序──パスカルの校訂に関するやさしい問題──が今一度変更されなくてはならず，三つの部分，すなわち世界，書き物，賭けが区別されなくてはならないということである。

(30) 選択公理については，G・H・ムーアの本（注（13）を参照のこと）が必読である。選択公理の誕生についての紆余曲折の多い分析は，J・T・ドゥサンティの『数学的観念性』（スイユ社，1968 年）〔J.T. Desanti, *Les Idéalités mathématiques*, Éd. du Seuil, 1968〕に見られる。今日フッサールの語彙が少しばかり不明瞭な仕方で使用されることもあるが，そのことによって，私が多の大いなる《観念》と呼ぶものの歴史的・主体的な行程の目印がそこにあるという事実が覆い隠されてはならない。

(31) ベッタッツィについて，またイタリア学派の反応については，ムーアの前掲書を参照のこと。

(32) フレンケル／バー＝ヒッレル／レヴィについては，注（15）を参照のこと。

(33) 演繹の概念について，また数学的論理に結びついた一切の事柄について，先行文献――とりわけ英語文献――はきわめて豊かである。私は以下のものを推薦しよう。

　　　――概念的なアプローチについては，A・チャーチ『数学的論理入門』（プリンストン，1956 年）〔A. Church, *Introduction to Mathematical Logic*, Princeton, 1956〕。

　　　――古典的な言表と証明については，

　　　――フランス語では，J・F・パビヨン『数学的論理』ヘルマン社，1976 年〔J. F. Pabion, *Logique mathématique*, Hermann, 1976.〕

　　　――英語では，E・メンデルソン『数学的論理入門』D・ヴァン・ノストランド社，1964 年〔E. Mendelson, *Introduction to Mathematical Logic*, D. Van Nostorand, 1964〕。

(34) 非整合的であると判明する理論のなかを彷徨する演繹は，最終的にはっきりと矛盾に突き当たる前に数多くの言表を戦術的に連ねるが，そうした不条理による極端に長い推論がある。集合論から引き出されるよい例――それは最長の例ではないが――は，構成可能集合の理論に結びついた「覆い尽くしの補助定理」である（省察 29 を参照のこと）。その言表はきわめて単純である。すなわち，前もって定義づけられた特定の集合が実存しない場合，そのとき順序数の非可算的な無限集合の一切は，最初の集合と同じ濃度をもつ，順序数の**構成可能**集合によって覆い尽くされるというものである。大雑把に言えば，この補助定理が意味するところは，この場合（当

該の集合が実存しない場合），構成可能宇宙は一般存在論の宇宙に「きわめて近い」ということである。なぜなら，二番目のどんな多も，それよりも大きいわけではない最初の多によって「覆い尽くされる」ことができるからである。K・J・デヴリンの正典的な本『構成可能性』（スプリンガー社，1984 年）〔K. J. Devlin, *Constructibility*, Springer-Verlag, 1984〕では，覆い尽くしの補助定理を不条理によって証明する作業（その多くの詳細は読者に委ねられている）は 23 ページに渡っており，先行する数多くの複雑な結論を前提としている。

(35) 直観主義についてもっともよいのは，おそらくフレンケル／バー＝ヒッレル／レヴィの前掲書（注(15)を参照のこと）の第 4 章を読むことである。その結論は現代から見れば折衷的であるが，要約としては見事なものである。

(36) 数学と哲学のギリシア的な接続において不条理による推論が果たした創始的な役割については，またパルメニデスとエレア学派の読解に関してそこから引き出すべき帰結については，A・サボーの本『ギリシア数学の始まり』（M・フェダーシュピール訳，J・ヴラン社，1977 年）〔A. Szabó, *Les Débuts des mathématiques grecques*, tr. M. Federspiel, J. Vrin, 1977〕を支持する。

(37) ヘルダーリン。

(38) ヘルダーリンのテクストについて使用したフランス語版は，ヘルダーリン『著作集』ガリマール社，プレイヤード版，1967 年〔Hölderlin, *Œuvres*, Gallimard, Bibliothèque de la Pléiade, 1967〕である。私は翻訳をしばしば変更した。というよりも訳文の正確さと同時に濃密さを求めて，イザベル・ヴォドス（Isabelle Vodoz）の助言と示唆に従った。

　　ヘルダーリンの解釈をハイデガーが固定した方向については，『ヘルダーリンへの接近』（H・コルバン，M・ドゥギー，F・フェディエ，J・ロネー訳，ガリマール社，1973 年）〔*Approche de Hölderlin*, traduction de H. Corbin, M. Deguy, F. Fédier et J. Launay, Gallimard, 1973〕を参照されたい。

(39) ヘルダーリンとギリシアとの関係については，特に彼の悲劇的なものに関する学説については，Ph・ラクー＝ラバルトの複数のテクストにおいて鮮やかにそのすべてが**賭けに投入されている**ように私には思われる。例えば，『近代人たちの模倣』ガリレー社，1986 年〔Ph. Lacoue-Labarthe, *L'imitation*

604

des modernes, Galilée, 1986〕におけるヘルダーリンの箇所全体を読まれたい。

(40) カントの参照は『純粋理性批判』の直観の諸公理に関する節である。翻訳はJ–L・ドゥラマールとF・マルティのプレイヤード版（1980年）〔*Critique de la raison pure*, tr. J.-L. Delamarre et F. Marty, Bibliothèque de la Pléiade, 1980〕である。

(41) イーストンの定理の証明については，次のようにすればおそらく操作上効果的だろう。

　　——本書の省察33，34，36まで辿っていく。

　　——キューネン「イーストンの強制法」（前掲書262頁以下，本書の注(15)を参照）で補完する。その際，必要なかぎり後ろへ戻り（キューネンは見事な参照をおこなっている），提示の仕方における技術上の小さな違いを把握しておく。

(42) 空間の内容が基数 $|p(\omega_0)|$ によってのみ「数えられうる」ということは，原点が固定されるや，直線上の一点は一個の実数と同一視されうるということの帰結である。ところで，実数のほうも，それが際限のない十進法の展開によって記載されるということが示すように，ω_0 の無限部分と——整数の無限集合と——同一視されうる。最終的に，実数と ω_0 の諸部分とのあいだには，つまり連続体と整数の冪集合とのあいだには，一対一対応がある。連続体は，量的には，離散的なものの冪集合である。あるいは，連続体は〈可算的なものという状況〉の状態である。

(43) 構成可能集合の理論の明瞭で簡潔な記述については，J–L・クリヴィヌの本（前掲書，注(15)を参照のこと）の第8章を参照することができる。私の知るもっとも完全な本は，注(15)のなかで挙げたK・J・デヴリンの本である。

(44) 構成可能宇宙における選択公理の適合性のこの証明が反駁の余地のないものであるためには「いくつかの用心」が欠けているが，実を言えば，それらの用心は本質的なものである。すなわち，そのように提示された正則が確かに構成可能宇宙**のなかに**実存することを立証しなければならないのであって，別の言い方をすれば，正則性を自明なものとするために用いられたすべての操作がこの宇宙にとって絶対的であることを立証しなければならないのである。

原　注　605

(45) 巨大基数については，F・R・ドレイク『集合論——巨大基数への入門』（北ホラント出版社, 1974 年）〔F. R. Drake, *Set Theory: An Introduction to Large Cardinals*, North-Holland Publishing Company, 1974〕という規準的な本がある。もっとも簡単なケース——到達不可能基数のケース——は，クリヴィヌの本（前掲書，注（15）を参照のこと）で扱われている。A・レヴィの本（注（15）を参照のこと）は強制法を導入してはいないが，その第 9 章のなかには，到達不可能基数，コンパクト基数，言及不可能基数，可測基数に関する興味深いあらゆる種類の考察が含まれている。

(46) 注（15）の A・レヴィの前掲書。

(47) ここで用いたライプニッツのテクストはすべて，ライプニッツ『著作集』L・プルナン版，オービエ社，1972 年〔Leibniz, *Œuvres*, édition de L. Prenant, Aubier, 1972〕にある。それらは 1690 年以後のテクストであり，とりわけ『自然の新しい体系』（1695 年），『事物の根本起源について』（1697 年），『自然それ自身について』（1698 年），『ヴァリニョンへの手紙』（1707 年），『自然と恩寵という原理』『モナドロジー』『クラークとの書簡』（1715-16 年）である。翻訳はプルナン版を尊重した。

(48) 原子をともなった集合論あるいは「フレンケル゠モストフスキーのモデル」については，J-L・クリヴィヌの本（注（15）を参照のこと）の第 7 章を参照されたい。

(49) ジェネリックなものと真理について，私は「真理の六つの特性」（『オルニカール？』32 および 33 号所収，1985 年）という論考のなかで最初の概念化を提出した。この論考は，真に存在論的な叙述（ここでは省察 33, 34, 36 に集約された）とそのメタ存在論的な前提条件（省察 31 と 35）との途上にあった。この論考では，まさしく状況と出来事に関する学説が既得の公理とみなされていた。しかしこの論考を参照することは可能である。というのも，ときにそれはいくつかの点で（とりわけその例について），もっと教育的だからである。

(50) ルソーのテクストからの引用はすべて『社会契約論あるいは政治権利の諸原理』からのものである。『社会契約論』の版はたくさんある。私はクラシック・ガルニエ版（1954 年）を用いた。

(51) 反映定理が言っているのはまさしく次のことである。集合論の言語で書かれた式が与えられており，また任意の無限集合 E が与えられているなら，集合 R に包含された E をともなう R（この場合，R の濃度は E のそれを超過することはない）が実存し，R に限定された（R において解釈された）その式は，それが一般存在論において適合的であれば，そして適合的である場合においてのみ，R においても適合的である。言い換えれば，任意の集合（ここでは E）は，提出された式を反映する別の集合（ここでは R）のなかに「沈め」られるのである。もちろんこれは，一切の式（つまり論理記号 « & » によって結合されてただ一つの式を形成するようなもろもろの式からなる一切の**有限**集合）が一個の可算無限集合のなかに反映されるということを立証する。反映定理を一般的な仕方で証明するためには選択公理を用いなければならない点に注意しよう。この定理はレーヴェンハイム゠スコーレムのかの定理の，**集合論内部の**ヴァージョンである。すなわち，可算言語をもつ一切の定理は可算モデルを容認するということだ。

　文献に関する小休止をいれよう。

　——レーヴェンハイム゠スコーレムの定理については，J・ラドリエール「レーヴェンハイム゠スコーレムの定理」『分析のための手帖』第 10 号（1969 年春）所収〔J. Ladrière, « Le théorème de Löwenheim-Skolem », *in Cahiers pour l'Analyse*, nº 10, printemps 1969〕にきわめて明晰な叙述がみられる。

　——反映公理については，J‒L・クリヴィヌ（前掲書，注（15）を参照のこと）。そのなかの一つの章は反映公理という表題をもっている。だがまた P・J・コーエンがみずからの主要な発見（ジェネリック性と強制法）を「一般」大衆に向けて開陳した本——すなわち『集合論と連続体仮説』（W・A・ベンジャミン社，1966 年）〔*Set Theory and the Continuum Hypothesis*, W. A. Benjamin, 1966〕のなかの，「再検討されたレーヴェンハイム゠スコーレム定理」と名づけられた，第 3 章第 8 節もある。もちろん，反映公理は発展的なすべての本に見られる。この公理が公になったのはようやく 1961 年のことである点も注記しておこう。

　話を戻そう。われわれにとっては，可算モデルが得られるという事実だけでは，準完全状況のために十分ではない。さらに，この集合が**推移的**で

あることが必要である。この場合，レーヴェンハイム゠スコーレムの類い
の論拠を，きわめて異なった別の論拠によって補完しなくてはならない。
この別の論拠とはモストフスキー（1949 年）にまで遡るもので，あらゆ
る外延的集合（つまり外延性公理を実証する集合）は推移集合と同形であ
ることを証明してくれる。

　モストフスキーの定理を明らかにする作業，そのもっとも示唆深い証明
は，私の考えでは，Yu・I・マニンの本『数学的論理における一課程』（ス
プリンガー出版社，1977 年，N・コブリッツによるロシア語からの英訳）
〔Yu. I. Manin, *A Course in Mathematical Logic*, tr. N. Koblitz, Springer-Verlag, 1977〕のなか
に見られる。その第 2 部第 7 章（「もろもろの可算モデルとスコーレムの
パラドクス」）を読まなくてはならない。

　反映定理とモストフスキーの定理によって，準完全状況の実存がしっか
りと得られる。

(52) J−L・クリヴィヌと K・J・デヴリンの小さな本（注（15）を参照され
たい）は，(前者は）ジェネリックなものと強制法を扱っておらず，また（後
者は）急ぎ足で通り過ぎている。しかもともに，コーエンの発見を「ブー
ル的」に解釈した，概念的というよりも「実在論的」な見方のうちにある。
　私が主に参照しているのは――ときに，ほとんど付き従っている（事の
技術的な部分について）のは――キューネンの本（前掲書，注（15））で
ある。しかしジェネリックなものがもつ思想上の意味については，やはり
P・J・コーエンの本（前掲書，注（51）を参照のこと）の第 4 章の冒頭と
その結論部がきわめて興味深いと思う。

(53) 信頼の概念への多少異なったアプローチについては，拙著『主体の理論』
（前掲書，337-342 頁）を参照のこと。

(54) 政治的な場としての工場については，『ル・ペロケ』誌，第 56−57 号，
1985 年 11 月−12 月〔*Le Perroquet*, n°s 56-57, nov.-déc. 1985〕を，特にポール・サ
ンドゥヴァンスの論文を参照のこと。

(55) forcing はコーエンの言葉であり，この問題を扱った（きわめて稀な）
フランス語の文献では一般に英語のまま採用されているが，私はこの言葉
の訳語として forçage を提案する。

(56) 私はここでキューネンに沿っている（前掲書，注（15）を参照のこと）。書式上の本質的な違いは，ある条件によって別の条件を支配することを私は $\pi_1 \subset \pi_2$ と書いているところを，キューネンならば，コーエンに遡る慣用に従って，$\pi_2 \leq \pi_1$ と，つまり「前後逆に」記すだろうという点である。その結果，例えば，∅ は最小の条件ではなく最大の条件である，ということになる。

(57) *TE* は，われわれが省察3以来展開してきているような集合論の形式的な装置のことだと理解しなくてはならない。

(58) ここでラカンについて参照するテクストは「科学と真理」（『エクリ』所収，スイユ社，1966年）〔J. Lacan, «La science et la vérité» in Ecrits, Ed. du Seuil, 1966〕である。

(59) マラルメ。

(60) $\langle \alpha, \beta \rangle = \langle \gamma, \delta \rangle$ であれば，$\alpha = \gamma$ かつ $\beta = \delta$ であるということの証明については，例えばA・レヴィの本（注（15））の24-25頁を参照のこと。

(61) 正則基数および特異基数に関する補足的な議論については，A・レヴィ（注（15））の本の第4章第3節および第4節を参照のこと。

(62) 絶対性については，キューネン（前掲書117-133頁，注（15））において見事に提示されている。

(63) 書式の長さと反復による推論については，J・F・パビヨン（注（33））の本の17-23頁にあるとてもよい練習問題を見よ。

(64) 強制法の定義と完全な証明は，キューネンの前掲書の特に192-201頁に見られる。キューネン自身はそれらの計算を「長くてつまらない細部」とみなしている。重要なのは，手続きが「本当に働く」ことを実証することだと彼は言う。

(65) ジェネリック拡張における集合論の諸定理の適合性については，キューネンの201-203頁を参照のこと。だがそこでは多くのことが（特に反映の諸定理が）前提にされている。

(66) 補遺9，10，11はキューネンに従っている。

辞　書

　ここでは，本文で用いられたり言及されたりしたいくつかの概念の定義を，あるいは哲学的・存在論的に重要ないくつかの言表の意味を与えておく。これは本書の実質を素早くアルファベット順に一瞥したものである。個々の定義のなかで，この辞書の他の箇所に載っており，それを前もって知っていることが定義の理解に必要だと思われる単語には＊という記号をつけて示した。見出し語の括弧内の数字はその概念の定義が（もっと詳しく展開され，例証され，分節化された形で）登場する省察を示す。

　この辞書は「絶対」〔Absolu〕に始まり，「空」〔Vide〕で終わることがわかるだろう〔翻訳では日本語読者の便宜のために「あいうえお順」にしてあるが，原書ではフランス語のアルファベット順に記載されており，Absolu からは始まって Vide で終わっている〕。

辞書項目一覧

アレフ数　Aleph …………… 612

一対一〔関数，対応〕　Bi-univoque
　（fonction, correspondance）……… 612

演繹　Déduction ………………… 612

外延性公理　Axiome d'extensionalité 613

下位集合　Sous-ensemble ………… 613

介入　Intervention ……………… 613

可算無限 ω_0　Infini dénombrable ω_0… 613

過剰体　Excroissance ……………… 614

合併公理　Axiome de l'union ……… 614

関数　Fonction ………………… 614

カントールの定理　Théorème de Cantor
…………………………………… 614

基数, 基数性〔濃度〕　Cardinal, cardinalité
…………………………………… 615

基礎の公理　Axiome de fondation … 615

強制――主体の基本法として　Forçage,
　comme loi fondamentale du sujet … 615

極限基数　Cardinal limite ………… 616

極限順序数　Ordinal-limite ……… 616

巨大基数　Grands cardinaux ……… 616

空　Vide ………………………… 616

空〔空集合〕の公理　Axiome du vide … 617

空の縁で　Au bord du vide ……… 617

決定不可能なもの　Indecidable …… 617

現前化　Présentation …………… 617

限定式　Formule restreinte ……… 618

コーエン゠イーストンの定理　Théorème
　de Cohen-Easton ……………… 618

コーエンの強制法　Forçage de Cohen 618

構成可能集合　Ensemble constructible 619

構成可能な階層構造　Hiérarchie
　constructible ………………… 619

構成主義的思考　Pensée constructiviste 620

構造　Structure ………………… 620

後続基数　Cardinal successeur ……… 620

後続順序数　Ordinal successeur …… 620

再現前化〔表象・代表〕　Représentation
…………………………………… 621

ジェネリック，ジェネリックな手続き
　Générique, procédure générique … 621

ジェネリック集合，条件集合のジェネ
　リックな部分　Ensemble générique,
　partie générique de l'ensemble des
　conditions……………………… 621

ジェネリックな思考　Pensée générique… 621

式　Formule …………………… 622

識別不可能なもの　Indiscernable … 622

思考における方向づけ　Orientations dans
　la pensée ……………………… 622

自然，自然的　Nature, naturel……… 623

自然状況　Situation naturelle ……… 623

支配〔支配集合〕　Domination ……… 623

集合の住民　Habitant d'un ensemble 623

集合の部分，状況の部分　Partie d'un
　ensemble, d'une situation ………… 624

集合論の諸公理　Axiomes de la théorie des
　ensembles ……………………… 624

主体　Sujet …………………… 624

〈主体－言語〉　Langue-sujet ……… 624

準完全状況　Situation quasi complète 625

準完全状況のジェネリック拡張
　Extension générique d'une situation quasi
　complète ……………………… 626

順序数　Ordinal ………………… 626

順序数の最小性原理あるいは∈最小性
　Principe de minimalité des ordinaux, ou
　$\in$ -minimalité ……………………… 627

順序対　Paire ordonnée ················ 627
状況　Situation ·························· 627
状況の状態　État de la situation ······ 627
状況の百科全書　Encyclopédie d'une
　　situation ···························· 627
条件，条件集合ⓒ　Conditions, ensemble
　　ⓒ des conditions ················ 628
条件集合の精確な下位集合（あるいは部
　　分）Sous-ensemble (ou partie)
　　correct(e) de l'ensemble des conditions
　　······································ 628
条件集合のための名あるいは〈名として
　　のⓒ〉Noms pour un ensemble de
　　conditions, ou ⓒ -noms ·········· 629
所属　Appartenance ···················· 629
真理　Vérité ···························· 629
推移性，推移集合　Transitivité, ensemble
　　transitif ···························· 630
整合的な多性　Multiplicité consistante 630
正常な，正常性　Normal, normalité ··· 630
絶対的，絶対性　Absolu, absoluité ··· 630
選択公理　Axiome de choix ··········· 631
存在的−存在論的差異　Différence ontico-
　　ontologique ························ 631
存在論　Ontologie····················· 631
存在論者　Ontologue ················· 632
多性，多　Multiplicité, multiple ······ 632
多の諸《観念》Idées du multiple ··· 632
単集合　Singleton ····················· 632
知　Savoir ···························· 633
置換公理　Axiome de remplacement ··· 633
忠実さ，忠実さの手続き　Fidélité,
　　procédure de fidélité ·············· 633
中立状況　Situation neutre ··········· 633
超越的思考　Pensée transcendante ··· 633
超過　Excès ···························· 634
超過点の定理　Théorème du point d'excès
　　······································ 634

探索　Enquête ·························· 634
対　Paire ······························ 635
定義可能部分　Partie définissable ····· 635
適合性　Véridicité ···················· 635
出来事　Événement ···················· 635
出来事の立地　Site événementiel ····· 636
特異的，特異性　Singulier, singularité 636
名の指示対象的な価値，名の〈指示対象
　　−♀〉Valeur référentielle d'un nom, ♀
　　-référent d'un nom ················ 636
媒介変数　Paramètres ················· 637
非整合的な多性　Multiplicité inconsistante
　　······································ 637
〈一と計算すること〉Compte-pour-un
　　······································ 637
〈一に置くこと〉Mise-en-un ······· 637
百科全書の規定項　Déterminant de
　　l'encyclopédie ···················· 638
百科全書の規定項を回避すること
　　Évitement d'un déterminant de
　　l'encyclopédie ···················· 638
分出公理　Axiome de séparation ····· 638
冪集合〔下位集合あるいは部分集合〕の
　　公理　Axiome des sous-ensembles ou
　　des parties ························ 638
変数，自由変数，拘束された変数
　　Variables, variables libres, variables liées
　　······································ 639
包含　Inclusion ······················ 639
無限　Infini ·························· 639
無限公理　Axiome de l'infini·········· 640
唯一性　Unicité······················ 640
量　Quantité·························· 640
量記号　Quantificateurs··············· 641
歴史状況　Situation historique ········ 641
連続体仮説　Hypothèse du continu ··· 641
論理結合子　Connecteurs logiques ··· 641

■ アレフ数　Aleph（26）

　　——無限*な基数*はアレフ数と呼ばれる。それは ω_α と記され，指数の順序数は無限基数の列における位置を示している（ω_α は α 番目の無限基数である。それは $\beta \in \alpha$ であるような一切の ω_β よりも大きい）。

　　——可算無限* ω_0 は最初のアレフ数である。数列は ω_0, ω_1, ω_2, ...ω_n, ω_{n-1}...,$\omega_{\omega 0}$, $\omega_{S(\omega 0)}$... と続く。

　　これはアレフ数列である。

　　——一切の無限集合はアレフ数を濃度*とする。

■ 一対一（関数，対応）　Bi-univoque (fonction, correspondance)（26）

　　——関数*によって，二つの異なる多に二つの異なる多が対応する場合，この関数は一対一である。これを書くと，

$$\sim(\alpha=\beta) \rightarrow \sim[f(\alpha)=f(\beta)]$$

　　——最初の集合のあらゆる要素に二番目の集合の要素を余すところなく対応させる（すなわち二番目の集合のすべての要素が用いられる）一対一対応の関数が実存する場合，二つの集合は一対一対応である。

　　——一対一対応の概念は量*の存在論的学説を基礎づける。

■ 演繹　Déduction（24）

　　——数学（存在論）の忠実な*接続の操作子。その本領は，ある言表が，数学の最近の歴史において起こった出来事の名に接続しているかどうかを確かめることにある。演繹はもろもろの帰結を引き出す。

　　——演繹の戦術上の操作子は肯定式〔modus ponens〕（すなわち A と $A{\rightarrow}B$ とから B を引き出すこと），そして一般化（α が自由変数*である $\lambda(\alpha)$ から $(\forall \alpha)\lambda(\alpha)$ を引き出すこと）である。

　　——演繹の普通の戦略は仮説による推論と不条理による推論（あるいは背理法）である。とりわけ不条理による推論は特徴的であり，というのもそれは演繹の存在論的な使命に密接に結びついているからである。

■ 外延性公理　Axiome d'extensionalité（5）

──二つの集合が同じ諸要素をもつならば，それらは等しい。

──これは同と他の存在論的図式である。

■ 下位集合　Sous-ensemble（7）

──**包含** Inclusion の項目を参照のこと。

■ 介入　Intervention（20）

──ある多が出来事[*]として認識される手続きであり，出来事の立地[*]である状況にその出来事が属するということを決定する手続きのこと。

──介入の本領は，出来事を形容する〔qualifier（資格を与える）〕ために，立地（この立地は出来事の立地である）がはらむ現前化していない要素から名を作り上げることにある。この命名は不法（この命名は表象のいかなる法にも順応しない）であると同時に無名である（空から引き出された名は，それが空から引き出された以上，否応なく区別不可能なものである。そうした命名は「立地がはらむ現前化していない要素であること」に等しい）。

──かくして，みずからの指標を空にもつ出来事の名は，名が出来事を流通させる場である状況の定数外である。

──介入能力は，それが命名する出来事に先立つ出来事を必要とする。介入能力はこの最初の出来事への忠実さ[*]によって規定される。

■ 可算無限 ω_0　Infini dénombrable, ω_0（14）

──無限公理[*]が措定する極限順序数[*]の実存を認めるならば，最小性原理[*]によって，さらに小さい極限順序数が実存する。このさらに小さい極限順序数──それは基数[*]でもある──を ω_0 と記す。これは可算無限，すなわち最小無限，自然整数の集合の無限，離散的無限の特徴である。

──ω_0 の一切の要素は有限順序数と言われるだろう。

──ω_0 は有限と無限との「境目」である。無限順序数とは，ω_0 に等しいか，それを上回る順序数である（ここでは順序は所属である）。

■ 過剰体　Excroissance（8）

　　——ある項が状況*によって現前化されることなく，状況の状態*によって表象〔再現前化〕される場合，この項は過剰体である。

　　——過剰体は状況に所属*することなく状況に包含*されている。それは部分*ではあるが，要素ではない。

　　——過剰体は超過*に触れている。

■ 合併公理　Axiome de l'union（5）

　　——ある所与の集合の諸要素の，さらにその諸要素を要素とする集合が実存する。α が与えられている場合，α の合併は∪ α と記される。

　　——これは散種の存在論的図式である。

■ 関数　Fonction（22，26，補遺2）

　　——関数とは多の一種でしかなく，判明な概念などではない。あるいは関数の存在とは純然たる多である。この多は以下のようなものである。

　　a．この多のすべての要素は$<\alpha, \beta>$というタイプの順序対*である。

　　b．関数のなかに対$<\alpha, \beta>$と対$<\alpha, \gamma>$が現れるとしたら，$\beta=\gamma$ であり，この「二つの」対は同一のものである。

　　——$<\alpha, \beta>$ $\in f$と書く代わりに，$f(\alpha)=\beta$ と書く慣わしである。所与の α には β しか対応しないのだから（条件 b），この書き方には曖昧さがない。

■ カントールの定理　Théorème de Cantor（26）

　　——ある集合の諸部分*からなる集合〔冪集合〕の濃度*は，もとの集合の濃度を上回る。これは次のように書かれる。

$$|\alpha| < |p(\alpha)|$$

　　これは〈状況の状態〉が状況を量的に超過*するという法である。

　　——この超過は思考における方向づけ*を固定する。この超過は存在論の袋小路あるいはその現実点である。

辞　書　615

■ 基数，基数性〔濃度〕　Cardinal, cardinalité （26）
——基数とは，その数とそれよりも小さい順序数[*]とのあいだに一対一対応[*]がない順序数のことである。

——任意の集合の濃度〔基数性〕とは，その集合と一対一対応にある基数のことである。α の濃度を $|\alpha|$ と記す。たとえ α が任意の集合であるとしても，$|\alpha|$ は基数であることをおぼえておこう。

——選択公理[*]を受け入れるならば，集合の濃度は必ず実存する。

■ 基礎の公理　Axiome de fondation （18）
——空でない集合はどれも，もとの集合との交わりが空[*]ではないような要素を少なくとも一つもつ。つまりもとの集合の要素とは異なるものを要素とするような要素を一つもつ。$\beta \in \alpha$ であるが，$\beta \cap \alpha = \emptyset$ である。したがって $\gamma \in \beta$ であれば，$\sim(\gamma \in \alpha)$ であることは確実である。このとき，β は α を基礎づける，あるいは β は α における空の縁にあると言えるだろう。

——この公理は〈自己–所属〉の禁止を含意しており，かくして出来事[*]について存在論[*]は知るには及ばないと措定する。

■ 強制——主体の基本法として　Forçage, comme loi fondamentale du sujet（35）
——〈主体–言語〉[*]のある言表が，真理[*]の出来した状況にとって適合的[*]だったことになるのは，この真理に属する〈状況の項〉が実存し，そしてこの項が，言表のなかで作動させられた名と固定した関係を，すなわち知[*]によって立証可能な——つまり百科全書[*]に記載された——固定した関係をとりもつからである。強制と呼ばれるのはこの関係のことである。こうした項は〈主体–言語〉の言表について適合性の決定を強制すると言える。

——つまり，真理がその無限性へと達したことになるとき，〈主体–言語〉の言表が運よく適合的であったかどうかを状況のなかで知ることができる。

——とはいえ，強制関係の検証は，強制する項が忠実さのジェネリック[*]な手続きによって遭遇され，探索[*]されたものであるということを前提とする。つまりその検証は偶然を免れない。

■ 極限基数　Cardinal limite（26）

——Ø でもなく後続基数[*]でもない基数[*]は極限基数である。極限基数とは，それに先行する無数の基数の合併である。

——可算無限[*] ω_0 は最初の極限基数である。次の極限基数は ω_{ω_0} であり，これはもろもろのアレフ数[*] $\omega_0, \omega_1, ...\omega_n, ...$ の最初のセグメントの極限である。

■ 極限順序数　Ordinal-limite（14）

——極限順序数とは，順序数ではあるが，後続順序数[*]ではなく，また Ø とも異なる順序数[*]のことである。要するに，極限順序数は継起の操作子によっては到達不可能である。

■ 巨大基数　Grands cardinaux（26，補遺 3）

——巨大基数とは，その実存が集合論[*]の古典的な諸公理から証明されるがままにならず，新しい公理の対象とならねばならないような基数[*]である。この場合，問題となるのは，極限順序数[*]の実存をわれわれに保証し，アレフ数[*]の数列の構成を許可する無限公理よりもさらに強い無限公理である。巨大基数は〈超‐アレフ数〉である。

——巨大基数のもっとも単純なものは，到達不可能基数である（補遺 3 を参照のこと）。次にマーロ基数，ラムゼイ基数によってはるかに「高い」ところまでいく。これらの基数は計測可能ではあるが言表不可能であり，コンパクト，超‐コンパクトあるいは巨大である。

——これらの巨大基数のいずれも，無限な α にとっての $p(\alpha)$ の正確な値に関して，決定を強制することはない。それらは超過[*]の彷徨を封鎖しない。

■ 空　Vide（4）

——状況の空は，〈状況の存在〉への縫合である。あらゆる〈一と計算すること〉（存在論的状況の場合を除く）の〈非‐一〉である空は，〈みずからを現前化させるもの〉が計算からの差し引き（soustraction〔抜け去り・免算〕）という形で現前化のなかを徘徊するということ，このことをあらわにする位置づけ不可能な点である。

——**空の公理** Axiome du vide を参照のこと。

■空〔空集合〕の公理　Axiome du vide（5）
——いかなる要素ももたない集合が実存する。この集合は唯一であり，その固有名は標記 Ø である。

■空の縁で　Au bord du vide（16）
——出来事の立地[*]がもつ状況内における位置の特徴。立地の諸要素のどれもが現前化されておらず，立地「以下のところに」あるので，状況内にあるのは空〔空集合〕だけである。あるいは，この〔空集合という〕多が状況のなかに存在するにもかかわらず，その多の散種は状況のなかに存在しない。だからこそ，この多の一は，状況のなかでは，まさしく空の縁に存在するのである。

——技術的に言えば，$\beta \in \alpha$ である場合，一切の $\gamma \in \beta$（β の一切の要素）について $\sim(\gamma \in \alpha)$ である（γ は α の要素ではない）ならば，β は空の縁に存在する。また β は α を基礎づけるとも言える（基礎の公理[*]を見よ）。

■決定不可能なもの　Indecidable（17, 36）
——決定不可能性とは，出来事[*]の根本属性である。すなわち出来事の立地[*]が存する状況に出来事が属しているかについては決定不可能だということである。介入[*]の本領は，この決定不可能なものの地点において決定することにある。

——集合論の言表は，諸公理にもとづいてその言表もその否定も証明できない場合，決定不可能である。連続体仮説[*]は決定不可能である。これは超過[*]の彷徨である。

■現前化　Présentation（1）
——メタ存在論（あるいは哲学）の本源的な単語。現前化とは，実際に展開されたものとしての〈多なる存在〉のことである。「現前化」は「非整合的多性」[*]と相反的である。《一》は現前化されるものではなく，それは結果

として生じるものであり，そのようにして多を存立させる。

■限定式　Formule restreinte（2）

——以下の場合，式[*]は多 α に限定されていると言う。

a. その式のすべての量記号[*]が α の諸要素にしか作用しない。これが意味しているのは，$(\forall\beta)$ の後に $\beta\in\alpha$ が続き，$(\exists\beta)$ も同様だということである。その場合，「一切の……について」とは「α の一切の要素について」ということを意味し，また「β が実存する」とは「α の要素が実存する」ということを意味している。

b. すべての媒介変数[*]が α のなかの固定した値を取る。すなわち，媒介変数を値に置き換える操作は α の諸要素に限られる。

—— α に限定された式 λ を $(\lambda)^{\alpha}$ と記す。

——式 $(\lambda)^{\alpha}$ は α の住民によって理解される式 λ である。

■コーエン゠イーストンの定理　Théorème de Cohen-Easton（26，36）

——きわめて多くの数の基数[*]（実際には ω_0 とすべての後続基数[*]）については，それらの部分[*]の集合〔冪集合〕の濃度[*]がアレフ数[*]の列のほとんどどんな値でも取りうるということが証明される。

詳しく言えば，（ほとんどどんな）任意の値を固定しても，集合論[*]の諸公理あるいは多の諸《観念》[*]と整合的なままである。

——例えば，$|p\,(\omega_0)|=\omega_1$（これは連続体仮説[*]である）と措定するばかりでなく，また $|p\,(\omega_0)|=\omega_{18}$ や $|p\,(\omega_0)|=\omega_{S(\omega_0)}$ 等々と措定しても，諸公理と整合的である。

——この定理は超過[*]の完全なる彷徨を立証する。

■コーエンの強制法　Forçage de Cohen（36，補遺 7 と 8）

——準完全状況[*]を S とし，S のジェネリック拡張[*]を $S\,(♀)$ としよう。例えば自由変数[*]をもつ式 $\lambda\,(\alpha)$ があるとする。ジェネリック拡張 $S\,(♀)$ におけるこの式の真理値は，例えば変数 α のところに代入された $S\,(♀)$ の要素にとって，どうなるだろうか。

——定義からして，$S(♀)$ の要素は，S に属する名$^*\mu_1$ の指示対象的な価値*$R_♀(\mu_1)$ である。変数 α に名 μ_1 を代入する式 $\lambda(\mu_1)$ を考えよう。$\mu_1 \in S$ であるから，この式は S の住民*にとって理解可能である。

——このとき，♀ に属し，また言表 $\lambda(\mu_1)$ といわゆる強制関係——すなわちその実存が S において，あるいは S の住民によって制御可能である関係——をもつ条件*が実存するならば，$\lambda[R_♀(\mu_1)]$ は $S(♀)$ において，つまり $S(♀)$ の住民にとって適合的であることが示される。

——強制関係は $\rightleftharpoons$ で記される。したがって次のようになる。

$$\lambda\,[R_♀(\mu_1)]^{S(♀)} \longleftrightarrow (\exists\pi)\,[(\pi \in ♀)\ \&\ (\pi \rightleftharpoons \lambda(\mu_1))]$$

ここには，$\pi \rightleftharpoons \lambda(\mu_1)$——$\pi$ が $\lambda(\mu_1)$ を強制すると読む——は S において証明されるか反駁されるという了解がある。

——したがって，言表 $\lambda[R_♀(\mu_1)]$ が $S(♀)$ において適合的であるチャンスをもつかどうかについて，S のなかで立証することができる。少なくとも，$\lambda(\mu_1)$ を強制する条件 π が実存しなくてはならない。

■構成可能集合　Ensemble constructible（29）

——ある集合が構成可能な階層構造*の階層 $Lα$ の一つに属しているなら，その集合は構成可能集合である。

——つまり構成可能集合は，言語の明示的な式と順序数*の階層につねに関係づけられる。これは多についての構成主義*的な見方の実現である。

■構成可能な階層構造　Hiérarchie constructible（29）

——構成可能な階層構造は空〔空集合〕から出発し，順序数*に指標づけられた継起する諸階層を定義づけ，そうして先行する階層の定義可能な*諸部分をそのつど得る。

——つまり，$L_0 = \varnothing$

$\quad L_{S(α)} = D(α)$

$\quad β$ が極限順序数*であれば，すべての $β \in α$ について

$\quad L_β = \cup\ \{L_0,\ L_1,\ ... L_β ...\}$

■ 構成主義的思考　Pensée constructiviste（27，28）

　　——構成主義的な思考の方向づけ*は言語の法廷の管轄下に身を置く。この方向づけは，状況のなかで明示的に命名可能な諸部分にしか実存を認めない。この方向づけによって，包含*が所属*を，部分*が要素を，状況の状態*が状況*を，それぞれ超過*することが統御され，この超過が最小限へと連れ戻される。

　　——構成主義はあらゆる唯名論的な思考の根底にある存在論的決定である。

　　——こうした思考の存在論的図式がゲーデルの構成可能宇宙*である。

■ 構造　Structure（1）

　　——〈一と計算すること〉*の体制を現前化にとって規定するもの。構造づけられた現前が状況*である。

■ 後続基数　Cardinal successeur（26）

　　——ある基数が所与の基数 α より大きい最小基数であれば，それは α の後続基数である。α の後続基数を α^+ と記す。

　　——基数の後続 $\alpha \to \alpha^+$ と順序数の後続* $\alpha \to S(\alpha)$ とを混同してはならない。α と α^+ とのあいだには，α 濃度*をもつ一団の順序数がある。

　　——最初の後続アレフ数*は ω_1, ω_2 等々である。

■ 後続順序数　Ordinal successeur（14）

　　——ある順序数*を α とする。α の諸要素に多 α それ自身を「付け加えた」多 $\alpha \cup \{\alpha\}$ は順序数である（これは明らかである）。この多はまさしく α よりも大きい一個の要素をもつ。これを α の後続順序数と呼び，$S(\alpha)$ と記す。

　　——α と $S(\alpha)$ とのあいだには，いかなる順序数もない。$S(\alpha)$ は α の直後のものである。

　　——順序数 β が順序数 α の直後のものであれば，言い換えれば $\beta = S(\alpha)$ であれば，順序数 β は後続順序数である。

　　——後続性は，それが無限*概念に含意されているという意味で，踏破の規則である。

■ 再現前化〔表象・代表〕 Représentation （8）

——状況の状態[*]に固有の計算様式あるいは構造化様式。ある項が状況の状態によって一と計算されている場合，その項は（状況のなかで）表象〔再現前化〕されていると言われる。

——つまり表象された項は状況に包含[*]されている，あるいは状況の部分である。

■ ジェネリック，ジェネリックな手続き　Générique, procédure générique（31）

——忠実さ[*]の手続きは，それが百科全書のどの規定項[*]をも回避する[*]探索[*]を少なくとも一つ含んでいる場合，ジェネリックなものである。

——ジェネリックな手続きには四つのタイプがある。すなわち芸術，科学，政治，愛という手続きである。これらは真理[*]の四つの源泉である。

■ ジェネリック集合，条件集合のジェネリックな部分　Ensemble générique, partie générique de l'ensemble des conditions （33）

——条件集合Ⓒのあるは精確な[*]下位集合が準完全状況[*]（Ⓒはそこに現れる）に属するあらゆる支配集合[*]と交わって，その交わりが空でないとき，その精確な下位集合はジェネリックである。ジェネリック集合は♀と記される。

——ジェネリック集合はすべての支配集合を「切断」することによって，状況のなかで識別可能であることを回避する。

——それは真理の存在論的図式である。

■ ジェネリックな思考　Pensée générique（27，31）

——ジェネリックな思考の方向づけ[*]は超過[*]の彷徨を引き受け，名づけえぬ諸部分あるいは識別不可能な諸部分[*]の存在を認める。この方向づけは，こうした諸部分のうちに真理の場さえ見る。というのも真理[*]とは，（構成主義[*]に反して）言語によって識別不可能な部分でありながらも，しかし（存在－神論に反して）超越的[*]ではないからだ。

——ジェネリックな思考は，真理を知[*]における穴として思考しようと試

みるあらゆる学説の根底にある存在論的決定である。プラトンからラカンに至るまで，その多くの痕跡がある。

——こうした思考の存在論的図式が，コーエンのジェネリック拡張[*]の理論である。

■ 式　Formule（3 の「技術上の注」，補遺 6）

——集合論の式は，所属[*]∈ という本源的な記号，等号 =，さまざまな結合子[*]，量記号[*]，可算で無限に連なる変数[*]，そして括弧類を用いることによって，次のようにして得られる。

a. $\alpha \in \beta$ と $\alpha = \beta$ は原子式である。

b. λ が式であるならば，$\sim(\lambda)$, $(\forall \alpha)(\lambda)$, $(\exists \alpha)(\lambda)$ といった式も存在する。

c. λ_1 と λ_2 が式であるならば，(λ_1) ou (λ_2), (λ_1) & (λ_2), $(\lambda_1) \rightarrow (\lambda_2)$, $(\lambda_1) \leftrightarrow (\lambda_2)$ もまた式である。

■ 識別不可能なもの　Indiscernable（31，33）

——状況のある部分が状況の言語のいかなる言表によっても分出されないあるいは識別されない場合，この状況の部分は識別不可能である。あるいは状況の部分が百科全書のいかなる決定項[*]にも収まらない場合，この部分は識別不可能である。

——真理[*]はつねに識別不可能である。

——識別不可能性の存在論的図式は〈非-構成可能性[*]〉である。識別不可能性には外因的なものと内因的なものとがあり，この二つは区別される。外因的な識別不可能性とは，準完全状況の識別不可能な部分（⊂という意味での部分）が状況に所属（∈ という意味での所属）しないということであり，内因的な識別不可能性とは，識別不可能な部分が，それがその内部では識別されえないような状況に属しているということである。

■ 思考における方向づけ　Orientations dans la pensée（27）

——どのような思考も，量的超過[*]の彷徨に関する事前の決定（たいていの場合，表沙汰にならない決定）によって方向づけられている。これは存在

論の袋小路によって思考に課される要請である。

　　——三つの大きな方向づけがある。すなわち構成主義的*方向づけ，超越的*方向づけ，そしてジェネリックな*方向づけ，である。

■自然，自然的　Nature, naturel（11）

　　——ある状況が現前させるすべての項が正常*であり，またそうした項によって現前化されたすべての項も正常であり，以下同様に続く場合，この状況は自然的である。自然とは反復する正常性である。かくして〈自然‐存在〉は現前化と再現前化*とのあいだの，所属*と包含*とのあいだの，状況*と状況の状態*とのあいだの安定，最大の均衡を実現する。

　　——自然な多の存在論的図式は順序数*の概念によって構成される。

■自然状況　Situation naturelle（11）

　　——そのすべての項が正常*であり，またその項の項も正常であり，以下同様に続いていくような一切の状況のこと。その判定基準（**すべての項**）が包括的である点に注意。

■支配〔支配集合〕　Domination（33）

　　——支配〔支配集合〕とは，条件集合ⓒ*の次のような部分集合 D のことである。すなわち，ある条件 π が D の外部にある——つまりⓒ $-D$ に属する——ならば，D のなかには π を支配する条件がつねに実存することになるが，そうした部分 D のことである。ある所与の特性をもつ条件集合は精確な部分*であるから，その所与の特性をもたない条件集合は支配集合である。ゆえに，この概念が識別不可能なもの*の問いのなかに介入するということにもなる。

■集合の住民　Habitant d'un ensemble（29, 33）

　　——その者にとって宇宙がもっぱら α の諸要素から構成されている仮定上の主体，これを比喩的に「α の住民」または「α 宇宙の住民」と呼ぶ。言い換えれば，この住民にとって「実存する」とは，α に属すること，α の要

素であることを意味する。

——このような住民にとって，式 λ は α に限定された式$^*(\lambda)^\alpha$ として理解される。この住民は α のなかで量化をおこなう。

——〈自己－所属〉が禁じられているのだから，α は α に属さない。したがって α の住民は α を知らない。ある住民の住む宇宙は，この住民にとっては実存しない。

■集合の部分，状況の部分　Partie d'un ensemble, d'une situation（8）
——包含 Inclusion を見よ。

■集合論の諸公理　Axiomes de la théorie des ensembles（3 および 5）
——存在論*を，つまりすべての数学を，〈純粋な多〉の理論として基礎づける諸言表のポスト・カントール的な明示。

——1880-1930 年のあいだに抽出されたこれらの言表は，それをもっとも意味のつまった仕方で提示すれば，外延性*，冪*，合併*，分出*，置換*，空*，基礎*，無限*，選択*，以上の九つになる。これらの言表は，人類が今日までに達成したもっとも偉大な思考の努力の集約である。

■主体　Sujet（35）
——主体とは，ジェネリックな手続き*の有限な局所的 布 置 （コンフィギュラシオン）のことである。つまり主体とは，

——探索*の有限集合であり，

——真理*の有限な部分である。

つまり主体は局所的に明らかにする者であると言えるだろう。

——真理の有限な審級としての主体は，識別不可能なもの*を実効あらしめ，決定を強制し，不平等なものを格下げし，特異なものを救うことが示される。

■〈主体－言語〉　Langue-sujet（35）
——主体*は，その指示対象が真理*の無限生成——つねに未完の——に

辞書 625

宙づりにされた名を産出する。かくして〈主体‐言語〉は前未来形において存在する。すなわちその指示対象（つまり言表の適合性[*]）は、ジェネリックな手続き[*]の完了という条件のもとにある。

■ 準完全状況　Situation quasi complète（33 および補遺 5）

　　——ある集合が以下のようであれば、その集合は準完全状況であり、S と記される。

　a. その集合が可算無限[*]である。

　b. その集合が推移的[*]である。

　c. その集合に限定[*]された、冪集合の公理〔部分の公理〕[*]、合併公理[*]、空の公理[*]、無限公理[*]、基礎の公理[*]、選択公理[*]が、その集合において適合的である（存在論者[*]は S のなかでこれらの公理の適合性を証明することができるし、またそれらの公理が存在論者にとって矛盾しないのであれば、S の住民[*]も矛盾なくそれらの公理を受け入れることができる）。

　d. 数学者たちは（S に限定された式 $λ$ について）分出公理[*]や（S に限定された置き換えについて）置換公理[*]を今日まで用いてきたし、例えば数百年後にも用いるだろう(つまりそうした公理の数は有限だということである)が、そうしたすべての公理は同じ条件において適合的である。

　　——別の言い方をすれば、S の住民は集合論の現在のすべての定理——そして未来のすべての定理（というのも、実際に証明されなくてはならない定理の数は決して無限ではないから）——を、S に限定されたバージョンにおいて（つまり S の限定された宇宙の内部で）理解し操ることができるということである。あるいは S は、〈言表の有限集合とみなされた集合論〉の可算的・推移的モデルなのである。

　　——実際上（歴史上）の数学（言い換えれば、言表の有限集合）に話を限る必要があるのは（そうしたからといって誰か困る人がいるわけではない）、完全状況のようなもの——言い換えれば、ありうるすべての定理のモデル、つまり分出式や置換式の（無限の）連鎖に対応するあらゆる分出公理や置換公理のモデル——が実存するかどうかを存在論において証明することができないからである。というのも、もしそうした証明ができるとしたら、存在論

の一貫性が存在論において証明されたことになったであろうが，これはゲーデルの有名な論理学上の定理によって不可能だと証明されたことだからである。

——それに対して，準完全状況が実存することは証明される。

■ 準完全状況のジェネリック拡張　Extension générique d'une situation quasi complète（34）

——準完全状況[*]（S と記す）があり，またこの状況のジェネリックな部分[*]（♀と記す）があるとしよう。S に属するすべての名[*]の指示対象的な価値[*]（あるいは〈指示対象-♀〉）が形成する集合をジェネリック拡張と呼び，S（♀）と記す。

——事態を創造するのが名であることに注意されたい。

——〜（♀∈S）ではあるが♀ ∈S（♀）であること，S（♀）は準完全状況でもあること，♀は S（♀）の内具的な識別不可能なもの[*]であること，以上のことが明らかになる。

■ 順序数　Ordinal（12）

——順序数とは，そのすべての要素もまた推移的であるような推移集合[*]のことである。それは自然な[*]多の存在論的図式である。

——順序数のどの要素もまた順序数であり，これが自然の同質性を基礎づけていることが明らかになる。

——任意の二つの順序数 α と β は，α が β に属する——$\alpha \in \beta$——か，β が α に属する——$\beta \in \alpha$——かのどちらかであるという点で，現前化によって順序づけられていることが明らかになる。これはすべての自然な多の一般的な連結である。

——$\alpha \in \beta$ であるならば，α は β よりも小さいと言える。β は推移的であるのだから，また $\alpha \subset \beta$ でもあることに注意しよう。

辞 書 627

■順序数の最小性原理あるいは∈最小性　Principe de minimalité des ordinaux, ou ∈-minimalité（12，補遺 1）

——ある所与の特性をもつ一個の順序数*が実存するならば，同じ特性をもつさらに小さい順序数が実存する。この小さい順序数は最初の順序数と同じ特性をもつが，この順序数に属するまたさらに小さい順序数はもはや同じ特性をもたない。

■順序対　Paire ordonnée（補遺 2）

——二つの集合 α と β の順序対は，α の単集合*と対 $\{\alpha, \beta\}$ との対集合である。それを $<\alpha, \beta>$ と記す。つまり，$<\alpha, \beta> = \{\{\alpha\}, \{\alpha, \beta\}\}$ である。

——順序対はその構成と順序とを同時に固定する。α と β の「位置」は——最初の位置か二番目の位置かは——規定されている。これによって，関係と関数*といった観念が純然たる多として思考可能になる。

■状況　Situation（1）

——現前化した一切の整合的な多性，つまりなんらかの多*，そして〈一と計算すること〉*の体制，あるいは構造*。

■状況の状態　État de la situation（8）

——状況の状態とは，今度は状況の構造*のほうがそれによって〈一と計算〉*されることになるところのものである。したがって，それは〈計算の計算〉あるいはメタ構造とも言えるだろう。

——状態の必然性とは，空の現前化を一切遠ざけようという欲求の結果であるということ，これを示すことができる。状態は状況の充足の仕上げである。

——状況の状態とは，状況の諸部分（あるいは下位の多，あるいは下位集合）を〈一と計算すること〉を保証するものであることが示される。

■状況の百科全書　Encyclopédie d'une situation（31）

——百科全書とは，状況の言語の明示可能な特性によって識別された〈状

況の諸部分〉の分類である。

■条件，条件集合Ⓒ　Conditions, ensemble Ⓒ des conditions（33）
　　——ひとは準完全状況*のなかに身を置いている。そうした状況に属する集合は，以下のような場合，条件集合であり，これをⒸと記す。
　a.　∅ はⒸに属する。すなわち空は一個の条件，空虚な条件である。
　b.　Ⓒについて⊂と記される関係〔支配〕が実存する。$\pi_1 \subset \pi_2$ は「π_2 が π_1 を支配する」と読む。
　c.　π_3 が π_2 を支配し，π_2 が π_1 を支配するならば，π_3 は π_1 を支配するという点で，この関係は序列〔順序〕である。
　d.　二つの条件が同じ第三の条件に支配されているとき，この二つの条件は両立可能と言われる。そうでない場合，それらの条件は両立不可能である。
　e.　どんな条件も両立不可能な二つの条件によって支配されている。
　　——実は，条件はジェネリック集合*にとっての資材であると同時に，ジェネリック集合についての情報でもある。順序や両立可能性といったことは，情報の構造である（より明確だとか，相互に整合的であるとか，という具合に）。
　　——条件は探索*の存在論的図式である。

■条件集合の精確な下位集合（あるいは部分）　Sous-ensemble (ou partie) correct(e) de l'ensemble des conditions（33）
　　——条件*の下位集合——すなわちⒸの部分——が以下の二つの規則に従うならば，その集合は精確である。
　Rd_1——ある条件が精確な部分に属するのであれば，この最初の条件が支配するすべての条件もまた，この精確な部分に属する。
　Rd_2——二つの条件が精確な部分に属するのであれば，この二つの条件を同時に支配する少なくとも一つの条件もまた，この精確な部分に属している。
　　——精確な部分は，事実上，条件の**一個**の下位集合を「条件づける」。それは条件間の整合的な情報を与える。

辞　書　629

■条件集合のための名あるいは〈名としての©〉　Noms pour un ensemble de conditions, ou © -noms（34）

　──ある条件集合*を©としよう。名とは，そのすべての要素が名と条件との順序対*であるような多のことである。名は μ, μ_1, μ_2 と記される。したがって，名 μ のどの要素も $<\mu_1, \pi>$ という形式をもち，この場合，μ_1 は名であり，π は条件である。

　──名を階層化することによって，こうした定義の循環的な性格を解きほぐすことができる。先の例で言えば，名 μ_1 は，それが介入する名 μ の構成において，名 μ の階層よりも下位の（つまり前もって定義づけられた）階層につねに属さなければならないだろう。ゼロ階層は，$<\emptyset, \pi>$ というタイプの要素をもつ名によって与えられる。

■所属　Appartenance（3）

　──集合論の唯一の根本記号。多 β が多 α の〈多なる構成〉のなかに入ることを示す。$\beta \in \alpha$ と書き，「β は α に〔所〕属する」あるいは「β は α の要素である」と言う。

　哲学的に言えば，ある項（ある要素）がある状況*によって現前化*され，一と計算*されている場合，その項は状況に属することになる。包含*が再現前化〔表象〕へ送り返すのに対して，所属は現前化へと送り返す。

■真理　Vérité（序論，31，35）

　──真理とは，完了したと仮定された（つまりは無限な）ジェネリックな忠実さの手続き*によって肯定的に探索*されたことになるすべての項を取り集めたものである。つまり真理は未来における，状況の無限な部分である。

　──真理は識別不可能*なものであり，百科全書のいかなる規定項*にも収まることがない。真理は知に穴を穿つ。

　──真理は状況全体の真理であり，状況の存在の真理である。

　──注意しなくてはならないのは，適合性*が言表の判定基準であるのに対して，真理は存在の型（多）であるということだ。つまり適合性の反対が間違いであるのに対して，真理の反対はない。厳密に言えば，「偽」とは，ジェ

ネリックな手続きの続行を妨げるものを指すだけである。

■ 推移性，推移集合　Transitivité, ensemble transitif（12）

——集合 α の一切の要素 β が α の部分*でもある場合，つまり $(\beta \in \alpha) \rightarrow (\beta \subset \alpha)$ が成り立つ場合，集合 α は推移的である。これは所属*と包含*とのあいだにありうる最大の均衡である。

これは $(\beta \in \alpha) \rightarrow (\beta \in p(\alpha))$ と書くこともできるということに注意しよう。α のあらゆる要素は α の冪集合の要素でもある。

——そこにあるのは正常性*の存在論的図式である。すなわち推移集合においては，一切の要素は正常であり，（α によって）現前化されていると同時に（$p(\alpha)$ によって）表象〔再現前化〕されてもいる。

■ 整合的な多性　Multiplicité consistante（1）

——「複数の一」（これ自体が構造*の活動によって計算されたものである）から構成された多性。

■ 正常な，正常性　Normal, normalité（8）

——項は，それが状況のなかに現前化*されていると同時に状況の状態*によって再現前化*されてもいるとき，正常である。つまりそれはそのしかるべき位置において二倍に計算されている。すなわち，構造（〈一と計算すること〉）とメタ構造（計算を計算すること）によって。

——正常な項は状況に所属*すると同時に，また状況に包含*されてもいると言える。正常な項は要素であると同時に部分でもある。

——正常性とは，自然*存在の本質属性である。

■ 絶対的，絶対性　Absolu, absoluité（29，33，補遺 5）

——式* λ は集合 α にとって，α に限定されたこの式の適合性*が，α において得られる媒介変数*の値に関して，限定のない集合理論における適合性に等しい場合に，絶対的である。すなわち λ が α において「試験され」るや，$(\lambda)^{\alpha} \leftrightarrow \lambda$ が証明されうる場合である。

——例：「α は ω_0 を下回る順序数である」というのは構成可能*な階層構造の階層 $\mathrm{L}_{S(\omega_0)}$ について絶対的な式である。

——一般的に，量の考察（濃度*など）は絶対的でない。

■ 選択公理　Axiome de choix（22）

——一個の集合が与えられていれば，もとになるその集合の諸要素（空でない諸要素）のそれぞれの代表者から正確に構成された集合が実存する。もっと正確に言えば，α が所与の集合であり，かつ $\beta \in \alpha$ であるとすれば，$f(\beta) \in \beta$ であるような関数*fが実存する。

——選択関数は実存するけれども，それが示される（あるいは構成される）ことは一般的にできない。つまり選択は不法であり（選択の明示的な規則はない），匿名である（〈選択されるもの〉に識別可能性はない）。

——この公理は介入*の存在論的図式ではあるが，出来事*のない図式である。すなわち，それは介入の存在であって，介入の行為〔現働態〕ではない。

——選択公理はその不法性の意味深長な逆転によって，最大秩序の原理に等しい。すなわち一切の集合はきちんと整序されたものでありうる。

■ 存在的−存在論的差異　Différence ontico-ontologique（18）

——この差異は，空が（∅ によって）標記されるのは存在論的*状況においてのみであるということに結びついている。存在者の状況では，空は締め出されてしまう。その結果，多の存在論的図式が空によって基礎づけられうる（これが順序数*の場合である）のに対して，存在者の歴史状況*のほうは，つねに空でない出来事の立地*によって基礎づけられている。空の標記は，存在の思考（〈純粋な多〉の理論）を存在者の理解から切り離すものである。

■ 存在論　Ontologie（序論，1）

——〈存在としての存在〉についての学。現前化*の呈示。存在論は〈純粋な多〉の思考として，つまりはカントール的な数学あるいは集合論として，実現される。それは主題化されているわけではないけれども，数学の歴史全体においてすでに実際に作動している。

——《一》に頼ることなく純粋な多を思考しなくてはならないのだから，存在論は必然的に公理的である。

■ 存在論者　Ontologue（29，33）

——集合論の宇宙の住民*を存在論者と呼ぶ。存在論者は限定*なしに量化*と変数*化をおこなう。存在論者からすれば，ある集合 α の住民はまったく制限された物の見方をもっている。存在論者は外部からこの住民を眺める。

——ある式が存在論者と α の住民の双方にとって同じ意味（式が α において変数づけられている場合）と同じ適合性をもつならば，その式は集合 α にとって絶対的*である。

■ 多性，多　Multiplicité, multiple（1）

——《一》が存在しないということを引き受ける以上，これが現前化の一般形式である。

■ 多の諸《観念》　Idées du multiple（5）

——存在論の本源的な言表。「多の諸《観念》」ということが哲学的に指しているのは，「集合論の諸公理」*として存在論的（数学的）に指されているものである。

■ 単集合　Singleton（5）

——多 α の単集合とは，α を唯一の要素とする多のことである。それは α を〈一に置くこと〉である。これを $\{\alpha\}$ と記す。

——β が α に所属*するのであれば，β の単集合は α に包含*されている。$(\beta \in \alpha) \rightarrow [\{\beta\} \subset \alpha]$ が成り立つ。かくして $\{\beta\} \in p\,(\alpha)$ が得られる。すなわち単集合は α の諸部分*からなる集合〔冪集合〕の要素である。これが言わんとするのは，単集合は〈状況の状態〉の項であるということである。

辞 書 633

■知 Savoir（28, 31）

——知とは，状況の言語が〈多なる存在〉について述べたものである。それは構成主義的*思考の方向づけに固有の（つねに唯名論的な）産物である。知の操作は，識別（この多はしかじかの特性をもつということ）と分類（これらの多は同じ特性をもつということ）である。この二つの操作は最終的に百科全書*へ到達する。

——百科全書のなかで分類された判断は適合的*であると言われる。

■置換公理 Axiome de remplacement（5）

——集合 α が実存するならば，α の要素を他の既存の多で置換することによって得られる集合もまた実存する。

——この公理は〈多なる存在〉（整合性）を要素の個別性を超越するものとして思考する。〈多なる形式〉は代替後も整合性を保持するから，諸要素は代替可能である。

■忠実さ，忠実さの手続き Fidélité, procédure de fidélité（23）

——介入*が流通させた出来事*の名に結びついて実存する多を，状況のなかで識別する手続きのこと。

——忠実さは，〈出来事の名に接続しているもの〉の生成を識別し，取り集める。忠実さとは，ポスト出来事における〈準–状態〉である。

——忠実さに特有の接続操作子がつねにある。それを□で記す。

——例えば，存在論的忠実さ*は演繹*の技術を接続操作子とする。

■中立状況 Situation neutre（16）

——自然的でも歴史的でもない状況のこと。

■超越的思考 Pensée transcendante（27, 補遺3）

——超越的思考の方向づけは，最高存在者という観念，超越的権力という観念のもとにみずからを置く。この方向づけは，階層構造において超過*の逃走に「たがをはめる」ことによって，上から超過の彷徨を統御しようと努

める。

　――これは存在‐神論というハイデガー的な意味における形而上学の奥底
にある存在論的決定である。

　――こうした思考の存在論的図式は巨大基数*の学説である。

■超過　Excès（7, 8, 26）

　――超過が指しているのは，尺度なき計り知れぬ差異，とりわけ状況の状
態*と状況*とのあいだの量的な（あるいは濃度〔潜勢力〕の）差異である。
しかしそればかりではなく，ある意味で，（状況内）存在と出来事*（〈超‐一〉）
との差異でもある。超過は，彷徨するもの，指定不可能なものとして，みず
からをあらわにする。

■超過点の定理　Théorème du point d'excès（5）

　――あらゆる集合 α について，$p(\alpha)$――α の諸部分*からなる集合〔冪集合〕
――の要素ではあるが α の要素ではない集合が少なくとも一つは必ずある
ことが立証される。つまり外延性公理*に照らして，α と $p(\alpha)$ は異なるもの
である。

　――このように $p(\alpha)$ が α を超過することは局所的な差異である。コーエ
ン゠イーストンの定理*はこの超過に包括的な地位を与える。

　――超過点の定理は，つねに少なくとも一個の過剰体*が実存するという
ことを示唆している。つまり状況の状態*は状況とは合致しえないのである。

■探索　Enquête（31）

　――探索とは，状況のもろもろの項と出来事*の名 e_x（これは介入*によっ
て流通させられたものである）とのあいだの接続あるいは非接続（これは忠
実さ*の手続きの枠組みにおいて観察される）の有限な連なりである。

　――最小の（あるいは原子的な）探索は，肯定的接続――$y_1 \square e_x$――ある
いは否定的接続――$\sim(y_2 \square e_x)$――である。y_1 は肯定的に探索された（これを
$y_1(+)$ と記す）とか，y_2 は否定的に探索された（$y_2(-)$ と記す）とか言われる
だろう。

——探索された項について，それは忠実さの手続きによって出くわしたものであると言われる。

■対　Paire（12）
——二つの集合 α と β の対は，α と β のみを要素とする集合である。それを $\{\alpha, \beta\}$ と記す。

■定義可能部分　Partie définissable（29）
——所与の集合 α の部分*が，α に限定された*明示的な式によって，分出公理*における意味で α から分出可能である場合，この部分は——α と相関して——定義可能である。

——α の定義可能部分からなる集合を $D(\alpha)$ と記す。$D(\alpha)$ は $p(\alpha)$ の下位集合である。

——定義可能部分という概念は，諸部分の超過*が言語によって制限されることを可能にする道具である。それは構成可能な階層構造*を構成する道具である。

■適合性　Véridicité（序論，31，35）
——ある言表が，知*によって統御可能な次のような形式をもつ場合，その言表は適合的である。すなわち，「状況のある項が百科全書のある規定項*のもとに収まる」あるいは「状況のある部分が百科全書のなかでなんらかの仕方で分類される」場合である。

——適合性は知の基準である。

——適合性の反対は間違っている。

■出来事　Événement（17）
——ある出来事——所与の出来事的な立地*から生じる——は，一方では立地の諸要素から，他方ではそれ自身（出来事）から構成された多である。

——したがって〈自己−所属〉が出来事の構成要素である。出来事は，みずからがそれであるところの多の要素である。

——出来事は空と出来事自身とのあいだに介在する。出来事は（状況との相関関係において）〈超−一〉であると言われるだろう。

■出来事の立地　Site événementiel（16）

——状況内のある多が全面的に特異*である場合，その多は出来事の立地である。この多は現前しているが，その諸要素はどれも現前していない。この多は所属してはいるが，根底的にみれば，包含されてはいない。それは要素ではあるが，いかなる仕方でも部分ではない。それは全面的に非−正常*である。

——さらに，こうした多は空*の縁にある，あるいは基礎づけ的であるとも言われるだろう。

■特異的，特異性　Singulier, singularité（8）

——ある項が（状況において）現前化*していながらも，（状況の状態によって）表象〔代表・再現前化〕*されていない場合，その項は特異である。特異な項は状況に所属するが，状況に包含されてはいない。それは要素ではあるが，部分ではない。

——特異性は過剰体*と正常性*に対立する。

——特異性は歴史存在の本質属性であり，特に出来事の立地*の本質属性である。

■名の指示対象的な価値，名の〈指示対象−♀〉　Valeur référentielle d'un nom, ♀ -référent d'un nom（34）

——準完全状況*のジェネリックな部分*♀が与えられている場合，$R_♀(\mu)$ と記される名*μ の指示対象的な価値は，次のようなもろもろの名 μ_1 のすべての指示対象的な価値からなる集合である。

——$<\mu_1, \pi> \in \mu$ であるような条件 π が実存する。

——π は♀に属する。

——定義の循環が階層化によって断ち切られる（**名 Noms** の項目を参照のこと）。

辞書　637

■媒介変数　Paramètres（29）

――$\lambda\,(\alpha, \beta_1, ..., \beta_n)$ というタイプの式においては，変数${}^{*}\beta_1, ...\beta_n$ を，固定した多の固有名によって置換されるべき標記として扱うことを考えてよい。このとき $\beta_1, ...\beta_n$ をその式の媒介変数と呼ぶ。媒介変数の価値システムは，固定された，（つまり定数あるいは固有名によって）特定された多からなる n 組 $<\gamma_1, ..., \gamma_n>$ である。式 $\lambda\,(\alpha, \beta_1, ..., \beta_n)$ は，媒介変数 $\beta_1, ..., \beta_n$ の値として選択された n 組 $<\gamma_1, ..., \gamma_n>$ に左右される。とりわけこの式が自由変数 α について「語る」内容はこの n 組に左右される。

――例えば，媒介変数 β_1 の値として空集合を取るならば，α がどうであれ，式 $\alpha\in\beta_1$ は間違いなく偽である。というのも $\alpha\in\emptyset$ であるような多 α は一切実存しないからだ。反対に β_1 の値として $p\,(\alpha)$ を取れば，式 $\alpha\in\beta$ は間違いなく真であって，というのもどんな集合も $\alpha\in p\,(\alpha)$ だからである。

――比較せよ。三項式 ax^2+bx+c は，媒介変数 a, b, c に置かれる数に応じて，実根をもったり，もたなかったりする。

■非整合的な多性　Multiplicité inconsistante（1）

――〈一であること〉が操作の結果でしかないがゆえに，遡及的に〈非－一〉として把握されるような純然たる現前化。

■〈一と計算すること〉　Compte-pour-un（1）

――《一》は存在しない以上，どんな〈一の効果〉も操作（すなわち〈一と計算すること〉）の結果である。どんな状況*もこうした計算によって構造化されている。

■〈一に置くこと〉　Mise-en-un（5, 9）

――すでに〈一としての結果〉であるものに対して，〈一と計算すること〉*が適用される操作。〈一に置くこと〉は〈多としての一〉の一を産出する。例えば {∅} は ∅ を〈一に置くこと〉であり，∅ の単集合*である。

――〈一に置くこと〉は状況の状態*の産出でもある。というのも私がある状況のある項を一に置くとしたら，私はこの状況の部分（この項を唯一の

要素とする部分）を得るからである。

■百科全書の規定項　Déterminant de l'encyclopédie（31）
　——百科全書*の規定項とは，状況*の言語において明示可能な特性を共有するもろもろの項から構成された状況の部分*のことである。こうした項は「規定項に収まる」と言われる。

■百科全書の規定項を回避すること　Évitement d'un déterminant de l'encyclopédie（31）
　——ある探索*が，考察対象の百科全書の規定項に収まらない項 y について，出来事の名との肯定的な接続（y（+）タイプの）を含むとき，その探索は百科全書*の規定項*を回避する。

■分出公理　Axiome de séparation（3）
　—— α が与えられていれば，（λ（β）というタイプの）明示的な特性を具えた α の諸要素の集合もまた実存する。この集合は α の部分〔部分集合〕*であり，それは式 λ によって分出されていると言われる。
　——この公理は，存在が言語に先行するということを示唆する。言語によって一個の多を「分出」できるのは，〈多なる存在〉がすでに与えられているからである。

■冪集合〔下位集合あるいは部分集合〕の公理　Axiome des sous-ensembles ou des parties（5）
　——ある所与の集合の下位集合*あるいは部分集合*を要素にする集合が実存する。この集合は，α が与えられている場合，$p(\alpha)$ と記される。$p(\alpha)$ に所属*するものは α に包含*されている。
　——冪集合〔諸部分の集合〕は，状況*の状態の存在論的図式である。

辞 書 639

■ 変数, 自由変数, 拘束された変数　Variables, variables libres, variables liées（3
　の「技術上の注」）

　——集合論の変数は, 多を「一般的に」指すことを目的とした文字である。
α, β, γ...等々と書かれるとき, それらが意味しているのはなんらかの多である。

　——ツェルメロの公理系の特徴は, ただ一種類の変数のみを含み, そうす
ることによって純粋な多の同質性を記載する点にある。

　——一個の式[*]において, 変数が量記号のもとに置かれている場合, その
変数は拘束されており, そうでない場合は自由である。

　$(\exists\alpha)(\alpha\in\beta)$ という式では, α は拘束されており, β は自由である。

　——自由変数をもつ式は, その変数の仮定上の特性を表現している。上の
例で言えば, 式は「β の要素が実存する」ということを言っている。この式
は β が空であれば偽であり, そうでなければ真である。

　一般的に, 変数 $\alpha_1, ..., \alpha_n$ が自由である式を $\lambda\ (\alpha_1, \alpha_2, ..., \alpha_n)$ と記すことに
する。

■ 包含　Inclusion（5, 7）

　——集合 β のすべての要素が集合 α の要素でもある場合, β は α に包含さ
れている。この関係を $\beta\subset\alpha$ と書き, 「β は α に包含されている」と読む。
また β は α の下位集合（英語では subset）あるいは部分（フランス語での慣用）
であるとも言う。

　——ある項がある状況の下位の多, 部分である場合, その項は状況に包含
されていると言われるだろう。そのとき, その項は状況の状態[*]によって一
と計算[*]されている。包含は（状態における）表象〔再現前化〕へと送り返す。

■ 無限　Infini（13）

　——無限は 〈一〉（神学）から解放され, 〈多なる存在〉（自然的なもの[*]
も含む）へと送り返されなくてはならない。これはガリレオの挙措であり,
存在論的にみればカントールが考えたことである。

　——多性〔集合〕は以下のような条件において無限である。

　a.　初発の存在点, 「すでに」実存するもの。

b.　ある項から他の項へといかにして私が「移る」のかを示す踏破の規則（〔小文字の〕〈他〉の概念）。

　c.　この規則に従えば，つねに「まだもう一つ」があり，停止点はないということの確認。

　d.　「まだ」が存立する場である〈多という第二の実存者〉，「実存の第二の押印」（〔大文字の〕《他》の概念）。

　——自然な*無限の存在論的図式は極限順序数*の概念から構成されている。

■無限公理　Axiome de l'infini（14）

　——〈極限順序数〉*が実存する。

　——この公理は〈自然な存在〉*が無限（+）を受け入れると措定する。この公理はポスト・ガリレオ的である。

■唯一性　Unicité（5）

　——多を定義づける（あるいは分出する*）特性を二つの異なる多がもちえないことが含意される場合，そうした多はどれも唯一的である（あるいは唯一性の特性をもつ）。

　——例えば，存在‐神論においては神である。

　——「一切の要素をもたない」という特性によって定義される空集合*は唯一的である。「最小極限順序数」という多も曖昧なところなく同じように定義される。それは可算な*基数*である。

　——唯一的な多はいずれも，アッラー，ヤハウェ，∅あるいはω_0のように，固有名を受け取ることができる。

■量　Quantité（26）

　——近代（ポスト・ガリレオ時代）における量概念の困難は無限な多*に集約される。二つの多のあいだに一対一対応*があるとき，両者は同じ量をもつと言われるだろう。

　——**基数** Cardinal，**濃度数** Cardinalité，**アレフ数** Aleph の項目を参照のこと。

■量記号　Quantificateurs（3 の「技術上の注」，補遺 6）

——これは変数[*]を量化することを可能にする論理操作子であり，言い換えれば，「一切の多について，あれこれである」あるいは「あれこれであるような多が実存する」という意味を明示可能にする。

——普遍の量記号は ∀ と書く。式[*]$(\forall \alpha)\, \lambda$ は「一切の α について λ である」と読む。

——実存の量記号は ∃ と書く。式 $(\exists \alpha)\, \lambda$ は「λ であるような α が実存する」と読む。

■歴史状況　Situation historique（16）

——出来事の立地[*]が少なくとも一個は属している状況のこと。その判定基準（少なくとも**一個の**）が局所的である点に注意。

■連続体仮説　Hypothèse du continu（27）

——これは構成主義[*]タイプの仮説である。それが指定するのは，可算無限[*]ω_0 の諸部分[*]からなる集合は，ω_0 の後続基数[*]（すなわち ω_1）を濃度[*]とする，ということである。つまりこの仮説は $|p\,(\omega_0)|=\omega_1$ と書かれる。

——連続体仮説は構成可能宇宙[*]においては証明可能であるが，いくつかのジェネリック拡張[*]において反駁されうる。つまりこの仮説は制限なき集合論にとっては決定不可能[*]なのである。

——「連続体」という言葉の使用は，幾何学的な連続体（実数）の濃度がまさしく $p\,(\omega_0)$ の濃度であるということの結果である。

■論理結合子　Connecteurs logiques（3 の「技術上の注」および補遺 6）

——これはある式[*]を別の所与の式から出発して得ることを可能にする記号群である。これには五つのものがある。〜（否定），*ou*（選言），&（連言），→（含意），↔（同値）。

訳者解説

本書は，Alain Badiou, *L'être et l'événement*, Éditions du Seuil, 1988. の全訳である。
1988 年に刊行されて以来，哲学の伝統的な存在論と数学とを組み合わせた独
創的な発想とその厳密な議論によって，フランスのみならず，全世界的に（特
に英語圏において）大きな反響を呼んだ本である。弟子のカンタン・メイヤスー
（1967-）を通して，現代の最先端思想の一つである「思弁的実在論」の流れに
も影響を与えている。

フランス哲学の「知の巨人」

バディウを一言で形容するなら，フランス現代思想の最後の巨人であろうか。
それは彼が，フランスの 1960 年代から 90 年代の煌びやかな「現代思想」を飾っ
たフーコー，ドゥルーズ，デリダなき後の，最後の「大物」だからというだけ
ではない。バディウの哲学の中には，フランスの伝統的な，あるいは現代的な
様々の思想潮流が渾然一体となって流れ込んでおり，さしずめフランス哲学の
総決算あるいは精髄といった様子があるからである。その流れを簡単にまとめ
てみよう。

1. **存在論の伝統**。これはもちろんフランスのみならず，西洋哲学の根本体
制であり，バディウもこの伝統に棹さしている。特に存在者と存在の区別，い
わゆる「存在論的差異」を探究するという方向性は，そこにラディカルに数学
的な形式化を持ち込むという点において一般的な存在論者たちとは違うが，し
かし「存在としての存在」を根本的に問うという姿勢は西洋哲学にオーソドッ
クスなものである。そこからハイデガー（1889-1976）の重視，それゆえの対
決（ハイデガーの「詩的存在論」との対決）も生じてくる。

2. **数理哲学や科学認識論の伝統**。日本では，文学や政治とのかかわりが深い
サルトル（1905-80）以降のフランス思想の受容や，あるいは古くは三木清

（1897-1945）による人間的実存や「人生」論に立脚したパスカル紹介などのイメージが強いためか，あまりフランスが数理哲学や科学哲学に強いというイメージはないかもしれない。しかし，多くのフランス人にとっての「国民的哲学者」であるデカルト（1596-1650）やパスカル（1623-62）を見てもわかるように（パスカルも本来モラリスト以上に数学者である），フランスには強力な数理哲学の伝統がある。それはさらに広がりを見せ，ガストン・バシュラール（1884-1962）に始まるフランス科学認識論の伝統を生み，その流れのなかにバディウの師の一人であるジョルジュ・カンギレム（1904-95）も存在するし，さらにミシェル・フーコー（1926-84）も登場してくる。特に数理哲学において，対ナチレジスタンス活動で若くして殺されてしまったため，日本ではあまり知られていないが，ジャン・カヴァイエス（1903-44）とアルベール・ロトマン（1908-44）という，20世紀の前半において，現象学および存在論と数学とを結び付けようとした先駆的かつ画期的な仕事もあった。この2名は本書においても他の本においても，バディウの数学的存在論のアイディアの源泉であり，たびたび言及・参照される貴重な存在である。

3. **実存主義**。とはいえ，もちろん，日本でもよく知られている実存主義の流れもフランス哲学の重要な柱の一つであり，ときにキリスト教思想やスピリチュアリズムと，ときにマルクス主義と関係をもちながら，パスカルからルソー（1712-78）を経て，サルトルに至るまで，フランス実存哲学の中核である単独者の思想を伝えている。バディウが慎重に距離を取りながらも，本書でも「実存（existence）」や「単独性（singularité）」という言葉にこだわっているのも，こうした地盤の上でのことである。

4. **マルクス主義**。バディウはまた母校のパリ高等師範学校においてアルチュセール（1918-90）の弟子でもあり，実際に「68年5月」の際にも，様々な工場ストライキを組織したり，学生たちの抗議運動をリーダーとして指導した闘士（マオイスト）でもあった。そうしたマルクス主義の運動の理念や現実に対する透徹した思考は彼の哲学を貫徹しており，単なる抽象的な数理哲学や観念的存在論に終わらずに，それらを「歴史」や「状況」の運動性のなかで捉え，問い直すという「思考の方向づけ」に結実している。

5. **精神分析**。本書でも最終省察がラカン論で締めくくられていることからもわかるように，バディウは精神分析との関係も深い。彼が数学的存在論を展

開している道中でも，いたるところにラカンの「現実的なもの」「想像的なもの」といった言葉や発想が介入してくるし，また「知」（「百科全書」＝「全体知」）に穴を穿つものという「真理」の理解や「主体」の捉え方には，明瞭にラカン理論の影響が見られる。実際，ラカンのセミネールにも出席し，ラカンの『セミネール』の編者であるジャック＝アラン・ミレール（1944-）とも交流がある。

　以上はきわめて粗雑なまとめではあるが，これだけの過去・現在に及ぶフランス思想の潮流がバディウの哲学には流れ込んでおり，さらに彼が演劇や文学にも深い造詣を持ち，実作にも関わっていることも含めて考えると（この点にも，哲学と文学が密接かつ独特の関係を結ぶフランスの伝統が見られるだろう），バディウはまさしくフランスの知の巨人と呼ぶにふさわしい存在と言えるだろう。これらの潮流のどれかに特化したりいくつかにまたがって才能を発揮する思想家の数は多いが，バディウのようにすべての流れを身にまとい，それをアクチュアルに展開している哲学者は他にはいないと言ってもよいだろう。

詩的存在論と数学的存在論

　バディウ哲学の最重要概念にして人々を恐れさせるテーゼと言えば，「数学＝存在論」というテーゼだろう。このテーゼはバディウ本人も書いているように，哲学と数学の両方から反発を招く。哲学は，その伝統と歴史に見られるように，「存在」の問いの数学による形式化を拒否するし，数学は，「存在の問い」などという，超越論的な歴史と（場合によっては）神学的な含みを持つ思考によって，みずからが「存在論化」されることを嫌うだろう。しかし，その際考えなければならないのは，ひとは「存在」ということでいったい何を言わんとしているのかという，存在概念の問題である。哲学や科学の歴史においても，人々の日常的な用法においても，「存在」という言葉はきわめて曖昧に使われてきた。個々の哲学者が「存在」概念をまちまちに使っている様は，一般の人々とそう変わらない。アリストテレスが言ったように，「存在は多様に語られる」。しかし，バディウによれば，西洋哲学には根本的な存在概念がある。それは「存在」と「存在者」とは違うものであり，「存在」とは「存在者」を存在者たらしめる根本的なもの（本質）であるという考え方である。これは西洋哲学において，きわめて古典的かつ伝統的な（場合によっては「保守的」な）考え方である。資本主義と科学技術が発達し，「世界」が単なる「存在者」たちの群れになり（世

界の存在者化＝脱存在化），さらに収奪（畜群化）されていく 20 世紀において，ハイデガーはあらためて「存在論的差異」の問いを提起し，「存在」の問いを新規蒔き直しに再建しようと試みたが，その発想の源は，哲学の創設者と言ってよいプラトンのイデア論にある。プラトンがイデアは究極的に（究極形態は「善のイデア」である）「存在（者）の彼方（epekeina tes ousias）」に「在る」と言ったとき，存在論的差異の極限状態を言わんとしていたと考えることができる（もちろん，ハイデガーによれば，プラトンはこの「存在」の問いに結局はイデアという神的な「存在者」で答えてしまい，「存在の問い」に背を向けた（「方向転換」）と批判されるが）。

　いずれにせよ，この存在者とは異なる事態としての存在をラディカルに考えていくとどうなるか。もちろん，イデアや神，コギトや主観性，あるいは物質性によって答えてしまっては，ハイデガーが言うように，存在を存在者化してしまうことになる。バディウからすれば，存在者とは異なるこの「存在としての（かぎりでの）存在」を，その定義——あるいは古代ギリシアの哲学の創始において起こった「存在という出来事」——に忠実に思想するならば，それは数学の領域にこそふさわしい。たしかに（バディウが述べているわけではないが），数学はあらゆる存在者から「離脱」した「関係性」と「パターン」（すなわちイデア・エイドス＝理念・形相）を対象とする知であり，すべての存在者に一貫する存在の「構造」——すなわち，ハイデガー＝バディウ的に見れば，「現前化の現前化（現前化の呈示）la présentation de la présentation」の世界（「存在論的状況」）である。バディウからすれば，ハイデガーが再生させた「存在論的差異」をもっとも徹底的に，もっとも「非存在者的に」思考できるのは，まさしく形式化＝形相化の知としての数学なのである。

　ところで，そもそも存在とはいかなる事態だろうか。ハイデガーにならって，バディウはそれを「現前化」として理解する。「存在とは恒常的現前性」のことであるというのが，『存在と時間』においてハイデガーがえぐり出した西洋存在論の隠れた基本通念である。従来「忘却」されてきたこの基本概念にあらためて光を当てたのはハイデガーの大きな功績であった。しかしそのハイデガーが，ではさらに「現前」とはいかなる事態なのかを明らかにする段になると，存在運動それ自体（出来事 Ereignis）の「出現＝隠遁」（Enteignis）とか，「ピュシスは隠れることを好む」（ハイデガーが好んで援用するヘラクレイトスの箴

訳者解説　647

言）とか，ヘルダーリンやトラークルの詩の「解釈」を通した言語の自己否定運動（自己言及性とその不可能性）といった，否定神学的な方向づけしか出てこない。バディウはこうした言及不可能性に帰着する言語の自己言及性（そしてこの言語の自己脱構築性や不可能性の承認があたかも自他の他者性を尊重する「倫理」的態度であるかのように解釈する思考の方向づけ）に立脚する思考形態を「詩的存在論」と呼ぶ。バディウにとって，こうした方向は，図式的に言えば，否定神学とロマン主義の方向にすぎない。それらは結局みずからが主張する出来事性——硬直した時代や世俗（＝時間性や歴史性）に風穴を開ける潜勢力——を根拠づけ肯定することができず，「否定弁証法」に終わるのが関の山である。それは最終的には，それらの言語や記号をどう解釈するかという「主観性」に舞い戻るしかない（だからこそ「倫理」なのだというのは辻褄は合ってはいるが）。

カントールの集合論的革命

　出来事性を肯定しようとする詩的存在論のモチーフに共鳴しながらも，その隘路を突破する道として，バディウは数学的存在論の道を選ぶ。バディウは，「存在＝現前」という存在論の枠組みを，カントールが開拓した集合論における「所属（∈）」関係へと翻訳する。確かにハイデガー自身も彼の存在論を存在のトポロジー（場所論）あるいは「所在究明（Erörterung）」としての詩（トラークル論）あるいは「林間の空地（Lichtung）」として論じているように，現前＝非現前の二重運動はそれが出来事として生起する〈場〉の問題として思考せざるをえない。しかし，詩的存在論は〈場〉の問いを，存在者とは違う存在の問いとして立てながらも，詩や国家や精神（意識）といった存在者的なものを通して曖昧に否定態でしか語ることができない。この隘路を切り開く概念として，バディウはカントールの集合論のなかに∈という記号を発見したのである。そして同時に∈の前提条件としての「空」（空集合）の存在（＝無の肯定態）を。所属関係のみを端的に示すエクリチュールである∈は，現前の局在性を，存在者化（実体化）するのでも，非存在者化（無−化）するのでもなく，ただ単に操作子として「現前化を現前させる」機能性しか担わないのである。

　ここで空集合から出発する集合論的存在論の全貌を解説することは紙幅と時間の都合上できないが，存在を思考する際に前提とせざるをえない空集合へと

「所属 ∈」にもとづいて遡及的に遡ることによって，空集合とその単集合（この単集合自体は名づけ効果によって生成する）の組み合わせから，すべての存在者（あらゆる多）を生成＝現前化させる集合論は，バディウにとって，まさしく現前化（「所属」）と再現前化（「包含」）の絡み合い作用としての存在運動を記述するものとして理解できるし，理解すべきものとなる。それは詩的存在論がややもすれば陥る神秘主義的傾向を脱魔術化し，厳密な形式化と手続きの約束事にしたがえば誰にでも理解可能な，合理的な存在論の世界を切り開く道である。もちろん，実際にこの厳格な形式化と手続きを「実践」できる人は多くないと想像されるが，しかしそれは詩や日常言語によって存在論を展開する場合でも同じである。ただ詩や日常言語で思考するほうが，なんとなく「理解」できたような，あるいは「実感」できたような気がするだけである（もちろん，この「幻想」効果は無視すべき問題ではないが）。それを「戦略」上や「現実」上の必要性や可能性というロジックで主張したり納得してすますことは，たとえその実効性や効果の問題を軽視しないとしても，ある種の「ドクサ」や「イドラ」，あるいは「詭弁術」を呼び招くことになりかねないだろう。少なくとも詩によって存在論を展開することが，数学によって存在論を展開する以上の権利（や特権）をもつという議論は成り立たない。ハイデガーのように詩によって存在を語ってよいのであれば，それと同等の権利をもって，数学によって存在を語ることも許されてよいはずである。そしてバディウにしてみれば，存在論があくまでも「存在としての存在」の学でなければならないのであれば，むしろ数学のほうが詩よりも存在を語る権利をもつのである（もっとも，存在論とは「存在としての存在」を論じるものであるという，この「古典的」な定義自体を覆すのであれば，話は別である）。

　いずれにせよ，バディウは伝統的な（詩的）存在論の枠組みを数学へと翻訳することによって，存在論の歴史の「脱構築」を試みる（バディウ自身がみずからの試みを「脱構築」と表現することはないが）。数学における「集合論の諸公理」を「多の諸《観念》」として捉えることは，哲学による数学の存在論化，数学を存在論へと翻訳することである。プラトン，アリストテレス，スピノザ，ライプニッツ，パスカル，ヘーゲルらの存在論を数学的に書きかえていく作業は，存在論を数学のフレームに制限し，従来の存在論が陥っていた，存在論の彼方の領土化（我有化）という拡張主義を抑制する。バディウは存在論の概念

訳者解説　649

を厳格化し，それを数学の領野に押し込めて，そのことによって存在論の肥大
化と暴走を食い止めようとしている（この点で，存在論と政治とを切り離すべ
きとするランシエールの思想と共鳴するだろう）。バディウは，従来の曖昧だっ
た（それゆえに人を魅了するものでもあった）存在論を数学によって徹底的に
形式化し合理化し，存在論の「越権行為」に歯止めをかけようとしている。そ
の点では，意外かもしれないが，カントによる「理性の越権行為」の歯止めと
いうモチーフと，バディウの試みは通じるところがあるように思われる。

　しかし，存在論の数学化，数学による存在論の抑制は，逆に数学の覇権主義，
数学がすべてを語る権力をもつということではけっしてない。バディウが繰り
返し主張しているように，数学は「存在としての存在」についてしか語ること
ができない。数学は存在者についても，さらには出来事についても一切語る能
力をもたない。「存在としての存在」を語る数学的存在論は，存在論を数学に
押し込めるが，それと同時に数学自身をも存在論に押し込めるのである。そこ
では実在論的数学論も，主観的数学論も成り立たない。そしてバディウの数学
的存在論が真に主張しようとするのは，数学的に語ることの可能な「存在」の
問題ではなく，存在の領野を逸脱し，そこから差し引かれる（「免算」される）
「出来事」の問いなのである。バディウの最終目標は，「数学＝存在論」を確立
することによって，たんに数学と存在論双方の限界画定をすることではない。
その限界画定の作業を通してバディウが狙っているのは，むしろ「数学＝存在
論」を出来事をめぐる「袋小路」へ追い詰めることによって，数学的存在論で
は語り尽くすことのできない出来事性のポテンシャルを，数学的存在論の臨界
点において，しかし数学的に証明することである。

ジェネリック革命と出来事論の脱神秘化

　カントールの素朴集合論からツェルメロ－フレンケルの公理的集合論，また
ゲーデルの構成主義的集合論によって，存在の世界は十全に記述可能であると
バディウは考える（このこと自体は問題含みであろう）。しかし構成主義的集
合論は存在は描けても，その裏面として出来事性をそれとして扱うことができ
ない。もちろん，究極的にはどんな数学であっても，それが「存在としての存
在」を扱う知であるとすれば，存在とは根本的に異質な出来事をそれとして扱
うことは不可能だろう。そこには存在論の「袋小路」がある。しかし従来の集

合論は，そのみずからの不可能性それ自体を可能性としてポジティヴに扱うことができず，「袋小路」を（存在論とは異なる）その出来事論的可能性（ポテンシャル）へと反転させることができていない。この閉塞状況に風穴をあけたのがP・J・コーエン（1934-2007）のジェネリック集合論である（とバディウは解釈する）。

　コーエンのジェネリックという手続きのなかにバディウは何を見たのか。ジェネリックの手法自体の数学的展開は複雑であり，その詳細な解説は「訳者解説」の域を超えてしまうので省くが，バディウの解釈の要諦を大雑把に言えば，数学的に記述された存在の世界のなかにひそむ，識別不可能なものという潜勢力と，それに立脚した「主体」の介入（決定＝決断）による〈決定不可能なものの決定〉，そしてそれを通した新たな状況の創出の可能性の合理的記述である。概念的に言えば，「ジェネリック」な集合とは，ある所与の状況においてすべての多に共通する特徴しかもたず，究極的には純然たる多として存在するという特性しかもたないような多のことを指す（本書449頁，466-467頁）。その意味で，そうした多は類的なものであり，他のものと区別のない識別不可能な，どれでもよい任意のものである。それは既存の土台となる状況に所属するが，その多を構成するもろもろの部分（部分集合）は状況に包含されてはいるが所属せず，状況やその状態全体から見た場合，不可視で識別不可能な〈存在ならぬ存在〉（「無」）として「存在」する。バディウは，この非存在としての存在様態を「非‐実存する（in-exister）」や「非‐存立する（in-consister）」と表現するが，この「非‐実存」や「非‐存立」はまったく存在しない無という意味ではない。それは「非‐実存」としてある種「実存」するのであり，「非‐存立」として「存立」している。それが「非‐実存」や「非‐存立」であるのはあくまでも既存の状況（条件集合）の内部から見た場合のことにすぎない。そうした土台状況に包含された識別不可能なものは，既存の土台状況を組み替え，拡張すれば，その新たに変形・拡張された状況において十分に存立的・整合的となり，新たな〈集合＝多〉の世界を創り出していくだろう。この新たな類・多の創出プロセスがジェネリックの手続き（ジェネリック・プロセス）であり「ジェネリック拡張」と呼ばれるものである。

　このジェネリック拡張の具体的かつ正確なプロセス（手続き）については，本書を熟読してもらうしかないが，イメージをつかんでもらうために訳者が翻案して言えば（バディウの議論の正確な説明ではない），〈2, 4...〉という列（土

台状況）があったとしよう。次に何が来るだろうか。6かもしれないし（前項 $n+2$），8かもしれないし（$n \times 2$），16かもしれない（n^2）。どの可能性も最初の土台状況のなかにそれとして識別不可能な（区別不可能な）仕方で含まれており，どれもが〈拡張された外延〉（extension）において整合的＝存立的である。そしてそれらの拡張のどれが現実化されるかは，操作する主体の〈決定＝決断〉次第である。土台状況〈2, 4...〉のトポスからは，どの外延拡張（extension）が創出（ジェネリック）されるのかは決定不可能である。それを決定するのは操作子としての主体の介入による。さらにバディウの議論から完全に離れるが，そもそも〈2, 4...〉を見て「規則正しく数字が並ぶ」と思う（前提する）こと自体がすでにして介入主体による決定である。実は 2, 4... の後に，1 が来ても，1988（『存在と出来事』の出版年）が来ても，1 億が来てもかまわない。規則正しく数字が並ぶなどと（そんなルール＝公理を）誰が決めたのか。そのような「決定」は数列のエクリチュール自体には記載されていない（それを決めた＝そう思ったのは，判断主体である）。さらに言えば，数字が来る必然性もない（誰が，何が，この列が「数列」だと決めたのか。そんな指示は文字列自体にはない）。したがって後にくるのは「犬」や「@」や「m(＿＿)m」だってかまわないのである（もちろん，このような議論はバディウ自身のものではない。彼は「数学的存在論」という厳格なフレームのなかで識別不可能性と決定不可能性を論じている。しかしそれもまた彼による「決定」である）。したがって，どんなに固定した必然的に見える状況（条件集合）も必ずその条件として偶発性をはらんでいるのであり，主体介入による追加運動（supplémentation）にたえず開かれている。バディウはこうした決定不可能性が数学という厳密な知にさえ憑依して離れないことを数学的に証明し（決定し），さらにこの不可能性こそが，新しい数学状況や理論を創出（ジェネリック）していく可能性（出来事性）であると主張しているのである。

　このように見れば，バディウが最終的に肯定しようしている「出来事」の思想が，例えば，ドゥルーズの「潜勢力」やデリダの「来たるべきもの」，さらにはハイデガーの「性起（Ereignis）」の思想と，最終的には同じ事柄を主張しているように思われる。しかし，バディウの功績があるとすれば，アナロジカルな生命論的・宇宙論的一元論やメシアニズム（たとえそれが脱構築された「メシアなきメシアニズム」であるとしても），または難解で，場合によっては神

秘的な詩の釈義によってではなく，出来事という事柄を数学（といっても，集合論であるが）という，人類が生み出したもっとも厳密かつ厳格な形式性において主張した点だろう。存在論のみならず，出来事論の脱神秘化・脱魔術化の試みは，それが支払う代償をも計算に入れつつ，十分に評価されてよいのではないだろうか。

　本書はきわめて抽象的な内容の本であり，いわゆる「数学アレルギー」がある読者には通読が苦痛かもしれない。そういう読者には，バディウの意に反するが，まずは数式が出てこない省察だけを読んでもらってかまわない。それらの省察を読むだけでも，バディウが最終的に伝えたい哲学的主張は十分に理解できるだろう。もちろん，その「論拠」を「納得」し「実感」するには数式のプロセスをフォローする必要があるのだが（大切なのは何よりも〈プロセス＝手続き procédure〉だからである），数式に対するアレルギーのせいで，滋味豊かなバディウの言葉を敬遠してしまってはあまりにもったいない。まずは数式以外の哲学的メッセージを読んだうえで，それが数学的にどのような根拠をもっているのかを（お好みならば）数式の並ぶ省察でフォローしてもらえればよいと思う（バディウには叱られるだろうが。——なぜなら数式というエクリチュール，文字の〈物質的＝形式的〉な並び方にこそ，数式を超える出来事の可能性が刻み込まれ，現にそこにある（il y a）のだから）。とにかく，忍耐を必要とする書物ではあるが，その苦労に見合うだけの果実があることだけは，訳者として保証したい。

　本来ならば，本書は遅くとも7〜8年前には出版できるはずだった。それが遅れたのは，私自身が大学の教務の役職をしたり，また（その反動のためか）病気になったりして，なかなか完成稿にまでもっていけなかったためである。英語圏におけるバディウ研究の発展と日本の状況とを比べてみるにつけ，ずっと訳者としての責任を感じていた。まことに遅ればせではあるが，日本の読者や哲学の世界に，バディウという「巨大大陸」（「暗黒大陸」かもしれないが）への冒険の第一歩を踏み出すきっかけを，本訳書が与えることができれば嬉しく思う。原出版社との契約（それによる時間的制約）や担当編集者の退職など，さまざまな障害があったが，それを乗り越えて本書が上梓できたのは，ひとえ

に訳者の状況を見守ってくださった藤原良雄社長の寛大さと，突然の担当者交代にもかかわらず，その目を見張る編集能力でもって訳者を導いてくれた刈屋琢さんのおかげである。お二人には深く御礼を申し上げたい。

　願わくば，この『存在と出来事』が，現在の日本の哲学・思想の条件集合に「穴を穿つ真理」として作用し，哲学・思想のジェネリック拡張をもたらすことを切に願う。

　　　2019 年（「和を命令する」令和元年）　12 月 8 日

　　　　　　　　　　　　八雲の寓居にて　　藤本一勇

著者紹介

アラン・バディウ（Alain Badiou）

1937 年モロッコ・ラバト生まれ。フーコー，ドゥルーズ，デリダなき後の，フランス最大の哲学者。高等師範学校（ユルム校）に学ぶ。パリ第八大学哲学科教授，高等師範学校哲学科教授を経て，現在，高等師範学校名誉教授。詩，数学に造詣が深く，また小説，戯曲，映画評論をも手掛ける。

著書に『哲学宣言』『世紀』(藤原書店)『条件』『世界の論理』(藤原書店近刊)，『ドゥルーズ——存在の喧騒』『倫理——悪の意識に関する試論』(河出書房新社)，『推移的存在論』(水声社)，『ラカン』(法政大学出版局) など多数。

訳者紹介

藤本一勇（ふじもと・かずいさ）

1966 年生まれ。パリ社会科学高等研究院深化学位（DEA）「歴史と文明」取得。早稲田大学文学研究科博士課程単位取得満期退学。早稲田大学文化構想学部表象・メディア論系教授。専攻，哲学。

著書に，『批判感覚の再生——ポストモダン保守の呪縛に抗して』（白澤社，発売・現代書館），『情報のマテリアリズム』（NTT 出版），訳書に，デリダ『アデュー——エマニュエル・レヴィナスへ』（岩波書店），デリダ『哲学の余白』（法政大学出版局），デリダ『プシュケー』（岩波書店），ブルデュー『政治』（共訳，藤原書店），ラクー゠ラバルト『歴史の詩学』（藤原書店）がある。

そんざい　で き ごと
存在と出来事

2019 年 12 月 31 日　初版第 1 刷発行 ©

訳　者　藤　本　一　勇

発 行 者　藤　原　良　雄

発 行 所　株式会社　藤　原　書　店

〒 162–0041　東京都新宿区早稲田鶴巻町 523

電　話　03（5272）0301

ＦＡＸ　03（5272）0450

振　替　00160 - 4 - 17013

info@fujiwara-shoten.co.jp

印刷・製本　中央精版印刷

落丁本・乱丁本はお取替えいたします　　Printed in Japan

定価はカバーに表示してあります　　ISBN978-4-86578-250-9

「ドイツ哲学」の起源としてのルソー

歴史の詩学

Ph・ラクー=ラバルト
藤本一勇訳

ルソーが打ち立てる「ピュシス（自然）」はテクネー（技術）の可能性の条件」という絶対的パラドクス。ハイデガーが否認するルソーに、歴史の発明、超越論的思考、"否定性の思考"の"起源"を探り、ハイデガーのテクネー論の暗黙の前提をも顕わにする。テクネーとピュシスをめぐる西洋哲学の最深部。

四六上製　二二六頁　三三〇〇円
◇978-4-89434-568-3
（二〇〇七年四月刊）

POÉTIQUE DE L'HISTOIRE
Philippe LACOUE-LABARTHE

マルクス―ヘルダーリン論

貧しさ

M・ハイデガー＋Ph・ラクー=ラバルト
西山達也訳＝解題

「精神たちのコミュニズム」のヘルダーリンを読むことは、マルクスをも読み込むことを意味する――全集未収録のハイデガー、そしてラクー=ラバルトのマルクス―ヘルダーリン論。

四六上製　二二六頁　三三〇〇円
◇978-4-89434-569-0
（二〇〇七年四月刊）

DIE ARMUT / LA PAUVRETÉ
Martin HEIDEGGER et
Philippe LACOUE-LABARTHE

現代思想のドグマに挑む

哲学宣言

A・バディウ
黒田昭信・遠藤健太訳

ハイデガーから、デリダ、ナンシー、ラクー=ラバルトら、あらゆる気鋭の思想家たちが陥った「主体の脱構築」「哲学の終焉」のドグマを乗り越え、新しい主体の理論」と「哲学の再開」を高らかに宣言！

四六上製　二二六頁　二四〇〇円
◇978-4-89434-380-1
（二〇〇四年三月刊）

MANIFESTE POUR LA PHILOSOPHIE
Alain BADIOU

二十世紀とは何だったか？

世　紀

A・バディウ
長原豊・馬場智一・松本潤一郎訳

今日、我々は「時代」を、「世界」を、そして「我々自身」を見失っている……。今日の時代閉塞は何に由来するのか？　フランス現代思想最後の重鎮が、"人権"を振りかざす"先進民主主義"諸国の"ヒューマニズム"の虚偽性を暴き、真の"政治"と"民主主義"の可能性と条件を徹底的に思索。

四六上製　四〇〇頁　四八〇〇円
◇978-4-89434-629-1
（二〇〇八年五月刊）

LE SIÈCLE
Alain BADIOU